공인중개사법및중개실무

홍길성 교수 경영학박사(감정평가사) / 성대경영행정대학원 교수 / 감정평가학회장 역임
정신교 교수 법학박사 / 목포해양대 교수 / 한국부동산학회 분과위원장
김상현 교수 법학박사 / 건대 · 한북대 교수 / 한국부동산학회 학술위원 / 한국지식재단 연구위원
유원상 교수 부동산학박사 / 한양대학교 교수 / 한국부동산학회 분과위원장
양영준 교수 부동산학박사 / 제주대부동산학 교수 / 한국부동산학회 지역학회장
김동현 교수 부동산학박사 / 이학박사 / 청암대 교수 / 자산정보연구소장 / 한국부동산학회 학술위원
조광행 교수 경제학박사 / 열린사이버대 교수 / 한국부동산학회 부학회장
김성은 교수 법학박사 / 고려대 · 창신대부동산학과 교수 / 고려대법학연구원 연구위원
방경식 교수 행정학박사(부동산) / 주택산업연구원연구실장 · 한국부동산학회 수석부학회장 역임
윤황지 교수 법학박사 / 건국대 · 강남대부동산학과 전교수 / 한국부동산학회 자문위원
박기원 연구위원 부동산학전공 / 건대행정대학원 / 한국부동산학회이사 역임, 연구위원
장재원 교수 국민대법무대학원 중개실무연구 / 단국대 강사 / 한국지식재단 연구교수

부동산공법

송명규 교수 환경토지정책박사 / 단국대부동산학과 교수 / 한국부동산학회 부학회장
윤준선 교수 공학박사 / 강남대부동산건축공학부 교수 / 한국부동산학회 부학회장
정태용 교수 서울대법학전공, 아주대 로스쿨 교수 / 법제처 행정심판관리국장 역임
김행종 교수 행정학박사 / 세명대 교수 / LH토지연수석연구원 역임 / 한국부동산학회 지역학회장
김진수 교수 행정학박사 / 건국대행정대학원 교수 / 한국부동산학회 부학회장 / 한국지식재단 자문위원
이옥동 교수 경영학박사(부동산) / 성결대도시계획부동산학부 교수 / 한국부동산학회 부학회장
홍성지 교수 행정학박사 / 백석대부동산학 교수 / 한국지식재단 연구위원
김동환 교수 부동산학박사 / 서울사이버대부동산학과 교수 / 한국부동산학회 학술위원
백연기 교수 한국부동산학회 공법연구위원 겸 연구교수 / 인하대강사
이윤상 연구위원 도시계획학박사 / LH연구원 연구위원 / 한국부동산학회 학술위원
이춘호 연구 공학박사 / 강남대부동산건축공학부 교수 / 한국부동산학회 학술위원
이기우 교수 법학박사 / 호남대학교대학원장 역임 / 한국부동산법학회장 역임
김용민 교수 법학박사 / 강남대부동산학과 전교수 / 한국부동산학회 지역학회장 역임
진정수 연구위원 행정학박사(부동산) / 국토연구원 전연구위원
조정환 교수 법학박사 / 건국대 · 대진대법무대학원장 · 한국부동산학회 부학회장 역임
김재덕 교수 법학박사 / 건국대부동산학과 교수 · LA캠퍼스총장 역임/한국지식재단 자문위원

부동산공시법

조재영 교수 법학박사 / 한양대학교 교수 / 한국부동산학회 부학회장
최승용 교수 법학박사 / 목포대지적부동산학과 교수 / 한국부동산학회 학술위원
천 영 교수 법학박사 / 감정평가사 / 건국대부동산대학원 교수 / 한국부동산학회 부학회장
이승섭 교수 서울대법학전공, 충남대로스쿨 교수 / 대전 · 인천지방법원판사역임/한국지식재단 전문위원
주명식 교수 민사집행실무연구회장 / 사법연수원 교수 / 대법원법정국장 역임
정삼석 교수 도시계획학박사 / 창신대부동산대학원 교수 / 한국지식재단 연구위원
이진경 교수 공학박사 / 감사원평가연구원 · SH연구원팀장 / 상지대교수 / 한국부동산학회 학술위원
이기우 교수 법학박사 / 호남대 교수 · 대학원장 · 한국부동산법학회장 · 한국부동산학회 자문위원 역임
송현승 교수 부동산학박사 / 평택대학교 교수 / 한국부동산학회 학술이사
윤창구 교수 경영학박사 / 인천대경영대학원부동산학과 교수 / 한국감정원연수원장 역임
임이택 교수 경영학박사 / 목포대지적부동산학과 교수 · 대학원장 · 교수협의회 · 한국부동산학회장 역임
오현진 교수 법학박사(부동산학) / 청주대지적학과 교수 · 사회과학대학장 · 한국부동산학회 부학회장 역임
박준석 변호사 건국대 / 수원지방법원/군판사역임
조형래 변호사 한국부동산학회 학술위원
손기선 연구원 부동산공시전문 / 한국지식재단 연구원 / 한국부동산학회 언구원
임석회 연구위원 지리학박사 / 대한감정평가협회 연구위원

부동산세법

이찬호 교수 경영학박사(회계학) / 부동산학박사 / 부산대학교 교수 / 한국부동산학회 지역학회장
김용구 교수 부동산학박사 / 건국대학교 부동산대학원강사 / 단국대학교 겸임교수
장 건 교수 법학박사 / 김포대부동산경영학과 교수 / 한국부동산학회 학술위원 / 한국지식재단 연구위원
황재성 교수 기획재정부 재산세과장 역임 / 세무대학교
안상인 교수 경영학박사(회계학) / 창신대부동산학과 전교수 / 한국지식재단 연구위원
이옥동 교수 경영학박사(부동산) / 성결대도시계획부동산학 교수 / 한국부동산학회 부학회장
최정일 교수 경영학박사(재무, 금융) / 성결대학교 교수 / 한국부동산학회 분과위원장
양해식 교수 세무대학세법전공 / 국세청 전재직 / 중부대학겸임교수
송진영 교수 세무사시험출제위원 / 한국지식재단
김재운 교수 부동산전공 / 남서울대부동산학 전교수 / 한국부동산학회 윤리위원
김정완 연구원 법학박사(수) / 한국부동산학회 연구원 / 한국지식재단 연구원
오맹렬 연구원 법무전문 / 한국지식재단 연구원 / 한국부동산학회 연구원
김병준 교수 경영학박사(금융) / 강남대실버산업학과 교수 / 한국부동산학회 학술위원
나병삼 교수 행정학박사(부동산학) / 명지전대부동산경영과 전교수
박상학 연구위원 경제박사(금융/부동산) / LH토지주택연구원 연구위원 / 한국부동산학회 분과위원장

그 밖에 시험출제위원 활동중인 교수그룹 등은 참여생략

알고보니 경록이다

우리나라 부동산전문교육의 본산 경록 1957

한방에 합격은 경록이다

제1회 시험부터 수많은 합격자를 배출한 전문성 - 경록

별☆이☆일☆곱☆개

경록 부동산학·부동산교육 최초 독자개척 고객과 함께, 68주년 기념

1957

2025 100% PASS PROJECT

경록 공인중개사 기본서

5 2차 부동산공시법

1회 시험부터 수많은 합격자를 배출한 독보적 정통교재

No.1 SINCE1957 경록

알고 보니
경록이다

우리나라 부동산전문교육의 본산 경록 1957

머리말

매년 99% 문제가 경록 교재에서!!

경록 교재는 공인중개사사 시험 통계작성 이후 27년간 매년 99% 문제가 출제되는 독보적 정답률을 기록한 유일한 교재입니다. 경록은 우리나라 부동산 교육의 본산이며 경록교재는 우리나라 부동산교육의 정통한 역사를 이끌어가는 오리지널 교재입니다.

이 교재는 우리나라 부동산교육의 본산인 경록의 68년간 축적된 전문성을 기반으로 130여 명의 역대 최대 '시험출제위원 부동산학 대학교수그룹'이 제작, 해마다 완성도를 높여가며 시험을 리드하는 교재입니다.

특히 경록의 온라인과정 전문기획인강은 언택트시대를 리드하는 뉴 트렌드가 되었습니다. 업계 최초로 1998년부터 〈경록 + MBN TV 족집게강좌〉 8년, 현재까지 28년차 검증된 99%족집게강좌입니다.
일반 학원의 6개월에 1회 수강과정을 경록에서는 1개월마다 2회 반복완성이 가능합니다.

경록의 전문성이 곧 합격의 지름길로 이끌어 드립니다. 성공은 경록과 함께 시작됩니다.

여러분의 건투를 빕니다.

교재 구성과 활용

무엇을 공부해야 하는가
"학습포인트"
핵심이 무엇인지 문제의식을 가지고 공부한다.

> 학습포인트
> - 이 장(章)의 내용은 제2장 부동산의 개념 및 제3장 부동산의 특성과 연결시켜 이해하게 되면 부동산학 이론의 전반적인 내용을 체계적으로 학습할 수 있다. 부동산학은 부동산의 자연적 특성에서 비롯되어 종합식 접근방법에 의한 종합응용사회과학으로 체계화된 것이다.
> - 부동산학연구의 전반을 차지하는 것은 부동산활동이다.

주요키워드 **만화해설**

내용이 너무 어려워요
"삽화해설"
초학자도 쉽게 접근할 수 있도록 삽화로 풀이하였다.

  부증성(不增性)

① · 不 : 아닐 [부]
  · 增 : 증가할[증]
  · 性 : 성질 [성]
② 부증성이란 글자 그대로 '증가하지 않는 성질'을 말한다.
③ 토지의 자연적 특징 중 가장 많이 출제되는 특성임!

이 단원 알아둘 **키워드**

콕 짚어주세요.
"키워드"
각 장별로 중요한 주제들을 선별하였다.

CHAPTER	학습 & 출제되는 키워드

- ☑ 부동산학의 정의
- ☑ 부동산현상의 개념
- ☑ 부동산활동의 개념
- ☑ 부동산환경의 분야
- ☑ 종합식 접근방법
- ☑ 능률성의 원칙

이 단원 주요 **출제질문 예**

이렇게 문제로 출제되는 구나
"출제질문 예"
최근 시험에서 출제된 문항들을 정리하였다.

CHAPTER	학습 & 출제되는 질문

- ☑ 부동산학에 관한 설명으로 틀린 것은?
- ☑ 부동산활동에 관한 설명으로 옳은 것을 모두 고른 것은?

단락문제 Q2
제24회 기출개작

한국표준산업분류에 따른 부동산업에 해당하지 <u>않는</u> 것은?
① 주거용 건물 개발 및 공급업
② 부동산 투자 및 금융업
③ 부동산 중개 및 대리업
④ 비주거용 부동산 관리업
⑤ 기타 부동산 임대업

해설 부동산업
한국표준산업분류에 따른 부동산업에는 "부동산 투자 및 금융업"이 포함되지 않는다. 답 ②

> **잊기 전에 문제로 확인한다**
> "단락문제"
> 각 단락의 내용이 실전에서 어떻게 문제로 변환되는지 알 수 있도록 하였다.

Key Point 법정대리와 임의대리

구 분		법정대리	임의대리
발생원인		법률의 규정	법률행위(대리권수여 의사표시)
대리권의 범위		법률의 규정	대리권수여 범위 내(보충 제118조)
복임권	선임권	언제나 선임가능	① 본인의 승낙이 있는 때 ② 부득이한 경우에 한해서 가능
	책 임	무과실책임	선임감독책임 및 불통지에 한하여
대리권 소멸		본인의 사망, 대리인의 사망, 성년후견개시, 파산	본인의 사망, 대리인의 사망, 성년후견개시, 파산, 원인된 법률관계의 종료, 수권행위의 철회

> **이것이 이해의 핵심**
> "key point"
> 각 단락의 핵심내용을 압축적으로 표현하여 복습이 가능하도록 했다.

WIDE 경기회복의 지역적 관찰사항
① 시장 지역을 찾는 고객의 동향
② 택지의 거래동향
③ 형성된 가격수준
④ 공가(空家)의 동향
⑤ 건축자재 등의 수요동향
⑥ 건축허가의 신청동향
⑦ 과거의 경기후퇴를 촉구한 요인의 변화 등

> **숨은 의미가 있어요**
> "wide(참고사항)"
> 참고사항과 이해를 위한 부가적 사항을 따로 정리하였다.

> **친절한 그래프 설명**
> 그래프에 첨삭 설명한 유일교재

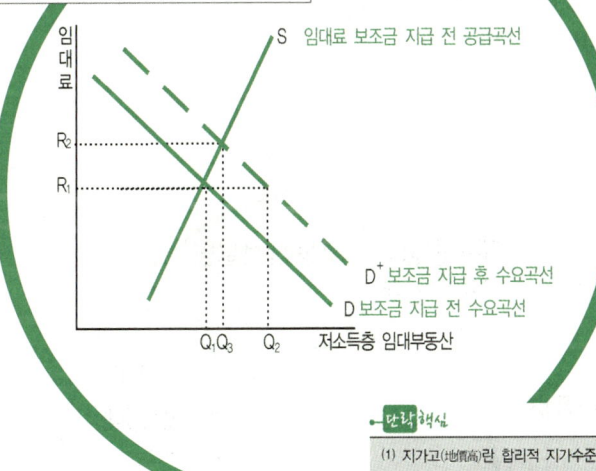

용어사전
직장주택조합
같은 직장의 근로자가 주택을 마련하기 위하여 설립한 조합

> **용어사전을 쉽게 정리**
> "용어사전"
> 독학자를 위해 관련용어를 쉽게 쉽게 풀이 하였다.

단락핵심 부동산문제
(1) 지가고(地價高)란 합리적 지가수준을 넘는 지가상태를 말한다.
(2) 양적 주택문제는 주택수가 가구 총수에 합리적인 공가율에 의한 필요공가수를 합친 필요주택수에 미달하는 현상이다.

> **이것만은 반드시 기억하자**
> "단락핵심"
> 기출 지문을 중심으로 각 단락별 핵심내용을 정리했다. 학습한 내용을 확인하고 복습 및 정리를 위해 활용할 수 있도록 하였다.

> **단원을 정리하자**
> "빈출 함정 총정리"

지속가능한 직업
공인중개사

▌공인중개사란

Q 공인중개사?
공인중개사법령에 의한 공인중개사자격을 취득한 자를 말한다(「공인중개사법」 제2조 제2항).

Q 중개업?
중개업은 다른 사람의 의뢰에 의하여 일정한 보수를 받고 중개대상물에 대한 거래당사자 간의 매매, 교환, 임대차 그 밖의 권리의 득실변경에 관한 행위의 알선을 업으로 하는 것이다(「공인중개사법」 제2조 제1호, 제3호 참조).

Q 중개대상물?

| 토지 | 건축물 그 밖의 토지의 정착물 | 입목 |
| 광업재단 | 공장재단 | 분양권 | 입주권 |

(대판 2000.6.19. 2000도837 등 참조)

▌개업 공인중개사 업역
(「공인중개사법」 제14조 참조)

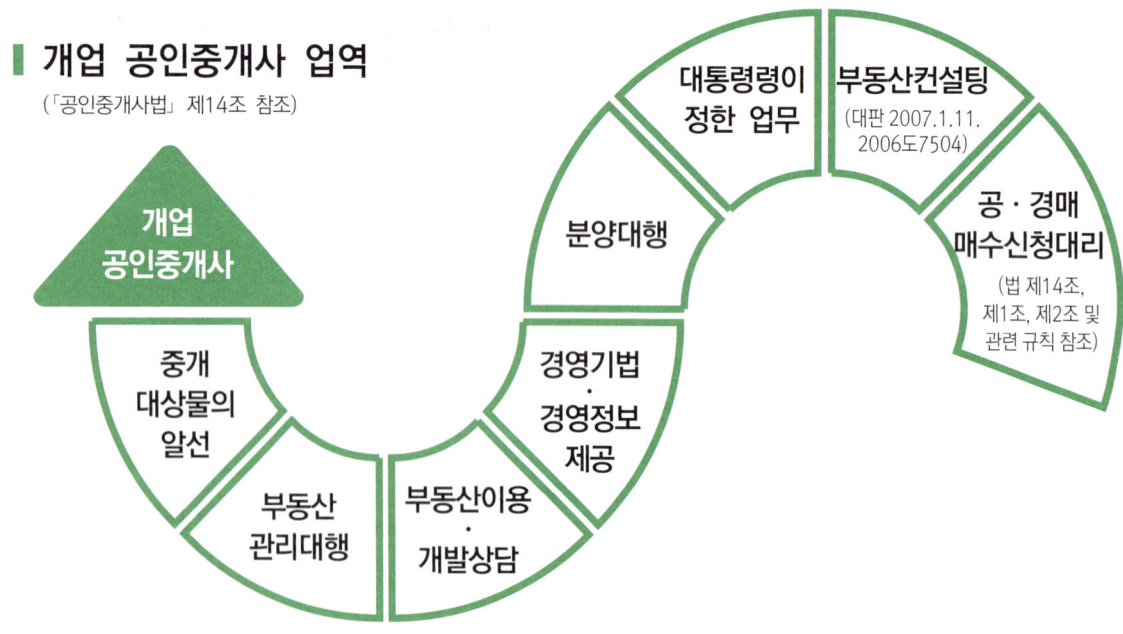

개업(창업)

중개업의 개업은 공인중개사시험에 합격한 후 소정의 교육을 받고, 개설코자 하는 사무소 소재지 시·군·구청에 "사무소" 개설 등록을 하면 된다.

개인중개사무소, 합동중개사무소, 법인중개사무소를 개설하여 영위할 수 있다.

세상에는 수많은 직업이 있으나 돈이 되고, 시장규모가 크고, 경제성이 높고, 일반 진입이 용이한 직업은 거의 없다.

100세가 되어도 건강하면 경제활동이 가능하고, 시장규모가 크고, 높은 경제성이 있고, 일반 진입이 가능한 직업은 공인중개사뿐이다.

법정취업

- **개인중개사무소, 합동중개사무소, 법인공인중개사무소의 소속공인중개사로 취업**
  11만 4천여 개(법인 포함) 중개업체의 소속공인중개사, 법인의 사원 또는 임원으로 취업 (2021현재)

- **특수 중개법인 취업**(「공인중개사법」 제9조 참조)
  - **지역농업협동조합** : 농지의 매매·교환·임대차 업무
  - **산림조합** : 임야, 입목의 매매·교환 업무
  - **산업단지관리기관** : "산단" 내 공장용지·건축물의 매매·임대차 업무
  - **자산관리공사** : 금융회사 부실자산 등 비업무용 부동산의 매매 업무

일반취업(가산점 등)

공인중개사 수요는 경제성장과 함께 폭발적으로 증가한다.

국내외 부동산투자회사, 부동산투자신탁회사, LH토지주택공사, SH공사 등 각 지자체공사, 금융기관, 보험기관 등에서 유자격자를 내부적으로 보직 고려나 승급 시 가산점을 부여한다.

일반기업, 공무원 등에서 보직 참고, 승급 등의 업무소양을 가늠하는 전문자격 및 직능향상 기능을 한다.

탁월한 선택

경록의 선택은 탁월한 선택입니다. 우리나라 부동산교육의 본산으로서 65년 전통과 축적된 전문성, 그리고 국내 최대 전문가 그룹이 서포트합니다.

부동산학을 독자연구 정립하고, 최초로 한국부동산학회를 설립하였으며 대학원에 최초로 독립학과를 설립 교육하고, 공인중개사 제도를 주창, 시험시행 전부터 교육해 시험을 리드한 역사적 전통과 축적을 이룬 기관은 경록뿐입니다(설립자 김영진 박사 1957~현재).

공인중개사 시험

▌시험일정 : 매년 1회 1, 2차 동시 시행

시험 시행기관 등	인터넷 시험접수	시험일자	응시자격
• 법률근거 : 공인중개사법 • 주무부 : 국토교통부 • 시행기관 : 한국산업인력공단	• 매년 8월 둘째 주 5일간 • 특별추가 접수기간 : 별도 공지 일정은 변경될 수 있음	매년 10월 마지막 토요일	학력, 연령, 내·외국인 제한 없이 누구나 가능 (법에 의한 응시자격 결격사유에 해당하는 자는 제외)

※ 큐넷(http://www.q-net.or.kr) 참조, 이상의 일정 등은 변경될 수 있습니다.

▌시험과목 및 시험방법

구 분	시험과목	시험방법	문항 수	시험시간	휴대

1차 시험
1교시
(2과목)
	■ 부동산학개론
	  (부동산감정평가론 포함)
	■ 민법 및 민사특별법 중
	  부동산중개에 관련되는 규정
		객관식
		5지선다형
			과목당
			40문항
			(1번~80번)
				100분
				(9:30~11:10)
					계산기

2차 시험 1교시 (2과목)	■ 공인중개사의 업무 및 부동산거래신고 등 에 관한 법령·중개실무 ■ 부동산공법 중 부동산중개에 관련되는 규정		과목당 40문항 (1번~80번)	100분 (13:00~14:40)	

2차 시험
2교시
(1과목)
	■ 부동산공시에 관한 법령(「부동산등기법」,
	  「공간정보의 구축 및 관리등에 관한 법률」)
	  및 부동산 관련 세법
			40문항
			(1번~40번)
				50분
				(15:30~16:20)	

※ 답안작성 시 법령이 필요한 경우는 시험시행일 현재 시행되고 있는 법령을 기준으로 작성

주의사항
1. 수험자는 반드시 입실시간까지 입실하여야 함(시험시작 이후 입실 불가)
2. 개인별 좌석배치도는 입실시간 20분 전에 해당 교실 칠판에 별도 부착함
3. 위 시험시간은 일반응시자 기준이며, 장애인 등 장애유형에 따라 편의제공 및 시험시간 연장가능
   (장애 유형별 편의제공 및 시험시간 연장 등 세부내용은 큐넷 공인중개사 홈페이지 공지사항 참조)

▌합격기준

구분	합격결정기준
1차 시험	매 과목 100점을 만점으로 하여 매 과목 40점 이상, 전 과목 평균 60점 이상 득점한 자
2차 시험	

▌시험과목 및 출제비율

구 분	시험과목	출제범위	출제비율
1차 시험 (2과목)	부동산학개론 (부동산감정평가론 포함)	부동산학개론	85% 내외
		부동산감정평가론	15% 내외
	민법 및 민사특별법 중 부동산중개에 관련되는 규정	민법(총칙 중 법률행위, 질권을 제외한 물권법, 계약법 중 총칙·매매·교환·임대차)	85% 내외
		민사특별법(주택임대차보호법, 집합건물의 소유 및 관리에 관한 법률, 가등기담보 등에 관한 법률, 부동산 실권리자명의 등기에 관한 법률, 상가건물 임대차보호법)	15% 내외
2차 시험 (3과목)	공인중개사의 업무 및 부동산거래신고 등에 관한 법령·중개실무	공인중개사법, 부동산거래신고 등에 관한 법률	70% 내외
		중개실무	30% 내외
	부동산공법 중 부동산중개에 관련되는 규정	국토의 계획 및 이용에 관한 법률	30% 내외
		도시개발법, 도시 및 주거환경정비법	30% 내외
		주택법, 건축법, 농지법	40% 내외
	부동산공시에 관한 법령 (「부동산등기법」, 「공간정보의 구축 및 관리등에 관한 법률」) 및 부동산 관련 세법	부동산등기법	30% 내외
		공간정보의 구축 및 관리 등에 관한 법률 (제2장 제4절 및 제3장)	30% 내외
		부동산 관련 세법(상속세, 증여세, 법인세, 부가가치세 제외)	40% 내외

차 례

Part1 공간정보의 구축 및 관리 등에 관한 법률

Chapter 1 지적제도 4

1. 지적제도 개관 5
2. 지적제도의 기본이념 7
3. 우리나라의 지적제도 9
4. 지적제도의 유형 10
5. 지적제도의 기능 13
6. 지적제도와 등기제도의 비교 13
- 빈출함정총정리 15

Chapter 2 총칙 16

제1절 공간정보의 구축 및 관리 등에 관한 법률 총설 17

1. 공간정보의 구축 및 관리 등에 관한 법률의 입법목적 17
2. 용어의 정의 17

제2절 토지의 조사·등록 23

1. 토지의 등록제도 23
2. 토지의 등록단위 25

제3절 토지의 등록사항 31

1. 지번 31
2. 지목 43
3. 경계와 좌표 56
4. 면적 65

제4절 지적재조사사업 71

1. 의의 71
2. 필요성 71
3. 주요내용 71
- 빈출함정총정리 75

Chapter 3 지적공부 77

제1절 지적공부 개관 78

1. 지적공부의 의의 78
2. 지적공부의 기능 78
3. 지적공부의 종류 79

제2절 지적공부의 등록사항 82
1. 토지·임야대장 82
2. 공유지연명부·대지권등록부 86
3. 도면(지적도·임야도) 89
4. 경계점좌표등록부 95

제3절 지적에 관한 기타 공부 100
1. 일람도 100
2. 지번색인표 100
3. 결번대장 100
4. 지상경계점등록부 101
5. 연속지적도 102
6. 부동산종합공부 103

제4절 지적공부의 관리 105
1. 지적공부의 비치·보존 105
2. 지적공부의 공개 107

제5절 지적공부의 복구 111
1. 의 의 111
2. 복구방법 111
3. 복구자료 111
4. 복구절차 112

제6절 지적정보 전담 관리기구 115
1. 서 설 115
2. 국가공간정보센터의 설치·운영 115
   - 빈출함정총정리 117

Chapter 4 토지의 이동 신청 및 지적공부 정리 118

제1절 토지이동 119
1. 토지이동의 개요 119
2. 신규등록 121
3. 등록전환 123
4. 분 할 127
5. 합 병 131
6. 지목변경 135
7. 바다로 된 토지의 말소신청 139

제2절 축척변경 143
1. 축척변경의 대상과 시행 143
2. 축척변경의 절차 144
3. 축척변경위원회 151

제3절 토지이동의 절차 153
1. 토지이동의 신청 153
2. 토지이동에 따른 지적소관청의 직권정리 157

제4절 지적공부의 정리 158
1. 토지표시의 정리 158
2. 토지소유자의 정리 159
3. 등록사항의 정정 162
4. 등기촉탁 166
5. 지적정리의 통지 167
   - 빈출함정총정리 169

차 례

Chapter 5 지적측량 172

1. 지적측량의 의의와 대상 173
2. 지적측량의 방법과 구분 177
3. 지적측량의 절차 180
4. 지적위원회 186
5. 지적측량의 적부심사 188
6. 지적기준점 193
7. 측량기술자 196
8. 지적측량업의 등록 등 198
   - 빈출함정총정리 205

Chapter 6 보칙 및 벌칙 208

1. 타인 토지 등에의 출입 및 손실보상 209
2. 수수료 212
3. 벌칙 213
   - 빈출함정총정리 216

Part2 부동산등기법

Chapter 1 총 설 220

제1절 등기제도 개관 221
1. 등기의 의의 221
2. 등기제도의 연혁 223
3. 현행 우리나라 등기제도의 특징 225
4. 현행 등기제도의 문제점 229

제2절 등기의 종류 230
1. 등기사항(대상·기능·권능)에 따른 분류 230
2. 등기의 내용에 따른 분류(본등기의 분류) 231
3. 등기의 형식(방법)에 따른 분류 234
4. 등기의 효력에 따른 분류 236

제3절 등기할 사항 239
1. 서 설 239
2. 등기할 사항인 물건 : 부동산 242
3. 등기할 사항인 권리 247
4. 등기할 사항인 권리변동 248

제4절 등기의 유효요건 254
1. 형식적 유효요건(절차적 유효요건) 254
2. 실질적 유효요건 263

제5절 등기의 효력 269
1. 서설 269
2. 등기의 일반적 효력 270
3. 가등기의 효력 278
4. 폐쇄등기부상의 등기의 노력 281
   - 빈출함정총정리 282

Chapter 2 등기기관과 그 설비 및 등기의 공시 284

제1절 등기소 285
1. 등기소의 의의 285
2. 관할등기소 285
3. 관할의 변경 288
4. 등기사무의 정지 288

차 례

제2절 등기관 289
1. 등기관의 의의 289
2. 등기관의 업무처리의 제한 289
3. 등기관의 책임 290
4. 등기정보중앙관리소와 전산운영책임관 290

제3절 등기에 관한 장부 291
1. 등기부의 의의 291
2. 등기부의 편성 292
3. 폐쇄등기부 304

제4절 장부의 보존·관리 310
1. 장부의 보존 310
2. 등기부 등의 관리 311

제5절 등기의 공시 313
1. 등기사항증명서의 발급 313
2. 등기기록 등의 열람 317
3. 주민등록번호 등 등기사항의 공시제한 321
4. 수수료 322

제6절 전산정보처리조직에 의한 부동산 등기신청에 관한 업무처리지침 324
1. 서설 324
2. 전자신청절차 324
3. 기타 전자신청에 관한 특례 329
   ■ 빈출함정총정리 333

Chapter 3 등기절차 총론 336

제1절 신청주의 원칙과 그 예외 337
1. 등기신청에 관한 일반원칙 337
2. 등기관의 직권에 의한 등기 342

제2절 등기의 신청 345
1. 등기신청행위 345
2. 등기당사자능력, 등기신청능력 및 등기(신청)당사자적격 347
3. 등기신청인 352

제3절 등기신청에 필요한 정보 371
1. 등기신청의 방법과 신청정보 등의 제공방법 371
2. 등기신청정보 372
3. 등기원인을 증명하는 정보 384
4. 등기원인에 대한 제3자의 허가, 동의 또는 승낙을 증명하는 서면 390
5. 대표자의 자격 또는 대리인의 권한을 증명하는 정보 395
6. 주소를 증명하는 정보 398
7. 주민등록번호 또는 부동산등기용등록번호의 증명정보 401
8. 대장정보 기타 부동산의 표시를 증명하는 정보 402
9. 규약 또는 공정증서 404
10. 인감증명 408

11 거래계약신고필정보와 매매목록정보 414
12 등기신청과 관련한 의무사항의 이행과 관련정보의 제공 418
13 첨부정보(서면)의 원용과 원본환부 418
14 첨부정보 제공의 면제 419

제4절 등기신청의 접수 및 심사 420
1 등기신청의 접수 420
2 등기신청에 대한 심사 423

제5절 등기신청의 보정, 각하 및 취하 425
1 등기신청의 흠결의 보정 425
2 등기신청의 각하 427
3 등기신청의 취하 438

제6절 등기의 실행 440
1 서설 440
2 등기부의 기록 441

제7절 등기완료 후의 절차 443
1 등기필정보의 작성 및 통지 443
2 등기완료통지 449
3 등기완료 후 소유권변경사실의 통지 등 451

제8절 등기관의 처분에 대한 이의신청 454
1 서설 454
2 이의신청의 요건 454
3 이의신청의 절차와 효력 457

제9절 벌칙 및 과태료 등 463
1 「부동산등기법」상의 벌칙 463
2 「부동산등기 특별조치법」상의 벌칙 및 과태료 463
3 「부동산 실권리자명의 등기에 관한 법률」상의 과징금, 이행강제금 및 벌칙 등 464
■ 빈출함정총정리 467

Chapter 4 부동산의 표시 및 각종 권리의 등기절차 472

제1절 부동산의 표시에 관한 등기 473
1 총설 473
2 토지의 표시에 관한 등기 473
3 건물의 표시에 관한 등기 481

제2절 소유권에 관한 등기 491
1 소유권의 보존등기 491
2 소유권의 이전등기 505
3 공동소유에 관한 등기 531

제3절 구분건물에 관한 등기 537
1 서설 537
2 구분건물의 소유권보존등기 538
3 구분건물에 관한 소유권이전등기 등 543

차례

제4절 부동산신탁에 관한 등기 549
  1 서설 549
  2 신탁의 등기 550
  3 수탁자의 변경으로 인한 등기 554
  4 신탁원부 기록의 변경등기 554
  5 신탁등기의 말소등기 555

제5절 용익권에 관한 등기 557
  1 지상권에 관한 등기 557
  2 지역권의 등기 563
  3 전세권에 관한 등기 567
  4 임차권에 관한 등기 573

제6절 담보권에 관한 등기 579
  1 저당권의 등기 579
  2 권리질권과 채권담보권에 관한 등기 597
  ■ 빈출함정총정리 602

Chapter 5 각종 등기의 절차 605

제1절 변경등기 606
  1 서설 606
  2 등기명의인 표시의 변경등기 608
  3 권리의 변경등기 610

제2절 경정등기 613
  1 서설 613
  2 경정등기의 요건 614
  3 경정등기의 절차 617

제3절 말소등기 623
  1 의의 및 요건 623
  2 등기절차 627
  3 촉탁에 의한 말소등기 630
  4 직권말소등기 631

제4절 말소회복등기 635
  1 서설 635
  2 요건 635
  3 등기의 신청 638
  4 등기의 실행과 그 효력 639

제5절 멸실등기 640

제6절 부기등기 641
1. 의의 및 인정범위 641
2. 부기등기의 실행 642
3. 부기등기의 효력 642

제7절 가등기 644
1. 의의 644
2. 가등기의 요건 644
3. 가등기의 절차 647
4. 가등기의 실행방법 649
5. 가등기의 효력(본등기 전의 효력) 649
6. 가등기에 기한 본등기 650
7. 가등기의 이전등기와 말소등기 657
8. 담보가등기의 특칙 660

제8절 촉탁에 의한 등기 664
1. 서설 664
2. 관공서의 촉탁에 의한 등기 664
3. 가처분·가압류에 관한 등기 668

제9절 부동산 실권리자명의 등기에 관한 법률에 의한 등기 675
1. 총설 675
2. 실권리자명의의 등기의무와 예외 인정 676
3. 기존 명의신탁약정에 의한 등기에 대한 실명등기의무 677
4. 명의신탁해지를 원인으로 명의신탁자 명의로의 등기의 이전 여부 678
5. 부동산실명제법 위반에 대한 제재 678
- 빈출함정총정리 680

부록 제35회 공인중개사시험
경록교재 99% 정답!! 기출문제해설

PART 01 공간정보의 구축 및 관리 등에 관한 법률

출제비율 50%

구 분		26회	27회	28회	29회	30회	31회	32회	33회	34회	35회	계	비율(%)
공간정보의 구축 및 관리 등에 관한 법률	제1장 지적제도	0	0	1	0	0	0	0	0	0	0	1	0.4
	제2장 총칙	2	5	3	3	2	3	2	1	3	4	28	11.7
	제3장 지적공부	5	2	3	5	2	3	5	4	2	4	35	14.6
	제4장 토지의 이동 신청 및 지적공부 정리	2	4	3	2	6	4	2	5	3	4	35	14.6
	제5장 지적측량	3	1	2	2	2	2	3	2	4	0	21	8.8
	제6장 보칙 및 벌칙	0	0	0	0	0	0	0	0	0	0	2	0.8
	소 계	12	12	12	12	12	12	12	12	12	12	120	50.0

CHAPTER 01 지적제도

학습포인트

- 이 장에서는 「공간정보의 구축 및 관리 등에 관한 법률」이 규정하고 있는 지적제도의 내용을 이해하는 데 필요한 지적의 의미와 지적제도의 기능, 기본이념 및 유형 등에 관해 다루고 있다.
- 이 장은 지적제도를 이해함에 필요한 내용을 담고 있으므로 처음에 학습을 시작할 때에 가볍게 읽어 둘 필요가 있다.

CHAPTER 학습 & 출제되는 키워드

- ☑ 부동산중개업
- ☑ 지적제도
- ☑ 지적구성의 3요소
- ☑ 토지
- ☑ 지적공부
- ☑ 등록
- ☑ 지적제도의 기본이념
- ☑ 지적국정주의
- ☑ 지적형식주의
- ☑ 지적공개주의
- ☑ 실질적 심사주의
- ☑ 직권등록주의
- ☑ 우리나라의 지적제도
- ☑ 지적제도의 유형
- ☑ 세지적
- ☑ 법지적
- ☑ 다목적지적
- ☑ 도해지적
- ☑ 수치지적
- ☑ 2차원지적
- ☑ 4차원지적
- ☑ 적극적 지적
- ☑ 소극적 지적
- ☑ 지적제도의 기능
- ☑ 지적제도와 등기제도의 비교

CHAPTER 학습 & 출제되는 질문

- ☑ 지적제도와 토지등기제도에 관한 설명 중 가장 타당하지 않는 것은?

01 지적제도 개관

1 지적(地籍) 및 지적제도

(1) 지적의 의의★

국가 또는 국가로부터 위임받은 기관(지적소관청)이 통치권이 미치는 전 영토를 필지 단위로 구획하여 그 토지에 대한 물리적 현황과 법적 권리관계 및 그 변경사항을 공적장부인 지적공부에 등록·공시❶한 것을 말한다.

> **용어사전**
>
> ❶ 공시
> 일정한 법률관계의 존재나 권리의 변동을 점유·등기·등록·통지 등과 같이 타인이 인식할 수 있는 외형적 표상으로써 나타내는 일을 의미한다.

(2) 지적제도

지적제도는 토지의 구체적인 범위를 결정하고 토지의 사실관계를 공시하여 지적을 객관화하여 밝힌 영속적인 국가제도를 말한다.

Professor Comment
지적은 토지에 관한 각종 정보를 담는 그릇이다.

2 지적구성의 3요소★★

(1) 토 지★

1) 토지는 지적을 구성하는 가장 중요한 요소이며, 지적에서의 등록객체(대상)로서 우리나라의 통치권이 미치는 모든 영토가 된다. 즉 「공간정보의 구축 및 관리 등에 관한 법률」상의 등록대상이 되는 토지는 「헌법」 제3조에 규정된 한반도와 그 부속도서를 말한다.

Professor Comment
육지는 물론 섬, 사람이 거주하든 하지 않든, 과세지이든 비과세지이든, 국유지이든 사유지이든 쓸모가 있든 없든 묻지 않고 모두 지적의 대상이 된다.

2) 국가는 「공간정보의 구축 및 관리 등에 관한 법률」이 정하는 바에 의하여 모든 토지를 필지마다 토지의 소재·지번·지목·면적·경계·좌표 등을 조사·측량하여 지적공부에 등록하여야 한다 (법 제64조 제1항).

(2) 지적공부

1) 지적공부란 국가의 통치권이 미치는 전(全)영토인 토지에 대한 물리적 현황과 법적인 권리관계 등을 등록·공시하기 위한 국가의 공적장부를 말한다.

→ 토지의 소재·지번·지목·면적·경계·좌표 등

→ 토지소유자의 성명·주민등록번호·주소

2) 현행 지적공부에는 토지대장·임야대장·공유지연명부·대지권등록부·지적도·임야도·경계점좌표등록부 등 토지의 표시와 그 소유자 등을 기록한 대장 및 도면(정보처리시스템을 통하여 기록·저장된 것을 포함)이 있다(법 제2조 제19호).

(3) 등 록 ★★

1) 등록의 개념

등록이란 국가 또는 국가의 위임을 받은 기관이 토지에 관한 일정한 사항을 지적공부에 기록하는 것으로 행정행위(처분)에 해당한다.

→ 각 필지의 소재·지번·지목·면적·경계·좌표 등

Professor Comment
등록할 때부터 효력이 발생한다(형식주의).

2) 등록주체

① 등록주체는 토지를 지적공부에 등록하는 권한과 의무를 가지고 있는 국가를 말한다.

지적(地籍)의 의미와 지적의 3요소

1) 지적(地籍)의 의미
① 地 : 땅「지」
  籍 : 문서「적」
② 지적이란 땅에 대한 문서라는 뜻이다.

2) 지적의 3요소
① 토지
② 등록
③ 지적공부

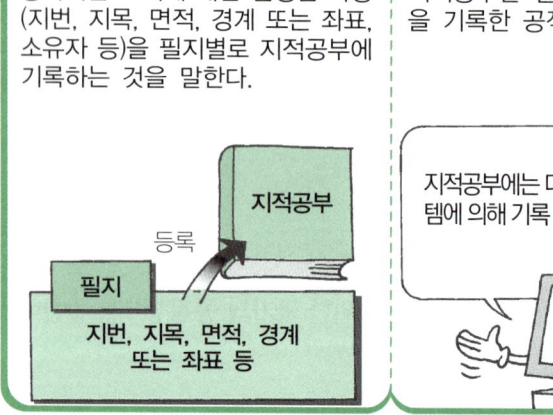

제1장 지적제도

② 우리의 경우 지적사항을 국가만이 결정함을 원칙으로 하는 <u>지적국정주의</u>를 취함으로써 지적의 등록주체는 국가가 된다(법 제64조 제1항).

③ 국가는 지적소관청(시장·군수·구청장)에 지적사무를 위임(기관위임)하여 행하게 하고 있다(법 제2조 제18호).

3) 등록사항

등록사항이란 등록의 객체가 되는 토지의 물리적 현황과 법적인 권리관계 등을 말한다. 즉, <u>토지표시에 관한 기본적인 사항</u>, <u>소유권에 관한 사항</u>, 토지이용에 관한 사항 등을 말한다.

→ 등기부를 기준으로 기재됨

4) 등록방법(실질적 심사주의)

등록의 객체인 토지에 대한 물리적 현황과 법적인 권리관계 등의 등록사항을 지적공부에 등록하는 방법은 <u>토지이동조사와 지적측량</u>을 실시한 후 그 결과를 등록하도록 하고 있다(법 제64조).

▼ 지적공부에의 등록

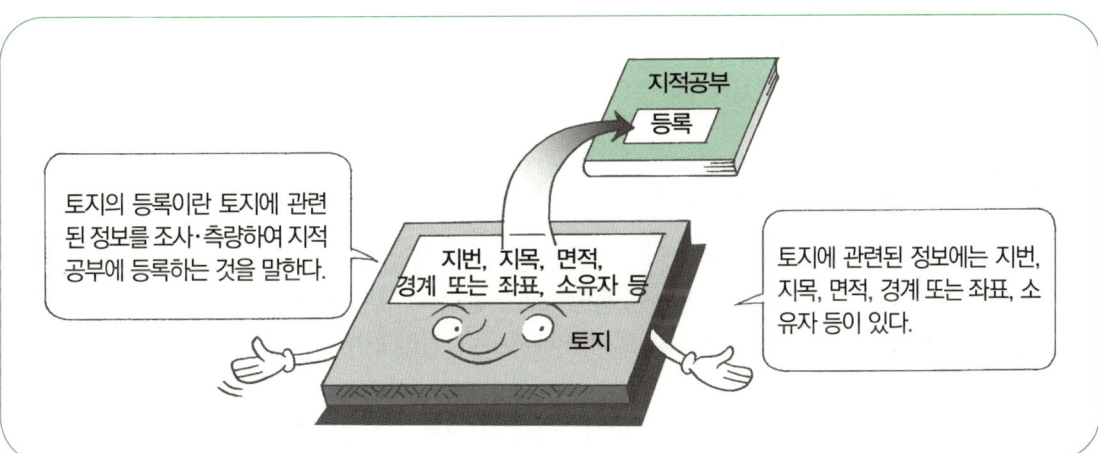

02 지적제도의 기본이념 〔10회 출제〕

1 지적국정주의(地籍國定主義) ★★

(1) 지적국정주의란 토지의 등록사항에 대해서는 국가만이 결정권한을 가진다는 원칙으로, 지적사무는 전국적으로 표준화하여 통일적·획일적으로 수행되어야 할 필요성이 커 국가사무로 정한 것이다.

(2) 지적소관청은 국가기관의 장의 지위에서 국가의 공권력에 의하여 토지에 대한 물리적인 현황과 법적인 관리관계 등을 조사·결정하여 지적공부에 등록·공시하게 된다.

2 지적형식주의(지적등록주의)★★

(1) 토지의 등록사항은 지적공부에 법정의 형식을 갖추어 등록·공시하여야만 법적 효력이 인정된다는 이념으로 '지적등록주의'라고도 한다.
(2) 이는 지적공부에 등록된 사항을 토대로 등기부를 개설하고, 각종 토지정책의 입안·결정·집행을 수행하고 있기 때문이다.
(3) 다만, 지적공부에 등록된 사항과 실지(實地)현황이 맞지 않을 때에는 예외적으로 실지(진실한) 현황에 따른다.

Wide | 지적형식주의와 형식적 심사주의

① 지적형식주의와 형식적 심사주의는 다른 개념이므로 주의를 요한다. 즉, 지적형식주의는 지적공부의 형식(서식 등)을 취한다는 뜻이고, 형식적 심사주의는 그 현황이나 기록(내용)의 사실여부의 판단을 형식적으로 한다는 뜻이다.
② 지적이나 등기의 법적 효력발생은 형식주의(등록·등기를 하여야 효력이 발생한다는 의미임)이나, 심사에 있어서 지적은 실질적 심사주의인 반면, 등기는 형식적 심사주의를 택하고 있다.

3 지적공개주의(지적공시주의)★★

(1) 지적공개주의란 지적공부에 등록된 사항을 토지소유자나 이해관계인은 물론이고 기타 일반국민들에게 신속, 정확하게 공개하여 정당하게 이용할 수 있도록 하여야 한다는 원칙을 말한다.
(2) 지적공개주의를 취함으로써 지적의 기본내용을 ① 일반국민에게 공시하는 기능과 ② 국가기관이 공증하는 기능을 할 수 있다.
(3) 지적공개주의의 결과 누구든지 일정한 수수료를 납부하고 지적공부의 열람이나 등본의 발급을 청구할 수 있으며, 지적소관청은 그 공개의무가 있는 것이다.
(4) 지적공부에 등록된 내용대로 토지에 경계점을 복원시키는 경계복원측량, 측량성과의 고시 등도 지적공개주의의 실현수단이 된다.

Professor Comment

「공간정보의 구축 및 관리 등에 관한 법률」의 3대 이념(국형공)은 지적국정주의·지적형식주의·지적공개주의이고, 5대 이념은 3대 이념에 실질적 심사주의·직권등록주의를 포함한다.

4 실질적 심사주의(사실적 심사주의)★

(1) 실질적 심사주의는 지적공부에 새로이 등록하는 사항이나 이미 등록된 사항의 변경, 말소는 지적소관청의 「공간정보의 구축 및 관리 등에 관한 법령」이 정한 절차상의 적법성뿐만 아니라 실체법상의 사실관계와 부합되는지 여부를 실제로 심사하여 지적공부에 등록하여야 한다는 것을 말한다.

제1장 지적제도

(2) 이를 위해 지적소관청은 등록을 하기 전에 반드시 지적측량이나 토지이동조사를 실시하여 사실관계와 부합하는지를 확인한 후에 지적공부를 정리하여야 한다.

(3) 이와 반대로 단지 서류나 장부상의 내용확인만으로 공부정리를 하는 것을 형식적 심사주의(우리나라 등기제도)라고 한다.

5 직권등록주의(등록강제주의, 적극적 등록주의)★ 28회 출제

(1) 직권등록주의라 함은 지적소관청이 국가의 통치권이 미치는 모든 영토를 필지단위로 빠짐없이 반드시 지적공부에 등록·공시하여야 한다는 원칙을 말한다.

(2) 그러므로 지적소관청이 지적공부에 등록되지 아니한 토지(미등록 섬·도로·하천·구거 등)를 발견한 때에는 이를 직권으로 조사·측량하여 새로이 등록하여야 하고, 토지이동 등의 경우에 토지소유자의 신청이 없는 때에는 직권으로 조사 및 등록을 하여야 한다(법 제64조 제2항).

(3) 직권등록주의에 대응되는 것은 임의등록주의, 소극적 등록주의로 이는 당사자의 신청이 있는 경우에만 등록하는 것을 말한다.

Professor Comment
직권등록주의는 1950년 「지적법」 제정 당시에 도입되어 시행되고 있으며 「지적법」의 이념 가운데 가장 늦게 도입되었다.

03 우리나라의 지적제도 11회 출제

1950년 지적제도창설 이후 2009년 수로조사에 관한 내용을 포함시켜 「측량·수로조사 및 지적에 관한 법률」을 제정하고, 2014년 다시 보다 포괄적인 「공간정보의 구축 및 관리 등에 관한 법률」로 개정하였다.

> **Wide | 우리나라의 지적제도**
>
> 1910년 토지조사법 ➡ 1912년 토지조사령, 1914년 토지대장규칙 ➡ 1914년 지세령 ➡ 1918년 임야조사령, 1920년 임야대장규칙 ➡ 1943년 조선지세령, 조선임야대장규칙 ➡ 1950년 「지적법」 ➡ 2009년 「측량·수로조사 및 지적에 관한 법률」 ➡ 2014년 「공간정보의 구축 및 관리 등에 관한 법률」
>
> ※ 비고 : 현재는 국가 공간정보에 관하여 「국가공간정보 기본법」, 「공간정보의 구축 및 관리 등에 관한 법률」, 「공간정보산업 진흥법」, 「국가공간정보센터 운영규정」을 통하여 체계적인 관리를 시도하고 있다.

04 지적제도의 유형

1 발전과정(설치목적)에 따른 유형★

(1) 세지적(稅地籍, Fiscal Cadastre)
  1) 토지에 대한 과세를 목적으로 설립하여 운영하는 지적제도이다.
  2) 각 필지의 면적을 정확하게 등록·공시하는 것을 중요시하며 과세지적이라고도 한다.

(2) 법지적(法地籍, Legal or Juridical Cadastre)
  1) 토지거래의 안전 및 토지소유권 보호를 목적으로 설립하여 운영하는 지적제도이다.
  2) 각 필지의 측지학적 위치를 정확하게 등록·공시하는 것으로 등록되는 경계(위치)를 중요시하며 소유지적이라고도 한다.

(3) 다목적지적(多目的地籍, Multipurpose Cadastre)
  1) 과세, 토지소유권 보호, 지상·지하 시설물 등 토지관련 정보를 집중 등록·공시하기 위한 목적으로 설립하여 운영하는 지적제도이다.
  2) 종합지적 또는 통합지적, 유사지적이라고도 하며, 하수도·전기·가스·전화 등 공공시설물을 중점 등록·관리하는 지적제도를 특별히 시설지적(utility cadastre)이라고도 한다.

지적측량방법(경계표시방법)에 따른 유형
① 도해지적
② 수치지적
③ 계산지적

Wide | 다목적 지적제도의 구성요소

① **측지기준망** : 측지기준망이란 지적측량의 기준이 되는 삼각점들을 연결한 삼각망, 수준점들을 연결한 수준망을 말한다.
② **기본도** : 측지기준망을 기초로 하여 작성된 도면으로서 지도 작성에 필요한 정보를 일정한 축척의 도면 위에 등록한 것이다.
③ **지적중첩도** : 측지기준망 및 기본도에 연계하여 활용할 수 있고 토지소유권에 대한 경계를 식별할 수 있도록 명확히 구분하여 정한 토지의 등록단위인 필지를 등록한 지적도와 시설물, 토지이용도, 지역구조도 등을 결합한 상태의 도면을 말한다.
④ **필지별 식별번호** : 각 필지별 등록사항의 저장과 수정 등을 쉽게 처리할 수 있는 가변성이 없는 고유번호를 말한다.
⑤ **토지자료파일** : 토지자료파일은 필지별 식별번호가 포함된 일련의 공부 또는 토지자료철을 말하는데 건축물대장, 과세대장, 천연자원기록 기타 토지이용, 도로, 시설물 등 토지관련자료를 등록한 대장을 뜻한다.

2 지적측량방법(경계표시방법)에 따른 유형★

(1) 도해지적(Graphical Cadastre)
 1) 토지의 경계점을 도면 위에 표시하는 지적제도로서 각 필지의 경계점을 일정한 축척의 도면 위에 기하학적으로 정리된 다각형의 형태로 표시하여 등록한다.
 2) 지적측량방법은 평판측량, 사진측량이다.

(2) 수치지적(Numerical Cadastre)
 1) 각 필지의 경계점을 평면직각종횡선수치(X, Y)의 형태로 표시하여 등록하는 지적제도이다.
 2) 지적측량방법은 경위의측량, 전파기·광파기측량방법이다.

단락문제 01

지적제도에 관한 설명 중 틀린 것은?
① 대부분의 지적제도는 세지적에서 비롯되었다.
② 법지적은 세지적보다 정밀도를 중요시한다.
③ 측량방법에 따라 세지적·법지적으로 분류한다.
④ 대부분의 선진국들은 다목적지적제도를 채택하고 있다.
⑤ 우리나라의 현행 지적제도는 법지적으로 다목적지적제도를 지향하고 있다.

해설 지적제도의 분류 및 특징
측량방법에 따른 지적제도는 「도해지적」과 「수치지적」으로 분류한다.

답 ③

3 등록방법에 따른 유형★★

(1) 2차원 지적(Two Dimensional Cadastre)

토지의 고저에 관계없이 수평면상의 투영을 가상하여 토지의 지표값만 등록하는 지적제도로서 평면지적 또는 수평지적이라고도 한다.

(2) 3차원지적(Three Dimensional Cadastre)

토지에 대한 지표는 물론 지상·지하의 시설물까지 등록·관리하는 지적제도로서 입체지적이라고도 한다.

(3) 4차원지적(Four Dimensional Cadastre)

3차원지적에서 시간의 개념을 추가한 지적제도로서 등록사항의 변동연혁 관리를 전산에 의하여 용이하게 관리할 수 있다.

4 등록의무에 따른 분류

적극적 지적(토지소유자가 신청하지 않더라도 직권등록)과 소극적 지적(토지소유자의 신청에 의한 등록)이 있는데 우리나라는 적극적 지적을 채택한다.

수치지적

① 정밀도가 높은 대신 비용이 많이 들어간다.
② 대도시지역과 도시개발지역 등에 부분적으로 채택한다.
③ 지가가 높고 분쟁이 잦은 지역에서 주로 사용한다.

제1장 지적제도

▼ 지적제도의 분류체계도

Key Point 능률성의 일반원리

법지적·도해지적·수치지적·2차원지적·적극적지적

05 지적제도의 기능★

(1) 지적제도는 토지등기의 기초가 되며 토지의 평가 및 과세의 기초가 된다.
(2) 토지거래의 기준, 토지이용계획의 기준, 주소표기의 기준, 기타 각종 토지정보(국토통계, 도시행정, 건축행정, 농사행정, 산림행정, 국·공유재산관리행정 등)를 제공하는 역할을 한다.

06 지적제도와 등기제도의 비교★★

지적제도는 등기제도의 모체로서 '선 등록, 후 등기원칙'을 채택하고 있어 모든 토지를 지적측량이라는 기술적 수단에 의하여 필지별로 구획하여 지적공부에 등록한 후 지적공부의 등록사항을 토대로 등기부를 개설하게 된다.

제1편 공간정보의 구축 및 관리 등에 관한 법률

Key Point 지적제도와 토지등기제도의 특성 비교

구 분	지적제도	토지등기제도
1) 근거법령	「공간정보의 구축 및 관리 등에 관한 법률」	「부동산등기법」
2) 내 용	토지에 대한 표시의 공시	토지에 대한 권리관계의 공시
3) 기본이념	① 국정주의 ② 직권등록주의 ③ 형식주의 ④ 공개주의 ⑤ 실질적 심사주의	① 당사자신청주의 ② 성립요건주의(형식주의) ③ 형식적 심사주의
4) 공부의 편제방법	리·동별 지번순 물적 편성주의	리·동별 지번순 물적 편성주의
5) 등록사항	① 대장(토지의 표시에 관한 사항, 소유자에 관한 사항, 기타표시사항) ② 도면(토지의 소재, 지번, 지목, 경계 등)	① 표제부(토지의 표시에 관한 사항) ② 갑구(소유권에 관한 사항) ③ 을구(소유권 외의 권리에 관한 사항)
6) 신청방법	단독신청	공동신청주의(원칙)
7) 관할구역	행정구역 중심	재판관할 중심
8) 심사방법	실질적 심사방법	형식적 심사방법
9) 추정력	불인정	인정
10) 공신의 원칙(공신력)	불인정	불인정
11) 담당기관	국토교통부	사법부(법원)

단락문제 02

제9회 기출

지적제도와 토지등기제도에 관한 설명 중 가장 타당하지 않은 것은?

① 지적제도는 실질적 심사주의를, 토지등기제도는 형식적 심사주의를 채택하고 있다.
② 지적공부에 등록된 소유자와 토지등기부에 등기된 소유자는 서로 달라도 된다.
③ 지적제도는 권리객체를, 토지등기제도는 권리주체를 중요시하여 등록·관리한다.
④ 지적제도는 토지표시사항을, 토지등기제도는 소유권과 기타 권리관계를 등록·관리한다.
⑤ 토지등기부에 등기하는 토지표시사항은 지적공부의 등록사항에 따른다.

해설 지적제도와 토지등기제도의 비교
② 지적공부기재사항과 토지등기부의 등기사항은 일치하여야 한다. 만약 불일치가 발생한 경우 토지소유자에 관한 사항은 등기필증, 등기완료통지서, 등기사항증명서 또는 등기관서에서 제공한 등기전산정보자료에 의하여 정정하여야 한다(법 제84조 제4항). 한편 토지의 표시에 관한 사항은 지적공부를 기준으로 일치시켜야 한다. **답** ②

빈출 함정 총정리

지적제도

CHAPTER 01

• 경록 교재에 모든 답이 있습니다.

01 현행 우리나라의 「공간정보의 구축 및 관리 등에 관한 법률」은 적극적 등록제도(소극적 등록제도 x)를 취한다.

02 지적공부의 등록대상이 되는 토지는 사권의 대상이 되는 토지와 일치하지 않는다(일치한다 x).

03 지적은 권리객체(권리주체 x)를 공시하고, 등기는 권리주체(권리객체 x)를 공시한다.

04 현행 「공간정보의 구축 및 관리 등에 관한 법률」은 적극적 등록주의, 수평지적제도, 용도지목제도, 지적형식주의(지적실질주의 x)를 취한다.

05 지적변동, 즉 토지이동은 공부상에 등록함으로써(지상의 이동만으로 x) 그 효력이 생긴다.

06 법지적(세지적 x)은 경계본위로 운영되고, 세지적(법지적 x)은 면적본위로 운영된다.

07 「공간정보의 구축 및 관리 등에 관한 법률」에서 취하고 있는 토지등록의 일반원칙으로 심사방법은 실질적 심사주의(형식적 심사주의 x)를 취한다.

08 「공간정보의 구축 및 관리 등에 관한 법률」의 3대 지도이념은 지적공개주의, 지적형식주의(지적실질주의 x), 지적국정주의이다.

09 지적과 부동산등기와의 관계에서 지적공부상의 소유자는 등기부상의 소유자와 다른 경우 제도적 장치를 두어 일치시키고 있다(권리자의 선택에 따라 이를 유지시킬 수 있다 x).

CHAPTER 02 총칙

학습포인트

- 이 장은 「공간정보의 구축 및 관리 등에 관한 법률」의 총설에 해당하는 부분으로서 용어의 정의와 지적공부에의 등록제도의 기본원칙, 기본적 등록단위인 필지와 등록사항인 소재·지번·지목·면적 그리고 경계와 좌표의 기본개념 및 각각을 정하는 방법 등에 대해 다루고 있다.
- 이 장에서는 용어의 정의와 등록사항, 즉 지목설정의 원칙 및 구분, 경계의 결정기준, 면적의 의의와 결정방법 등에 대해 거의 매회 3~4문제가 출제되므로 면밀한 반복학습과 암기가 필요하다.

CHAPTER 학습 & 출제되는 키워드

- ☑ 공간정보의 구축·관리법
- ☑ 대장·도면·경계점좌표등록부
- ☑ 토지의 등록제도
- ☑ 양입지
- ☑ 지번의 부여방법
- ☑ 지목설정의 원칙
- ☑ 경계와 좌표
- ☑ 지적재조사사업
- ☑ 지적소관청
- ☑ 토지의 표시
- ☑ 등록사항의 결정
- ☑ 토지의 등록사항
- ☑ 결번대장의 비치
- ☑ 지목의 구분
- ☑ 경계의 결정기준
- ☑ 경계의 확정절차
- ☑ 지적공부
- ☑ 용어의 정의
- ☑ 토지의 등록단위(필지)
- ☑ 지번의 구성 및 표기
- ☑ 지목
- ☑ 지목의 표기방법
- ☑ 면적의 측정방법·결정방법
- ☑ 중앙지적재조사위원회 등

CHAPTER 학습 & 출제되는 질문

- ☑ 토지의 이동(異動)에 따른 지번부여 방법에 관한 설명 중 틀린 것은?
- ☑ 지번의 부여 및 부여방법 등에 관한 설명으로 틀린 것은?
- ☑ 지목에 관한 설명으로 틀린 것은?
- ☑ 공간정보의 구축 및 관리 등에 관한 법령에서 규정하고 있는 면적에 관한 설명 중 틀린 것은?

제1절 공간정보의 구축 및 관리 등에 관한 법률 총설

01 공간정보의 구축 및 관리 등에 관한 법률의 입법목적 ★★★　18회 출제

제1조(목적) 이 법은 측량의 기준 및 절차와 지적공부(地籍公簿)·부동산종합공부(不動産綜合公簿)의 작성 및 관리 등에 관한 사항을 규정함으로써 국토의 효율적 관리 및 국민의 소유권 보호에 기여함을 목적으로 한다.

▼ 「공간정보의 구축 및 관리 등에 관한 법률」의 규정내용과 입법목적 및 이념과의 관계

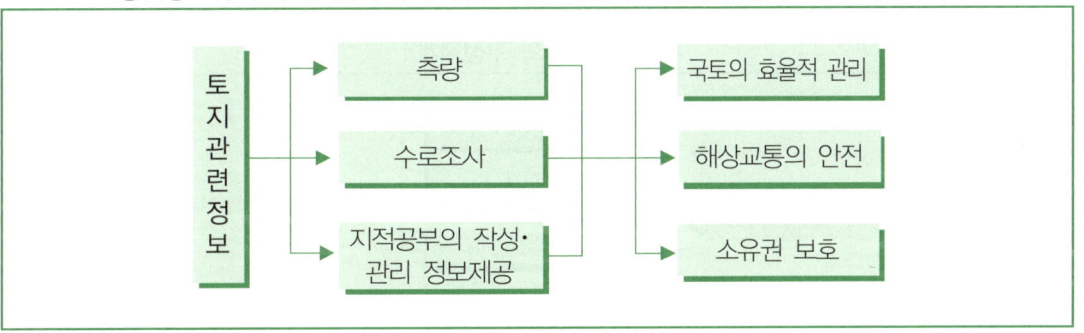

02 용어의 정의 (법 제2조) ★★★　12·16·17회 출제

1 지적소관청(법 제2조 제18호) ★★

"지적소관청"이란 지적공부를 관리하는 특별자치시장·시장(「제주특별자치도 설치 및 국제자유도시 조성을 위한 특별법」 제10조 제2항에 따른 행정시의 시장을 포함하며, 「지방자치법」 제3조 제3항에 따라 자치구가 아닌 구를 두는 시의 시장은 제외함)·군수 또는 구청장(자치구가 아닌 구의 구청장을 포함함)을 말한다.

제1편 공간정보의 구축 및 관리 등에 관한 법률

Professor Comment

이때 특별자치시장·시장·군수·구청장은 지방자치단체의 장으로서가 아니라 국가기관으로서의 장(기관위임)이다.

2 지적공부(법 제2조 제19호) 16회 출제

(1) 대장과 도면(가시적 지적공부)

　1) **대장**: 토지대장·임야대장·공유지연명부·대지권등록부
　2) **도면**: 지적도·임야도
　3) **경계점좌표등록부**

(2) 정보처리시스템을 통하여 기록·저장된 것(불가시적 지적공부)

전산정보처리조직에 의하여 자기디스크·자기테이프 그 밖에 이와 유사한 매체에 기록·저장 및 관리하는 집합물을 말한다.

▼ 지적공부의 구성체계

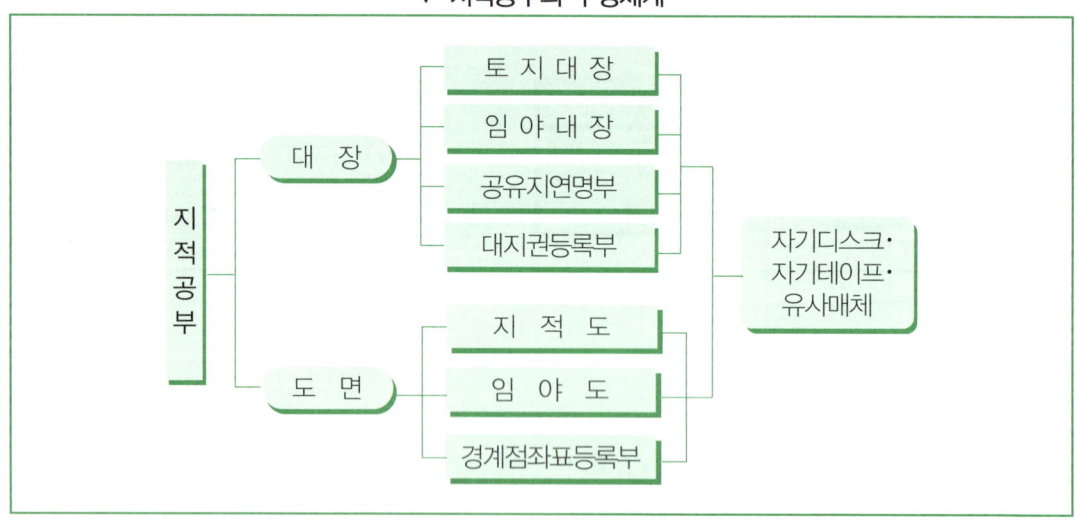

Professor Comment

기타 장부(일람도, 지번색인표, 결번대장, 지상경계점등록부)는 지적에 관한 보조장부이지 「공간정보의 구축 및 관리 등에 관한 법률」에서 정의하는 지적공부는 아니다.

3 토지의 표시(법 제2조 제20호)★ 18회 출제

(1) 지적공부에 토지의 소재·지번·지목·면적·경계 또는 좌표를 등록한 것을 말한다.
(2) 소유자의 성명이나 주소, 개별공시지가, 토지등급, 기준수확량 등은 토지표시가 아니다.

제2장 총칙

4 필지(법 제2조 제21호)
(1) 하나의 지번이 붙는 토지의 등록단위를 말한다.
(2) 토지의 인위적·법률적인 등록단위로서 토지에 대한 소유권이 미치는 한계를 구획하기 위해 물리적으로 연속된 토지에 지적측량을 실시하여 인위적으로 하나의 지번을 부여한 등록단위이다.

5 지번(법 제2조 제22호)
(1) 필지에 부여하여 지적공부에 등록한 번호를 말한다. → 개별성
(2) 지번은 토지의 특정성을 살리고 다른 토지와 구별이 가능하도록 하기 위한 것으로서, 또한 토지의 위치파악을 쉽게 하여 방문이나 우편배달이 쉽도록 해준다. 그러므로 동일지번부여지역 내에서 동일한 지번이 중복하여 부여되면 안 된다.

6 지번부여지역(법 제2조 제23호) ★★
지번을 부여하는 단위지역으로서 동·리 또는 이에 준하는 지역을 말한다.
→ 행정 리·동이 아님
(1) 법정 리·동을 말한다.
(2) 시·도나 시·군·구·읍은 지번부여지역이 아니다.
(3) 준하는 지역에는 외딴섬, 로(路, 신문로), 가(街, 종로1가) 등이 있다.
→ 도서별로 따로 지번을 설정한 지역

7 지목(법 제2조 제24호) 20회 출제
(1) 토지의 주된 용도에 따라 토지의 종류를 구분하여 지적공부에 등록한 것을 말한다.
(2) 현재 28개의 지목이 있다.

8 경계점(법 제2조 제25호)
지적공부에 등록하는 필지를 구획하는 선의 굴곡점으로서 지적도나 임야도에 도해형태로 등록하거나 경계점좌표등록부에 좌표 형태로 등록하는 점을 말한다.

9 경계(법 제2조 제26호)
필지별로 경계점들을 직선으로 연결하여 지적공부에 등록한 선을 말한다. 경계로 소유권이 미치는 범위와 면적을 결정한다.

10 면적(법 제2조 제27호) ★
(1) 면적이란 지적공부에 등록한 필지의 수평면상의 넓이를 말한다.
(2) 면적은 임야 등 경사를 이루고 있는 토지라 할지라도 그 경사면적이 아닌 수평면적을 계산한 것이다.

11 토지의 이동 [土地異動, (법 제2조 제28호)]

(1) 토지의 이동이란 토지의 표시를 새로이 정하거나 변경 또는 말소하는 것을 말한다.

(2) 토지의 이동의 종류에는 신규등록·등록전환·분할·합병·지목변경·축척변경·등록말소 등이 포함된다.

(3) 토지의 표시사항이 아닌 소유자의 변경·소유자의 주소변경·개별공시지가의 변동·토지의 등급이나 기준수확량 등급의 수정은 토지의 이동이 아니다.

Professor Comment
토지의 이동의 세부 내용은 아래의 12에서 17까지이다.

12 신규등록 (법 제2조 제29호)

신규등록은 새로이 조성된 토지와 지적공부에 등록되어 있지 아니한 토지를 지적공부에 등록하는 것을 말한다.

13 등록전환 (법 제2조 제30호) ★★

등록전환은 임야대장 및 임야도에 등록된 토지를 토지대장 및 지적도에 옮겨 등록하는 것을 말한다.

Professor Comment
토지가 개발되면 임야대장에서 제거되어야 한다(임야는 개발되지 않은 자연상태의 토지이기 때문이다).

14 분할 (법 제2조 제31호)

분할은 지적공부에 등록된 1필지를 2필지 이상으로 나누어 등록하는 것을 말한다.

15 합병 (법 제2조 제32호) 추가15회 출제

합병이란 지적공부에 등록된 2필지 이상의 토지를 1필지로 합하여 등록하는 것을 말한다.

16 지목변경 (법 제2조 제33호)

지목변경이란 지적공부에 등록된 지목을 다른 지목으로 바꾸어 등록하는 것을 말한다.

17 축척변경 (법 제2조 제34호)

지적도에 등록된 경계점의 정밀도를 높이기 위하여 작은 축척을 큰 축척으로 변경하여 등록하는 것을 말한다.

> 축척이란 축소도를 그릴 때 그 줄인 비례이며 지적도 내에서만 축척변경이 가능하다.

[예] $\dfrac{1}{2400}$ → $\dfrac{1}{600}$

18 지적측량(법 제2조 제4호)

지적측량이란 토지를 지적공부에 등록하거나 지적공부에 등록된 경계점을 지상에 복원하기 위하여 토지의 등록단위인 필지의 경계 또는 좌표와 면적을 정하는 측량을 말하며, 지적확정측량 및 지적재조사측량을 포함한다.

> **Wide** 수로측량·일반측량·지적확정측량·지적재조사측량
>
> ① **수로측량**(법 제2조 제5호) : 수로측량이란 해양의 수심·지구자기(地球磁氣)·중력·지형·지질의 측량과 해안선 및 이에 딸린 토지의 측량을 말한다.
> ② **일반측량**(법 제2조 제6호) : 일반측량이란 기본측량, 공공측량, 지적측량 및 수로측량 외의 측량을 말한다.
> ③ **지적확정측량**(법 제2조 제4호의2) : 법 제86조 제1항에 따른 사업이 끝나 토지의 표시를 새로 정하기 위하여 실시하는 지적측량을 말한다.
> ④ **지적재조사측량**(법 제2조 제4호의3) : 지적재조사사업에 따라 토지의 표시를 새로 정하기 위하여 실시하는 지적측량을 말한다.

19 측량기준점(법 제2조 제7호)

측량기준점은 측량의 정확도를 확보하고 효율성을 높이기 위하여 특정지점을 측량기준(법 제6조)에 따라 측정하고 좌표 등으로 표시하여 측량시에 기준으로 사용되는 점을 말한다.

20 측량성과(법 제2조 제8호)

측량성과란 측량을 통하여 얻은 최종 결과를 말한다.

단락핵심 — 용어의 정의

(1) 토지의 표시란 지적공부에 토지의 소재·지번·지목·면적·경계 또는 좌표를 등록한 것을 말한다.
(2) 경계란 필지별로 경계점들을 직선으로 연결하여 지적공부에 등록한 선을 말한다.
(3) 지번부여지역이란 리·동 또는 이에 준하는 지역으로서 지번을 부여하는 단위지역을 말한다.
(4) 등록전환이란 임야대장 및 임야도에 등록된 토지를 토지대장 및 지적도에 옮겨 등록하는 것을 말한다.
(5) 지적확정측량이란 사업이 끝나 토지의 표시를 새로 정하기 위하여 실시하는 지적측량을 말한다.
(6) 지목변경은 지적공부에 등록된 지목을 다른 지목으로 바꾸어 등록하는 것을 말한다.
(7) 토지의 이동은 토지의 표시를 새로이 정하거나 변경 또는 말소하는 것을 말한다.
(8) 합병은 지적공부에 등록된 2필지 이상을 1필지로 합하여 등록하는 것을 말한다.
(9) 축척변경이란 지적도에 등록된 경계점의 정밀도를 높이기 위하여 작은 축척을 큰 축척으로 변경하여 등록하는 것을 말한다.
(10) 지적측량수행자는 국토교통부장관의 권한을 위임받은 시·도지사에게 등록된 지적측량업자와 「국가공간정보 기본법」에 의해 설립된 한국국토정보공사를 말한다.

제1편 공간정보의 구축 및 관리 등에 관한 법률

단락문제 01
제17회 기출 개작

공간정보의 구축 및 관리 등에 관한 법령상 용어의 정의 중 옳은 것은?

① "지적소관청"이란 지적공부를 관리하는 지방자치단체인 특별자치시·시·군·구를 말한다.
② "지목"이란 토지의 주된 형상에 따라 토지의 종류를 구분하여 지적공부에 등록한 것을 말한다.
③ "축척변경"이란 지적도에 등록된 경계점의 정밀도를 높이기 위하여 작은 축척을 큰 축척으로 변경하여 등록하는 것을 말한다.
④ "토지의 표시"란 지적공부에 토지의 소재, 지번, 소유자, 지목, 면적, 경계 또는 좌표를 등록한 것을 말한다.
⑤ "면적"이란 지적공부에 등록한 필지의 수직면상 넓이를 말한다.

해설 「공간정보의 구축 및 관리 등에 관한 법률」상 용어의 정의
① 지방자치단체인 시·군·구가 아니라 국가기관인 시장·군수·구청장이 지적소관청이다.
② 우리나라는 용도지목이므로 형상이 아니라 용도에 따라 등록한다.
④ '소유자'는 권리의 표시사항이지 토지의 표시사항이 아니다.
⑤ 수직면상 넓이가 아니라 수평면상 넓이를 말한다

답 ③

제2절 토지의 조사·등록　14·33회 출제

> **제64조(토지의 조사·등록 등)**
> ① 국토교통부장관은 모든 토지에 대하여 필지별로 소재·지번·지목·면적·경계 또는 좌표 등을 조사·측량하여 지적공부에 등록하여야 한다.
> ② 지적공부에 등록하는 지번·지목·면적·경계 또는 좌표는 토지의 이동이 있을 때 토지소유자(법인이 아닌 사단이나 재단의 경우에는 그 대표자나 관리인을 말한다. 이하 같다)의 신청을 받아 지적소관청이 결정한다. 다만, 신청이 없으면 지적소관청이 직권으로 조사·측량하여 결정할 수 있다.
> ③ 제2항 단서에 따른 조사·측량의 절차 등에 필요한 사항은 국토교통부령으로 정한다.

01 토지의 등록제도

1 토지등록의 의의

토지의 등록이란 토지소유자나 기타 이해관계인에게 필요한 정보를 제공하기 위하여 국가기관인 지적소관청이 지적공부를 비치하여 모든 토지의 일정사항을 등록하고 이를 공시하는 행정행위(처분)를 말한다.

2 토지등록의 원칙

(1) 직권등록주의

1) 모든 토지는 국가기관인 지적소관청이 필지마다 토지의 소재·지번·지목·면적·경계 또는 좌표 등을 정하여 지적공부에 등록하여야 한다는 원칙을 말한다.
2) 특히 소유자가 없거나, 소유자의 등록신청이 없는 경우 국가는 직접 토지이동조사 및 지적측량을 실시하여야 한다.

(2) 지적국정주의

1) 오직 국가기관인 지적소관청만이 소재·지번·지목·면적·경계 또는 좌표 등을 조사 또는 측량하고 결정하여 등록할 수 있으며, 개인이나 지적소관청이 아닌 국가기관은 원칙적으로 지적사항을 결정하거나 조사 또는 측량을 하지 못한다는 원칙을 말한다.
2) 전문기술자·법률가라도 개인·법인의 자격으로는 토지표시사항의 결정권한이 없고 국가만이 행사한다.

(3) 특정화의 원칙★

1) 모든 토지는 권리의 객체로서 특정적이면서 단순·명확한 방법에 의하여 인식될 수 있도록 개별화하여 등록하여야 한다는 원칙을 말한다.
2) 이렇게 개별화하여 등록함으로써 별개의 독립적인 토지로서 인식되게 하며, 궁극적으로는 지번으로서 완전하게 특정된다.

(4) 공시의 원칙(공개의 원칙)★

1) 토지등록 사항의 변동, 즉 토지이동이나 물권의 변동은 반드시 외부에 알려야 한다는 원칙을 말한다.
2) 토지에 관한 등록사항을 일반국민에게 공개하여 토지소유자는 물론 이해관계자 및 모든 이들이 이용할 수 있도록 토지등록사항을 언제나 외부에서 인식하고 활용할 수 있도록 하는 것이다.

3 등록사항의 결정(법 제64조) 23회 출제

(1) 국토교통부장관은 모든 토지에 대하여 필지별로 소재·지번·지목·면적·경계 또는 좌표 등을 조사·측량하여 지적공부에 등록하여야 한다.
   (법인이 아닌 사단이나 재단의 경우에는 그 대표자나 관리인을 말함. 이하 같음)
(2) 지적공부에 등록하는 소재·지번·지목·면적·경계 또는 좌표는 토지의 이동이 있을 때 토지소유자의 신청을 받아 지적소관청이 결정한다.
(3) 다만, 신청이 없으면 지적소관청이 직권으로 조사·측량하여 결정할 수 있다.

Wide | 토지등록의 효력★★

① **법률적 효력**
토지등록과 그 공시는 행정처분(=행정행위)이므로, 그 법률적 효력은 일반적으로 행정처분의 효력인 구속력, 공정력, 확정력, 강제력 등의 효력이 주어진다.

㉠ 구속력	지적소관청 자신이나 토지소유자·이해관계인을 구속하는 힘이 발생한다. → 행정처분이 유효하게 존재하는 한 그것의 부정·효력을 기피할 수 없다. • 모든 토지등록은 등록완료와 동시에 구속력이 발생한다.
㉡ 공정력	행정처분이 유효요건을 완전히 갖추지 못하여 하자가 있다고 인정될지라도 당연무효인 경우를 제외하고는 쟁송·직권취소할 때까지 그 행위는 적법의 추정을 받고 누구도 부인하지 못하는 효력을 가진다.
㉢ 확정력	유효하게 등록된 표시사항은 일정기간 경과 후 불가쟁력·불가변력이 생긴다. ⓐ 불가쟁력(형식적 확정력) : 상대방·이해관계인이 행정행위의 효력을 다툴 수 없게 되는 힘 ⓑ 불가변력(실질적 확정력) : 지적소관청 자신도 임의로 취소·변경·철회할 수 없는 힘
㉣ 강제력	지적측량·토지등록사항에 대하여 사법권의 힘을 빌릴 것이 없이 행정청 자체명의 및 자력으로 집행·실현할 수 있는 힘을 가진다. (예 직권조사·측량 및 등록, 직권합병, 행정질서벌 등)

02 토지의 등록단위 (필지)

1 필지의 의의와 기능★★

(1) 의 의
필지란 하나의 지번이 붙은 토지의 등록단위로서, 토지의 크기나 형태와는 관계없이 하나의 필지에는 하나의 지번이 붙는다.

(2) 기 능
1) 토지의 등록은 필지를 등록단위로 하여 소재·지번·지목·면적·경계 또는 좌표 등이 결정되고, 이로써 토지의 효율적인 이용이나 보유가 가능하게 된다.
2) 필지는 민법의 1물1권주의에 따른 소유권이 미치는 범위의 한계를 결정하는 기준이 된다.
3) 토지거래의 경우, 거래목적물의 대상 및 범위와 특성을 명확하게 공시함으로써 거래의 안전과 재산권을 보장한다.

> **Wide** 필지와 획지
>
> | 필 지 | 획 지 |
> |---|---|
> | ① 「공간정보의 구축 및 관리 등에 관한 법률」상의 개념 | ① 부동산학적인 개념 |
> | ② 법률적·인위적 기준으로 구획 | ② 자연적·물리적 기준으로 다른 토지와 구별토록 구획 |

필 지
① 토지의 등록단위를 말한다.
② 필지마다 토지의 물리적 현황에 관한 일정한 사항을 기록한 장부가 「지적공부」이다.

제1편 공간정보의 구축 및 관리 등에 관한 법률

2 필지의 성립요건(1필지로 정할 수 있는 기준 ; 영 제5조 참조)★★★

(1) 지번부여지역이 동일할 것

1) 1필의 토지가 되기 위해서는 같은 지번부여지역 내의 토지이어야 한다. 지번부여지역이 다르면 토지를 분할해야 한다. → '동'이나 '리'
2) 하나의 대지에 건물이 존재한다고 하여도 서로 다른 동이나 리에 걸쳐 있는 경우에는 1필지로 할 수 없고 서로 다른 필지로 구획하여야 한다.

(2) 소유자가 동일할 것

1) 필지는 토지에 대한 소유권이 미치는 범위를 정하는 기준이 되는 것이므로 획정(劃定)하는 1필지의 토지가 되기 위해서는 소유자가 동일하여야 한다. 소유자가 다르면 토지를 분할해야 한다.
2) 필지가 성립하기 위해서는 소유자만 동일하면 족하고 소유권 외의 권리(지상권, 전세권 등)는 반드시 동일하지 않아도 된다.
3) 공유의 경우에는 공유자 전원이 하나의 소유권을 갖고, 공유자는 그 지분의 비율에 따라 권리를 행사하는 것이므로 이에 위반되는 것이 아니다(1물1권주의).

(3) 지목(용도)이 동일할 것

1) 1필1목의 원칙에 의하여 동일 용도의 토지에 대하여는 하나의 지목만을 정하여 1필의 토지로 등록할 수 있다.

Professor Comment

1필1목의 원칙이란 1필지마다 하나의 지목을 설정하여야 한다는 원칙을 말한다. 즉, 1필지의 토지에는 2 이상의 지목을 두어서는 안 된다.

2) 토지의 용도가 서로 다른 경우에는 1필지로 등록할 수 없고 토지를 분할해야 한다.

필지의 성립요건

소유자가 다르면 서로 다른 필지가 된다.

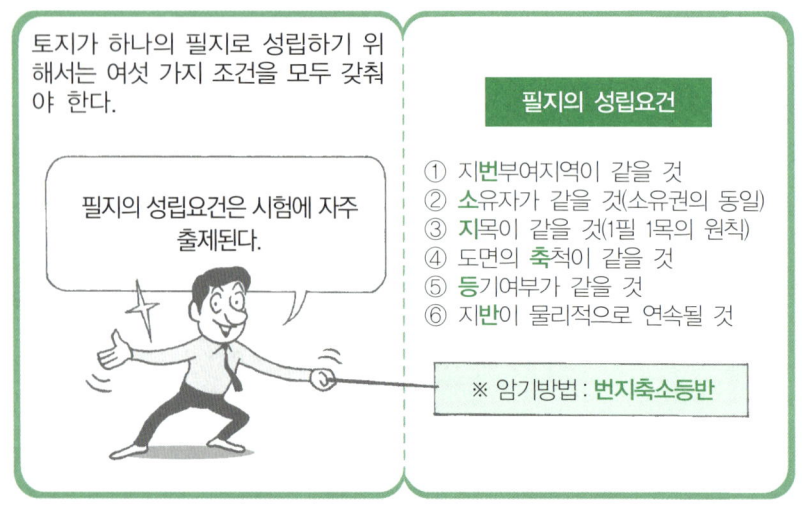

(4) 축척이 동일할 것(법 제80조 제3항 제3호, 영 제66조 제3항 제1호)

1) 토지의 경계는 도면에 등록된 선을 의미하므로 축척이 다르면 경계를 이룰 수 없고, 도면에서 면적 측정도 불가하다. 따라서 도면의 축척이 서로 다른 지역의 토지는 1필지로 등록될 수 없다.
2) 지적도 등록지와 임야도 등록지는 축척이 다르므로 1필지로 등록될 수 없다.

(5) 등기여부가 동일할 것(영 제66조 제3항 제3호)

1) 1필지가 되기 위해서는 등기여부가 일치하여야 한다.
2) 즉, 등기된 토지와 등기된 토지, 미등기토지와 미등기토지는 같은 필지가 될 수 있으나, 등기된 토지와 미등기된 토지는 같은 필지가 될 수 없다.
3) 반드시 등기되어야만 1필지가 되는 것은 아니다. 미등기된 토지도 1필지가 될 수 있다.

(6) 지반이 물리적으로 연속될 것

1) 1필지가 되기 위해서는 지반(地盤)이 연속되어야 한다.
2) 도로나 하천·구거·제방·철도용지·수도용지 등에 의하여 토지의 표면이 단절된 경우에는 1필지가 될 수 없으므로 별개의 필지로 획정하여야 한다.

Professor Comment
필지의 성립요건은 토지의 합병요건과 동일하다.

다음 중 1필지의 성립요건 중 틀린 것은?

① 지반이 연속될 것　　　　　　　　② 등기여부가 같을 것
③ 양입지(量入地)가 없을 것　　　　④ 지적도의 축척이 같을 것
⑤ 지번부여지역이 같고 지목이 같을 것

해설 1필지의 성립요건
③ 양입지란 전·답 등의 주된 지목을 갖는 토지에 편입되는 협소한 종된 토지를 말한다. 따라서 양입지는 필지의 성립요건과는 무관하다.
답 ③

제1편 공간정보의 구축 및 관리 등에 관한 법률

3 양입지(영 제5조 제2항)★★ 10회 출제

(1) 의 의

1필지가 되기 위하여는 소유자와 용도가 동일하고 지반이 연속된 토지이어야 하므로 용도가 서로 다른 토지인 경우 별도의 필지로 설정하여야 하지만, 일정요건을 갖춘 경우에는 주된 용도의 토지에 편입하여 1필지로 할 수 있는데 이처럼 <u>주된 용도의 토지에 편입되어 1필지로 획정되는 종된 토지</u>를 양입지(量入地)라 한다.

▼ 양입지

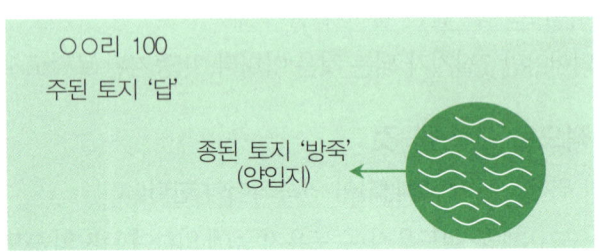

위의 그림에서 종된 용도인 물이 괴어 있는 방죽을 별개의 필지로 획정하지 아니하고 답에 편입(양입)시켜 전체를 1필지로 획정한다. 이 경우 종된 토지인 물이 괴어 있는 방죽을 양입지라고 한다.

(2) 기능(효용)

이것은 지목의 설정방법에서 주지목추종(主地目追從)의 원칙을 표현한 것으로 <u>토지거래의 불합리성과 지적정리상 복잡성으로 인한 공시의 어려움을 해소</u>하기 위한 것이다.

양입지

양입지의 요건에는 2가지가 있다. 그러나 지목이「대」인 토지는 아무리 작아도 양입지가 되지 않고 그대로「대」이다.

첫째, 주된 토지의 편익을 위하여 설치된 도로, 구거 등의 토지일 것
종된 토지의 면적이 주된 토지면적의 10% 이하여야 양입지로 가능하다.

둘째, 주된 토지에 접속되거나 둘러싸인 다른 용도의 협소한 토지일 것이다.
종된 토지의 면적이 330㎡ 이하여야 양입지로 가능하다.

제2장 총칙

> *Professor Comment*
> 주지목추종의 원칙은 1필지의 토지 일부가 주된 사용목적과 다른 용도로 사용되거나 주된 사용목적과 종속관계에 있을 때에는 주된 사용목적에 따른 지목으로 설정하여야 한다는 원칙을 말한다.

(3) 요건(영 제5조 제2항)

1) 주된 용도의 토지의 편의를 위한 도로·구거 등의 토지 → 도랑
2) 주된 용도의 토지에 접속되거나 주된 용도의 토지로 둘러싸인 토지로서 다른 용도로 사용되고 있는 토지

> *Professor Comment*
> 사인의 도로·구거 등은 독립적이지 않을 때 편입할 수 있고, 접속되거나 둘러싸여 있지 않으면 지반이 불연속되는 것이다.

(4) 양입지의 제한(영 제5조 제2항 단서) 20회 출제

다음의 경우에는 양입되지 않고 별개의 필지(별필지 : 別筆地)로 획정하여야 한다.

1) 종된 토지의 용도가 대(垈)인 경우

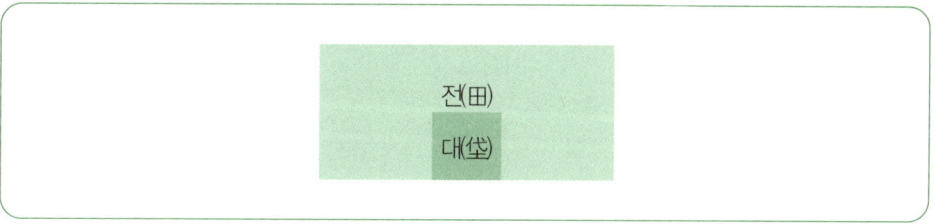

양입지 제한요건 (양입지가 될 수 없는 경우)
① 종된 토지의 지목이 '대'인 경우
② 종된 토지의 면적이 주된 토지면적의 10%를 초과하는 경우
③ 종된 토지의 면적이 330㎡를 초과하는 경우

2) 종된 토지의 면적이 주된 토지면적의 10%를 초과하는 경우

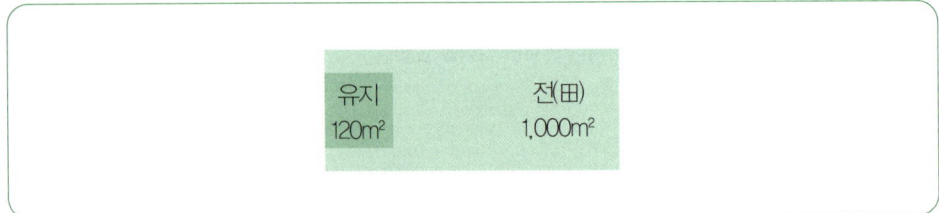

3) 종된 토지의 면적이 330㎡를 초과하는 경우

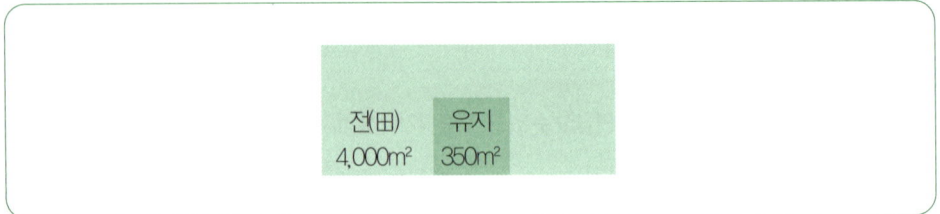

단락문제 Q3

제20회 기출

토지의 조건이 다음과 같을 때 1필지로 할 수 있는 경우는?

- 지번부여지역 안의 토지로서 소유자가 동일하고 지반이 연속된 토지임
- 주된 용도(과수원)의 토지가 종된 용도(유지溜池)의 토지를 둘러싸고 있음

① 과수원의 면적이 5,000㎡이고, 유지의 면적이 450㎡인 경우
② 과수원의 면적이 4,000㎡이고, 유지의 면적이 331㎡인 경우
③ 과수원의 면적이 3,000㎡이고, 유지의 면적이 301㎡인 경우
④ 과수원의 면적이 2,000㎡이고, 유지의 면적이 220㎡인 경우
⑤ 과수원의 면적이 1,000㎡이고, 유지의 면적이 100㎡인 경우

해설 양입지의 제한
양입지는 종된 토지의 용도가 대인 경우이거나 종된 토지의 면적이 주된 토지 면적의 10%를 초과하는 경우 및 종된 토지의 면적이 330㎡를 초과하는 경우에 제한된다.

답 ⑤

제2장 총칙

제3절 토지의 등록사항 17회 출제

01 지번 10·15·17·29회 출제

> 법 제2조 제22호
> "지번"이란 필지에 부여하여 지적공부에 등록한 번호를 말한다.

1 지번의 의의
(1) 지번이란 필지에 부여하여 지적공부에 등록한 번호를 말하며, 구체적으로는 각각 구획된 토지를 다른 토지와 구별할 수 있도록 하기 위하여 지적소관청이 필지마다 붙이는 순차적인 번호이다.
(2) 지번은 지적소관청이 지번부여지역별로 차례대로 부여한다.

2 지번부여의 효과 및 기능 ★
(1) **지번부여의 효과**
  1) 다른 필지와 구별되는 개별성을 보장하기 위하여 지번을 부여한다.
  2) 지번을 부여함으로써 소재 및 위치식별이 쉽고, 위치추측이 가능해진다.

(2) **지번부여의 기능**
  1) 주소표기에 활용하여 방문, 통신전달의 편의제공뿐만 아니라 부동산활동 등의 경제생활에 이용하기 위함이다.
  2) 동일한 지번부여지역에 지번은 1개를 부여하여 특정화하기 위함이다.
  3) 토지의 이용과 관리의 효율화 및 다목적 지적을 위한 자료의 기능을 한다.

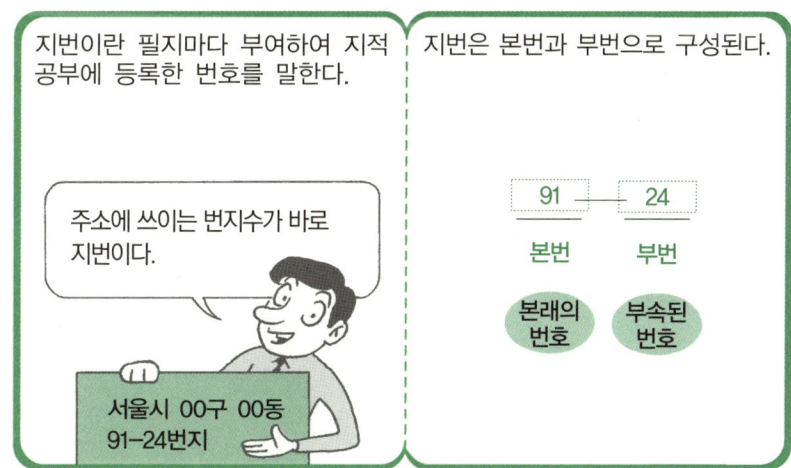

지번과 토지의 등록사항

1) 지 번
 ① 필지마다 부여한 번호
 ② 토지의 등록사항 중의 하나
2) 토지의 등록사항
 소재·지번·지목·면적·경계 또는 좌표

 토지의 등록사항
 =
 소·지·목·적·좌·경

제1편 공간정보의 구축 및 관리 등에 관한 법률

3 지번의 구성 및 표기★★★

(1) 지번표기방법(영 제56조 제1항)

1) 지번은 아라비아 숫자로 표기한다.
2) 임야대장 및 임야도에 등록하는 토지는 숫자 앞에 "산"자를 붙인다.

Professor Comment
지목인 임야 앞에 "산"자를 붙이는 것이 아님을 유의해야 한다.

(2) 지번의 구분

1) 본번
"―"가 없는 지번이거나 "―"의 부호가 있는 지번인 경우 "―"의 부호 앞에 있는 번호를 말한다.

2) 부번
"―"가 있는 지번으로서 "―"의 부호 다음에 부여한 번호를 말한다.

> **Key Point** 지번의 표기
>
> 1) 우리나라의 주소는 대지의 지번을 사용하고, 공동주택은 지번 외에 동 호수를 기재하여 주소표시를 한다.
> 2) 지번은 주소 등 행정적인 면으로 쓸 때 번지라고 표현한다.
>   예) 서울특별시 ○○구 ○○동 412-2에서 지번은 412의 2라고 읽고 번지는 412번지 2호라고 읽는다.

4 지번의 부여방법★★★

(1) 지번은 본번과 부번으로 구성하되, 본번과 부번 사이에 "―" 표시로 연결한다. 이 경우 "―" 표시는 "의"라고 읽는다(영 제56조 제2항).
(2) 부번만으로는 지번을 구성할 수 없다.

구 분	단식지번		복식지번		비 고
1) 종 류	본번만으로 구성		본번 "―" 의 부번		지번은 본번과 부번으로 구성하되, 본번과 부번은 "―"표시로 구분한다. "―"는 "다시"로 읽지 않고 "의"로 읽는다.
2) 대장별	토지대장	임야대장	토지대장	임야대장	
3) 지번표기	123	산123	123-4	산123-4	

제2장 총 칙

5 지번부여원칙★

(1) 기번(起番)의 위치에 따른 지번부여방법

1) 북동기번법(北東起番法)
지번부여지역의 북동쪽에서부터 시작하여 1번부터 지번을 부여하고 순차로 진행하다가 남서쪽에서 끝내도록 하는 방식이다. 한자를 주로 사용하는 사회에서 많이 쓰인다.

2) 북서기번법(北西起番法)
① 지번부여지역의 북서쪽에서 시작하여 지번을 부여하고 순차로 진행하다가 남동쪽에서 끝내도록 하는 방식이다. 한글, 영어, 아라비아 숫자를 사용하는 사회에서 많이 쓰인다.

② 현행 「공간정보의 구축 및 관리 등에 관한 법률」은 '지번은 북서에서 남동으로 순차적으로 부여할 것'이라고 하여 북서기번법에 따르도록 규정하고 있다(영 제56조 제3항 제1호).

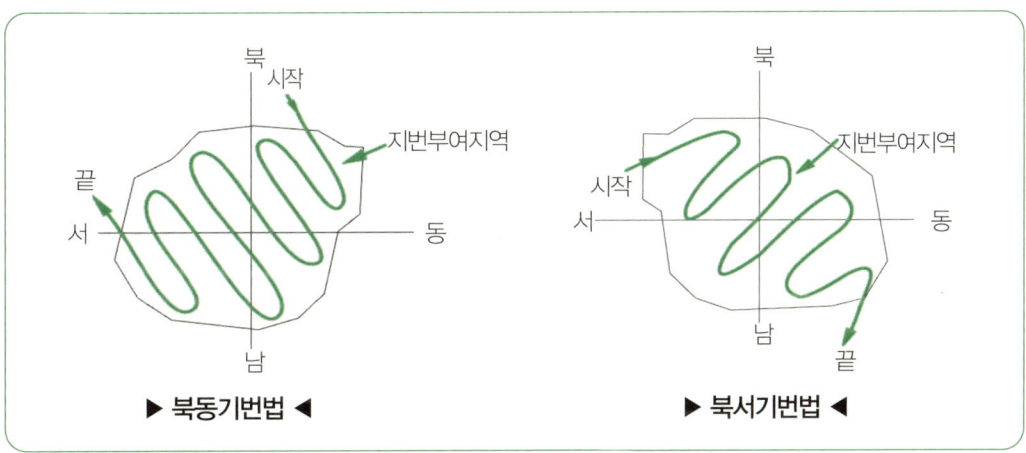

▶ 북동기번법 ◀ ▶ 북서기번법 ◀

(2) 부여단위에 따른 지번부여방법

1) 지역단위법
① 지번부여지역 전체를 두고 차례로 북서에서 남동방향으로 순차적으로 지번을 부여하는 방식으로 지번부여지역 내의 도면 또는 블록 등의 배열과는 관계없이 지번을 부여한다.

② 지번부여지역이 넓지 않거나, 도면의 매수가 많지 않은 지역에 적합하다.

제1편 공간정보의 구축 및 관리 등에 관한 법률

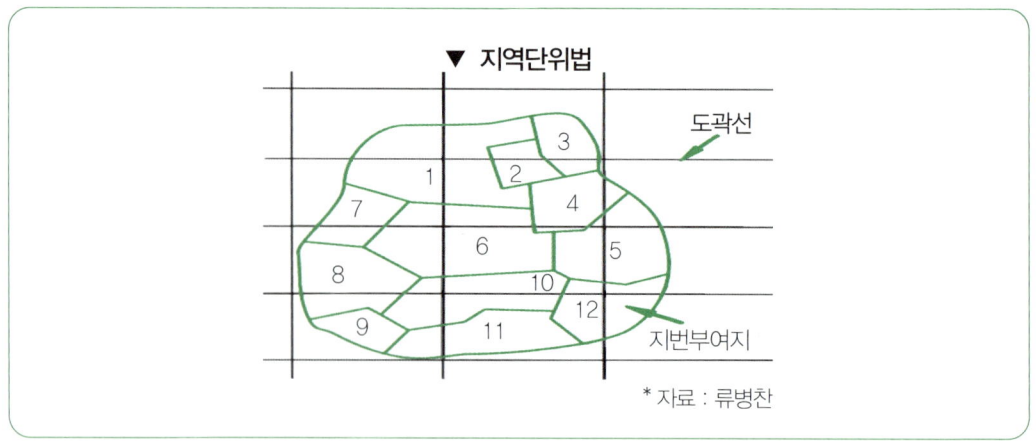

2) 도엽(圖葉)단위법

① 도엽(도면의 페이지)단위법은 도면별로 세분하여 도엽의 순서에 따라 지번을 붙이는 방법이다.
② 지번부여지역이 넓거나, 도엽이 많은 경우에 적합하다.

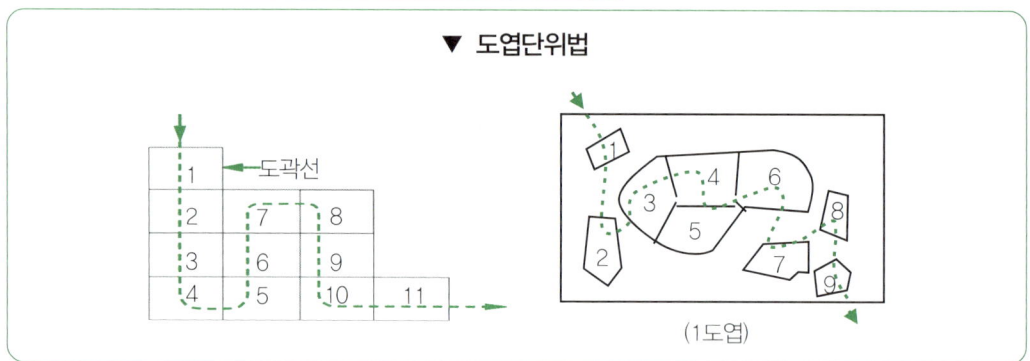

3) 단지단위법

단지단위법은 도시개발사업 등의 지역에서 하나하나의 단지(블럭)를 기준으로 하여 단지의 순서에 의해 지번을 부여하는 방법을 말한다.

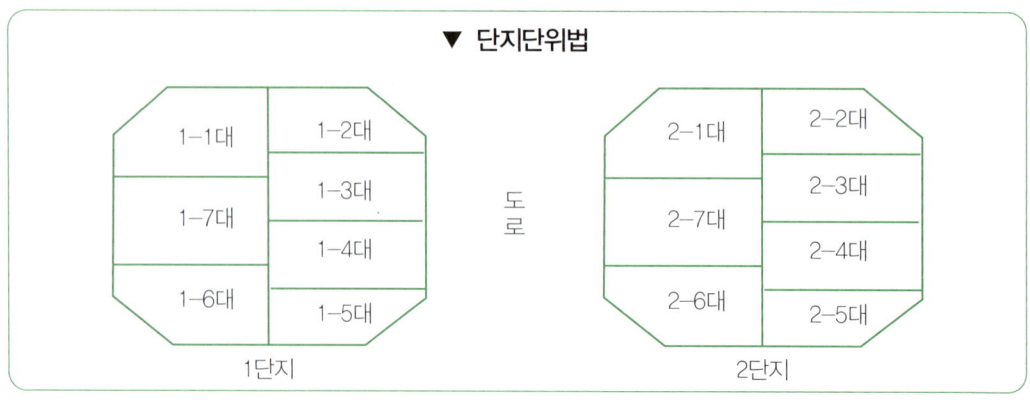

(3) 지번의 진행방향에 따른 지번부여방법 ★★★

1) 사행식(蛇行式)

① 사행식은 필지의 순서에 따라 마치 뱀이 기어가는 형상으로 지번을 붙이는 방법으로 토지의 배열이 불규칙한 경우에 편리하다.

② 진행방향으로는 지번이 연속되나 옆으로는 연속되지 않는 것이 단점이다.

③ 우리나라의 토지(농어촌지역)의 지번부여에 가장 많이 쓰이는 방법이다.

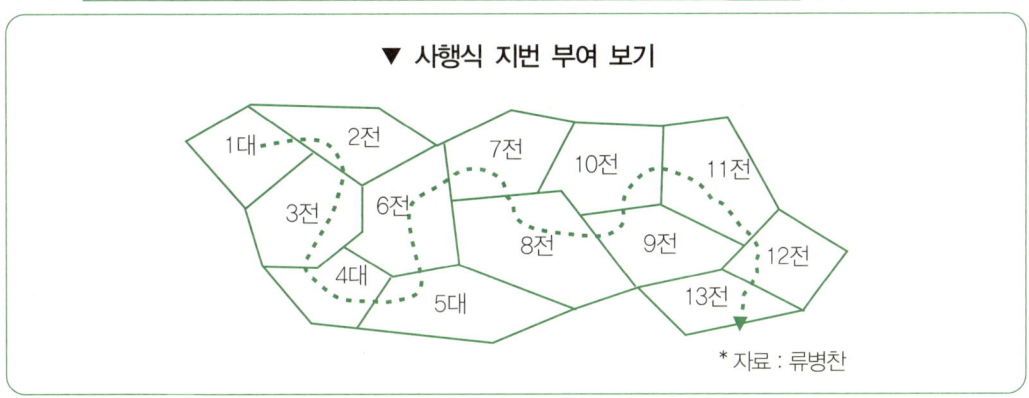

▼ 사행식 지번 부여 보기

* 자료 : 류병찬

2) 기우식[奇偶式 : 교호식(交互式)]

① 기우식은 도로(가로)를 중심으로 하여 한쪽은 홀수[奇數]지번을 붙이고 다른 한 쪽은 짝수[偶數]지번을 붙이는 방법이다.

② 가로를 중심으로 하여 형성된 지역인 경우(시가지지역)에 편리하다.

③ 토지의 소재를 쉽게 추측할 수 있는 장점이 있다.

 지번의 진행방향에 따른 지번 부여방법

① 사행식
② 기우식
③ 단지식
④ 절충식

제1편 공간정보의 구축 및 관리 등에 관한 법률

▼ 기우식 지번 부여 보기

3) 단지식(블록식, 가구식)

① 단지식은 몇 필지의 토지가 모여 하나의 단지를 형성하는 경우 각각의 단지마다 본번은 동일하고 부번만 다르게 하는 방법을 말한다.
② 도시개발사업, 택지개발사업, 농지개량사업시행지역 등의 지번부여에 적합하다.

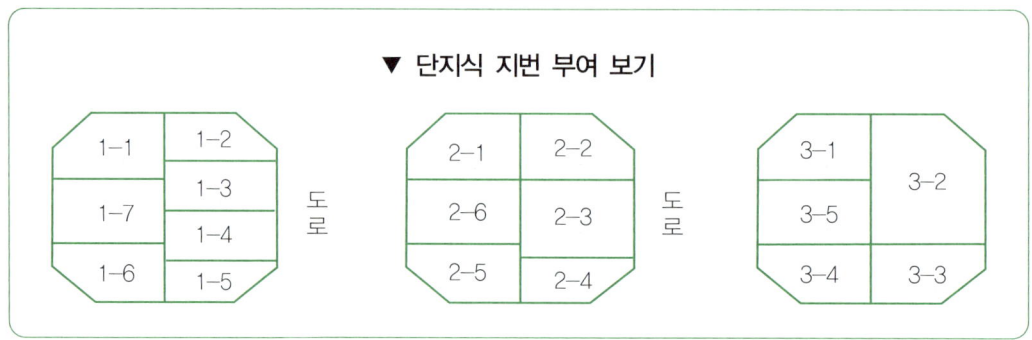

▼ 단지식 지번 부여 보기

4) 절충식

절충식은 토지배열이 불규칙한 산간지역의 논이나 밭 등의 지역은 사행식을, 토지배열이 규칙적인 도시지역 등은 기우식을 붙이는 방법이다.

절충식

① 도시근교지역에서 주로 시행한다.
② 산간지역(토지배역 불규칙)은 사행식 지번을 부여하고, 도시지역(토지배열 규칙)은 기우식 지번을 부여한다.

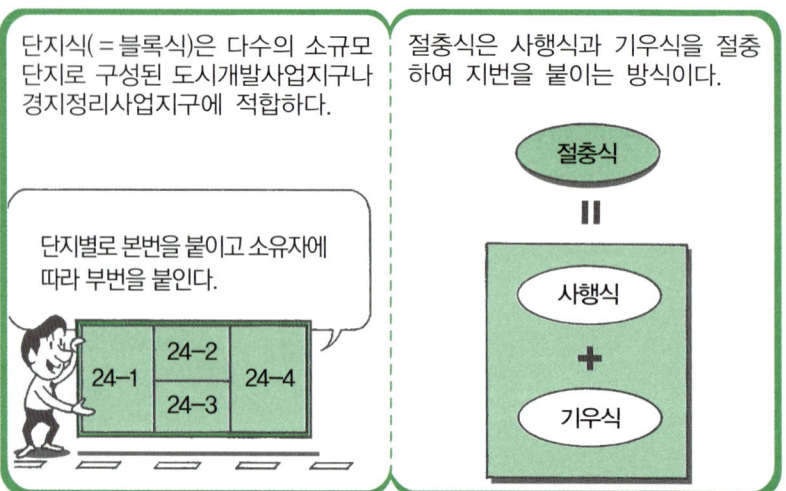

(4) 부번의 표기형태(분할)에 따른 지번부여방법★

1) **평행(平行)제도**
   지번을 단식지번(본번)이나 복식지번(부번)으로 표기하는 제도

2) **분수제도**
   지번을 분모와 분자가 있는 분수형태로 표기하는 제도(독일식)

3) **분기(分岐)제도**
   24의 토지를 2필지로 분할할 때 24a, 25b로 표기하듯 모(母)지번에 기초하여 문자나 기호 색인을 써서 지번을 표기하는 방법으로 기번제도(記番制度)라고도 한다.

4) **자유번호제도**
   최종지번이 321인 지역에서 예를들어 56지번이 2필지로 분할되면 322와 323으로 표기하듯 기존 지번을 소멸시키고 아직 사용하지 않는 지번을 부여하는 방식이다.

Professor Comment
우리나라에서 채택하고 있는 지번부여방법 → 단식·복식지번, 북서기번법, 도엽단위법, 사행식, 기우식, 단지식, 평행제도

 **락문제04**   제10회 기출

지번에 대한 설명 중 옳은 것은?

① 토지구획정리 및 경지정리지구에 적합한 지번부여단위는 도엽단위법이다.
② 필지의 배열이 불규칙한 농촌지역에서 많이 이용되는 지번부여방법은 교호식(交互式)이다.
③ 지번은 아라비아숫자로 표기하고 임야대장은 숫자 앞에 '산'자를 붙여 표기한다.
④ 지번은 항상 본번과 부번으로 이루어진다.
⑤ 지번을 설정하는 기본은 북동기번법이다.

해설 지번부여방법 등
① 적합한 지번부여방식은 단지단위법이다.
② 사행식이다.
③ 지번은 아라비아숫자로 표기하되, 임야대장 및 임야도에 등록하는 토지의 지번은 숫자 앞에 "산"자를 붙인다.
④ 본번만으로 이루어지는 단식지번도 있다.
⑤ 북서기번법이다(영 제56조 제3항 제1호).

답 ③

6 「공간정보의 구축 및 관리 등에 관한 법률」상 지번부여방법(토지등록 및 토지이동시)
★★★ 18·19·23·28회 출제

(1) 기본원칙

북서기번주의에 따라 당해 지번부여지역의 북서쪽에서 지번을 부여하여 지번부여지역의 남동쪽에서 끝나도록 순차적으로 지번을 부여한다(영 제56조 제3항 제1호).

(2) 신규등록 및 등록전환(영 제56조 제3항 제2호)

1) 원칙

지번부여지역 안의 인접토지의 본번에 부번을 붙여 부여한다.

2) 예외 35회 출제

부번을 붙이는 것이 부적당하다고 인정되는 다음의 경우에는 최종 본번의 다음 순번부터 본번으로 하여 순차적으로 지번을 부여할 수 있다.

① 대상토지가 그 지번부여지역 안의 최종 지번의 토지에 인접되어 있는 경우
② 대상토지가 이미 등록된 토지와 멀리 떨어져 있어서 등록된 토지의 본번에 부번을 부여하는 것이 불합리한 경우
③ 대상토지가 여러 필지로 되어 있는 경우

(3) 분할(영 제56조 제3항 제3호)★★★

1) 원칙

분할 후의 필지 중 1필지의 지번은 분할 전의 지번으로 하고, 나머지 필지의 지번은 본번의 최종 부번의 다음 순번으로 부번을 부여한다.

2) 예외

분할 후의 필지 중 주거·사무실 등의 건축물이 있는 필지에 대해서는 분할 전의 지번을 우선하여 부여하여야 한다.

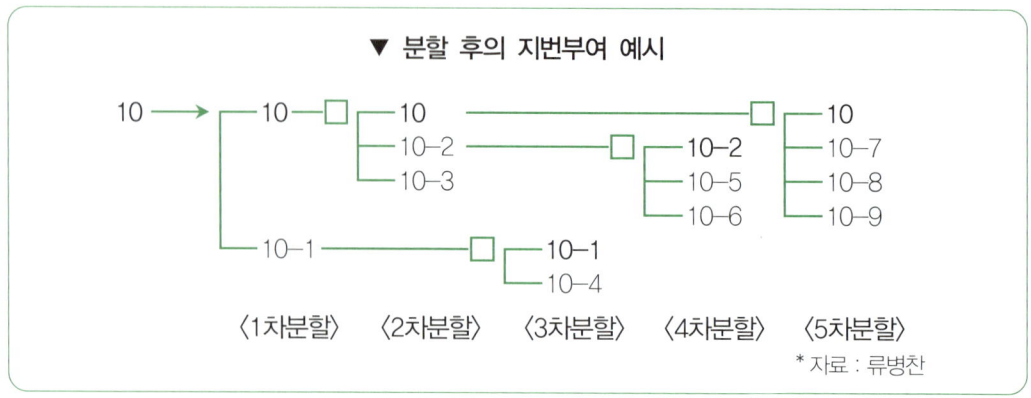

▼ 분할 후의 지번부여 예시

*자료 : 류병찬

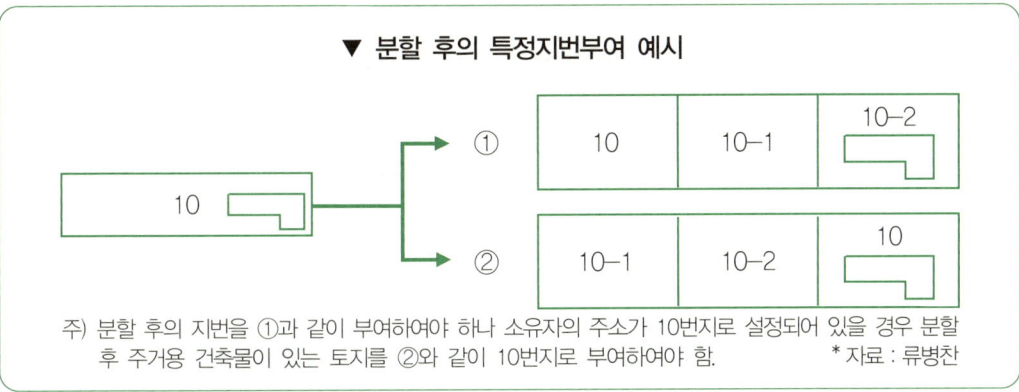

주) 분할 후의 지번을 ①과 같이 부여하여야 하나 소유자의 주소가 10번지로 설정되어 있을 경우 분할 후 주거용 건축물이 있는 토지를 ②와 같이 10번지로 부여하여야 함.

* 자료 : 류병찬

(4) 합병(영 제56조 제3항 제4호)★★ 10회 출제

1) 원칙

합병대상 지번 중 선순위의 지번을 합병 후의 지번으로 하되, 본번으로 된 지번이 있는 때에는 본번 중 선순위의 지번을 합병 후의 지번으로 부여한다.

2) 예외

토지소유자가 합병 전의 필지에 주거·사무실 등의 건축물이 있어서 그 건축물이 위치한 지번을 합병 후의 지번으로 신청하는 때에는 그 지번을 합병 후의 지번으로 부여하여야 한다.

Professor Comment
토지소유자의 신청이 없으면 원칙을 적용한다.

▼ 합병 후 선순위 지번부여 예시

합병 전 지번	합병 후 지번	합병 전 지번	합병 후 지번
3-2 6-1 6-3 10-5	3-2	101-1 103-2 110-1 131-2	101-1

* 자료 : 류병찬

▼ 합병 후 선순위 본번부여 예시

합병 전 지번	합병 후 지번	합병 전 지번	합병 후 지번
3-2 4 5-1 5-3 6	4	100-3 100-4 105 107 110	105

* 자료 : 류병찬

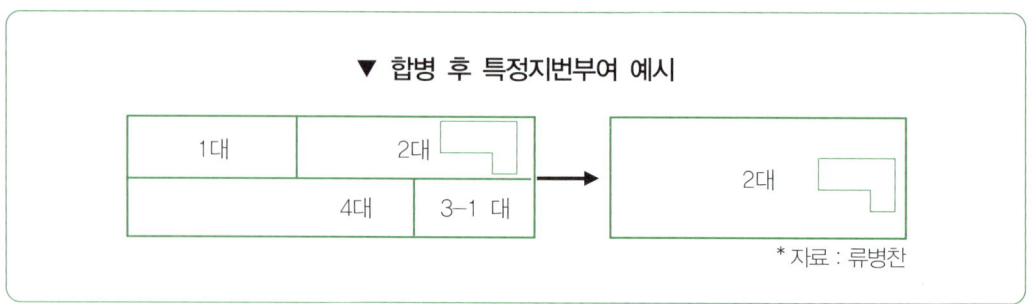

▼ 합병 후 특정지번부여 예시

(5) 지적확정측량을 실시한 지역(영 제56조 제3항 제5호) 24회 출제

1) 원칙

지적확정측량을 실시한 지역의 각 필지에 지번을 새로이 부여하는 경우에는 다음의 지번을 제외한 본번으로 부여한다.

① 지적확정측량을 실시한 지역의 종전의 지번과 지적확정측량을 실시한 지역 밖에 있는 본번이 같은 지번이 있을 때 그 지번
② 지적확정측량을 실시한 지역의 경계에 걸쳐 있는 지번

2) 예외

부여할 수 있는 종전 지번의 수가 새로이 부여할 지번의 수보다 적을 때에는 ①블록단위로 하나의 본번을 부여한 후 필지별로 부번을 부여하거나 ②그 지번부여지역의 최종 본번의 다음 순번부터 본번으로 하여 순차적으로 지번을 부여할 수 있다.

(6) 지적확정측량을 실시한 지역의 규정을 준용하는 경우(영 제56조 제3항 제6호)

다음의 경우에는 지적확정측량을 실시한 지역의 부여방법을 준용❶하여 부여한다.

1) 지번부여지역의 지번을 변경할 때
2) 행정구역개편에 따라 새로 지번을 부여할 때
3) 축척변경시행지역의 필지에 지번을 부여할 때

> **용어사전**
> ❶ 준용
> 대상은 다르지만 적용할 법규의 내용이나 표현이 비슷한 경우에 새로 규정을 만들지 않고 기존의 규정을 상황에 맞게 바꾸어 다른 대상에 적용할 수 있게 한 것을 말한다.

(7) 도시개발사업 등이 준공되기 전에 사업시행자가 지번부여 신청을 하는 경우 27회 출제

도시개발사업 등의 사업계획도에 따르되 지적확정측량시행지역에 있어서의 지번부여방법에 의하여야 한다(규칙 제61조).

제2장 총 칙

단락핵심 — 토지이동에 따른 지번부여방법

(1) 등록전환의 경우에는 그 지번부여지역에서 인접토지의 본번에 부번을 붙여서 지번을 부여하는 것을 원칙으로 한다.
(2) 등록전환 대상 토지가 여러 필지로 되어 있는 경우 그 지번부여지역의 최종 본번의 다음 순번부터 본번으로 하여 순차적으로 지번을 부여할 수 있다.
(3) 신규등록의 경우로서 대상 토지가 그 지번부여지역의 최종 지번의 토지에 인접한 경우 그 지번부여지역의 최종 본번의 다음 순번부터 본번으로 하여 순차적으로 지번을 부여할 수 있다.
(4) 신규등록 대상 토지가 여러 필지로 되어 있는 경우에는 그 지번부여지역의 최종 본번의 다음 순번부터 본번으로 하여 순차적으로 지번을 부여할 수 있다.
(5) 분할의 경우 분할 후의 필지 중 주거, 사무실 등의 건축물이 있는 필지에 대하여는 분할 전의 지번을 우선하여 부여하여야 한다.
(6) 합병의 경우 합병 전의 필지에 주거, 사무실 등의 건축물이 있는 경우 토지소유자가 건축물이 위치한 지번을 합병 후의 지번으로 신청할 때에는 그 지번을 합병 후의 지번으로 부여하여야 한다.
(7) 축척변경 시행지역의 필지에 지번을 새로이 부여하는 때에는 지적확정측량을 실시한 지역의 지번부여방법을 준용한다.

단락문제 05 (제10회 기출)

합병 전 지번이 155, 27-4, 38, 87, 128-2일 때, 합병 후의 지번부여는 원칙적으로 어느 것이 적당한가?

① 155　　② 27-4　　③ 38　　④ 87　　⑤ 128-2

해설 합병 후 지번부여방법
③ 합병 후 지번은 본번이면서 선순위의 지번을 원칙적으로 사용하므로 38번이다(영 제56조 제3항 제4호).　**답** ③

7 지번의 변경 ★

(1) 지번변경의 의의

지번변경이란 지번부여지역 안에 있는 지번의 전부 또는 일부가 순차적으로 부여되어 있지 아니하여 지번을 새로이 부여하는 것이 타당한 때에 지적소관청이 시·도지사나 대도시 시장의 승인을 얻어 지번부여지역의 전부 또는 일부에 대하여 지번을 새로 부여하는 것을 말한다(법 제66조 제2항).

(2) 지번변경의 사유

1) 행정구역의 통·폐합으로 동일 지번부여지역 내에 <u>같은 지번이 두 개 이상</u> 있게 되는 경우 →중번이라 함
2) 행정구역의 분할 등으로 지번부여지역 내의 지번이 연속하지 않는 경우
3) 분할·합병 등으로 지번이 혼잡한 경우
4) 기타 지번변경이 필요한 경우

(3) 지번변경의 절차(영 제57조)

1) 지적소관청은 지번을 변경하려면 지번변경 사유를 적은 승인신청서에 지번변경 대상지역의 지번·지목·면적·소유자에 대한 상세한 내용, 지적도 및 임야도의 사본을 첨부하여 시·도지사 또는 대도시 시장에게 제출하여야 한다. 이 경우 시·도지사 또는 대도시 시장은 행정정보의 공동이용을 통하여 지번변경 대상지역의 지적도 및 임야도를 확인하여야 한다.
2) 시·도지사 또는 대도시 시장은 지번변경 사유 등을 심사한 후 그 결과를 지적소관청에 통지하여야 한다.

(4) 지번변경의 방법

지번변경의 방법은 지적확정측량을 실시한 지역의 지번부여방법을 준용한다(영 제56조 제3항 제6호).

8 행정구역의 명칭변경 21회 출제

(1) 의의 및 절차

1) 행정구역의 명칭이 변경되었으면 지적공부에 등록된 토지의 소재는 새로운 행정구역의 명칭으로 변경된 것으로 본다(법 제85조 제1항).
2) 지적소관청은 공시하는 데 혼선이 없도록 지적공부에 그 명칭변경에 대한 정리를 하여야 한다.

(2) 새로운 지번을 부여하는 경우

지번부여지역의 일부가 행정구역의 개편으로 다른 지번부여지역에 속하게 되었으면 지적소관청은 새로 속하게 된 지번부여지역의 지번을 부여하여야 한다(법 제85조 제2항).

9 결번대장의 비치 26회 출제

(1) 결번의 의의

지번부여지역 내에서 순서대로 붙여진 지번에 그 번호가 빠지게 된 경우를 말한다.

(2) 결번발생사유(규칙 제63조 참조)

① 행정구역의 변경　　② 도시개발사업의 시행
③ 지번변경　　　　　④ 축척변경
⑤ 지번정정　　　　　⑥ 합병, 등록전환에 의해 지번 말소시
⑦ 바다로 된 토지의 말소　⑧ 기타 착오로 인하여 결번이 생긴 경우

Professor Comment
토지를 분할할 때는 결번이 발생하지 않는다.

(3) 결번대장의 보존

결번이 생긴 때에는 지적소관청이 결번대장에 기재하여 영구보존하여야 한다(규칙 제63조).

단락핵심　　　　　　　지번

(1) 지적소관청은 지적공부에 등록된 지번을 변경할 필요가 있다고 인정하면 시·도지사나 대도시 시장의 승인을 받아 지번부여지역의 지번을 새로 부여할 수 있다.
(2) 행정구역의 통·폐합으로 동일지번부여지역 내에 같은 지번이 두 개 이상 있게 되면 지번변경 사유가 된다.
(3) 행정구역의 명칭이 변경되었으면 지적공부에 등록된 토지의 소재는 새로운 행정구역의 명칭으로 변경된 것으로 본다.
(4) 지번부여지역의 일부가 행정구역의 개편으로 다른 지번부여지역에 속하게 되었으면 지적소관청은 새로 속하게 된 지번부여지역의 지번을 부여하여야 한다.
(5) 결번이 생긴 때에는 지적소관청이 결번대장에 기재하여 영구보존하여야 한다.

02 지목★★★

> 법 제2조 제24호
> "지목"이란 토지의 주된 용도에 따라 토지의 종류를 구분하여 지적공부에 등록한 것을 말한다.

1 지목의 의의

지목이란 토지의 주된 용도에 따라 토지의 종류를 구분하여 지적공부에 등록한 것으로, 용도에 따라 28가지로 구분하여 등록하고 있다(법 제2조 제24호).

2 지목의 기능

(1) 지목은 효율적인 토지이용과 토지에 대한 과세기준으로 활용된다.
(2) 각 필지의 지목에 따라 각각의 토지등급이 결정되며 그에 따라 과세의 기준을 달리 정하게 된다.

3 지목설정의 원칙(영 제59조)★★ 12·35회 출제

(1) 1필 1지목의 원칙
1) 1필지마다 하나의 지목을 설정하여야 한다는 원칙을 말한다. 즉, 1필지의 토지에는 2 이상의 지목을 두어서는 안 된다(단식지목).
2) 1필지의 일부가 지목이 다른 경우에는 분할을 하여 별개의 필지로 구획하여야 한다.

(2) 주지목추종(主地目追從)의 원칙
1필지의 토지 일부가 다른 용도로 사용되거나 종속관계에 있을 때에는 주된 용도에 따른 지목으로 설정하여야 한다는 원칙을 말한다.
> 예) 아파트단지 내의 토지가 건부지(建敷地), 테니스코트, 주차장부지로 사용되고 있어도 지목은 대(垈)이다.
> → 건축 등의 용도에 제공되는 부지로서 건물 및 부지가 동일인에게 속하고, 소유자에 의해 사용되며 그 부지의 사용·수익에 법적 제한이 없는 토지

(3) 영속성의 원칙(= 일시변경 불변의 원칙)★★ 35회 출제
지목을 구분하는 때에는 토지의 용도가 영속적이지 아니하고 일시적이거나 임시적인 경우에는 다른 지목으로 구분하지 아니한다는 원칙을 말한다.
> 예) 건물의 신축을 위하여 건물을 일시적으로 철거하였거나 일시적으로 휴경한 농경지, 원상회복을 조건으로 채석장 또는 토취장(土取場)으로 허가된 토지의 지목은 잡종지로 지목변경할 수 없고, 종전지목 그대로 존치하는 것

(4) 사용목적추종의 원칙
도시개발·토지구획정리·농지개량사업 등의 완료로 조성된 토지는 그 사용목적에 따라 지목을 설정하여야 한다는 원칙을 말한다.

4 지목의 유형

(1) 토지의 현황에 따른 구분
1) **지형지목**(地形地目)
   지표면의 형태나 형성의 요인에 따라 결정한 지목을 말한다.
2) **토성지목**(土性地目)
   토지의 성질·토양의 종류에 따라 결정한 지목을 말한다.
3) **용도지목**(현행「공간정보의 구축 및 관리 등에 관한 법률」이 채택)
   토지의 실제 용도에 따라 토지의 종류를 구분하여 결정한 지목을 말한다.

(2) 지목의 구성내용에 따른 구분

1) **단식지목**(현행 「공간정보의 구축 및 관리 등에 관한 법률」이 채택)

   1필지의 토지에 대하여 어느 한 기준(토지의 표면)만에 의하여 지목을 부여한다.

2) **복식지목**

   1필지의 토지에 대하여 2개 이상의 기준(토지의 표면과 함께 지하·지상까지)에 의하여 지목을 부여한다.

단락핵심   지목설정원칙

(1) 1필지마다 하나의 지목을 설정한다.
(2) 1필지가 2 이상의 용도로 활용되는 경우에는 주된 용도에 따라 지목을 설정하여야 한다.
(3) 토지가 일시적 또는 임시적인 용도로 사용되는 때에는 지목을 변경하지 아니한다.
(4) 도로·철도용지 등의 지목이 상하로 중복되는 때에는 주된 지목으로 설정한다.
(5) 토지구획정리사업 등의 공사가 준공된 토지는 그 사용목적에 따라 지목을 설정한다.
(6) 지목의 설정방법은 지목법정주의, 일필일지목의 원칙, 주용도추종의 원칙, 등록선후의 원칙, 일시적 또는 임시적 용도불변의 원칙 등을 적용한다.
(7) 지목은 토성지목, 지형지목, 용도지목으로 분류되며, 우리나라 법정지목은 토지의 주된 용도에 따른 용도지목이다.

 지 목

토지의 주된 용도에 따라 「토지의 종류를 구분하는 명칭」을 말한다.

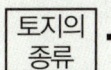 ➡

제1편 공간정보의 구축 및 관리 등에 관한 법률

단락문제 06
제1회 기출 개작

지목설정의 원칙을 설명한 것으로서 타당하지 않은 것은?

① 종속관계의 지목은 주지목에 따라 부여한다.
② 일시적 용도변경의 경우 지목은 변하지 않는다.
③ 지목이 다를 때는 다른 필지로 획정한다.
④ 예외적으로 복식지목이 인정된다.
⑤ 농지개량사업의 완료로 조성된 토지는 그 사용목적에 따라 지목을 부여하여야 한다.

해설 지목설정의 원칙
① (○) 주지목추종의 원칙 ② (○) 영속성의 원칙 ③ (○) 1필1지목의 원칙
④ (×) 예외가 인정되지 않는다. ⑤ (○) 사용목적추종의 원칙
답 ④

5 지목의 구분 (영 제58조) ★★★ 11·17·21·22·25·26·27·28·29·31·32·33·34·35회 출제

(1) 전(田) 35회 출제

물을 상시적으로 이용하지 아니하고 곡물·원예작물(과수류를 제외)·약초·뽕나무·닥나무·묘목·관상수 등의 식물을 주로 재배하는 토지와 식용으로 죽순을 재배하는 토지를 말한다.

Professor Comment
갈대밭은 잡종지, 죽림지는 임야이다.

(2) 답(畓) 35회 출제

물을 상시적으로 직접 이용하여 벼·연(蓮)·미나리·왕골 등의 식물을 주로 재배하는 토지를 말한다.

Professor Comment
① 농작물을 재배하기 위하여 설치한 유리온실·고정식 비닐하우스·고정식 온상·버섯 재배사·망실 등의 시설물부지는 농지로 보아 "전" 또는 "답"으로 설정하여야 한다.
② 벼, 연, 미나리, 왕골 등의 식물이 자생하는 토지는 유지이다.

(3) 과수원 24회 출제

사과·배·밤·호두·귤나무 등 과수류를 집단적으로 재배하는 토지와 이에 접속된 저장고 등 부속시설물의 부지를 말한다.

Professor Comment
① 과수원 내 주거용 건축물의 부지는 "대"로 설정하여야 한다.
② 배·감·호두나무 등이 자생하는 토지는 과수원이 아니고 "임야"이다.

(4) 목장용지 15회 출제
1) 축산업 및 낙농업을 하기 위하여 초지(草地)를 조성한 토지
2) 「축산법」에 따른 가축을 사육하는 축사 등의 부지(동법 제2조 제1호)
3) 1) 및 2)의 토지와 접속된 부속시설물의 부지

Professor Comment
① 목장용지 내 주거용 건축물의 부지는 "대"로 설정하여야 한다.
② 목장용지 내의 우사(牛舍)·계사(鷄舍)·돈사(豚舍) 등의 축사부지는 "목장용지"이다.
③ 농가주택이 농가소득을 증가시키기 위하여 그 부속시설로서 우사·계사·돈사 등을 설치하여 가축을 사육하기 위한 경우에는 "대"이다.
④ 「농지법」에서 규정하고 있는 다년생식물 재배지(목초 재배지)의 초지는 「공간정보의 구축 및 관리 등에 관한 법률」상 지목이 목장용지이다.

(5) 임야(林野) ★★
산림 및 원야(原野)를 이루고 있는 수림지·죽림지·암석지·자갈땅·모래땅·습지·황무지 등의 토지를 말한다.
→ 나무가 자생하는 땅
→ 대나무가 자생하는 땅

Professor Comment
① 해변가의 자갈땅이나 모래땅의 지목은 "임야"가 되나, 하천부근의 자갈땅이나 모래땅은 그 지목이 "하천"이다.
② 간석지(개펄)는 "임야"가 아니며, 등록대상이 아니다.

(6) 광천지 ★
→ 광천지란 물이 솟아나오는 토지를 말함
지하에서 온수·약수·석유류 등이 용출되는 용출구와 그 유지(維持)에 사용되는 부지를 말한다.

Professor Comment
온수·약수·석유류 등을 일정한 장소로 운송하는 송수관·송유관 및 저장시설의 부지는 제외한다. 이 경우 지목은 "잡종지"가 된다.

(7) 염 전
바닷물을 끌어 들여 소금을 채취하기 위하여 조성된 토지와 이에 접속된 제염장 등 부속시설물의 부지를 말한다.

Professor Comment
천일제염방식에 의하지 아니하고 동력에 의하여 바닷물을 끌어들여 소금을 제조하는 공장시설물의 부지는 "공장용지"이다.

(8) 대(垈) ★★
1) 영구적 건축물 중 주거·사무실·점포와 박물관·극장·미술관 등 문화시설과 이에 접속된 정원 및 부속시설물의 부지
2) 「국토의 계획 및 이용에 관한 법률」 등 관계법령에 의한 택지조성공사가 준공된 토지

(9) 공장용지

1) 제조업을 하고 있는 공장시설물의 부지
2) 「산업집적활성화 및 공장설립에 관한 법률」 등 관계법령에 의한 공장부지조성공사가 준공된 토지
3) 1) 및 2)의 토지와 같은 구역 안에 있는 의료시설 등 부속시설물(기숙사, 직원휴게실 등)의 부지

Professor Comment

공장구역 밖에 기숙사가 있는 부지는 그 지목이 "대"가 된다.

(10) 학교용지

학교의 교사(校舍)와 이에 접속된 체육장 등 부속시설물의 부지를 말한다.

Professor Comment

학교시설구역으로부터 떨어진 실습지·기숙사·사택 등의 부지와 교육용에 직접 이용되지 아니하는 임야는 제외한다.

(11) 주차장★★

자동차 등의 주차에 필요한 독립적인 시설을 갖춘 부지와 주차전용 건축물 및 이에 접속된 부속시설물의 부지를 말한다.

Professor Comment

① 노상주차장(도로) 및 부설주차장(대)과 자동차 등의 판매목적으로 설치된 물류장 및 야외전시장(잡종지)의 부지는 제외한다.
② 「주차장법」 제19조 제4항의 규정에 의하여 시설물의 부지인근에 설치된 부설주차장은 주차장으로 본다.

(12) 주유소용지★★ 15회 출제

1) 석유·석유제품 또는 액화석유가스 등의 판매를 위하여 일정한 설비를 갖춘 시설물의 부지
2) 저유소 및 원유저장소의 부지와 이에 접속된 부속시설물의 부지

Professor Comment

자동차·선박·기차 등의 제작 또는 정비공장 안에 설치된 급유·송유시설 등의 부지는 제외한다. 이 경우의 지목은 "공장용지"가 된다.

(13) 창고용지★★

물건 등을 보관하거나 저장하기 위하여 독립적으로 설치된 보관시설물의 부지와 이에 접속된 부속시설물의 부지를 말한다.

Professor Comment

과수원 안의 창고부지 → "과수원", 학교 안의 창고부지 → "학교용지", 공장 안의 창고부지 → "공장용지"가 된다.

(14) 도 로 ★

1) 일반공중의 교통운수를 위하여 보행이나 차량운행에 필요한 일정한 설비 또는 형태를 갖추어 이용되는 토지
2) 「도로법」 등 관계법령에 따라 도로로 개설된 토지
3) 고속도로의 휴게소 부지
4) 2필지 이상에 진입하는 통로로 이용되는 토지

Professor Comment
① 아파트·공장 등 단일 용도의 일정한 단지 안에 설치된 통로 등은 제외한다(대, 공장용지).
② 시내버스 승강장의 부지 등도 그 지목은 "도로"이며, 국도 및 지방도간의 휴게소 지목은 "대"이다.
③ 고가도로·지하도로는 도로로 지목설정할 수 없다.

(15) 철도용지 ★   31회 출제

교통운수를 위하여 일정한 궤도 등의 설비와 형태를 갖추어 이용되는 토지와 이에 접속된 역사(驛舍)·차고·발전시설 및 공작창 등 부속시설물의 부지를 말한다.

Professor Comment
① 개인이 개설한 사설철도나 전용철도 등의 부지도 "철도용지"가 된다.
② 서울역의 지목은 철도용지이다.

(16) 제방(堤防)

조수·자연유수·모래·바람 등을 막기 위하여 설치된 방조제·방수제·방사제·방파제 등의 부지를 말한다.

(17) 하 천

자연유수(流水)가 있거나 있을 것으로 예상되는 토지를 말한다.

Professor Comment
① 「하천법」상 명칭·구간이 지정된 것은 물론이고, 지정되지 않은 것이라도 일시적이 아닌 자연유수가 있거나 있을 것으로 예상되는 토지를 포함한다.
② 시가지 하천을 복개하여 도로 등으로 사용하는 경우라도 자연유수가 있으면 하천으로 본다.

(18) 구거(溝渠) ★   19회 출제

용수 또는 배수를 위하여 일정한 형태를 갖춘 인공적인 수로·둑 및 그 부속시설물의 부지와 자연의 유수가 있거나 있을 것으로 예상되는 소규모의 수로부지를 말한다.

예) 논에 물을 대기 위해 인공적으로 개설한 관개수로, 하수구

Professor Comment
하천은 자연적으로 생성되고 폭이 넓으나, 구거는 인공적으로 생성되고 폭이 좁다.

(19) 유지(溜池)★★ 30회 출제

물이 고이거나 상시적으로 물을 저장하고 있는 댐·저수지·소류지(沼溜地)·호수·연못 등의 토지와 연·왕골 등이 자생하는 배수가 잘 되지 아니하는 토지를 말한다.

(20) 양어장★★

육상에 인공으로 조성된 수산생물의 번식 또는 양식을 위한 시설을 갖춘 부지와 이에 접속된 부속시설물의 부지를 말한다.

Professor Comment
해상 위의 시설물의 부지는 어장으로서 바다에 속하므로 지목이 "양어장"이 아니다.

(21) 수도용지

물을 정수하여 공급하기 위한 취수·저수·도수·정수·송수 및 배수시설의 부지 및 이에 접속된 부속시설물의 부지를 말한다.
(물을 펴옴 ← 취수, 저수 → 물을 저장, 정수 → 물을 정화, 도수 → 물길, 導水)

(22) 공 원★★

일반공중의 보건·휴양 및 정서생활에 이용하기 위한 시설을 갖춘 토지로서 「국토의 계획 및 이용에 관한 법률」에 따라 공원 또는 녹지로 결정·고시된 토지를 말한다.

Professor Comment
① 어린이공원, 근린공원, 체육공원, 도시자연공원은 지목이 "공원"이다.
② 「도시공원 및 녹지 등에 관한 법률」에 묘지공원으로 결정·고시된 토지는 "묘지"로 설정하여야 한다.
③ 도시지역 내의 토지라도 「자연공원법」에 의한 공원(국립, 도립, 군립공원)은 그 지목이 "임야"이다.

(23) 체육용지★

국민의 건강증진 등을 위한 체육활동에 적합한 시설과 형태를 갖춘 종합운동장·실내체육관·야구장·골프장·스키장·승마장·경륜장 등 체육시설의 토지와 이에 접속된 부속시설물의 부지를 말한다.

Professor Comment
체육시설로서의 영속성과 독립성이 미흡한 정구장·골프연습장·실내수영장 및 체육도장(이상은 '대'), 유수(流水)를 이용한 요트장 및 카누장, 조정경기장(이상은 '하천'), 산림 안의 야영장(이상은 '임야')등의 토지는 제외한다.

(24) 유원지★★

일반공중의 위락·휴양 등에 적합한 시설물을 종합적으로 갖춘 수영장·유선장·낚시터·어린이놀이터·동물원·식물원·민속촌·경마장 등의 토지와 이에 접속된 부속시설물의 부지를 말한다.

Professor Comment

① 이들 시설과의 거리 등으로 보아 독립적인 것으로 인정되는 숙식시설 및 유기장의 부지와 하천·구거 또는 유지(공유의 것에 한함)로 분류되는 것은 제외한다.
② 경륜장 → 체육용지, 경마장 → 유원지, 경정장 → 하천

(25) 종교용지 14회 출제

일반공중의 종교의식을 목적으로 예배·법요·설교·제사 등을 하기 위한 교회·사찰·향교 등 건축물의 부지와 이에 접속된 부속시설물의 부지를 말한다.

Professor Comment

① 성직자나 승려 등이 사용하는 숙식시설이 경외에 있으면 "대"가 된다.
② 타인의 건물을 임대한 교회나 사찰 등은 영속성·독립성이 없으므로 종교용지가 아니고 "대"이다.
③ 제례의식을 위해 신위를 모신 사당의 지목은 종교용지이다.
④ 종교단체 법인설립허가 여부와 관계없이 종교집회장이나 수도장을 건축하여 사용·승인된 경우의 종교용지이다.

(26) 사적지

국가유산으로 지정된 역사적인 유적·고적·기념물 등을 보존하기 위하여 구획된 토지를 말한다.

Professor Comment

학교용지·공원·종교용지 등 다른 지목으로 된 토지 안에 있는 유적·고적·기념물 등을 보호하기 위하여 구획된 토지는 제외한다.

(27) 묘 지★★

사람의 시체나 유골이 매장된 토지, 「도시공원 및 녹지 등에 관한 법률」에 따른 묘지공원으로 결정·고시된 토지 및 「장사 등에 관한 법률」에 따른 봉안시설과 이에 접속된 부속시설물의 부지는 "묘지"로 한다.

Professor Comment

토지는 제외한다.

> **Wide | 묘지공원과 봉안시설 등**
>
> ① **묘지공원**(「도시공원 및 녹지 등에 관한 법률」 제15조 제1항 제3호 라목)
>   묘지이용자에게 휴식 등을 제공하기 위하여 일정한 구역 안에 「장사 등에 관한 법률」 제2조 제7호에 따른 묘지와 공원시설을 혼합하여 설치하는 공원
> ② **분묘**(「장사 등에 관한 법률」 제2조 제6호)
>   "분묘"란 시신이나 유골을 매장하는 시설을 말한다.
> ③ **봉안시설**(「장사 등에 관한 법률」 제2조 제9호)
>   "봉안시설"이란 봉안묘·봉안당·봉안탑 등 유골을 안치(매장은 제외함)하는 시설을 말한다.

(28) 잡종지★★★ 10·14·35회 출제

1) 갈대밭, 실외에 물건을 쌓아두는 곳, 돌을 캐내는 곳, 흙을 파내는 곳, 야외시장, 비행장, 공동우물

Professor Comment
원상회복을 조건으로 돌을 캐내는 곳 또는 흙을 파내는 곳으로 허가된 토지는 제외한다.

2) 영구적 건축물 중 변전소, 송신소, 수신소, 송유시설, 도축장, 자동차운전학원, 쓰레기 및 오물 처리장 등의 부지

Professor Comment
① 「농어촌정비법」에 의한 농어촌휴양지 내의 야영장으로 조성된 토지와 예비군훈련장 부지는 잡종지로 본다.
② 자동차관련시설(차고·세차시설·사무실·식당 등)로 이용 중인 토지는 잡종지로 지목을 설정하여야 한다.

3) 다른 지목에 속하지 않는 토지(예비군훈련장, 군부대, 상여집, 화장터 등)

Key Point — 건축물의 용도에 따른 지목설정기준

건축물의 종류	사용목적	지목
1) 주거용 건축물	단독주택·공동주택(아파트·연립주택)	대
2) 상업용 건축물	상점·소매시장·도매시장 등	대
3) 업무용 건축물	국가·지방자치단체·공공기관의 청사 등	대
4) 문화용 건축물	박물관·극장·미술관 등	대
5) 의료용 건축물	의원·병원·종합병원 등	대
6) 숙박용 건축물	일반 숙박시설(호텔·여관·여인숙 등)·관광숙박시설(관광호텔·휴양콘도미니엄 등) 등	대
7) 요식용 건축물	간이주점·유흥음식점·전문음식점 등	대
8) 공장용 건축물	제조·가공 또는 수리공장 등	공장용지
9) 주차용 건축물	주차빌딩	주차장
10) 주유용 건축물	주유소·LPG 판매소 등	주유소용지
11) 교육용 건축물	초등학교·중·고등학교·대학교 등	학교용지
12) 창고용 건축물	양곡보관창고·냉동창고 등	창고용지
13) 철도용 건축물	공작창·철도역사 등	철도용지
14) 관광용 건축물	경마장·동물원·식물원 등	유원지
15) 체육용 건축물	운동장·체육관 등	체육용지
16) 종교용 건축물	교회·성당·사찰·재실·사당 등	종교용지
17) 납골보존용 건축물	납골당 등	묘지
18) 폐기물 건축물	분뇨종말처리장 등	잡종지

* 자료 : 류병찬

단락핵심 — 지목의 구분

(1) 비행장용지는 지목에 해당하지 아니한다.
(2) 「국토의 계획 및 이용에 관한 법률」 등 관계법령에 의한 택지조성공사가 준공된 토지는 지목을 "대"로 한다.
(3) 「주차장법」의 규정에 의해 설치된 노상주차장은 도로로 한다.
(4) 물을 정수하여 공급하는 송수시설의 부지는 수도용지로 한다.
(5) 종교단체 법인설립허가 여부와 관계없이 종교집회장이나 수도장을 건축하여 사용·승인된 경우의 지목은 종교용지이다.
(6) 물이 고이거나 상시적으로 물을 저장하고 있는 댐·소류지·연못 등의 토지는 지목을 "유지"로 한다.
(7) 「도시공원 및 녹지 등에 관한 법률」에 의해 결정·고시된 묘지공원에 납골당이 설치된 부지는 묘지로 한다.
(8) 소방관계법규에 의거 설치된 위험물이동탱크 저장시설부지의 지목은 잡종지이다.
(9) 동력으로 바닷물을 끌어들여 소금을 제조하는 공장시설물의 부지는 "염전"에 해당하지 아니한다(공장용지에 해당함).
(10) 학교용지·공원·종교용지 등 다른 지목으로 된 토지에 있는 유적·고적·기념물을 보호하기 위하여 구획된 토지는 '사적지'가 아니다.

제1편 공간정보의 구축 및 관리 등에 관한 법률

단락문제 07
제21회 기출

지목의 설정에 대한 다음의 설명 중 옳은 것은?

① 연·왕골 등이 자생하는 배수가 잘 되지 아니하는 토지는 '유지'로 한다.
② 천일제염 방식으로 하지 아니하고 동력으로 바닷물을 끌어들여 소금을 제조하는 공장시설물의 부지는 '염전'으로 한다.
③ 자동차 등의 판매 목적으로 설치된 물류장 및 야외전시장은 '주차장'으로 한다.
④ 자동차·선박·기차 등의 제작 또는 정비공장 안에 설치된 급유·송유시설의 부지는 '주유소용지'로 한다.
⑤ 학교용지·공원·종교용지 등 다른 지목으로 된 토지에 있는 유적·고적·기념물을 보호하기 위하여 구획된 토지는 '사적지'로 한다.

해설 지목의 구분
① (○) (영 제58조 제19호)
② (×) 염전은 바닷물을 끌어들여 소금을 채취하기 위하여 조성된 토지와 이에 접속된 제염장(製鹽場) 등 부속시설물의 부지를 말하며 다만, 천일제염 방식으로 하지 아니하고 동력으로 바닷물을 끌어들여 소금을 제조하는 공장시설물의 부지는 제외한다(동조 제7호).
③ (×) ③의 토지는 주차장에서 제외된다(동조 제11호 나목).
④ (×) ④의 토지는 주유소용지에서 제외된다(동조 제12호 단서).
⑤ (×) ⑤의 토지는 사적지에서 제외된다(동조 제26호 단서).

답 ①

단락문제 08
제25회 기출

공간정보의 구축 및 관리 등에 관한 법령상 지목의 구분기준에 관한 설명으로 옳은 것은?

① 물을 상시적으로 이용하지 않고 닥나무·묘목·관상수 등의 식물을 주로 재배하는 토지는 "전"으로 한다.
② 온수·약수·석유류 등을 일정한 장소로 운송하는 송수관·송유관 및 저장시설의 부지는 "광천지"로 한다.
③ 아파트·공장 등 단일 용도의 일정한 단지 안에 설치된 통로 등은 "도로"로 한다.
④ 「도시공원 및 녹지 등에 관한 법률」에 따른 묘지공원으로 결정·고시된 토지는 "공원"으로 한다.
⑤ 자연의 유수(流水)가 있거나 있을 것으로 예상되는 소규모 수로부지는 "하천"으로 한다.

해설 지목의 구분(영 제58조)
② 잡종지   ③ 대 또는 공장용지   ④ 묘지   ⑤ 구거

답 ①

제2장 총칙

6 지목의 표기방법(규칙 제64조)★ 19·23회 출제

(1) 두문자(頭文字 : 첫글자) **및 차문자**(次文字 : 두번째글자) **표기 지목**

1) 두문자 표기지목
지목의 명칭 중 첫 번째 문자를 지목으로 표기하는 지목이다.

2) 차문자 표기지목
지목의 명칭 중 두 번째 문자를 지목으로 표기하는 지목이다.

3) 아래의 예외를 제외하면 모두 두문자로 표기한다.
① 하천 → **천**, ② 유원지 → **원**, ③ 공장용지 → **장**, ④ 주차장 → **차**

Professor Comment
암기방법 : ㉠㉮㉰호텔에 ㉲가 많다(가장 출제빈도가 높은 것으로 반드시 암기해 두어야 함).

(2) 대장의 표기방법
대장(토지대장, 임야대장)에 등록하는 때에는 정식명칭으로 표기한다.

(3) 도면의 표기방법
도면(지적도, 임야도)에 등록하는 때에는 다음의 두문자 또는 차문자로 표기한다.

Key Point 지목표기의 부호 20·24·29·30회 출제

지목	부호	지목	부호	지목	부호	지목	부호
전	전	대	대	철도용지	철	공원	공
답	답	공장용지	장	제방	제	체육용지	체
과수원	과	학교용지	학	하천	천	유원지	원
목장용지	목	주차장	차	구거	구	종교용지	종
임야	임	주유소용지	주	유지	유	사적지	사
광천지	광	창고용지	창	양어장	양	묘지	묘
염전	염	도로	도	수도용지	수	잡종지	잡

* 자료 : 「공간정보의 구축 및 관리 등에 관한 법률 시행규칙」 제64조

(4) 지목의 표기를 하지 않는 경우
경계점좌표등록부, 공유지연명부, 대지권등록부에는 지목을 표기하지 않는다.

단락문제 Q9
제20회 기출 개작

지목을 지적도 및 임야도에 등록하는 때에는 부호로 표기하여야 한다. 다음중 지목과 부호의 연결이 **틀린** 것은?

① 광천지 – 천   ② 유원지 – 원   ③ 공장용지 – 장   ④ 주차장 – 차   ⑤ 학교용지 – 학

해설 지목의 부호
유원지·하천·주차장·공장용지만 차문자표기 지목이다(규칙 제64조)

답 ①

03 경계와 좌표
15·추가15·22회 출제

1 경계★★ 15·22회 출제

> 법 제2조 26 "경계"란 필지별로 경계점들을 직선으로 연결하여 지적공부에 등록한 선을 말한다.

(1) 의 의

1) 경계란 필지별로 경계점과 경계점을 직선으로 연결하여 지적공부에 등록한 선을 말하는 것으로 「공간정보의 구축 및 관리 등에 관한 법률」상의 경계는 1필지의 구획선을 의미하며, 이는 지상의 자연물로써 구획된 선이 아니라 지적공부, 즉 도면상의 경계를 말한다(법 제2조 제26호).
   → '민법상 경계'   → 도상

2) 토지소유권의 범위는 지적공부에 등록된 경계선에 의해 확정되고, 경계는 위치와 길이가 있을 뿐 너비가 없는 것으로 기하학상의 선과 그 성질이 같다.

(2) 경계의 설정원칙★

1) **경계국정주의**

   경계의 결정은 국가기관으로서의 지적소관청이 결정·등록한다. 즉, 개인이나 국가기관이 아닌 다른 기관은 경계를 결정하지 못한다.

2) **경계직선주의**

   경계는 직선으로 정하여 등록하고 실형(實形)으로 등록하지 못한다. 즉, 곡선으로 이루어진 실경계가 있는 경우 직선으로 나누어 등록해야 한다.

3) 경계불가분의 원칙

토지의 경계는 유일무이한 것으로서 어느 한 토지에 해당하는 것이 아니고, 인접하는 토지 모두에 공통되는 것이므로 이를 분리할 수 없다.

4) 축척종대(縮尺從大)의 원칙

① 동일한 경계가 축척이 서로 다른 도면에 각각 등록되어 있는 때에는 원칙적으로 축척이 큰 도면에 의한다. 즉, 축척이 크고 정밀도가 높은 도면에 따른다는 것이다.

② 지적도와 임야도에 등록된 동일한 경계가 서로 다를 때에는 지적도에 등록된 경계에 따르게 된다.

㉠ 동일한 경계가 1/1,200 축척의 도면과 1/500 축척의 도면에 각각 등록된 경우 축척이 큰 1/500의 도면에 의해 경계를 결정한다.

경계의 설정

① 경계의 설정은 지적측량에 의하여 설정한다.
② 연접되는(연속으로 이어지는) 토지 사이에 고저가 없는 경우에는 (평평한 경우에는) 그 지물 또는 구조물의 중앙을 경계로 한다.

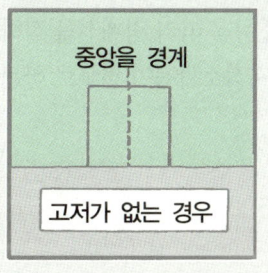

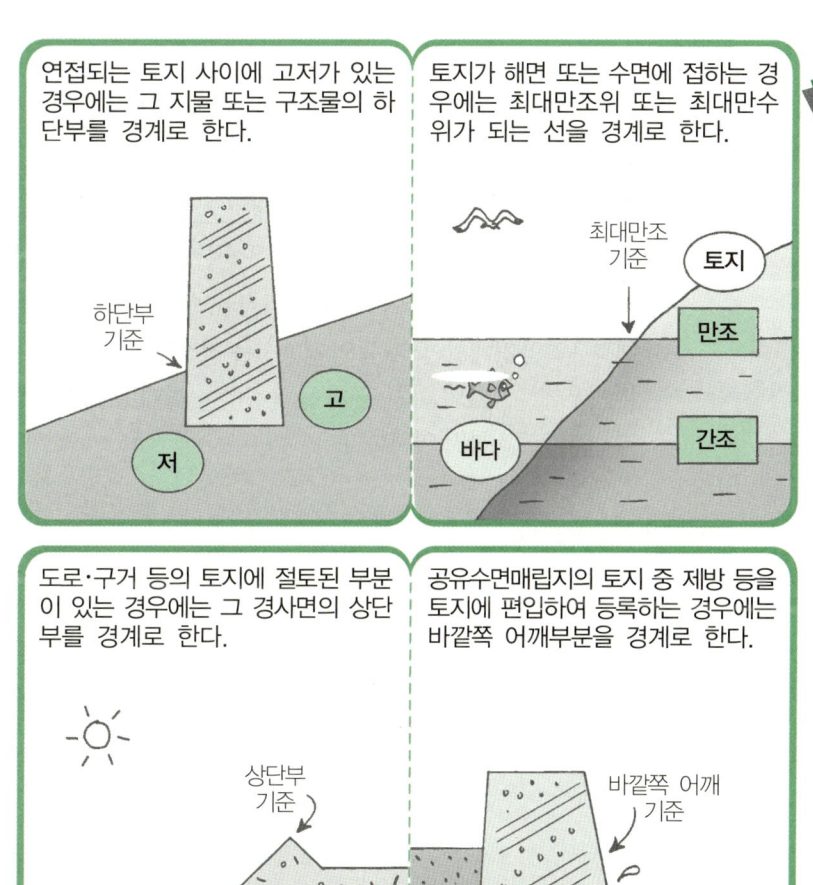

(3) 지상경계의 구분 35회 출제

1) 토지의 지상경계는 둑·담장 그밖에 구획의 목표가 될 만한 구조물 및 경계점표지 등으로 구분한다(법 제65조 제1항).
2) 지적소관청이 토지의 이동에 따라 지상경계를 새로 정한 경우에는 지상경계점등록부를 작성·관리하여야 한다(법 제65조 제2항).
3) 경계점등록부에는 토지의 소재, 지번, 경계점좌표(경계점좌표등록부 시행지역에 한함), 경계점 위치 설명도, 공부상의 지목과 실제 토지이용 지목, 경계점의 사진 파일, 경계점 표지의 종류 및 경계점 위치를 등록하여야 한다(규칙 제60조). 22·34·35회 출제

(4) 경계결정의 방법

1) 경계점은 지적측량에 의하여 결정한다. 신규등록·등록전환·분할 및 경계정정 등을 하는 때에는 새로이 측량하여 각 필지의 경계 또는 좌표를 결정한다.
2) 합병에 따른 경계는 합병 전 각 필지의 경계 중 합병으로 필요 없게 된 부분을 말소하여 결정한다(법 제26조 제1항 제1호). 즉 새로이 지적측량을 하지 않는다.
3) 도시계획사업 등의 준공, 축척변경의 경우에는 지적확정측량에 의하여 각 필지의 경계를 결정한다.
4) 기타의 경우에는 지적복구측량에 의하여 경계를 결정한다.
5) 법원의 확정판결에 의하여 분할측량을 하는 경우에는 공간정보의 구축 및 관리 등에 관한 법령이 정하는 규정에 의하여 경계 및 면적을 결정한다.
6) 행정구역의 경계선인 리·동의 경계선을 결정할 때 도로나 하천·구거 등을 따라 경계선을 정하는 경우에는 도로와 하천·구거 등의 중앙을 경계로 설정한다. 다만, 지적소관청이 필요로 하는 경우에는 그러하지 아니하다.

제2장 총 칙

(5) 경계의 결정기준(영 제55조)★★★ 추가15·19·25·27·33회 출제

1) 기본원칙

① 지상경계의 결정기준은 다음에 의한다(영 제55조 제1항).

㉠ **연접되는 토지 간에 높낮이 차이가 없는 경우** : 그 구조물 등의 중앙

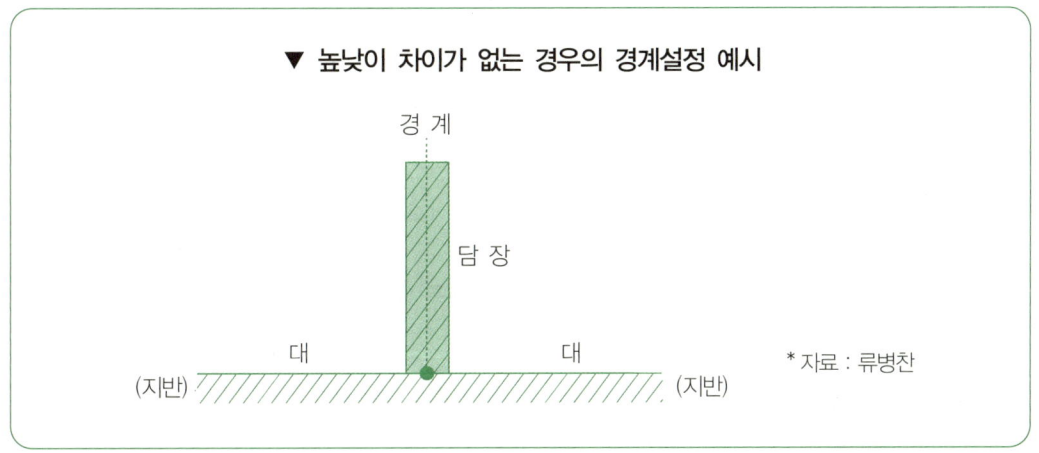

▼ 높낮이 차이가 없는 경우의 경계설정 예시

*자료 : 류병찬

Professor Comment

암기방법 : 고저무중(高低無中)

㉡ **연접되는 토지 간에 높낮이 차이가 있는 경우** : 그 구조물 등의 하단부

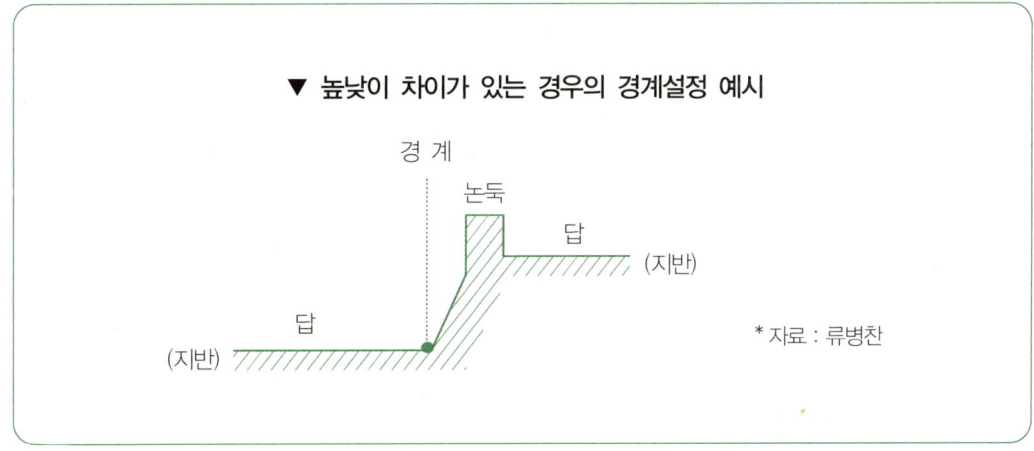

▼ 높낮이 차이가 있는 경우의 경계설정 예시

*자료 : 류병찬

Professor Comment

암기방법 : 고저유하(高低有下)

제1편 공간정보의 구축 및 관리 등에 관한 법률

ⓒ 도로·구거 등 토지에 절토(切土)된 부분이 있는 경우 : 그 경사면의 상단부

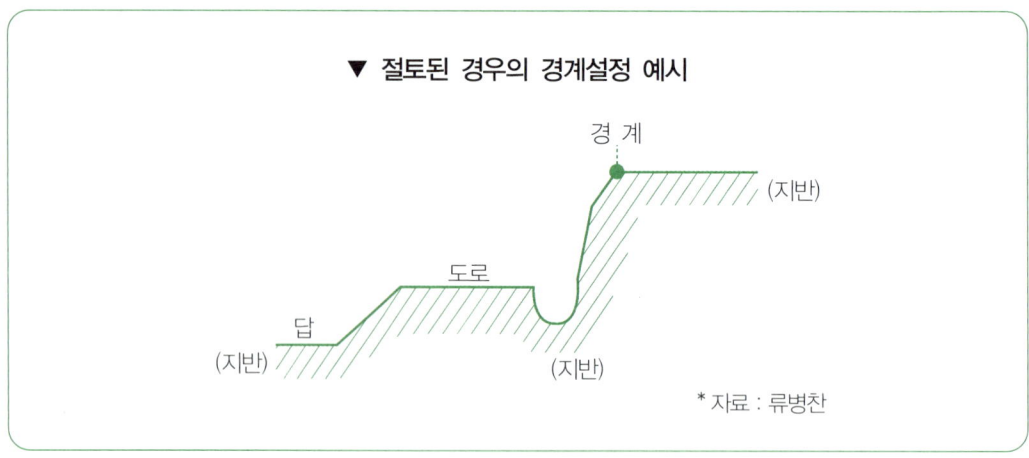

Professor Comment
암기방법 : 토지절상(土地切上)

ⓔ 토지가 해면 또는 수면에 접하는 경우 : 최대만조위 또는 최대만수위가 되는 선

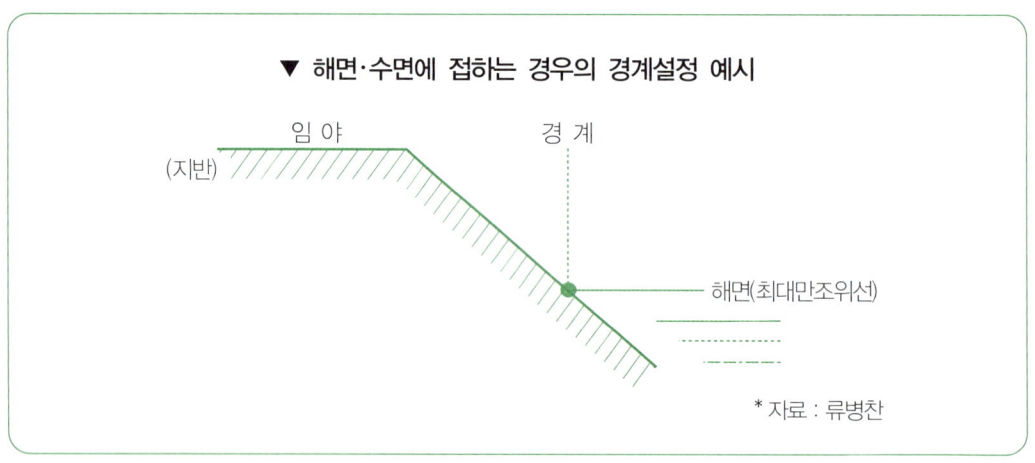

Professor Comment
암기방법 : 해수면만(海水面滿)

ⓜ 공유수면매립지의 토지 중 제방 등을 토지에 편입하여 등록하는 경우 : 바깥쪽 어깨부분

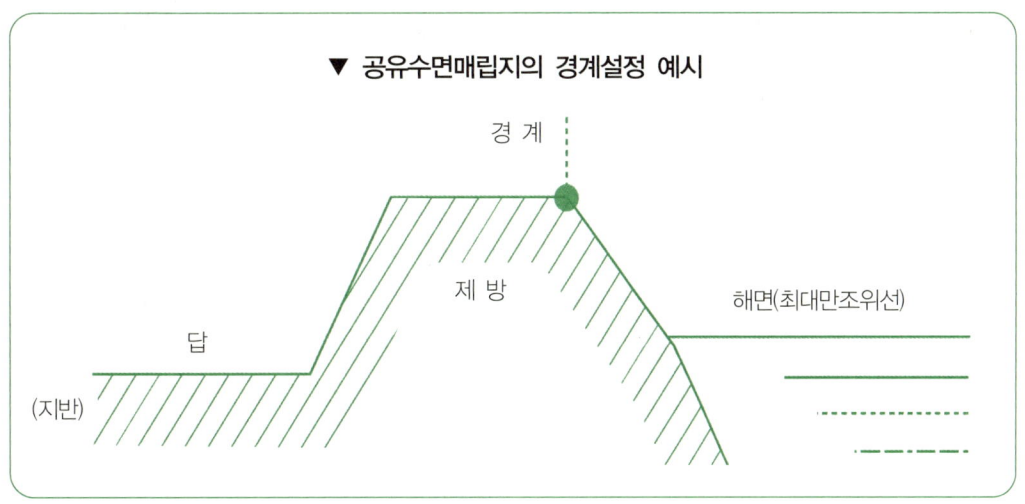

▼ 공유수면매립지의 경계설정 예시

Professor Comment
암기방법 : 제방편입외견(堤防編入外肩)

② 지상경계의 구획을 형성하는 구조물 등의 소유자가 다른 경우에는 그 소유권에 따라 지상경계를 결정한다(영 제55조 제2항).

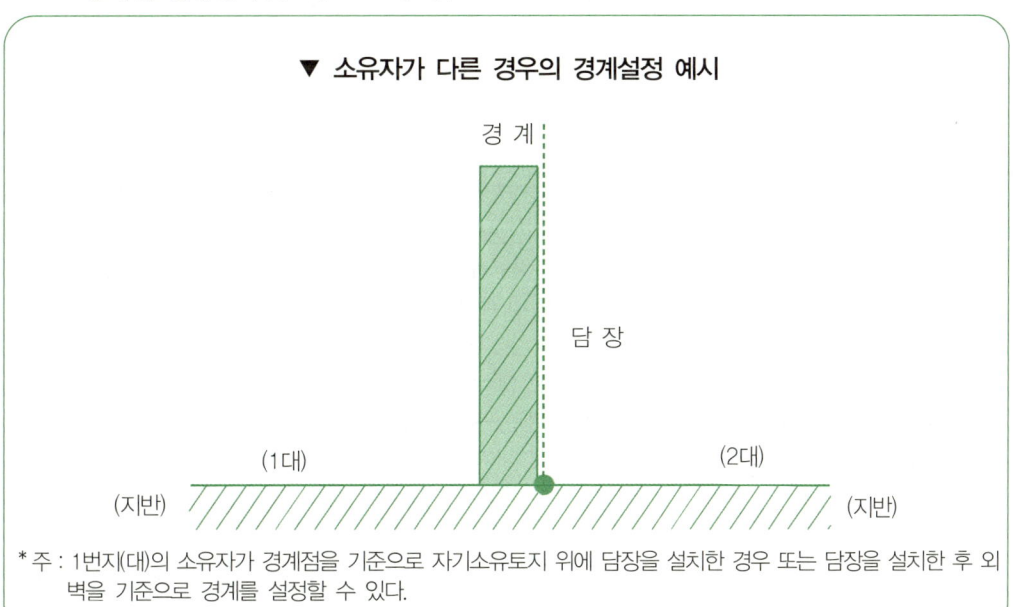

▼ 소유자가 다른 경우의 경계설정 예시

* 주 : 1번지(대)의 소유자가 경계점을 기준으로 자기소유토지 위에 담장을 설치한 경우 또는 담장을 설치한 후 외벽을 기준으로 경계를 설정할 수 있다.

2) 분할시의 경계설정 14·20·22·24회 출제

① 다음의 경우에는 지상경계점에 경계점표지를 설치하여 측량할 수 있다(영 제55조 제3항).
   ㉠ 도시개발사업 등의 사업시행자가 사업지구의 경계를 결정하기 위하여 분할하고자 하는 경우
   ㉡ 대위신청이 가능한 사업시행자와 행정기관 또는 지방자치단체의 장이 토지를 취득하기 위하여 분할하려는 경우
   ㉢ 「국토의 계획 및 이용에 관한 법률」에 따른 도시·군관리계획결정고시와 지형도면고시가 된 지역의 도시·군관리계획선에 따라 토지를 분할하려는 경우
   ㉣ 소유권이전·매매, 불합리한 지상경계를 시정하기 위하여 분할하려는 경우
   ㉤ 관계법령에 따라 인가·허가 등을 받아 분할하려는 경우

② 분할에 따른 지상경계는 지상건축물을 걸리게 결정할 수 없다. 다만, 다음의 경우에는 제외한다(영 제55조 제4항).

Professor Comment
경계가 건물에 걸리거나 관통하면 나중에 다툼이 생겨 건물이 철거되는 경우가 발생하기 때문이다.

   ㉠ 법원의 확정판결이 있는 경우
   ㉡ 공공사업 등에 따라 학교용지·도로·철도용지·제방·하천·구거·유지·수도용지 등의 지목으로 되는 토지를 분할하는 경우
   ㉢ 도시개발사업 등의 사업시행자가 사업지구의 경계를 결정하기 위하여 토지를 분할하는 경우
   ㉣ 도시·군관리계획결정 고시(「국토의 계획 및 이용에 관한 법률」 제30조 제6항)와 지형도면 고시(동법 제32조 제4항)가 된 지역의 도시·군관리계획선에 따라 토지를 분할하는 경우

■ **토지경계확정의 소의 대상이 되는 '경계'의 의미**

1 토지는 인위적으로 구획된 일정범위의 지면에 사회관념상 정당한 이익이 있는 범위 내에서의 상하를 포함하는 것으로서, 토지의 개수는 지적법에 의한 지적공부상의 필수(筆數), 분계선에 의하여 결정된다. 어떤 토지가 지적공부상 1필의 토지로 등록되면 그 지적공부상의 경계가 현실의 경계와 다르다 하더라도 다른 특별한 사정이 없는 한 그 경계는 지적공부, 즉 지적도상의 경계에 의하여 특정된다.

2 따라서 토지의 경계는 공적으로 설정 인증된 것이고, 단순히 사적관계에 있어서의 소유권의 한계선과는 그 본질을 달리하는 것으로서, 경계확정소송의 대상이 되는 '경계'란 공적으로 설정 인증된 지번과 지번과의 경계선을 가리키는 것이고, 사적인 소유권의 경계선을 가리키는 것은 아니다(대판 1997.7.8. 96다36517).

제2장 총 칙

단락핵심 — 경계

(1) 경계는 필지별로 경계점들을 직선으로 연결하여 지적공부에 등록한 선이다.
(2) 토지의 지상경계는 둑·담장 그 밖에 구획의 목표가 될 만한 구조물 및 경계점 표지 등으로 구분한다.
(3) 토지가 해면 또는 수면에 접하는 경우에는 최대만조위 또는 최대만수위가 되는 선을 기준으로 지적공부에 등록한다.
(4) 지적공부상 경계가 기술적인 착오로 진실한 경계선과 다르게 등록된 것과 같은 특별한 사정이 있는 경우에는 그 경계확정은 실제의 경계로 한다.
(5) 분할에 따른 지상경계는 지상건축물을 걸리게 결정하지 않는 것이 원칙이다.
(6) 도로·구거 등의 토지에 절토된 부분이 있는 토지의 지상경계를 새로이 결정하고자 하는 경우 그 경사면의 상단부를 기준으로 한다.

단락문제 Q10
제25회 기출

공간정보의 구축 및 관리 등에 관한 법령상 지상 경계의 결정기준에 관한 설명으로 옳은 것을 모두 고른 것은?(단 지상 경계의 구획을 형성하는 구조물 등의 소유자가 다른 경우는 제외함)

㉠ 연접되는 토지 간에 높낮이 차이가 없는 경우 : 그 구조물 등의 바깥쪽 면
㉡ 연접되는 토지 간에 높낮이 차이가 있는 경우 : 그 구조물 등의 상단부
㉢ 도로·구거 등의 토지에 절토(切土)된 부분이 있는 경우 : 그 경사면의 하단부
㉣ 토지가 해면 또는 수면에 접하는 경우 : 최대만조위 또는 최대만수위가 되는 선
㉤ 공유수면매립지의 토지 중 제방 등을 토지에 편입하여 등록하는 경우 : 바깥쪽 어깨부분

① ㉠, ㉡   ② ㉠, ㉤   ③ ㉡, ㉢   ④ ㉢, ㉣   ⑤ ㉣, ㉤

해설 지상 경계의 결정기준(영 제55조)
㉠ (×) 연접되는 토지 간에 높낮이 차이가 없는 경우 : 그 구조물 등의 중앙
㉡ (×) 연접되는 토지 간에 높낮이 차이가 있는 경우 : 그 구조물 등의 하단부
㉢ (×) 도로·구거 등 토지에 절토된 부분이 있는 경우 : 그 경사면의 상단부
㉣ (○) 토지가 해면 또는 수면에 접하는 경우 : 최대만조위 또는 최대만수위가 되는 선
㉤ (○) 공유수면매립지의 토지 중 제방 등을 토지에 편입하여 등록하는 경우 : 바깥쪽 어깨부분

답 ⑤

제1편 공간정보의 구축 및 관리 등에 관한 법률

단락문제 Q11
제15회 기출

법원의 토지경계확정 소송의 대상이 되는 "경계"의 의미를 설명하는 것 중 옳은 것은?

① 이웃하는 토지의 경계를 침범하여 건립된 건물의 실체상 권리 확인선
② 지적공부에 등록된 토지에 대하여 합병으로 인해 말소된 필지 경계선
③ 토지 공유자간의 합의에 의하여 구획한 사적인 토지소유권의 범위선
④ 건축물대장에 등록하여 공적으로 인증된 건물과 건물 사이의 구획선
⑤ 지적공부에 등록하여 공적으로 인증된 필지와 필지의 구분선

해설 「공간정보의 구축 및 관리 등에 관한 법률」상의 경계
「공간정보의 구축 및 관리 등에 관한 법률」상의 경계는 절차에 따라 지적공부에 등록된 도상경계를 의미한다. **답** ⑤

단락문제 Q12
제25회 기출

공간정보의 구축 및 관리 등에 관한 법령에 의한 경계점표지를 지상에 설치한 후 토지를 분할하려고 한다. 잘못된 설명은?

① 도시·군관리계획결정고시지역의 도시·군관리계획선을 분할하는 경우에 가능하다.
② 농어촌정비사업의 사업시행자가 사업지구의 경계를 결정하기 위한 경우 가능하다.
③ 토지이용상 불합리한 지상경계를 시정하기 위한 경우에 가능하다.
④ 법원의 확정판결에 의하여 새로이 경계를 결정한 경우에는 지상경계가 지상건축물에 걸리게 할 수 있다.
⑤ 공공사업 등으로 인하여 유원지·구거·유지 등의 지목으로 되는 토지의 경우 그 사업시행자가 토지를 취득하기 위한 경우에는 지상경계가 지상건축물을 걸리게 결정할 수도 있다.

해설 경계점표지를 지상에 설치한 후의 토지분할
분할에 따른 지상경계는 지상건축물에 걸리게 결정할 수 없으나 다음의 예외가 인정됨(영 제55조 제4항).
 1) 법원의 확정판결이 있는 경우
 2) 공공사업 등에 따라 학교용지·도로·철도용지·제방·하천·구거·유지·수도용지 등의 토지를 분할하는 경우
 3) 도시개발사업 등의 사업시행자가 사업지구의 경계를 결정하기 위하여 분할하려는 경우(법 제86조 제1항)
 4) 「국토의 계획 및 이용에 관한 법률」에 따른 도시·군관리계획결정고시(동법 제30조 제6항)와 지형도면고시(동법 제32조 제4항)가 된 지역의 도시·군관리계획선에 따라 토지를 분할하려는 경우
지상경계에 경계점표지를 설치한 후 측량할 수 있는 경우(영 제55조 제3항)
 1) 도시개발사업 등의 사업시행자가 사업지구의 경계를 결정하기 위하여 분할하려는 경우
 2) 대위신청이 가능한 사업시행자와 행정기관의 장 또는 지방자치단체의 장이 토지를 취득하기 위하여 분할하려는 경우
 3) 「국토의 계획 및 이용에 관한 법률」에 따른 도시·군관리계획결정고시와 지형도면고시가 된 지역의 도시·군관리계획선에 따라 토지를 분할하려는 경우
 4) 소유권이전·매매, 불합리한 지상경계를 시정하기 위하여 분할하려는 경우
 5) 관계법령에 따라 인가·허가 등을 받아 분할하려는 경우

답 ⑤

2 좌표

(1) 의의
좌표란 지적측량기준점 또는 경계점의 위치를 평면직각종횡선수치로 표시한 것을 말한다.

(2) 좌표의 사용
경계점좌표등록부 시행지역의 토지분할을 위하여 면적을 정하는 때에는 분할 전후의 면적에 증감이 없도록 하여, 경계점좌표에 의하여 결정하여야 한다.

(3) 좌표의 결정
좌표의 결정은 지적측량에 의한다. 다만, 합병을 위한 좌표를 결정하는 경우에는 그러하지 아니한다(법 제26조). 즉 합병의 경우에는 지적측량을 하지 않는다.

04 면적

11·14·18·21·25회 출제

법 제2조 제27호. "면적"이란 지적공부에 등록한 필지의 수평면상 넓이를 말한다.

1 면적의 의의
(1) 면적이란 지적측량에 의하여 지적공부에 등록한 토지의 등록단위인 필지의 수평면상 넓이를 말한다(법 제2조 제27호).
(2) 대부분의 면적은 지적도나 임야도에 의한 면적이며, 경계점좌표등록부 시행지역에서의 면적은 좌표로 계산된다.

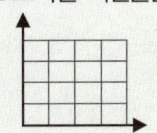

좌표와 평면직각종횡선

1) **좌표**
   좌표란 지적측량기준점(또는 경계점)의 위치를 평면직각종횡선의 수치로 표시한 것을 말한다.

2) **평면직각종횡선**
   수학에서 배운 X축과 Y축처럼 직각으로 교차한 직선들을 말한다.

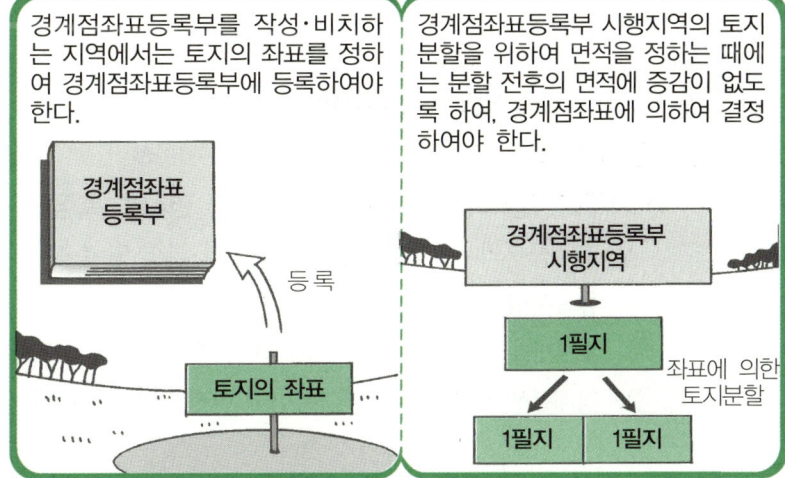

2 면적의 단위

토지대장·임야대장에 등록하는 면적은 제곱미터(㎡) 단위로 하여 이를 정한다.

Wide 축척별 면적의 등록단위

구 분	측량방법	축 척	등록단위	비 고
① 지적도 (토지대장 등록지)	좌 표	1/500	0.1㎡	도시개발사업 등 지역
		1/600		시가지구획정리지역
	도 해	1/1000	1㎡	농지의 구획정리지역(시·도지사 승인)
		1/1200		시가지 및 농촌지역
		1/2400		
		1/3000		도시부근 산간지역
		1/6000		산간지역
② 임야도 (임야대장 등록지)	도 해	1/3000	1㎡	산간지역
		1/6000		

* 자료 : 류병찬

3 면적의 결정

지적국정주의에 의하여 지적소관청이 면적측정방법에 따라 측정하여 결정한다.

4 토지의 이동으로 인한 면적의 결정원칙

(1) 신규등록·등록전환·분할 및 경계정정 등을 하는 때에는 새로이 측량하여 각 필지의 경계 또는 좌표와 면적을 정한다(법 제23조 제1항).
(2) 합병에 따른 면적은 합병 전의 각 필지의 면적을 합산하여 그 필지의 면적으로 한다(법 제26조 제1항 제2호).

5 면적의 측정방법 24회 출제

(1) **면적측정의 대상**(「지적측량 시행규칙」 제19조)

1) 세부측량을 하는 경우로서 필지마다 면적을 측정하여야 하는 경우
① 지적공부의 복구·신규등록·등록전환·분할 및 축척변경을 하는 경우
② 등록사항 중 면적 또는 경계가 잘못 등록되어 있음을 발견하여 정정하는 경우(법 제84조)
③ 도시개발사업 등으로 인한 토지의 이동에 따라 토지의 표시를 새로 결정하는 경우(법 제86조)
④ 경계복원측량 및 지적현황측량에 면적측정이 수반되는 경우

제2장 총 칙

2) 세부측량을 하는 경우로서 면적 측정이 필요하지 않은 경우(「지적측량 시행규칙」 제19조 제2항)
　① 경계복원측량(법 제23조 제1항 제4호)
　② 지적현황측량(영 제18조)

3) 기타 면적 측정이 필요하지 않은 경우
　① 합병　　　　　② 지목변경
　③ 위치정정　　　④ 등록말소

(2) 좌표면적계산법에 의한 면적측정의 기준(「지적측량 시행규칙」 제20조 제1항)
　1) 경위의(經緯儀)측량방법으로 세부측량을 한 지역의 필지별 면적측정은 경계점좌표에 의할 것
　2) 산출면적은 1천분의 1㎡까지 계산하여 10분의 1㎡ 단위로 정할 것

(3) 전자면적측정기에 의한 면적측정의 기준(「지적측량 시행규칙」 제20조 제2항)
　1) 도상에서 2회 측정하여 그 교차가 허용면적 이하일 때에는 그 평균치를 측정면적으로 할 것

$$A = 0.023^2 M \sqrt{F}$$
(A는 허용면적, M은 축척분모, F는 2회 측정한 면적의 합계를 2로 나눈 수)

　2) 측정면적은 1천분의 1㎡(0.001㎡)까지 계산하여 10분의 1㎡(0.1㎡) 단위로 정할 것

6 면적의 결정방법 (영 제60조) ★★ 10·13·15·추가15·16·27·34회 출제

(1) 일반적인 면적의 결정방법
　㎡ 단위까지 표시하되 오사오입(五捨五入)의 원칙을 적용하여 결정한다.
　1) ㎡ 미만의 끝수가 있는 경우
　　① 0.5㎡ 미만은 버린다.
　　② 0.5㎡ 초과는 올린다.
　　③ 0.5㎡인 경우 구하고자 하는 끝자리 수가 0 또는 짝수이면 버리고, 홀수이면 올린다.
　2) 1필지의 면적이 1㎡ 미만은 1㎡로 결정한다.

(2) 지적도의 축척이 600분의 1인 지역과 경계점좌표등록부에 등록하는 지역 30회 출제
　1) ㎡ 이하 한 자리 단위로 한다.
　2) 0.1㎡ 미만의 끝수가 있는 경우
　　① 0.05㎡ 미만은 버리고, 0.05㎡ 초과는 올린다.
　　② 0.05㎡인 경우 구하고자 하는 끝자리 수가 0 또는 짝수는 버리고, 홀수는 올린다.
　3) 1필지의 면적이 0.1㎡ 미만은 0.1㎡로 결정한다.

제1편 공간정보의 구축 및 관리 등에 관한 법률

> **Key Point** 끝수처리기준

제곱미터 미만의 끝수가 있을 때 → 5사5입법(五捨五入法) 및 우사기상법(偶捨奇上法)			
1) 처리할 끝수가	0.5m²(0.05m²) 미만은 버리고	예	120.49m², 120.4m², 120.3m² ⇒ 120m²
	0.5m²(0.05m²)를 초과하는 때에는 올린다.	예	120.51m², 120.6m², 120.7m² ⇒ 121m²
2) 처리할 끝수가 0.5m²(0.05m²)인 경우 구하고자 하는 끝자리 숫자가	짝수인 때에는 버리고(偶捨)	예	120.5m² ⇒ 120m², 188.5m² ⇒ 188m²
	홀수인 때에는 올린다(奇上).	예	121.5m² ⇒ 122m², 189.5m² ⇒ 190m²
3) 1필지 면적이 1m²(0.1m²) 미만인 때에는 1m²(0.1m²)로 한다.		예	0.2m², 0.5m², 0.7m² 모두 ⇒ 1m²로 한다.
분할의 경우 면적의 끝수처리에 있어서는 분할 전후의 면적에 증감이 없어야 한다.			

(3) 등록전환 및 분할에 따른 면적오차가 발생하는 경우(영 제19조 제1항) 31회 출제

1) 등록전환을 하는 경우 임야대장의 면적과 등록전환될 면적의 차이가 허용범위 이내인 경우에는 등록전환될 면적을 등록전환면적으로 결정하고, 허용범위를 초과하는 경우에는 임야대장의 면적 또는 임야도의 경계를 지적소관청이 직권으로 정정하여야 한다.

2) 토지를 분할하는 경우 분할 전후의 면적차이가 허용범위 이내인 경우에는 그 오차를 분할 후의 각 필지의 면적에 안분하고, 허용범위를 초과하는 경우에는 지적공부상의 면적 또는 경계를 정정하여야 한다.

Professor Comment
■ 등록전환시의 면적결정
오차가 허용범위를 초과한 때에는 임야대장의 면적 또는 임야도의 경계를 지적소관청이 직권으로 정정하여야 한다.

(4) 경계점좌표등록부 시행지역의 토지분할을 위한 면적결정방법(영 제19조 제2항) 35회 출제

1) 분할 후 각 필지의 면적합계가 분할 전 면적보다 많은 경우에는 구하고자 하는 끝자리의 다음 숫자가 작은 것부터 순차적으로 버려서 정하되, 분할 전 면적에 증감이 없도록 하여야 한다.

2) 분할 후 각 필지의 면적합계가 분할 전 면적보다 적은 경우에는 구하고자 하는 끝자리의 다음 숫자가 큰 것부터 순차적으로 올려서 정하되, 분할 전 면적에 증감이 없도록 하여야 한다.

7 면적의 환산기준

(1) 평 × $\dfrac{400}{121}$ = 제곱미터(㎡)

(2) 제곱미터(㎡) × $\dfrac{121}{400}$ = 평

Professor Comment
1평은 약 3.3058㎡ 이다.

8 도면에서의 면적계산 방법

지적도나 임야도에서의 면적을 가지고 실제면적을 계산하는 방법이다.

$$(축척)^2 = \dfrac{도상면적}{실제면적}$$

단락핵심 — 면적

(1) 면적이란 지적공부에 등록한 필지의 수평면상의 넓이를 말한다.
(2) 신규등록, 등록전환을 하는 때에는 새로이 측량하여 각 필지의 면적을 정한다.
(3) 경위의측량방법으로 세부측량을 한 지역의 필지별 면적측정은 좌표면적계산법에 의한다.
(4) 경계점좌표등록부에 등록하는 지역의 토지 면적은 제곱미터 이하 한 자리 단위로 결정한다.
(5) 토지합병을 하는 경우의 면적결정은 합병 전의 각 필지의 면적을 합하여 그 필지의 면적으로 한다.
(6) 축척이 1/1200인 지적도 시행지역에서는 1필지의 면적이 1제곱미터 미만인 경우 1제곱미터로 토지대장에 등록한다.
(7) 토지분할 전후의 면적차이가 오차의 허용범위를 초과하는 경우에는 지적공부상의 면적 또는 경계를 정정하여야 한다.

단락문제 Q13 제21회 기출

지적도의 축척이 600분의 1인 지역 내 신규등록할 토지의 측정면적을 계산한 값이 325.551㎡ 인 경우 토지대장에 등록할 면적은?

① 325㎡ ② 326㎡ ③ 325.5㎡ ④ 325.6㎡ ⑤ 325.55㎡

해설 면적의 결정방법(끝수처리기준)
④ (○) 축척이 600분의 1이므로 소수점 1자리까지 구하며 소수점 두 번째 자리수가 "5"인 경우에는 그 앞자리 수가 홀수인 경우 올림을 하므로 325.6㎡ 가 된다(영 제60조 제1항 제2호 참조).   **답** ④

단락문제 Q14
제25회 기출

지적공부에 등록하는 면적에 관한 설명으로 틀린 것은?

① 면적은 토지대장 및 경계점좌표등록부의 등록사항이다.
② 지적도의 축척이 600분의 1인 지역의 토지 면적은 제곱미터 이하 한 자리 단위로 한다.
③ 지적도의 축척이 1,200분의 1인 지역의 1필지 면적이 1제곱미터 미만일 때에는 1제곱미터로 한다.
④ 임야도의 축척이 6,000분의 1인 지역의 1필지 면적이 1제곱미터 미만일 때에는 1제곱미터로 한다.
⑤ 경계점좌표등록부에 등록하는 지역의 1필지 면적이 0.1제곱미터 미만일 때에는 0.1제곱미터로 한다.

해설 면적의 결정 및 측량계산의 끝수처리(영 제60조)
① (×) 경계점좌표등록부에는 면적을 등록하지 아니한다.

제4절 지적재조사사업

01 의의

(1) 지적재조사사업이란 지적공부의 등록사항(법 제71조~제73조)을 조사·측량하여 기존의 지적공부를 디지털에 의한 새로운 지적공부로 대체함과 동시에 지적공부의 등록사항이 토지의 실제 현황과 일치하지 아니하는 경우 이를 바로 잡기 위하여 실시하는 국가사업을 말한다(「지적재조사에 관한 특별법」 제2조 제2호).

(2) 지적재조사사업에 관한 구 「측량·수로조사 및 지적에 관한 법률」상의 근거(법 제65조)를 삭제하고 「지적재조사에 관한 특별법」을 제정하였다(2012.3.17.부터 시행).

02 필요성 (특별법의 입법이유)

기존의 지적공부를 디지털에 의한 새로운 지적공부로 전환함에 있어서, 기존의 종이 지적공부의 등록사항이 토지의 실제현황과 일치하지 않고, 지적의 디지털화에도 맞지 않아, 지적공부의 등록사항을 조사·측량하여 지적공부의 등록사항을 바로잡기 위한 지적재조사사업의 실시근거 및 절차규정 등을 마련함으로써, 국토를 효율적으로 관리함과 아울러 국민의 재산권을 보호하려는 것이다.

03 주요내용

1 기본계획 및 실시계획의 수립

국토교통부장관은 전문가와 시·도지사의 의견을 들은 후 중앙지적재조사위원회의 심의를 거쳐 <u>지적재조사사업에 관한 기본계획을 수립하여야 하고, 실시계획은 지적소관청이 수립하여야 한다</u>(동법 제4조, 제6조).

2 지적재조사사업의 시행자 및 토지현황조사 및 지적재조사측량의 시행

(1) <u>지적재조사사업은 지적소관청이 시행하며 한국국토정보공사와 지적측량업의 등록을 한 자(지적측량수행자)에게 대행하게 할 수 있다</u>(동법 제5조). 이는 지적국정주의의 원칙을 반영한 것이다.

(2) 지적소관청은 실시계획을 수립하여 사업지구 토지소유자(국유지·공유지인 경우에는 그 재산관리청을 말함) 총수의 3분의 2 이상과 토지면적 3분의 2 이상에 해당하는 토지소유자의 동의를 받아 시·도지사에게 사업지구 지정 신청을 하여야 하고, 사업지구 지정고시를 한 날부터 2년 내에 토지현황조사 및 지적재조사측량을 시행하여야 하며, 2년 내에 이를 시행하지 않았을 때에는 사업지구의 지정은 효력이 상실된다(동법 제7조, 제9조).

3 토지소유자협의회의 구성

사업지구의 토지소유자는 토지소유자 총수의 2분의 1 이상과 토지면적의 2분의 1 이상에 해당하는 토지소유자의 동의를 받아 토지소유자협의회를 구성할 수 있다(동법 제13조).

4 경계의 확정절차

(1) 지적재조사를 위한 경계설정의 기준 (동법 제14조)

1) 경계 설정의 순위

① 지상경계에 대하여 다툼이 없는 경우 토지소유자가 점유하는 토지의 현실경계

② 지상경계에 대하여 다툼이 있는 경우 등록할 때의 측량기록을 조사한 경계

③ 지방관습에 의한 경계

2) 위의 1) 방법이 불합리하다고 인정하는 경우에는 토지소유자들이 합의한 경계를 기준으로 지적재조사를 위한 경계를 설정할 수 있다.

(2) 임시경계점표지 설치 및 지적확정예정조서 작성 등

지적소관청은 경계를 설정하면 지체 없이 임시경계점표지를 설치하고, 지적재조사측량을 실시하여 이를 완료하였을 때에는 지적확정예정조서를 작성하여야 한다(동법 제15조).

(3) 경계의 결정 및 확정

1) 경계의 결정

지적재조사에 따른 경계는 지적소관청이 지적확정예정조서에 토지소유자나 이해관계인의 의견을 첨부하여 경계결정위원회에 제출하여여야 하고, 경계결정위원회는 지적확정예정조서를 제출받은 날부터 30일 이내에 의결을 거쳐 경계에 관한 결정을 하고 이를 지적소관청에 통지하여야 한다. 경계결정위원회는 경계에 관한 결정을 하기에 앞서 토지소유자들로 하여금 경계에 관한 합의를 하도록 권고할 수 있다(동법 제16조).

2) 경계의 확정

경계결정위원회의 결정에 토지소유자나 이해관계인의 이의가 없을 때, 이의신청에 대한 결정에 대하여 60일 이내에 불복의사를 표명하지 아니하였을 때, 경계결정이나 경계결정에 대한 이의신청에 대한 결정에 불복하여 행정소송을 제기한 경우에는 그 판결이 확정되었을 때 지적재조사사업에 따른 경계는 확정된다(동법 제18조 제1항).

3) 경계점표지의 설치와 지상경계점등록부의 작성·관리

경계가 확정되었을 때에는 지적소관청은 지체 없이 경계점표지를 설치하여야 하고, 지상경계점등록부를 작성하여 관리하여야 한다(동법 제18조 제2항).

(4) 지목의 변경

지적재조사측량 결과 기존의 지적공부상 지목이 실제의 이용현황과 다른 경우 지적소관청은 시·군·구 지적재조사위원회의 심의를 거쳐 기존의 지적공부상의 지목을 변경할 수 있다. 이 경우 지목을 변경하기 위하여 다른 법령에 따른 인허가 등을 받아야 할 때에는 인허가 등을 받거나 관계 기관과 협의한 경우에 한하여 실제의 지목으로 변경할 수 있다(동법 제19조).

5 조정금의 산정 및 징수·지급

지적소관청은 경계 확정으로 지적공부상의 면적이 증감된 경우에는 시·군·구 지적재조사위원회의 심의를 거쳐 조정금을 산정하여 징수하거나 지급한다(동법 제20조).

6 사업의 완료와 새로운 지적공부의 작성 및 등기의 촉탁

(1) 사업완료 공고 및 공람

지적소관청은 사업지구에 있는 모든 토지에 대하여 경계 확정이 있었을 때에는 지체 없이 사업완료 공고를 하고 관계 서류를 일반인이 공람하게 하여야 한다(동법 제23조).

(2) 새로운 지적공부의 작성과 토지이동의 간주

지적소관청은 사업완료 공고가 있었을 때에는 기존의 지적공부를 폐쇄하고 새로운 지적공부를 작성하여야 한다. 이 경우 그 토지는 사업완료 공고일(동법 제23조 제1항)에 토지의 이동이 있은 것으로 본다(동법 제24조 제1항).

(3) 새로운 지적공부에의 등록사항

토지의 소재, 지번, 지목, 면적, 경계점좌표, 소유자의 성명 또는 명칭·주소·주민등록번호, 소유권지분, 대지권비율, 지상건축물 및 지하건축물의 위치 등

(4) 등기촉탁

지적소관청은 새로이 지적공부를 작성하였을 때에는 지체 없이 관할등기소에 그 등기를 촉탁하여야 한다.

7 지적재조사사업의 실시와 관련된 주요기구의 설치

(1) 중앙지적재조사위원회 등(동법 제28조 이하)

지적재조사사업에 관한 주요정책을 심의·의결하기 위하여 국토교통부장관 소속하에 중앙지적재조사위원회를, 시·도지사 소속하에 시·도 지적재조사위원회를, 지적소관청 소속하에 시·군·구 지적재조사위원회를 둔다.

(2) 경계결정위원회(동법 제31조)

경계설정에 관한 결정, 경계설정에 따른 이의신청에 관한 결정에 관한 의결기관으로서, 지적소관청 소속으로 각 사업지구의 토지소유자(토지소유자협의회가 추천하는 사람)가 반드시 포함된 경계결정위원회를 둔다.

(3) 지적재조사기획단(동법 제32조)

기본계획의 입안, 지적재조사사업의 지도·감독, 기술·인력 및 예산 등의 지원, 중앙위원회 심의·의결사항에 대한 보좌를 위하여 국토교통부에 지적재조사기획단을, 시·도에 지적재조사지원단을 두고, 실시계획의 입안, 지적재조사사업의 시행, 사업대행자에 대한 지도·감독 등을 위하여 지적소관청에 지적재조사추진단을 둔다.

단락핵심   지적재조사사업

(1) 지적재조사사업에 관한 기본계획은 국토교통부장관이, 실시계획은 지적소관청이 수립하여야 한다.
(2) 지적재조사사업은 지적소관청이 시행한다.
(3) 지적소관청은 시·도지사에게 사업지구 지정 신청을 하여야 하고, 사업지구 지정고시를 한 날부터 2년 내에 토지현황조사 및 지적재조사측량을 시행하여야 하며, 2년 내에 이를 시행하지 않았을 때에는 사업지구 지정의 효력이 상실된다.
(4) 지적재조사를 위한 경계는 ① 지상경계에 대하여 다툼이 없는 경우에는 토지소유자가 점유하는 토지의 현실경계, ② 지상경계에 대하여 다툼이 있는 경우에는 등록할 때의 측량기록을 조사한 경계, ③ 지방관습에 의한 경계의 순위에 따른 기준으로 설정한다. 이 방법에 따라 지적재조사를 위한 경계설정을 하는 것이 불합리하다고 인정하는 경우에는 토지소유자들이 합의한 경계를 기준으로 지적재조사를 위한 경계를 설정할 수 있다.
(5) 지적소관청은 경계를 설정하면 지체 없이 임시경계점표지를 설치하고, 지적재조사측량을 실시하여 이를 완료하였을 때에는 지적확정예정조서를 작성하여야 한다.
(6) 지적재조사에 따른 경계는 경계결정위원회의 의결을 거쳐 경계를 결정하고, 그 결정에 토지소유자나 이해관계인의 이의가 없을 때에는 이를 확정한다.
(7) 경계가 확정되었을 때에는 지적소관청은 지체 없이 경계점표지를 설치하여야 하며, 지상경계점등록부를 작성하고 관리하여야 한다.
(8) 지적재조사측량 결과 기존의 지적공부상 지목이 실제의 이용현황과 다른 경우 지적소관청은 시·군·구 지적재조사위원회의 심의를 거쳐 기존의 지적공부상의 지목을 변경할 수 있다. 이 경우 지목을 변경하기 위하여 다른 법령에 따른 인허가 등을 받아야 할 때에는 그 인허가 등을 받거나 관계 기관과 협의한 경우에 한하여 실제의 지목으로 변경할 수 있다.
(9) 지적재조사사업에 관한 주요정책을 심의·의결하기 위하여 국토교통부장관 소속하에 중앙지적재조사위원회를, 경계설정에 관한 결정, 경계설정에 따른 이의신청에 관한 결정에 대한 의결기관으로서 지적소관청 소속으로 경계결정위원회를 둔다.

빈출 함정 총정리

총칙 / CHAPTER 02

• 경록 교재에 모든 답이 있습니다.

01 「공간정보의 구축 및 관리 등에 관한 법률」의 목적은 토지를 지적공부에 등록하여 효율적인 토지관리 및 **소유권을 보호**(거래의 안전을 보호 x)하는 데 있다.

02 지번부여지역 안의 토지로서 소유자와 용도가 **동일하고 지반이 연속되는 토지는**(동일하면 지반이 연속되지 않더라도 x) 이를 1필지로 할 수 있다.

03 우리법은 **경계실형주의**(경계직선주의 x)를 취하는 것이 아니라 **경계직선주의**(경계실형주의 x)를 취한다.

04 지적공부에 등록되는 면적은 **경사면적**(수평면적 x)이 아니라 **수평면적**(경사면적 x)을 등록한다.

05 양입지는 지목설정과 관련된 **것이고 필지의 획정과는 무관하다**(것으로 필지의 획정기준이 된다 x).

06 수영장, 동물원, 식물원 등은 그 지목이 **유원지**(잡종지 x)이다.

07 독립된 저유소 및 원유저장소의 부지는 그 지목이 **주유소용지**(대지 x)이다.

08 원상회복을 조건으로 채석장 또는 토취장으로 허가된 토지는 **잡종지가 될 수 없다**(잡종지로 변경된다 x).

09 지목을 지적도 또는 임야도에 등록할 때에 표기하는 부호는 ① 하천–천, ② 유원지–원, ③ 공장용지–장, ④ 주차장–**차**(주 x)로 한다.

10 고속도로변의 휴게소의 지목은 **도로이다**(잡종지이다 x).

10 영구적인 건축물 중 지목을 '대'로 하여야 하는 것은 주거, 사무실, 점포, **문화시설**(공장시설 x)과 이에 접속된 정원 및 부속시설물의 부지이다.

제1편 공간정보의 구축 및 관리 등에 관한 법률

11 「국토의 계획 및 이용에 관한 법률」상 자연공원은 지목이 공원(임야 x)이다.

12 토취장 또는 채석장으로서 원상회복을 조건으로 토석을 채취하도록 허가되었을 때에는 잡종지(임야 x)로 할 수 없다.

13 지목설정은 토지소유자의 신청이 없더라도 지적소관청은 직권으로 설정할 수 있다(신청이 있어야 한다 x).

14 「공간정보의 구축 및 관리 등에 관한 법률」상의 경계는 지상의 경계를 말하는 것이 아니고, 지적도상 너비 0.1mm의 도상경계를 말하며, 경계는 나눌 수 없다(경계는 나눌 수 있다 x).

15 지형이 도로, 구거 등의 절토된 부분이 있는 경우에는 그 상단부(하단부 x)를 경계로 설정하는 것이 원칙이다.

16 분할지의 지번은 분할 전의 지번 하나를 사용하고 나머지의 토지는 본번의 최종 부번의 다음 순번으로 붙인다(인접지의 본번에 부번을 붙인다 x).

17 지상경계점등록부에는 토지의 소재, 지번, 경계점좌표(경계점표지 x), 경계점위치설명도 및 경계점의 사진 파일을 등록하여야 한다.

18 「공간정보의 구축 및 관리 등에 관한 법률」에 규정된 토지이동이라는 용어의 정의 속에 소유자의 주소변경이나 좌표의 변경은 포함하지 않는다(변경도 포함된다 x).

19 물건 등을 보관 또는 저장하기 위하여 독립적으로 설치한 보관시설물의 부지는 그 지목을 창고용지(잡종지 x)로 한다.

20 축척이 1/1,200인 지적도구역 안에 등록할 토지로서 1필지의 산출면적이 0.4m^{2}인 경우 토지대장에 등록할 면적은 1m^2(0m^2 x)로 등록한다.

CHAPTER 03

지적공부

학습포인트

- 이 장에서는 지적공부의 의의와 종류, 등록사항, 지적공부의 관리·복구 및 지적정보 전담 관리기구에 대하여 다루고 있다.
- 이 장에서는 각 지적공부별 등록사항을 중심으로 매회 2~3문제 출제되므로 이를 정확하게 암기하여야 한다.

CHAPTER 학습 & 출제되는 키워드

- ☑ 지적공부
- ☑ 임야대장
- ☑ 도면
- ☑ 지번색인표
- ☑ 연속지적도
- ☑ 지적공부의 공개
- ☑ 복구방법
- ☑ 지적정보 전담 관리기구
- ☑ 지적공부의 등록사항
- ☑ 공유지연명부
- ☑ 경계점좌표등록부
- ☑ 결번대장
- ☑ 부동산종합공부
- ☑ 지적전산자료의 이용신청
- ☑ 복구자료
- ☑ 국가공간정보센터
- ☑ 토지대장
- ☑ 대지권등록부
- ☑ 일람도
- ☑ 지상경계점등록부
- ☑ 지적공부의 비치·보존
- ☑ 지적공부의 복구
- ☑ 복구절차

CHAPTER 학습 & 출제되는 질문

- ☑ 다음 중 부동산 중개업자 甲이 매도의뢰 대상토지에 대한 소재, 지번, 지목과 면적을 모두 매수의뢰인 乙에게 설명하고자 하는 경우 적합한 것은?
- ☑ 공간정보의 구축 및 관리 등에 관한 법령상 대지권등록부의 등록사항이 아닌 것은?
- ☑ 지적도 및 임야도의 등록사항만으로 나열된 것은?
- ☑ 공간정보의 구축 및 관리 등에 관한 법령상 지적공부의 복구자료가 아닌 것은?
- ☑ 지적공부에 관한 설명 중 틀린 것은?

제1편 공간정보의 구축 및 관리 등에 관한 법률

제1절 지적공부 개관

01 지적공부의 의의 ★★★

> **법 제2조 제19호**
> "지적공부"란 토지대장, 임야대장, 공유지연명부, 대지권등록부, 지적도, 임야도 및 경계점좌표등록부 등 지적측량 등을 통하여 조사된 토지의 표시와 해당 토지의 소유자 등을 기록한 대장 및 도면(정보처리시스템을 통하여 기록·저장된 것을 포함한다)을 말한다.

02 지적공부의 기능 ★

지적공부는 근대에 이르기까지 국가의 과세 효율화의 기능을 수행하여 왔으나 오늘날은 모든 국가가 법지적을 택하여 <u>토지의 물리적 현황과 소유자에 관한 사항을 공시</u>하여 <u>소유권의 범위확정 및 소유관계를 공시하는 기능</u>을 수행하고 있다.
└→ 도면의 경계와 대장의 면적에 의하여

토지대장과 임야대장

토지대장과 임야대장 모두 「1필지의 토지」를 중심으로 편성되어 있다.

토지대장이란 임야대장에 등록할 것으로 정한 토지를 제외한 모든 토지의 일정사항을 등록하는 지적공부를 말한다.

임야대장은 정부가 임야대장에 등록할 것으로 정한 토지를 대상으로 그에 대한 내용을 표시·등록하는 지적공부이다.

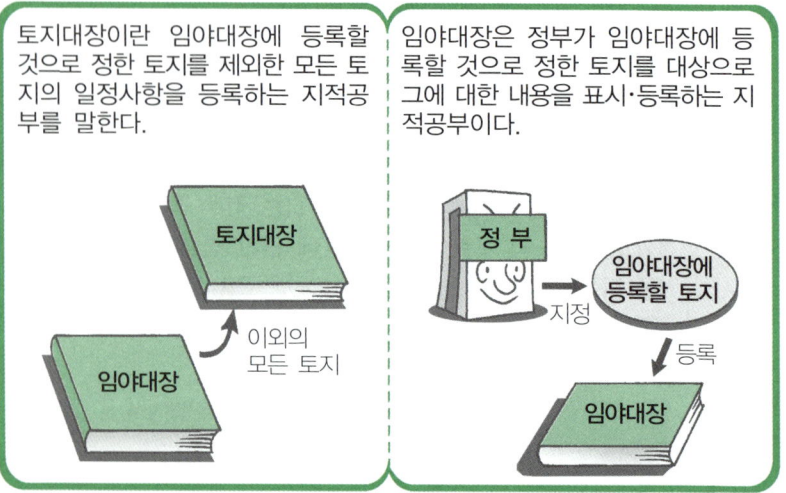

03 지적공부의 종류 ★

1 토지대장

임야대장에 등록할 것으로 정한 토지를 제외한 나머지 토지의 일정사항을 등록하는 장부이다. 일제시대(1914년)에 토지조사사업의 완결에 따라 작성되었다.

2 임야대장 → 임야, 산간벽지, 소면적의 토지, 도서 등

토지대장에 등록한 토지 이외의 토지에 관한 내용을 표시·등록하는 장부이다. 일제시대(1920년)에 임야조사사업의 완결에 따라 작성되었다.

3 공유지연명부

(1) 대장에 등록하는 1필의 토지 소유자가 2인 이상(공유지❶)인 때, 대장별로 소유자표시사항을 체계적이며 효율적으로 등록·관리하기 위하여 대장 이외에 별도로 작성하는 장부(토지대장의 보조장부)이며 2001년 개정법에서 지적공부에 포함시켰다.

(2) 토지대장이나 임야대장에 소유자를 모두 기재하기가 곤란하므로 별도의 공유지연명부를 두어 대장에는 1인만을 기재하며 그 나머지의 소유자는 공유지연명부에 기재함으로써 대장의 간명화를 기하기 위함이다.

> **용어사전**
> ❶ **공유지**
> 두 사람 이상이 공동으로 가지고 있는 토지를 말한다.
> ❷ **대지권**
> 구분건물소유자가 대지에 가지는 대지사용권으로서 건물과 분리하여 처분할 수 없는 것을 가리킨다.

4 대지권등록부

(1) 「집합건물의 소유 및 관리에 관한 법률」에 의해 대장에 등록하는 토지에 대하여 「부동산등기법」에 의하여 대지권❷인 뜻의 등기가 된 때, 지적공부정리의 효율화를 위하여 대지권표시를 목적으로 작성하는 장부이며 2001년 개정법에서 지적공부에 포함시켰다.

(2) 「부동산등기법」에서 구분건물의 전유부분과 분리처분을 금지한 대지사용권, 즉 대지권등기를 한 토지에 대하여 작성한다.
→ 구분건물 소유자가 대지사용권(지분)을 등기한 것

5 지적도

도면의 하나로서 토지대장에 등록된 토지에 관한 사항을 알기 쉽게 도시하여 놓은 지적공부이다.

6 임야도

도면의 하나로서 임야대장에 등록된 토지에 관한 사항을 알기 쉽게 도시하여 놓은 지적공부이다.

제1편 공간정보의 구축 및 관리 등에 관한 법률

7 경계점좌표등록부

<u>1975년 「지적법」 개정으로 도해지적의 단점을 보완하기 위해 경계점을 좌표에 의하여 나타내는 지적공부의 일종이다</u>(대장 성격을 지닌 도면).

> **Key Point** 도해지적과 수치지적의 구별
>
> 도해지적(지적도·임야도)은 지적에 관한 사항을 도면으로 표시하는 데 반하여 경계점좌표지적(수치지적)은 당해 필지의 경계를 좌표로 표시하는 차이점이 있다.
>
> | 구 분 | 경계표시 | 장 점 | 단 점 | 보 완 |
> | --- | --- | --- | --- | --- |
> | 도해지적 | 선 | 비용이 저렴, 일반인도 알기 쉽다. | 정밀도가 낮다. | 수치지적으로 |
> | 수치지적 | 좌 표 | 정밀도가 높다. | 고도의 기술과 많은 비용 | 작성지역 제한 |
> | | | | 일반인은 알기 어렵다. | 지적도를 작성 |

8 전산처리된 지적공부(= 지적파일)

대장과 도면에 기록된 사항이 정보처리시스템을 통하여 기록·저장된 것을 말한다.

지적도와 임야도

둘 다 도면으로 되어 있기에 「도면」이라고도 한다.

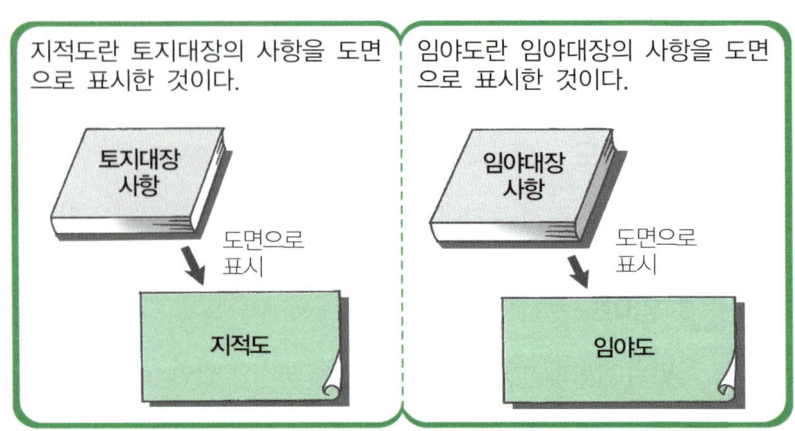

제3장 지적공부

Key Point 지적공부의 종류

1) 가시적 지적공부
   ① 대 장
      ㉠ 토지대장 : 임야대장에 등록토록 정한 토지를 제외한 토지의 일정사항을 등록하는 장부이다.
      ㉡ 임야대장 : 토지대장에 등록한 토지 이외의 토지의 일정사항을 등록하는 장부이다.
      ㉢ 공유지연명부 : 공유토지의 소유권표시사항, 즉 모든 공유자에 관한 사항을 등록하는 장부이다.
      ㉣ 대지권등록부 : 대지권등기를 한 토지의 지적공부정리 효율화를 위하여 작성하는 장부이다.
   ② 도 면
      ㉠ 지적도 : 토지대장에 등록된 토지에 관한 사항을 알기 쉽게 도시하여 놓은 지적공부이다.
      ㉡ 임야도 : 임야대장에 등록된 토지에 관한 사항을 알기 쉽게 도시하여 놓은 지적공부이다.
   ③ 경계점좌표등록부
      지적에 관한 사항을 평면직각종횡선수치인 좌표에 의하여 나타내는 지적공부의 일종이다.
2) 불가시적 지적공부 : 전산화된 지적공부(지적파일)
   정보처리시스템에 의하여 처리할 수 있는 형태로 작성된 지적공부이다.

경계점좌표등록부

① 경계점을 좌표로 된 수치로 등록하는 지적공부이다.
② 정밀도가 높으나 비용이 많이 든다.

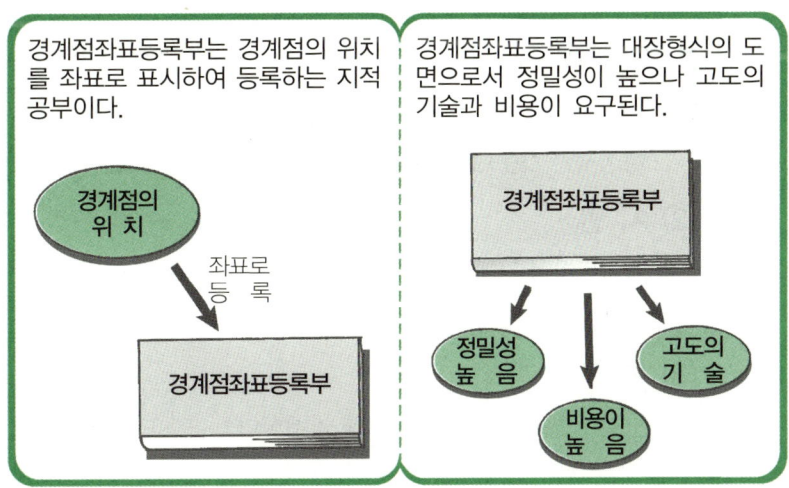

제1편 공간정보의 구축 및 관리 등에 관한 법률

단락문제 01
제16회 기출

「공간정보의 구축 및 관리 등에 관한 법률」에서 규정하고 있는 지적공부로만 나열된 것은?

① 임야대장·공유지연명부·부동산등기부
② 건축물대장·색인도·지번도
③ 대지권등록부·토지대장·행정구역도
④ 토지대장·임야대장·경계점좌표등록부
⑤ 지적도·임야도·일람도

해설 「공간정보의 구축 및 관리 등에 관한 법률」상 지적공부의 종류
국가가 지적업무를 수행함에 있어서 토지에 대한 현황을 공시(열람 및 등본발급)하는 국가의 공적장부를 지적공부라고 하는데 공간정보의 구축 및 관리 등에 관한 법령에서는 지적공부를 토지대장, 임야대장, 공유지연명부, 대지권등록부와 지적도, 임야도 및 경계점좌표등록부 그리고 전산처리된 지적공부 이렇게 8가지를 지적공부로 정의하고 있다(법 제2조 제19호).

답 ④

제2절 지적공부의 등록사항
35회 출제

01 토지·임야대장 ★★★
16회 출제

1 작성대상
지적도와 임야도에 등록된 토지

2 등록사항(법 제71조, 규칙 제68조) 19·20·22·26회 출제

(1) **토지의 소재**
행정구역 가운데 리·동까지 기재한다.

(2) **지 번**
아라비아 숫자로 기재하되, 임야대장에 등록되는 토지의 경우에는 숫자 앞에 "산"자를 붙여 기재한다.

(3) **지 목**
코드번호와 정식명칭을 함께 기재한다.

(4) 면 적
지적측량에 의하여 계산된 면적으로 ㎡ 단위로 표시한다.

(5) 소유자의 성명 또는 명칭, 주소·주민등록번호(소유자가 국가·지방자치단체·법인 또는 법인 아닌 사단이나 재단 및 외국인은 그 등록번호)

(6) 고유번호(각 필지를 서로 구별하기 위하여 필지마다 개별적으로 붙이는 고유한 번호)
19자리 숫자로 표시한다. **15회 출제**

Professor Comment
고유번호에 지목은 표시되지 않는다.

[예] 경기도 연천군 전곡읍 전곡리 365-87 토지로서 토지대장에 속하는 것을 고유번호로 표시하면 1316001001-10365-0087이 된다.

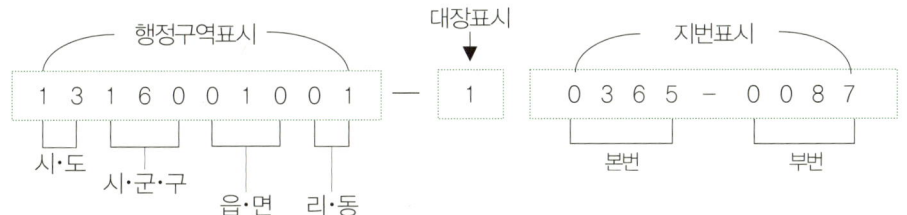

Wide | 토지의 고유번호

① **의 의**
토지고유번호란 전국에 있는 모든 토지를 대상으로 매 필지마다 고유하게 부여한 숫자(번호)로서 각각의 토지에 관한 위치, 행정구역의 지점, 어느 지적공부에 속하여 있는가 등을 표시하게 된다.

② **기 능**
토지의 고유번호는 지적의 전산처리를 통하여 토지의 소재파악과 추출을 쉽게 한다. 그리고 토지의 분류나 색출을 용이하게 하고, 토지에 특정성을 부여한다.

③ **구 성**
19자리 숫자로 나타낸다.
㉠ 행정구역에 관한 번호: 10자릿수로 표시한다.   ㉡ 대장에 관한 번호: 1자릿수로 표시한다(대장의 종류).

토지대장	임야대장	경계점좌표등록부	폐쇄토지대장	폐쇄임야대장
1	2	3	8	9

㉢ 지번에 관한 번호: 8자리수로 표시한다.   본번 → 4자릿수로 표시, 부번 → 4자릿수로 표시

제1편 공간정보의 구축 및 관리 등에 관한 법률

(7) **도면번호와 필지별 대장의 장번호 및 축척**(1/1,200)

(8) **토지이동 등의 사유**

토지이동의 일지와 해당사유(신규등록, 분할 등)를 기재한다.

(9) **토지소유자가 변동된 날과 그 원인**

소유권의 변동일자는 등기접수일자를, 변동원인은 등기원인을 기재한다.

(10) **토지등급·기준수확량등급과 그 설정·수정연월일**

1996년부터는 토지등급을 설정하지 않는다. 그러나 1995년까지 설정된 토지등급은 계속 등록·관리한다.

(11) **개별공시지가❶ 및 그 기준일★**

2002년부터 대장의 등록사항으로 추가되었다.

> **용어사전**
> ❶ **개별공시지가**
> 토지의 재산세부과나 토지보상을 위한 감정평가의 기준으로서,「부동산 가격공시에 관한 법률」에 따라 국토교통부장관이 결정하여 고시한 표준지공시지가를 바탕으로 하여 시장·군수·구청장 등이 산정한 공시기준일 현재 관할구역 안의 개별토지의 단위면적당 가격을 말한다.

단락핵심   고유번호와 대장의 등록사항

(1) 토지대장에 등록하는 토지의 고유번호는 행정구역, 지번, 대장구분 등을 코드화하여 전체 19자리로 구성되어 있다.
(2) 등기의 접수번호는 등록하지 않는다.

단락문제 02 제20회 기출

토지대장의 등록사항에 해당되는 것을 모두 고른 것은?

| ㉠ 토지의 소재 | ㉡ 지 번 | ㉢ 지 목 | ㉣ 면 적 |
| ㉤ 소유자의 성명 또는 명칭 | ㉥ 대지권 비율 | ㉦ 경계 또는 좌표 | |

① ㉠, ㉡, ㉢, ㉣, ㉤
② ㉠, ㉡, ㉢, ㉣, ㉥
③ ㉠, ㉡, ㉢, ㉤, ㉦
④ ㉠, ㉡, ㉣, ㉤, ㉥
⑤ ㉠, ㉡, ㉣, ㉥, ㉦

해설 토지대장의 등록사항
대지권 비율은 대지권등록부의 등록사항이며, 경계 또는 좌표는 도면 및 경계점좌표등록부의 등록사항이다. **답** ①

■ 공간정보의 구축 및 관리 등에 관한 법률 시행규칙 [별지 제63호 서식]

토 지 대 장

고유번호		도면번호		발급번호	
토지소재		장번호		처리시각	
지 번		축 척		발 급 자	

토 지 표 시

지 목	면 적(㎡)	사 유

소 유 자

변동일자	주 소	
변동원인	성명 또는 명칭	등록번호

등 급 수 정
연 월 일

토 지 등 급
(기준수확량등급)

개별공시지가 기준일

개별공시지가(원/㎡) | 용도지역 등

270㎜ × 190㎜ [백상지(150g/㎡)]

02 공유지연명부·대지권등록부 ★★ 21·29·31회 출제

1 공유지연명부

(1) 작성대상

1필지의 토지소유자가 2인 이상인 경우에는 토지대장 외에 공유지연명부를 별도로 작성하여야 한다.

(2) 등록사항(법 제71조 제2항, 규칙 제68조 제3항)★★ 27·32회 출제

① 토지의 소재
② 지번
③ 소유권지분
④ 소유자의 성명 또는 명칭·주소·주민등록번호
⑤ 토지의 고유번호
⑥ 필지별 공유지연명부의 장번호
⑦ 토지소유자가 변경된 날과 그 원인

(3) 정리방법

대장의 소유자란에 "○○○외 ○명"이라고 등록하고 공유지연명부에는 모든 공유자에 관한 성명·주소·주민등록번호와 지분 등을 등록하여야 한다.

2 대지권등록부 17회 출제

(1) 작성대상

토지대장 또는 임야대장에 등록하는 토지가 「부동산등기법」에 의하여 대지권등기가 된 때에는 대지권등록부에 등록한다.

(2) 등록사항(법 제71조 제3항, 규칙 제68조 제4항)★★ 23·32·33회 출제

① 토지의 소재
② 지번
③ 대지권의 비율
④ 소유자의 성명 또는 명칭·주소·주민등록번호
⑤ 건물명칭
⑥ 토지의 고유번호
⑦ 전유부분의 건물의 표시
⑧ 집합건물별 대지권등록부의 장번호
⑨ 토지소유자가 변경된 날과 그 원인
⑩ 소유권 지분

■ 공간정보의 구축 및 관리 등에 관한 법률 시행규칙 [별지 제65호 서식]

공 유 지 연 명 부

고유번호		소유자										장번호	
		변동일자	변동원인	주소								비고	
토지 소재				성명 또는 명칭									
				등록번호									
순번													

270㎜ × 190㎜ [백상지(150g/㎡)]

제1편 공간정보의 구축 및 관리 등에 관한 법률

■ 공간정보의 구축 및 관리 등에 관한 법률 시행규칙 [별지 제66호 서식]

대지권등록부

고유번호	토지소재	지번	대지권 비율	장번호	전유부분 건물표시	건물명칭				

소유자

변동일자 변동원인	성명 또는 명칭							

소유권 지분

지번	대지권 비율	등록번호	주소	일련번호	일련번호	일련번호	일련번호	일련번호

270㎜×190㎜ [백상지(150g/㎡)]

(3) 정리방법

대장의 소유자변동원인란에 「○○년 ○월 ○일 대지권 설정」이라고 등록하고 대지권등록부에 구분소유단위별로 소유자에 관한 등기사항을 등록한다.

단락문제 03 제17회 기출

대지권등록부의 등록사항으로만 나열된 것은?

① 토지의 소재·지번·지목·전유부분의 건물표시
② 대지권 비율·소유권 지분·건물명칭·개별공시지가
③ 집합건물별 대지권등록부의 장번호·토지의 이동사유·대지권 비율·지번
④ 건물명칭·대지권 비율·소유권 지분·토지의 고유번호
⑤ 지번·대지권 비율·소유권 지분·도면번호

해설 대지권등록부의 등록사항
1) 대지권등록부는 집합건물의 대지(1동건물이 점유하는 법정대지와 운동장·주차장 등의 규약대지)를 토지대장 또는 임야대장에 등록하는 토지가 「부동산등기법」에 의하여 대지권등기가 된 때에 작성하는 지적공부를 말한다.
2) 등록사항은 토지의 소재, 지번, 대지권의 비율, 소유자의 성명·주소·주민등록번호, 고유번호, 전유부분의 건물의 표시, 건물명칭, 집합건물별 대지권등록부의 장번호, 소유자가 변경된 날과 그 원인, 소유권 지분이다(법 제71조 제3항, 규칙 제68조 제4항).

답 ④

---

03 도면(지적도·임야도)★★   13·추가15·18·21·26회 출제

1 작성대상

토지대장과 임야대장에 등록된 토지

2 등록사항(법 제72조, 규칙 제69조)★   22·28·32회 출제

(1) 토지의 소재
행정구역 가운데 리·동까지 기재한다.

(2) 지 번
아라비아 숫자로 기재하되, 임야대장의 경우에는 숫자 앞에 "산"자를 붙여 기재한다.

(3) 지 목
정식명칭으로 기재하지 않고 부호로써 기재한다.

> **Key Point** 도면에서의 지목 표기방법 (규칙 제64조)
>
> 도면에 표기하는 지목은 토지대장이나 임야대장에 정식으로 표기된 "지목의 첫글자"를 따서 부호로 하는데 예외적으로 하천(천), 유원지(원), 공장용지(장), 주차장(차) 4가지는 "지목의 둘째글자"를 부호로 표기한다.

(4) 경 계 ★

각 필지의 범위를 나타내기 위하여 도면 위에 등록하는 선으로서 필지별로 경계점들을 직선으로 연결한 선을 말한다(법 제2조 제26호).

Professor Comment

「공간정보의 구축 및 관리 등에 관한 법률」상의 경계는 경계점만을 직선으로 연결하며 등록한 0.1mm의 선을 말한다.

(5) 지적도면의 색인도

인접도면의 연결순서를 표시하기 위하여 기재한 도표와 번호를 말하는데 도곽선의 좌측 상단부에 기재한다.

(6) 지적도면의 제명 및 축척

지적도면의 상단에 표기하는 지적도면의 제목과 명칭 및 축척으로서 "시·군·구, 읍·면, 리·동 지적도(임야도) ○○장 중 제○○호 축척 000분의 1"으로 표기한다.

> **Wide** 지적도면의 축척 (규칙 제69조 제6항) **29·35회 출제**
>
> ① 지적도(7개) : 1/500, 1/600, 1/1,000, 1/1,200, 1/2,400, 1/3,000, 1/6,000
> ② 임야도(2개) : 1/3,000, 1/6,000

(7) 도곽선 및 도곽선수치 **17회 출제**

> **Wide** 도곽선과 그 수치
>
> ① 도곽선은 지적도 1매의 범위를 표시하는 선으로 하나의 도면에 등록되는 토지의 범위를 한정하며, 당해 도면에 등록될 토지들을 원점으로부터의 위치를 명확히 하는 기준선으로서 지적측량기준점의 전개·방위, 인접도면과의 접합·신축의 보정 등의 역할을 한다.
> ② 경계 등 등록내용은 평면직각종횡선으로 구획된 도곽선 내에 표시하여야 한다. 붉은 선으로 표시하며 인접도면과 연결하여 볼 경우 이 도곽선끼리 맞추어 경계를 표시할 수 있다.
> ③ 도곽선의 수치는 해당 지적도에 등록된 토지가 위치하는 좌표, 즉 당해 지적도에 표시된 토지와 원점까지의 거리를 말한다.
> ④ 도곽선의 수치는 원점으로부터 기산하여 종선수치에 50만m, 횡선수치에 20만m를 각각 가산하여 언제나 정수가 되도록 하며 도면별 도곽의 우측상단과 좌측하단에 기재한다.
> ⑤ 경계점좌표등록부를 비치하는 지역에서의 지적도의 도곽선은 가로 40cm×세로 30cm이다.

(8) **좌표에 의하여 계산된 경계점간 거리**(경계점좌표등록부를 비치하는 지역에 한함)
(9) **삼각점 및 지적기준점의 위치**
(10) **건축물 및 구조물 등의 위치**
(11) **그 밖에 국토교통부장관이 정하는 사항**
(12) 경계점좌표등록부 시행지역은 해당 도면의 제명 끝에 "**좌표**"라 표시하고, 도곽선의 오른쪽 아래 끝에 "이 도면에 의하여 측량을 할 수 없음"이라고 적어야 한다(규칙 제69조 제3항).

3 지적도면의 작성 및 비치

(1) 지적도면에는 지적소관청의 직인을 날인하여야 한다. 다만, 정보처리시스템을 이용하여 관리하는 지적도면의 경우에는 그러하지 아니하다(규칙 제69조 제4항).
(2) 지적소관청은 지적도면의 관리상 필요한 때에는 지번부여지역마다 일람도와 지번색인표를 작성하여 갖춰둘 수 있다(규칙 제69조 제5항).

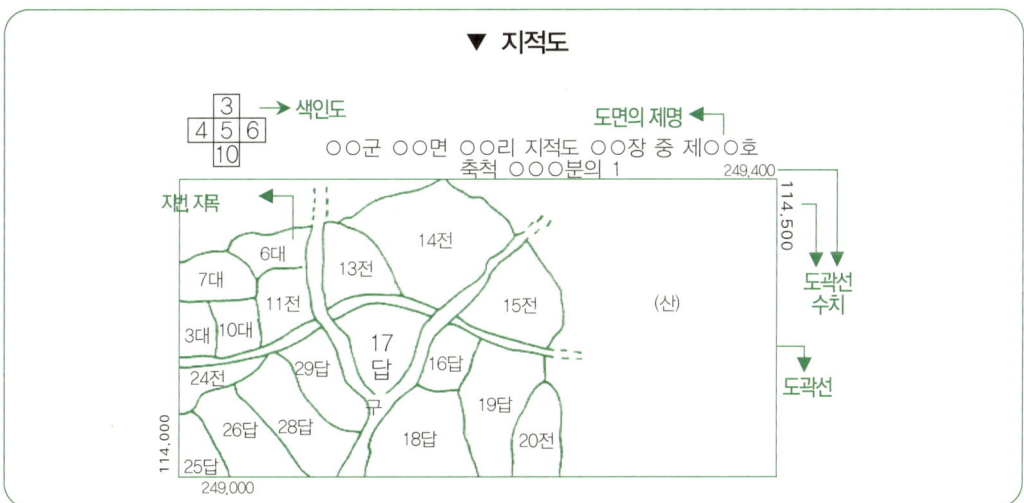

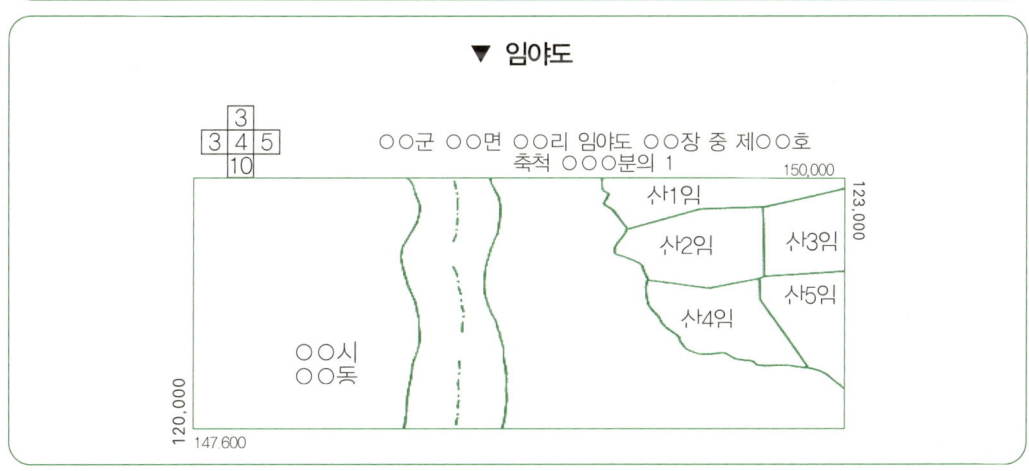

제1편 공간정보의 구축 및 관리 등에 관한 법률

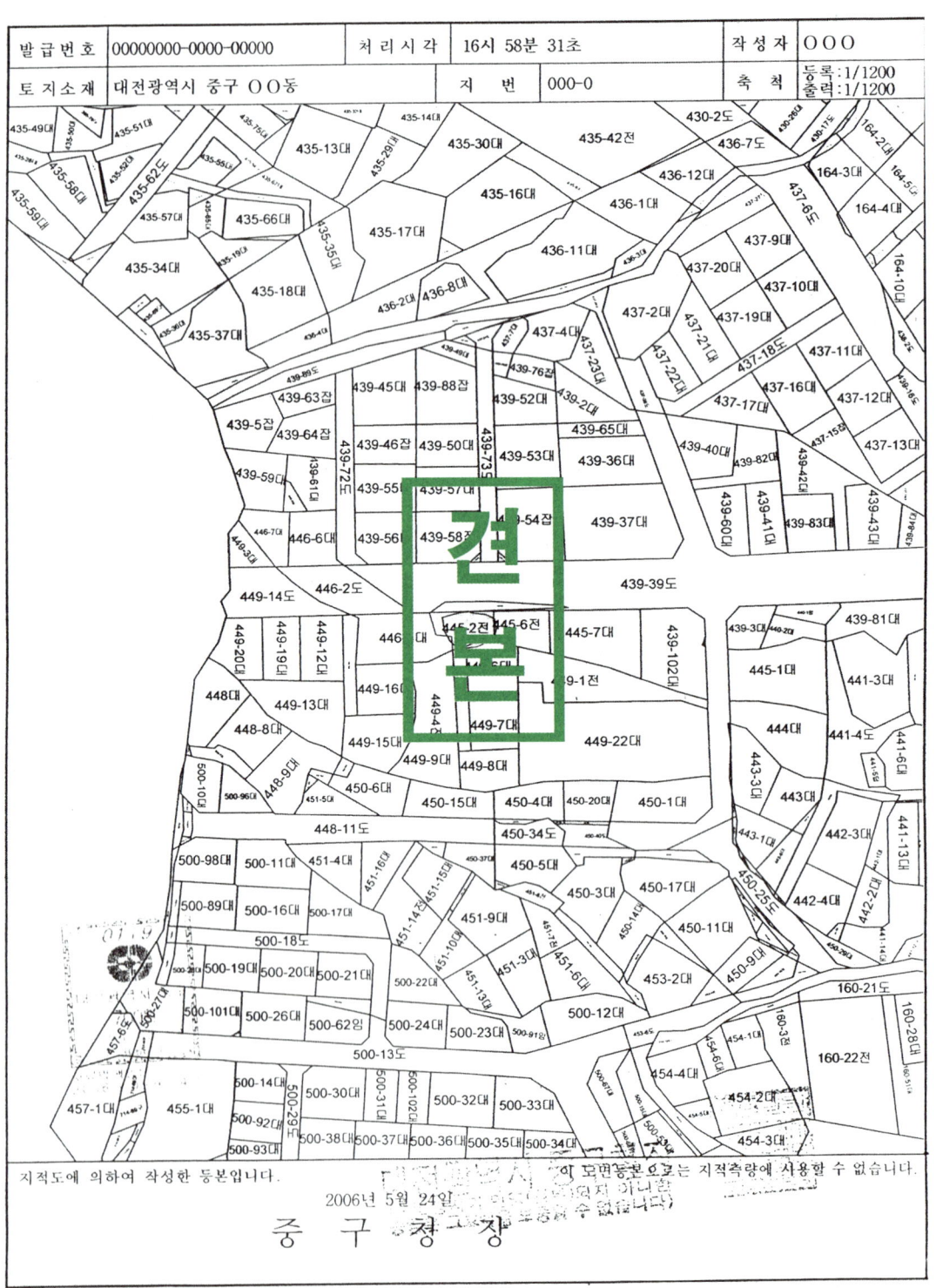

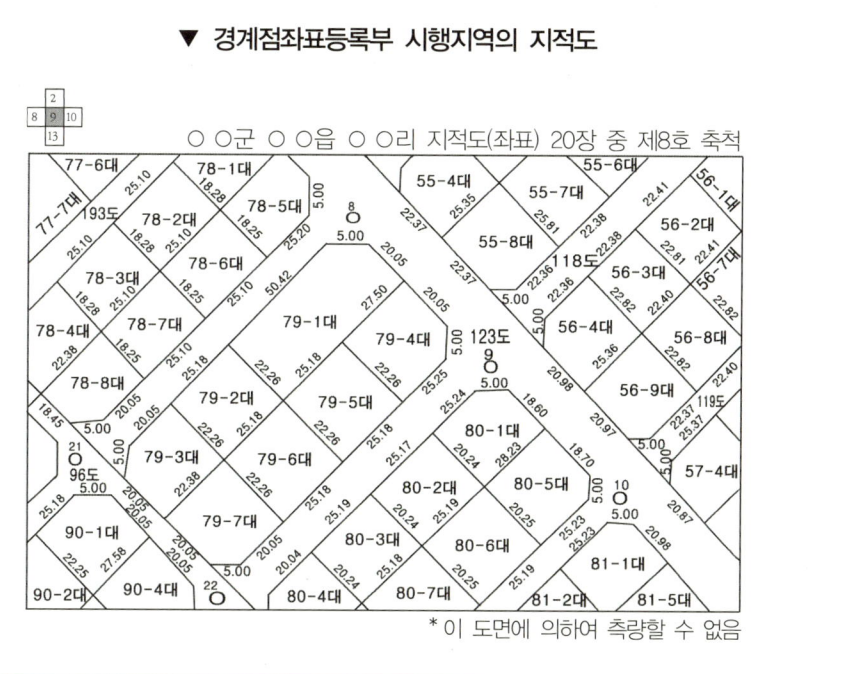

▼ 경계점좌표등록부 시행지역의 지적도

* 이 도면에 의하여 측량할 수 없음

단락핵심 — 도면의 등록사항

(1) 소유자에 관한 사항은 등록하지 않는다.
(2) 경계점좌표등록부를 비치하는 지역 안의 지적도에는 도면의 제명 끝에 "(좌표)"라고 표시하고, 도곽선의 오른쪽 아래 끝에 "이 도면에 의하여 측량을 할 수 없음"이라고 기재하여야 한다.
(3) 지적도면에는 건축물 및 구조물 등의 위치를 등록한다.

제1편 공간정보의 구축 및 관리 등에 관한 법률

단락문제 04
제21회 기출

경계점좌표등록부를 갖춰두는 지역의 지적도가 아래와 같은 경우 이에 관한 설명으로 옳은 것은?

○○시 ○○동 지적도(좌표) 20장 중 제8호 축척 500분의 1

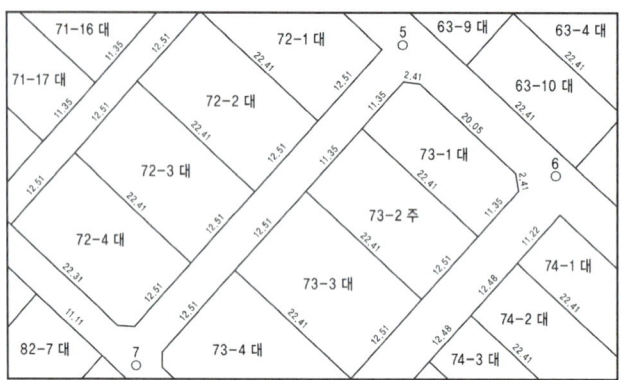

① 73-2에 대한 면적측정은 전자면적측정기에 의한다.
② 73-2의 경계선상에 등록된 '22.41'은 좌표에 의하여 계산된 경계점간의 거리를 나타낸다.
③ 73-2에 대한 경계복원측량은 본 도면으로 실시하여야 한다.
④ 73-2에 대한 토지면적은 경계점좌표등록부에 등록한다.
⑤ 73-2에 대한 토지지목은 '주차장'이다.

해설 지적도의 등록사항
①, ③ (×) 지표상의 복원은 좌표에 의하고 측량은 경위의측량방법에 따른다.
② (○) (규칙 제69조 제1항 제4호)
④ (×) 경계점좌표등록부에는 소유자·경계·지목·면적을 등록하지 아니한다(법 제73조).
⑤ (×) 주유소용지(규칙 제64조 참조)

답 ②

04 경계점좌표등록부★★★

1 작성대상
(1) 도시개발사업 등에 따라 새로이 지적공부를 등록하는 토지(지적확정측량 또는 축척변경을 위한 측량을 실시하여 경계점을 좌표로 등록한 지역의 토지)에 대하여 비치한다(법 제73조).
(2) 농경지의 지적확정측량 실시지역은 제외한다.

2 등록사항(법 제73조, 규칙 제71조 제3항)★★ 24·25·27회 출제

① 토지의 소재
② 지 번
③ 좌 표
④ 토지의 고유번호
⑤ 지적도면의 번호
⑥ 필지별 경계점좌표등록부의 장번호
⑦ 부호 및 부호도

3 경계점좌표등록부의 작성·비치 및 시행지역

(1) 시행지역
전국적으로 작성·비치되는 것이 아니라 도시개발사업 등에 따라 새로이 지적공부에 등록하는 토지로서 지적확정측량 또는 축척변경을 위한 측량을 실시하여 경계점을 좌표로 등록한 지역의 토지에 대하여 경계점좌표등록부를 갖춰 두어야 한다(법 제73조, 규칙 제71조 제2항).

(2) 작 성
경계점좌표등록부를 비치한 지역에서는 토지의 경계설정과 지표상의 복원은 좌표에 의하고, 경계점좌표등록부 작성대상지역의 지적도는 대부분 1/500 축척으로 작성한다.

(3) 비 치 29회 출제
1) 경계점좌표등록부는 좌표만으로는 일반인이 토지의 형상을 파악하기 어려우므로 지적도를 함께 비치하고, 별도로 토지대장을 함께 비치하도록 하고 있다.
2) 경계점좌표등록부를 갖춰 두는 지역의 지적도에는 해당 도면의 제명 끝에 '좌표'라고 표시하여야 하고, 도곽선의 오른쪽 아래 끝에 "이 도면에 의하여 측량을 할 수 없음"이라고 적어야 한다(규칙 제69조 제3항).

제1편 공간정보의 구축 및 관리 등에 관한 법률

■ 공간정보의 구축 및 관리 등에 관한 법률 시행규칙 [별지 제69호 서식]

경계점좌표등록부

발급번호			
처리시각			
발급자			

부호	좌표 X	좌표 Y
	m	m
	m	m

부호	좌표 X	좌표 Y
	m	m
	m	m

토지소재	
지번	
출력축척	

270㎜×190㎜ (백상지(150g/㎡))

제3장 지적공부

Key Point 주요사항비교★★★ 34회 출제

등록사항	구분	대장				도면		경계점좌표등록부	비고
		토지대장	임야대장	공유지연명부	대지권등록부	지적도	임야도		
토지 표시 사항	토 지 소 재	O	O	O	O	O	O	O	공통등록사항
	지 번	O	O	O	O	O	O	O	공통등록사항
	지 목	O	O	×	×	O	O	×	토지·임야대장도면
	면 적	O	O	×	×	×	×	×	토지·임야대장
	이 동 사 유	O	O	×	×	×	×	×	토지·임야대장
	경 계	×	×	×	×	O	O	×	도면에만 등록
	좌 표	×	×	×	×	×	×	O	1976 최초등록
	경계점간거리	×	×	×	×	O	×	×	1987 최초등록
소유자 표시 사항	변 동 일 자	O	O	O	O	×	×	×	
	변 동 원 인	O	O	O	O	×	×	×	
	주 소	O	O	O	O	×	×	×	
	등 록 번 호	O	O	O	O	×	×	×	1976 최초등록
	성명 또는 명칭	O	O	O	O	×	×	×	
	소 유 권 지 분	×	×	O	O	×	×	×	
	대 지 권 비 율	×	×	×	O	×	×	×	1986 최초등록
등급가격 표시 사항	등급설정·수정일자	O	O	×	×	×	×	×	
	토 지 등 급	O	O	×	×	×	×	×	
	기준수확량등급	O	×	×	×	×	×	×	
	개별공시지가 기준일	O	O	×	×	×	×	×	2002 최초등록
	개 별 공 시 지 가	O	O	×	×	×	×	×	2002 최초등록

제1편 공간정보의 구축 및 관리 등에 관한 법률

Key Point 주요사항비교★★★

등록사항 \ 구분		대장				도면		경계점 좌표 등록부	비 고
		토지 대장	임야 대장	공유지 연명부	대지권 등록부	지적도	임야도		
기타 표시 사항	고 유 번 호	O	O	O	O	X	X	O	1976 최초등록
	도 면 번 호	O	O	X	X	O	O	O	1976 최초등록
	장 번 호	O	O	O	O	X	X	O	
	전유부분의 건물표시	X	X	X	O	X	X	X	1986 최초등록
	건 물 명 칭	X	X	X	O	X	X	X	1986 최초등록
	건축물·구조물 위치	X	X	X	X	O	O	X	2002 최초등록
	축 척	O	O	X	X	O	O	X	1976 최초등록
	직 인 날 인	X	X	X	X	O	O	X	
	직 인 날 인 번 호	O	O	X	X	X	X	O	1979 최초등록
	용 도 지 역	O	O	X	X	X	X	X	임의적 등록사항
	삼각점 및 지적측량 기준점의 위치	X	X	X	X	O	O	X	
	부 호	X	X	X	X	X	X	O	1976 최초등록
	부 호 도	X	X	X	X	X	X	O	1976 최초등록
	도 곽 선	X	X	X	X	O	O	X	
	도 곽 선 수 치	X	X	X	X	O	O	X	

* O : 해당됨, X : 해당 안 됨

Professor Comment

위 도표에 대한 간략한 설명을 하면 다음과 같다.
① 토지의 소재와 지번은 모든 지적공부에 공통적 등록사항이다.
② 고유번호, 소유자표시, 소유권변동일자와 원인, 필지별 장번호는 토지(임야)대장, 공유지연명부, 대지권등록부에 공통적 등록사항이다.
③ 소유권지분은 공유지연명부와 대지권등록부에 공통적 등록사항이다.
④ 지목과 축척은 토지(임야)대장, 지적도, 임야도에 공통적 등록사항이다.

경계점좌표등록부

(1) 경계점좌표등록부를 비치하는 토지는 지적확정측량 또는 축척변경을 위한 측량을 실시하여 경계점을 좌표로 등록한 지역의 토지로 한다.
(2) 경계점좌표등록부를 비치하는 지역의 지적도면에는 좌표에 의하여 계산된 경계점간의 거리를 등록한다.

단락문제 05

제9회 기출

경계점좌표등록부에 관한 설명 중 맞는 것은?

① 1975년 「지적법」 개정 이후 도입되어 전국적으로 작성·비치되어 있다.
② 좌표에 의해 나타나므로 정밀성이 높고 토지의 모양에 대하여 일반인도 쉽게 알 수 있다.
③ 경계점좌표등록부를 비치한 지역의 토지의 경계결정과 지표상의 복원은 좌표와 굴곡점을 잇는 직선에 의한다.
④ 도시개발사업 등의 지역을 경위의측량방법에 의해 지적확정측량을 한 지역은 반드시 작성·비치한다.
⑤ 경계점좌표등록부의 등록사항으로는 토지의 소재, 지번, 좌표, 소유자, 면적, 고유번호를 등록해야 한다.

해설 경계점좌표등록부
① (×) 경계점좌표등록부를 갖춰두는 토지는 도시개발사업 등에 의하여 지적확정측량 또는 축척변경을 위한 측량을 실시하여 경계점을 좌표로 등록한 지역의 토지에 한한다(규칙 제71조 제2항).
② (×) 지적도나 임야도와 같은 도해지적의 경우에 비해 정밀성을 높일 수 있다는 장점이 있으나, 수치지적이므로 전문지식이 없는 일반인은 표시된 내용을 용이하게 이해할 수 없다는 단점이 있다. 따라서 경계점좌표등록부는 지적도와 함께 비치한다.
③ (×) 경계점좌표등록부 시행지역 내 토지의 경계결정이나 경계의 복원은 좌표에 의한다.
④ (○) (규칙 제71조 제2항)
⑤ (×) 경계점좌표등록부에는 소유자·경계·지목·면적을 등록하지 아니한다(법 제73조 참조). 따라서 소유자·지목·면적을 공시하기 위하여 토지대장을 함께 비치하여야 한다.

답 ④

제1편 공간정보의 구축 및 관리 등에 관한 법률

제3절 지적에 관한 기타 공부

10회 출제

01 일람도

24회 출제

> 규칙 제69조 제5항
> 지적소관청은 지적도면의 관리에 필요한 경우에는 지번부여지역마다 일람도를 작성하여 갖춰 둘 수 있다.

동일한 지번부여지역 내의 지적도 및 임야도의 매수가 많아 지적도 및 임야도의 배치나 그에 관한 접속관계를 한 눈에 알 수 있도록 지번부여지역마다 그 대략적인 지적내용을 표시하여 놓은 도면을 말한다.

02 지번색인표

> 규칙 제69조 제5항
> 지적소관청은 지적도면의 관리에 필요한 경우에는 지번부여지역마다 지번색인표를 작성하여 갖춰 둘 수 있다.

지번색인표는 원하는 지번의 토지가 어느 지적도에 등록되어 있는가를 쉽게 찾을 수 있도록 정리해 놓은 표(용지)이다.

03 결번대장

1 의 의
어떤 사유로 지번부여지역인 리·동 단위의 지번순서에 결번이 생긴 때에는 지체 없이 그 사유를 결번대장에 등록하여 관리하는 대장을 말한다.

2 기 능
이는 지번을 중복하여 부여하는 것을 방지하고 대장의 분실여부를 쉽게 파악하기 위하여 작성하는 것이다.

3 결번대장의 비치

제63조(결번대장의 비치)
지적소관청은 행정구역의 변경, 도시개발사업의 시행, 지번변경, 축척변경, 지번정정 등의 사유로 지번에 결번이 생긴 때에는 지체 없이 그 사유를 별지 제61호 서식의 결번대장에 적어 영구히 보존하여야 한다.

4 재사용 여부

결번이 발생하면 그 지번부여지역에서는 지번변경이나 도시개발사업 등에 의하여 다시 지번을 부여하는 경우를 제외하고는 다시 쓸 수 없다.

04 지상경계점등록부   26·28·29·30·35회 출제

법 제65조 제2항 34·35회 출제
지적소관청은 토지의 이동에 따라 지상경계를 새로 정한 경우에는 다음 각 호의 사항을 등록한 지상경계점등록부를 작성·관리하여야 한다.
1. 토지의 소재
2. 지번
3. 경계점 좌표(경계점좌표등록부 시행지역에 한정한다)
4. 경계점 위치 설명도
5. 그 밖에 국토교통부령으로 정하는 사항 (규칙 제60조 제2항)
   가. 공부상 지목과 실제 토지이용 지목
   나. 경계점의 사진 파일
   다. 경계점표지의 종류 및 경계점 위치

지적재조사사업에 따라 경계가 확정되었을 때에 지적소관청은 지체 없이 경계점표지를 설치하여야 하며, 일정한 사항이 포함된 지상경계점등록부를 작성하고 관리하여야 한다(「지적재조사에 관한 특별법」 제18조 제2항).

05 연속지적도 35회 출제

법 제2조 제19호의2
"연속지적도"란 지적측량을 하지 아니하고 전산화된 지적도 및 임야도 파일을 이용하여 도면상 경계점들을 연결하여 작성한 도면으로서 측량에 활용할 수 없는 도면을 말한다.

제90조의2(연속지적도의 관리 등) ① 국토교통부장관은 연속지적도의 관리 및 정비에 관한 정책을 수립·시행하여야 한다.
② 지적소관청은 지적도·임야도에 등록된 사항에 대하여 토지의 이동 또는 오류사항을 정비한 때에는 이를 연속지적도에 반영하여야 한다.
③ 국토교통부장관은 제2항에 따른 지적소관청의 연속지적도 정비에 필요한 경비의 전부 또는 일부를 지원할 수 있다.
④ 국토교통부장관은 연속지적도를 체계적으로 관리하기 위하여 대통령령으로 정하는 바에 따라 연속지적도 정보관리체계를 구축·운영할 수 있다.
⑤ 국토교통부장관 또는 지적소관청은 제2항에 따른 연속지적도의 관리·정비 및 제4항에 따른 연속지적도 정보관리체계의 구축·운영에 관한 업무를 대통령령으로 정하는 법인, 단체 또는 기관에 위탁할 수 있다. 이 경우 위탁관리에 필요한 경비의 전부 또는 일부를 지원할 수 있다.
⑥ 제1항 및 제2항에 따른 연속지적도의 관리·정비의 방법 등에 필요한 사항은 국토교통부령으로 정한다.
[본조신설 2024. 3. 19.]

06 부동산종합공부★ 25·32회 출제

1 의 의

> **법 제2조 제19호의3**
> "부동산종합공부"란 토지의 표시와 소유자에 관한 사항, 건축물의 표시와 소유자에 관한 사항, 토지의 이용 및 규제에 관한 사항, 부동산의 가격에 관한 사항 등 부동산에 관한 종합정보를 정보관리체계를 통하여 기록·저장한 것을 말한다.

2 관리 및 운영

(1) 지적소관청은 부동산의 효율적 이용과 부동산과 관련된 정보의 종합적 관리·운영을 위하여 부동산종합공부를 관리·운영한다(법 제76조의2 제1항).

(2) 지적소관청은 부동산종합공부를 영구히 보존하여야 하며, 부동산종합공부의 멸실 또는 훼손에 대비하여 이를 별도로 복제하여 관리하는 정보관리체계를 구축하여야 한다(법 제76조의2 제2항).

(3) 부동산종합공부의 등록사항을 관리하는 기관의 장은 지적소관청에 상시적으로 관련 정보를 제공하여야 한다(법 제76조의2 제3항).

(4) 지적소관청은 부동산종합공부의 정확한 등록 및 관리를 위하여 필요한 경우에는 부동산종합공부의 등록사항을 관리하는 기관의 장에게 관련 자료의 제출을 요구할 수 있다. 이 경우 자료의 제출을 요구받은 기관의 장은 특별한 사유가 없으면 자료를 제공하여야 한다
(법 제76조의2 제4항).

3 등록사항★ 25·33회 출제

지적소관청은 부동산종합공부에 다음의 사항을 등록하여야 한다(법 제76조의3).

(1) 토지의 표시와 소유자에 관한 사항
「공간정보의 구축 및 관리 등에 관한 법률」에 따른 지적공부의 내용

(2) 건축물의 표시와 소유자에 관한 사항(토지에 건축물이 있는 경우만 해당한다)
「건축법」 제38조에 따른 건축물대장의 내용

(3) 토지의 이용 및 규제에 관한 사항
「토지이용규제 기본법」 제10조에 따른 토지이용계획확인서의 내용

(4) 부동산의 가격에 관한 사항

「부동산 가격공시에 관한 법률」 제10조에 따른 개별공시지가, 같은 법 제16조, 제17조 및 제18조에 따른 개별주택가격 및 공동주택가격 공시내용

(5) 「부동산 등기법」 제48조에 따른 부동산의 권리에 관한 사항

4 열람 및 증명서 발급

(1) 부동산종합공부를 열람하거나 부동산종합공부 기록사항의 전부 또는 일부에 관한 증명서(이하 "부동산종합증명서"라 한다)를 발급받으려는 자는 지적소관청이나 읍·면·동의 장에게 신청할 수 있다(법 제76조의4 제1항).

(2) 부동산종합공부의 열람 및 부동산종합증명서 발급의 절차 등에 관하여 필요한 사항은 국토교통부령으로 정한다(법 제76조의4 제2항).

5 등록사항의 정정

부동산종합공부의 등록사항 정정에 관하여는 지적공부의 등록사항의 정정에 관한 법 제84조를 준용한다(법 제76조의5).

단락문제 06
제25회 기출 개작

공간정보의 구축 및 관리 등에 관한 법령상 부동산종합공부의 등록사항에 해당하지 않는 것은?

① 토지의 표시와 소유자에 관한 사항 : 「공간정보의 구축 및 관리 등에 관한 법률」에 따른 지적공부의 내용
② 건축물의 표시와 소유자에 관한 사항(토지에 건축물이 있는 경우만 해당한다) : 「건축법」 제38조에 따른 건축물대장의 내용
③ 토지의 이용 및 규제에 관한 사항 : 「토지이용규제 기본법」 제10조에 따른 토지이용계획확인서의 내용
④ 부동산의 보상에 관한 사항 : 「공익사업을 위한 토지 등의 취득 및 보상에 관한 법률」 제68조에 따른 부동산의 보상 가격 내용
⑤ 부동산의 가격에 관한 사항 : 「부동산 가격공시에 관한 법률」 제10조에 따른 개별공시지가, 같은 법 제16조, 제17조 및 제18조에 따른 개별주택가격 및 공동주택가격 공시내용

해설 부동산종합공부의 등록사항(법 제2조 제19호의3)
④ (×) "부동산종합공부"란 토지의 표시와 소유자에 관한 사항, 건축물의 표시와 소유자에 관한 사항, 토지의 이용 및 규제에 관한 사항, 부동산의 가격에 관한 사항 등 부동산에 관한 종합정보를 정보관리체계를 통하여 기록·저장한 것을 말한다.

답 ④

제3장 지적공부

단락문제 07
제25회 기출

부동산종합공부에 관한 설명으로 틀린 것은?
① 지적소관청은 부동산의 효율적 이용과 부동산과 관련된 정보의 종합적 관리·운영을 위하여 부동산종합공부를 관리·운영한다.
② 지적소관청은 부동산종합공부를 영구히 보존하여야 하며, 멸실 또는 훼손에 대비하여 이를 별도로 복제하여 관리하는 정보관리체계를 구축하여야 한다.
③ 지적소관청은 부동산종합공부의 불일치 등록사항에 대하여는 등록사항을 정정하고, 등록사항을 관리하는 기관의 장에게 그 내용을 통지하여야 한다.
④ 지적소관청은 부동산종합공부의 정확한 등록 및 관리를 위하여 필요한 경우에는 부동산종합공부의 등록사항을 관리하는 기관의 장에게 관련 자료의 제출을 요구할 수 있다.
⑤ 부동산종합공부의 등록사항을 관리하는 기관의 장은 지적소관청에 상시적으로 관련 정보를 제공하여야 한다.

해설 부동산종합공부(법 제76조의2, 영 제62조의3)
③ (×) 부동산종합공부의 등록사항 정정에 관하여는 지적공부의 등록사항의 정정에 관한 법 제84조를 준용하여(법 제76조의5) 지적소관청은 법 제76조의3 각호의 등록사항 상호 간에 일치하지 아니하는 경우 그 등록사항을 관리하는 기관의 장에게 그 내용을 통지하여 등록사항 정정을 요청할 수 있다(영 제62조의3).   **답** ③

제4절 지적공부의 관리

01 지적공부의 비치·보존 32회 출제

1 대장 및 도면 등(가시적인 지적공부)의 비치·보존 31회 출제

(1) 보존(법 제69조)

지적소관청은 대장(토지대장·임야대장·공유지연명부·대지권등록부), 도면(지적도·임야도) 및 경계점좌표등록부를 당해 시·군·구의 지적서고에 보관하고 이를 영구히 보존하여야 한다.

← 지적관계의 명확성을 확보하여 사후의 다툼을 예방하고 해결하기 위한 것임

(2) 반 출

1) **원칙**

   지적공부는 시·군·구의 청사 밖으로 반출하지 못한다.

2) **예외**(법 제69조 제1항)

   다음의 경우에는 시·군·구의 청사 밖으로 반출할 수 있다.

   ① 천재·지변 그 밖에 이에 준하는 재난을 피하기 위하여 필요한 경우
   ② 관할 시·도지사 또는 대도시 시장의 승인을 받은 경우

Wide | 지적서고의 설치기준 등(규칙 제65조) **29회 출제**

① 지적서고는 지적사무를 처리하는 사무실과 연접(連接)하여 설치하여야 한다.
② 지적서고의 구조는 다음의 기준에 따라야 한다.
   ㉠ 골조는 철근콘크리트 이상의 강질로 할 것
   ㉡ 지적서고의 면적은 법령상의 기준면적에 따를 것
   ㉢ 바닥과 벽은 2중으로 하고 영구적인 방수설비를 할 것
   ㉣ 창문과 출입문은 2중으로 하되, 바깥쪽 문은 반드시 철제로 하고 안쪽 문은 곤충·쥐 등의 침입을 막을 수 있도록 철망 등을 설치할 것
   ㉤ 온도 및 습도 자동조절장치를 설치하고, 연중 평균온도는 섭씨 20±5도를, 연중평균습도는 65±5퍼센트를 유지할 것
   ㉥ 전기시설을 설치하는 때에는 단독퓨즈를 설치하고 소화장비를 갖춰 둘 것
   ㉦ 열과 습도의 영향을 받지 아니하도록 내부공간을 넓게 하고 천장을 높게 설치할 것
③ 지적서고는 다음의 기준에 따라 관리하여야 한다.
   ㉠ 지적서고는 제한구역으로 지정하고, 출입자를 지적사무담당공무원으로 한정할 것
   ㉡ 지적서고에는 인화물질의 반입을 금지하며, 지적공부, 지적 관계 서류 및 지적측량장비만 보관할 것
④ 지적공부 보관상자는 벽으로부터 15센티미터 이상 띄워야 하며, 높이 10센티미터 이상의 깔판 위에 올려놓아야 한다.

---

2 정보처리시스템을 통하여 기록·저장된 것(불가시적인 공부)의 비치·보존

(1) 의 의

불가시적인 공부란 지적공부(대장, 도면 및 경계점좌표등록부)에 등록할 사항을「공간정보의 구축 및 관리 등에 관한 법률」이 정하는 바에 따라 정보처리스시템에 의하여 자기디스크·자기테이프 그 밖에 이와 유사한 매체에 기록·저장 및 관리하는 집합물을 말한다(법 제2조 제19호 참조).

제3장 지적공부

(2) 비치 및 보존
1) 지적공부를 정보처리시스템을 통하여 기록·저장한 경우 관할 시·도지사, 시장·군수 또는 구청장은 그 지적공부를 지적정보관리체계에 영구히 보존하여야 한다(법 제69조 제2항).
2) 국토교통부장관은 지적공부가 멸실되거나 훼손될 경우를 대비하여 지적공부를 복제하여 관리하는 정보관리체계를 구축하여야 한다(법 제69조 제3항).

02 지적공부의 공개

1 지적공부의 열람·등본발급 ★★

(1) 신청권자
지적은 공개주의이므로 모든 지적공부는 공개되어 누구든지 열람 및 등본 발급을 신청할 수 있다(법 제75조 제1항).
→ 이해관계 유무를 묻지 않음

(2) 신청기관 20·30회 출제
1) 지적공부를 열람하거나 그 등본을 발급받으려는 자는 해당 지적소관청에 그 열람 또는 발급을 신청하여야 한다(법 제75조 제1항 본문).
2) 정보처리시스템을 통하여 기록·저장된 지적공부(지적도 및 임야도는 제외함)를 열람하거나 그 등본을 발급받으려는 경우에는 특별자치시장, 시장·군수 또는 구청장이나 읍·면·동의 장에게 신청할 수 있다(법 제75조 제1항 단서).
3) 수수료는 수입인지, 수입증지 또는 현금으로 내야 한다.
4) 국토교통부장관 등은 정보통신망을 이용하여 전자화폐·전자결제 등의 방법으로 수수료를 납부하게 할 수 있다(규칙 제115조 제7항).

Professor Comment
수입인지 → 국가발행, 수입증지 → 지방자치단체발행

(3) 수수료의 면제 (법 제106조 제5항 제4호)
1) 지적측량수행자가 그 업무와 관련하여 지적공부를 열람 및 등본신청을 하는 경우
2) 국가 또는 지방자치단체가 업무수행상 필요에 의하여 지적공부의 열람 및 등본 발급을 신청하는 경우

제1편 공간정보의 구축 및 관리 등에 관한 법률

단락핵심 — 지적공부의 열람 및 등본 발급 신청

(1) 지적공부를 열람하거나 그 등본을 발급받으려는 자는 해당 지적소관청에 그 열람 또는 발급을 신청하여야 한다.
(2) 지적공부를 열람하거나 그 등본을 발급받으려는 자는 열람·등본발급 수수료를 수입인지, 수입증지 또는 현금으로 내야 한다.
(3) 국토교통부장관은 수수료를 정보통신망을 이용하여 전자화폐·전자결제 등의 방법으로 납부하게 할 수 있다.
(4) 지적측량업무에 종사하는 측량기술자가 그 업무와 관련하여 지적공부를 열람하는 경우 그 수수료를 면제한다.

2 지적전산자료의 이용신청(법 제76조) ★★

(1) 의 의

1) 지적공부에 관한 전산자료(연속지적도를 포함하며, 이하 "지적전산자료"라 함)를 이용하거나 활용하려는 자는 다음의 구분에 따라 국토교통부장관, 시·도지사 또는 지적소관청에 지적전산자료를 신청하여야 한다.

  ① **전국 단위의 지적전산자료** : 국토교통부장관, 시·도지사 또는 지적소관청
  ② **시·도 단위의 지적전산자료** : 시·도지사 또는 지적소관청
  ③ **시·군·구**(자치구가 아닌 구를 포함함) **단위의 지적전산자료** : 지적소관청

2) 1)에 따라 신청하려는 자는 지적전산자료의 이용 또는 활용 목적 등에 관하여 미리 관계 중앙행정기관의 심사를 받아야 한다. 다만, 중앙행정기관의 장, 그 소속 기관의 장 또는 지방자치단체의 장이 신청하는 경우에는 그러하지 아니하다(법 제76조 제2항).

3) 2)에도 불구하고 토지소유자가 자기 토지에 대한 지적전산자료를 신청하거나, 토지소유자가 사망하여 그 상속인이 피상속인의 토지에 대한 지적전산자료를 신청하거나, 「개인정보 보호법」에 따른 개인정보를 제외한 지적전산자료를 신청하는 경우에는 심사를 받지 아니할 수 있다(법 제76조 제3항).

4) 1) 및 3)에 따른 지적전산자료의 이용 또는 활용에 필요한 사항은 대통령령으로 정한다(법 제76조 제4항).

(2) 관계 중앙행정기관장에 심사신청(영 제62조 제1항) **17회 출제**

지적전산자료를 이용하거나 활용하고자 하는 자는 다음의 사항을 적은 신청서를 관계 중앙행정기관의 장에게 제출하여 심사를 신청하여야 한다.

1) 자료의 이용 또는 활용목적 및 근거
2) 자료의 범위 및 내용
3) 자료의 제공방식 및 보관기관, 안전관리대책 등

(3) 관계 중앙행정기관의 장이 심사 후 심사결과를 신청인에게 통지(영 제62조 제2항)

심사신청을 받은 관계 중앙행정기관의 장은 다음 사항을 심사한 후 그 결과를 신청인에게 통지하여야 한다.

1) 신청내용의 타당성·적합성·공익성
2) 개인의 사생활 침해여부
3) 자료의 목적 외 사용방지 및 안전관리대책

(4) 국토교통부장관 등에 대한 승인신청(영 제62조 제3항)

지적전산자료의 이용 또는 활용에 관한 승인을 받으려는 자는 승인신청을 할 때에 위 **(3)**에 따른 심사결과를 제출하여야 한다.

Professor Comment
중앙행정기관의 장이 승인을 신청하는 경우에는 (3)에 의한 심사결과를 제출하지 아니할 수 있다.

(5) 국토교통부장관 등의 심사(영 제62조 제4항) 추가15·33회 출제

승인신청을 받은 국토교통부장관, 시·도지사 또는 지적소관청은 다음의 사항을 심사하여야 한다.

1) 신청내용의 타당성·적합성·공익성
2) 개인의 사생활 침해여부
3) 자료의 목적 외 사용방지 및 안전관리대책
4) 신청사항의 처리가 전산정보처리조직으로 가능한지 여부
5) 신청사항의 처리가 지적업무수행에 지장을 주지 않는지 여부

(6) 국토교통부장관등이 승인한 사용료 납부 및 자료의 제공

1) **사용료 납부**
   ① 사용료(수수료)는 수입인지, 수입증지 또는 현금으로 내야 한다. 다만, 국토교통부장관, 시·도지사 또는 지적소관청은 정보통신망을 이용하여 전자화폐·전자결제 등의 방법으로 이를 납부하게 할 수 있다.
   ② 국가 또는 지방자치단체는 사용료가 면제된다(영 제62조 제6항 단서).

2) **자료제공**   국토교통부장관 등은 지적전산자료의 이용 또는 활용을 승인하였을 때에는 지적전산자료 이용·활용 승인대장에 그 내용을 기록·관리하고 승인한 자료를 제공하여야 한다(영 제62조 제5항).

3 전산자료의 이용제한

(1) 헌법(제17조)
모든 국민은 사생활의 비밀과 자유를 침해받지 아니한다고 규정하고 있다.

(2) 정보통신망 이용촉진 및 정보보호 등에 관한 법률(제28조의2)
정보통신망에 의하여 처리, 보관, 전송되는 타인의 정보를 이용자의 동의를 받지 아니하고 수집하거나 훼손·침해 또는 누설하여서는 아니되도록 규정하고 있다.

(3) 개인정보 보호법(제18조 제1항)
개인정보처리자는 개인정보를 그 수집 목적의 범위를 초과하여 이용하거나 제공 범위를 초과하여 제3자에게 제공하여서는 아니 되도록 규정하고 있다.

단락문제 08 제17회 기출

지적공부에 관한 전산자료를 이용 또는 활용하고자 할 때 거쳐야 할 절차를 바르게 나열한 것은?

㉠ 관계 중앙행정기관장에 대한 심사신청
㉡ 국토교통부장관 등에 대한 심사신청
㉢ 관계 중앙행정기관장의 심사결과 통지
㉣ 국토교통부장관의 심사결과 통지
㉤ 관계 중앙행정기관장에 대한 승인신청
㉥ 국토교통부장관 등에 대한 승인신청
㉦ 사용료의 납부

① ㉠, ㉢, ㉥, ㉦
② ㉡, ㉣, ㉤, ㉦
③ ㉦, ㉠, ㉢, ㉥
④ ㉦, ㉡, ㉣, ㉤
⑤ ㉦, ㉡, ㉣, ㉥

해설 지적공부에 관한 전산자료의 이용 또는 활용
㉠ 관계 중앙행정기관장에 대한 심사신청 → ㉢ 관계 중앙행정기관장의 심사결과 통지 → ㉥ 국토교통부장관 등에 대한 승인신청 → ㉦ 사용료의 납부(법 제76조).   **답** ①

---

4 지적도면의 복사(규칙 제70조)

(1) 국가기관, 지방자치단체 또는 지적측량수행자가 지적도면(정보처리시스템에 구축된 지적도면 데이터 파일을 포함함. 이하 같음)을 복사하려는 경우에는 지적도면 복사의 목적·사업계획 등을 적은 신청서를 지적소관청에 제출하여야 한다.

(2) 신청을 받은 지적소관청은 신청내용을 심사한 후 그 타당성을 인정하는 때에 지적도면을 복사할 수 있게 하여야 한다. 이 경우 복사과정에서 지적도면을 손상시킬 염려가 있으면 지적도면의 복사를 정지시킬 수 있다.

(3) 복사한 지적도면은 신청 당시의 목적 외의 용도로는 사용할 수 없다.

제3장 지적공부

제5절 지적공부의 복구 ★★ 18·28회 출제

> **제74조(지적공부의 복구)**
> 지적소관청(제69조제2항에 따른 지적공부의 경우에는 시·도지사, 시장·군수 또는 구청장)은 지적공부의 전부 또는 일부가 멸실되거나 훼손된 경우에는 대통령령으로 정하는 바에 따라 지체 없이 이를 복구하여야 한다.

01 의의

지적공부의 복구란 지적소관청(전산처리된 지적공부의 경우에는 시·도지사와 시장·군수·구청장)이 지적공부의 전부 또는 일부가 멸실·훼손된 경우에 관계자료에 의해 지적공부의 등록사항을 복구등록하는 행정처분이다(법 제74조).

예) 지적공부가 화재나 천재지변 등으로 소실, 유실된 경우 또는 분실된 경우

Professor Comment
행정처분이란 행정주체가 법 아래에서 구체적 사실에 관한 법집행으로서 행하는 공법행위 중의 권력적 단독행위(영업면허, 공기업의 특허, 조세의 부과 등)를 말한다.

02 복구방법 (영 제61조)

지적소관청(전산처리된 지적공부의 경우에는 시·도지사와 시장·군수·구청장)이 지적공부를 복구할 때에는 멸실·훼손 당시의 지적공부와 가장 부합된다고 인정되는 관계자료에 따라 토지의 표시에 관한 사항을 복구하여야 한다.

03 복구자료 (규칙 제72조) 22·26·33·35회 출제

1 토지표시에 관한 사항

1) 지적공부 등본
2) 측량결과도
3) 토지이동정리결의서
4) **부동산등기부등본 등 등기사실을 증명하는 서류**
5) 지적소관청이 작성하거나 발행한 지적공부의 등록내용을 증명하는 서류
6) 전산처리에 따라 복제된 지적공부
7) 법원의 확정판결서 정본 또는 사본

2 소유자에 관한 사항

부동산등기부나 법원의 확정판결(부동산에 관한 권리관계는 부동산의 물리적인 사항과 달리 부동산등기부를 기준으로 하기 때문이다)

단락핵심 ─ 지적공부의 복구

(1) 지적소관청은 지적공부의 전부 또는 일부가 멸실·훼손된 때에는 지체 없이 복구하여야 한다.
(2) 지적소관청은 지적공부의 전부 또는 일부가 멸실되거나 훼손되어 이를 복구 등록한 경우 해당 토지소유자에게 통지하여야 한다.
(3) 지적공부를 복구하고자 하는 경우 소유자에 관한 사항은 부동산등기부나 법원의 확정판결에 의하여 복구하여야 한다.

04 복구절차 (규칙 제73조) 26·31회 출제

1 복구자료조사

지적소관청은 지적공부를 복구하고자 하는 때에는 복구자료를 조사하여야 한다.

2 지적복구자료조사서 및 복구자료도 작성

지적소관청은 조사된 복구자료 중 토지대장·임야대장 및 공유지연명부의 등록내용을 증명하는 서류 등에 따라 지적복구자료 조사서를 작성하고, 지적도면의 등록내용을 증명하는 서류 등에 따라 복구자료도를 작성하여야 한다.

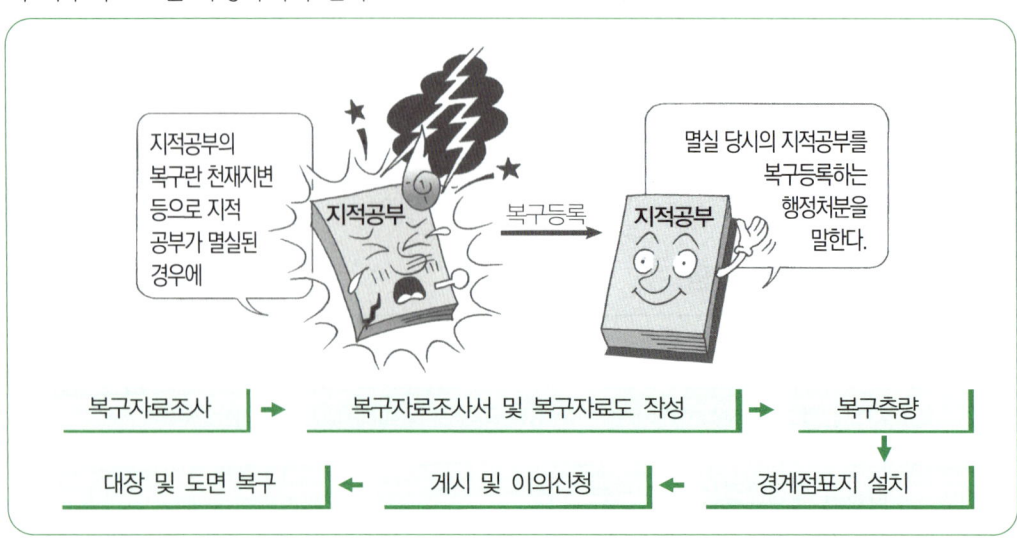

3 복구측량의 실시

(1) 작성된 복구자료도에 따라 측정한 면적과 지적복구자료 조사서의 조사된 면적의 증감이 허용범위를 초과하거나 복구자료도를 작성할 복구자료가 없는 경우에는 복구측량을 하여야 한다 (법 제23조 제1항 제3호 가목).

(2) 작성된 지적복구자료 조사서의 조사된 면적이 허용범위 이내인 때에는 그 면적을 복구면적으로 결정하여야 한다.

4 경계 또는 면적의 조정

(1) 복구측량을 한 결과가 복구자료와 부합하지 아니하는 때에는 토지소유자 및 이해관계인의 동의를 받아 경계 또는 면적 등을 조정할 수 있다.

(2) 이 경우 경계를 조정한 때에는 경계점표지를 설치하여야 한다.

5 복구사항의 게시 및 이의신청

(1) 지적소관청은 복구자료의 조사 또는 복구측량 등이 완료되어 지적공부를 복구하려는 경우에는 복구하려는 토지의 표시 등을 시·군·구 게시판 및 인터넷 홈페이지에 15일 이상 게시하여야 한다.

(2) 복구하려는 토지의 표시 등에 이의가 있는 자는 게시기간 내에 지적소관청에 이의신청을 할 수 있다. 이 경우 이의신청을 받은 지적소관청은 이의사유를 검토하여 이유 있다고 인정하는 때에는 그 시정에 필요한 조치를 하여야 한다.

6 지적공부의 복구

(1) 지적소관청은 위 5에 따른 절차를 이행한 때에는 지적복구자료 조사서·복구자료도 또는 복구측량결과도 등에 따라 토지대장·임야대장·공유지연명부 또는 지적도면을 복구하여야 한다.

(2) 토지대장·임야대장 또는 공유지연명부는 복구되고 지적도면이 복구되지 아니한 토지가 축척변경 시행지역(법 제83조)이나 도시개발사업 등의 시행지역(법 제86조)에 편입된 때에는 도면을 복구하지 아니할 수 있다.

제1편 공간정보의 구축 및 관리 등에 관한 법률

단락문제 09

지적공부의 복구에 대한 다음 설명 중 옳지 못한 것은?

① 지적공부의 복구는 지적공부의 전부 또는 일부가 멸실되거나 훼손된 경우에 행하는 조치이다.
② 작성된 복구자료도에 따라 측정한 면적과 지적복구자료 조사서의 조사된 면적의 증감이 허용범위를 초과하는 경우 등에는 복구측량을 하여야 한다.
③ 지적공부의 복구에 있어 소유자에 관한 사항은 반드시 부동산등기부나 법원의 확정판결에 의하여야 한다.
④ 지적도면이 복구되지 아니한 토지가 축척변경 시행지역이나 도시개발사업 등의 시행지역에 편입된 때에는 도면을 복구하지 아니할 수 있다.
⑤ 지적공부를 복구한 때에는 시·군·구 게시판 및 인터넷홈페이지에 이를 15일 이상 게시하여야 한다.

해설 **지적공부의 복구**(법 제74조, 영 제61조, 규칙 제73조)
⑤ 지적공부를 복구하고자 하는 경우 미리 게시하여야 하는 것이고 복구한 후에는 게시할 필요가 없다(규칙 제73조 제6항).

답 ⑤

제3장 지적공부

제6절 지적정보 전담 관리기구 18·21회 출제

01 서설

(1) 국토교통부장관은 지적공부의 효율적인 관리 및 활용을 위하여 지적정보 전담 관리기구를 설치·운영한다(법 제70조 제1항). → 국가공간정보센터
(2) 국토교통부장관은 지적공부를 과세나 부동산정책자료 등으로 활용하기 위하여 주민등록전산자료, 가족관계등록전산자료, 부동산등기전산자료 또는 공시지가전산자료 등을 관리하는 기관에 그 자료를 요청할 수 있으며 요청을 받은 관리기관의 장은 특별한 사정이 없는 한 이에 응하여야 한다(법 제70조 제2항).
(3) 이에 따라 국토교통부장관은 국가공간정보센터를 설치·운영하고 있다(「국가공간정보 기본법」 제25조).

02 국가공간정보센터의 설치·운영

1 의의

(1) 설치

> 제70조(지적정보 전담 관리기구의 설치)
> ① 국토교통부장관은 지적공부의 효율적인 관리 및 활용을 위하여 지적정보 전담 관리기구를 설치·운영한다.

(2) 관리대상자료

공간정보란 지상·지하·수상·수중 등 공간상에 존재하는 자연적 또는 인공적인 객체에 대한 위치정보 및 이와 관련된 공간적 인지 및 의사결정에 필요한 정보를 말한다(「국가공간정보 기본법」 제2조 제1호, 지적정보로서는 구체적으로 지적공부에 관한 전산자료를 말한다).

2 지적공부에 관한 전산자료의 관리 및 활용

(1) 국가공간정보센터의 업무(「국가공간정보센터 운영규정」제4조)

1) 공간정보의 수집·가공·제공 및 유통
2) 「공간정보의 구축 및 관리 등에 관한 법률」에 따른 지적공부의 관리 및 활용
3) 부동산관련자료의 조사·평가 및 이용
4) 부동산 관련 정책정보와 통계의 생산
5) 공간정보를 활용한 성공사례의 발굴 및 포상
6) 공간정보의 활용 활성화를 위한 국내외 교육 및 세미나
7) 그 밖에 국토교통부장관이 공간정보의 수집·가공·제공 및 유통 활성화와 지적공부의 관리 및 활용을 위하여 필요하다고 인정하는 업무

(2) 지적공부관련 지적전산자료의 관리 및 이용

1) **지적전산자료의 관리**(「국가공간정보센터 운영규정」제10조)

   국토교통부장관은 지적공부에 관한 전산자료가 최신 정보에 맞도록 수시로 갱신하여야 하고, 지적전산자료에 오류가 있다고 판단되는 경우에는 지적소관청에 자료의 수정·보완을 요청할 수 있다. 이 경우 지적소관청은 요청받은 내용을 확인하여 지체 없이 바로잡은 후 국토교통부장관에게 그 결과를 보고하여야 한다.

2) **지적전산자료의 이용 신청 등**(「국가공간정보센터 운영규정」제11조)

   관리기관의 장이 지적전산자료를 이용하려는 경우에는 지적전산자료 이용신청서를 국토교통부장관, 특별시장·광역시장·도지사·특별자치도지사(이하 "시·도지사"라 함) 또는 지적소관청에 제출하여야 한다. 이 경우 중앙행정기관의 장 또는 지방자치단체의 장이 아닌 관리기관의 장은 관계 중앙행정기관의 장의 심사 결과를 첨부하여 제출하여야 한다(「공간정보의 구축 및 관리 등에 관한 법률」제76조 제2항 본문 참조).

3) **지적전산자료의 제공 및 제공사실 통지**(「국가공간정보센터 운영규정」제12조)

   국토교통부장관, 시·도지사 또는 지적소관청은 지적전산자료의 이용 신청을 받으면 그 내용을 심사한 후 지적전산 자료를 제공할 수 있다. 이 경우 대리인에게 지적전산자료를 제공한 경우에는 지체 없이 그 위임자에게 제공 사실을 통지하여야 한다.

지적공부

빈출 함정 총정리

• 경록 교재에 모든 답이 있습니다.

01 면적은 경계점좌표등록부의 **등록사항이 아니다**(등록사항이다 x).

02 **국토교통부장관**(시·도지사 x)은 지적공부의 효율적인 관리 및 활용을 위하여 지적정보 전담 관리기구를 설치·운영 한다.

03 경계점좌표등록부 비치지역에서는 경계결정과 지표상의 복원은 **좌표에**(좌표나 직선에 x) 의하여야 한다.

04 **합병**(분할 x)의 경우에 결번이 발생한다.

05 지적도나 임야도에 등록되는 사항으로서는 경계, 도곽선, 색인도, 지번, 지목, **소재지**(고유번호 x) 등이다.

06 경계점좌표등록부는 대장의 형식을 띤 도면의 일종이므로, 이를 비치하는 지역에서는 **안내도의 역할을 하는 지적도를 비치한다**(지적도를 비치하지 않는다 x).

07 시·도 단위의 지적전산자료는 **시·도지사 또는 지적소관청**(국토교통부장관 x)에 신청하여야 한다.

08 지적전산자료의 이용에 대한 승인신청을 받은 **국토교통부장관 등**(중앙행정기관의 장 x)은 신청사항의 처리가 전산정보처리조직으로 가능한지 여부와 신청사항의 처리가 지적업무 수행에 지장을 주지 않는지 여부를 심사한다.

09 지적확정측량 또는 축척변경측량을 실시하여 경계점을 좌표로 등록한 지역의 토지에 대하여는 **경계점좌표등록부**(부동산종합공부 x)를 비치하여야 한다.

10 일단의 주택지조성사업이 완료된 지역에 지적확정측량을 실시한 경우 작성하여야 할 지적공부는 **경계점좌표등록부**(임야도 x), 토지대장, 지적도이다.

CHAPTER 04 토지의 이동 신청 및 지적공부 정리

학습포인트

- 이 장에서는 토지이동의 사유와 절차, 축척변경 및 지적공부의 정리에 관하여 다루고 있다.
- 이 장에서는 각종의 토지이동 사유별 원인(요건)과 절차, 축척변경의 대상, 절차 및 축척변경위원회, 지적공부 정리와 관련 토지소유자의 정리 등에 관해 매회 3~4문제가 출제되므로 정확한 이해와 암기가 필요하다.
- 토지소유자의 정리와 관련하여 대장과 등기부의 불일치가 있는 경우 이를 일치시키기 위한 절차로서 토지의 권리관계인 소유자표시는 등기부를 기준으로 함을 유의하여 부동산등기법과 연계학습이 필요하다.

CHAPTER 학습 & 출제되는 키워드

- ☑ 토지이동
- ☑ 등록전환
- ☑ 합병
- ☑ 바다로 된 토지의 말소신청
- ☑ 축척변경의 시행
- ☑ 축척변경위원회
- ☑ 지적공부의 정리
- ☑ 등록사항의 정정
- ☑ 토지이동의 신청과 효력발생
- ☑ 분할
- ☑ 합병이 불가능한 경우
- ☑ 축척변경
- ☑ 축척변경의 절차
- ☑ 토지이동의 신청
- ☑ 토지표시의 정리
- ☑ 등기촉탁
- ☑ 신규등록
- ☑ 분할제한에 관한 관련 법령
- ☑ 지목변경
- ☑ 축척변경의 대상
- ☑ 청산금의 산정
- ☑ 토지이동에 따른 직권정리
- ☑ 토지소유자의 정리
- ☑ 지적정리의 통지

CHAPTER 학습 & 출제되는 질문

- ☑ 신규등록에 관한 설명 중 틀린 것은?
- ☑ 등록전환에 관한 설명으로 틀린 것은?
- ☑ 다음은 공간정보의 구축 및 관리 등에 관한 법령상 합병 신청을 할 수 없는 경우이다. 틀린 것은?
- ☑ 지목변경 신청에 관한 설명으로 틀린 것은?
- ☑ 축척변경에 관한 설명 중 옳은 것은?

제4장 토지의 이동 신청 및 지적공부 정리

제1절 토지이동 (土地異動) 10회 출제

01 토지이동의 개요 15회 출제

> 법 제2조 제28호 "토지의 이동(異動)"이란 토지의 표시를 새로 정하거나 변경 또는 말소하는 것을 말한다.

1 의 의★

지적공부에 등록된 토지의 표시사항, 즉 소재·지번·지목·면적·경계 또는 좌표를 새로이 정하거나 변경 또는 말소하는 것으로, 토지 자체의 물리적인 변동(형질변경 등)이 아닌 지적공부상의 변경(지목변경 등)을 뜻한다(법 제2조 제28호).

2 토지이동의 종류 25회 출제

(1) 토지이동에 해당하는 사유★★★

토지이동에는 신규등록·등록전환·분할·합병·지목변경과 등록말소 및 축척변경·도시개발사업으로 인한 토지이동은 물론 등록사항정정 및 행정구역의 명칭변경도 토지의 이동에 해당한다.

Professor Comment
토지소유자의 변경이나 토지소유자의 주소변경, 토지등급 또는 기준수확량 변경 및 개별공시지가의 변경은 토지의 이동에 해당하지 아니한다.

1) 측량검사를 요하는 토지 이동

신규등록, 등록전환, 분할, 도시개발사업으로 인한 토지이동, 바다로 된 토지의 일부 등록말소, 축척변경, 등록사항정정(면적증감, 경계변동)(법 제23조 제1항 제3호)

2) 토지이동조사를 요하는 토지이동

합병, 지목변경, 위치정정, 1필지 전부가 바다로 되어 필지전부의 등록말소 등

3) 기타 토지이동

지번변경, 지적공부복구, 행정구역변경 등

(2) 토지이동의 종류

1) 일반적인 경우

토지이동은 그 사유가 발생한 때에 토지소유자 등의 신청이 있으면 지적소관청은 토지이동조사·측량을 하여 지적공부의 등록내용을 새로이 작성하거나 변경 또는 말소하는 것이 일반적이다.

2) 특수한 경우

신청에 의하지 아니하고 지적소관청이 직권으로 조사·측량하여 변경 또는 정정토록 하는 특수한 토지이동도 있다.

일반적 토지이동	특수한 토지이동
신규등록, 등록전환, 분할, 합병, 지목변경, 바다로 된 토지의 등록말소, 축척변경, 등록사항정정	지번변경, 행정구역변경, 토지표시방법변경 등

3 토지이동의 신청

(1) 토지이동의 신청권자는 토지소유자나 토지소유자를 대위하는 자이다(법 제77조 이하, 제88조).

(2) 토지이동신청시에 첨부하는 서류 중에서 그 지적소관청이 관리하는 경우에는 지적소관청의 확인으로써 그 서류의 제출에 갈음할 수 있도록 하여 국민편의를 도모하고 있다. 이에 따라 측량성과도, 건축물대장등본, 준공검사필증 등을 첨부하지 않아도 된다.

4 토지이동의 효력발생★

토지이동의 효력발생시기는 원칙적으로 지적공부에 등록한 때이다.

단락핵심 — 토지이동

(1) 토지의 이동은 토지 자체의 물리적인 변동이 아니라 지적공부상의 변경을 뜻한다.
(2) 등록사항정정 및 행정구역의 명칭변경도 토지의 이동에 해당한다.
(3) 토지이동신청은 토지소유자 등의 신청에 의하는 경우 외에 지적소관청이 직권으로 할 수 있다.

단락문제 Q1 제25회 기출

공간정보의 구축 및 관리 등에 관한 법령상 토지소유자가 지적소관청에 신청할 수 있는 토지의 이동 종목이 아닌 것은?

① 신규등록 ② 분할 ③ 지목변경 ④ 등록전환 ⑤ 소유자변경

해설 토지의 이동 신청

⑤ (×) 토지의 이동이란 토지의 "표시"를 새로 정하거나 변경 또는 말소하는 것을 말한다. 따라서 토지소유자의 변경이나 토지소유자의 주소변경 등은 이에 해당하지 않는다(법 제2조 제28호). **답 ⑤**

02 신규등록 ★★

18회 출제

1 의 의

> 법 제2조 제29호
> 신규등록이란 새로 조성된 토지와 지적공부에 등록되어 있지 아니한 토지를 지적공부에 등록하는 것을 말한다.

2 대상토지

(1) 공유수면❶ 매립준공 토지
(2) 미등록 공공용 토지 → 도로·구거·하천 등
(3) 미등록 도서
(4) 기타 미등록 토지

> **용어사전**
> ❶ 공유수면
> 바다·바닷가와 하천·호소·구거, 그 밖에 공공용으로 사용되는 수면 또는 수류(水流)로서 국유인 것을 말한다(「공유수면 관리 및 매립에 관한 법률」 제2조 제1호).

3 신청의무

(1) 신규등록할 토지가 있는 때에는 토지소유자는 그 사유가 발생한 날로부터 60일 이내에 지적소관청에 신청하여야 한다(법 제77조).
(2) 공유수면매립지의 경우에는 사업시행자가 그 사업의 준공일로부터 60일 이내에 신청하여야 한다.

4 소유권에 관한 첨부서류(규칙 제81조) ★★ **23회 출제**

토지소유자는 신규등록을 신청할 때에는 그 사유를 적은 신청서에 소유권을 증명할 수 있는 서류를 첨부하여 지적소관청에 제출하여야 한다(영 제63조, 규칙 제81조).

(1) 법원의 확정판결서 정본 또는 사본
(2) 「공유수면 관리 및 매립에 관한 법률」에 의한 준공검사확인증 사본
(3) 도시계획구역 토지를 그 지방자치단체의 명의로 등록하는 때에는 기획재정부장관과 협의한 문서의 사본
(4) 그 밖에 소유권을 증명할 수 있는 서류의 사본
(5) 위의 소유권을 증명할 수 있는 서류를 당해 지적소관청이 관리하는 경우에는 지적소관청의 확인으로써 그 서류의 제출에 갈음할 수 있다.

Professor Comment
도시계획구역의 토지란 지적공부에 등록하지 않은 토지로 무주(無主)부동산, 즉 국유지이다.

5 심 사

(1) 지적소관청은 토지표시사항은 물론 소유자표시사항도 법원의 확정판결 또는 소유권을 증명하는 서류 등을 실질적으로 심사하여 지적공부에 새로이 등록하여야 한다(실질적 심사주의).

(2) 경계를 도면에 등록하는 때에는 이미 등록된 인접토지와 동일한 축척으로 등록하여야 한다.

6 효력발생

(1) 신규등록의 효력은 지적공부에 등록한 때에 발생한다(형식주의).

(2) 다만, 공유수면매립으로 인한 소유권의 취득시기는 당해 공사에 대한 준공검사를 받은 때이다.

7 특 징★★

(1) 신규등록할 때 경계와 면적은 지적측량에 의해 결정하고, 지번은 그 지번부여지역에서 인접토지의 본번에 부번을 붙여 부여한다(법 제23조 제1항 제3호 나목, 영 제56조 제3항 제2호).

(2) 「공간정보의 구축 및 관리 등에 관한 법률」 개정으로 신규등록도 토지이동에 포함된다.

(3) 측량성과의 정확여부를 지적소관청이 검사한 후에 발급한 측량성과도를 토대로 한다.

(4) 토지표시사항은 물론 소유자에 관한 사항도 지적소관청이 직접 조사결정하여 지적공부에 등록하여야 한다(법 제88조 제1항 참조).

(5) 신규등록은 지적소관청이 등기관서에 토지표시에 관한 사항의 변경등기를 촉탁할 대상이 아니다(법 제89조 제1항 괄호 참조).

단락핵심 신규등록하는 토지의 소유자등록

(1) 「공유수면 관리 및 매립에 관한 법률」의 규정에 의하여 매립준공인가된 토지를 신규등록하는 경우 지적공부에 등록하는 토지의 소유자는 지적소관청이 조사하여 등록한다.

(2) 공유수면매립지의 경우 사업시행자가 그 사업의 준공일로부터 60일 이내에 신청하여야 한다.

단락문제 02 제1회 기출

지적공부에 신규등록하는 토지의 소유자등록에 관한 다음 설명 중 맞는 것은?

① 등기소의 통지에 따라 등록한다.
② 확정판결을 받은 자 외에는 등록하지 못한다.
③ 다른 법령에 따라 소유권을 취득한 자만을 등록한다.
④ 확정판결 또는 다른 법령에 의하여 소유권을 취득한 자를 등록한다.
⑤ 기획재정부장관이 직권으로 조사하여 등록한다.

제4장 토지의 이동 신청 및 지적공부 정리

> **해설** 신규등록하는 토지의 소유자등록
> ④ 신규등록은 원칙적으로 토지소유자의 신청에 의하며, 신규등록을 신청할 때에는 그 사유를 기재한 신청서에 소유자임을 증명할 수 있는 법원의 확정판결서 정본이나 사본 또는 다른 법령에 의한 소유권취득의 원인을 증명하는 서류를 첨부하여야 한다(법 제77조, 규칙 제81조 제1항).
> **답** ④

03 등록전환 ★★   14·22회 출제

1 의 의

> 법 제2조 제30호
> 등록전환이란 임야대장 및 임야도에 등록한 토지를 토지대장 및 지적도에 옮겨 등록하는 것을 말한다.

2 목 적

등록전환은 축척이 작은 임야도의 등록지를 축척이 큰 지적도에 옮겨 토지에 관한 정밀도를 높임으로써 지적관리를 합리화하는 데 목적이 있다.

Professor Comment
"야산(임야)을 깎아서 아파트(대)를 짓는다."라는 말로 등록전환을 이해하자.

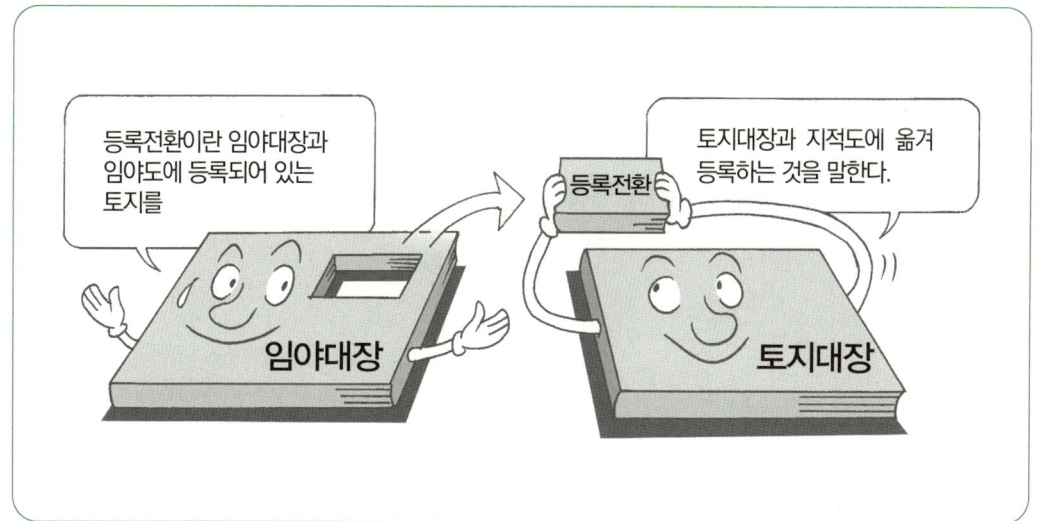

제1편 공간정보의 구축 및 관리 등에 관한 법률

3 지목변경, 축척변경과의 관계

(1) 지목변경과의 관계
등록전환은 토지 자체의 물리적인 소멸은 발생되지 않으나 외형적인 형태가 변경되는 것으로, 등록전환이 있게 되면 통상적으로 지목변경이 이루어지나 반드시 지목변경을 수반하는 것은 아니다.

(2) 축척변경과의 관계
등록전환은 소축척인 임야도에 등록된 토지를 대축척의 지적도에 옮겨 등록하기 때문에 반드시 축척변경을 가져오나, 이것을 축척변경으로 취급하지는 않는다.

Professor Comment
등록전환은 임야도 → 지적도, 축척변경은 지적도 → 지적도

4 대상토지(영 제64조)★★

(1) 등록전환을 신청할 수 있는 토지
「산지관리법」, 「건축법」 등 관계법령에 따른 토지의 형질변경 또는 건축물의 사용승인 등으로 인하여 지목을 변경하여야 할 토지

Professor Comment
개간, 건축물준공이 등록전환 사유가 된다.

(2) 지목변경 없이 등록전환을 신청할 수 있는 경우(영 제64조 제2항)
1) 대부분의 토지가 등록전환이 되어 나머지 토지를 임야도에 계속 존치하는 것이 불합리한 경우
2) 임야도에 등록된 토지가 사실상 형질변경되었으나 지목변경을 할 수 없는 경우
3) 도시·군관리계획선에 따라 토지를 분할하는 경우

Professor Comment
개이렇게 임야인 채로 토지대장에 등록된 토지를 '토림'이라고 한다.
→ 토지대장에 등록된 임야

5 신청절차

(1) 신청의무
토지소유자는 등록전환할 토지가 있으면 그 사유가 발생한 날부터 60일 이내에 지적소관청에 등록전환을 신청하여야 한다(법 제78조).

(2) 첨부서류
1) 등록전환의 사유에 관한 증명서류(건축물대장, 토지의 형질변경 등의 공사의 준공검사필증 등)의 사본을 첨부하여야 한다(규칙 제82조 제1항).
2) 위 서류를 그 지적소관청이 관리하는 경우에는 지적소관청의 확인으로 그 서류의 제출에 갈음할 수 있다.

6 효 력
등록전환이 이루어지면 당해 토지에 대한 임야대장과 임야도의 등록사항은 말소된다.

7 처리절차★★ 15회 출제

(1) 등록전환을 하는 때에는 새로이 측량하여 각 필지의 경계 또는 좌표와 면적을 정한다(법 제23조 제1항 제3호 다목).
(2) 등록전환 후 지번은 당해 지번부여지역 내 인접지의 본번에 부번을 붙여 부여한다.
(3) 등록전환을 하게 되면 기등록된 인접토지와 동일한 축적으로 변경된다(1/6,000 → 1/1,200).
(4) 등록전환시의 축적변경은 지적도 내에서만 축적변경이 발생하는 것이 아니므로 등록전환을 축적변경이라고는 하지 않으며, 따라서 축적변경을 위한 시·도지사의 승인이나 축적변경위원회의 의결은 필요치 않다.
(5) 등록전환 후 임야대장과 임야도에 등록된 사항은 말소한다.
(6) 등록전환에 의하여 면적을 정함에 오차가 발생하는 경우 그 오차가 허용범위를 초과할 때에는 임야대장의 면적 또는 임야도의 경계를 지적소관청이 직권으로 정정하여야 한다(영 제19조 제1항 제1호).

제1편 공간정보의 구축 및 관리 등에 관한 법률

단락핵심   등록전환

(1) 등록전환을 신청할 수 있는 대상토지는 원칙적으로 관계법령에 의한 토지의 형질변경 또는 건축물의 사용승인 등으로 인하여 지목을 변경해야 할 토지이다.
(2) 토지소유자는 등록전환 사유가 발생한 날부터 60일 이내에 지적소관청에 신청하며, 등록전환 대상토지는 기등록된 인접 토지와 동일한 축척으로 등록한다.
(3) 대부분의 토지가 등록전환되어 나머지 토지를 임야도에 계속 존치하는 것이 불합리한 경우 지목변경 없이 등록전환을 신청할 수 있다.
(4) 임야도에 등록된 토지가 사실상 형질변경되었으나 지목변경을 할 수 없는 경우 또는 도시·군관리계획선에 따라 토지를 분할하는 경우 토지소유자는 지목변경 없이 등록전환을 신청할 수 있다.
(5) 임야대장의 면적과 등록전환될 면적의 차이가 법령에 규정된 허용범위를 초과하는 경우 임야대장의 면적 또는 임야도의 경계는 지적소관청의 직권에 의하여 정정한다.
(6) 임야소유자가 건축물의 사용승인을 받은 후 지목의 변경을 수반하는 등록전환을 실시하기 위해서는 반드시 지적측량을 의뢰해야 한다.
(7) 등록전환하여 토지의 지번을 부여할 때 그 지번부여지역 안에서 인접토지의 본번에 부번을 붙이는 것이 원칙이다.
(8) 등록전환 대상토지가 여러 필지로 되어 있는 경우 그 지번부여지역의 최종 본번의 다음 순번부터 본번으로 하여 순차적으로 지번을 부여할 수 있다.
(9) 등록전환을 하고자 하는 때에는 새로이 측량하여 필지마다 면적을 정한다.
(10) 지적소관청이 등록전환으로 인하여 토지의 표시에 관한 변경등기를 등기관서에 촉탁한 경우에는 등기완료의 통지서를 접수한 날로부터 15일 이내 해당 토지소유자에게 지적정리를 통지하여야 한다.

단락문제 03   제15회 기출 개작

임야대장에 등록된 토지를 토지대장으로 옮겨 등록하는 등록전환에 관련된 설명으로 틀린 것은?

① 임야대장의 면적과 등록전환 될 면적의 차이가 법령에 규정된 허용범위를 초과하는 경우 임야대장의 면적 또는 임야도의 경계는 토지소유자의 신청에 의하여 정정한다.
② 대부분의 토지가 등록전환되어 나머지 토지를 임야도에 계속 존치하는 것이 불합리한 경우 지목변경 없이 등록전환을 신청할 수 있다.
③ 임야소유자가 건축물의 사용승인을 받은 후 지목의 변경을 수반하는 등록전환을 실시하기 위해서는 반드시 지적측량을 의뢰해야 한다.
④ 등록전환을 신청할 수 있는 대상토지는 관계 법령에 따른 토지의 형질변경 또는 건축물의 사용승인 등으로 인하여 지목을 변경해야 할 토지이다.
⑤ 토지소유자는 등록전환사유가 발생한 날부터 60일 이내에 지적소관청에 신청하며, 등록전환 대상토지는 기등록된 인접토지와 동일한 축척으로 등록한다.

해설 등록전환(임야대장 → 토지대장)
① 임야대장의 면적과 등록전환 될 면적의 차이가 허용범위를 초과하는 경우에는 임야대장의 면적 또는 임야도의 경계를 지적소관청이 직권으로 정정하여야 한다(영 제19조 제1항 제1호 나목).   **답** ①

제4장 토지의 이동 신청 및 지적공부 정리

04 분할★★ 　　　　　　　　　　　　　　　　　　　　13·19회 출제

1 의 의

(1) 분할이란 지적공부에 등록된 1필지를 2필지 이상으로 나누어 등록하는 것을 말한다(법 제2조 제31호).

(2) 분할은 토지의 효용을 높이기 위하여 토지이동 중에서 가장 빈번하게 이루어지고 있다.

Professor Comment
분할 후 경계가 생기고 면적이 달라지므로 분할은 지적측량을 요한다.

2 분할의 자유

(1) **원칙** : 임의신청

분할은 사적자치의 원칙에 따라 토지에 대한 분할여부는 토지소유자의 자유의사에 의하고 신청기간의 제한은 없으므로, 토지소유자가 토지의 분할을 하고자 하는 경우 언제든지 지적소관청에 신청할 수 있다(법 제79조 제1항).

(2) **예외** : 신청의무★★

토지소유자는 지적공부에 등록된 1필지의 일부가 형질변경 등으로 용도가 변경된 경우에는 용도가 변경된 날부터 60일 이내에 지적소관청에 토지의 분할을 신청하여야 한다(법 제79조 제2항).

3 대상토지(영 제65조)

(1) **소유권이전, 매매 등을 위하여 필요한 경우**

　　1필지의 소유자가 다르게 된 경우

　1) 소유권이 공유로 되어 있는 토지의 소유자가 분할에 합의한 경우

　2) 토지거래규제지역으로서 고시된 지역에 있어서 토지거래허가 또는 신고가 된 경우

　3) 토지를 매수하기 위하여 매매계약을 체결한 경우

　4) 기타 1필지의 일부의 소유권이 변경되었음을 증명하는 경우

(2) 토지 이용상 불합리한 지상경계를 시정하기 위한 경우

토지의 주된 용도에 비추어 분할이 적합한 때에 한하여 분할신청을 할 수 있도록 제한하고, 도시지역 안의 토지 중 그 토지의 주된 용도와 다른 용도로 사용할 경우 그 내용을 규제함으로써 토지의 소규모 분할과 농경지와 임야 등을 논둑·밭둑·능선·계곡 등 주요 지형·지물을 무시하고 택지식 또는 격자형으로 분할할 수 없도록 하고 있다.

(3) 관계법령에 따라 토지분할이 포함된 개발행위허가 등을 받은 경우

(4) 1필지의 일부가 형질변경 등으로 용도가 변경된 경우

Professor Comment

「공간정보의 구축 및 관리 등에 관한 법률」에서는 모든 토지를 분할할 수 있도록 허용하나, 토지소유자가 필요로 하더라도 「공법」상으로는 규제된다.

토지분할과 토지분할 사유 4가지

1) **토지분할**
   ① 반드시 지적측량을 한 바에 따라 등록되어야 한다.
   ② 토지분할시 면적의 증감이 없어야 하므로 지적측량을 한다.

2) **토지분할 사유 4가지**
   ① 소유권이전 또는 매매
   ② 불합리한 경계 시정
   ③ 토지분할이 포함된 개발행위허가
   ④ 1필지 일부의 형질변경 등의 용도변화

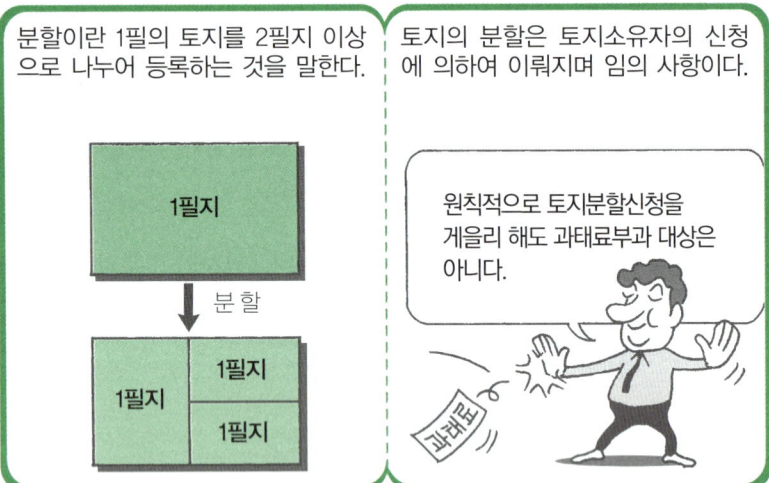

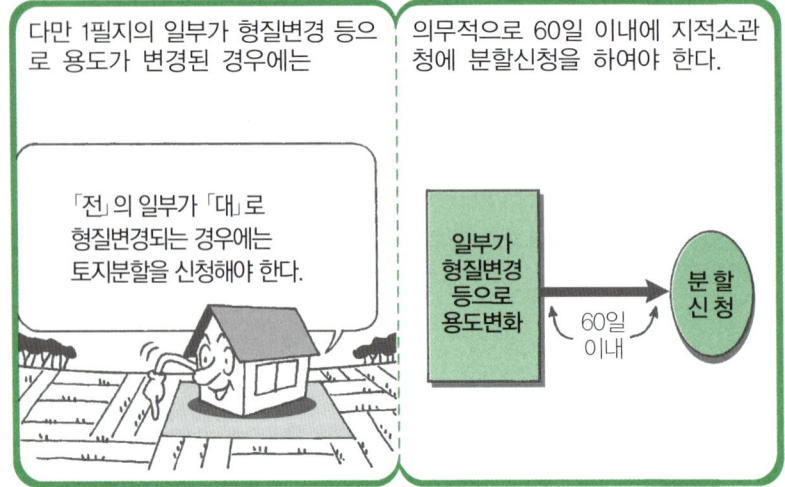

4 신청절차

(1) 신청의무
원칙적으로 신청의무가 없으나, 지적공부에 등록된 1필지의 일부가 형질변경 등으로 용도가 변경된 경우에는 토지소유자는 의무적으로 그 사유가 발생된 날로부터 60일 이내에 지적소관청에 토지의 분할을 신청하여야 한다(법 제79조 제2항).

(2) 첨부서류(규칙 제83조)
토지소유자가 토지의 분할을 신청하고자 하는 때에는 분할사유를 기재한 신청서에 다음의 서류를 첨부하여 지적소관청에 제출하여야 한다.
1) 분할허가대상인 토지의 경우에는 그 허가서 사본
2) 위 서류를 그 지적소관청이 관리하는 경우에는 지적소관청의 확인으로 그 서류의 제출에 갈음할 수 있다.
3) 1필지의 일부가 형질변경 등으로 용도가 다르게 되어 분할을 신청하는 때에는 분할 신청서 외에 지목변경신청서를 함께 제출하여야 한다(영 제65조 제2항).

(3) 처리절차
1) 분할을 하는 때에는 새로이 지적측량을 하여 각 필지의 경계 또는 좌표와 면적을 정한다.
2) 분할신청이 있으면 지적소관청은 신청서를 심사하여 분할 전후의 토지에 대하여 토지표시사항을 정정 또는 새로이 등록하고, 새로이 등록하는 토지에 대한 소유자표시사항은 분할 전의 대장에 등록된 사항을 옮겨 등록한다.

제1편 공간정보의 구축 및 관리 등에 관한 법률

> **Key Point** 분할제한에 관한 관련 법령

구 분	제한내용
민법	① 공유토지는 공유자 전원의 동의 또는 공유물분할의 소에 의한 확정판결이 있는 경우에 한하여 분할을 할 수 있음(민법 제268조 제1항, 제269조 제1항) ② 합유토지는 합유관계가 종료되지 아니하면 분할을 청구할 수 없음(민법 제273조 제2항) ③ 상속재산인 경우 유언으로 5년 범위 안에서 분할을 금지할 수 있음(민법 제1012조)
건축법	건축물이 있는 대지는 다음 기준에 못 미치게 분할할 수 없음(동법 제57조) – 분할제한면적, 대지와 도로와의 관계, 건폐율의 제한, 용적률의 제한, 건축물의 높이제한 등
국토의 계획 및 이용에 관한 법률	다음에 해당하는 토지의 분할(「건축법」 제57조에 따른 건축물이 있는 대지는 제외함)은 개발행위 허가를 받아야 함(동법 제56조 제1항 제4호, 영 제51조) ① 녹지지역·관리지역·농림지역 및 자연환경보전지역 안에서 관계법령에 따른 허가·인가 등을 받지 아니하고 행하는 토지의 분할 ② 「건축법」 제57조 제1항에 따른 분할제한면적 미만으로의 토지의 분할 ③ 관계 법령에 의한 허가·인가 등을 받지 아니하고 행하는 너비 5미터 이하로의 토지의 분할
개발제한구역의 지정 및 관리에 관한 특별조치법	개발제한구역에서의 토지의 분할로서 분할된 후 각 필지의 면적이 200㎡ 이상(지목이 대인 토지를 주택 또는 근린생활시설을 건축하기 위하여 분할하는 경우에는 330㎡ 이상)인 경우에는 특별자치시장·특별자치도지사·시장·군수 또는 구청장의 허가를 받아야 함(동법 제12조 제1항 제6호, 영 제16조)
집합건물의 소유 및 관리에 관한 법률	대지 위에 구분소유권의 목적인 건물이 속하는 1동의 건물이 있을 때에는 그 대지의 공유자는 그 건물 사용에 필요한 범위의 대지에 대하여는 분할을 청구하지 못함(동법 제8조)

* 자료 : 류병찬

단락핵심 — 분할

(1) 토지이용상 불합리한 지상경계를 시정하기 위한 경우에는 분할을 신청할 수 있다.
(2) 지적공부에 등록된 1필지의 일부가 관계법령에 의한 형질변경 등으로 용도가 변경된 경우에는 지적소관청에 토지의 분할을 신청하여야 한다.
(3) 분할을 위한 측량을 의뢰하고자 하는 경우 지적측량수행자에게 하여야 한다.
(4) 매도할 토지가 분할허가 대상인 경우에는 분할사유를 기재한 신청서에 허가서 사본을 첨부하여야 한다.
(5) 분할에 따른 지상경계는 지상건축물을 걸리게 결정하지 않는 것이 원칙이다.
(6) 분할측량을 하고자 하는 경우에는 지상경계점에 경계점표지를 설치한 후 측량할 수 있다.
(7) 토지를 분할하는 경우 주거·사무실 등의 건축물이 있는 필지에 대하여는 분할 전의 지번을 우선하여 부여하여야 한다.

단락문제 04

토지분할에 대한 설명에 관한 것으로 틀린 것은?

① 토지소유자는 지적공부에 등록된 1필지의 일부가 형질변경 등으로 용도가 변경된 경우에는 60일 이내에 토지분할을 신청하여야 한다.
② 주요지형을 무시하고 택지식 또는 격자형으로 분할신청하는 것은 허용되지 않는다.
③ 1필지의 일부가 형질변경 등으로 용도가 변경되어 분할을 신청하는 때에는 분할 신청서 외에 지목변경신청서를 함께 제출하여야 한다.
④ 상속재산인 경우 유언으로 3년 범위 안에서 분할을 금지할 수 있다.
⑤ 분할을 하는 때에는 새로이 지적측량을 하여 각 필지의 경계 또는 좌표와 면적을 정한다.

> **해설** 토지의 분할
> ① (○) (법 제79조 제2항)
> ② (○) 토지 이용상 불합리한 지상경계를 시정하기 위한 경우로 제한하고 있다(영 제65조).
> ③ (○) (영 제65조 제2항)
> ④ (×) 5년이다(민법 제1012조).
> ⑤ (○) 분할 후 경계가 생기고 면적이 달라지므로 지적측량이 필요하다(법 제23조 제1항 제3호 라목).
>
> **답** ④

05 합병 ★★

1 의의

(1) 토지의 합병이란 지적공부에 등록된 2필지 이상의 토지를 1필지로 합하여 등록하는 것을 말한다(법 제2조 제32호).

(2) 합병도 분할과 같이 합병의 요건을 갖춘 토지에 대한 합병여부는 원칙적으로 소유자의 자유의사에 의하고 신청기간의 제한은 없기 때문에, 토지소유자가 토지의 합병을 하고자 하는 때에 언제든지 지적소관청에 신청할 수 있다.

Professor Comment
토지의 합병 후 경계가 소멸되고 합병 전과 합병 후는 면적이 동일하므로 지적측량을 요하지 않는다.

제1편 공간정보의 구축 및 관리 등에 관한 법률

2 합병신청의무(법 제80조)★★ 14회 출제

다음에 해당하는 토지로서 합병하여야 할 필요가 있는 경우, 토지소유자는 지적소관청에 합병신청을 하여야 한다(법 제80조 제2항, 영 제66조).

(1) 「주택법」에 의한 공동주택의 부지
(2) 도로·제방·하천·구거·유지
(3) 지목이 공장용지·학교용지·철도용지·수도용지·공원·체육용지 등 다른 지목의 토지

Professor Comment

① 주로 공공용 토지로서 국공유재산관리의 편의와 관리의 효율을 위하여 합병신청을 의무화하고 있다.
② 공동주택의 부지 및 공공용지의 토지는 등위, 용도 등을 기준으로 1필지로 확정할 수 있는 토지로 한다.

3 합병요건(법 제80조 제3항, 영 제66조)★★ 22·35회 출제

(1) 합병신청을 할 수 없는 경우★★

다음의 어느 하나에 해당하는 경우에는 합병신청을 할 수 없다.

1) 합병하려는 토지의 지번부여지역, 지목 또는 소유자가 서로 다른 경우
2) 합병하려는 토지에 다음의 등기 외의 등기가 있는 경우
   ① 소유권·지상권·전세권 또는 임차권의 등기
   ② 승역지(承役地)에 대한 지역권의 등기
   ③ 합병하려는 토지 전부에 대한 등기원인(登記原因) 및 그 연월일과 접수번호가 같은 저당권의 등기
   ④ 합병하려는 토지 전부에 대한 「부동산등기법」 제81조제1항 각 호의 등기사항이 동일한 신탁등기
3) 합병하려는 토지의 지적도 및 임야도의 축척이 서로 다른 경우
4) 합병하려는 각 필지가 서로 연접하지 않은 경우
5) 합병하려는 토지가 등기된 토지와 등기되지 아니한 토지인 경우
6) 합병하려는 각 필지의 지목은 같으나 일부 토지의 용도가 다르게 되어 법 제79조제2항에 따른 분할대상 토지인 경우. 다만, 합병 신청과 동시에 토지의 용도에 따라 분할 신청을 하는 경우는 제외한다.
7) 합병하려는 토지의 소유자별 공유지분이 다른 경우
8) 합병하고자 하는 토지가 구획정리·경지정리 또는 축척변경을 시행하고 있는 지역의 토지와 그 지역 밖의 토지인 경우

9) 합병하려는 토지 소유자의 주소가 서로 다른 경우. 다만, 제1항에 따른 신청을 접수받은 지적소관청이 「전자정부법」 제36조제1항에 따른 행정정보의 공동이용을 통하여 다음 각 목의 사항을 확인(신청인이 주민등록표 초본 확인에 동의하지 않는 경우에는 해당 자료를 첨부하도록 하여 확인)한 결과 토지 소유자가 동일인임을 확인할 수 있는 경우는 제외한다.
   가. 토지등기사항증명서
   나. 법인등기사항증명서(신청인이 법인인 경우만 해당한다)
   다. 주민등록표 초본(신청인이 개인인 경우만 해당한다)

(2) 합병하려는 각 필지의 공부상 지목은 같으나 그 중 토지현황이 분할대상 토지가 있어 합병신청을 할 수 없는 토지라도 합병신청과 동시에 분할신청을 하는 경우 합병신청이 가능하다.

4 신청절차 30회 출제

(1) 신청의무(법 제80조)

1) 원 칙

   토지소유자가 필요로 하는 합병은 신청의무가 없다.

2) 예 외

   ① 토지소유자는 ㉠「주택법」에 의한 공동주택의 부지와 ㉡도로·제방·하천·구거·유지 ㉢지목이 공장용지·학교용지·철도용지·수도용지·공원·체육용지 등 다른 지목의 토지로서 합병하여야 할 토지가 있는 때에는 그 사유가 발생한 날부터 60일 이내에 지적소관청에 신청하여야 한다.

   ② 이 경우 신청기간 내에 신청하지 않는 경우 과태료 처분은 없다.

(2) 첨부서류

1) 토지소유자는 토지의 합병을 신청하고자 하는 때에는 합병사유를 기재한 신청서를 지적소관청에 제출하여야 한다.

2) 토지등기사항증명서 등이 필요하나 지적담당공무원이 토지등기부를 열람하여 합병여부를 판단한다.

제1편 공간정보의 구축 및 관리 등에 관한 법률

5 처리절차

(1) 토지이동의 조사 등

1) 합병의 경우에는 합병요건의 충족여부를 판단하기 위하여 대장과 도면 및 등기부를 열람하여 확인한 후 현지에 출장하여 토지이동조사를 실시하여야 한다.
2) 등기관련 합병요건은 지적소관청의 지적공무원이 토지등기부를 열람하여 합병가능여부를 판단하여 정리한다.

(2) 지적측량의 불요 → 측량 없이도 경계와 좌표 및 면적을 산출할 수 있기 때문임

합병에 따른 경계 또는 좌표와 면적은 따로 지적측량을 하지 아니하고 다음의 구분에 따라 결정한다(법 제26조 제1항).

1) **합병 후 필지의 경계 또는 좌표**
   합병 전 각 필지의 경계 또는 좌표 중 합병으로 필요 없게 된 부분을 말소하여 결정

2) **합병 후 필지의 면적**
   합병 전의 각 필지의 면적을 합산하여 결정

(3) 합병요건의 위반시 절차

지적소관청이 등기와 관련한 합병요건을 위반하여 합병정리를 하였을 경우, 당해 토지에 대한 합필등기가 불가능하기 때문에 등기소에서는 합필등기신청을 각하하고 지체 없이 그 사유를 지적소관청에 통지하며, 통지받은 지적소관청은 지적공부의 합병내용을 직권으로 말소정리하여 원상으로 회복시켜야 한다.

단락문제 05
제6회 기출

토지의 합병이 가능한 경우는?

① 토지의 지목이 서로 다르나 연접되어 있는 경우
② 동일지목이나 지반이 연속되어 있지 않은 경우
③ 동일소유자이나 기등기지와 미등기지인 경우
④ 연속된 각 필지가 암반으로 구성되어 있는 경우
⑤ 필지의 축척이 서로 다른 경우

해설 토지의 합병이 가능한 경우
①, ②, ③, ⑤의 경우에는 다른 요건을 갖추어도 합병이 불가하나 ④의 경우에는 지반이 연속되어 있는 경우로서 다른 요건을 갖추면 합병이 가능하다.   **답** ④

06 지목변경 ★　　　　　　　　　　　　　　　　　　　　　　　　　　22회 출제

1 서 설

(1) 의 의
1) 지목변경이란 지적공부에 등록된 지목을 다른 지목으로 바꾸어 등록하는 것을 말하는 것으로, 토지소유자는 지목변경을 할 토지가 있는 때에는 그 사유가 발생한 날로부터 60일 이내에 지적소관청에 신청하여야 한다(법 제2조 제33호, 제81조).
2) 등록전환의 경우에도 원칙적으로 지목변경이 함께 이루어지지만 이는 여기서 말하는 지목변경에는 해당되지 않는다. 즉 지목변경절차에 의하는 것이 아니고 등록전환절차에 의한다.
3) 임시적이고 일시적인 용도의 변경은 토지이동으로 볼 수 없기 때문에 지목변경은 하지 않는다(영 제59조 제2항).

(2) 종 류
1) 1필지의 전부가 변경되는 경우와 일부가 변경되는 경우가 있는데, 전부가 변경되는 경우에는 토지의 조사로써 가능하나 일부가 변경되는 경우에는 분할처분이 이루어져야만 지목변경이 가능하다.
2) 이 경우 1필지의 일부가 형질변경 등으로 용도가 변경되어 분할을 신청하는 때에는 지목변경신청서를 함께 제출하여야 한다(영 제65조 제2항).

2 대상토지(영 제67조 제1항) ★★

(1) 「국토의 계획 및 이용에 관한 법률」 등 관계법령에 따른 토지의 형질변경 등의 공사가 준공된 경우
예를 들어 한국토지주택공사 등이 택지개발촉진법 등에 의해 관계부처로부터 인가나 허가를 받아 택지개발사업을 수행함으로써 전(田)·답(畓) 등의 토지를 주택지로 형질변경시키는 공사를 완료한 토지는 지목변경을 하여야 한다.

(2) 토지나 건축물의 용도가 변경된 경우
1) 준공절차를 밟지 않은 인·허가는 사실상 형질변경이 완료되어야 지목변경이 가능하다.
① 대부분의 토지형질변경은 시장·군수 등의 허가를 받아 이루어져야 하며, 인·허가 없이 사용목적이나 용도를 변형시킨 토지형질변경의 경우에는 그에 대한 제재를 받은 다음, 지목변경이 가능하다.

② 반면, 토지의 형질변경이 절대적으로 금지된 곳에서는 이미 행하여진 형질변경은 원상회복을 하여야 하기 때문에 지목변경사유가 없다고 보아야 한다.

2) 이미 건축물이 있는 토지로서 그 건축물의 용도가 변경되면 지목변경이 이루어진다.

> **예** 일반 기업체가 종전에 학교용지로 쓰이던 학교건물과 교내 체육장을 매입하여 자체적으로 이용하는 경우(연구소나 기숙사)에는 지목이 「학교용지」에서 「대」로 변경

(3) 도시개발사업 등의 원활한 추진을 위하여 사업시행자가 공사 준공 전에 토지의 합병을 신청하는 경우

이 경우에도 토지의 용도가 변경된 토지로 보아 지목변경이 가능하다.

(4) 등록전환이 부적당한 경우

등록전환을 하여야 할 토지 중 목장용지·과수원 등 일단의 면적이 크거나 토지대장등록지로부터 거리가 멀어서 등록전환하는 것이 부적당하다고 인정되는 경우에는 임야대장등록지에서 지목변경을 할 수 있다.

Professor Comment
관계법령 시행 이전에 건축·개간 및 형질변경 등이 된 경우에는 담당공무원의 조사복명에 의하여 토지의 용도에 부합되도록 지목을 변경한다.

3 신청절차

(1) 신청기한(법 제81조)

지목변경사유가 발생된 날부터 60일 이내에 신청해야 한다.

판례 지적공부 지적소관청의 지목변경신청 반려행위가 항고소송의 대상이 되는 행정처분에 해당하는지 여부(적극)

구 「지적법」(법률 제6389호로 전문 개정되기 전의 것)은 토지소유자에게 지목변경신청권과 지목정정신청권을 부여한 것이고(동법 제20조, 제38조 제2항), 한편 지목은 토지에 대한 공법상의 규제, 개발부담금의 부과대상, 지방세의 과세대상, 공시지가의 산정, 손실보상가액의 산정 등 토지행정의 기초로서 공법상의 법률관계에 영향을 미치고, 토지소유자는 지목을 토대로 토지의 사용·수익·처분에 일정한 제한을 받게 되는 점 등을 고려하면, 지목은 토지소유권을 제대로 행사하기 위한 전제요건으로서 토지소유자의 실체적 권리관계에 밀접하게 관련되어 있으므로 지적소관청의 지목변경신청 반려행위는 국민의 권리관계에 영향을 미치는 것으로서 항고소송의 대상이 되는 행정처분에 해당한다(대판 2004.4.22. 2003두9015 전합).

(2) 첨부서류(규칙 제84조)

1) 지목변경을 신청하고자 하는 때에는 지목변경사유를 적은 신청서에 다음의 서류를 첨부하여 지적소관청에 제출하여야 한다.
   ① 관계법령에 따라 토지의 형질변경 등의 공사가 준공되었음을 증명하는 서류의 사본
   ② 국유지·공유지의 경우에는 용도폐지되었거나 사실상 공공용으로 사용되고 있지 아니함을 증명하는 서류의 사본 (→ 국가나 공공단체가 가지고 있는 땅을 말함)
   ③ 토지 또는 건축물의 용도가 변경되었음을 증명하는 서류의 사본
2) 개발행위허가·농지전용허가·보전산지전용허가 등 지목변경과 관련된 규제를 받지 아니하는 토지의 지목변경이나 전·답·과수원 상호간의 지목변경인 경우에는 1)에 따른 서류의 첨부를 생략할 수 있다.
3) 1)에 해당하는 서류를 그 지적소관청이 관리하는 경우에는 지적소관청의 확인으로 그 서류의 제출에 갈음할 수 있다.

4 처리절차

(1) 지목변경은 지적측량이 필요 없고, 지목변경에 대한 사실여부를 판단하기 위하여 토지이동조사를 실시하여야 한다.
(2) 신청서에 첨부된 서류에 의하여 실제 토지이용현황이 변경되었음이 명백하다고 판단되는 때에는 토지의 이동조사를 생략할 수 있다.
(3) 지목변경의 경우에는 지번, 면적, 경계 및 소유자의 변경사항은 없다.

단락핵심 지목변경

(1) 1필지의 일부의 형질변경으로 지목이 변경되는 경우에는 분할처분이 이루어져야만 지목변경이 가능하다.
(2) 토지소유자는 토지나 건축물의 용도가 변경되어 지목변경을 하여야 할 토지가 있으면 그 사유가 발생한 날부터 60일 이내에 지적소관청에 지목변경을 신청하여야 한다.
(3) 등록전환을 하여야 할 토지 중 목장용지·과수원 등 일단의 면적이 크거나 토지대장 등록지로부터 거리가 멀어서 등록전환하는 것이 부적당하다고 인정되는 경우에는 임야대장등록지에서 지목변경을 할 수 있다.
(4) 지목변경은 지적측량이 필요 없다.

제1편 공간정보의 구축 및 관리 등에 관한 법률

단락문제 06
제4회 기출 개작

지목변경에 관하여 틀린 것은?

① 지적공부에 등록된 지목을 수정 등록하는 것이다.
② 토지이용상황과 일치하여야 하므로 일시적인 용도의 변경이 있는 경우에도 반드시 지목변경을 하여야 한다.
③ 토지의 형질변경이 절대적으로 금지된 곳에서는 이미 행하여진 형질변경은 원상회복을 하여야 하기 때문에 지목변경사유가 없다고 보아야 한다.
④ 등록전환을 하여야 할 토지 중 목장용지·과수원 등 일단의 면적이 크거나 토지대장등록지로부터 거리가 멀어서 등록전환하는 것이 부적당하다고 인정되는 경우에는 임야대장등록지에서 지목변경을 할 수 있다.
⑤ 신청서에 첨부된 서류에 의하여 실제 토지이용현황이 변경되었음이 명백하다고 판단되는 때에는 토지의 이동조사를 생략할 수 있다.

해설 지목변경
② (X) 일시적인 용도변경은 토지이동으로 볼 수 없기 때문에 지목변경을 하지 않는다(영 제59조 제2항).

 ②

07 바다로 된 토지의 말소신청 (해면성 말소) ★ 14·21·22·30회 출제

1 의 의

> 제82조(바다로 된 토지의 등록말소 신청)
> ① 지적소관청은 지적공부에 등록된 토지가 지형의 변화 등으로 바다로 된 경우로서 원상(原狀)으로 회복될 수 없거나 다른 지목의 토지로 될 가능성이 없는 경우에는 지적공부에 등록된 토지소유자에게 지적공부의 등록말소 신청을 하도록 통지하여야 한다.

2 대상토지 (법 제82조 제1항)

지적공부에 등록된 토지가 지형의 변화 등으로 바다로 된 경우로서 원상으로 회복할 수 없거나 다른 지목의 토지로 될 가능성이 없는 토지이다.

바다로 된 토지의 말소신청

① 지적소관청이 토지소유자에게 「등록말소신청하라고 통지」하여야 한다.
② 등록말소신청을 하지 않아도 과태료는 부과하지 않는다.

지적공부에 등록된 토지가 지형의 변화 등으로 바다로 된 경우로서 원상회복할 수 없거나 다른 지목의 토지로 될 가능성이 없는 경우에는

토지소유자는 통지받은 날부터 90일 이내에 등록말소신청을 하여야 한다.

토지소유자가 등록말소신청을 하지 아니하는 경우에는 지적소관청이 직권으로 말소하며, 토지소유자에게 과태료는 부과하지 않는다.

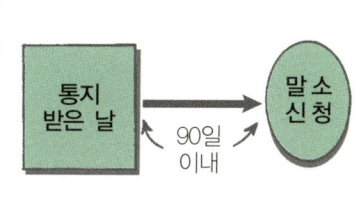

제1편 공간정보의 구축 및 관리 등에 관한 법률

3 처리절차

(1) 지적소관청의 통지

위 **2**의 경우 지적소관청은 지적공부에 등록된 토지소유자에게 지적공부의 등록말소신청을 하도록 **통지하여야 한다**(법 제82조 제1항).

└→ 지적공부의 정확성 확보수단이자 소유자의 권리행사상 편의확보수단

(2) 직권말소

토지소유자가 통지받은 날부터 90일 이내에 등록말소신청을 하지 아니하는 경우에는 지적소관청이 직권으로 그 지적공부의 등록사항을 말소하여야 한다(영 제68조 제1항).

4 회복등록(법 제82조 제3항)

(1) 말소한 토지가 지형의 변화 등으로 다시 토지로 된 경우 지적소관청이 회복등록을 한다.

(2) 지적소관청은 지적측량성과 및 등록말소 당시의 지적공부 등 관계자료에 의하여 토지의 표시 및 소유자에 관한 사항을 회복등록한다(영 제68조 제2항).

5 등록말소 및 회복사항 통지

(1) 지적소관청이 지적공부의 등록사항을 말소 또는 회복등록한 때에는 그 정리결과를 토지소유자 및 그 공유수면의 관리청에 통지하여야 한다(영 제68조 제3항).

(2) 1필지 중 일부가 해면이 된 경우에는 측량 후에 해면이 된 부분만을 말소한다.

Professor Comment

공유수면(바다)은 공유수면관리청이 관리한다.

제4장 토지의 이동 신청 및 지적공부 정리

Key Point 토지이동의 대상(사유)

종류	내용
신규등록	새로 조성된 토지와 지적공부에 등록되어 있지 아니한 토지
등록전환	「산지관리법」·「건축법」 등 관계법령에 따른 토지의 형질변경 또는 건축물의 사용승인 등으로 인하여 지목을 변경하여야 할 토지 → 예외로 다음의 경우는 지목변경 없이 등록전환을 신청할 수 있다. ① 대부분의 토지가 등록전환되어 나머지 토지를 임야도에 계속 존치하는 것이 불합리한 경우 ② 임야도에 등록된 토지가 사실상 형질변경되었으나 지목변경을 할 수 없는 경우 ③ 도시·군관리계획선에 따라 토지를 분할하는 경우
분 할	① 소유권이전, 매매 등을 위하여 필요한 경우 ② 토지이용상 불합리한 지상경계를 시정하기 위한 경우 ③ 관계 법령에 따라 토지분할이 포함된 개발행위허가 등을 받은 경우 ④ 지적공부에 등록된 1필지의 일부가 형질변경 등으로 용도가 변경된 경우
합 병	합병금지대상이 아닌 토지
지목변경	① 「국토의 계획 및 이용에 관한 법률」 등 관계법령에 따른 토지의 형질변경 등의 공사가 준공된 경우 ② 토지·건축물의 용도가 변경된 경우 ③ 도시개발사업 등의 원활한 사업추진을 위하여 사업시행자가 공사 준공 전에 토지의 합병을 신청하는 경우

Key Point 토지이동의 신청정리 ★★★

종류	조사방법		신청의무 (60일 내)	비 고
	조사	지적측량		
신규등록	토지이동조사	O	O	
등록전환		O	O	
분 할		O	X	다만, 등록된 1필지의 일부가 형질변경 등으로 용도가 변경된 경우에는 분할신청의무 존재
합 병		X	X	다만, 공동주택의 부지, 도로, 제방, 하천, 구거, 유지, 공장용지, 학교용지, 철도용지, 수도용지, 공원, 체육용지 등 다른 지목의 토지로서 합병하여야 할 토지가 있으면 합병신청의무 존재
지목변경		X	O	
해면성 말소	O	X	90일	1필지의 일부가 해면이 된 경우(지적측량)

*O : 해당됨, X : 해당안됨

제1편 공간정보의 구축 및 관리 등에 관한 법률

단락핵심 — 해면성 말소

(1) 토지소유자가 정해진 기한 내에 등록말소 신청을 하지 아니하면 지적소관청이 직권으로 지적공부의 등록사항을 말소하여야 한다.
(2) 지적공부의 등록사항을 말소한 때에는 그 정리결과를 토지소유자와 공유수면관리청에 통지하여야 한다.
(3) 바다로 되어 등록이 말소된 토지가 지형의 변화 등으로 다시 토지로 된 경우 지적소관청은 회복등록을 할 수 있다.

단락문제 07
제14회 기출 개작

해안가의 토지가 지형의 변화 등으로 인해 바다로 되었을 경우 지적공부의 등록말소에 관한 설명 중 옳은 것은?

① 국토교통부장관의 신청이 있어야 한다.
② 토지소유자의 신청이 있어야만 말소할 수 있다.
③ 공유수면관리청의 신청에 의해서 말소할 수 있다.
④ 지적공부의 등록사항을 말소한 때에는 그 정리결과를 토지소유자에게만 통지하여야 한다.
⑤ 토지소유자가 정해진 기한 내에 등록말소 신청을 하지 아니하면 지적소관청이 직권으로 지적공부의 등록사항을 말소하여야 한다.

해설 바다로 된 토지의 등록말소(법 제82조, 영 제68조)
⑤ 토지가 바다로 된 경우 지적소관청은 토지소유자에게 지적공부의 등록말소신청을 하도록 통지하여야 하며, 토지소유자가 통지받은 날부터 90일 이내에 등록말소신청을 하지 아니하는 경우에는 지적소관청이 직권으로 그 지적공부의 등록사항을 말소하여야 한다.

답 ⑤

제2절 축척변경

`14·33·35회 출제`

> **법 제2조 제34호**
> "축척변경"이란 지적도에 등록된 경계점의 정밀도를 높이기 위하여 작은 축척을 큰 축척으로 변경하여 등록하는 것을 말한다

Professor Comment
축척변경은 지적도상에 등록된 토지의 축척을 변경하는 것으로 임야도에 등록된 토지의 축척이 변경되거나, 등록전환에 의한 경우에는 축척변경에 포함되지 않는다.

01 축척변경의 대상과 시행

1 축척변경의 대상(= 축척변경의 실체적 요건) ★★

지적소관청은 지적도가 다음의 어느 하나에 해당하는 경우에는 토지소유자의 신청 또는 지적소관청의 직권으로 일정한 지역을 정하여 그 지역의 축척을 변경할 수 있다(법 제83조 제2항).

(1) 잦은 토지의 이동으로 1필지의 규모가 작아서 소축척으로는 지적측량성과의 결정이나 토지의 이동에 따른 정리를 하기가 곤란한 경우
(2) 하나의 지번부여지역에 서로 다른 축척의 지적도가 있는 경우
(3) 그 밖에 지적공부를 관리하기 위하여 필요하다고 인정되는 경우

축척변경과 축척

1) **축척변경**
   지적도의 축척을 「소축척에서 대축척으로 변경」하는 것

2) **축 척**
   ① 지도상의 거리는 실제거리보다 축소되는데, 이렇게 축소하는 비율을 축척이라 한다.
   ② 「축척 1/500」인 경우 실제거리를 1/500의 비율로 축소한 지도이다.

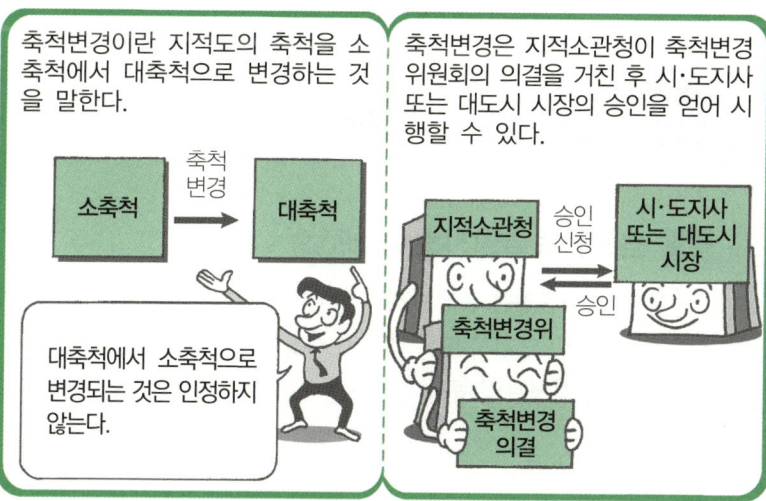

2 축척변경의 절차적 요건★★ 28회 출제

(1) 지적소관청은 1 에 따라 축척변경을 하려면 축척변경 시행지역의 토지소유자 3분의 2 이상의 동의를 받아 축척변경위원회의 의결을 거친 후 시·도지사 또는 대도시 시장의 승인을 받아야 한다(법 제83조 제3항).

(2) 다만, 다음의 어느 하나에 해당하는 경우에는 축척변경위원회의 의결 및 시·도지사 또는 대도시 시장의 승인 없이 축척변경을 할 수 있다(법 제83조 제3항 단서).
   1) 합병하려는 토지가 축척이 다른 지적도에 각각 등록되어 있어 축척변경을 하는 경우
   2) 도시개발사업 등의 시행지역에 있는 토지로서 그 사업 시행에서 제외된 토지의 축척변경을 하는 경우

단락문제 Q8 제14회 기출

축척변경을 하여야 할 지역으로서 틀린 것은?

① 도시관리계획사업 등으로 토지의 종합적 개발·건축 등이 완료된 집단지역으로서 현재의 축척으로 유지하기가 곤란한 지역
② 토지의 가치증대로 최소면적단위를 $0.1m^2$ 로 등록할 필요가 있는 일정규모의 지역
③ 1필지의 면적이 작은 토지가 밀집한 집단지역으로서 지적도의 축척을 변경할 필요가 있는 지역
④ 같은 지역 안에 서로 다른 축척이 혼재하여 지적공부관리에 불편이 있는 지역
⑤ 토지대장 및 지적도의 등록지로서 1매의 도면 전체를 등록전환할 필요가 있는 지역

해설 축척변경
⑤ 등록전환은 임야대장 및 임야도에 등록된 토지를 토지대장 및 지적도에 옮겨 등록하는 것이다(법 제2조 제30호). **답** ⑤

02 축척변경의 절차 12·19·33회 출제

1 축척변경승인신청(영 제70조)

(1) 지적소관청은 축척변경을 할 때에는 축척변경 사유를 적은 승인신청서에 다음의 서류를 첨부하여 시·도지사 또는 대도시 시장에게 제출하여야 한다. 이 경우 시·도지사 또는 대도시 시장은 행정정보의 공동이용을 통하여 축척변경 대상지역의 지적도를 확인하여야 한다.

제4장 토지의 이동 신청 및 지적공부 정리

1) 축척변경사유
2) 지번등 명세
3) 토지소유자의 동의서
4) 축척변경위원회의 의결서 사본
5) 그 밖에 축척변경승인을 위하여 시·도지사 또는 대도시 시장이 필요하다고 인정하는 서류

Professor Comment 30회 출제

축척변경위원회는 5명 이상 10명 이내의 위원으로 구성하되 위원의 2분의 1 이상을 토지소유자로 하여야 한다(다음 단원의 축척변경위원회 참조).

(2) 시·도지사 또는 대도시 시장은 축척변경사유 등을 심사한 후 그 승인여부를 지적소관청에 통지하여야 한다.

축척변경(Ⅰ)

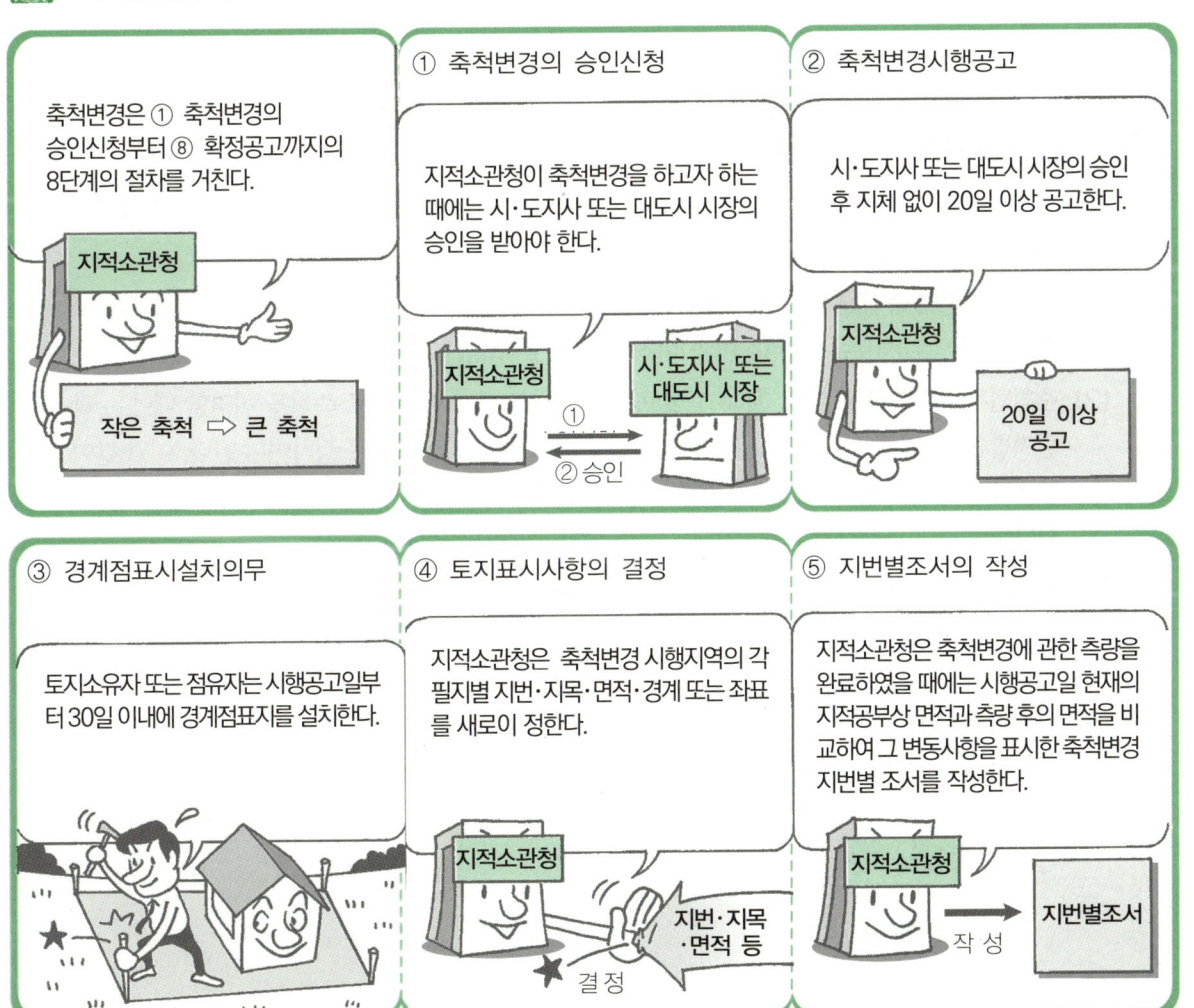

2 축척변경시행공고(영 제71조 제1항, 제2항) 31회 출제

(1) 지적소관청은 축척변경의 시행에 관하여 시·도지사 또는 대도시 시장의 승인을 받았을 때에는 지체 없이 다음 사항을 20일 이상 공고하여야 한다.
   1) 축척변경의 목적·시행지역 및 시행기간
   2) 축척변경의 시행에 관한 세부계획
   3) 축척변경의 시행에 따른 청산방법
   4) 축척변경의 시행에 따른 토지소유자 등의 협조에 관한 사항

(2) 축척변경시행공고는 시·군·구(자치구가 아닌 구를 포함함) 및 축척변경 시행지역 동·리의 게시판에 주민이 볼 수 있도록 게시하여야 한다.

3 경계점표지 설치의무(영 제71조 제3항)

축척변경 시행지역의 토지소유자 또는 점유자는 시행공고일부터 30일 이내에 시행공고일 현재 점유하고 있는 경계에 국토교통부령으로 정하는 경계점표지를 설치하여야 한다.

4 토지표시사항의 결정(영 제72조)

(1) 지적소관청은 축척변경 시행지역의 각 필지별 지번·지목·면적·경계 또는 좌표를 새로 정하여야 한다.

(2) 지적소관청이 축척변경을 위한 측량을 할 때에는 토지소유자 또는 점유자가 설치한 경계점표지를 기준으로 새로운 축척에 따라 면적·경계 또는 좌표를 정하여야 한다.

(3) 축척변경위원회의 의결(법 제83조 제3항 단서)을 거치지 아니하고 축척을 변경할 때에는 각 필지별 지번·지목 및 경계는 종전의 지적공부에 따르고 면적만 새로 정하여야 한다. 이와 같이 면적을 새로 정하는 때에는 축척변경 측량결과도에 따라야 한다(영 제72조 제3항, 규칙 제87조 제1항).

(4) 축척변경 측량결과도에 따라 면적을 측정한 결과 축척변경 전의 면적과 축척변경 후의 면적의 오차가 허용범위 이내인 경우에는 축척변경 전의 면적을 결정면적으로 하고, 허용면적을 초과하는 경우에는 축척변경 후의 면적을 결정면적으로 한다(규칙 제87조 제2항).

(5) 경계점좌표등록부를 갖춰 두지 아니하는 지역을 경계점좌표등록부를 갖춰 두는 지역으로 축척변경하는 경우(규칙 제87조 제3항)에는 그 필지의 경계점을 평판측량방법이나 전자평판측량방법으로 지상에 복원시킨 후 경위의측량방법 등으로 경계점좌표를 구하여야 한다. 이 경우 면적은 경계점좌표에 의하여 결정하여야 한다.

제4장 토지의 이동 신청 및 지적공부 정리

5 지번별 조서의 작성(영 제73조)

지적소관청은 축척변경에 관한 측량을 완료하였을 때에는 시행공고일 현재의 지적공부상 면적과 측량 후의 면적을 비교하여 그 변동사항을 표시한 축척변경 지번별 조서를 작성하여야 한다.

6 지적공부정리 등의 정지(영 제74조)

(1) 지적소관청은 축척변경시행기간 중에는 축척변경 시행지역의 지적공부정리와 경계복원측량(경계점표지의 설치를 위한 경계복원측량은 제외)을 축척변경 확정공고일까지 정지하여야 한다.
(2) 다만, 축척변경위원회의 의결이 있는 때에는 그러하지 아니하다.

7 청산금의 산정(영 제75조) 26회 출제

(1) 청산을 하는 경우

지적소관청은 축척변경에 관한 측량을 한 결과 측량 전에 비하여 측량 후에 면적의 증감이 있는 경우에는 그 증감면적에 대하여 청산을 하여야 한다.

(2) 청산을 하지 않는 경우 → 금전으로 정산

1) 필지별 증감면적이 허용범위 이내인 경우(영 제19조 제1항 제2호 가목 참조, 다만, 축척변경위원회의 의결이 있는 경우에는 제외함).
2) 토지소유자 전원이 청산하지 아니하기로 합의하여 이를 서면으로 제출하는 경우

 축척변경(Ⅱ)

(3) 청산금의 결정 및 공고

1) 청산을 할 때에는 축척변경위원회의 의결을 거쳐 지번별로 제곱미터당 금액을 정하여야 한다. 이 경우 지적소관청은 시행공고일 현재를 기준으로 그 축척변경 시행지역의 토지에 대하여 지번별 제곱미터당 금액을 미리 조사하여 축척변경위원회에 제출하여야 한다(영 제75조 제2항).
2) 청산금은 축척변경 지번별 조서의 필지별 증감면적에 지번별 제곱미터당 금액을 곱하여 산정한다(영 제75조 제3항).
3) 지적소관청은 청산금을 산정하였을 때에는 청산금조서(축척변경 지번별 조서에 필지별 청산금 명세를 적은 것을 말함)를 작성하고, 청산금이 결정되었다는 뜻을 15일 이상 공고하여 일반인이 열람할 수 있게 하여야 한다. 공고는 시·군·구(자치구가 아닌 구를 포함함) 및 축척변경 시행지역 동·리의 게시판에 주민이 볼 수 있도록 게시하여야 한다(영 제75조 제4항).
4) 청산금을 산정한 결과 증가된 면적에 대한 청산금의 합계와 감소된 면적에 대한 청산금의 합계에 차액이 생긴 경우 초과액은 그 지방자치단체(행정시의 경우에는 행정시가 속한 특별자치도를 말하고, 자치구가 아닌 구의 경우에는 해당구가 속한 시를 말함)의 수입으로 하고 부족액은 그 지방자치단체가 부담한다(영 제75조 제5항). 13회

(4) 청산금의 납부고지(영 제76조) 13·24·29·33회 출제

1) 지적소관청은 청산금의 결정을 공고한 날부터 20일 이내에 토지소유자에게 청산금의 납부고지 또는 수령통지를 하여야 한다.
2) 납부고지를 받은 자는 고지를 받은 날부터 6개월 이내에 청산금을 지적소관청에 내야 하며, 지적소관청은 수령통지를 한 날부터 6개월 이내에 청산금을 지급하여야 한다.
3) 지적소관청은 청산금을 지급받을 자가 행방불명 등으로 받을 수 없거나 받기를 거부하는 때에는 그 청산금을 공탁❶(供託)할 수 있다.
4) 지적소관청은 청산금을 내야 하는 자가 납부고지 또는 수령통지를 받은 날부터 1개월 이내에 청산금에 관한 이의신청을 하지 아니하고, 납부고지 또는 수령통지를 받은 날부터 6개월 이내에 청산금을 내지 아니하면 지방세 체납처분의 예에 따라 징수할 수 있다.

> **용어사전**
> ❶ 공탁
> 금전, 유가증권 그 밖의 물품을 「공탁법」에 따라 공탁소에 임치시키는 것을 말한다.

(5) 청산금에 대한 이의신청(영 제77조)

1) 청산금에 관하여 이의가 있는 자는 납부고지 또는 수령통지를 받은 날부터 1개월 이내에 지적소관청에 이의신청을 할 수 있다.
2) 이의신청을 받은 지적소관청은 1개월 이내에 축척변경위원회의 심의·의결을 거쳐 그 인용(認容)여부를 결정한 후 지체 없이 그 내용을 이의신청인에게 통지하여야 한다.

8 확정공고(영 제78조) 31·34회 출제

(1) 공고에 포함되어야 할 사항

청산금의 납부 및 지급이 완료되었을 때에는 지적소관청은 지체 없이 축척변경의 확정공고를 하여야 한다. 축척변경의 확정공고에는 다음의 사항이 포함되어야 한다(규칙 제92조 제1항).

1) 토지의 소재 및 지역명 → 이해관계인의 보호를 위한 제도
2) 신·구 면적을 대비하여 표시한 축척변경 지번별 조서
3) 청산금 조서
4) 지적도의 축척

(2) 등록(영 제78조 제2항)

지적소관청은 축척변경의 확정공고를 하였을 때에는 지체 없이 축척변경에 따라 확정된 사항을 지적공부에 등록하여야 한다.

지적공부에 등록하는 때에는 다음 각 호의 기준에 따라야 한다.(규칙 제92조 제2항)

1) 토지대장은 제1항제2호에 따라 확정공고된 축척변경 지번별 조서에 따를 것
2) 지적도는 확정측량 결과도 또는 경계점좌표에 따를 것

(3) 토지이동의 시기(영 제78조 제3항)

축척변경 시행지역의 토지는 확정공고일에 토지의 이동이 있는 것으로 본다.

Professor Comment
일반적인 토지이동의 경우에는 지적공부에 등록한 때에 토지 이동이 있는 것으로 본다.

단락문제 09
제12회 기출 개작

다음은 축척변경에 대한 내용이다. 틀린 것은?

① 지적소관청은 축척변경의 시행에 관하여 시·도지사 또는 대도시 시장의 승인을 받았을 때에는 지체 없이 축척변경의 목적 등의 사항을 20일 이상 공고하여야 한다.
② 축척변경 시행지역의 토지소유자 또는 점유자는 시행공고일부터 30일 이내에 시행공고일 현재 점유하고 있는 경계에 국토교통부령으로 정하는 경계점표지를 설치하여야 한다.
③ 청산금은 축척변경 지번별 조서의 필지별 증감면적에 지번별 제곱미터당 금액을 곱하여 산정한다.
④ 청산금에 관하여 이의가 있는 자는 납부고지 또는 수령통지를 받은 날부터 1개월 이내에 지적소관청에 이의신청을 할 수 있다.
⑤ 축척변경 시행지역의 토지는 청산금 결정이 공고된 날에 토지의 이동이 있는 것으로 본다.

제1편 공간정보의 구축 및 관리 등에 관한 법률

> **해설** 축척변경
> ⑤ (×) 축척변경의 확정공고일에 토지의 이동이 있는 것으로 본다(영 제78조 제3항).   **답** ⑤

단락핵심   축척변경

(1) 축척변경 시행지역의 토지소유자 또는 점유자는 시행공고일부터 30일 이내에 시행공고일 현재 점유하고 있는 경계에 경계점표지를 설치하여야 한다.

(2) 지적소관청은 축척변경이 필요하다고 인정된 때에는 축척변경위원회의 의결을 거친 후 시·도지사의 승인을 얻어 시행할 수 있다.

(3) 합병하려는 토지가 축척이 다른 지적도에 각각 등록되어 있어 축척변경을 하는 경우에는 축척변경위원회의 의결 및 시·도지사 또는 대도시 시장의 승인 없이 축척변경을 할 수 있다.

(4) 지적소관청은 시·도지사 또는 대도시 시장으로부터 축척변경승인을 받았을 때에는 지체 없이 축척변경의 목적 등을 20일 이상 공고하여야 한다.

(5) 지적소관청은 청산금의 결정을 공고한 날부터 20일 이내에 토지소유자에게 청산금의 납부고지 또는 수령통지를 하여야 한다.

(6) 축척변경위원회는 5명 이상 10명 이하의 위원으로 구성하되 위원의 2분의 1 이상을 토지소유자로 하여야 한다.

(7) 지적소관청은 시행공고일 현재를 기준으로 그 축척변경 시행지역의 토지에 대하여 지번별 제곱미터당 금액을 미리 조사하여 축척변경위원회에 제출하여야 한다.

(8) 지적소관청은 청산금을 지급받을 자가 행방불명 등으로 받을 수 없거나 받기를 거부할 때에는 그 청산금을 공탁할 수 있다.

(9) 청산금의 납부고지를 받은 자는 그 고지를 받은 날부터 6개월 이내에 청산금을 지적소관청에 내야 한다.

(10) 지적소관청은 축척변경의 확정공고를 하였을 때에는 지체 없이 축척변경에 따라 확정된 사항을 지적공부에 등록하여야 한다.

(11) 공간정보의 구축 및 관리 등에 관한 법령상 축척변경에 따른 청산금을 산정한 결과 차액이 생긴 경우 초과액은 그 지방자치단체의 수입으로 하고, 부족액은 그 지방자치단체가 부담한다.

(12) 청산금의 납부 및 지급이 완료되었을 때에는 지적소관청은 지체 없이 축척변경의 확정공고를 하여야 하며, 확정공고일에 토지의 이동이 있는 것으로 본다.

제4장 토지의 이동 신청 및 지적공부 정리

03 축척변경위원회   17·30회 출제

1 구성(영 제79조) 32회 출제

(1) 축척변경위원회는 5명 이상 10명 이하의 위원으로 구성하되, 위원의 2분의 1 이상을 토지소유자로 하여야 한다. 이 경우 그 축척변경 시행지역의 토지소유자가 5명 이하일 때에는 토지소유자 전원을 위원으로 위촉하여야 한다.

(2) 위원장은 위원 중에서 지적소관청이 지명한다.

(3) 위원은 다음의 사람 중에서 지적소관청이 위촉한다.
   1) 해당 축척변경 시행지역의 토지소유자로서 지역 사정에 정통한 사람
   2) 지적에 관하여 전문지식을 가진 사람

2 기능(영 제80조) 27회 출제

지적소관청이 회부하는 다음의 사항을 심의·의결한다.
(1) 축척변경 시행계획에 관한 사항
(2) 지번별 제곱미터당 금액의 결정과 청산금의 산정에 관한 사항
(3) 청산금의 이의신청에 관한 사항
(4) 그 밖에 축척변경과 관련하여 지적소관청이 회의에 부치는 사항

3 회의소집 등(영 제81조)

(1) 축척변경위원회의 회의는 지적소관청이 위 2 의 어느 하나에 해당하는 사항을 축척변경위원회에 회부하거나 위원장이 필요하다고 인정하는 때에 위원장이 소집한다.

(2) 축척변경위원회의 회의는 위원장을 포함한 재적위원 과반수의 출석으로 개의하고 출석위원 과반수의 찬성으로 의결한다.

(3) 위원장은 축척변경위원회의 회의를 소집하는 때에는 회의일시·장소 및 심의안건을 회의 개최 5일 전까지 각 위원에게 서면으로 통지하여야 한다.

제1편 공간정보의 구축 및 관리 등에 관한 법률

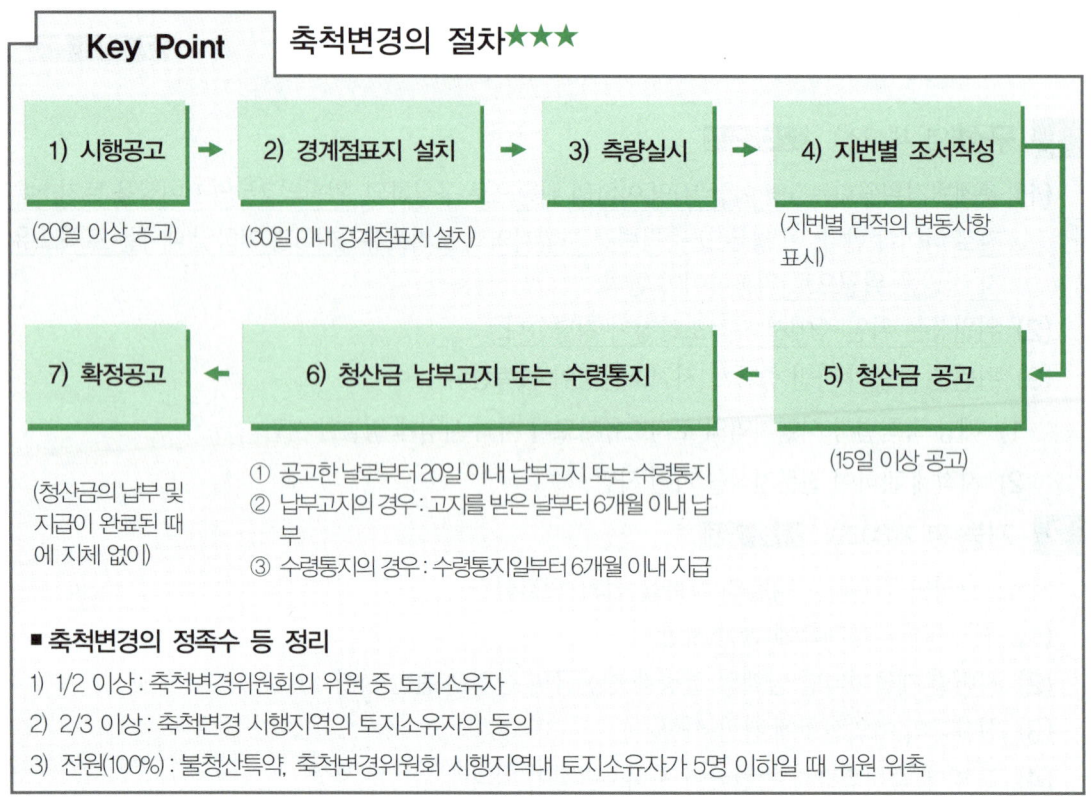

단락문제 Q10

제17회 기출 개작

축척변경위원회의 구성 및 기능에 관한 사항으로 틀린 것은?

① 축척변경위원회는 위원의 2분의 1이상을 토지소유자로 하여야 한다.
② 축척변경위원회는 축척변경 시행계획에 관한 사항을 심의·의결한다.
③ 축척변경위원회는 5명 이상 10명 이하의 위원으로 구성한다.
④ 위원장은 축척변경위원회의 회의를 소집할 때에는 회의일시·장소 및 심의안건을 회의 개최 7일 전까지 각 위원에게 서면으로 통지하여야 한다.
⑤ 축척변경위원회는 청산금의 이의신청에 관한 사항을 심의·의결한다.

해설 축척변경위원회의 구성 및 기능
① 개최 5일 전까지 각 위원에게 서면으로 통지하여야 한다.

답 ④

제4장 토지의 이동 신청 및 지적공부 정리

제3절 토지이동의 절차　　21회 출제

01 토지이동의 신청★

1 토지이동의 의의

토지의 이동(異同)이라 함은 토지의 표시(지적공부에 토지의 소재·지번·지목·면적·경계 또는 좌표를 등록한 것)를 새로 정하거나 변경 또는 말소하는 것을 말한다(법 제2조 제28호).

2 토지이동의 신청

(1) 토지소유자에 의한 신청(원칙)

지적공부에 등록하는 지번·지목·면적·경계 또는 좌표는 토지의 이동이 있는 때에 토지소유자(법인 아닌 사단이나 재단의 경우에는 그 대표자나 관리인을 말함)의 신청에 의하여 지적소관청이 결정한다(법 제64조 제2항 본문).

(2) 예 외

신청이 없는 때에는 지적소관청이 직권으로 조사·측량하여 결정할 수 있다(법 제64조 제2항 단서). 지적소관청이 직권으로 조사·측량하여 결정한 지번·지목·면적·경계 또는 좌표를 지적공부에 등록한 경우 해당 토지소유자에게 통지하여야 한다(법 제90조).

3 토지이동신청의 특례 등(법 제86조)　17·26·30·31회 출제

(1) 다음과 같은 도시개발사업 등으로 인한 토지이동의 경우에는 해당 사업시행자가 지적소관청에 토지의 이동을 신청하여야 한다(법 제86조 제2항). 다만, 그 신청대상지역이 환지를 수반하는 경우에는 사업완료 신고로써 이를 갈음할 수 있다(영 제83조 제3항).

---

1) 도시개발사업(도시개발법), 농어촌정비사업(농어촌정비사업법)
2) 그 밖에 대통령령으로 정하는 주택건설사업, 택지개발사업, 산업단지개발사업, 정비사업, 지역개발사업, 체육시설 설치를 위한 토지개발사업, 관광단지 개발사업, 매립사업, 항만개발사업, 공공주택지구조성사업, 고속철도, 일반철도 및 광역철도 건설사업, 고속국도 및 일반국도 건설사업
3) 그 밖에 국토교통부장관이 고시하는 요건에 해당하는 토지개발사업

(2) 토지이동의 시기

1) 일반적인 토지이동의 경우에는 지적공부에 등록한 때에 토지이동이 있는 것으로 본다(지적형식주의).
2) 도시개발사업 등으로 인한 토지이동의 경우는 형질변경 등의 공사가 준공된 때에 토지의 이동이 이루어진 것으로 본다(지적형식주의의 예외, 법 제86조 제3항).

(3) 도시개발사업 등의 사업의 착수 또는 변경신고가 된 토지에 대하여는 그 사업이 완료되는 때까지 사업시행자 외의 자가 토지의 이동을 신청할 수 없다(법 제86조 제4항 참조).

(4) 도시개발사업 등의 착수 또는 변경신고가 된 토지의 소유자가 해당 토지의 이동을 원하는 경우에는 해당 사업의 시행자에게 그 토지의 이동을 신청하도록 요청하여야 하며, 요청을 받은 시행자는 해당 사업에 지장이 없다고 판단되면 지적소관청에 그 이동을 신청하여야 한다(법 제86조 제4항).

(5) 「주택법」에 따른 주택건설사업의 시행자가 파산❶ 등의 이유로 토지의 이동 신청을 할 수 없을 때에는 그 주택의 시공을 보증한 자 또는 입주예정자 등이 신청할 수 있다(영 제83조 제4항).

(6) 도시개발사업 등의 신고

1) 도시개발사업 등의 착수·변경 또는 완료 사실의 신고는 그 사유가 발생한 날부터 15일 이내에 하여야 한다(영 제83조 제2항).
2) 도시개발사업 등의 착수·변경신고서에는 ①사업인가서, ②지번별조서 및 ③사업계획서를 첨부하여야 한다. 다만 변경신고의 경우에는 변경된 부분에 한한다(규칙 제95조 제1항).
3) 도시개발사업 등의 완료신고서에는 ①확정될 토지의 지번별조서 및 종전 토지의 지번별조서 및 ②환지처분❷과 같은 효력이 있는 고시된 환지계획서(다만, 환지를 수반하지 아니하는 사업인 경우에는 사업의 완료를 증명하는 서류)를 첨부하여야 한다. 이 경우 지적측량수행자가 지적소관청에 측량검사를 의뢰하면서 미리 제출한 서류는 이를 첨부하지 아니할 수 있다(규칙 제95조 제2항).

용어사전

❶ 파산
자신이 가진 모든 재산을 동원하여도 자신이 진 빚을 완전히 갚을 수 없는 사람의 재산을 법률에 의해 강제적으로 금전으로 바꾸어 채권자들에게 공평하게 나누어 주는 재판상의 절차를 파산이라고 하는데 채무초과와 지급불능이 그 원인이 된다.

❷ 환지처분
법률에 의거 토지구획정리로 인해 어떤 토지를 사용할 필요가 있을 때 그 토지의 소유자에게 같은 가치의 토지로 교환해 주거나 그에 해당하는 금전을 지급하는 것이다.

제4장 토지의 이동 신청 및 지적공부 정리

단락문제 Q11
제7회 기출 개작

공간정보의 구축 및 관리 등에 관한 법령상 토지이동신청 특례 등에 관한 설명 중 틀린 것은?

① 도시개발사업으로 인하여 사업의 착수신고가 된 토지는 그 사업이 완료되는 때까지 사업시행자 외의 자가 토지의 이동을 신청할 수 없다.
② 농어촌정비사업으로 인하여 토지의 이동이 필요한 경우에는 해당 사업의 시행자가 지적소관청에 토지의 이동을 신청하여야 한다.
③ 「주택법」에 따른 공동주택의 부지를 지목변경하는 경우 「집합건물의 소유 및 관리에 관한 법률」에 따른 관리인이 토지소유자의 신청을 대위할 수 있다.
④ 지적소관청이 지적위원회의 의결서 사본을 받아 그 내용에 따라 지적공부의 경계를 정정하는 경우에는 이해관계인의 승낙서를 받아야 한다.
⑤ 「주택법」에 따른 주택건설사업의 시행자가 파산으로 토지의 이동을 신청할 수 없는 때에는 그 주택의 시공을 보증한 자 또는 입주예정자 등이 신청할 수 있다.

해설 토지이동신청 특례
④ 직권정정이므로 이해관계인의 승낙서를 받을 필요가 없다(법 제86조 제2항, 영 제82조 제1항 제6호). **답 ④**

4 토지이동신청의 대위(법 제87조) ★★ 16회 출제

토지이동신청은 원칙적으로 토지소유자가 하여야 하나, 다음에 해당하는 자는 토지소유자가 하여야 하는 신청을 대신할 수 있다. 다만, 등록사항 정정 대상 토지는 제외한다.

(1) 사업시행자

공공사업 등에 따라 학교용지·도로·철도용지·제방·하천·구거·유지·수도용지 등의 지목으로 되는 토지인 경우 : 해당 사업의 시행자

(2) 행정기관 또는 지방자치단체의 장

국가나 지방자치단체가 취득하는 토지인 경우 : 해당 토지를 관리하는 행정기관의 장 또는 지방자치단체의 장

Professor Comment

수용으로 인해 취득한 경우에는 원시취득이므로 수용한 사업시행자가 토지소유자로서 신청하면 되고, 따라서 대위신청에 관한 규정이 없다.

(3) 집합건물의 관리인 또는 사업시행자

「주택법」에 따른 공동주택의 부지인 경우 : 「집합건물의 소유 및 관리에 관한 법률」에 따른 관리인(관리인이 없는 경우에는 공유자가 선임한 대표자) 또는 해당 사업의 시행자

제1편 공간정보의 구축 및 관리 등에 관한 법률

(4) 토지소유자의 채권자

채권자는 자기의 채권을 보전하기 위하여 채무자의 권리를 행사할 수 있는바(민법 제404조), 토지소유자의 채권자가 토지소유자인 채무자의 신청을 대위할 수 있다.

Key Point | 대위신청 ★★ 24회 출제

대위신청권자	대 상
사업시행자	공공사업 등에 따라 학교용지·도로·철도용지·제방·하천·구거·유지·수도용지 등의 지목으로 되는 토지
행정기관·지자체의 장	국가 또는 지방자치단체가 취득하는 토지
관리인(관리인이 없는 경우에는 공유자가 선임한 대표자)·사업시행자	「주택법」에 의한 공동주택의 부지
토지소유자의 채권자(민법 제404조)	토지소유자가 하여야 하는 신청

단락문제 Q12 제16회 기출 개작

「공간정보의 구축 및 관리 등에 관한 법률」상 토지소유자가 하여야 하는 신청을 대위할 수 있는 자가 <u>아닌</u> 것은?

① 공공사업 등으로 인하여 학교용지·도로·철도용지·제방 등의 지목으로 되는 토지의 경우에는 해당 사업시행자
② 국가 또는 지방자치단체가 취득하는 토지의 경우에는 해당 토지를 관리하는 행정기관 또는 지방자치단체의 장
③ 「주택법」에 의한 공동주택의 부지의 경우에는 「집합건물의 소유 및 관리에 관한 법률」에 따른 사업시행자
④ 토지소유자의 채권자(채권자의 대위신청의 경우, 민법 제404조)와 지상권자
⑤ 「주택법」에 의한 공동주택의 부지의 경우에는 「집합건물의 소유 및 관리에 관한 법률」에 따른 관리인

해설 대위신청이 가능한 자
① 「민법」 제404조(채권자 대위권)의 규정에 의한 채권자는 채무자인 토지소유자를 대위하여 신청할 수 있으나 지상권자는 대위신청할 수 없다.

답 ④

02 토지이동에 따른 지적소관청의 직권정리   32회 출제

1 의의

지적소관청은 지적공부의 등록사항이 토지이동사항과 다른 경우에 지적공부에 등록된 사항을 직권으로 조사하여 지적정리하여야 한다.

2 조사·측량절차(규칙 제59조)

(1) 토지이동현황조사계획수립(규칙 제59조 제1항) 20·24회·33회 출제

지적소관청은 토지의 이동현황을 직권으로 조사·측량하여 토지의 지번·지목·면적·경계 또는 좌표를 결정하려는 때에는 토지이동현황조사계획을 수립하여야 한다. 이 경우 토지이동현황조사계획은 시·군·구별로 수립하되 부득이한 사유가 있는 때에는 읍·면·동별로 수립할 수 있다.

(2) 토지이동현황의 조사 및 기재(규칙 제59조 제2항)

지적소관청은 토지이동현황조사계획에 따라 토지의 이동현황을 조사한 때에는 토지이동 조사부에 토지의 이동현황을 적어야 한다.

(3) 토지이동조서의 작성(규칙 제59조 제4항)

지적소관청은 지적공부를 정리하려는 때에는 토지이동조사부를 근거로 토지이동조서를 작성하여 토지이동정리결의서에 첨부하여야 한다.

(4) 지적공부정리(규칙 제59조 제3항)

지적소관청은 토지이동현황 조사결과에 따라 토지의 지번·지목·면적·경계 또는 좌표를 결정한 때에는 이에 따라 지적공부를 정리하여야 한다.

제4절 지적공부의 정리 16회 출제

1 의 의
지적공부정리란 토지이동으로 인하여 토지의 표시사항인 소재·지번·지목·면적·경계 또는 좌표의 변경과 그 밖의 지적관리상 발생되는 일체의 변동이 있는 경우 지적공부를 정리하는 것을 말한다.

2 정리방법
(1) 지적공부정리에는 크게 토지이동에 따른 토지표시의 정리와 토지소유자의 정리로 나누어진다. (→ 물리적 현황 / → 권리 현황)
(2) 지적소관청이 신규등록·등록전환·분할·합병·지목변경 등 토지의 이동이 있어 지적공부를 정리할 경우에는 토지이동정리결의서를, 토지소유자의 변동 등에 따라 지적공부를 정리하려는 경우에는 소유자정리결의서를 작성하여야 한다(영 제84조 제2항).

01 토지표시의 정리 21회 출제

1 토지표시의 정리(영 제84조 제1항)
지적소관청은 지적공부가 다음의 어느 하나에 해당하는 경우에는 지적공부를 정리하여야 한다. 이 경우 이미 작성된 지적공부에 정리할 수 없을 때에는 이를 새로 작성하여야 한다.

(1) 지번을 변경하는 경우
(2) 지적공부를 복구하는 경우
(3) 신규등록·등록전환·분할·합병·지목변경 등 토지의 이동이 있는 경우

2 토지이동정리결의서 작성
(1) **토지이동정리결의서**(영 제84조 제2항)
지적소관청은 토지의 이동이 있는 경우에는 토지이동정리결의서를 작성한 후 지적공부를 정리한다.

(2) 작성방법(규칙 제98조)

1) 토지이동정리결의서는 토지대장·임야대장 또는 경계점좌표등록부별로 구분하여 작성한다.
2) 토지이동정리결의서에는 토지이동신청서 또는 도시개발사업 등의 완료신고서 등을 첨부하여야 한다.
3) 다만, 「전자정부법」 제36조 제1항에 따른 행정정보의 공동이용을 통하여 첨부서류에 대한 정보를 확인할 수 있는 경우에는 그 확인으로 첨부서류에 갈음할 수 있다.

3 행정구역의 명칭변경 등★

(1) 행정구역의 명칭변경

행정구역의 명칭이 변경되었으면 지적공부에 등록된 토지의 소재는 새로운 행정구역의 명칭으로 변경된 것으로 본다(법 제85조 제1항).

예) 울산시가 울산광역시로 명칭이 변경된 경우 지적공부상의 명칭도 당연히 울산광역시로 변경된 것으로 보기 때문에 행정구역의 명칭이 변경된 때에는 소유자의 변경신청의무도 발생되지 않으며, 신청이 없다 하여도 지적소관청은 직권으로 변경하게 된다.

(2) 지번의 변경

1) 지번부여지역의 일부가 행정구역의 개편으로 다른 지번부여지역에 속하게 되었으면 지적소관청은 새로 속하게 된 지번부여지역의 지번을 부여하여야 한다(법 제85조 제2항).
2) 이 경우 지번부여방법은 지적확정측량을 실시한 지역의 지번부여방법을 준용한다.

02 토지소유자의 정리★★★   19·33회 출제

1 지적공부에 등록된 토지소유자의 정리(법 제88조)

(1) 지적공부에 등록된 토지소유자의 변경사항은 등기관서에서 등기한 것을 증명하는 등기필증, 등기완료통지서, 등기사항증명서 또는 등기관서에서 제공한 등기전산정보자료에 의해 정리한다.
(2) 등기부에 적혀 있는 토지의 표시가 지적공부와 일치하지 아니하면 (1)에 따라 토지소유자를 정리할 수 없다. 이 경우 토지의 표시와 지적공부가 일치하지 아니하다는 사실을 관할 등기관서에 통지하여야 한다(법 제88조 제3항). 15·16·추가15·25회 출제

제1편 공간정보의 구축 및 관리 등에 관한 법률

2 지적소관청의 조사·확인

(1) 지적소관청은 필요하다고 인정하는 경우에는 관할 등기관서의 등기부를 열람하여 지적공부와 부동산등기부가 일치하는지 여부를 조사·확인하여야 한다.

(2) 조사·확인 결과, 일치하지 아니하는 사항을 발견하면 등기사항증명서 또는 등기관서에서 제공한 등기전산정보자료에 따라 지적공부를 직권으로 정리하거나, 토지소유자나 그 밖의 이해관계인에게 그 지적공부와 부동산등기부가 일치하게 하는 데에 필요한 신청 등을 하도록 요구할 수 있다(법 제88조 제4항).

(3) 지적소관청 소속 공무원이 지적공부와 부동산등기부의 부합 여부를 확인하기 위하여 등기부를 열람하거나, 등기사항증명서의 발급을 신청하거나, 등기전산정보자료의 제공을 요청하는 경우 그 수수료는 무료로 한다(법 제88조 제5항).

3 신규등록지의 소유자 등록(법 제88조 제1항 단서)   29회 출제

(1) 신규등록하는 토지의 소유자는 지적소관청이 직접 조사하여 등록한다(지적국정주의).

(2) 대장과 등기와의 관계에서 선등록 후등기를 원칙으로 하기 때문에, 원칙적으로 신규등록의 경우에는 등기부가 존재할 수 없다. 따라서 신규등록으로 인한 소유자등록은 등기부에 의할 수 없고, 지적소관청이 이를 조사하여 등록하여야 하는 것이다.

4 「국유재산법」에 의한 소유자등록신청의 경우(법 제88조 제2항)

「국유재산법」에 따른 총괄청이나 중앙관서의 장이 소유자 없는 부동산에 대한 소유자등록을 신청하는 경우 지적소관청은 지적공부에 해당 토지의 소유자가 등록되지 아니한 경우에만 등록할 수 있다.

> **Wide** 「국유재산법」 제12조 제2·3항
>
> 총괄청이나 중앙관서의 장은 소유자 없는 부동산을 국유재산으로 취득할 경우에는 6개월 이상의 기간을 정하여 그 기간에 정당한 권리자나 그 밖의 이해관계인이 이의를 제기할 수 있다는 뜻을 공고하여야 하며, 그 기간에 이의가 없는 경우에만 공고를 하였음을 입증하는 서류를 첨부하여 지적소관청에 소유자등록을 신청할 수 있다.

5 소유자변동일자 정리

(1) **등기필증, 등기완료통지서, 등기사항증명서**   등기접수일자
(2) **소유자등록신청서·주소등록신청서**   소유권정리결의일자
(3) **공유수면매립준공에 의한 신규등록**   매립준공일자
(4) **토지구획정리사업 등**   환지처분일자 또는 사업준공인가일자(환지처분을 아니하는 경우)

제4장 토지의 이동 신청 및 지적공부 정리

 **지적공부의 정리**

(1) 지적공부에 등록된 토지소유자의 변경사항은 등기관서에서 등기한 것을 증명하는 등기필증, 등기완료통지서, 등기사항증명서 및 등기전산정보자료에 따라 정리한다.

(2) 「공유수면 관리 및 매립에 관한 법률」에 따라 매립준공인가된 토지를 신규등록하는 경우 지적공부에 등록하는 토지의 소유자는 지적소관청이 조사하여 등록한다.

(3) 「국유재산법」에 따른 총괄청이나 중앙관서의 장이 소유자 없는 부동산에 대한 소유자 등록을 신청하는 경우 지적소관청은 지적공부에 해당 토지의 소유자가 등록되지 아니한 경우에만 등록할 수 있다.

(4) 지적공부와 부동산등기부의 부합 여부를 확인하기 위하여 지적소관청 소속 공무원이 등기부를 열람하거나 등기전산정보자료의 제공을 요청하는 경우 그 수수료는 무료로 한다.

(5) 신규등록을 제외한 토지소유자의 변경사항은 등기관서에서 등기한 것을 증명하는 등기필증, 등기완료통지서, 등기사항증명서 또는 등기관서에서 제공한 등기전산정보자료에 따라 정리한다.

(6) 등기부에 적혀 있는 토지의 표시가 지적공부와 일치하지 아니하면 지적공부의 토지소유자를 정리할 수 없다. 이 경우 그 사실을 관할 등기관서에 통지하여야 한다.

(7) 등기필증, 등기완료통지서, 등기사항증명서의 경우 등기접수일자를 소유자변동일자로 정리한다.

(8) 토지구획정리사업 등의 경우에는 환지처분일자 또는 사업준공인가일자(환지처분을 아니하는 경우)를 소유자변동일자로 정리한다.

단락문제 Q13
제25회 기출

토지대장에 등록된 토지소유자의 변경사항은 등기관서에서 등기한 것을 증명하거나 제공한 자료에 따라 정리한다. 다음 중 등기관서에서 등기한 것을 증명하거나 제공한 자료가 아닌 것은?

① 등기필증 ② 등기완료통지서 ③ 등기사항증명서
④ 등기신청접수증 ⑤ 등기전산정보자료

해설 토지소유자의 정리(법 제88조 제1항)
④ (×) 지적공부에 등록된 토지소유자의 변경사항은 등기관서에서 등기한 것을 증명하는 등기필증, 등기완료통지서, 등기사항증명서 또는 등기관서에서 제공한 등기전산정보자료에 따라 정리한다.

답 ④

03 등록사항의 정정 〔19회 출제〕

1 토지표시에 관한 사항의 정정★★★ 〔20·27회 출제〕

(1) 토지소유자의 신청에 의한 정정

1) 의 의

토지소유자는 지적공부의 등록사항에 잘못이 있음을 발견한 때에는 지적소관청에 그 정정을 신청할 수 있다(법 제84조).

2) 정정신청서의 제출(규칙 제93조) 〔13회 출제〕

① 토지소유자는 지적공부의 등록사항에 대한 정정신청을 하는 때에는 정정사유를 적은 신청서에 다음의 구분에 따른 서류를 첨부하여 지적소관청에 제출하여야 한다. 다만, 서류를 해당 지적소관청이 관리하는 경우에는 지적소관청의 확인으로 해당 서류의 제출을 갈음할 수 있다.
   ㉠ **경계 또는 면적의 변경을 가져오는 경우**   등록사항정정측량성과도
   ㉡ **그 밖에 등록사항을 정정하는 경우**   변경사항을 확인할 수 있는 서류

② 등록사항의 정정으로 인접 토지의 경계가 변경되는 경우에는 인접 토지소유자의 승낙서 또는 이에 대항할 수 있는 확정판결서 정본을 지적소관청에 제출하여야 한다(법 제84조 제3항).

(2) 등록사항정정대상토지의 관리 등(규칙 제94조) 〔27·31회 출제〕

1) 지적소관청은 토지의 표시에 잘못되었음을 발견하였을 때에는 지체 없이 등록사항정정에 필요한 서류와 등록사항정정측량성과도 및 토지이동정리결의서를 작성한 후 대장의 사유란에 "등록사항정정 대상토지"라고 기재하고, 토지소유자에게 등록사항정정신청을 할 수 있도록 그 사유를 통지하여야 한다.

2) 다만, 지적소관청이 직권으로 정정할 수 있는 경우에는 토지소유자에게 통지를 하지 아니할 수 있다.

3) 등록사항정정 대상토지에 대한 대장을 열람하게 하거나 등본을 발급하는 때에는 "등록사항정정 대상토지"라고 기재한 부분을 흑백의 반전(反轉)으로 표시하거나 붉은색으로 적어야 한다.

(3) 직권정정

지적소관청은 지적공부의 등록사항에 잘못이 있음을 발견한 때에는 대통령령이 정하는 바에 따라 직권으로 조사·측량하여 정정할 수 있다(법 제84조 제2항).

1) 직권정정 사유(영 제82조)★★★ 11·19·30·35회 출제

① 토지이동정리결의서의 내용과 다르게 정리된 경우
② 지적도 및 임야도에 등록된 필지가 면적의 증감 없이 경계의 위치만 잘못된 경우
③ 1필지가 각각 다른 지적도 또는 임야도에 등록되어 있는 경우로서 지적공부에 등록된 면적과 측량한 실제면적은 일치하지만 지적도 또는 임야도에 등록된 경계가 서로 접합되지 않아 지적도 또는 임야도에 등록된 경계를 지상의 경계에 맞추어 정정하여야 하는 토지가 발견된 경우
④ 지적공부의 작성 또는 재작성 당시 잘못 정리된 경우
⑤ 지적측량성과와 다르게 정리된 경우
⑥ 지방지적위원회 또는 중앙지적위원회의 의결서 사본을 받은 지적소관청이 의결의 내용에 따라 지적공부의 등록사항을 정정하여야 하는 경우
⑦ 지적공부의 등록사항이 잘못 입력된 경우
⑧ 「부동산등기법」 제37조 제2항의 규정에 의한 통지가 있는 경우(지적소관청의 착오로 잘못 합병한 경우만 해당, 아래 와이드 참조)
⑨ 지적법개정법률(법률 제2801호) 부칙 제3조에 따른 면적환산이 잘못된 경우(아래 와이드 참조)
⑩ 등록전환에 있어 면적의 오차허용범위를 초과하여 임야대장의 면적 또는 임야도의 경계를 정정하는 경우(영 제19조 제1항 제1호 나목)

> **Wide** 「부동산등기법」 제37조(토지 합필의 제한)
>
> ① 소유권·지상권·전세권·임차권 및 승역지(承役地: 편익제공지)에 하는 지역권의 등기 외의 권리에 관한 등기가 있는 토지에 대하여는 합필의 등기를 할 수 없다. 다만, 모든 토지에 대하여 등기원인 및 그 연월일과 접수번호가 동일한 저당권에 관한 등기가 있는 경우에는 그러하지 아니하다.
> ② 등기관이 ①에 위반한 등기의 신청, 즉 합필등기를 할 수 없는 토지에 대한 합필등기신청을 각하하면 지체 없이 그 사유를 지적소관청에 알려야 한다.

> **Wide** 「지적법」 부칙 제3조(면적단위에 대한 경과조치)
>
> 이 법 시행당시 종전의 규정에 의하여 토지대장 또는 임야대장에 등록된 면적단위는 평방미터 단위로 환산등록될 때까지 종전의 예에 의하여 함께 사용한다(부칙 제2801호, 1975.12.31.).

2) 직권정정 절차

① **직권정정**

지적소관청은 위의 각 경우에 해당하는 토지가 있을 때에는 지체 없이 관계 서류에 따라 지적공부에 등록된 사항을 정정하여야 한다(영 제82조 제2항).

② **지적측량의 정지**

지적공부의 등록사항 중 경계나 면적 등 측량을 수반하는 토지의 표시가 잘못된 경우에는 지적소관청은 그 정정이 완료될 때까지 지적측량을 정지시킬 수 있다. 다만, 잘못 표시된 사항의 정정을 위한 지적측량은 그러하지 아니하다(영 제82조 제3항).

→ 단순한 오기

③ **통 지**

지적소관청은 직권정정대상 토지가 있을 때에는 지체 없이 관계서류에 의하여 토지이동 정리결의 절차를 거쳐 지적공부의 등록사항을 정정한 후에 관할등기소에 토지표시변경 등기를 촉탁하고 관할등기소로부터 등기필증을 접수한 날부터 15일 이내에 토지소유자에게 통지하여야 한다(법 제89조, 제90조, 영 제85조 참조).

2 토지소유자에 관한 사항의 정정★★ 13회 출제

(1) 등기된 토지

지적소관청이 토지소유자의 신청 또는 직권에 의해 등록사항을 정정할 때 그 정정사항이 토지소유자에 관한 사항인 경우에는 등기필증, 등기완료통지서, 등기사항증명서 또는 등기관서에서 제공한 등기전산정보자료에 따라 정정하여야 한다(법 제84조 제4항 본문).

(2) 미등기 토지

1) 지적소관청이 토지소유자의 신청에 따라 미등기토지소유자의 성명 또는 명칭, 주민등록번호, 주소 등에 관한 사항을 정정하는 경우로서 그 등록사항이 명백히 잘못된 경우에는 가족관계기록사항에 관한 증명서에 따라 정정하여야 한다(법 제84조 제4항 단서).

2) 그러나 지적공부상 미등기 토지의 소유자에 관한 사항에 대해 직권으로 정정할 수 없다. 이는 개인의 소유권영역에 국가의 개입이 필요하지 않으므로 토지소유자의 신청에 의하면 되기 때문이다.

> **판례** ■ 부동산등기부와 대장상의 소유자에 관한 사항이 일치하지 않는 경우, 그 변경 또는 경정절차
>
> 구「지적법」과「부동산등기법」의 제 규정을 종합하면, 등기된 토지에 관한 한 토지소유자에 관한 사항은 지적공부에 의해 증명하는 것은 아니므로, 부동산등기부상의 소유자의 주소와 임야대장상의 소유자의 주소가 다른 경우에는 먼저 진정한 소유자의 신청에 의한 경정등기가 이루어져야 하고, 그 다음에 경정등기가 이루어진 등기필증, 등기완료통지서, 등기사항증명서에 의하여 임야대장상의 등록사항 정정이 이루어져야 하는 것으로서, 등기된 부동산의 경우 지적공부가 직접 경정등기의 자료로 사용되는 것이 아니어서 부동산 등기에 직접적으로 영향을 미치는 것이 아니라, 오히려 등기부에 먼저 소유자에 관한 사항이 변경 또는 경정된 후에 그에 따라 후속적으로 공부의 기재사항이 변경되어야 하는 것이고, -중략- (대판 2003.11.13. 2001다37910).

제4장 토지의 이동 신청 및 지적공부 정리

Key Point 직권정정과 신청에 의한 정정

구 분	정정사유	비고(경계, 면적변경시)
직권정정	제한	면적의 증감 없이 경계의 위치만 잘못된 경우에는 직권정정도 가능
소유자신청	제한이 없다.	인접 토지소유자의 승낙서나 이에 대항할 수 있는 판결서 정본, 등록사항 정정 측량성과도 등 첨부

단락핵심 등록사항정정

(1) 토지소유자가 경계 또는 면적의 변경을 가져오는 등록사항에 대한 정정을 신청할 때에는 정정사유를 적은 신청서에 등록사항 정정 측량성과도를 첨부하여 지적소관청에 제출하여야 한다.

(2) 토지소유자는 지적공부의 등록사항에 잘못이 있음을 발견하면 지적소관청에 그 정정을 신청할 수 있다.

(3) 지적도 및 임야도에 등록된 필지가 면적의 증감 없이 경계의 위치만 잘못된 경우에는 직권정정도 가능하다.

(4) 지적소관청이 등록사항을 정정하는 경우에 미등기토지를 제외하고는 그 정정사항이 토지소유자에 관한 사항인 경우에는 등기필증, 등기완료통지서, 등기사항증명서 또는 등기관서에서 제공한 등기전산정보자료에 따라야 한다.

(5) 「공간정보의 구축 및 관리 등에 관한 법률」에 의한 등록사항의 정정으로 토지경계가 변동될 경우 인접 토지소유자의 승낙서에 갈음할 수 있는 판결에는 경계확정판결, 공유물분할의 판결, 소유권확인판결, 지상물철거 및 토지인도의 판결 등이 있다.

단락문제 Q14
제11회 기출 개작

지적공부에 등록된 등록사항에 오류가 있는 경우 지적소관청의 직권 또는 소유자의 신청에 의하여 등록사항을 정정할 수 있다. 이때 지적소관청이 직권으로 정정할 수 없는 사항은 어느 것인가?

① 토지이동정리 결의서의 내용과 다르게 정리된 경우
② 면적의 증감 없이 경계의 위치만 잘못 등록된 경우
③ 지적공부의 작성 또는 재작성 당시 잘못 작성된 경우
④ 지적공부의 등록사항이 잘못 입력된 경우
⑤ 지적측량의 잘못으로 경계에 오류가 발생된 경우

해설 직권정정사항
⑤ 지적측량이 잘못된 경우는 지적위원회에 지적측량적부심사를 신청하고 지적위원회의 의결결과에 따라 직권정정하여야 한다.

답 ⑤

제1편 공간정보의 구축 및 관리 등에 관한 법률

04 등기촉탁 ★★ 12회·추가15회 출제

1 촉탁①의 취지

(1) 지적소관청은 지적공부정리로 인하여 토지의 표시사항에 변경이 생겨 그 토지의 표시에 관한 변경등기를 하여야 할 필요가 있는 경우에는 지체 없이 관할등기관서에 등기촉탁하여야 한다.

(2) 이것은 지적소관청이 토지이동(분할·합병·지목변경 등)에 따른 표시변경등기를 촉탁함으로써 국민의 불편과 부담을 덜어주고, 나아가 지적공부와 등기부를 일치시키기 위함이다.

> **용어사전**
> ❶ 촉탁
> 대등한 지위에 있는 관청 사이에서 일정한 사무의 처리를 맡기는 것을 말한다.

2 촉탁대상(법 제89조) 19·23·28·35회 출제

(1) 분할, 지목변경, 등록전환, 합병 등 토지이동이 있는 토지(신규등록은 제외)
(2) 지번변경
(3) 바다로 된 토지의 등록말소 또는 회복
(4) 축척변경
(5) 등록사항의 직권정정
(6) 지번부여지역의 일부가 행정구역의 개편으로 다른 지번부여지역에 속하게 되어 지적소관청이 새로 속하게 된 지역의 지번을 부여한 때

Professor Comment

■ 등기촉탁의 대상이 아닌 것 35회 출제
① 신규등록, ② 토지소유자에 관한 사항 정리, ③ 행정구역의 명칭변경에 따른 정리

3 촉탁서 제출 24회 출제

(1) 등기관서에 토지표시의 변경에 관한 등기촉탁을 하려는 때에는 토지표시변경등기 촉탁서에 그 취지를 적어야 한다(규칙 제97조 제1항).
(2) 이 경우의 등기촉탁은 국가가 국가를 위하여 하는 등기로 본다(법 제89조 제1항).
(3) 등기를 촉탁한 경우에는 등기완료의 통지서를 접수한 날로부터 15일 이내에 토지소유자에게 지적정리 등을 통지하여야 한다(영 제85조 제1호).

제4장 토지의 이동 신청 및 지적공부 정리

단락핵심 — 등기촉탁

(1) 신규등록을 할 경우 지적소관청은 토지표시의 변경에 관한 등기촉탁을 하지 않는다.
(2) 토지의 소재·지번·지목·경계·면적 등을 변경 정리한 경우에 토지소유자를 대신하여 지적소관청이 관할 등기관서에 등기신청을 하는 것을 말한다.
(3) 지적공부에 등록된 토지가 지형의 변화 등으로 바다가 된 경우로서 원상으로 회복할 수 없거나 다른 지목의 토지로 될 가능성이 없어 지적공부의 등록을 말소한 경우에도 등기촉탁사유가 된다.

단락문제 Q15 제12회 기출

다음 중 지적소관청이 토지표시의 변경에 관한 등기촉탁을 관할 등기소에 하지 <u>않아도</u> 되는 경우는?

① 분할을 할 경우 ② 합병을 할 경우 ③ 신규등록을 할 경우
④ 지목변경을 할 경우 ⑤ 등록전환을 할 경우

해설 신규등록의 경우
③ 신규등록의 경우에는 직권에 의한 등록의 경우를 제외하고는 소유권보존등기를 촉탁하지 아니한다(법 제89조).

답 ③

05 지적정리의 통지   20·25회 출제

1 통지대상(법 제90조) ★ 28회 출제

① 지적소관청이 직권으로 조사·측량하여 지적공부를 정리한 때
② 지번변경을 정리한 때
③ 바다로 된 토지의 등록말소 또는 회복을 정리한 때
④ 지적공부를 복구한 때
⑤ 지적소관청이 등록사항을 직권으로 정정한 때
⑥ 행정구역변경으로 지번변경을 정리한 때
⑦ 도시개발사업 등에 의한 토지의 이동정리를 한 때
⑧ 대위신청에 의하여 지적공부를 정리한 때
⑨ 등기촉탁을 한 때

제1편 공간정보의 구축 및 관리 등에 관한 법률

Professor Comment

지적소관청의 직권 또는 대위자의 신청으로 지적공부정리를 한 경우 토지소유자는 그 정리내용을 알 수 없으므로 토지소유자의 신청에 의하지 않고 지적정리된 사항은 모두 통지의 대상이다.

2 통지방법★ 23·25회 출제

(1) 통지시기(영 제85조) 34회 출제

지적소관청이 토지소유자에게 지적공부정리 등을 통지하여야 하는 시기는 다음과 같다.

1) 토지의 표시에 관한 변경등기가 필요한 경우

등기완료통지서 접수일로부터 15일 이내

2) 토지의 표시에 관한 변경등기가 필요하지 아니한 경우

지적공부에 등록한 날부터 7일 이내

(2) 통지받을 자의 주소를 알 수 없는 때(법 제90조 단서)

통지받을 자의 주소나 거소를 알 수 없는 경우에는 일간신문, 해당 시·군·구의 공보 또는 인터넷홈페이에 공고함으로써 소유자에게 통지된 것으로 본다.

단락문제 Q16

다음 중 지적소관청이 지적정리통지를 해야 할 대상이 아닌 것은?

① 신청에 의하여 지목변경을 하였을 때
② 지적소관청이 지번을 변경한 때
③ 지적공부를 복구하였을 때
④ 대위신청에 의하여 지적공부정리를 하였을 때
⑤ 직권으로 등록사항을 조사·측량하여 정정하였을 때

해설 지적정리통지대상

① 지적공부정리통지 대상은 지적소관청이 소유자가 모르게 등록사항을 변경한 것으로 소유자가 알 수 있게 게시판에 공고한 경우는 지적정리통지대상이 아니다. 또한, 소유자가 등록신청을 한 경우는 통지대상이 아니다(법 제90조 참조).

답 ①

빈출 함정 총정리

• 경록 교재에 모든 답이 있습니다.

01 토지소유자의 주소변경이나 토지등급변경은 **토지이동이 아니다**(토지이동이다 x).

02 신규등록의 효력은 **지적공부에 등록한 때에 발생한다**(신규등록을 신청한 때에 발생한다 x).

03 등록전환이란 **임야대장 및 임야도**(토지대장 및 지적도 x)에 등록한 토지를 **토지대장 및 지적도**(임야대장 및 임야도 x)에 옮겨 등록하는 것을 말한다.

04 등록전환이 있게 되면 **통상적으로 지목변경이 이루어지나 반드시 지목변경을 수반하는 것은 아니다**(반드시 지목변경이 이루어진다 x).

05 등록전환은 소축척인 임야도에 등록된 토지를 대축척의 지적도에 옮겨 등록하기 때문에 반드시 축척변경을 **가져오나, 이것을 축척변경으로 취급하지는 않는다**(가져오므로 축척변경으로 취급한다 x).

06 등록전환의 경우는 **지적측량에 따라 면적을 다시 정하여 토지대장으로 옮겨서 등록한다**(임야대장상의 면적을 토지대장으로 옮기면 된다 x).

07 필지의 일부가 지목이 다르게 된 때의 분할은 **의무신청이다**(임의신청이다 x).

08 지목이 학교용지, 도로, 하천, 제방, 구거, 유지, 공장용지, 철도용지, 수도용지, 공원, **체육용지**(종교용지 x), 공동주택 부지인 토지는 합병신청이 의무적이다.

09 합병하려는 토지의 소유자별 공유지분이 다르거나 소유자의 주소가 서로 다른 **경우 토지소유자는 합병을 신청할 수 없다**(경우라도 토지소유자는 합병을 신청할 수 있다 x).

10 공동주택의 부지와 공공지목의 토지의 합병신청은 60일 내에 신청하여야 **하나 이를 어기더라도 과태료를 부과할 수는 없고 직권합병할 수 있을 뿐이다**(하며 이를 위반하면 100만원 이하의 과태료를 부과한다 x).

제1편 공간정보의 구축 및 관리 등에 관한 법률

11 합병하려는 토지에 가등기, 가압류등기, **가처분의 등기**(지상권등기 x)가 있는 경우에는 합병할 수 없다.

12 합병에 따른 면적은 **따로 지적측량을 하지 아니하고 합병 전의 각 필지의 면적을 합산하여 결정한다**(새로 지적측량을 하여 결정한다 x).

13 지상권이 설정된 토지와 전세권이 설정된 토지 간에는 권리의 등기종류가 **상이하더라도 합병할 수 있다**(상이하므로 합병할 수 없다 x).

14 지목변경은 지적공부에 등록된 지목을 **현재의 용도대로**(장래의 이용목적에 따라 x) 수정 등록하는 것이다.

15 건축물의 용도가 **바뀐다면 지목변경사유가 된다**(바뀌는 것만으로는 지목변경사유가 되지 못한다 x).

16 신규등록이나 축척변경은 토지이동에 **해당한다**(해당한다고 볼 수 없다 x).

17 지적소관청이 신규등록·등록전환·분할·합병·지목변경 등 토지의 이동이 있어 지적공부를 정리할 경우에는 **토지이동정리결의서**(소유자정리결의서 x)를, 토지소유자의 변동 등에 따라 지적공부를 정리하려는 경우에는 **소유자정리결의서**(토지이동정리결의서 x)를 작성하여야 한다.

18 토지이용상 불합리한 지상경계를 시정하기 **위해서도 분할신청을 할 수 있다**(위해서는 분할신청을 할 수 없다 x).

19 축척변경 시행지역의 토지소유자 또는 점유자는 시행공고일부터 **30일**(60일 x) 이내에 시행공고일 현재 점유하고 있는 경계에 국토교통부령으로 정하는 경계점표지를 설치하여야 한다.

20 축척변경을 한 결과 감소된 면적에 대하여 지급해야 할 청산금의 총액이 부족할 경우 그 부족액을 부담할 자는 **그 지방자치단체이다**(그 토지의 소유자이다 x).

제4장 토지의 이동 신청 및 지적공부 정리

21 지적소관청은 필요하다고 인정하는 경우에는 관할 등기관서의 등기부를 열람하여 지적공부와 부동산등기부가 일치하는지 여부를 조사·확인하여야 하며, 일치하지 아니하는 사항을 발견하면 등기사항증명서 또는 등기관서에서 제공한 등기전산정보자료에 따라 지적공부를 직권으로 정리하거나, 토지소유자나 그 밖의 이해관계인에게 그 지적공부와 부동산등기부가 일치하게 하는 데에 필요한 신청 등을 하도록 요구할 수 있다(직권으로 정리하여야 한다 x).

22 신규등록하는 경우 토지의 소유자는 지적소관청이 직접 조사하여 등록한다(토지소유자의 신청에 의하여 정리한다 x).

23 토지구획정리사업 등이 있는 경우 소유자변동일자는 환지처분일자 또는 사업준공인가일자를 기준으로 한다(등기접수일자를 기준으로 한다 x).

24 지적소관청은 지적공부의 등록사항에 잘못이 있음을 발견하면 대통령령으로 정하는 바에 따라 직권으로 조사·측량하여 정정할 수 있다(정정하여야 한다 x).

25 지적소관청은 지적공부정리로 인하여 토지의 표시사항에 변경이 생겨 그 토지의 표시에 관한 변경등기를 하여야 할 필요가 있는 경우에는 지체없이 관할등기관서에 등기촉탁하여야 한다(관할등기관서에 등기촉탁할 수 있다 x).

CHAPTER 05 지적측량

학습포인트

- 이 장은 지적측량의 전반, 지적측량업의 등록 및 지적위원회에 대해 다루고 있다.
- 이 장에서는 지적측량의 방법과 구분, 지적측량을 하여야 하는 경우와 각각의 경우의 지적측량방법, 측량기간 등에서 매회 2문제 내외가 출제된다.
- 시험범위는 지적측량 의뢰, 지적기준점성과의 열람, 지적위원회, 지적측량 적부심사이지만 그 밖의 사항도 관련 지문으로 출제되므로 그 밖의 사항은 가볍게 읽고 지나가는 것이 좋다.

CHAPTER 학습 & 출제되는 키워드

- ☑ 지적측량의 의의와 대상
- ☑ 지적측량의 법률적 효력
- ☑ 지적측량의 대상
- ☑ 지적측량의 종류
- ☑ 지적측량방법
- ☑ 기초측량과 세부측량
- ☑ 세부측량을 실시하는 경우
- ☑ 지적측량의 절차
- ☑ 지적측량사유
- ☑ 지적측량기간
- ☑ 지적측량의 성과
- ☑ 지적측량수수료
- ☑ 중앙지적위원회
- ☑ 지방지적위원회
- ☑ 지적위원회의 회의
- ☑ 위원의 제척·기피·회피
- ☑ 위원의 해임·해촉
- ☑ 지적측량의 적부심사
- ☑ 심사절차
- ☑ 청구서 제출
- ☑ 심사회부
- ☑ 심의·의결
- ☑ 의결서의 송부
- ☑ 시·도지사의 조치
- ☑ 재심사청구
- ☑ 지적공부의 등록사항 정정
- ☑ 지적측량적부심사청구의제한

CHAPTER 학습 & 출제되는 질문

- ☑ 지적측량에 의하여 필지의 면적을 측정하여야 하는 대상으로 틀린 것은?
- ☑ 지적측량에 관한 설명으로 틀린 것은?
- ☑ 지적기준점성과와 그 측량기록의 보관 및 열람 등에 관한 설명으로 틀린 것은?
- ☑ 지적측량을 하는 자가 지적측량을 위하여 장애물을 제거한 경우 발생한 손실보상에 관한 설명 중 틀린 것은?

제5장 지적측량

01 지적측량의 의의와 대상

1 지적측량의 의의★★

> 법 제2조 제4호
> "지적측량"이란 토지를 지적공부에 등록하거나 지적공부에 등록된 경계점을 지상에 복원하기 위하여 제21호에 따른 필지의 경계 또는 좌표와 면적을 정하는 측량을 말하며, 지적확정측량 및 지적재조사측량을 포함한다.

2 지적측량의 목적★★

토지구획에 대한 한계를 명확히 확정하여 소유권의 범위를 확정하기 위한 것이 지적측량의 근본목적이다.

3 지적측량의 성격

(1) 기속측량

지적측량은 법률로 정해진 측량방법 및 절차에 의하여 측량하여야 하는 기속측량이다.

(2) 사법(司法)측량

지적측량은 토지에 대한 물권이 미치는 범위와 양, 위치를 결정하고 보장하는 사법측량의 성격을 지닌다.

Professor Comment
사법(司法)이란 공권적인 법률판단을 하여 법을 적용하는 국가작용이다.

지적측량의 목적
① 토지를 지적공부에 등록하기 위해
② 등록된 경계점을 지상에 복원하기 위해

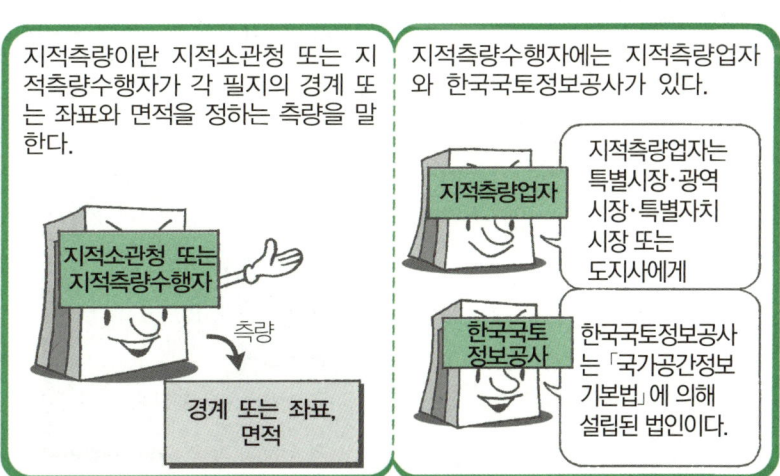

(3) 평면측량(수평측량)

지적측량은 토지의 수평면상의 경계와 수평면적의 값만 결정하여 등록하는 평면측량이다.

(4) 측량성과의 영구성

지적측량은 지적도나 임야도로 작성되어 그 성과가 지적소관청의 지적서고에 영구히 보존되어야 한다.

(5) 공시측량

지적측량의 성과는 지적공개주의 이념에 의하여 누구나 일정한 절차에 의하여 열람하거나 등본의 발급을 청구할 수 있다.

4 지적측량의 법률적 효력

(1) 구속력 → 행정처분의 일반적 효력임

지적측량의 결과에 대해서는 그것이 유효하게 존재하는 한 그 내용을 존중하고, 또 그에 복종해야 하는 것이지 결코 정당한 절차 없이 그 존재를 부정하거나 그 효력을 기피할 수 없다.

(2) 공정력

지적측량에 흠이 있는 경우라도 중요한 결함이 있어 당연무효가 아닌 한, 권한 있는 기관에 의해 취소되거나 변경될 때까지는 일단 유효하며 적법한 것으로 추정되는 효력을 가진다.

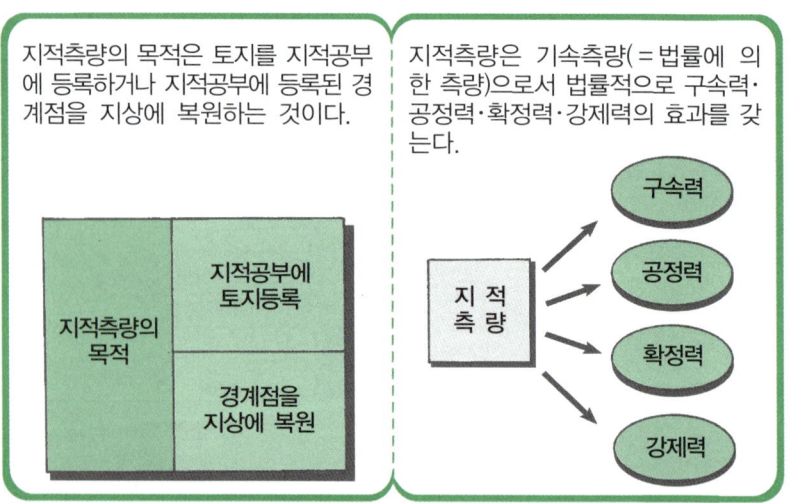

(3) 확정력(존속력)

1) 지적측량은 일정한 시간이 지나면 그 효력을 상대방 및 이해관계인이 법상 쟁송수단에 의하여 그 효력을 다툴 수 없다(불가쟁력).
2) 또 행정청 또는 감독청도 직권으로 함부로 그 결과를 취소하거나 변경할 수 없다(불가변력).

(4) 강제력(집행력, 제재력)

지적측량이라는 행정행위의 내용을 행정청 스스로의 강제력에 의하여 실현시킬 수 있는 효력을 말한다.

5 지적측량의 대상(법 제23조)★★ [12·13·17·21·22·24·26·28·30회 출제]

다음과 같은 경우에는 지적측량을 하여야 한다.

1) 지적기준점을 정하는 측량
2) 지적측량성과를 검사하는 측량
3) 지적공부를 복구하기 위한 복구측량
4) 신규등록측량
5) 등록전환측량
6) 분할측량
7) 축척변경측량
8) 등록사항을 정정하기 위한 측량
9) 바다로 된 토지의 등록말소측량 및 다시 토지로 된 경우 회복등록을 위한 측량
10) 도시개발사업 등의 공사가 완료된 경우의 지적확정측량
11) 지적재조사사업에 따라 토지의 이동이 있는 경우의 지적재조사측량
12) 경계점을 지표상에 복원하기 위한 경계복원측량
13) 지상건축물 등의 현황을 도면(지적도·임야도)에 등록된 경계와 대비하여 표시하기 위한 지적현황측량(영 제18조) [32회 출제]

Professor Comment

지적측량 대상이 아닌 것 → 합병, 지목변경, 지번변경

제1편 공간정보의 구축 및 관리 등에 관한 법률

Key Point | 지적측량의 종류 13·16회 출제

경계복원측량 (경계감정측량)	지적공부상에 등록된 경계를 지표상에 복원하는 측량으로 경계점표지 설치를 의무화하고 있다. • 건축물을 신축, 증축, 개축하거나 인접한 이웃간에 경계분쟁이 생겨 정확한 경계를 확인하고자 할 때 주로 하는 측량이다.
지적현황측량	지상구조물 또는 지형, 지물이 점유하는 위치현황을 지적도 또는 임야도에 등록된 경계와 대비하여 그 관계 위치를 표시하기 위한 측량이다. 예컨대, 토지에 있는 구조물이나 건물의 위치를 지적도나 임야도에 표시하는 측량이다. • 건축물을 신축하고 준공검사를 신청할 때 주로 하는 측량이다.
분할측량	지적공부에 등록된 한 필지의 토지를 두 필지 이상으로 나누기 위하여 실시하는 측량이다. • 1필지의 토지를 2필지 이상으로 나누어 매매할 때 주로 하는 측량이다.
등록전환측량	임야대장 및 임야도에 등록된 토지를 토지대장 및 지적도에 등록하기 위한 측량이다. • 임야대장에 등록된 토지가 형질이 변경되어서 토지대장에 등록하고자 할 때 주로 하는 측량이다.
신규등록측량	지적공부에 등록되지 않은 토지를 새로이 등록하기 위하여 실시하는 측량이다.
지적도근측량	지적세부측량의 기준점인 도근점을 설치하기 위하여 시행하는 측량으로 지적삼각측량에 버금가는 골격측량이다.
지적삼각측량	지적삼각점, 지적삼각보조점의 신설, 보수, 도근측량 및 세부측량의 골격이 되는 기준점의 위치를 삼각법에 의하여 평면직각종횡선 좌표를 구하는 측량으로 정밀을 요하며 지적측량에는 중요한 측량기준이 된다.
지적확정측량	지적확정측량은 도시개발사업 등으로 인하여 토지를 구획하고 환지를 완료한 토지의 지번, 지목, 면적 및 경계 또는 좌표를 지적공부에 새로이 등록하기 위하여 실시하는 측량이다.

* 자료 : 한국국토정보공사

단락문제 Q1

제16회 기출

부동산을 매매하고자 하는 경우 매수인의 요청에 의하여 매도인이 매매대상 토지에 대한 지적공부상의 경계를 지상(地上)에 확인시켜 주고자 할 경우 의뢰하여야 하는 지적측량은?

① 신규등록측량　　　② 등록전환측량　　　③ 경계복원측량
④ 지적확정측량　　　⑤ 축척변경측량

해설 경계복원측량
① 지적공부에 등록된 경계점을 지표상에 복원하기 위하여 하는 측량을 경계복원측량이라 하며(법 제23조 제1항 제4호), 매매대상 토지의 경계를 지상에서 확인하고자 하는 경우 지적측량수행자인 한국국토정보공사나 지적측량업자에 의뢰하여 지표상에 경계점표지를 설치함으로써 이를 확인할 수 있다.　　**답** ③

02 지적측량의 방법과 구분 12회 출제

1 지적측량방법(「지적측량 시행규칙」 제5조 제2항)★

지적측량은 평판측량, 전자평판측량, 경위의측량, 전파기 또는 광파기측량, 사진측량 및 위성측량 등의 방법에 따른다.

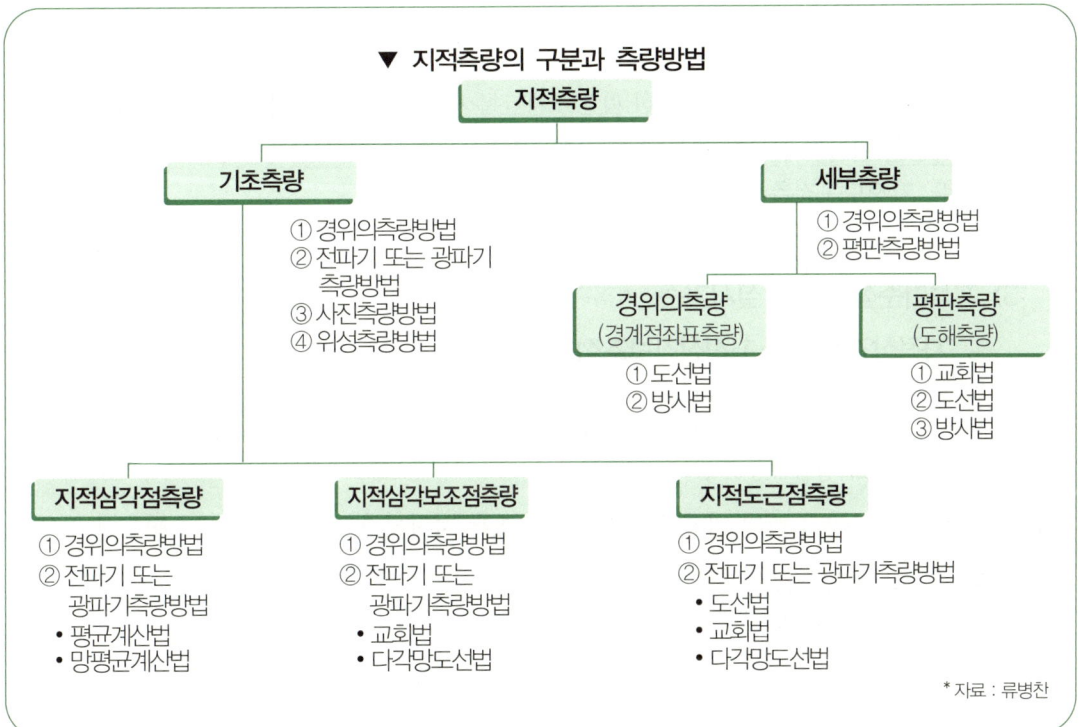

Key Point | 지적측량방법

평판측량	평판을 사용하여 측량하는 방법 → 도해측량(세부측량)에 활용
경위의측량	경위의(각도측량기재)로써 하는 측량 → 기초측량, 지적확정측량에 활용
전·광파기측량	전·광파를 이용한 컴퓨터가 내장된 거리측량기재로써 측량하는 방법
사진측량	항공촬영 등을 통해 영상하여 측량하는 방법
위성측량	인공위성에서 발사하는 전파정보를 수신하여 분석하는 측량방법

제1편 공간정보의 구축 및 관리 등에 관한 법률

Professor Comment
① 지적측량방법은 첫 글자를 따서 '평경파사위'라고 암기하고, 음파기측량은 없고 가장 최근에 도입된 측량 방법은 위성측량방법이다.
② 기초측량과 지적확정측량은 정밀성이 요구되므로 경위의측량으로 한다.

2 지적측량의 구분 12회 출제

지적측량은 기초측량 및 세부측량으로 구분한다(「지적측량 시행규칙」제5조).

(1) 기초측량

1) 토지의 경계선과 세부측량을 위한 필요한 자료를 제공하기 위하여 지적기준점의 설치 또는 세부측량을 위하여 필요한 경우에 실시하는 측량을 말하며, 지적삼각점측량, 지적삼각보조점측량, 지적도근점측량이 있다.
2) 측량방법은 주로 경위의측량방법에 의한다.
3) **지적기준점측량의 실시기준**(「지적측량 시행규칙」제6조)
   ① **지적삼각점측량·지적삼각보조점측량을 하는 경우**
      ㉠ 측량지역의 지형상 지적삼각점이나 지적삼각보조점의 설치 또는 재설치가 필요한 경우
      ㉡ 지적도근점의 설치 또는 재설치를 위하여 지적삼각점이나 지적삼각보조점의 설치가 필요한 경우
      ㉢ 세부측량을 하기 위하여 지적삼각점 또는 지적삼각보조점의 설치가 필요한 경우
   ② **지적도근점측량을 하는 경우**
      ㉠ 축척변경을 위한 측량을 하는 경우
      ㉡ 도시개발사업 등으로 인하여 지적확정측량을 하는 경우
      ㉢ 도시지역(「국토의 계획 및 이용에 관한 법률」제7조 제1호)에서 세부측량을 하는 경우
      ㉣ 측량지역의 면적이 당해 지적도 1장에 해당하는 면적 이상인 경우
      ㉤ 세부측량을 하기 위하여 특히 필요한 경우

(2) 세부측량

1) 지적삼각점이나 지적삼각보조점, 지적도근점을 기초로 지적도나 임야도를 작성하거나 등록하기 위해 1필지를 중심으로 경계나 면적을 정하는 측량을 말한다.
2) 지적측량기준점 또는 경계점을 기초로 하여 **경위의측량방법** 또는 평판측량방법에 의한다.
   └→ 지적확정측량을 실시하는 지역

제5장 지적측량

> **Key Point** 기초측량과 세부측량

기초측량	세부측량	
① 지적측량기준점 표지를 설치하는 때	② 지적공부의 복구를 위하여 측량을 필요로 하는 때	복구측량
	③ 신규등록을 하는 때 ④ 등록전환을 하는 때 ⑤ 분할을 하는 때 ⑥ 바다로 된 토지의 등록말소를 하는 때 ⑦ 축척변경을 하는 때 ⑧ 지적공부 등록사항의 정정을 하는 때	토지이동측량
	⑨ 지적재조사사업에 따라 토지의 이동이 있는 경우	지적재조사측량
	⑩ 도시개발사업 등으로 인한 토지이동이 있는 때	지적확정측량
	⑪ 경계점을 지상에 복원함에 있어 측량을 필요로 하는 때	경계복원측량
	⑫ 지상건축물 등의 현황을 도면에 등록된 경계와 대비하여 표시하는 데에 필요 한 때	지적현황측량
⑬ 지적소관청이 대행법인이 한 위 ①~⑩의 지적측량성과를 검사하는 때		검사측량

3) 세부측량을 실시하는 경우

① 지적공부를 복구하기 위한 복구측량
② 신규등록측량
③ 등록전환측량
④ 분할측량
⑤ 축척변경측량
⑥ 등록사항을 정정하기 위한 측량
⑦ 바다로 된 토지의 등록말소측량 및 다시 토지로 된 경우 회복등록을 위한 측량
⑧ 도시개발사업 등의 공사가 완료된 경우의 지적확정측량
⑨ 지적재조사사업에 따라 토지의 이동이 있는 경우의 지적재조사측량
⑩ 지적측량수행자가 실시한 지적측량성과를 검사하기 위한 검사측량
⑪ 경계점을 지상에 복원하기 위한 경계복원측량
⑫ 지상구조물 등이 점유하는 위치현황을 도면에 등록된 경계와 대비하여 표시하기 위한 지적현황측량

제1편 공간정보의 구축 및 관리 등에 관한 법률

단락문제 02 제14회 기출 개작

세부측량을 하는 때에 필지마다 면적을 측정하여야 하는 경우가 아닌 것은?

① 등록전환·분할·합병 및 축척변경을 하는 경우
② 지적공부의 복구 및 신규등록을 하는 경우
③ 도시개발사업 등으로 인한 토지의 이동에 따라 토지의 표시를 새로이 결정하는 경우
④ 경계복원측량 및 지적현황측량시 면적측정이 수반되는 경우
⑤ 등록사항의 정정을 위하여 면적을 정하는 경우

해설 세부측량시 면적측정대상(「지적측량 시행규칙」 제19조)
①(×) 지번변경, 지목변경, 토지의 합병, 위치정정의 경우에는 새로이 경계와 면적을 결정할 필요가 없으므로 지적측량을 하지 않는다. **답** ①

03 지적측량의 절차 ★★★ 11·19·25·33회 출제

1 지적측량의뢰 32회 출제

토지소유자 등 이해관계인은 지적측량을 하여야 할 필요가 있는 때에는 지적측량수행자에게 해당 지적측량을 의뢰하여야 한다. 다만, 지적측량성과를 검사하는 경우는 의뢰대상에서 제외한다(법 제24조 제1항).

2 지적측량사유(법 제23조 제1항) 33회 출제

(1) 지적기준점을 설치하는 때

(2) 지적측량성과를 검사하는 때

(3) 지적공부복구, 신규등록신청, 등록전환신청, 분할신청, 바다로 된 토지의 등록말소신청, 축척변경, 등록사항의 정정, 도시개발사업·농어촌정비사업, 그 밖에 대통령령이 정하는 토지개발사업·지적재조사사업 등으로 인하여 토지의 이동이 있는 때

(4) 경계점을 지상에 복원함에 있어 측량을 필요로 하는 때

(5) 지상건축물 등의 현황을 지적도 및 임야도에 등록된 경계와 대비하여 표시하는 데에 필요한 경우

제5장 지적측량

3 지적측량의뢰서의 제출

지적측량(검사측량은 제외)을 의뢰하려는 자는 지적측량의뢰서(전자문서로 된 의뢰서를 포함한다)에 의뢰사유를 증명하는 서류(전자문서를 포함한다)를 첨부하여 지적측량수행자에게 제출하여야 한다 (규칙 제25조 제1항).

4 지적측량수행계획서의 제출 23·34회 출제

지적측량수행자는 지적측량의뢰를 받은 때에는 측량기간, 측량일자 및 측량수수료 등을 적은 지적측량수행계획서를 그 다음날까지 지적소관청에 제출하여야 한다. 제출한 지적측량수행계획서를 변경한 경우에도 같다(규칙 제25조 제2항).

5 지적측량 실시 및 성과결정

(1) 지적측량수행자는 지적측량의뢰를 받으면 지적측량을 하여 그 측량성과를 결정하여야 한다 (법 제24조 제2항).

(2) 지적측량 의뢰 및 측량성과 결정 등에 필요한 사항은 국토교통부령으로 정한다 (법 제24조 제3항).

6 지적측량기간(규칙 제25조 제3항)★ 13·15·19·22·26·28·29·34회 출제

(1) 지적측량수행자의 측량기간 5일

(2) 지적소관청의 측량검사기간 4일

(3) 지적기준점을 설치하여 측량 또는 측량검사를 하는 경우

지적기준점이 15점 이하인 경우에는 4일을, 15점을 초과하는 경우에는 4일에 15점을 초과하는 4점마다 1일을 가산한다.

(4) 지적측량의뢰인과 지적측량수행자가 서로 합의하여 따로 기간을 정하는 경우

합의한 기간으로 하되 전체기간의 $\frac{3}{4}$은 측량기간으로, $\frac{1}{4}$은 측량검사기간으로 본다.

Key Point 면적의 측정의 방법(「지적측량 시행규칙」 제19·20조)

1) 세부측량을 하는 경우에는 필지마다 면적측정을 한다.
2) 필지별 면적은 좌표면적계산법·전자면적측정기 등에 의한다.

제1편 공간정보의 구축 및 관리 등에 관한 법률

Professor Comment
① 좌표면적계산법 : 경계점좌표등록부 비치지역
② 전자면적측정기 : 지적도·임야도 비치지역

단락핵심 지적측량기간과 측량검사기간

(1) 측량기간은 5일이고 측량검사기간은 4일이다.
(2) 지적기준점을 설치하여 측량 또는 측량검사를 하는 경우 지적기준점이 15점 이하인 때에는 4일을, 15점을 초과하는 경우에는 4일에 15점을 초과하는 4점마다 1일을 측량기간 또는 검사기간에 가산한다.

7 지적측량의 성과 23회 출제

(1) 지적측량성과의 검사(법 제25조)

1) 지적측량수행자가 지적측량을 실시한 때에는 시·도지사, 대도시 시장 또는 지적소관청으로부터 측량성과에 대한 검사를 받아야 한다.
2) 다만, 지적공부를 정리하지 아니하는 측량으로서 경계복원측량 및 지적현황측량을 하는 경우에는 그러하지 아니하다(법 제25조 제1항 단서 및 「지적측량 시행규칙」 제28조 제1항).

(2) 검사방법

1) 지적측량수행자는 측량부·측량결과도·면적측정부, 측량성과 파일 등 측량성과에 관한 자료(전자파일 형태로 저장한 매체 또는 인터넷 등 정보통신망을 이용하여 제출하는 자료를 포함한다)를 지적소관청에 제출하여 그 성과의 정확성에 관한 검사를 받아야 한다. 다만, 지적삼각점측량성과 및 경위의측량방법으로 실시한 지적확정측량성과인 경우에는 다음의 구분에 따라 검사를 받아야 한다(「지적측량 시행규칙」 제28조 제2항 제1호).

① 국토교통부장관이 정하여 고시하는 면적 규모 이상의 지적확정측량성과
   시·도지사 또는 대도시시장

② 국토교통부장관이 정하여 고시하는 면적 규모 미만의 지적확정측량성과
   지적소관청

2) 시·도지사 또는 대도시시장이 위 ①의 검사를 하였을 때에는 그 결과를 지적소관청에 통지하여야 한다(「지적측량 시행규칙」 제28조 제2항 제2호).

제5장 지적측량

> **단락핵심**   지적측량성과의 검사
>
> 지적측량수행자가 실시한 측량 중 지적소관청에게 측량성과에 대한 검사를 받지 않아도 되는 것은 경계복원측량과 지적현황측량이다.

Professor Comment
① 측량결과도 : 측량부에 의하여 작성된 도면
② 측량부 : 측량을 실시하고 각도, 거리 등을 계산한 측량성과자료

(3) 측량성과도 발급(「지적측량 시행규칙」 제28조 제2항 제3호)★

1) 지적소관청은 「건축법」 등 관계법령에 따른 분할제한 저촉여부 등을 판단하여 측량성과가 정확하다고 인정하면 지적측량성과도를 지적측량수행자에게 발급하여야 하고, 지적측량수행자는 측량의뢰인에게 그 지적측량성과도를 포함한 지적측량 결과부를 지체 없이 발급하여야 한다.
2) 이 경우 검사를 받지 아니한 지적측량성과도는 측량의뢰인에게 발급할 수 없다.

Professor Comment
지적측량성과도의 발급 : 지적소관청 → 지적측량수행자 → 측량의뢰인

(4) 측량성과의 등재

1) 지적측량성과는 측량부, 측량결과도 및 면적측정부에 등재한다.
2) 지적측량성과를 전자계산기기로 계산한 때에는 그 계산성과자료를 측량부 및 면적측정부로 본다.

8 지적측량수수료

(1) 지적측량수수료

지적측량을 의뢰하는 자는 지적측량수행자에게 지적측량수수료를 지급하여야 한다(법 제106조 제2항).

(2) 지적측량수수료의 징수

1) 원칙

① 토지소유자가 신청하여야 하는 사항으로서 신청이 없어 지적소관청이 직권으로 조사·측량하여 지적공부를 정리한 때에는 이에 소요되는 비용을 징수한다(법 제106조 제4항).
                                                        └→ 지적측량수수료

② 당해 수수료를 지적공부를 정리한 날부터 30일 내에 납부하지 아니한 경우에는 지방세체납처분의 예에 의하여 징수한다(규칙 제117조).

2) 예외

바다로 된 토지의 등록말소신청에 따라 지적공부의 등록말소를 한 경우에는 지적측량수수료를 부과하지 아니한다(법 제82조, 제106조 제4항 단서).

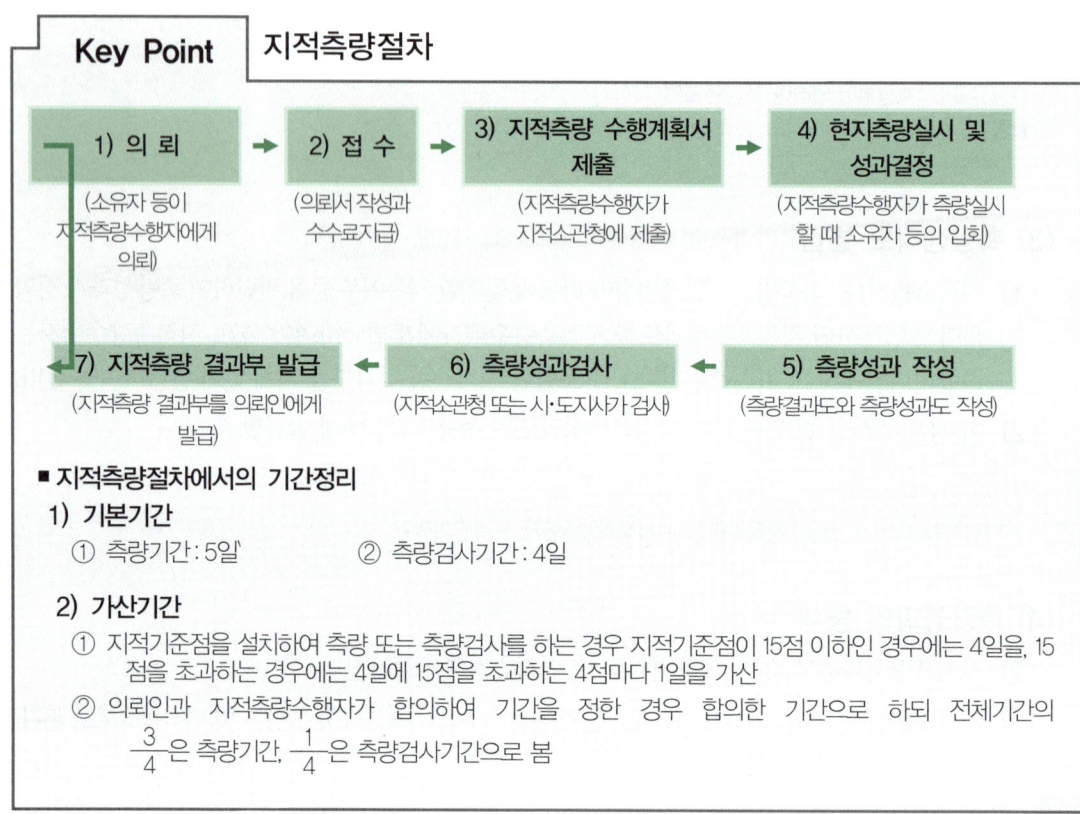

제5장 지적측량

단락핵심 — 지적측량

(1) 토지를 합병하고자 할 때에는 지적측량을 실시하지 않는다.
(2) 지적측량은 토지를 지적공부에 등록하거나 지적공부에 등록된 경계점을 지상에 복원할 목적으로 지적소관청 또는 지적측량수행자가 각 필지의 경계 또는 좌표와 면적을 정하는 측량으로 한다.
(3) 지상 경계의 구획을 형성하는 구조물 등의 소유자가 다른 경우에는 그 소유권에 따라 지상 경계를 결정한다.
(4) 지상건축물 등의 현황을 도면(지적도·임야도)에 등록된 경계와 대비하여 표시하기 위하여 실시하는 측량을 지적현황측량이라고 한다.
(5) 지적측량은 기초측량 및 세부측량으로 구분하며, 평판측량·경위의 측량·전파기 또는 광파기측량, 사진측량 및 위성측량 등의 방법에 따른다.
(6) 지적기준점측량의 절차는 계획의 수립, 준비 및 현지답사, 선점 및 조표, 관측 및 계산과 성과표의 작성 순서에 따른다.
(7) 토지소유자 등 이해관계인은 필요한 경우 지적측량수행자에게 해당 지적측량을 의뢰하여야 한다.
(8) 분할측량을 하고자 하는 경우에는 지상경계점에 경계점표지를 설치한 후 측량할 수 있다.
(9) 지적측량수행자는 지적측량의뢰가 있는 경우 지적측량을 실시하며 그 측량성과를 결정하여야 한다.

단락문제 03

제25회 기출

공간정보의 구축 및 관리 등에 관한 법령상 지적측량 의뢰 등에 관한 설명으로 틀린 것은?

① 토지소유자는 토지를 분할하는 경우로서 지적측량을 할 필요가 있는 경우에는 지적측량수행자에게 지적측량을 의뢰하여야 한다.
② 지적측량을 의뢰하려는 자는 지적측량 의뢰서(전자문서로 된 의뢰서를 포함한다)에 의뢰 사유를 증명하는 서류(전자문서를 포함한다)를 첨부하여 지적측량수행자에게 제출하여야 한다.
③ 지적측량수행자는 지적측량 의뢰를 받은 때에는 측량기간, 측량일자 및 측량 수수료 등을 적은 지적측량 수행계획서를 그 다음 날까지 지적소관청에 제출하여야 한다.
④ 지적기준점을 설치하지 않고 측량 또는 측량검사를 하는 경우 지적측량의 측량기간은 5일, 측량검사기간은 4일을 원칙으로 한다.
⑤ 지적측량 의뢰인과 지적측량수행자가 서로 합의하여 따로 기간을 정하는 경우에는 그 기간에 따르되, 전체 기간의 5분의 3은 측량기간으로, 전체 기간의 5분의 2는 측량검사기간으로 본다.

해설 지적측량
⑤ (×) 지적측량 의뢰인과 지적측량수행자가 서로 합의하여 따로 기간을 정하는 경우에는 그 기간에 따르되, 전체 기간의 4분의 3은 측량기간으로, 전체 기간의 4분의 1은 측량검사기간으로 본다(규칙 제25조 제4항).

답 ⑤

04 지적위원회   18·31·34회 출제

1 지적위원회의 구성과 기능(법 제28조, 영 제20조)★   30회 출제

지적관련 정책개발 및 업무개선 등에 관한 사항, 지적측량 적부심사에 대한 재심사 청구사항 등을 심의·의결하기 위하여 국토교통부에 중앙지적위원회를 두고, 지적측량에 대한 적부심사 청구사항을 심의·의결하기 위하여 특별시·광역시·특별자치시·도 또는 특별자치도(이하 "시·도"라 한다)에 지방지적위원회를 둔다(법 제28조).

Key Point 지적위원회의 구성과 기능(영 제20조, 제23조)   20·25·29·30회 출제

구 분	중앙지적위원회	지방지적위원회	비 고
1) 설치기관	국토교통부	시·도	
2) 위원장	지적업무담당국장	지적업무담당국장	당연직
3) 부위원장	지적업무담당과장	지적업무담당과장	당연직
4) 위촉자	국토교통부장관	시·도지사	
5) 위원수	5명 이상 10명 이하(위원장 및 부위원장 각 1명 포함)	좌 동	
6) 임 기	2년(위원장 및 부위원장 제외)	좌 동	
7) 심의·의결사항	① 지적관련 정책개발 및 업무개선 ② 지적측량기술의 연구·개발 및 보급 ③ 지적측량적부심사에 대한 재심사 ④ 지적기술자의 양성 ⑤ 지적기술자의 업무정지 처분 및 징계	지적측량적부심사	

단락핵심 지적위원회

(1) 지방지적위원회는 위원장 1명과 부위원장 1명을 포함하여 5명 이상 10명 이하의 위원으로 구성한다.
(2) 시·도에는 지방지적위원회, 국토교통부에는 중앙지적위원회를 둔다.

단락문제 04   제25회 기출

지방지적위원회의 심의·의결 사항으로 옳은 것은?

① 지적측량에 대한 적부심사(適否審査) 청구사항
② 지적측량기술의 연구·개발 및 보급에 관한 사항
③ 지적 관련 정책 개발 및 업무 개선 등에 관한 사항
④ 지적기술자의 업무정지 처분 및 징계요구에 관한 사항
⑤ 지적분야 측량기술자의 양성에 관한 사항

제5장 지적측량

> **해설** 지방지적위원회의 심의·의결사항(법 제28조)
> ① (○) 지방지적위원회는 지적측량에 대한 적부심사 청구사항을 심의·의결한다. 나머지는 중앙지적위원회의 심의·의결사항이다.
>
> 답 ①

2 지적위원회의 회의 ★★

(1) 소집 및 의결 (영 제21조) 27회 출제

지적위원회는 위원장이 회의를 소집하되, 회의 5일전까지 회의일시·장소 및 심의안건을 각 위원에게 서면으로 통지하여야 하고, 회의는 재적위원(위원장 및 부위원장 포함) 과반수의 출석으로 개의하고 출석위원 과반수의 찬성으로 의결한다.

(2) 위원의 제척·기피·회피 (영 제20조의2) ★ 25회 출제

1) 중앙지적위원회의 위원이 다음의 어느 하나에 해당하는 경우에는 중앙지적위원회의 심의·의결에서 제척된다.
    ① 위원 또는 그 배우자나 배우자이었던 사람이 해당 안건의 당사자가 되거나 그 안건의 당사자와 공동권리자 또는 공동의무자인 경우
    ② 위원이 해당 안건의 당사자와 친족이거나 친족이었던 경우
    ③ 위원이 해당 안건에 대하여 증언, 진술 또는 감정을 한 경우
    ④ 위원이나 위원이 속한 법인·단체 등이 해당 안건의 당사자의 대리인이거나 대리인이었던 경우
    ⑤ 위원이 해당 안건의 원인이 된 처분 또는 부작위에 관여한 경우
2) 해당 안건의 당사자는 위원에게 공정한 심의·의결을 기대하기 어려운 사정이 있는 경우에는 중앙지적위원회에 기피 신청을 할 수 있고, 중앙지적위원회는 의결로 이를 결정한다. 이 경우 기피 신청의 대상인 위원은 그 의결에 참여하지 못한다.
3) 위원이 위 1)에 따른 제척 사유에 해당하는 경우에는 스스로 해당 안건의 심의·의결에서 회피하여야 한다.

(3) 위원의 해임·해촉 (영 제20조의3)

국토교통부장관은 중앙지적위원회의 위원이 다음의 어느 하나에 해당하는 경우에는 해당 위원을 해임하거나 해촉할 수 있다.

1) 심신장애로 인하여 직무를 수행할 수 없게 된 경우
2) 직무태만, 품위손상이나 그 밖의 사유로 인하여 위원으로 적합하지 아니하다고 인정되는 경우
3) 위원의 제척사유에 해당하는 데에도 불구하고 회피하지 아니한 경우

단락문제 05

제25회 기출

중앙지적위원회의 위원이 중앙지적위원회의 심의·의결에서 제척(除斥)되는 경우에 해당하지 않는 것은?

① 위원이 해당 안건의 당사자와 친족이거나 친족이었던 경우
② 위원이 해당 안건에 대하여 증언, 진술 또는 감정을 한 경우
③ 위원이 중앙지적위원회에서 해당 안건에 대하여 현지조사 결과를 보고 받거나 관계인의 의견을 들은 경우
④ 위원이 속한 법인·단체 등이 해당 안건의 당사자의 대리인이거나 대리인이었던 경우
⑤ 위원의 배우자이었던 사람이 해당 안건의 당사자와 공동권리자 또는 공동의무자인 경우

해설 위원의 제척·기피·회피(영 제20조의2)
③ (×) 다음의 제척사유에 해당하지 않는다.

※ 위원의 제척사유
　㉠ 위원 또는 그 배우자나 배우자이었던 사람이 해당 안건의 당사자가 되거나 그 안건의 당사자와 공동권리자 또는 공동의무자인 경우
　㉡ 위원이 해당 안건의 당사자와 친족이거나 친족이었던 경우
　㉢ 위원이 해당 안건에 대하여 증언, 진술 또는 감정을 한 경우
　㉣ 위원이나 위원이 속한 법인·단체 등이 해당 안건의 당사자의 대리인이거나 대리인이었던 경우
　㉤ 위원이 해당 안건의 원인이 된 처분 또는 부작위에 관여한 경우

답 ③

05 지적측량의 적부심사 ★★

1 의 의

토지소유자, 이해관계인 또는 지적측량수행자는 지적측량성과에 대하여 다툼이 있는 경우 관할 시·도지사를 거쳐 지방지적위원회에 그 적부(적합한지 부적합한지 여부)심사를 청구하는 것을 말한다(법 제29조 제1항).

2 심사절차

(1) 청구서 제출

　지적측량 적부심사(適否審査)를 청구하려는 자는 심사청구서에 다음의 구분에 따른 서류를 첨부하여 시·도지사를 거쳐 지방지적위원회에 제출하여야 한다(영 제24조 제1항).

1) **토지소유자 또는 이해관계인**
   지적측량을 의뢰하여 발급받은 지적측량성과
2) **지적측량수행자**(지적측량수행자 소속 지적기술자가 청구하는 경우만 해당한다)
   직접 실시한 지적측량성과

(2) 심사회부
1) 지적측량적부심사청구서를 받은 시·도지사는 30일 이내에 다음의 사항을 조사하여 지방지적위원회에 회부하여야 한다(법 제29조 제2항).
   ① 다툼이 되는 지적측량의 경위 및 그 성과
   ② 해당 토지에 대한 토지이동 및 소유권 변동 연혁
   ③ 해당 토지 주변의 측량기준점, 경계, 주요 구조물 등 현황 실측도
2) 시·도지사는 현황 실측도를 작성하기 위하여 필요한 경우에는 관계공무원을 지정하여 지적측량을 하게 할 수 있으며, 필요하면 지적측량수행자에게 그 소속 측량기술자를 참여시키도록 요청할 수 있다(영 제24조 제2항).

(3) 심의·의결
지적측량적부심사청구서 등을 회부받은 지방지적위원회는 그 날부터 60일 이내에 심의·의결하여야 한다. 다만, 부득이한 경우에는 그 심의기간을 해당 지적위원회의 의결을 거쳐 30일 이내에서 한 번만 연장할 수 있다(법 제29조 제3항).

(4) 의결서의 송부
지방지적위원회가 지적측량적부심사를 의결하였으면 위원장과 참석위원 전원이 서명날인한 지적측량적부심사 의결서를 작성하여 시·도지사에게 송부하여야 한다(법 제29조 제4항).

(5) 시·도지사의 조치
1) 시·도지사는 의결서를 받은 날부터 7일 이내에 지적측량적부심사 청구인 및 이해관계인에게 그 의결서를 통지해야 한다(법 제29조 제5항).
2) 시·도지사가 지적측량적부심사 의결서를 지적측량적부심사청구인 및 이해관계인에게 통지할 때에는 국토교통부장관을 거쳐 중앙지적위원회에 재심사를 청구할 수 있음을 서면으로 알려야 한다(영 제25조 제2항).
3) 시·도지사가 지방지적위원회로부터 의결서를 송부 받은 후 해당 지적측량적부심사청구인 및 이해관계인이 재심사청구 기간 내에 재심사청구를 하지 아니하는 때에는 그 의결서 사본을 지적소관청에 보내야 한다(법 제29조 제9항).

3 재심사청구

(1) 의 의

지적측량적부심사 의결서를 받은 자가 지방지적위원회의 의결에 불복하는 경우에는 <u>의결서를 받은 날부터 90일 이내에 국토교통부장관을 거쳐 중앙지적위원회에 재심사를 청구할 수 있다</u>(법 제29조 제6항).

(2) 재심사 절차(법 제29조 제7항)

1) **재심사청구서의 제출**

   지적측량적부심사의 재심사청구를 하고자 하는 자는 재심사청구서에 지방지적위원회의 지적측량적부심사의결서 사본을 첨부하여 국토교통부장관을 거쳐 중앙지적위원회에 제출하여야 한다(영 제26조 제1항).

2) **재심사에의 회부**

   지적측량적부재심사 청구서를 받은 국토교통부장관은 재심사의 대상이 되는 지적측량의 경위 및 그 성과 등을 조사하여 30일 이내에 중앙지적위원회에 회부하여야 한다.

3) 그 밖에 지적측량적부재심사에 관하여는 지적측량적부심사청구에 관한 규정을 준용한다.

(3) 재심사 의결 및 조치

1) 중앙지적위원회가 재심사를 의결하였을 때에는 위원장과 참석위원 전원이 서명날인한 의결서를 지체 없이 국토교통부장관에게 송부하여야 한다(영 제26조 제2항).
2) 중앙지적위원회로부터 의결서를 받은 국토교통부장관은 의결서를 받은 날로부터 7일 이내에 청구인 및 이해관계인에게 그 의결서를 통지하여야 한다(법 제29조 제5항).
3) 중앙지적위원회로부터 의결서를 받은 국토교통부장관은 그 의결서를 관할 <u>시·도지사에게 송부하여야 한다</u>(법 제29조 제8항).

(4) 시·도지사의 조치

국토교통부장관으로부터 재심사청구에 따른 중앙지적위원회의 의결서를 송부 받은 경우에는 그 의결서 사본에 지방지적위원회의 의결서 사본을 첨부하여 지적소관청에 보내야 한다(법 제29조 제9항).

4 지적공부의 등록사항정정 및 지적측량적부심사청구의 제한 _{추가15회 출제}

(1) 등록사항의 정정 등

1) 지방지적위원회 또는 중앙지적위원회의 의결서 사본을 받은 지적소관청은 그 내용에 따라 지적공부의 등록사항을 정정하거나 측량성과를 수정하여야 한다(법 제29조 제10항).

2) 다만, 법 제29조 제9항 및 제10항에도 불구하고 특별자치시장은 제4항에 따라 지방지적위원회의 의결서를 받은 후 해당 지적측량 적부심사 청구인 및 이해관계인이 제6항에 따른 기간에 재심사를 청구하지 아니하거나 제8항에 따라 중앙지적위원회의 의결서를 받은 경우에는 직접 그 내용에 따라 지적공부의 등록사항을 정정하거나 측량성과를 수정하여야 한다.

(2) 지적측량적부심사청구의 제한

지방지적위원회의 의결이 있은 후 그 의결서 통지를 받은 자가 재심사청구기간 내에 재심사를 청구하지 아니하거나, 중앙지적위원회의 의결이 있는 경우에는 해당 지적측량성과에 대하여 다시 지적측량적부심사청구를 할 수 없다(법 제29조 제12항).

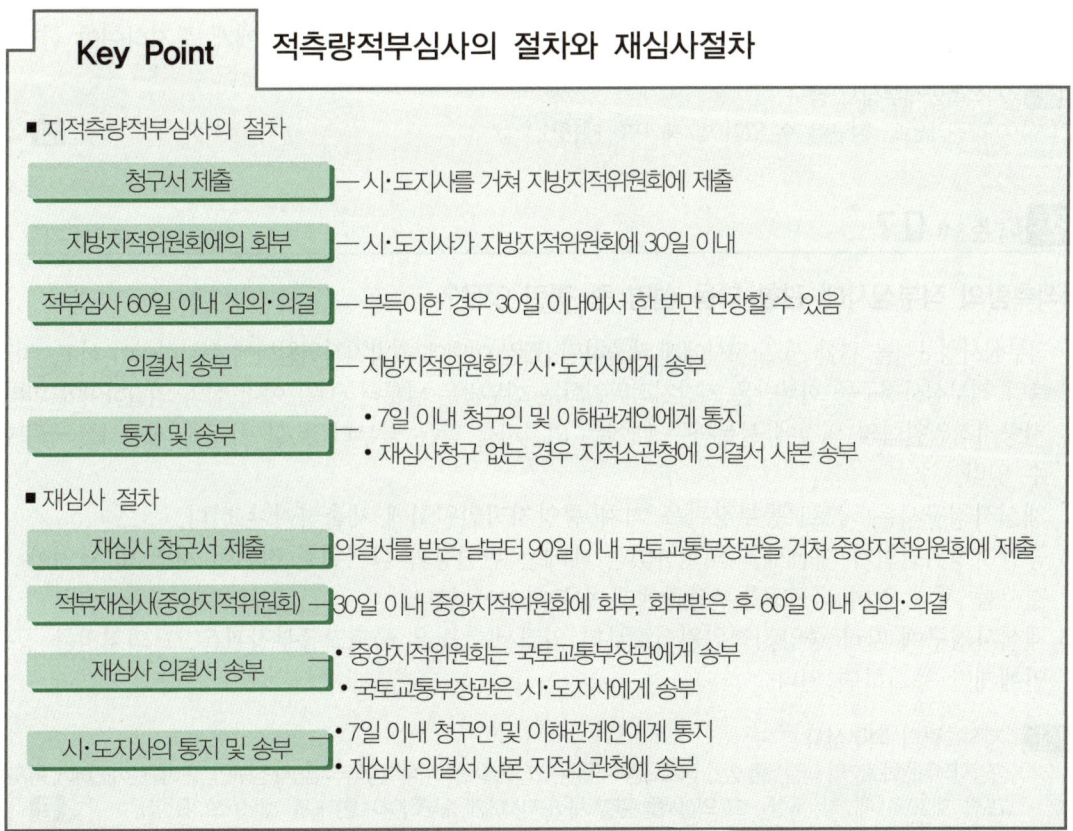

제1편 공간정보의 구축 및 관리 등에 관한 법률

단락핵심 — 지적측량적부심사

(1) 지방지적위원회는 지적측량에 대한 적부심사 청구사항을 심의·의결한다.
(2) 적부심사청구서를 관할 시·도지사에게 제출하면 30일 이내에 지방지적위원회에 회부하여야 한다.
(3) 지적측량 적부심사청구를 회부받은 지방지적위원회는 회부받은 날부터 60일 이내 심의·의결하여야 한다.
(4) 지방지적위원회는 지적측량 적부심사를 의결하였으면 의결서를 작성하여 시·도지사에게 송부하여야 한다.
(5) 시·도지사는 지방지적위원회로부터 의결서를 받은 날부터 7일 이내에 적부심사 청구인 및 이해관계인에게 통지하여야 한다.
(6) 지방지적위원회의 의결에 불복하는 경우에는 의결서를 받은 날부터 90일 이내에 국토교통부장관을 거쳐 중앙지적위원회에 재심사를 청구할 수 있다.

단락문제 06

다음 중 지적측량 적부심사 청구에 대한 설명으로 틀린 것은?

① 토지소유자와 지적측량수행자만이 지적측량성과에 다툼이 있는 경우에 청구할 수 있다.
② 청구서는 관할 시·도지사를 거쳐 지방지적위원회에 제출해야 한다.
③ 시·도지사는 청구서를 30일 이내에 지방지적위원회에 회부해야 한다.
④ 지방지적위원회는 60일 이내에 심의·의결해야 한다.
⑤ 시·도지사는 의결서를 받은 날부터 7일 이내에 청구인 및 이해관계인에게 통지하여야 한다.

해설 지적측량적부심사 청구
① (×) 이해관계인도 청구할 수 있다(법 제29조 제1항).   **답** ①

단락문제 07

제12회 기출 개작

지적측량의 적부심사에 관한 다음 설명 중 틀린 것은?

① 적부심사청구서를 관할 시·도지사에게 제출하면 30일 이내에 지방지적위원회에 회부하여야 하고, 지적측량 적부심사청구를 회부받은 지방지적위원회는 회부받은 날부터 60일 이내 심의·의결하여야 한다.
② 지방지적위원회의 의결에 불복하는 때에는 의결서를 받은 날부터 90일 이내에 재심사를 청구할 수 있다.
③ 재심사청구서는 국토교통부장관을 거쳐 중앙지적위원회에 제출하여야 한다.
④ 중앙지적위원회가 재심사를 의결하였을 때에는 위원장과 참석위원 전원이 서명 및 날인한 의결서를 지체 없이 국토교통부장관에게 송부하여야 한다.
⑤ 재심사청구에 따라 중앙지적위원회로부터 의결서를 받은 국토교통부장관은 그 의결서를 청구인에게만 통지하면 된다.

해설 지적측량의 적부심사
⑤ (×) 중앙지적위원회로부터 의결서를 받은 국토교통부장관은 그 의결서를 지적측량적부재심사 청구인 및 이해관계인에게 통지하고(법 제29조 제7항, 5항), 그 의결서를 관할 시·도지사에게 송부하여야 한다(법 제29조 제8항).   **답** ⑤

제5장 지적측량

06 지적기준점

1 지적기준점표지의 설치 및 관리★★ 14회 출제

(1) 지적기준점 의의 및 설치목적

1) 의 의

"지적기준점"이라 함은 시·도지사나 지적소관청이 지적측량을 정확하고 효율적으로 시행하기 위하여 국가기준점을 기준으로 하여 따로 정하는 측량기준점으로 지적삼각점·지적삼각보조점·지적도근점을 말한다(법 제7조 제1항, 영 제8조 제1항).

> **Wide | 국가기준점**
>
> 측량의 정확도를 확보하고 효율성을 높이기 위하여 국토교통부장관이 전 국토를 대상으로 주요 지점마다 정한 측량의 기본이 되는 측량기준점(우주측지기준점·위성기준점·지적삼각점 등)

2) 목적

지적기준점표지의 설치는 후측하는 측량을 할 때마다 다시 측량기준점을 설치하거나 측정하여야 하는 번거로움을 감소시키기 위하여 그 성과를 실지(實地)에 보존할 필요에 응하기 위함이다.

→ 실제의 토지 위에 설치함

(2) 일반원칙

1) 지적기준점표지의 설치 및 통지

① 시·도지사나 지적소관청이 지적측량을 정확하고 효율적으로 시행하기 위하여 지적기준점을 정한 경우에는 지적기준점표지를 설치하고 관리하여야 한다.

② 지적기준점표지를 설치한 자는 그 종류와 설치 장소를 국토교통부장관, 관계 시·도지사, 시장·군수 또는 구청장 및 지적기준점표지를 설치한 부지의 소유자 또는 점유자에게 통지하여야 한다. 설치한 지적기준점표지를 이전·철거하거나 폐기한 경우에도 통지하여야 한다(법 제8조 제2항).

③ 시·도지사 또는 지적소관청은 지적기준점표지를 설치·이전·복구·철거하거나 폐기한 경우에는 그 사실을 고시하여야 한다(법 제8조 제4항).

2) 관리 및 보수

① 특별자치시장, 특별자치도지사, 시장·군수 또는 구청장은 매년 관할구역에 있는 측량기준점표지의 현황을 조사하고 그 결과를 시·도지사를 거쳐 국토교통부장관에게 보고하여야 한다(법 제8조 제5항).

② 지적소관청이 관리하는 지적기준점표지가 멸실되거나 훼손된 때에는 지적소관청은 이를 재설치하거나 보수하여야 한다(「지적측량 시행규칙」 제2조 제3항).
③ 시·도지사 및 지적소관청은 법 제8조 제1항에 따른 측량기준점(지적기준점으로 한정한다)의 관리 업무를 한국국토정보공사에 위탁한다(법 제105조 제2항, 영 제104조 제11항).

3) 지적기준점표지의 조사(「지적측량 시행규칙」 제2조 제2항)
① 지적소관청은 연 1회 이상 지적기준점표지의 이상 유무를 조사하여야 한다.
② 이 경우 멸실되거나 훼손된 지적기준점표지를 계속 보존할 필요가 없는 때에는 폐기할 수 있다.

4) 측량기준점표지의 보호의무(법 제9조)
① 누구든지 측량기준점표지를 이전, 파손하거나 그 효용을 해치는 행위를 하여서는 아니 된다.
② 측량기준점표지를 파손하거나 그 효용을 해칠 우려가 있는 행위를 하려는 자는 그 측량기준점표지를 설치한 자에게 이전을 신청하여야 한다.
③ 위 ②에 따른 신청을 받은 측량기준점표지의 설치자는 측량기준점표지를 이전하지 아니하고 신청인의 목적을 달성할 수 있는 경우를 제외하고는 그 측량기준점표지를 이전하여야 하며, 그 측량기준점표지를 이전하지 아니하는 경우에는 그 사유를 신청인에게 알려야 한다.
④ 측량기준점표지의 이전에 드는 비용은 신청인이 부담한다. 다만, 측량기준점표지 중 국가기준점표지(수로기준점표지는 제외한다)의 이전에 드는 비용은 설치자가 부담한다.

5) 지적기준점표지 설치의 고시(영 제10조)
지적기준점표지의 설치(이전·복구·철거 또는 폐기를 포함)에 대한 고시는 다음 사항을 공보 또는 인터넷 홈페이지에 게재하는 방법으로 한다.

① 기준점의 명칭 및 번호
② 직각좌표계의 원점명(지적기준점에 한정함)
③ 좌표 및 표고
④ 경도와 위도
⑤ 설치일, 소재지 및 표지의 재질
⑥ 측량성과 보관 장소

단락핵심 — 지적기준점표지의 설치·관리

(1) 지적소관청이 관리하는 지적기준점표지가 멸실되거나 훼손된 때에는 지적소관청은 이를 다시 설치하거나 보수하여야 한다.
(2) 지적소관청은 연 1회 이상 지적기준점표지의 이상 유무를 조사하고, 멸실되거나 훼손된 지적기준점표지를 계속 보존할 필요가 없는 때에는 폐기할 수 있다.

단락문제 08
제14회 기출 개작

지적측량기준점표지의 설치·관리에 관한 설명 중 틀린 것은?

① "지적기준점"이라 함은 시·도지사나 지적소관청이 지적측량을 정확하고 효율적으로 시행하기 위하여 국가기준점을 기준으로 하여 따로 정하는 측량기준점으로 지적삼각점·지적삼각보조점을 말한다.
② 시·도지사 또는 지적소관청은 지적기준점표지를 설치·이전·복구·철거하거나 폐기한 경우에는 그 사실을 고시하여야 한다.
③ 지적소관청이 관리하는 지적기준점표지가 멸실되거나 훼손된 때에는 지적소관청은 이를 재설치하거나 보수하여야 한다.
④ 지적소관청은 연 1회 이상 지적기준점표지의 이상 유무를 조사하여야 한다.
⑤ 지적소관청은 지적측량의 편의를 위하여 한국국토정보공사에게 지적삼각점표지의 관리를 위탁할 수 없다.

해설 지적측량기준점 표지의 설치·관리
① (×) "지적기준점"이라 함은 시·도지사나 지적소관청이 지적측량을 정확하고 효율적으로 시행하기 위하여 국가기준점을 기준으로 하여 따로 정하는 측량기준점으로 지적삼각점·지적삼각보조점·"지적도근점"을 말한다(법 제7조 제1항 제3호 및 영 제8조 제1항 제3호).

답 ①

2 기준점 성과의 관리(「지적측량 시행규칙」 제3조) ★★ 31회 출제

(1) 지적기준점 성과의 관리권자
   1) **지적삼각점 성과** : 특별시장·광역시장·도지사 또는 특별자치도지사(이하 "시·도지사")
   2) **지적삼각보조점 성과 및 지적도근점(地籍圖根點) 성과** : 지적소관청

(2) 지적기준점 성과의 통보
   1) **지적소관청이 지적삼각점을 설치하거나 변경한 때**
      그 측량성과를 시·도지사에게 통보하여야 한다.
   2) **지적삼각점 성과가 다르게 된 때**
      지적소관청은 지형·지물 등의 변동으로 인하여 지적삼각점 성과가 다르게 된 때에는 지체 없이 그 측량성과를 수정하고 이를 시·도지사에게 통보하여야 한다.

제1편 공간정보의 구축 및 관리 등에 관한 법률

3 지적기준점 성과의 공개(법 제27조, 규칙 제26조 제1항) 23회 출제

시·도지사나 지적소관청은 지적기준점 성과와 그 측량기록을 보관하고 일반인이 열람할 수 있도록 하여야 한다.

(1) 신 청

지적기준점 성과 등을 열람하거나 등본을 발급받으려는 자는 다음의 구분에 따라 신청한다.

1) 지적삼각점 성과(측량부 포함)

　시·도지사 또는 지적소관청

2) 지적삼각보조점 성과 또는 지적도근점 성과(측량부 포함) 34회 출제

　지적소관청

(2) 수수료

국토교통부령이 정하는 수수료는 수입인지, 수입증지 또는 현금으로 내야 하나, 국토교통부장관, 국토지리정보원장, 시·도지사 및 지적소관청은 정보통신망을 이용하여 전자화폐·전자결제 등의 방법으로 수수료를 내게 할 수 있다(규칙 제115조 제6항, 제7항).

07 측량기술자

1 정의 및 직무범위★ 14회 출제

(1) 정 의

「국가기술자격법」에 의한 측량기술자격취득자(측량기술자)이다.

(2) 측량기술자의 자격기준(영 제32조)

▼ 측량기술자의 자격기준 등(제32조 관련 별표5)

기술 등급		기술자격자
기술자		「건설기술 진흥법 시행령」 별표1에서 정하는 바에 따름(건설기술자 역량지수에 따라 특급·고급·중급·초급으로 구분)
기능사	고급기능사	기능사 자격을 취득한 사람으로서 7년 이상 해당 분야의 측량업무를 수행한 사람
	중급기능사	기능사 자격을 취득한 사람으로서 3년 이상 해당 분야의 측량업무를 수행한 사람
	초급기능사	기능사 자격을 가진 사람

2 측량기술자의 신고 및 의무

(1) 측량기술자의 (변경)신고(법 제40조, 규칙 제43조)

측량업무에 종사하는 측량기술자는 근무처 및 경력 등을 관리하는 데에 필요한 사항을 국토교통부장관에게 (변경)신고할 수 있다. 이 때 측량기술자는 측량기술자 경력신고서 등을 공간정보산업협회에 제출하여야 한다.

(2) 측량기술자의 의무(법 제41조)

1) 측량기술자는 신의와 성실로써 공정하게 측량을 하여야 하며, 정당한 사유없이 측량을 거부하여서는 아니 된다.
2) 측량기술자는 정당한 사유없이 그 업무상 알게 된 비밀을 누설하여서는 아니 된다.
3) 측량기술자는 둘 이상의 측량업자에게 소속될 수 없다.
4) 측량기술자는 다른 사람에게 측량기술경력증을 빌려 주거나 자기의 성명을 사용하여 측량업무를 수행하게 하여서는 아니 된다.

3 측량기술자의 업무정지

(1) 측량기술자

국토교통부장관은 측량기술자(「건설기술 진흥법」에 따른 건설기술인인 측량기술자는 제외함)가 다음의 어느 하나에 해당하는 경우에는 1년(지적기술자의 경우에는 2년) 이내의 기간을 정하여 측량업무의 수행을 정지시킬 수 있다(법 제42조 제1항 전단).

1) 근무처 및 경력등의 신고 또는 변경신고를 거짓으로 한 경우(법 제40조 제1항)
2) 다른 사람에게 측량기술경력증을 빌려 주거나 자기의 성명을 사용하여 측량업무를 수행하게 한 경우(법 제41조 제4항)
3) 지적기술자가 신의와 성실로써 공정하게 지적측량을 하지 아니하거나 고의 또는 중대한 과실로 지적측량을 잘못하여 다른 사람에게 손해를 입힌 경우
4) 지적기술자가 정당한 사유 없이 지적측량 신청을 거부한 경우

(2) 지적기술자

1) 지적기술자의 경우 다음의 어느 하나에 해당하는 경우 국토교통부장관은 중앙지적위원회에 지적기술자의 업무정지 처분에 관한 심의를 요청하여야 한다(법 제42조 제1항 후단, 영 제32조의2 제1항).
   ① 국토교통부장관이 위 (1)의 1) ~ 4)의 어느 하나(법 제42조 제1항 각 호의 어느 하나)에 해당하는 사항을 발견(지적소관청으로부터 통보받은 경우를 포함한다)한 경우
   ② 시·도지사가 위 (1)의 1) ~ 4)의 어느 하나(법 제42조 제1항 각 호의 어느 하나)의 위반 사실을 발견(지적소관청으로부터 통보받은 경우를 포함한다)하여 국토교통부장관에게 통보한 경우

2) 심의 요청이 있는 경우 중앙지적위원회는 지적기술자의 업무정지에 관하여 심의·의결하고, 그 결과를 지체 없이 국토교통부장관에게 보내야 하며, 국토교통부장관은 심의·의결 결과를 받은 경우 지체 없이 처분하고, 그 사실을 시·도지사에게 통지하여야 한다(영 제32조의2 제2항, 제3항).

3) 국토교통부장관은 지적기술자가 위 (1)의 1) ~ 4)의 어느 하나(법 제42조 제1항 각 호의 어느 하나)에 해당하는 경우 위반행위의 횟수, 정도, 동기 및 결과 등을 고려하여 지적기술자가 소속된 한국국토정보공사 또는 지적측량업자에게 해임 등 적절한 징계를 할 것을 요청할 수 있다(법 제42조 제2항). 이 경우 업무정지의 기준과 그 밖에 필요한 사항은 국토교통부령 또는 해양수산부령으로 정한다(법 제42조 제3항).

08 지적측량업의 등록 등

1 지적측량업자

"지적측량업자"라 함은 지적측량업의 등록을 하고 지적측량업을 영위하는 자를 말한다.

2 지적측량업의 등록★★

(1) 등록원칙

지적측량업을 하려는 자는 기술인력·장비 등의 등록기준을 갖추어 특별시장·광역시장·특별자치시장·도지사 또는 특별자치도지사(이하 "시·도지사")에게 지적측량업의 등록을 하여야 한다(법 제44조 제2항, 영 제35조 제1항).

1) 첨부서류

지적측량업의 등록을 하려는 자는 측량업등록신청서(전자문서로 된 신청서를 포함함)에 다음 서류(전자문서를 포함함)를 첨부하여 시·도지사에게 제출하여야 한다(영 제35조 제2항).

① 보유하고 있는 측량기술자의 명단 및 이들 인력에 대한 측량기술 경력증명서
② 보유하고 있는 장비의 명세서 및 이들 장비의 성능검사서 사본과 소유권 또는 사용권을 보유한 사실을 증명할 수 있는 서류

2) 심사와 처리

① 등록신청을 받은 시·도지사는 행정정보의 공동이용을 통하여 사업자등록증 또는 법인등기부 등본(법인의 경우에 한함)에 관한 행정정보를 확인하여야 한다. 다만, 사업자등록증에 대해서는 신청인으로부터 확인에 대한 동의를 받아야 하고, 신청인이 확인에 동의하지 아니하는 경우에는 해당 서류의 사본을 첨부하도록 하여야 한다(영 제35조 제3항).

② 지적측량업의 등록신청을 받은 시·도지사는 신청받은 날부터 10일 이내에 등록기준에 적합한지와 결격사유가 없는지를 심사한 후 적합하다고 인정할 때에는 측량업등록부에 기록하고 측량업등록증과 측량업등록수첩을 발급하여야 하며, 적합하지 아니하다고 인정되는 때에는 신청인에게 그 뜻을 통지하여야 한다(영 제35조 제4·5항).

③ 시·도지사는 등록을 한 때에는 이를 해당기관의 게시판이나 인터넷 홈페이지에 10일 이상 공고하여야 한다(영 제35조 제6항).

(2) 등록예외

한국국토정보공사의 경우에는 등록의무가 없다(법 제44조 제2항 단서).

(3) 변경등록신청

지적측량업의 등록을 한 자는 다음의 등록사항이 변경된 때에는 30일(다만, 4)의 경우는 90일) 이내에 시·도지사에게 변경신고 하여야 한다(영 제37조 제1항).

> 1) 주된 영업소 또는 지점의 소재지, 2) 상 호, 3) 대표자, 4) 기술인력 및 장비

(4) 등록증의 재발급

지적측량업자는 측량업등록증 또는 측량업등록수첩을 잃어버리거나 헐어서 못 쓰게 되었을 때에는 시·도지사에게 재발급을 신청할 수 있다(영 제38조).

3 지적측량업자의 자격★★ 17회 출제

(1) 자 격

지적측량업자가 법인인 경우에는 그 대표자가, 법인이 아닌 경우에는 그 지적측량업자가 각각 측량기술자이어야 한다.

(2) 지적측량업자의 결격사유(법 제47조)

다음의 어느 하나에 해당하는 자는 측량업의 등록을 할 수 없다.

1) 피성년후견인 또는 피한정후견인
2) 금고 이상의 실형을 선고받고 그 집행이 끝나거나(집행이 끝난 것으로 보는 경우를 포함함) 집행이 면제된 날부터 2년이 지나지 아니한 자
3) 금고 이상의 형의 집행유예를 선고받고 그 집행유예기간 중에 있는 자
4) 측량업의 등록이 취소(피성년후견인 또는 피한정후견인에 해당하여 등록이 취소된 경우는 제외)된 후 2년이 지나지 않은 자
5) 임원 중에 1)부터 4)까지의 어느 하나에 해당하는 자가 있는 법인

제1편 공간정보의 구축 및 관리 등에 관한 법률

Professor Comment
파산자로서 복권되지 아니한 자는 법률개정(2006.9)으로 결격사유에서 제외되었다. 따라서 지적측량업의 등록이 가능하다.

단락문제 09
제17회 기출

공간정보의 구축 및 관리 등에 관한 법령상 지적측량업의 등록을 할 수 없는 결격사유가 아닌 것은?

① 피성년후견인 또는 피한정후견인
② 파산자로서 복권되지 아니한 자
③ 금고 이상의 실형을 선고받고 그 집행이 종료되거나 집행이 면제된 날로부터 2년이 경과되지 아니한 자
④ 금고 이상의 형의 집행유예선고를 받고 그 유예기간이 경과되지 아니한 자
⑤ 지적측량업의 등록이 취소된 후 2년이 경과되지 아니한 자

해설 지적측량업의 등록결격사유
② 파산자로서 복권되지 아니한 자는 법률개정(2006.9)으로 결격사유에서 제외되었다(법 제47조).

답 ②

4 지적측량업자의 업무범위(법 제45조)★★

지적측량업자는 지적측량을 실시하여야 하는 사유(법 제23조 제1항 제1호 및 제3호부터 제5호)로 하는 지적측량 중 다음의 지적측량과 지적전산자료를 활용한 정보화 사업을 할 수 있다(법 제45조).

(1) 경계점좌표등록부가 있는 지역에서의 지적측량(법 제73조)
(2) 「지적재조사에 관한 특별법」에 따른 사업지구에서 실시하는 지적재조사측량
(3) 도시개발사업 등이 끝남에 따라 하는 지적확정측량(법 제86조)

Wide 지적전산자료를 활용한 정보화사업의 종류(영 제39조)

① 지적도·임야도, 연속지적도, 도시개발사업 등의 계획을 위한 지적도 등의 정보처리시스템을 통한 기록·저장 업무
② 토지대장, 임야대장의 전산화 업무

5 지적측량업자의 지위승계(법 제46조)

(1) 승계사유
지적측량업자가 그 사업을 양도하거나 사망한 경우 또는 법인의 합병이 있는 때

(2) 승계자
그 사업의 양수인 또는 합병 후 존속하는 법인이나 합병에 따라 설립된 법인은 종전의 지적측량업자의 지위를 승계한다.

(3) 신고
지적측량업자의 지위를 승계한 자는 그 승계사유가 발생한 날부터 30일 이내에 시·도지사에게 신고하여야 한다.

Professor Comment
지적측량업을 계속 영위하는 자가 신고해야 된다.

6 지적측량업자의 휴업·폐업 등의 신고
지적측량업자가 휴업·폐업 등의 사유가 발생한 날부터 30일 이내에 시·도지사에게 그 신고를 하여야 하는 경우와 신고의무자는 다음과 같다(법 제48조).

(1) 지적측량업자인 법인이 파산 또는 합병 외의 사유로 해산한 경우
해당 법인의 청산인

(2) 지적측량업자가 폐업한 경우
폐업한 지적측량업자

(3) 지적측량업자가 30일을 넘는 기간 동안 휴업하거나, 휴업 후 업무를 재개한 경우
해당 지적측량업자

7 측량업등록증의 대여 금지 등(법 제49조)
(1) 측량업자는 다른 사람에게 자기의 측량업등록증 또는 측량업등록수첩을 빌려 주거나 자기의 성명 또는 상호를 사용하여 측량업무를 하게 하여서는 아니 된다.
(2) 누구든지 다른 사람의 등록증 또는 등록수첩을 빌려서 사용하거나 다른 사람의 성명 또는 상호를 사용하여 측량업무를 하여서는 아니 된다.
(3) 이에 위반한 자는 1년 이하의 징역 또는 1천만원 이하의 벌금에 처한다(법 제109조).

8 지적측량수행자의 성실의무 등(법 제50조)

(1) 성실의무

지적측량수행자(소속 지적기술자를 포함함)는 신의와 성실로써 공정하게 지적측량을 해야 하며, 정당한 사유 없이 지적측량 신청을 거부하면 안 된다.

(2) 지적측량수행자의 제척[1]

지적측량수행자는 본인·배우자 또는 직계존속·비속의 소유토지에 대해서는 지적측량을 하면 안 된다.

(3) 청렴의무(법 제50조 제3항)

지적측량수행자는 법령이 정한 지적측량수수료 외에는 어떠한 명목으로도 그 업무와 관련된 대가를 받으면 안 된다.

> **용어사전**
> [1] 제척(除斥)
> 공정한 재판 등의 직무집행을 위해 당해 직무 또는 당사자 등과 특수한 관계를 가지는 공무원 등이 당해 직무집행을 하지 못하게 하는 것

9 지적측량업의 등록취소 등(법 제52조) ★★

(1) 등록취소 또는 영업정지(1년 이내의 기간)를 명할 수 있는 사유(법 제52조 제1항 본문)

1) 고의 또는 과실로 측량을 부정확하게 한 경우
2) 정당한 사유 없이 지적측량업의 등록을 한 날부터 1년 이내에 영업을 시작하지 아니하거나 계속하여 1년 이상 휴업한 경우
3) 지적측량업 등록사항의 변경신고를 하지 아니한 경우(법 제44조 제4항)
4) 지적측량업자가 업무범위를 위반하여 지적측량을 한 경우(법 제45조)
5) 지적측량업자가 성실의무를 위반한 경우(법 제50조)
6) 지적측량업자가 보험가입 등 필요한 조치를 하지 아니한 경우(법 제51조)
7) 지적측량업자가 임원의 직무정지 명령을 이행하지 아니한 경우
8) 지적측량업자가 지적측량수수료를 고시한 금액보다 과다 또는 과소하게 받은 경우(법 제106조 제2·3항)
9) 다른 행정기관이 관계 법령에 따라 등록취소 또는 영업정지를 요구한 경우

(2) 필요적으로 등록취소를 하여야 하는 사유(법 제52조 제1항 단서)

1) 거짓이나 그 밖의 부정한 방법으로 지적측량업의 등록을 한 경우
2) 등록기준에 미달하게 된 경우(법 제44조 제2항). 다만 일시적으로 등록기준에 미달되는 경우(기술인력에 해당하는 사람의 사망·실종 또는 퇴직으로 인하여 등록기준에 미달되는 기간이 90일 이내인 경우)는 제외한다.
3) 결격사유(법 제47조 각 호)의 어느 하나에 해당하게 된 경우. 다만, 지적측량업자가 제47조 제5호(임원 중에서 결격사유에 해당하는 자가 있는 법인)에 해당하게 된 경우로서 그 사유가 발생한 날부터 3개월 이내에 그 사유를 해소한 경우는 제외한다.
4) 다른 사람에게 자기의 지적측량업등록증·수첩을 빌려 주거나 자기의 성명 또는 상호를 사용하여 지적측량업무를 하게 한 경우(법 제49조 제1항)
5) 영업정지기간 중에 계속하여 영업을 한 경우
6) 측량업자가 측량기술자의 국가기술자격증을 대여 받은 사실이 확인된 경우

제5장 지적측량

> *Professor Comment*
> 위 '**거짓**', 빌려준 때(= **대여**), '**결격사유**', 영업**정**지기간중
> 암기방법 : 거대결정은 절대적 취소사유

(3) 측량업자의 지위를 승계한 상속인이 측량업등록의 결격사유에 해당하는 경우에는 그 결격사유에 해당하게 된 날부터 6개월이 지난 날까지는 제1항 제7호(측량업 결격사유)를 적용하지 아니한다(법 제52조 제2항).

(4) 등록취소 등의 절차 및 그 처분 후 지적측량업자의 업무 수행 등
1) 시·도지사는 지적측량업의 등록을 취소하고자 하는 때에는 청문을 하여야 한다(법 제100조).
2) 시·도지사는 지적측량업등록을 취소하거나 영업정지의 처분을 하였으면 그 사실을 공고하여야 한다(법 제52조 제4항).
3) 등록취소 또는 영업정지 처분을 받거나 폐업신고를 한 측량업자 및 포괄승계인은 그 처분 및 폐업신고 전에 체결한 계약에 따른 측량업무를 계속 수행할 수 있다. 다만, 등록취소 또는 영업정지 처분을 받은 지적측량업자나 그 포괄승계인의 경우에는 그러하지 아니하다(법 제53조 제1항 단서).

10 손해배상책임의 보장(법 제51조)★

(1) 손해배상요건
지적측량수행자가 타인의 의뢰에 의하여 지적측량을 함에 있어서 고의 또는 과실로 지적측량을 부실하게 함으로써 지적측량의뢰인이나 제3자에게 재산상의 손해를 발생하게 한 때에는 지적측량수행자는 그 손해를 배상할 책임이 있다.

(2) 손해배상책임의 보장

1) **보증설정의무 및 보증금액**(영 제41조) **추가15회 출제**

지적측량수행자는 손해배상책임을 보장하기 위하여 지적측량업 등록증을 발급받은 날부터 10일 이내에 보증보험에 가입하거나 공간정보산업협회가 운영하는 보증 또는 공제에 가입하는 방법으로 보증설정을 하여야 하고, 이를 증명하는 서류를 등록한 시·도지사에게 제출하여야 한다(지적측량업자 : 보증기간이 10년 이상이고 보증액이 1억원 이상, 한국국토정보공사 : 보증금액이 20억원 이상).

2) **보증설정의 변경과 갱신**(영 제42조) **17회 출제**

보증설정을 한 지적측량수행자는 그 보증설정을 다른 보증설정으로 변경하려는 경우에는 해당 보증설정의 효력이 있는 기간 중에 다른 보증설정을 하고 그 사실을 증명하는 서류를 등록한 시·도지사에게 제출하여야 한다.

(3) 보험금의 지급(직접청구권 인정)과 보증의 재설정(영 제43조)

1) 지적측량의뢰인은 지적측량수행자와의 손해배상합의서, 화해조서, 확정된 법원의 판결문 사본 또는 이에 준하는 효력이 있는 서류(인낙조서 등)를 첨부하여 보험회사 또는 공간정보산업협회에 손해배상금의 지급을 청구할 수 있고, 지적측량수행자는 보험금·보증금 또는 공제금으로 손해배상을 하였을 때에는 지체 없이 다시 보증설정을 하고 그 사실을 증명하는 서류를 등록한 시·도지사에게 제출하여야 한다.
   → 확정판결에 준하는 효력이 있음

2) 지적소관청은 지적측량수행자가 지급하는 손해배상금의 일부를 지적소관청의 지적측량성과검사 과실로 인하여 지급하여야 하는 경우에 대비하여 공제에 가입할 수 있다.

단락핵심 — 보증설정금액

지적측량업자의 보증설정금액은 1억원 이상이다.

단락문제 Q10 제17회 기출

지적측량의뢰인이 지적측량에 따른 손해배상금으로 보험금을 지급받으려고 보험회사에 청구하는 때에 첨부하여야 하는 서류로서 틀린 것은?

① 지적측량의뢰인과 지적측량수행자간의 손해배상합의서
② 화해조서
③ 보험증서
④ 인낙조서
⑤ 확정된 법원의 판결문 사본

해설 보험금지급청구시 첨부서류
① 지적측량수행자의 고의나 과실로 지적측량의뢰인에게 손해를 끼친 경우, 측량의뢰인이 손해배상금으로서 보험회사에 보험금의 지급을 청구하는 때에는 측량의뢰인과 지적측량수행자의 손해배상합의서, 화해조서, 확정된 법원의 판결문 사본 또는 이에 준하는 효력이 있는 서류(인낙조서 등)를 첨부하여야 한다(영 제43조 제1항).   **답** ③

11 보고 및 조사(법 제99조)

(1) 국토교통부장관, 시·도지사 또는 지적소관청은 지적측량수행자가 고의나 중대한 과실로 측량을 부실하게 하여 민원을 발생하게 한 경우 그 사유를 명시하여 지적측량수행자에게 필요한 보고를 하게 하거나 소속공무원으로 하여금 조사하게 할 수 있다.

(2) 조사를 하는 경우에는 조사 3일 전까지 조사 일시·목적·내용 등에 관한 계획을 조사대상자에게 알려야 한다.

(3) 소속공무원이 검사를 위하여 지적측량수행자의 사무소에 출입하여 장부·서류 등을 검사하는 경우 그 권한을 표시하는 증표를 지니고 관계인에게 이를 내보여야 한다.
   → 공무원증을 말함

지적측량

빈출 함정 총정리

• 경록 교재에 모든 답이 있습니다.

01 지적측량은 **입체측량으로 이뤄지지 아니하고 평면측량만 실시한다**(입체측량을 기본으로 한다 x).

02 필지를 합병하는 경우에는 **지적측량이 불필요하다**(지적측량을 하여야 한다 x).

03 토지의 경계를 등록할 **때뿐만 아니라 등록된 경계를 지표상에 복원할 때에도 지적측량을 실시한다**(때에는 지적측량을 실시하나 등록된 경계를 지표상에 복원할 때에는 지적측량을 할 필요가 없다 x).

04 담장과 건물의 관계위치측량은 지적측량에 **속하지 않는다**(속한다 x).

05 지적측량을 크게 분류하면 **기초측량과 세부측량**(도해측량과 세부측량 x)으로 구분할 수 있다.

06 기초측량은 주로 경위의측량방법이나 전파기 또는 **광파기측량방법**(음파기측량방법 x)에 의한다.

07 지적측량기준점표지를 설치하는 때에는 **기초측량**(세부측량 x)을 하여야 한다.

08 경계점을 지상에 복원함에 있어 **측량을 필요로 하는 때에는**(복원할 때에는 반드시 x) 지적측량을 실시하여야 한다.

09 경계복원측량은 **등록할 당시의 측량방법과 동일한 방법**(위성측량의 방법 x)으로 시행하여야 한다.

10 지적측량수행자의 측량기간은 **5일**(4일 x)로 하고 지적소관청의 측량검사기간은 **4일**(5일 x)로 한다.

11 지적기준점을 설치하여 측량 또는 측량검사를 하는 경우에는 지적기준점이 15점 이하인 경우에는 4일을, 15점을 초과하는 경우에는 4일에 15점을 초과하는 **4점**(5점 x)마다 1일을 가산한다.

12 지적공부를 정리하지 아니하는 측량으로서 경계복원측량 및 지적현황측량을 하는 경우에는 지적측량성과의 검사를 **받지 않아도 된다**(받아야 한다 x).

13 국토교통부장관이 정하여 고시하는 면적 규모 이상의 지적삼각점측량성과는 **시·도지사 또는 대도시시장**(지적소관청 x)의 검사를 받아야 한다.

14 신청이 없어 지적소관청이 직권으로 조사·측량하여 지적공부를 정리한 때에는 그 조사·측량에 들어간 비용을 **토지소유자로부터 징수한다**(지적소관청이 부담한다 x).

15 지적위원회와 축척변경위원회는 **심의·의결기관이다**(심의기관일 뿐 의결기관은 아니다 x).

16 지적측량에 대한 적부심사 청구사항을 심의·의결하기 위하여 **특별시·광역시·특별자치시·도 또는 특별자치도**(이하 "시·도"라 한다)에(지적소관청에 x) 지방지적위원회를 둔다.

17 지적측량 적부심사(適否審査)를 청구하려는 자는 심사청구서에 서류를 첨부하여 **시·도지사를 거쳐 지방지적위원회에**(시·도지사에게 x) 제출하여야 한다.

18 지적측량 적부심사청구를 회부받은 지방지적위원회는 그 날부터 **60일**(30일 x) 이내에 심의·의결하여야 한다.

19 지방지적위원회가 지적측량적부심사를 의결하였으면 위원장과 참석위원 전원이 서명 및 날인한 지적측량적부심사 의결서를 작성하여 **시·도지사에게**(신청인에게 x) 송부하여야 한다.

20 지적측량적부심사 의결서를 받은 자가 지방지적위원회의 의결에 불복하는 경우에는 의결서를 받은 날부터 **90일**(30일 x) 이내에 **국토교통부장관을 거쳐 중앙지적위원회에**(국토교통부장관에게 x) 재심사를 청구할 수 있다.

21 시·도지사가 국토교통부장관으로부터 재심사청구에 따른 중앙지적위원회의 의결서를 받은 경우에는 그 의결서 사본에 지방지적위원회의 의결서 사본을 첨부하여 **지적소관청에**(신청인에게 x) 보내야 한다.

제5장 지적측량

22 "지적기준점"이라 함은 **시·도지사나 지적소관청이**(국토교통부장관이 x) 지적측량을 정확하고 효율적으로 시행하기 위하여 국가기준점을 기준으로 하여 따로 정하는 측량기준점으로 **지적삼각점·지적삼각보조점·지적도근점**(우주측지기준점·위성기준점·지적삼각점 x)을 말한다.

23 측량기준점표지를 파손하거나 그 효용을 해칠 우려가 있는 행위를 하려는 자는 **그 측량기준점표지를 설치한 자에게**(시·도지사에게 x) 이전을 신청하여야 한다.

24 **지적측량기준점성과 또는 그 측량부**(지적삼각보조점성과 및 지적도근점성과 x)를 열람하거나 등본을 발급받으려는 자는 지적삼각점성과에 대해서는 특별시장·광역시장·특별자치시장·도지사·특별자치도지사(이하 "시·도지사"라 한다) 또는 지적소관청에 신청한다.

25 지적측량수행자는 본인·배우자 또는 **직계존속·비속**(직계존속·비속 및 그 배우자 x)의 소유토지에 대해서는 지적측량을 하면 안 된다.

CHAPTER 06

보칙 및 벌칙

학습포인트

- 이 장에서는 타인 토지 등에의 출입 및 손실보상, 등본 등의 수수료 및 벌칙에 대해 다루고 있다.
- 타인 토지 등에의 출입과 손실보상은 권리구제에 꼭 필요한 영역이므로 철저히 공부하도록 하며, 부동산공법의 개별법령에서 정한 타인 토지 등에의 출입과는 별개의 제도이므로 각 법률별로 구분할 수 있어야 한다.
- 수수료, 과태료 및 벌칙의 부과사유에 대해서는 너무 시간을 들이지 말고 중요사항만 핵심적으로 공부하는 것이 좋다.

CHAPTER 학습 & 출제되는 키워드

- ☑ 타인 토지에의 출입
- ☑ 타인 토지의 일시사용
- ☑ 장애물변경제거
- ☑ 수인의무
- ☑ 토지의 수용
- ☑ 손실보상
- ☑ 수수료
- ☑ 수수료의 납부대상
- ☑ 수수료의 납부방법
- ☑ 수수료의 면제
- ☑ 벌칙
- ☑ 지적행정형벌
- ☑ 양벌규정
- ☑ 지적행정질서벌
- ☑ 과태료부과사유
- ☑ 과태료부과절차
- ☑ 과태료부과 처분에 대한 이의
- ☑ 과태료의 징수절차

CHAPTER 학습 & 출제되는 질문

- ☑ 지적위원회에 관한 설명 중 틀린 것은?
- ☑ 지적위원회 및 지적측량적부심사 등에 대한 설명으로 옳은 것은?
- ☑ 다음 중 「공간정보의 구축 및 관리 등에 관한 법률」 위반에 따른 벌금 또는 과태료의 처분대상이 아닌 것은?

01 타인 토지 등에의 출입 및 손실보상 **16회 출제**

1 타인 토지 등에의 출입 등(법 제101조) ★★

(1) 의 의
토지의 이동조사 또는 지적측량을 하는 자가 조사·측량을 위하여 필요한 때에는 타인의 토지 등에 출입하거나 타인의 토지 등을 일시적으로 사용할 수 있으며, 특히 필요한 경우에는 나무·흙·돌 그 밖의 장애물을 변경하거나 제거할 수 있다.

(2) 타인 토지 등에의 출입
1) 타인의 토지 등에 출입하려는 자는 관할 특별자치시장, 특별자치도지사, 시장·군수 또는 구청장의 허가를 받아야 하며, 출입하려는 날의 3일 전까지 해당 토지 등의 소유자·점유자 또는 관리인에게 그 일시와 장소를 통지하여야 한다. 다만, 행정청인 자는 허가를 받지 아니하고 타인의 토지 등에 출입할 수 있다(법 제101조 제2항).
2) 해 뜨기 전이나 해가 진 후에는 그 토지 등의 점유자의 승낙 없이 택지나 담장 또는 울타리로 둘러싸인 타인의 토지에 출입할 수 없다(법 제101조 제6항).

(3) 타인 토지의 일시사용 또는 장애물변경제거
1) 타인의 토지 등을 일시 사용하거나 장애물을 변경 또는 제거하려는 자는 그 소유자·점유자 또는 관리인의 동의를 받아야 한다. 다만, 소유자·점유자 또는 관리인의 동의를 받을 수 없는 경우 행정청인 자는 관할 특별자치시장, 특별자치도지사, 시장·군수 또는 구청장에게 그 사실을 통지하여야 하며, 행정청이 아닌 자는 미리 관할 특별자치도지사, 시장·군수 또는 구청장의 허가를 받아야 한다(법 제101조 제3항).
2) 특별자치시장, 특별자치도지사, 시장·군수 또는 구청장은 위 1)의 단서에 따라 허가를 하려면 미리 그 소유자·점유자 또는 관리인의 의견을 들어야 한다(법 제101조 제4항).
3) 토지 등을 일시 사용하거나 장애물을 변경 또는 제거하려는 자는 토지 등을 사용하려는 날이나 장애물을 변경 또는 제거하려는 날의 3일 전까지 그 소유자·점유자 또는 관리인에게 통지하여야 한다. 다만, 토지 등의 소유자·점유자 또는 관리인이 현장에 없거나 주소 또는 거소가 분명하지 아니할 때에는 관할 특별자치시장, 특별자치도지사, 시장·군수 또는 구청장에게 통지하여야 한다(법 제101조 제5항).

(4) 수인의무
토지 등의 소유자·점유자 또는 관리인은 정당한 사유없이 위 **(1)**의 업무집행을 거부하거나 방해하지 못한다(법 제101조 제7항).

(5) 허가증의 제시

위 (1)의 행위를 하고자 하는 자는 그 권한을 표시하는 허가증을 지니고 이를 관계인에게 내보여야 한다(법 제101조 제8항).

2 토지의 수용 및 손실보상★★ 18회 출제

(1) 토지의 수용

1) 국토교통부장관은 기본측량을 실시하기 위하여 필요하다고 인정하는 경우에는 토지, 건물, 나무, 그 밖의 공작물을 수용하거나 사용할 수 있다(법 제103조 제1항).
2) 위 1)에 따른 수용 또는 사용 및 이에 따른 손실보상에 관하여는 「공익사업을 위한 토지 등의 취득 및 보상에 관한 법률」을 적용한다(법 제103조 제2항).

(2) 손실보상(법 제102조)

1) 보상하는 경우

   토지의 이동조사 또는 지적측량을 하는 자가 조사·측량을 위하여 타인의 토지 등에 출입하거나 타인의 토지 등을 일시적으로 사용하거나, 죽목 그 밖의 장애물을 변경하거나 제거함으로 인하여 손실을 입은 자가 있는 때

2) 보상방법

   ① 손실보상에 관하여 그 손실을 보상하여야 할 자는 그 손실을 입은 자와 협의하여야 한다.
   ② 손실을 보상하여야 할 자 또는 손실을 입은 자는 위 ①의 협의가 성립되지 아니하거나 협의를 할 수 없는 때에는 관할 토지수용위원회에 재결을 신청할 수 있다.

3) 이의신청 등

   ① 관할 토지수용위원회의 재결에 대하여 이의가 있는 자는 당해 관할토지수용위원회를 거쳐 중앙토지수용위원회에 재결서의 정본을 받은 날부터 30일 이내에 이의신청을 하여야 한다(영 제102조 제3항).
   ② 중앙토지수용위원회는 이의신청이 있는 경우 재결이 위법 또는 부당하다고 인정하는 때에는 그 재결의 전부 또는 일부를 취소하거나 보상액을 변경할 수 있다.
   ③ 재결에 대하여 불복이 있는 때에는 재결서를 받은 날부터 60일 이내에, 이의신청을 거친 때에는 이의신청에 대한 재결서를 받은 날부터 30일 이내에 각각 행정소송❶을 제기할 수 있다.

> **용어사전**
> ❶ 행정소송
> 국가나 지방자치단체 등 행정기관이 행한 처분 등에 복종하지 않는 사람이나 단체가 법원에 소송을 내서 사법부의 판단을 구하는 것을 말한다.

단락핵심 — 손실보상

(1) 토지등의 출입 등에 따른 행위로 손실을 받은 자가 있으면 그 행위를 한 자는 손실을 보상하여야 한다.
(2) 손실보상에 관하여는 손실을 보상할 자와 손실을 받은 자가 협의하여야 한다.
(3) 손실보상에 관한 협의가 성립되지 않을 경우 관할 토지수용위원회에 재결을 신청할 수 있다.

단락문제 01
제16회 기출 개작

지적측량수행자 등이 하는 토지의 이동조사 또는 지적측량시행에 관한 설명 중 틀린 것은?

① 토지의 이동조사 또는 지적측량을 하는 자가 조사·측량을 위하여 필요한 때에는 타인의 토지를 일시적으로 사용할 수 있다.
② 토지의 이동조사 또는 지적측량을 위하여 필요한 경우에는 죽목이나 그 밖의 장애물을 변경하거나 제거할 수 있다.
③ 조사·측량을 위하여 타인의 토지에 출입하고자 하는 때에는 미리 소유자·점유자 또는 관리인에게 그 일시와 장소를 통지하여야 한다.
④ 토지의 이동조사 또는 지적측량을 위하여 타인의 토지를 출입하고자 하는 때에는 그 권한을 표시하는 허가증을 지니고 관계인에게 내보여야 한다.
⑤ 관할 토지수용위원회의 재결에 대하여 이의가 있는 자는 이의신청절차를 거친 후에만 행정소송을 제기할 수 있다.

해설 토지소유자의 수인의무
⑤ (×) 이의신청 절차를 거치거나 직접 행정소송을 제기할 수 있다(법 제103조 제2항, 「공익사업을 위한 토지 등의 취득 및 보상에 관한 법률」 제85조).

답 ⑤

02 수수료

1 수수료 납부대상(법 제106조)

(1) 지적기준점성과의 열람 또는 그 등본의 발급 신청을 하는 경우(법 제106조 제1항 제6호)

(2) 지적공부의 열람 및 등본의 발급 신청을 하는 경우(규칙 제106조 제1항 제13호)

(3) 지적전산자료의 이용 또는 활용신청을 하는 경우(법 제106조 제1항 제14호)

(4) 부동산종합공부의 열람 및 부동산종합증명서 발급 신청을 하는 경우(법 제106조 제1항 제14호의2)

(5) 토지 이동에 다른 지적공부정리를 신청하는 경우(법 제106조 제1항 제15호)

신규등록, 등록전환, 분할, 합병, 지목변경, 바다로 된 토지의 등록말소, 축척변경·등록사항정정 또는 도시개발사업 등 시행지역의 토지이동에 따른 지적공부정리신청을 하는 때에는 신청인은 수수료를 내야 한다.

(6) 지적측량을 의뢰하는 경우(법 제106조 제2항)

1) 지적측량을 의뢰하는 자는 지적측량수행자에게 지적측량수수료를 내야 한다.

2) **직권에 의한 지적공부정리시 지적측량수수료를 내야 하는 자**(법 제106조 제4항)

토지이동에 따른 토지소유자의 지적공부정리신청이 없어 지적소관청이 이에 따라 직권으로 조사·측량하여 지적공부를 정리한 경우(법 제64조 제2항 단서)에는 그 조사 측량에 들어간 비용(지적측량수수료 등)을 토지소유자로부터 징수한다. 다만 지적공부에 등록된 토지가 지형의 변화 등으로 바다로 된 경우로서 지적공부의 등록말소를 한 경우에는 그러하지 아니하다.

2 수수료의 납부

(1) 수수료의 납부방법(규칙 제115조 제6·7항)

수수료는 수입인지, 수입증지 또는 현금으로 내야 한다. 또한 정보통신망을 이용하여 전자화폐·전자결제 등의 방법으로 수수료를 내게 할 수 있다.

(2) 수수료를 소정의 기간 내에 내지 아니하면 국세 또는 지방세 체납처분의 예에 따라 징수한다(법 제106조 제6항).

3 수수료의 면제(법 제106조 제5항)

지적공부의 열람 및 등본의 발급신청인이 국가, 지방자치단체 또는 지적측량수행자인 경우 또는 토지 이동에 따른 지적공부정리 및 부동산종합공부의 열람과 부동산종합증명서 발급 신청인이 국가, 지방자치단체인 경우에는 수수료를 면제한다(법 제106조 제5항 제4·5호).

03 벌칙 16·18회 출제

Professor Comment
벌칙규정을 암기할 필요는 없으며 법 제107조, 제108조, 제109조, 제111조 규정 중 어느 것에 해당하는지 정도를 구별하는 것으로 충분하다.

1 지적행정형벌(징역 또는 벌금)★★

(1) 2년 이하의 징역 또는 2천만원 이하의 벌금에 처하는 경우(법 제108조)

1) 측량기준점표지를 이전 또는 파손하거나 그 효용을 해치는 행위를 한 자(법 제9조 제1항)
2) 고의로 측량성과를 사실과 다르게 한 자
3) 측량업의 등록을 하지 아니하거나 거짓이나 그 밖의 부정한 방법으로 측량업의 등록을 하고 측량업을 한 자(법 제44조)

(2) 1년 이하의 징역 또는 1천만원 이하의 벌금에 처하는 경우(법 제109조) 12회 출제

1) 측량기술자가 아님에도 불구하고 측량을 한 자(법 제39조 제1항)
2) 업무상 알게 된 비밀을 누설한 측량기술자(법 제41조 제2항)
3) 둘 이상의 측량업자에게 소속된 측량기술자(법 제41조 제3항)
4) 다른 사람에게 측량업등록증 또는 측량업등록수첩을 빌려주거나 자기의 성명 또는 상호를 사용하여 측량업무를 하게 한 자(법 제49조 제1항)
5) 다른 사람의 측량업등록증 또는 측량업등록수첩을 빌려서 사용하거나 다른 사람의 성명 또는 상호를 사용하여 측량업무를 한 자(법 제49조 제2항)
6) 지적측량수수료(법 제106조 제2항) 외의 대가를 받은 지적측량기술자(법 제50조 제3항)
7) 거짓으로 다음의 신청을 한 자(규칙 제109조 제10호)

신규등록 신청, 등록전환 신청, 분할 신청, 합병 신청, 지목변경 신청, 바다로 된 토지의 등록말소 신청, 축척변경 신청, 등록사항의 정정 신청, 도시개발사업 등 시행지역의 토지이동 신청을 한 자

(3) 양벌규정(법 제110조)

1) 법인의 대표자나 법인 또는 개인의 대리인, 사용인, 그 밖의 종업원이 그 법인 또는 개인의 업무에 관하여 벌칙규정(법 제107조~제109조)의 어느 하나에 해당하는 위반행위를 하면 그 행위자를 벌하는 외에 그 법인 또는 개인에게도 해당 조문의 벌금형을 과(科)한다.
2) 다만, 법인 또는 개인이 그 위반행위를 방지하기 위하여 해당 업무에 관하여 상당한 주의와 감독을 게을리 하지 아니한 경우에는 그러하지 아니하다.

2 지적행정질서벌(과태료)★★ 13·15·추가15회 출제

Professor Comment
과태료란 국가나 공공단체가 행정처분에 의해 국민에게 부과하는 금전적인 제재조치(징계벌이나 질서벌, 집행벌의 의미가 있음)이다.

(1) 과태료부과사유(법 제111조)

다음의 어느 하나에 해당하는 자에게는 300만원 이하의 과태료를 부과한다.

1) 정당한 사유 없이 측량을 방해한 자
2) 고시된 측량성과에 어긋나는 측량성과를 사용한 자(법 제13조 제4항)
3) 거짓으로 측량기술자의 신고를 한 자(법 제40조 제1항)
4) 측량업 등록사항의 변경신고를 하지 아니한 자(법 제44조 제4항)
5) 측량업자의 지위 승계 신고를 하지 아니한 자(법 제46조 제2항)
6) 측량업의 휴업·폐업 등의 신고를 하지 아니하거나 거짓으로 신고한 자(법 제48조)
7) 본인, 배우자 또는 직계 존속·비속이 소유한 토지에 대한 지적측량을 한 자(법 제50조 제2항)
8) 정당한 사유없이 측량업자, 지적측량수행자가 고의나 중대한 과실로 측량을 부실하게 하여 민원을 발생하게 한 경우 또는 측량업의 등록기준(법 제44조 제2항)에 미달된다고 인정되는 경우에 이에 따른 보고를 하지 아니하거나 거짓으로 보고를 한 자 또는 이에 따른 조사를 거부·방해 또는 기피한 자(법 제99조)
9) 정당한 사유없이 측량 등을 위한 토지 등의 출입 등을 방해하거나 거부한 자(법 제101조 제7항)

(2) 과태료의 부과절차 및 과태료 처분에 대한 이의(「질서위반행위규제법」) → 일반적 절차이므로 참고하세요.

1) **과태료의 부과·징수권자★★**

   대통령령이 정하는 바에 의하여 국토교통부장관(국토지리정보원장을 포함함, 영 제103조 제1항 제46호), 시·도지사 또는 당해 지적소관청이 부과·징수한다.

2) 과태료를 부과할 때에는 그 위반행위를 조사·확인한 후 위반사실·과태료금액 등을 서면으로 명시하여 이를 납부할 것을 과태료처분대상자에게 통지하고, 10일 이상의 기간을 정하여 의견을 제출할 기회를 주어야 한다.

3) 행정청은 의견 제출 절차를 마친 후에 서면으로 과태료를 부과하여야 하며, 서면에는 질서위반행위, 과태료 금액 등을 명시하여야 한다.

4) 과태료처분에 불복이 있는 자는 그 처분의 고지를 받은 날부터 60일 이내에 국토교통부장관 또는 당해 지적소관청에 이의를 제기할 수 있다. → 처분한 행정청에 이의제기하면 된다.

제6장 보칙 및 벌칙

Professor Comment
이의제기기간은 60일 이내이다. 30일로 착각하지 않도록 한다.

5) 과태료처분을 받은 자가 이의를 제기한 때에는 과태료 처분은 효력을 상실하며, 국토교통부장관 또는 당해 지적소관청은 지체 없이 관할법원에 그 사실을 통보하여야 하며, 그 통보를 받은 관할법원은 「비송사건절차법」에 의하여 과태료의 재판을 한다.

(3) 과태료의 징수절차

이의기간 내에 이의를 제기하지 아니하고 과태료를 납부하지 아니한 때에는 국세 또는 지방세체납처분의 예에 의하여 이를 징수한다.

단락문제 02
제16회 기출 개작

「공간정보의 구축 및 관리 등에 관한 법률」상의 벌칙규정 중 틀린 것은?

① 신의와 성실로써 공정하게 지적측량을 하여야 하나 이를 위반하여 고의로 지적측량을 잘못한 지적측량수행자에게는 300만원 이하의 과태료에 처한다.
② 지적측량업의 등록을 하지 아니하거나 부정한 방법으로 지적측량업의 등록을 하여 지적측량업을 한 자는 2년 이하의 징역 또는 2천만원 이하의 벌금에 처한다.
③ 본인·배우자 또는 직계 존·비속의 소유토지에 대하여 지적측량을 한 지적측량수행자는 300만원 이하의 과태료에 처한다.
④ 국토교통부장관이 감독상 필요한 때 지적측량수행자에게 보고 또는 자료제출을 요구하였으나, 거짓으로 보고 또는 자료제출을 한 자는 300만원 이하의 과태료에 처한다.
⑤ 국토교통부장관이 감독상 필요한 때 소속공무원에게 지적측량수행자의 장부와 서류를 검사하도록 하였으나, 이 검사를 거부·방해 또는 기피한 자는 300만원 이하의 과태료에 처한다.

해설 「공간정보의 구축 및 관리 등에 관한 법률」상의 벌칙규정
① 성실의무를 위반하여 고의로 지적측량을 잘못한 지적측량수행자(측량기술자 포함)에게는 2년 이하의 징역 또는 2,000만원 이하의 벌금에 처한다(법 제108조).

답 ①

보칙 및 벌칙

CHAPTER 06

빈출 함정 총정리

• 경록 교재에 모든 답이 있습니다.

01 타인토지를 출입하는 경우에는 출입하려는 날의 **3일**(7일 x) 전까지 해당 토지 등의 소유자·점유자 또는 관리인에게 그 일시와 장소를 통지하여야 하고, 출입시 허가증을 제시하여야 한다.

02 토지 등을 일시 사용하거나 장애물을 변경 또는 제거하려는 자는 토지 등을 사용하려는 날이나 장애물을 변경 또는 제거하려는 날의 **3일**(7일 x) 전까지 그 소유자·점유자 또는 관리인에게 통지하여야 한다.

03 타인의 토지를 출입하여 손실을 보상하여야 할 자 또는 손실을 입은 자가 협의를 할 수 없는 때에는 **관할 토지수용위원회에**(시·도지사에게 x) 재결을 신청할 수 있다.

04 지적측량을 의뢰하는 자는 **지적측량수행자에게**(지적소관청에 x) 지적측량수수료를 지급하여야 한다.

05 측량기준점표지를 이전 또는 파손하거나 그 효용을 해치는 행위를 한 자는 **2년 이하의 징역 또는 2천만원 이하의**(1년 이하의 징역 또는 1천만원 이하의 x) 벌금에 처한다.

06 법인의 대표자나 법인 또는 개인의 대리인, 사용인, 그 밖의 종업원이 그 법인 또는 개인의 업무에 관하여 벌칙규정(법 제107조~제109조)의 어느 하나에 해당하는 위반행위를 하면 **그 행위자를 벌하는 외에 그 법인 또는 개인에게도 해당 조문의 벌금형을 과(科)한다**(그 행위자 외의 그 법인이나 개인을 처벌할 수 없다 x).

07 과태료를 부과할 때에는 그 위반행위를 조사·확인한 후 위반사실·과태료금액 등을 서면으로 명시하여 이를 납부할 것을 과태료처분대상자에게 통지하고, **10일**(30일 x) 이상의 기간을 정하여 의견을 제출할 기회를 주어야 한다.

제6장 보칙 및 벌칙

PART 02 부동산등기법

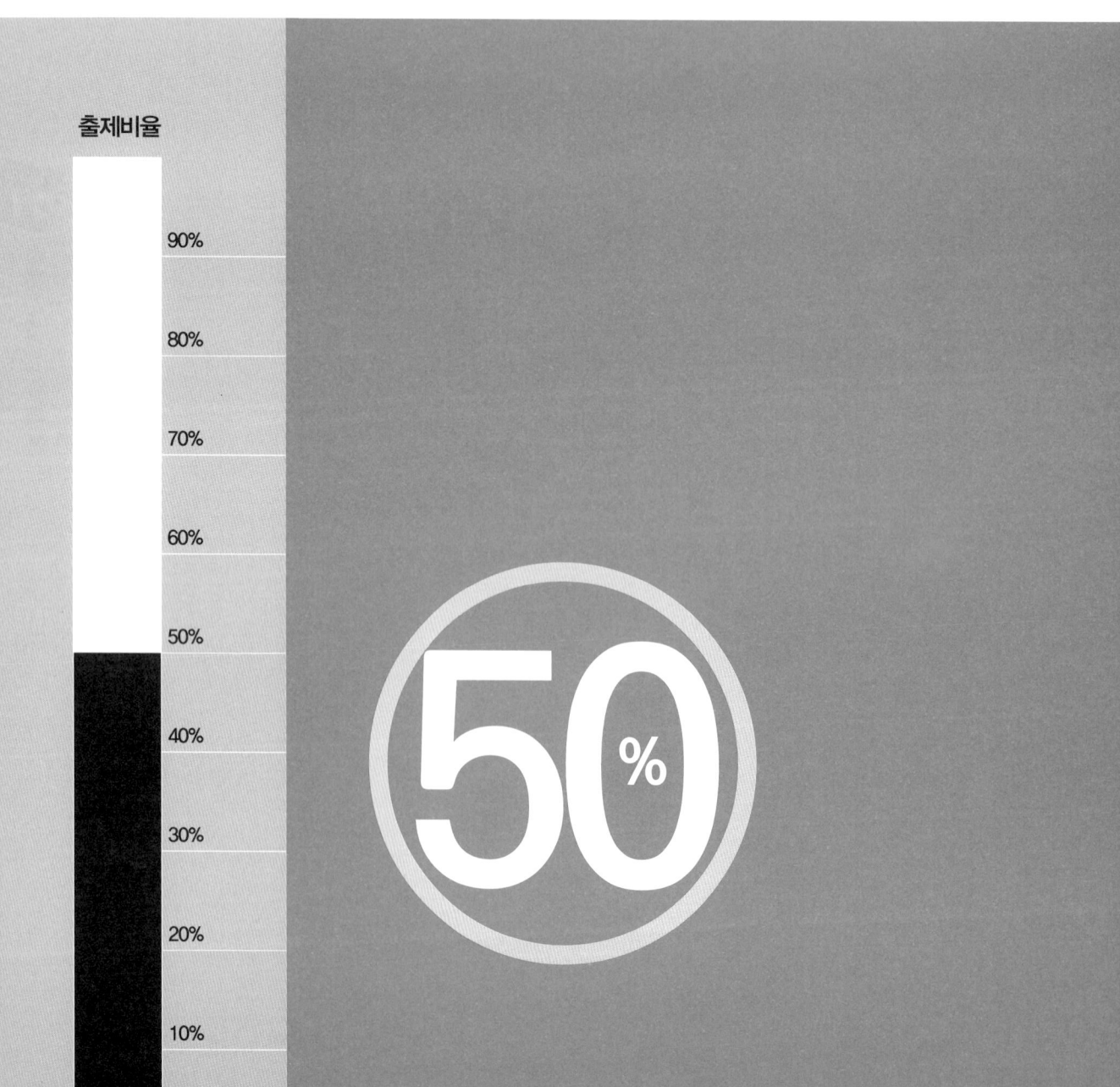

	구 분	26회	27회	28회	29회	30회	31회	32회	33회	34회	35회	계	비율(%)
부동산 등기법	제1장 총설	0	0	0	0	2	3	1	1	2	1	10	4.2
	제2장 등기기관과 그 설비 및 등기의 공시	0	1	0	0	0	0	2	1	0	0	4	1.7
	제3장 등기절차 총론	3	4	3	3	5	3	3	4	5	3	36	15.0
	제4장 부동산의 표시 및 각종 권리의 등기절차	4	5	5	6	4	6	4	4	4	4	46	19.2
	제5장 각종 등기의 절차	5	2	4	3	1	0	2	2	1	4	24	10.0
	소 계	12	12	12	12	12	12	12	12	12	12	120	50.0

CHAPTER 01 총 설

학습포인트

- 이 장에서는 부동산등기에 대한 기초로서 등기 및 등기제도 전반을 이해할 수 있는 등기제도, 등기의 종류, 등기사항, 등기의 유효요건 및 등기의 효력에 관해 다루고 있다.
- 이 장에서는 등기사항, 등기의 유효요건과 효력, 등기한 권리의 순위 등에 대해 매년 1~2문제씩 출제되었다가 최근에는 비중이 줄어들었으나, 다시 출제비중이 늘어날 가능성이 있다. 이 장은 부동산등기법 전반을 이해하는 기초가 되는 부분이므로 처음에는 출제비중과 관계없이 학습하다가 시험에 임박해서는 출제빈도가 높은 부분 중심으로 학습하는 것이 필요하다.

CHAPTER 학습 & 출제되는 키워드

- ☑ 등기의 의의
- ☑ 등기제도의 연혁
- ☑ 등기에 관한 법령
- ☑ 등기사무의 관장기관(법원)
- ☑ 등기부의 조직(물적편성주의)
- ☑ 등기절차의 개시(공동신청주의)
- ☑ 등기관의 심사권
- ☑ 현행 등기제도의 문제점
- ☑ 등기의 종류
- ☑ 등기사항에 따른 분류
- ☑ 등기의 내용에 따른 분류
- ☑ 등기의 형식에 따른 분류
- ☑ 등기의 효력에 따른 분류
- ☑ 등기할 사항
- ☑ 등기할 사항인 물건
- ☑ 등기할 사항인 권리
- ☑ 등기할 사항인 권리변동
- ☑ 등기의 유효요건
- ☑ 형식적 유효요건
- ☑ 실질적 유효요건
- ☑ 등기의 효력
- ☑ 등기의 일반적 효력
- ☑ 가등기의 효력
- ☑ 폐쇄등기부상의 등기의 효력

CHAPTER 학습 & 출제되는 질문

- ☑ 등기대상 물건이 아닌 것은?
- ☑ 부동산등기의 대상이 될 수 있는 것은?
- ☑ 등기에 관한 설명으로 옳은 것은 모두 몇 개인가?
- ☑ 등기의 유효요건 및 효력에 관한 설명 중 옳은 것은?
- ☑ 동일한 부동산에 등기한 권리의 순위는?

제1절 등기제도 개관

01 등기의 의의 31회 출제

> **제2조(정의)** 이 법에서 사용하는 용어의 뜻은 다음과 같다.
> 1. "등기부"란 전산정보처리조직에 의하여 입력·처리된 등기정보자료를 대법원규칙으로 정하는 바에 따라 편성한 것을 말한다.
> 2. "등기부부본자료"(登記簿副本資料)란 등기부와 동일한 내용으로 보조기억장치에 기록된 자료를 말한다.
> 3. "등기기록"이란 1필의 토지 또는 1개의 건물에 관한 등기정보자료를 말한다.
> 4. "등기필정보"(登記畢情報)란 등기부에 새로운 권리자가 기록되는 경우에 그 권리자를 확인하기 위하여 제11조 제1항에 따른 등기관이 작성한 정보를 말한다.

1 부동산등기의 의의★

부동산등기란 국가기관으로서의 등기관이 법정절차에 따라 부동산물권의 변동과 현황에 따른 등기사항을 전산정보처리조직에 의하여 입력·처리된 등기정보자료를 편성한 등기부(전자적정보저장매체)에 전산정보처리조직을 이용하여 기록하는 것 또는 그러한 기록 자체를 의미한다(법 제2조).

(1) 등기사항을 「등기부」에 기록하는 것 또는 그러한 기록 자체

법 제2조에 의하면 등기부란 전산정보처리조직에 의하여 입력·처리된 등기정보자료를 편성한 것을 말하며, 구체적으로는 등기사항이 기록된 보조기억장치를 의미한다.

(2) 부동산의 「물리적 현황」 또는 그 「권리관계」에 관한 기록

기재내용은 부동산의 물리적 현황 또는 권리관계이어야 하고 단순한 절차적 기재에 지나지 않는 것은 등기가 아니다.

등 기

등기는 전산정보처리조직을 이용하여 등기사항을 기록하는 방식으로 한다.

제2편 부동산등기법

2 부동산물권의 공시방법으로서 등기제도★★

(1) 공시방법으로서의 등기

물권은 채권과 달리 객체에 대한 절대적이고 직접적인 지배권으로서 배타성을 가지고 있기 때문에 거래의 안전과 신속을 위해서 그 존재나 내용을 외부에서 명백히 인식할 수 있게 하는 일정한 표상 내지 표지가 필요한데 그 공시방법이 바로 등기이다.

Professor Comment
부동산등기 외의 등기들에는 선박등기, 입목등기, 법인등기(비영리법인), 상업등기(회사등기, 상호등기, 지배인등기 등), 공장재단등기, 광업재단등기 등이 있다.

(2) 등기제도의 성질과 목적

1) 등기는 국가가 사권(私權)을 위해서 하는 비송행위(법률행위가 아님)로서 공증행위(公證行爲) 이다. ▶ 부동산물권 및 임차권과 환매권
2) 부동산에 관한 물권관계를 국가기관이 공적으로 증명하여 외부에 공시함으로써 부동산거래의 안전과 신속을 도모하려는 목적에서 근대법이 창안한 제도이다.

> **Key Point** 부동산과 동산의 공시방법(공시의 원칙)
>
> 공시의 원칙이란 물권의 변동을 다른 사람도 알 수 있도록 공시해야 한다는 원칙이다.
> 1) 부동산 → 등기(민법 제186조)
>   "부동산에 관한 법률행위로 인한 물권의 득실변경은 「등기」를 하여야 그 효력이 생긴다."
> 2) 동산 → 점유 내지 인도(민법 제188조)
>   "동산에 관한 물권의 양도는 그 동산을 「인도」하여야 효력이 생긴다."

3 등기제도의 기능

(1) 효력발생요건(성립요건)으로서의 등기(민법 제186조)

매매, 증여 등 '법률행위로 인한 부동산물권의 득실변경'은 당사자의 의사표시 이외에 등기라는 공시방법을 갖추어야만 효력이 발생한다.

(2) 처분요건으로서의 등기(민법 제187조)

민법 제187조는 "상속, 공용징수, 판결, 경매 기타 '법률의 규정에 의한 물권의 취득'을 위하여는 등기를 요하지 않으나, 그 취득 후 처분을 하기 위하여는 등기를 하여야 한다"고 규정하고 있는 바, 이 경우의 등기는 처분요건으로서의 등기라 할 수 있다. ▶ 형성판결을 의미

(3) 대항요건으로서의 등기

부동산에 대한 환매특약이나 임차권 설정, 신탁설정 등은 채권에 불과하나 등기를 통해서 제3자에게 내용을 주장할 수 있고, 지상권에서 존속기간·지료 등을 약정하거나, 저당권에서 이자·변제기 등을 약정한 경우 등 임의적 약정사항도 일정한 경우에는 등기하면 제3자에게 이를 대항할 수 있다(민법 제592조, 제621조 제1항 등). 이를 대항요건으로서의 등기라 한다.

02 등기제도의 연혁

13회 출제

1 등기제도의 도입

등기제도는 원래 근대 초기 유럽대륙(독일·프랑스 등)에서 농업금융을 위한 토지저당제도의 사회적 필요성에 따라 토지물권의 공시를 위한 제도로서 발전된 것이며 현재는 각국이 예외 없이 부동산물권의 공시제도로서 채용하고 있다.

2 근대적 등기제도의 여러 원리

(1) 등기부의 편성방법

연대적 편성주의	당사자의 신청의 시간적 순서에 따라 순차적으로 등록하는 것 (프랑스의 등기부와 공시부, 미국의 Recording system)
인적 편성주의	개개의 부동산 소유자를 중심으로 등기부를 편성하는 것 (1소유자 1등기기록, 1955년 이전의 프랑스)
물적 편성주의	개개의 부동산을 중심으로 등기부를 편성하는 것(법 제15조 제1항) (1부동산 1등기기록, 독일과 스위스, 한국, 일부의 토렌스제도)

(2) 성립요건주의와 대항요건주의

성립요건주의 (형식주의)	제3자에 대해서는 물론 당사자간에도 물권행위 이외에 공시방법(등기)을 갖춘 때에 물권이 변동된다는 주의이다(독일, 한국, 스위스).
대항요건주의 (의사주의)	당사자간에는 물권행위만으로 물권변동이 생기지만, 그것을 제3자에게 대항하기 위해서는 공시방법을 갖추어야 한다는 주의이다(프랑스).

(3) 공동신청주의와 단독신청주의

공동신청주의	등기권리자와 등기의무자가 공동으로 등기소에 출석하여 등기를 신청하는 주의이다(한국, 일본 등).
단독신청주의	등기권리자와 등기의무자 중 어느 일방이 등기를 신청할 수 있는 주의이다(독일).

제2편 부동산등기법

(4) 등기관의 형식적 심사주의와 실질적 심사주의

형식적 심사주의	등기관이 등기절차법상의 적법성 여부만을 심사하는 주의이다(한국, 일본, 프랑스).
실질적 심사주의	등기관이 등기절차법상의 적법성 이외에 실체법상의 권리관계와 일치여부 및 그 유효성, 즉 등기원인의 존부와 그 효력까지도 심사하는 주의이다(스위스).

(5) 등기의 공신력★★

1) 의의

실체법상의 권리관계와 부합하지 아니하는 등기를 신뢰하여 등기기록에 상응하는 권리관계가 존재하는 것으로 믿고 거래한 자에 대하여 그 신뢰를 보호해서 마치 진실한 권리관계가 있었던 것과 동일한 효과를 인정하는 것으로 신뢰보호의 원칙이 구체화된 것이다.

2) 기능

등기의 공신력을 인정하면 등기의 신용이 유지되고 부동산 거래의 동적안전을 확보하게 된다. 반면에 진실한 권리자로부터 그의 권리를 박탈(정적안전 저해)하는 것이 된다.

3) 독일, 스위스, 토렌스식 등기제도

공신력(공신주의) 인정

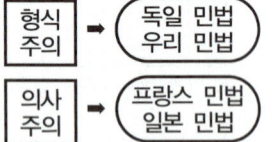

성립요건주의와 대항요건주의

① 물권변동의 효력이 발생하기 위해 공시방법이 필요하면 성립요건주의(= 형식주의)가 된다.
② 물권변동의 효력이 당사자의 의사표시만으로 발생하면 대항요건주의(= 의사주의)가 된다.

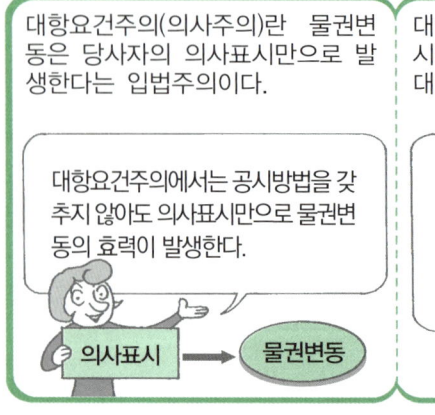

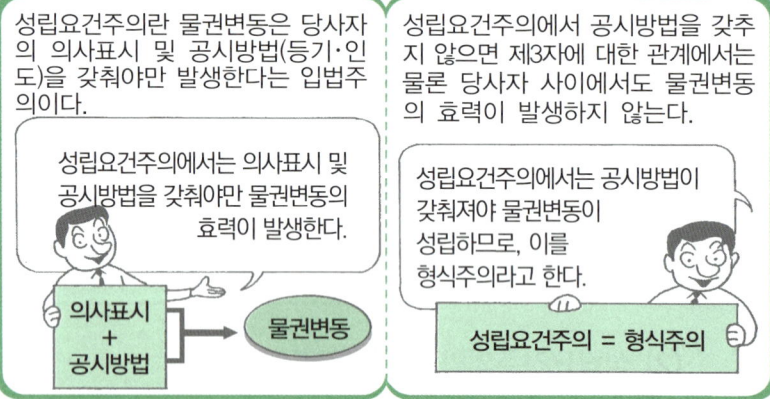

4) 프랑스   공신력 부정(대신 공정증서를 제출케 함)
5) 한국   공신력 부정 **13회 출제**

Professor Comment
① 우리나라 「민법」에서는 동산에만 거래의 안전을 위해서 공신력(선의취득)을 인정한다.
② 등기신청을 서류만에 의하여 형식적으로 심사하는 나라는 그 등기에 공신력을 부여하기 어렵다.

단락문제 01
제2회 기출 개작

등기의 공신력(公信力)에 관한 설명 중 타당하지 않는 것은?
① 형식적 심사주의를 취하는 경우에는 공신력을 인정하기 어렵다.
② 등기의 공신력을 인정하면 법률관계의 동적 안전이 확보된다.
③ 공신력인정을 위해서는 국가배상책임주의의 강화, 공적인 보험기금의 마련 또는 권원보험(權原保險)의 실시 등이 철저히 이루어져야 한다.
④ 우리나라는 부동산등기법에서 제한적으로 등기의 공신력이 인정되고 있다.
⑤ 등기의 공신력과 공시의 원칙은 논리적 필연관계가 아니다.

해설 등기의 공신력
④ 현행법상 일반부동산등기에 공신력은 부여되지 않고 있다(대판 1958.3.13. 4290민상476). **답 ④**

03 현행 우리나라 등기제도의 특징 ★★★

1 등기사무의 관장기관 : 법원(法院)❶

→ ○○지방법원 ○○등기소

(1) 현행법상 등기사무는 법원이 관장하고 있다(「법원조직법」 제2조 제3항). 등기사무의 관장을 사법부가 하느냐, 행정부가 하느냐는 각국의 입법례가 다르나 우리나라는 사법부가 관장하도록 하고 있다.

(2) 다만, 구체적으로 등기사무를 담당하는 국가기관은 「부동산등기법」상 부동산소재지를 관할하는 지방법원, 그 지원(支院) 또는 등기소이다(법 제7조 제1항).

용어사전
❶ **법원(法院)**
소송의 진행과 심판을 하는 국가기관으로 기본골격은 대법원과 고등법원, 지방법원으로 되어 있다.

제2편 부동산등기법

Professor Comment
등기사무의 최고관장기관은 법무부장관이 아닌 대법원장이다. 우리 법제는 사법기관 관장주의를 취하고 있다.

2 등기부의 조직 : 물적 편성주의

부동산등기법은 개개의 부동산을 중심으로 해서 등기부를 편성하는 **물적 편성주의**를 취하고 있다. 즉 등기부를 편성할 때에는 1필의 토지 또는 1개의 건물에 대하여 1개의 등기기록을 둔다. 다만, 1동의 건물을 구분한 건물에 있어서는 1동의 건물에 속하는 전부에 대하여 1개의 등기기록을 사용한다(법 제15조 제1항).

→ 1부동산1등기기록주

3 등기절차의 개시 : 공동신청주의 원칙 ★★

(1) 원 칙

1) **신청주의**

    등기는 법률에 다른 규정이 있는 경우를 제외하고는 당사자의 신청 또는 관공서의 촉탁이 없으면 이를 하지 못한다. 관공서의 촉탁도 신청주의의 일환이다(법 제22조).

2) **공동신청주의**

    등기는 법률에 다른 규정이 없는 경우에는 등기권리자와 등기의무자 또는 그 대리인이 공동으로 등기소에 출석하여 신청하는 방법 또는 전산정보처리조직을 이용하여 신청하는 방법으로 한다(법 제24조).

(2) 예 외

1) **단독신청**(공동신청주의의 예외, 법 제23조 제2항)

① 소유권보존등기	대장상 최초의 소유자 등
② 소유권보존등기의 말소등기, 부동산표시의 변경이나 경정등기 및 등기명의인표시의 변경이나 경정등기	등기명의인
③ 상속, 법인의 합병, 그 밖에 대법원규칙으로 정하는 포괄승계에 따른 등기	등기권리자
④ 판결에 의한 등기	승소한 등기권리자 또는 등기의무자

2) **우편촉탁**(방문촉탁의 예외, 규칙 제155조 제1항)

    관공서가 촉탁하는 등기는 우편으로 그 촉탁서를 제출할 수 있다. 물론 소속 공무원이 직접 등기소에 출석하여 촉탁서를 제출하는 방문촉탁의 방법에 의할 수도 있다(규칙 제155조). 한편 구법과 달리 전자신청(촉탁)은 방문신청(촉탁)의 특례가 아니라 방문신청(촉탁)과 병렬적으로 인정되고 있다.

제1장 총설

4 등기관의 심사권 : 형식적 심사주의

(1) 형식적 심사주의

등기신청을 접수한 등기관이 그에 따른 등기의 실행 또는 등기신청의 각하(却下)여부를 결정함에 있어서 등기관이 그 신청의 절차적 적법성 여부만을 심사하는 형식적 심사주의를 취하고 있다.

(2) 예외적 실질적 심사주의의 폐지

「구법」하에서는 구분건물의 표시에 관한 사항에 대하여는 실질적 심사권을 허용하였으나(구법 제56조의 2), 「신법」하에서는 이는 그 물리적 현황에 관한 사항으로서 건축물대장소관청에서 판단함이 타당하고, 건축물대장과 등기기록의 불일치 발생으로 거래의 불안을 초래할 수 있다하여 폐지하였다.

5 등기의 효력 : 형식주의 채택·공신력부인   15회 출제

(1) 성립요건주의(형식주의)의 채택

1) 우리 「민법」 제186조는 「부동산에 관한 법률행위로 인한 물권의 득실변경(得失變更)은 등기하여야 그 효력이 생긴다」고 하여 입법정책상 형식주의(성립요건주의)의 입장을 취하고 있다.
2) 현행 「부동산등기법」이 시행되기 전(1960년 이전)에는 의사주의(대항요건주의)였다.

(2) 등기의 공신력 부인

1) 원칙적으로 등기관의 형식적 심사권만 인정되고, 진실한 권리자 구제를 위한 대책이 미비하며, 명문으로 공신력 규정을 두지 않고 있는 바, 공신력은 인정되지 않는다고 본다(대판 1958.3.13. 4290민상476).
2) 다만, 민법은 동산에 대해서는 선의취득(제249조, 공신의 원칙의 한 유형)을 인정하고 있다.

제2편 부동산등기법

> **Key Point** | 우리나라 등기제도의 특징

1) **현행 우리나라 등기제도에서 채택하지 않는 것**
   인적 편성주의(사람마다 등기부를 편성하는 방식), 연대순편성주의, 구두신청주의, 의사주의(대항요건주의), 공신의 원칙(공신력)

2) **우리나라 등기제도에서 예외로 인정하는 것**
   ① 공동신청의 예외: 단독신청
   ② 방문신청의 예외: 촉탁등기의 우편신청, 한편 전자신청은 토지에 대한 소정의 등기유형의 등기신청에 관하여는 원칙적인 모습이다.

등기부관장기관	법 원	지방법원, 지방법원지원, 등기소
등기기록편성	물적편성주의	1부동산등기기록주의 원칙: 1필토지, 1개건물 → 1등기기록
등기신청방법	원칙: 공동신청주의	① 방문신청의 경우의 서면주의(예외: 관공서의 촉탁등기의 우편신청) ② 전자신청의 경우에는 전산정보처리조직을 이용하여 신청정보 및 첨부정보의 제공
등기심사방법	형식적 심사주의	서면심사원칙 또는 전산정보처리조직을 이용한 심사원칙
등기의 효력	원칙: 성립요건주의	등기로서 물권변동은 성립하고, 그 효력이 발생함
국가배상책임	인 정	국가배상법 제2조 제1항
공신력	부 인	등기에 공신력을 인정하지 않음

단락핵심 — 등기제도

(1) 등기는 등기관이 등기부에 일정사항을 기록하고 등기관이 누구인지 알 수 있는 조치(등기사무를 처리한 등기관이 미리 부여받은 식별부호를 기록)를 하여야 물권변동의 효력이 있다.

(2) 성립요건주의를 취하는 현행 「민법」 하에서도 법률의 규정에 의하여 소유권을 취득하는 경우에는 등기하지 않아도 물권변동의 효력이 생긴다.

(3) 등기는 효력발생요건이고 그 존속요건은 아니므로, 등기가 원인없이 말소된 경우에도 물권에 관한 효력에는 아무런 영향을 미치지 않는다. 즉 말소된 등기에도 등기의 추정력은 인정된다.

   * 존속요건이란 권리의 존속을 위하여 공시가 계속되어야 한다는 원칙으로 이를 적용하면 등기부가 손상되거나, 등기의 기록이 말소된 경우 그 기록되었던 권리도 당연히 소멸한다. 그러나 우리법은 이를 채택하지 않았다.

제1장 총설

단락문제 02
제1회 기출 개작

우리나라 등기제도에서 예외적으로 인정되는 것만으로 짝지어진 것은?

① 성립요건주의 ― 형식적 심사주의
② 형식주의 ― 물적 편성주의
③ 단독신청 ― 우편촉탁
④ 전자신청 ― 공동신청
⑤ 방문신청 ― 단독신청

해설 등기제도의 원칙 및 그 예외
공동신청에 대한 예외로서 단독신청, 방문촉탁에 대한 예외로서 우편촉탁을 인정하고 있다.

답 ③

04 현행 등기제도의 문제점★

1 실체적 규정의 불비

등기의 추정력·가등기의 효력·등기청구권에 관한 규정 등 실체적 규정(민법상 규정)이 없다. 그러나 가등기에 관하여는, 본등기 후의 효력으로서 가등기 이후에 된 등기로서 가등기에 의하여 보전되는 권리를 침해하는 등기를 직권으로 말소하여야 한다고 규정하고 있다(법 제92조 제1항).

2 부동산등기부의 이원화(二元化)(법제14조)

토지등기부와 건물등기부의 분립에 따른 법률관계의 복잡함으로 인하여 토지등기부로 일원화할 필요가 있다는 견해가 있다.

3 등기부와 대장의 이원화

등기부와 대장(토지대장·임야대장 및 건축물대장)의 2원화에 따른 법률관계의 모순가능성 등으로 인하여 등기부와 대장의 일원화가 바람직하다는 견해가 있다.

4 공증제도의 도입론

부실등기 내지 허위등기의 가능성, 이의 방지를 위한 등기원인증서에 대한 공증제도의 도입론이 주장되고 있다.

5 등기의 공신력

등기의 공신력 부인에 따른 거래의 안전보장문제, 이의 해결을 위한 등기관의 심사권한강화와 등기의 권원보험제도 등의 도입 필요성이 주장되고 있다.

제2절 등기의 종류

01 등기사항(대상·기능·권능)에 따른 분류

1 부동산 표시에 관한 등기 : 사실의 등기

(1) 의 의
부동산의 물리적 현황을 명백히 하기 위하여 부동산의 표시에 관한 사항을 기재하는 등기로서, 등기기록 중 표제부(表題部)에 하는 등기가 이에 속한다. 이를 「사실의 등기」라고도 한다.

Professor Comment
부동산의 위치·사용목적·면적을 표시해서 그 등기기록이 어느 부동산에 관한 것인지를 밝혀주는 등기이다.

(2) 구분건물의 표시에 관한 등기 31회 출제
1동의 건물에 속하는 구분건물 중 일부만에 관한 소유권보존등기를 신청하는 경우에 나머지 구분건물의 표시에 관한 등기를 동시에 신청하도록 규정하고 있으며(법 제46조), 또한 규약상 공용부분에 관한 등기는 표제부등기기록만을 두도록 규정하여(법 제47조 제1항) 부동산표시에 관한 등기를 권리의 등기와 독립적으로 인정하고 있다.
→ 일체성 확보의 수단

2 권리에 관한 등기★ 31회 출제

(1) 의 의
권리의 등기란 부동산에 대한 일정한 권리관계를 공시하는 등기로서 등기기록 중 갑(甲)구란과 을(乙)구란에 하는 등기이다.

(2) 등기할 수 있는 권리
등기는 소유권, 지상권, 지역권, 전세권, 저당권, 권리질권, 채권담보권, 임차권 등의 설정, 보존, 이전, 변경, 처분의 제한 또는 소멸에 대하여 한다(법 제3조).

(3) 구 분
권리의 등기는 다시 「보존등기」와 「권리변동의 등기」로 나누어진다.

1) **보존등기**(保存登記)
보존등기란 미등기(未登記)의 부동산에 관하여 그 소유자의 신청으로 처음 행하여지는 소유권의 등기(기입등기)를 말한다.

Professor Comment
보존등기에 의하여 그 부동산의 등기기록이 새로 개설되고, 이를 기초로 하여 그 부동산에 대한 권리변동의 등기가 행하여진다.

2) 권리변동의 등기

위에서 본 바와 같이 소유권의 보존등기를 기초로 하여 그 후에 행하여지는 권리변동 즉, 소유권의 이전·변경, 제한물권의 설정·이전·변경의 등기를 말한다.
→ 갑구   → 을구

02 등기의 내용에 따른 분류(본등기의 분류)★★★

1 기입등기(記入登記)

새로운 등기원인에 의하여 어떤 사항을 등기부에 새로이 기입하는 등기로서 가장 보편적으로 행하여지는 소유권보존등기, 소유권이전등기, 제한물권의 설정등기, 제한물권의 이전등기 등이 모두 이에 속한다.

2 경정등기(更正登記)★★

(1) 의 의

→ 등기기재시
이미 마쳐진 등기에「원시적(原始的)으로」「착오(잘못, 錯誤) 또는 빠진 부분(유루, 遺漏)」이 있어 실체관계와의 사이에 불일치가 생긴 경우 이를 시정하기 위하여 하는 등기이다(법 제32조).
㉮ 소유권이전등기에 있어서 신청인 또는 등기관의 잘못으로 소유자의 주소를 오기(誤記)하거나 일부를 빠뜨린 때

(2) 구별 개념

불일치사유가「원시적」이라는 점에서 변경등기와 구별되고, 등기완료 후에 그 불일치를 제거하고 시정한다는 점에서「지구정정」과 구별된다.

3 변경등기(變更登記)★★

(1) 의 의

어떤 등기가 행하여진 후에 등기된 사항에「변경」이 생겨서,「후발적(後發的)으로」등기사항의 일부와 실체관계 사이에 불일치가 생긴 경우에 이를 시정하기 위하여 하는 등기이다(법 제35·36·41조 등).
㉮ 소유자의 주소나 성명이 후에 변경된 때(주소변경, 개명)

(2) 구별 개념

경정등기와의 차이점은 그 사유가 되는 등기와 실체관계와의 불일치가 원시적이냐 후발적이냐에 있다.

Professor Comment
협의의 변경등기와 경정등기를 합하여 광의의 변경등기라고 한다.

4 말소등기(抹消登記)★

(1) 의 의

기존 등기사항의 전부가 원시적·후발적으로 실체관계와 불일치하여 부적법하게 된 경우 그 기존등기의 「전부」를 말소하는 등기이다(법 제55·56·58조 등).
예 등기된 권리가 후에 소멸(채무변제에 의한 저당권의 소멸)되었거나 부적법하여 무효(등기원인인 매매의 무효)인 법률관계에 기한 권리의 등기

(2) 구별 개념

1) 말소등기는 기존의 어떤 등기 전부를 말소한다는 점에서, 기존의 등기를 존속시키면서 그 일부만을 보정(補正)하는 경정등기나 변경등기와는 구별된다.
2) 말소등기의 말소등기는 허용되지 아니하고 말소회복등기절차에 의한다(법 제59조).

5 회복등기(回復登記)★★

(1) 의 의

실체관계에 부합하는 기존의 등기가 부당하게 소멸된 경우에 이를 부활(復活)·재현(再現)하는 등기이다(법 제17조, 제59조).

(2) 종 류

1) **말소회복등기**(抹消回復登記)
기존 「등기내용」의 전부 또는 일부가 부적법하게 말소(법률적 소멸)된 경우에 그 회복을 위하여 행하는 등기이다(법 제59조).

2) **손상된 등기부의 복구**(구법상의 멸실회복등기 : 滅失回復登記)
등기부의 전부 또는 일부가 손상되거나 손상될 염려가 있을 때에 전산운영책임관이 등기부 부본자료에 의하여 그 등기부를 복구하는 것을 이른다(법 제17조, 규칙 제17조). 구법하에서는 등기부의 전부 또는 일부가 멸실(물리적 소멸)된 경우에 멸실회복등기에 의하여 소멸한 등기를 회복하였었다(구법 제24조).

6 멸실등기(滅失登記)★

(1) 의 의

등기된 부동산이 물리적으로 전부멸실된 경우에 행하여지는 등기이다(법 제40조, 제43조, 규칙 제83조 이하, 제102조 이하). → 건물멸실, 토지함몰

(2) 구별 개념

토지나 건물의 '일부'가 멸실된 때에는 부동산표시변경등기를 하여야 하고, 멸실등기를 할 것이 아니다.

Wide 등기의 내용에 의한 분류

분류체계		의 의	예
기입등기	보존등기	미등기부동산에 관하여 소유권의 존재를 처음으로 공시하는 등기	원시취득 : 건물신축, 공유수면매립
	이전등기	권리의 주체가 변경될 경우	㉠ 소유권 이전: 주등기 ㉡ 소유권 외의 권리의 이전: 부기등기
	설정등기	소유권 이외의 제한물권 또는 부동산 임차권을 설정하는 등기	㉠ 지상권, 지역권, 전세권, 저당권, 권리질권, 채권담보권의 설정등기 ㉡ 부동산의 임차권의 설정등기
광의의 변경등기	경정등기	등기에 착오나 빠진 부분이 있어서 원시적으로 등기와 실체관계 사이에 불일치가 생긴 경우에 하는 등기	기입등기시 소유자의 주소나 성명 등에 오기가 있는 경우
	변경등기	등기가 행해진 이후 후발적으로 등기와 실체관계 사이에 불일치가 생긴 경우 이를 바로잡기 위한 등기	㉠ 소유자의 주소나 성명의 변경 ㉡ 저당권의 이율의 변경
말소등기		기존의 등기의 전부를 말소하는 등기로서 기존의 어떤 등기를 존속시키면서 그 일부만 보정하는 변경등기와는 구별된다.	㉠ 변제에 의한 저당권등기의 말소 ㉡ 무효인 매매에 의한 소유권 이전등기 말소
회복등기		기존의 등기가 부당하게 말소 또는 멸실된 경우 이를 부활시키는 등기	㉠ 말소회복등기 : 등기부의 기재가 말소된 경우 ㉡ 손상된 등기부의 회복 : 등기부의 전부 또는 일부가 손상·염려가 있을 때에 전산운영책임관이 등기부부본자료에 의하여 그 등기부를 복구하는 것(구법하에서의 멸실회복등기에 상응하는 제도임)
멸실등기		부동산이 멸실한 경우에 행해지는 등기	㉠ 건물이 멸실한 경우 ㉡ 토지가 포락된 경우

제2편 부동산등기법

단락핵심 — 각종 등기

(1) 경정·변경·말소·회복·멸실등기는 기입등기가 아니다.
(2) 권리주체(사람)의 변경은 기입등기 가운데 이전등기이고, 권리객체(물건)의 변경은 변경등기이며, 권리내용(지료나 차임의 증감 등)의 변경도 권리의 변경등기이다.
(3) 말소등기가 부적법한 경우 그 말소는 인정되지 않으며, 말소회복등기에 의한다.
(4) 화재·지진 등에 의해 건물이 「일부」 멸실한 때에는 변경등기를 하나 「전부」 멸실한 경우에는 멸실등기를 한다.

단락문제 03
제2회 기출

등기의 종류에 관한 설명 중 틀린 것은?
① 소유권보존등기는 기입등기(記入登記)이다.
② 저당권이전등기는 부기등기(附記登記)에 의한다.
③ 등기가 행하여진 후 등기와 실체관계가 불일치하여 이를 시정하기 위한 등기는 변경등기이다.
④ 부동산이 멸실된 경우의 등기는 말소등기이다.
⑤ 전세권설정등기는 종국등기이다.

해설 부동산이 멸실된 경우
④ 말소등기가 아니라 멸실등기에 의한다.

답 ④

03 등기의 형식(방법)에 따른 분류 ★★
30회 출제

1 주등기(主登記)

(1) 주등기라 함은 「독립등기(獨立登記)」라고도 하는 것으로, 기존의 등기의 표시번호나 순위번호에 이어지는 독립한 번호를 붙여서 하는 등기이다(법 제4조 제2항 참조).
(2) 등기는 원칙적으로 주등기의 형식으로 행하여진다.
(3) 소유권보존등기를 할 때에는 등기원인과 그 연월일을 기록하지 아니한다(법 제64조).

[갑 구]	(소유권에 관한 사항)			
순위번호	등기목적	접 수	등기원인	권리자 및 기타사항
1	소유권보존	2002년 1월 9일 제571호		소유자 김갑돌 480404-1094561 서울특별시 은평구 응암동 5

제1장 총설

2 부기등기(附記登記) 23·33회 출제

(1) 부기등기라 함은 그 자체로서는 기존등기에 이어지는 독립한 순위번호를 갖지 않고, 기초가 되는 특정의 주등기 또는 부기등기의 아래 그 순위번호에 가지번호(부기번호)를 붙여서 하는 등기를 말한다(법 제52조, 규칙 제2조). → 예 2-1, 3-2 등

(2) 부기등기는 기존의 주등기와 동일성을 유지하고 주등기와 동일한 순위를 보유하여 주등기된 권리의 효력을 보유하기 위한 등기를 이른다(법 제5조, 예 환매특약의 등기, 소유권 외의 권리의 이전등기 등, 제52조 참조). 그러나 권리의 변경등기나 경정등기로서 등기상 이해관계인이 있는 경우에는 그의 승낙서나 이에 대항할 수 있는 재판의 등본이 없는 경우에는 부기등기로 하지 못하고 「주등기」로 하여야 한다(법 제52조 참조).

[갑 구] (소유권에 관한 사항)

순위번호	등기목적	접 수	등기원인	권리자 및 기타사항
3	소유권이전	2003년 1월 20일 제1500호	2003년 1월 18일 환매특약부매매	소유자 홍길동 530510-1157231 서울특별시 강남구 대치동 150
3-1	환매특약	2003년 6월 20일 제19000호	2003년 6월 15일 특약	환매대금 금 20,000,000원 계약비용 금 3,000,000원 환매기간 2006년 7월 25일까지 환매권자 김삼남 520120-1312757 서울특별시 강남구 논현동 100

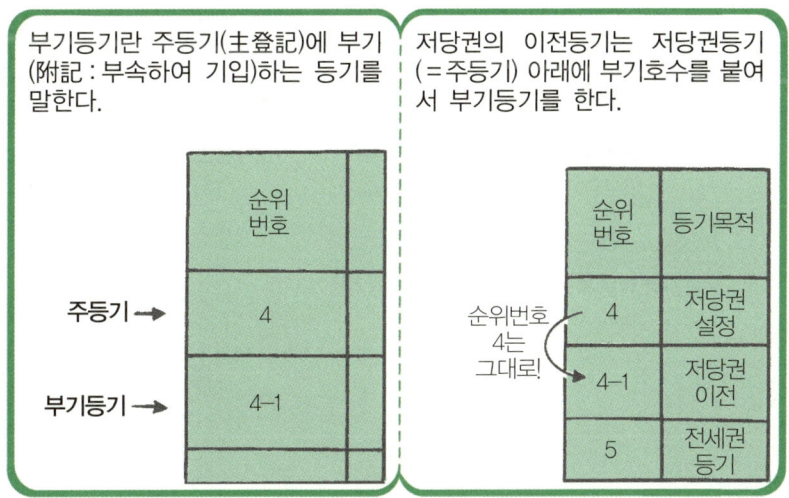

부기등기

부기등기는 독립된 번호를 갖지 않고 주등기의 번호를 사용하여 가지번호를 붙인다.

예 4 - 1
　주등기　가지번호
　번호

Key Point 주등기·부기등기 비교★★★

주등기에 의하는 등기	부기등기에 의하는 등기(법 제52조)
1) 소유권보존등기	1) 등기명의인의 표시변경 또는 경정등기
2) 소유권이전등기	2) 소유권 외의 권리(지상권·전세권·저당권) 이전등기
3) 표시란의 경정·변경등기	3) 소유권 외의 권리를 목적으로 하는 권리에 관한 등기
4) 환매말소등기	4) 소유권 외의 권리에 대한 처분제한 등기
5) 전부말소회복등기	5) 권리의 변경이나 경정등기
6) 전세권설정등기	6) 환매특약의 등기
7) 공시된 물건을 목적으로 한 저당권설정등기	7) 권리소멸의 약정등기
8) 소유권의 처분제한(가압류·가처분)	8) 공유물 분할금지의 약정등기
	9) 그 밖에 대법원규칙(규칙 제135조 제3항 등)으로 정하는 등기

04 등기의 효력에 따른 분류★★

1 종국등기(終局登記)

(1) 의 의

종국등기란 부동산 물권변동의 효력을 발생케 하는 등기를 말하며, 일반적으로 등기는 종국등기에 속한다. 종국등기를 예비등기인 「가등기」에 대응하여 「본등기(本登記)」라고도 한다.

(2) 종 류

종국등기에 속하는 등기로서는 기입등기, 경정등기, 변경등기, 말소등기, 회복등기, 멸실등기 등이 있다.

Professor Comment
등기라 함은 특별한 언급이 없으면 본등기를 말한다.

제1장 총설

→ 청구권보전, 순위보전

2 가등기(예비등기)★★ 32회 출제

(1) 의 의

가등기는 부동산물권 또는 임차권 등에 관한 등기를 하기 위한 실체법상 또는 절차법상의 요건이 갖추어지지 아니한 경우에 장래에 요건이 갖추어 진 경우에 행할 본등기의 순위를 보전하기 위하여 행하는 등기이다(청구권보전가등기, 법 제3조). 후에 요건을 갖추어 본등기를 하면 그 본등기의 순위는 가등기의 순위에 의한다(법 제5조). 한편 채권담보를 목적으로 하는 담보가등기도 있다(「가등기담보 등에 관한 법률」 제2조 제3호). 청구권보전가등기의 성질은 예비등기이다.

(2) 종 류

1) **청구권보전가등기**(법 제88조, 제3조)

가등기는 ①부동산물권의 변동을 목적으로 하는 청구권을 보전하려고 할 경우(부동산소유권이전청구권 등), ②청구권이 시기부(始期附) 또는 정지조건부일 경우, ③기타 장래에 있어서 청구권이 확정될 것인 경우(예약완결권 등)에 그 청구권을 보전하기 위하여 한다.

2) **담보가등기**

① 채권담보를 목적으로 행해지는 가등기를 말한다.
② 이 담보가등기에는 가등기 본래 효력 외에 저당권과 마찬가지로 경매권과 우선변제권❶이 인정된다(「가등기 담보 등에 관한 법률」 제12·13조).

> **용어사전**
> ❶ 우선변제권
> 모든 채권자는 대등한 입장에서 빌려준 금액의 비율만큼 돌려받아야 하지만(채권자 평등의 원칙), 법률이 정한 경우에 특정한 채권자가 다른 채권자에 우선하여 돈을 돌려받을 수 있는 권리를 말한다.

Professor Comment
가등기담보는 통상 소유권이전등기청구권의 보전을 위한 가등기의 형식을 취하므로 일반적으로 갑구에 등기한다.

③ 형식적으로는 청구권가등기이나 실질적으로 담보가등기일 때에는 본등기를 함에 있어 담보가등기에 관한 규정에 따라 청산절차를 밟아야 하고 이런 절차를 밟지 않은 본등기는 무효(無效)가 된다(대판 2002.4.23. 2001다81856).

(3) 청구권보전가등기를 할 수 있는 권리

1) 소유권, 지상권, 전세권, 지역권, 저당권, 권리질권, 채권담보권, 임차권, 환매권 등으로서 일반적으로 등기할 권리의 전부이다.
2) 소유권에 관한 가등기에는 소유권이전청구권보전가등기와 채권담보목적의 소유권이전담보가등기가 있다.
3) 소유권 외의 권리에 관한 가등기에는 그 권리의 설정청구권보전가등기와 이미 존재하는 소유권 외의 권리의 이전청구권보전가등기가 있다.

3 예고등기의 폐지

(1) 예고등기라 함은 예비등기의 하나로서 등기원인의 무효 또는 취소로 인한 등기의 말소 또는 회복의 소①가 제기된 경우 수소법원의 촉탁으로 그 사실을 공시하는 등기로서 선의의 제3자에 대한 사실상의 경고 효과만이 인정되는 등기였었으나 개정신법에서 예고등기는 남용의 폐해가 큼을 이유로 폐지하였다(구법 제4·39조).

(2) 다만, 개정법 전에 이미 등기된 예고등기에 관하여서는 '이 법 시행 당시 마쳐져 있는 예고등기의 말소절차에 관하여는 종전의 규정에 따른다'는 부칙 제3조 규정을 두어 처리하고 있다.

> **용어사전**
>
> ① 소(訴)
> 민사소송에서 자신의 권리를 침해당한 사람(원고)이 권리를 침해한 사람(피고)을 상대로 해서 그 권리관계를 바로 잡아달라고 처음으로 법원에 신청하는 것을 말한다.

Key Point 등기의 분류 및 종국등기와 예비등기의 분류

1) 등기의 분류

① 기능에 의한 분류	㉠ 부동산표시에 관한 등기(사실의 등기)	㉡ 권리에 관한 등기
② 효력에 의한 분류	㉠ 종국등기(본등기)	㉡ 예비등기: 가등기
③ 대상에 의한 분류	㉠ 토지에 대한 등기	㉡ 건물에 대한 등기
④ 내용에 의한 분류	㉠ 기입등기 ㉢ 말소등기 ㉤ 멸실등기	㉡ 변경등기: 협의의 변경등기와 경정등기 ㉣ 회복등기: 말소회복등기와 등기부복구
⑤ 형식에 의한 분류	㉠ 주등기(독립등기)	㉡ 부기등기
⑥ 등기절차개시의 태양에 의한 분류	㉠ 신청에 의한 등기 ㉢ 직권에 의한 등기	㉡ 촉탁에 의한 등기 ㉣ 명령에 의한 등기

2) 종국등기와 예비등기의 비교

구 분	종국등기(본등기)	예비등기
종 류	기입등기, 경정등기, 변경등기, 말소등기, 회복등기, 멸실등기	가등기
효 력	물권변동적 효력, 대항력, 점유적 효력, 순위확정력, 권리추정력, 후등기저지력	청구권 보전, 순위 보전, 담보 가등기
	공신력 부정	㉠ 종국등기에서 인정되는 효력은 인정되지 않는다(단 담보가등기는 예외). ㉡ 공신력도 부정된다.

단락문제 Q4

다음 중 물권변동의 효력이 발생하지 않는 등기는?

① 종국등기(終局登記)   ② 기입등기   ③ 변경등기
④ 회복등기   ⑤ 가등기(假登記)

해설 종국등기와 예비등기
① 등기는 등기의 본래의 효력인 물권변동의 효력을 발생시키는 등기냐에 따라 종국등기와 예비등기로 나누어진다. **답** ⑤

제3절 등기할 사항(등기의 대상)   35회 출제

> **제3조(등기할 수 있는 권리 등)**
> 등기는 부동산의 표시(表示)와 다음 각 호의 어느 하나에 해당하는 권리의 보존, 이전, 설정, 변경, 처분의 제한 또는 소멸에 대하여 한다.
> 1. 소유권(所有權)   2. 지상권(地上權)   3. 지역권(地役權)
> 4. 전세권(傳貰權)   5. 저당권(抵當權)   6. 권리질권(權利質權)
> 7. 채권담보권(債權擔保權)   8. 임차권(賃借權)

01 서설   17회 출제

1 등기할 사항의 의의

등기사항이란 등기의 대상이 되는 물건, 등기할 권리, 등기할 권리변동을 말하는 것으로 실체법상의 것과 절차법상의 것이 있다.

2 실체법상의 등기사항

→ 예) 물권변동·대항력 등

이는 실체법상 등기를 하지 않으면 사법상의 일정한 효력이 생기지 아니하는 사항으로서 주로 「민법」 제186조와 관련되나, 환매권, 임차권과 같이 물권은 아니지만 실체법에서 등기능력을 인정하여(민법 제592조, 제621조) 등기사항이 되는 경우도 있다.

제2편 부동산등기법

3 절차법상의 등기사항

(1) 광의의 부동산등기법(부동산등기에 관한 사항을 규정한 법령)에 등기할 수 있는 사항으로 규정되어 있는 것으로서 당사자가 등기를 신청할 수 있고 또한 등기관이 등기할 권한이 있는 사항을 말하며, 주로 「부동산등기법」에 의하여 결정된다. → 등기사항법정주의

(2) 실체법상 등기할 수 있는 사항(민법 제186조)외에 표제부등기사항, 상속·공용징수·판결·경매 기타 법률의 규정에 의한 물권의 취득(민법 제187조), 피담보채권의 소멸로 인한 담보물권의 소멸, 혼동에 의한 제한물권의 소멸, 부동산의 표시변경·경정, 대지권과 그 변경·경정, 등기명의인의 표시변경·경정과 같이 실체법(實體法: 민법)상의 등기사항은 아니지만 절차법(節次法: 부동산등기법)상의 등기사항인 것이 있다.

등기의 대상과 상속받은 부동산

1) 등기의 대상
① 등기사항이라고도 한다.
② 등기의 대상
  ㉠ 등기의 대상이 되는 물건(부동산)과
  ㉡ 등기의 대상이 되는 권리(부동산물권)가 있다.

2) 상속받은 부동산
① 상속받은 부동산은 법률규정에 의한 물권변동이므로 등기를 요하지 않는다(민법 제187조 본문).
② 그러나 상속받은 주택을 처분(매매 등)하려면 등기해야 한다(민법 제187조 단서).

① 등기의 대상이 되는 물건은 부동산을 말하며, 부동산등기법상 등기의 대상이 되는 물건은 부동산 중 토지와 건물뿐이다.

② 등기의 대상이 되는 권리(= 등기할 수 있는 권리)에는 소유권·지상권·지역권·전세권·저당권·임차권·환매권·권리질권·채권담보권 등이 있다.

등기의 대상이 되는 권리는 원칙적으로 부동산물권을 말한다.

부동산에 관한 법률행위로 인한 물권의 득실변경은 등기하여야 그 효력이 있다.

상속 등과 같은 법률규정에 의한 물권변동은 등기를 요하지 않는다. 그러나 처분하려면 등기를 해야 한다.

부동산매매(= 법률행위)시 소유권이전의 효력이 발생하려면 소유권이전등기를 해야지!

등기를 요하지 않으니까 등기를 하지 않아도 된다.

> *Professor Comment*
> ① 실체법(민법)상의 등기의 의의 → 권리의 등기만을 의미
> ② 절차법상의 등기의 의의 → 사실의 등기와 권리의 등기 모두 의미

4 양자의 관계

실체법상 등기사항은 모두 절차법상 등기사항에 해당되지만, 절차법상 등기사항이 모두 실체법상 등기사항에 해당되는 것은 아니다. 즉, 절차법상의 등기사항은 실체법상의 등기사항을 포함하는 보다 넓은 개념이다(예 피담보채권소멸의 경우 저당권은 부종성에 의하여 당연히 소멸하나, 공시제도의 목적상 저당권의 말소등기를 요한다. 절차법상의 등기사항에 해당한다). 단, 분묘기지권과 특수지역권은 실체법상이나 절차법상의 등기사항이 아니다(법 제3조 참조).

단락문제 05

등기의 대상(등기사항)에 관한 다음 설명 중 맞는 것은?

① 실체법상의 등기사항은 절차법상의 등기사항보다 범위가 넓다.
② 절차법상의 등기사항이란 민법상 등기할 것으로 정한 사항을 가리킨다.
③ 「부동산등기법」상 등기의 목적물이 되는 것은 모든 부동산이다.
④ 상속과 공용징수는 모두 실체법상의 등기사항이다.
⑤ 등기능력이 있는 것은 모두 절차법상의 등기사항에 포함된다.

해설 등기사항(등기의 대상)
① (×) 절차법상의 등기사항의 범위가 더 넓다.
② (×) 「부동산등기법」상의 등기사항이다.
③ (×) 사권의 목적이 되는 것만 등기의 대상이다.
④ (×) 절차법상의 등기사항이다.

답 ⑤

02 등기할 사항인 물건(등기의 대상, 즉 등기능력이 있는 물건) : 부동산★★

1 의 의

(1) 원칙적으로 1개의 독립한 부동산(1필의 토지나 1개의 건물)으로 인정되는 것만이 등기의 대상이 된다(1물1권주의). 단 독립한 부동산인 토지와 건물 중 사권(私權)의 목적이 되는 것에 한한다.

(2) 현행 민법상 부동산이라 함은 「토지 및 그 정착물」을 의미하지만(민법 제99조), 부동산 중에서도 토지와 건물만이 부동산등기법상 등기의 대상이 된다(법 제14조). 한편 특별법상 토지의 정착물로 취급되어 등기능력이 있는 수목의 집단(입목에 관한 법률)등이 있다.

등기대상인 물건	등기할 수 없는 물건
1) 토지로 등기되는 물건 ① 「하천법」상의 하천 ② 「도로법」상의 도로 ③ 방조제(지목 : 제방) ④ 국유재산인 토지 2) 건물로 등기되는 물건 ① 농업용 고정식 온실 ② 유류저장탱크·싸이로·비각(碑閣) ③ 조적조 및 컨테이너구조 슬레이트 '지붕'주택 ④ 경량철골조 경량 패널 '지붕'건축물 ⑤ 구분건물의 전유부분 및 부속건물 ⑥ 구분건물의 규약상 공용부분 ⑦ 집합건물의 공용부분 중 구분건물 또는 독립건물로서의 구조를 가지는 경우(지하실, 기계실, 관리사무소, 노인정 등) ⑧ 공동주택의 지하주차장(전유부분으로 독립하여 등기할 수는 없으나, 전유부분의 부속건물로 함이 상당하다고 판단되는 경우에는 전유부분의 부속건물로 등기가능) ⑨ 「집합건물의 소유 및 관리에 관한 법률」상의 구분점포 ⑩ 개방형축사(축사의 부동산등기에 관한 특례법)	① 공유수면하의 토지 ② 방조제의 부대시설물(배수갑문·권양기·양수기) ③ 농지개량시설의 공작물(방수문·잠관) ④ 일시사용을 위한 가설건축물 ⑤ 경량철골조 혹은 조립식 패널구조의 건축물('지붕' 표시가 없는 경우) ⑥ 견본주택(모델하우스)·지붕이 없는 공작물 ⑦ 수조·옥외풀장·양어장 ⑧ 주유소의 캐노피·비닐하우스 ⑨ 공작물시설로 등록된 해상관광호텔용 선박 ⑩ 공해상 수중암초 및 구조물 ⑪ 구분건물의 구조상 공용부분(아파트의 복도·계단) ⑫ 지하상가나 시장건물의 통로·복도·계단·화장실 ⑬ 건물의 승강기, 발전시설, 보일러시설, 냉난방시설 부착된 금고, 교환 및 방송시설 옥내변전·배전시설, 펌프실·물탱크실 ⑭ 군사분계선 이북지역의 토지

제1장 총설

> **Wide** 「축사의 부동산등기에 관한 특례법」에 의한 개방형 축사의 등기능력
>
> ① 의의와 요건
> 소(牛)의 사육용도 건축물로서 ㉠토지에 견고하게 정착되어 있고, ㉡소의 사육용도로 계속 사용할 수 있으며, ㉢지붕과 견고한 구조를 갖추고, ㉣건축물대장에 축사로 등록되어 있으며, ㉤연면적이 200제곱미터를 초과할 것을 요건으로 하여 부동산등기부에의 등기능력을 인정하고 있다(동법 제2~4조).
>
> ② 등기신청시 첨부정보의 특칙
> 일반적인 첨부정보 외에 ㉠건축물대장등본에 의하여 등기할 건축물의 용도가 개방형 축사임을 알 수 있는 경우에는 건축물대장등본만을 제공하면 되나, ㉡'㉠'에 해당되지 않는 경우에는 건축물의 용도가 개방형 축사임을 알 수 있는 건축허가신청서나 건축신고서의 사본이나 시·구·읍·면의 장이 작성한 서면을 제출하여야 한다(동 규칙 제3조).

> **Wide** 「하천법」 제4조 제2항에 따른 등기할 사항의 범위 등(등기예규 제1387호)
>
> ① 「하천법」의 개정으로 하천의 국유제를 폐지함에 따라 「하천법」상의 하천으로서, '등기부상의 지목'이 하천 또는 제방으로 등기된 토지에 대하여 소유권, 저당권, 권리질권, 신탁등기 및 등기명의인·부동산의 표시변경등기 등의 등기는 할 수 있다(「하천법」 제4조 제2항, 단 소유권보존등기의 경우에는 '토지대장상의 지목'이 하천 또는 제방일 것).
>
> ② 따라서 위 예규에 의해 국가하천, 지방하천도 소유권보존·이전등기, 저당권설정등기를 할 수 있는 등기능력이 있으나 용익권에 관하여는 등기능력이 없다.

2 토 지

(1) 등기능력을 인정하기 위한 요건

대한민국 영토 안의 모든 토지는 모두 등기할 수 있는 토지라 할 수 있지만, 「공간정보의 구축 및 관리 등에 관한 법률」 절차에 따라 1필지로 지적 공부에 등록하여야 그 필지별로 등기할 수 있다.

(2) 1필의 토지의 물리적 일부의 등기능력 23회 출제

1필의 토지의 물리적 일부는 분필절차를 거치지 않는 한 원칙적으로 물권거래의 객체로 삼을 수 없으므로(1물1권주의), 토지의 물리적 일부에 대한 소유권이전등기나 근저당권설정등기 등은 허용되지 아니한다. 다만 1필지의 일부라도 지상권설정등기·지역권설정등기·전세권설정등기·임차권설정등기 등은 가능하다(법 제69조, 제70조, 제72조). 한편 토지의 물리적 일부가 아닌 1필 토지의 권리의 일부(지분)에 대한 소유권이전등기·근저당권설정등기·가등기·가압류등기 등은 가능하다.

(3) 토지의 개수

토지는 「공간정보의 구축 및 관리 등에 관한 법률」의 규정에 따라 필지별로 지적공부에 등록함으로써 1필지의 독립성이 인정되고 그 필지별로 토지의 개수를 판단한다.

 ■ 「공간정보의 구축 및 관리 등에 관한 법률」상 분필절차를 거치지 않은 채 이루어진 분필등기의 효력

토지의 개수는 「지적법령」상 지적공부상의 토지의 필수를 표준으로 하여 결정되는 것으로서 1필지의 토지를 수필의 토지로 분할하여 등기하기 위해서는, 먼저 지적측량을 한 후 지적소관청에 분할신청을 하여 지적공부에 분할등록이 된 후 분필등기를 신청하여 하여야 하고, 가사 등기기록에만 분필의 등기가 이루어졌다고 하여도 이로써 분필의 효과가 발생할 수는 없다(대판 1995.6.16. 94다4615). 부동산의 사실관계, 즉 그 현황은 대장을 기준으로 하기 때문이다.

 ■ 일필의 토지의 특정방법 및 그 토지 소유권의 범위의 결정기준

일정한 토지가 지적공부에 1필의 토지로 등록된 경우 그 토지의 소재, 지번, 지목, 지적 및 경계는 일응 그 등록으로써 특정되고 그 토지의 소유권의 범위는 지적공부상의 경계에 의하여 확정된다(대판 1995.6.16. 94다4615).

Key Point | 부동산의 일부와 권리의 일부(=지분)

구 분	소유권이전등기	저당권설정등기	처분제한등기	용익물권·임차권등기
부동산의 일부	X	X	X	O
권리의 일부(지분)	O	O	O	X

* 범례: O → 등기할 수 있음, X → 등기불가

3 건 물

(1) 등기능력이 있는 건물이 되기 위한 요건

1) 일반건물

독립된 부동산으로서의 건물이 되려면 최소한 기둥·지붕·주벽이 있어야 하고(외기분단성), 토지에 정착된 건조물로서 쉽게 해체·이동할 수 없어야 하며(정착성), 일정한 용도로 계속 사용할 수 있어야 한다(용도성).

2) 구분건물의 경우

① 구분 건물의 경우에는 구조상 독립성과 이용상 독립성이 있어야 구분건물로서 등기할 수 있는 바 그 구체적인 판단은 종합적인 상황을 고려하여 등기관이 판단해야 할 사항이다. 다만, 상가건물의 평면매장은 구조상 독립성이 없더라도 별도로 「집합건물의 소유 및 관리에 관한 법률」 제1조의2의 요건을 갖추면 등기능력이 있다.

② 한편 구분건물의 공용부분 중 구조적·물리적으로 공용부분인 것(복도, 계단 등)은 전유부분으로 등기할 수 없으나, 구분건물의 공용부분이라 하더라도 <u>아파트관리소, 노인정 등과 같이 독립된 건물로서의 요건을 갖춘 경우에는 독립하여 건물로서 등기할 수 있다.</u>

(2) 건물의 동일성(등기예규 제1374호)

1) 건물의 증축·개축으로 물리적 변경이 생긴 경우 변경 전후의 건물이 동일한 것인지 문제된다. <u>건물보존등기의 효력과 관련된다</u>(무효인 보존등기의 유용은 부정됨).

2) 건물의 동일성은 지번 및 도로명주소, 종류, 구조 및 면적과 도면에 나타난 건물의 길이, 위치 등을 종합하여 판단하여야 한다. 따라서 지번이 일치되더라도 <u>도로명주소와 종류, 구조, 면적 또는 도면에 나타난 건물의 길이, 위치 등이 다른 경우에는 동일한 건물로 볼 수 없다.</u> 그러나 각각 일반건물과 집합건물로 보존등기가 경료되어 있는 경우라도 그 지번 및 도로명주소, 종류, 구조 및 면적이 동일하고 도면에 나타난 건물의 길이, 위치 등이 동일하다면 동일건물로 볼 수 있다.

3) <u>건물의 종류와 구조, 면적 등 일부가 일치하지 않더라도 건축물대장의 변동사항 등에 의하여 동일건물로 봄이 상당하다고 인정되는 경우에는</u> 동일건물로 본다.

(3) 건물의 개수

건물의 개수는 물리적 구조(구조상 독립성)와 거래·이용의 목적물로서의 독립성 여부(객관적 요소)와 <u>소유자의 의사</u>(주관적 요소)를 기준으로 정한다.
　　→ 반드시 등기나 등록일 필요는 없고, 외부적으로 구분의사가 표시되면 족하다.

(4) 건축물대장과의 관계(등기예규 제902호)

1) **건물의 소유권보존등기 신청시 첨부하는 건축물대장정보**

건축물대장정보는 1개의 건물을 단위로 하여 각 건축물마다 작성된 것이어야 한다. 건물의 사실관계, 즉 그 물리적 현황은 건축물대장을 기준으로 하기 때문이다.

2) **부속건물의 소유권보존등기**

<u>주된 건물의 사용에 제공되는 부속건물은 주된 건물의 건축물대장에 부속건물로 등재하여 1개의 건물로 소유권보존등기를 함이 원칙이나, 부속건물의 건물축물대장이 주된 건물과 별도로 작성된 경우에는 부속건물을 별도의 독립건물로 하여 소유권보존등기를 신청할 수도 있다.</u>

3) **별개의 신축 건물이 기존 건축물대장에 증축으로 등재된 경우 신축 건물의 소유권보존등기**

그 신축건물을 별개의 독립건물로 소유권보존등기를 신청할 수 있다. 다만, ① 그 별개의 신축건물은 정착성, 외기분단성(기둥, 지붕, 주벽 기준), 독립된 용도성이 인정되어야 하고, ② 신축건물에 대해 기존 건축물대장에서 분리하여 별도로 건축물대장을 작성한 다음, 그 건물의 소재, 지번, 건물번호 및 종류, 구조와 면적 등을 신청정보의 내용으로 등기소에 제공하여야 한다(법 제40조 제1항 제3호, 제4호 참조, 규칙 제43조 제1항 제1호 나목).

제2편 부동산등기법

 ■ **독립된 부동산으로서의 건물의 요건**

독립된 부동산으로서의 건물이라고 하기 위하여는 최소한의 기둥과 지붕 그리고 주벽이 이루어지면 된다(신축중인 건물의 지상층 부분이 골조공사만 진행되었을 뿐이라고 하더라도 지하층 부분만으로도 독립된 건물로서의 요건을 갖추었다고 본 사례)(대판 2003.5.30. 2002다21592, 21608).

 ■ **부속건물을 본건물과는 별도로 1개의 독립건물로 소유권보존등기를 한 경우에 그 효력**

본 건물의 사용에만 제공되는 부속건물이라 하여도 소유자의 신청에 따라 본 건물과 합하여 1개의 건물로 등기를 할 수 있고 또는 그 부속건물을 본 건물과는 별도로 1개의 독립건물로 등기를 할 수 있으므로 부속건물에 대한 소유권보존등기는 유효하다(대판 1974.12.24. 74다1163).

 ■ **실제의 건물과 등기부상의 표시건물과의 동일성여부 및 동일성 없는 보존등기의 효력**

실제의 건물과 보존등기부상의 표시건물과의 사이에 건물의 건축시기, 건물 각 부분의 구조, 평수, 소재, 지번 등에 관하여 차이가 중대하여 등기상의 표시와 실제상의 상태와의 사이에 도저히 동일성 또는 유사성조차 인식될 수 없는 것이라면 그 건물에 관한 다른 보존등기나 등기형식상 이해관계인이 없어 경정등기가 허용된 경우를 제외하고는 그 등기는 무효라고 할 것이다(대판 1978.6.27. 78다544). 무효인 보존등기의 유용은 인정되지 않는다는 의미의 판례이다.

 ■ **1동 건물의 증축 부분이 구분건물로 되기 위한 요건**(구조상·이용상의 독립성과 소유자의 구분행위) **및 소유자가 기존 건물에 마쳐진 등기를 증축한 건물의 현황과 맞추어 1동의 건물로서 건물표시 변경등기를 한 경우, 이를 구분건물로 하려는 의사로 볼 수 있는지 여부**(소극)

㉠ 1동의 건물 중 구분된 각 부분이 구조상, 이용상 독립성을 가지고 있는 경우에 특별한 사정이 없는 한 소유자의 의사에 의하여 그 각 부분을 1개의 구분건물로 또는 그 1동 전체를 1개의 건물로 할 수도 있다.
㉡ <u>구분건물이 되기 위하여는 객관적, 물리적인 측면에서 구분건물이 구조상, 이용상의 독립성 및 주관적인 측면에서 그 건물을 구분소유권의 객체로 하려는 의사표시 즉 구분행위가 있어야 하므로,</u>
㉢ 소유자가 기존 건물에 증축을 한 경우에도 증축 부분이 구조상, 이용상의 독립성을 갖추고 있고, 소유자의 구분행위가 있으면 구분소유권이 성립된다.
㉣ 따라서 이 경우에 소유자가 기존 건물에 마쳐진 등기를 이와 같이 증축한 건물의 현황과 맞추어 1동의 건물로서 증축으로 인한 건물표시변경등기를 경료한 때에는 그 전체를 1동의 건물로 하려는 의사였다고 봄이 상당하다(대판 1999.7.27. 98다35020).

단락문제 Q6
제21회 기출

다음 중 등기능력이 있는 것은?

① 방조제의 부대시설물인 배수갑문
② 컨테이너
③ 옥외 풀장
④ 주유소의 닫집(캐노피)
⑤ 개방형 축사

해설 등기능력(등기의 대상: 기둥, 지붕 그리고 주벽 구비여부)
사권의 목적이 될 수 있는 독립한 부동산이 등기능력, 즉 등기할 수 있는 물건이다. 개방형 축사는 「축사의 부동산등기에 관한 특례법」에 의해 등기될 수 있다(등기예규 제1587호). **답** ⑤

03 등기할 사항인 권리 ★★★　　　추가15회 출제

1 부동산물권

(1) 원 칙 13회 출제

토지 및 건물에 대한 물권, 즉 소유권, 지상권, 지역권, 전세권, 저당권이 등기하여야 할 물권으로서 등기능력이 인정된다(민법 제186조, 법 제3조).

(2) 예 외

부동산물권 중 점유라는 사실을 요건으로 하는 부동산에 관한 점유권, 유치권은 그 성질상 등기를 요하지 않으며 등기능력도 없다. 동산질권도 동산을 대상으로 하기 때문에 등기능력이 없다.

Professor Comment
점유권이나 유치권은 점유라는 사실을 요건으로 하여 그 사실이 계속되고 있는 한 인정되고 점유의 상실에 의하여 소멸되므로 성질상 등기로서 공시(公示)하여야 할 필요가 없기 때문이다.

2 권리질권, 채권담보권

(1) 권리질권

부동산물권은 아니지만 권리질권(權利質權), 즉 저당권에 의하여 담보된 채권을 질권의 목적으로 하는 경우에 그 질권의 효력을 저당권에도 미치게 하기 위하여 등기능력을 인정하고 있다(민법 제348조, 법 제3조 제6호, 제76조 제1항).

(2) 채권담보권(債券擔保權)

법인 등이 담보약정에 따라 금전의 지급을 목적으로 하는 지명채권(여러 개의 채권 또는 장래에 발생할 채권을 포함)을 담보로 제공하는 경우에도 담보등기를 할 수 있다. 동산·채권 등의 담보에 관한 법률의 제정에 따라 개정등기법에서 등기할 수 있는 권리로 추가 되었다(법 제3조 제7호).

3 물권 외의 권리

(1) 물권만이 등기능력을 갖는 것은 아니며, 채권인 부동산임차권과 부동산환매권도 법률에 의하여 등기능력이 인정된다(법 제3조 제8호, 제53조).

(2) 부동산임차권은 채권이지만 부동산의 임차인은 임대차계약시에 반대의 약정이 없으면 임대인에 대하여 임차권등기에 협력할 것을 청구할 수 있고, 등기를 한 때에는 그 때부터 제3자에 대한 대항력이 생긴다(민법 제621조).

(3) 부동산환매권도 환매특약이 있는 경우 환매권의 보류를 등기한 때에는 제3자에 대한 대항력이 있다(민법 제592조). 이 경우 환매특약등기는 부기등기로 한다.

(4) 그 밖에 물권변동을 목적으로 하는 청구권에 관하여는 가등기능력이 인정된다(법 제3조).

제2편 부동산등기법

4 기타 등기능력 유무가 문제되는 경우

주위토지통행권은 민법상 상린관계에 의해 인정되는 소유권의 내용으로서 등기능력이 없다(민법 제219조, 등기선례 제5-4호).

Key Point 등기할 사항인 권리★★★ 34회 출제

구 분	등기할 수 있는 권리	등기할 수 없는 권리
부동산물권	소유권, 지상권, 지역권, 전세권, 저당권	점유권, 유치권, 특수지역권, 분묘기지권
물 권	권리질권(예 저당권부채권에 대한 질권), 채권담보권(예 저당권부금전채권에 대한 담보권)	동산질권
부동산채권	부동산임차권, 부동산환매권 등	그 외의 채권

04 등기할 사항인 권리변동   21회 출제

1 물권변동을 위한 등기사항

Professor Comment

법률행위로 인한 물권변동(설정·이전·변경·처분의 제한 및 소멸)은 모두 등기를 하여야 실체법상 물권변동의 효력이 발생한다(민법 제186조). 민법상 지상권 또는 전세권의 소멸사유로서 소멸청구 또는 소멸통고와 관련하여서는 말소등기필요설과 말소등기불요설의 대립이 있다.

(1) 보존(保存)

보존이란 미등기의 부동산에 대하여 이미 취득하여 가지고 있는 소유권의 존재를 확실히 하고 이를 공시하기 위하여 처음으로 하는 등기이다[예 건물의 신축에 의한 소유권의 원시취득❶은 법률행위에 의하지 않은 취득으로서 등기 없이도 그 소유권을 누구에게나 주장할 수 있으나 그것을 공시하고 처분하기 위해서는 보존등기를 하여야 한다(민법 제187조)]. 보존등기를 할 수 있는 권리는 소유권뿐이다.

용어사전

❶ 원시취득
다른 사람의 권리를 이어받는 것이 아니라 스스로 독립적으로 어떤 권리를 가지게 되는 것(무주물선점, 유실물습득, 시효취득 등)이다.

(2) 설정(設定)

설정이라 함은 당사자간의 계약에 의하여 새로이 소유권 외의 권리를 창설하는 것을 말하는데, 물권의 설정은 설정등기를 하여야만 효력이 발생하는 것이 원칙이다(민법 제186조). 지상권, 지역권, 전세권, 저당권 등이 그 예이다. 다만, 소유권은 원시취득의 경우 보존등기의 대상일 뿐 설정등기의 대상이 아니다.

(3) 이전(移轉)

이전이란 어떤 자에게 귀속되어 있던 권리가 다른 자에게 옮겨가는 것을 말한다. 권리의 이전은 권리변동 중에서도 가장 대표적인 것이라 할 수 있으며 법률행위 또는 법률의 규정에 의하여 일어난다. 이전등기는 소유권뿐만 아니라 등기의 대상이 되는 권리로서 양도성이 있는 모든 권리에 대하여 인정된다. 소유권이전등기, 저당권이전등기, 지상권이전등기, 전세권이전등기 등이 그 예이다.

(4) 변경(變更)

권리의 변경에는 권리의 내용변경(권리의 존속기간의 연장, 지료(地料)나 차임(借賃)의 증감 등)인 실체법상의 변경 외에 부동산표시의 변경, 등기명의표시의 변경 등 절차법상의 변경을 포함한다.

(5) 처분의 제한(處分制限)

1) 의 의

처분의 제한이란 소유자 기타 권리자가 가지는 권리의 처분권능을 제한하는 것을 말한다.

2) 법률상 근거의 필요

처분제한은 재산권을 제한하는 것이므로 법률에 규정이 있는 경우에 한하며(헌법 제2조 제1항), 또한 등기를 할 수 있다는 법령상의 근거가 있어야만 등기를 할 수 있다. 따라서 계약에 의한 처분제한은 여기의 처분제한에 포함되지 않는다. 공유물의 분할금지특약, 부동산환매특약, 전세권양도금지특약, 압류·가압류·가처분에 의한 처분금지, 경매개시결정 등이 그 예이다.

판례 ■ 가등기에 기한 본등기절차의 이행을 금지하는 취지의 가처분이 등기사항인지 여부(소극)

㉠ 소유권이전청구권보전가등기는 법 제88조에 의하여 등기사항임이 명백하므로 그 가등기상의 권리 자체의 처분을 금지하는 가처분은 같은 법 제3조에서 말하는 처분의 제한에 해당되어 등기사항에 해당되지만,

㉡ 가등기에 터잡아 본등기를 하는 것은 그 가등기에 기하여 순위보전된 권리의 취득(권리의 증대 내지 부가)이지 가등기상의 권리 자체의 처분(권리의 감소 내지 소멸)이라고는 볼 수 없으므로 가등기에 기한 본등기절차의 이행을 금지하는 취지의 가처분은 등기사항이 아니어서 허용되지 아니한다(대판 2007.2.22. 2004다59546).

(6) 소멸(消滅)

소멸이란 어떤 부동산에 대한 권리가 원시적 또는 후발적 사유로 인하여 없어지는 것을 말한다.

> 예) 등기원인의 무효·취소로 인한 소유권의 소멸이나 소멸합의(合意)·포기(抛棄)·혼동(混同)·목적부동산의 멸실에 의한 권리소멸 등

2 처분을 위하여 등기해야 하는 경우(민법 제187조: 등기 없이 효력을 발생하는 물권변동)★★★

(1) 서 설

1) 의 의

법률의 규정에 의한 물권변동은 등기를 하지 않아도 실체법상 물권변동의 효력이 발생한다. 다만, 취득한 권리를 처분하기 위해서는 등기를 하여야 한다(민법 제187조 본문, 단서). 실체법상의 등기사항이 아니고 절차법상 등기사항이다(처분요건으로서의 등기). 다만 부동산의 시효취득은 법률규정에 의한 물권변동임에도 불구하고 예외적으로 '등기를 하여야 그 소유권을 취득'한다(민법 제245조 제1항).

2) 「민법」 제187조 단서에 위반하여 등기없이 처분한 경우

판례는 민법 제187조 단서에 위반하여 등기없이 처분한 경우에도 그 등기가 실체관계와 부합하는 한 유효라는 입장이다(대판 1984.1.24. 83다카1152 참조).

예) 상속등기 없이 피상속인으로부터 직접 양수인에게 이전등기한 경우, 미등기건축물을 양수인 명의로 보존등기한 경우(모두생략등기) 등

(2) 상속·공용징수·판결·경매에 의한 물권변동★★★

1) 상속·합병 등의 포괄승계에 의한 물권변동

피상속인의 부동산물권은 피상속인의 사망과 동시에 그 권리의 이전등기 없이 상속인에게 당연히 이전된다(민법 제1005조). 포괄적 유증❶(包括的遺贈: 민법 제1078조)과 회사의 합병(상법 제235조)의 경우도 마찬가지이다.

2) 공용징수(公用徵收)에 의한 물권변동

공용징수(공용수용)란 공익사업을 위하여 타인의 재산권을 법률의 규정에 의하여 강제적으로 취득하는 것으로서, 공익사업의 주체인 사업시행자는 등기 없이 수용의 개시일에 수용대상인 부동산물권을 취득하고 피수용자의 그 권리는 소멸한다(「공익사업을 위한 토지 등의 취득 및 보상에 관한 법률」 제45조 제1항).

3) 판결(判決)에 의한 물권변동

① 부동산물권의 변동을 목적으로 하는 '판결의 확정시'에 등기 없이 당연히 물권변동의 효력이 발생한다. 다만, 여기서의 판결은 판결 자체에 의하여 직접 부동산 물권의 변동을 일으키는, 즉 형성적 효력이 발생하는 형성판결만을 의미한다(대판 1970.6.30 70다568).

예) 공유물분할판결(민법 제269조), 사해행위(詐害行爲)❷취소판결(민법 제406조), 상속재산분할판결(민법 제1013조 제2항)

용어사전

❶ 유증(遺贈)
사람이 자신이 죽고 난 뒤에 재산의 일부나 전부를 상속받을 사람이 아닌 제3자에게 무상으로 주는 것이다.

❷ 사해행위(詐害行爲)
남에게 갚아야 할 빚이 있는 사람이 고의로 땅이나 집 예금 등을 다른 사람 명의로 바꾼다든가, 골동품이나 그림 등 재산적 가치가 있는 물건을 몰래 팔거나 숨겨두어 결국 채권자가 빚을 돌려받는 데 지장을 주는 것을 말한다.

❸ 인낙(認諾)
민사소송에서 원고가 소송을 통해 얻고자 하는 목적, 즉 소송상 청구에 대해 피고가 그 청구가 이유 있음을 법원에 대해 일방적으로 스스로 인정하는 것(인낙조서가 작성되면 확정판결과 같은 효력이 생김)을 말한다.

② 형성판결에 준하는 경우
확정판결과 동일한 효력이 있는 재판상의 화해, 청구의 포기·인낙❸을 조서에 기재한 때에도 그 내용이 법률관계의 형성에 관한 것이라면 「민법」 제187조의 판결에 해당된다.

4) 경매(입찰 포함)에 의한 물권변동

① 「민법」 제187조의 경매
㉠ 여기서의 경매는 국가기관이 행하는 공경매(「국세징수법」상의 공매 포함)에 한한다.
㉡ 경매는 통상의 강제 경매(일반 채권자의 집행권원에 의한 경매, 「민사집행법」 제80조 이하)와 담보권실행 등을 위한 경매(동법 제264조 이하)로 나뉜다.

Professor Comment
공경매는 국가기관이 행하는 것으로 「민사집행법」의 강제집행절차에 의한 경매와 국세체납처분으로 행해지는 「국세징수법」상(「국세징수법」 제67조 제1항)의 공매(公賣)등이 있다.

② 물권변동의 시기
매수인(경락인)은 그 경매가 강제경매인지 담보권 실행을 위한 경매인지를 불문하고 '매각(경락)대금을 다 낸 때(완납한 때)에' 매각에 의한 소유권이전등기와 관계없이 매각의 목적인 권리를 취득하며(「민사집행법」 제135·268조), 공매(「국세징수법」 제67조)에 있어서는 매수인이 매수대금을 납부한 때에 매각재산의 권리를 취득한다(「국세징수법」 제77조 제1항).

(3) 기타 법률의 규정에 의한 물권변동(여기의 법률에는 관습법과 판례를 포함하는 것으로 해석한다)

Professor Comment
출제비중이 높아 반드시 암기를 필요로 하는 단락이다.

암기방법 :	신	혼	소	피	존	무	2분	4법정	멸	공
	2)	12)	13)	11)	10)	14)	3)16)	4)8)	9)	2)

1) 재단법인설립을 위해 출연한 부동산물권의 귀속(민법 제48조 제1항)

Professor Comment
판례는 재산출연자와 법인간에는 등기 없이도 물권변동의 효력이 발생하지만, 제3자에 대한 관계에서는 등기가 필요하다고 한다.

2) 신축건물의 소유권취득, 공유수면매립지의 소유권취득(「공유수면 관리 및 매립에 관한 법률」 제26조)

3) 분배농지의 상환완료에 의한 소유권취득

제2편 부동산등기법

4) **법정지상권**❶의 취득(민법 제305·366조, 「입목에 관한 법률」 제6조), 관습법상의 법정지상권(판례), 법정저당권의 취득(민법 제649조)
5) 회사합병으로 인한 소유권의 취득(상법 제235조)
6) 부합(附合)으로 인한 소유권의 변동(민법 제256조)
7) 구분건물 전유부분의 소유권취득에 의한 공용부분에 대한 지분취득과 전유부분의 처분에 따른 공용부분의 지분처분(「집합건물의 소유 및 관리에 관한 법률」 제13조)
8) **법정대위**❷(法定代位)에 의한 저당권의 이전(민법 제482·368조)
9) 부동산의 멸실에 의한 물권의 소멸
10) 용익물권의 존속기간만료에 의한 소멸, 해제조건의 성취에 의한 용익물권의 소멸(법 제54조)
11) 피담보채권소멸에 의한 저당권의 소멸(민법 제369조)
12) 혼동에 의한 물권의 소멸(민법 제191조)
13) 소멸시효기간의 완성으로 인한 물권의 소멸(다수설·판례)
14) 원인행위의 무효·취소 또는 해제(解除)로 인한 물권의 복귀(대판 1995.5.12. 94다18881)
15) 해제조건부 또는 종기부물권행위(終期附物權行爲)에 의한 물권변동
16) 특수지역권의 취득(민법 제302조), 관습법상의 분묘기지권의 취득
17) 포락(浦落)에 의한 토지소유권의 변동(상실)
18) 기타 법률규정에 의한 부동산의 국가귀속(해산법인의 잔여재산 : 민법 제80조, 상속인 없는 상속재산 : 민법 제1058조)

> **용어사전**
>
> ❶ **법정지상권**
> 땅과 그 위에 있는 건물이 처음에는 한 사람의 소유였다가 매매나 경매 등의 이유로 땅과 건물의 소유자가 달라진 경우 건물소유자가 계속 그 건물을 소유하여 사용수익할 수 있도록 그 토지(대지)사용권을 법률로 보장하는 것이다. 우리 법제가 토지와 건물을 별개의 부동산으로 취급함에 따라 사회경제적으로 건물의 존속을 보장하기 위함이다.
>
> ❷ **법정대위**
> 채무자 외의 보증인이나 다른 연대채무자가 채무를 대신해 빚을 갚을 경우 그 변제자에게 채무자에 대한 채권자의 권리가 이전되어 변제자가 그 권리를 행사하는 것이 법적으로 보장되어(보증인이나 연대채무자 등은 채무자가 빚을 갚지 않을 경우 채권자에게 강제집행을 당할 수 있기 때문에 채무자를 대신해 빚을 갚을 경우 채권자를 대신하는 사람으로 인정) 있는 것을 말한다.

3 물권변동과 무관하나 법률에서 등기할 사항으로 규정한 것

물권변동과는 관련이 없으나 등기제도의 목적달성을 위하여 등기하여야 할 사항들이 법률에 의하여 규정되어 있다.

예 부동산표시 및 등기명의인의 표시변경등기(법 제35조 및 제41조 제1항, 제52조 제1호), 구분건물의 표시등기(법 제46조) 등

제1장 총설

단락핵심 — 등기사항

(1) 부동산의 점유권과 유치권은 등기할 수 없다.
(2) 상속이나 포괄적 유증의 경우 등기를 하지 않아도 물권변동의 효력이 생긴다.
(3) 처분금지가처분이 등기된 부동산에 대하여도 소유권이전등기를 신청할 수 있다.
(4) 등기된 임차권에 대하여 가압류등기를 할 수 있다.
(5) 가압류등기는 법원의 촉탁에 의해 말소할 수 있다.
(6) 1필 토지의 특정일부를 객체로 하는 저당권의 설정등기를 신청할 수 없다.

단락문제 07

다음 중 등기를 하여야 물권변동의 효력이 생기는 것은?

① 공유수면매립지에 대한 소유권취득
② 관습상의 분묘기지권의 취득
③ 피담보채권의 소멸에 의한 저당권의 소멸
④ 매매를 원인으로 한 소유권이전등기절차의 이행을 명한 확정판결에 따른 소유권취득
⑤ 존속기간만료에 의한 지상권의 소멸

해설 물권변동과 등기

1) 상속, 공용징수, 판결, 경매 기타 법률의 규정에 의한 부동산에 관한 물권의 취득은 등기를 요하지 아니한다(민법 제187조). 그러나 여기서의 판결은 형성판결을 의미하므로 이행판결에 의한 경우에는 등기하여야 물권이 변동된다.
  2) 등기가 필요 없는 경우
  ① 「공유수면 관리 및 매립에 관한 법률」 제26조
  ② 분묘기지권은 등기대상이 아니다(제2조).
  ③ 민법 제369조
  ⑤ 민법 제280조, 제312조

답 ④

제2편 부동산등기법

제4절 등기의 유효요건 **14회 출제**

부동산등기제도는 부동산의 물리적 현황 및 권리관계를 공시하는 제도이므로 등기가 유효하기 위해서는 등기에 부합하는 실체법상의 권리관계가 존재하여야 하고(실질적 또는 실체적 유효요건), 또 부동산등기법이 정하는 절차에 따라 행하여져야 한다(형식적 또는 절차적 유효요건).

01 형식적 유효요건 (절차적 유효요건) ★★

1 관할등기소(管轄登記所)

(1) 등기는 관할등기소, 즉 등기할 권리의 목적인 부동산의 소재지를 관할하는 지방법원, 그 지원 또는 등기소에서 하여야 한다(법 제7조 제1항).

(2) 관할 위반의 등기신청은 각하되며(법 제29조 제1호), 이미 마쳐진 관할위반의 등기는 실체관계와의 부합여부를 묻지 않고 형식적 유효요건을 결한 등기로서 당연무효이다.

(3) 등기관이 등기를 마친 후 그 등기가 관할위반의 등기에 해당됨을 발견하였을 때에는 등기권리자, 등기의무자와 등기상 이해관계 있는 제3자에게 1개월 이내의 기간을 정하여 그 기간에 이의를 진술하지 아니하면 등기를 말소한다는 뜻을 통지하여야 하고, 등기관은 1월 이내에 이의를 진술한 자가 없거나 이의를 각하한 경우에는 당해등기를 직권으로 말소하여야 한다(법 제58조 제1·4항).

2 등기할 사항(등기능력)

(1) 등기는 「부동산등기법」 기타 특별법상 등기할 수 있는 것으로 허용된 것에 대해서만 할 수 있다 (법 제3조 참조). → 예 교량·점유권·유치권의 등기 등

(2) 「부동산등기법」 등에 의해 등기할 수 없는 것임이 명백한 사항에 대한 등기신청은 각하되며(법 제29조 제2호), 마쳐진 등기는 실체관계에의 부합여부를 묻지 않고 형식적 유효요건을 결한 등기로서 당연무효이다.

(3) 등기관이 등기를 마친 후 그 등기가 등기할 사항이 아닌 것에 대해 행해진 것임을 발견하였을 때에는 위 (3)과 동일한 절차를 거쳐 당해 등기를 직권으로 말소하여야 한다.

3 등기의 존재 ★

(1) 등기사항의 등기부에의 기록과 교합

1) 의 의

등기가 유효하기 위해서는 등기관이 전산정보처리조직에 의해 등기부에 등기사항을 기록하고 그 정확성을 확인한 후 당해 등기사무를 처리한 등기관이 누구인지를 알 수 있는 조치, 즉 그 등기관 고유의 식별번호를 기록(교합)하여야 한다(법 제11조 제2·4항, 규칙 제7조). 다만, 현재는 전산처리를 하므로 큰 의미는 없다.

2) 등기부상 기록이 되지 않은 경우

등기가 등기로서 공시기능을 달성하려면 등기부에 기록이 되어 있어야 한다. 따라서 등기신청이 있었다 하더라도 어떤 사정으로 등기가 실행되어 있지 않으면 등기가 있다라고 할 수 없다. 따라서 등기의 유효·무효도 문제가 되지 않는다.

형식적 유효요건

부동산 등기는 「부동산등기법이 정하는 절차」에 따라서 적법하게 행해져야 하는 것을 의미하며 형식적 유효요건은 네 가지로 구분할 수 있다.

(2) 등기가 불법말소된 경우

일단 기록된 등기가 그 후에 불법하게 말소된 경우 '말소등기'는 실체관계에 부합되지 않아 무효이고(대판 1982.9.14. 81다카923) 그 '말소된 등기'의 권리자는 권리를 잃지 않으며 말소회복등기(抹消回復登記)에 의해 회복할 수 있다는 것이 판례이다(대판 1982.12.28. 81다카870).

(3) 등기부의 전부가 손상된 경우(구법하의 등기부의 멸실)

등기부가 손상된 경우에 전산운영책임관은 법원행정처장에게 보고하고 등기부부본자료에 의해 그 등기부를 복구하여야 하는 바(법 제17조 제1항, 규칙 제17조), 그 등기부의 복구 전에도 그 등기부에 기록된 등기가 표상하던 권리는 존속하였던 것으로 본다(대판 1994.11.11. 94다14933 참조). 등기는 물권변동의 효력발생요건이지 그 존속요건은 아니기 때문이다.

4 적법절차★★

(1) 신청절차의 적법

1) 원 칙

등기는 법이 정하는 적법한 신청절차에 따라 행해져야 하나, 절차에 위반하여 마쳐진 등기도 당사자에게 등기신청의 의사(등기의사)가 있고 등기가 실체적 유효요건을 갖추고 있는 한, 당연무효는 아니다(대결 2000.1.7. 99재마4).

2) 등기의 유·무효판단 추가15회 출제

① 등기의 유효·무효는 그 절차상의 하자유무 및 그 등기가 실체적 유효요건을 갖추고 있느냐의 여부에 따라 결정하여야 한다.

② 법 제29조 제3호 이하의 절차에 위반한 등기신청은 각하되나, 이를 지나쳐 마쳐진 등기는 당연무효는 아니므로 소송으로 다툴 수 있음은 별론으로 하고 직권으로 말소하거나 등기관의 처분에 대한 이의의 방법으로 말소를 구할 수는 없다(대결 1973.8.29.73마699).

(2) 판례가 실체관계에 부합한 등기로서 유효라고 본 사례

위조문서에 의한 등기라도 '실체관계에만 부합하면' 유효하고 또 무권대리인에 의한 등기신청이라도 역시 실체관계에 부합하면 유효하고, 사자(死者)명의의 등기도 사자의 공동상속인들의 의사에 따라 이루어진 것이라면 유효하다고 한다.

> **판례** ■ 위조된 문서에 의하여 이루어졌으나 실체관계에 부합하는 소유권이전등기의 효력
>
> 피고 등이 본건 각 대지를 매수한 사실이 인정되는 이상 피고 등 명의의 각 소유권이전등기가 위조된 문서로써 이루어졌다 하더라도 각 해당 소유권이전등기는 유효한 것이다(대판 1980.6.10. 79다1212).

5 중복등기의 문제 `22·25회 출제`

(1) 의 의

중복등기라 함은 등기관의 착오 등으로 「부동산등기법」상의 1부동산 1등기기록주의의 원칙(법 제15조 제1항)에 위배하여 1개의 부동산에 관하여 2개 이상의 등기기록에 중복하여 경료된 소유권보존등기를 말한다.

(2) 등기명의인이 동일인(同一人)인 경우

「1부동산 1등기기록의 원칙」상 먼저 행하여진 것이 유효하고, 뒤에 경료된 중복등기는 그것이 실체관계에 부합하는 여부를 가릴 것 없이 무효라는 것이 판례이다(대판 1981.11.18. 81다1340).

중복등기

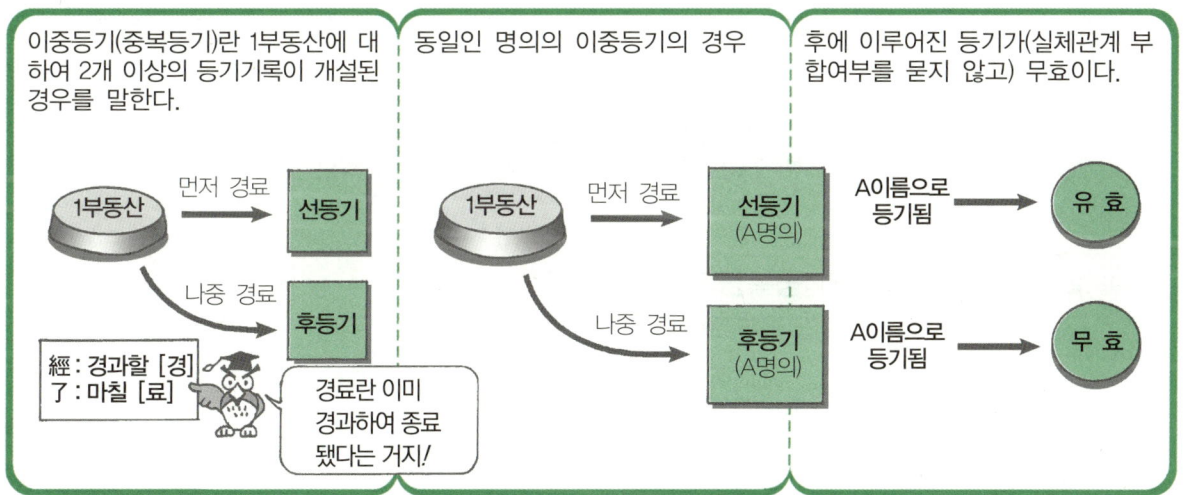

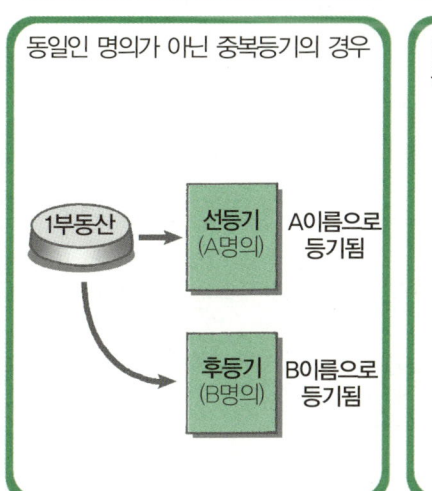

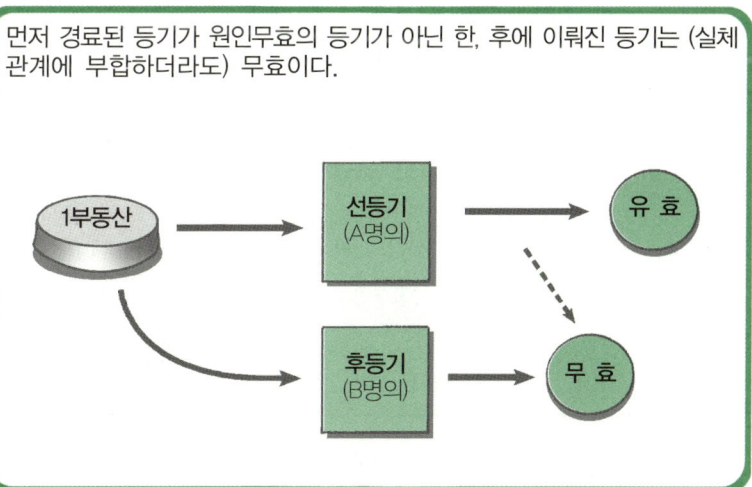

(3) 등기명의인이 동일인이 아닌 경우

먼저 이루어진 소유권보존등기가 원인무효가 되지 않는 한 뒤에 된 보존등기가 비록 실체관계에 부합된다고 하더라도 무효이다(절차법적절충설의 태도, 대판 1990.12.27. 87다카2961 전합).

Key Point | 대법원 판례에 따른 중복등기의 효력

중복등기여부의 판단		중복등기인지의 여부는 표제란을 기준으로 하며 지번 및 종류, 구조, 면적과 도면에 나타난 건물의 길이, 위치 등을 종합적으로 판단하여야 한다. 따라서 지번이 일치되더라도 종류와 구조, 면적 또는 도면에 나타난 건물의 길이, 위치 등이 다른 경우에는 동일한 건물로 볼 수 없다.
중복등기의 효력	등기명의인이 동일한 경우	1부동산등기기록주의 원칙에 따라 먼저 이루어진 소유권보존 등기가 유효한 보존등기이며, 뒤에 등기된 것은 무효이다.
	등기명의인이 다른 경우	먼저 이루어진 등기가 원인 무효가 아닌 한 먼저 이루어진 등기가 유효하고, 뒤에 된 보존등기가 비록 실체관계에 부합된다고 하더라도 그 등기는 무효이다.
무효인 중복등기의 처리		부동산등기 규칙에 따라 등기관이 직권으로 폐쇄, 말소, 이기할 수 있는 경우를 제외하고는 법원의 허가를 받아야 한다.

Professor Comment

부동산등기법규칙에 의한 정리절차와 판례상의 정리절차는 구분됨을 주의하여야 한다. 왜냐하면 규칙에 의한 등기기록의 폐쇄는 실체권리관계에 영향을 미치지 아니하고 부활도 신청할 수 있어서 판결에 의한 등기 자체의 말소와는 구분되어야 하기 때문이다.

Key Point | 토지의 중복등기기록의 정리 (규칙 제33조 이하, 등기예규 제1431호)

1) 개 요
① 1필의 토지에 대한 중복된 등기기록의 표제부 기록사항의 동일성이 인정되고 모두가 그 표시에 있어서 실체에 부합함을 전제로 한다.
② 등기관의 직권에 의한 정리
  등기관이 이를 발견한 때에는 실체적 권리관계에 부합할 가능성이 큰 등기기록을 존치하고 나머지 등기기록은 폐쇄하는 방식을 취하나, 중복등기기록의 정리는 실체의 권리관계에 영향을 미치지 아니하는 잠정적인 조치이다(규칙 제33조 제2항).
③ 당사자의 신청에 의한 정리
  ㉠ 당사자의 중복등기기록의 정리신청이 있는 경우에는 「규칙」 제34조부터 제37조까지의 규정에도 불구하고 그 신청에 따라 등기기록을 폐쇄한다(규칙 제39조 제2항).
  ㉡ 정리신청은 폐쇄될 등기기록의 최종소유권의 등기명의인과 등기상의 이해관계인이 공동으로 신청하거나 그 중 1인이 다른 사람의 승낙서를 첨부하여 신청하거나 존치할 등기기록의 등기명의인 중 1인이 폐쇄될 등기기록의 최종소유권의 등기명의인과 등기상의 이해관계인의 승낙서를 첨부정보로 제공하여 신청할 수 있다.
  ㉢ 정리신청을 함에 있어서는 폐쇄될 등기기록의 최종소유권의 등기명의인과 등기상의 이해관계인의 인감증명 정보를 첨부하여야 한다.

제1장 총설

Key Point 토지의 중복등기기록의 정리(규칙 제33조 이하, 등기예규 제1431호)

2) 토지중복등기기록의 정리

① 최종 소유권의 등기명의인이 동일한 경우(규칙 제34조)	예	A: 甲　B: 丙 → 乙 → 甲
	내용	㉠ 원칙: 중복등기기록의 최종소유권의 등기명의인이 같은 경우에는 나중에 개설된 후등기기록을 폐쇄한다. ㉡ 예외: 후등기기록에는 소유권 외의 권리 등에 관한 등기가 있고 선등기기록에는 그와 같은 등기가 없는 경우에는 선등기기록을 폐쇄한다.
	절차	㉠ 등기관은 사전에 폐쇄될 등기기록의 최종소유권의 등기명의인과 등기상의 이해관계인에게 통지할 필요가 없다(규칙 제37조 제1항 참조). ㉡ 지방법원장의 허가를 받을 필요가 없으며 등기관이 직권으로 정리한다.
② 최종 소유권의 등기명의인이 다르나, 동일 소유자로부터 소유권이 이전된 경우의 특례(규칙 제35조)	예	A: 甲　B: 甲 → 丙 → 乙
	내용	A등기기록의 최종소유권의 등기명의인은 甲의 명의로 되어 있고, B등기기록의 최종소유권의 등기명의인은 甲으로부터 직접 이전 받은 乙이거나, 전전 이전 받은 乙인 경우 A등기기록이 후등기이거나 소유권 외의 권리에 관한 등기가 없는 선등기기록일 경우 A등기기록을 폐쇄한다.
	절차	㉠ 등기관은 사전에 폐쇄된 등기기록의 최종소유권의 등기명의인과 등기상의 이해관계인에게 통지할 필요가 없다(규칙 제37조 제1항 참조). ㉡ 지방법원장 허가를 받을 필요도 없으며 등기관이 직권으로 정리한다(규칙 제39조).
③ 최종 소유권의 등기명의인이 다르나, 그 중 등기원인이 원시취득 또는 분배농지의 상환 완료 등인 경우의 특례(규칙 제36조)	예	A: 甲(등기원인이 원시취득 또는 분배농지의 상환완료 등) → 乙 → 丙 B: 丁 → 戊 → 己
	내용	㉠ 규정의 취지 　원시취득 또는 분배농지의 상환완료를 등기원인으로 한 소유권이전등기 또는 소유권보존등기가 있는 경우에는 그 등기기록을 제외한 나머지 등기기록을 폐쇄한다(규칙 제36조). ㉡ 등기 원인이 원시취득 또는 분배농지의 상환완료에 해당하는 경우 　ⓐ 토지수용을 원인으로 한 소유권보존 또는 소유권이전등기 　ⓑ 「농지개혁법」에 의한 농지취득을 원인으로 한 국(國) 명의의 소유권보존 또는 소유권이전등기 　ⓒ 귀속재산에 관한 국(國)명의의 소유권보존 또는 소유권이전등기 　ⓓ 토지조사령, 임야조사령에 의한 토지사정, 임야사정을 원인으로 한 소유권보존등기 ㉢ 규칙 제35조와의 관계 　최종소유권의 등기명의인이 다른 중복등기기록으로서 규칙 제35조와 제36조가 모두 적용될 수 있는 경우에는 제35조를 우선 적용한다.
	절차	㉠ 폐쇄될 등기기록의 최종소유권의 등기명의인과 등기상의 이해관계인에게 1개월 이내의 일정한 기간 내에 이의를 진술하지 아니하면 등기를 말소한다는 뜻을 통지하여야 한다(법 제58조 참조). ㉡ 지방법원장의 사전허가를 얻어 정리하여야 한다(규칙 제38조).

제2편 부동산등기법

> **Key Point** 토지의 중복등기기록의 정리(규칙 제33조 이하, 등기예규 제1431호)

④ 최종 소유권의 등기명의인이 다른 경우 (규칙 제37조)	예	A: 甲 → 乙 B: 丙 → 丁 → 戊
	내용	중복등기의 최종소유권의 등기명의인이 다른 경우로서 규칙 제35조와 제36조에 해당되지 않은 경우에는 통지절차를 거쳐 지방법원장의 사전허가를 받아야 한다.
	절차	⊙ 각 등기기록의 최종소유권의 등기명의인과 등기상의 이해관계인에 대한 통지절차를 거쳐 이의진술이 없는 경우 그 등기기록을 폐쇄한다. ⓒ 모두 이의하거나 이의진술이 없는 경우에는 대장과 일치하지 않는 등기기록을 폐쇄한다. ⓒ 등기관은 지방법원장의 사전허가를 얻어 정리하여야 한다(규칙 제38조). ⓔ 정리를 한 경우 등기관은 그 뜻을 폐쇄된 등기기록의 최종소유권의 등기명의인과 등기상의 이해관계인에게 통지하여야 한다(규칙 제37조 제4항).

3) 토지 중복등기기록의 정리에 대한 구제

① 이의신청 또는 부활신청과 등기관의 조치

등기관의 토지중복등기기록의 정리도 등기관의 처분에 해당하므로 관할지방법원에 이의신청을 하거나(법 제100조) 또는 직권으로 폐쇄된 등기기록의 소유권의 등기명의인 또는 등기상 이해관계인은 폐쇄되지 아니한 등기기록의 최종소유권의 등기명의인과 등기상 이해관계인을 상대로 하여 그 토지가 폐쇄된 등기기록의 소유권의 등기명의인의 소유임을 확정하는 판결(판결과 동일한 효력이 있는 조서를 포함함)이 있음을 증명하는 정보를 등기소에 제공하여 폐쇄된 등기기록의 부활을 신청할 수 있다(법 제21조 제2항, 규칙 제41조). 부활신청이 있으면 등기관은 폐쇄된 등기기록을 부활하고 다른 등기기록을 폐쇄한다(규칙 제41조 제2항).

② 직권에 의한 부활

토지의 등기기록상의 지목과 지적이 상이한 외관상 중복등기기록에 해당하는 경우에는 등기관은 직권으로 폐쇄된 등기기록을 부활할 수 있고, 등기상의 이해관계인은 등기기록 부활의 직권발동을 촉구하는 의미의 신청을 할 수 있다(2006.7.31. 부동산등기과 - 2277).

제1장 총설

Key Point 건물 중복등기기록의 정리(등기예규 제1374호)

1) 중복등기 여부의 판단		건물의 동일성은 지번 및 도로명주소, 종류, 구조, 면적과 도면에 나타난 건물의 길이, 위치 등을 종합적으로 판단하여야 한다. 따라서 지번이 일치되더라도 도로명주소와 종류, 구조, 면적 또는 도면에 나타난 건물의 길이, 위치 등이 다른 경우에는 동일한 건물로 볼 수 없다.
2) 보존등기 명의인이 동일한 경우	후행보존등기를 기초로 한 새로운 등기가 없는 경우	등기관은 「부동산등기법」 제58조의 절차에 의하여 후행 보존등기를 직권으로 말소한다.
	후행보존등기를 기초로 한 새로운 등기가 있는 경우	① 등기관은 「부동산등기법」 제58조의 절차에 따라 후행 등기기록상의 일체의 등기를 직권말소하여 그 등기기록을 폐쇄함과 동시에 그 등기기록에 기록된 소유권보존등기 외의 다른 등기를 선행등기기록에 이기하여야 한다. ② 일반건물과 구분건물로 그 종류를 달리하는 경우에는 등기관은 이를 위 ①과 같이 직권으로 정리할 수 없다.
	선·후행보존등기를 기초로 한 새로운 등기가 모두 있는 경우	선행 보존등기 및 후행보존등기 모두에 그를 기초로 한 새로운 등기가 각각 있는 경우 등기관은 이를 직권으로 정리할 수 없다.
3) 보존등기 명의인이 다른 경우	직 권	실질적 심사권이 없는 등기관으로서는 이를 직권으로 정리할 수 없다.
	신 청	① 어느 한쪽의 등기명의인이 스스로 그 소유권보존등기의 말소등기를 신청할 수 있다. ② 또한 어느 일방 보존등기의 등기명의인이 자신의 보존등기가 유효함을 이유로 다른 일방 보존등기명의인을 상대로 그 소유권보존등기의 말소등기절차 이행을 구하는 소를 제기하여 그 승소의 확정판결에 의해 다른 일방 보존등기에 대한 말소등기를 신청할 수 있다. ③ 위 각 경우 말소되는 등기에 대해 이해관계 있는 제3자가 있는 경우에는 신청서에 그 승낙서 또는 이에 대항할 수 있는 재판의 등본을 첨부하여야 한다.
4) 새로운 등기신청	보존등기명의인이 동일한 경우	중복등기의 존속 중에 새로운 등기신청이 있는 경우에는 선행 등기기록상의 등기를 기초로 한 새로운 등기신청은 이를 수리하고, 후행 등기기록상의 등기를 기초로 한 새로운 등기신청은 이를 각하한다.
	보존등기명의인이 다른 경우	중복등기의 존속 중에 어느 일방의 등기기록상의 등기를 기초로 하는 새로운 등기신청은 이를 수리한다.

제2편 부동산등기법

단락핵심 — 형식적 유효요건

(1) 등기할 수 없는 것을 등기하더라도 이는 무효이다.
(2) 사건이 그 등기소의 관할에 속하지 아니한 때에는 무효이다.
(3) 일단 기록된 등기가 불법하게 말소되더라도 그 권리자는 권리를 잃지 않는다.
(4) 절차를 위반한 등기도 현재의 실체관계에 부합하면 유효하다.
(5) 중복등기기록의 각 등기명의인이 다른 경우 먼저 이루어진 소유권보존등기가 원인무효가 되지 않는 한 뒤에 된 보존등기가 비록 실체관계에 부합한다 하더라도 무효이다.

단락문제 08
제25회 기출

부동산등기법상 중복등기에 관한 설명으로 틀린 것은?

① 같은 건물에 관하여 중복등기기록을 발견한 등기관은 대법원규칙에 따라 그 중 어느 하나의 등기기록을 폐쇄하여야 한다.
② 선·후등기기록에 등기된 최종 소유권의 등기명의인이 같은 경우로서 후등기기록에 소유권 이외의 권리가 등기되고 선등기기록에 그러한 등기가 없으면, 선등기기록을 폐쇄한다.
③ 중복등기기록의 정리는 실체의 권리관계에 영향을 미치지 않는다.
④ 중복등기기록 중 어느 한 등기기록의 최종 소유권의 등기 명의인은 그 명의의 등기기록의 폐쇄를 신청할 수 있다.
⑤ 등기된 토지의 일부에 관하여 별개의 등기기록이 개설된 경우, 등기관은 직권으로 분필등기를 한 후 중복등기기록을 정리하여야 한다.

해설 중복등기
① (×) 규칙에 의해서 정리할 수 있는 것은 토지만에 관한 것이다(규칙 제21조). 건물중복등기기록의 정리는 등기예규 제1374호에 의해 정리한다.
② (○) (규칙 제34조 단서) ③ (○) (규칙 제33조 제2항) ④ (○) (규칙 제39조 제1항) ⑤ (○) (규칙 제40조)

답 ①

제1장 총설

02 실질적 유효요건   21회 출제

1 등기에 부합하는 실체관계의 존재
(1) 등기의 대상이 되는 부동산이 존재할 것
(2) 등기신청당사자능력이 있는 진정한 등기명의인이 존재할 것
(3) 등기에 부합하는 실체적 권리변동 내지는 물권행위가 존재할 것
(4) 등기와 실체관계와의 부합의 정도에 관하여는 엄격한 일치를 요구하지 않으며 사회통념상 동일성이 인정되면 부합한다고 할 수 있다.

2 부동산의 표시에 관한 부합의 정도

(1) 의 의
부동산의 물리적 현황과 등기부 표시란의 기록과의 사이에 다소 불일치가 있어도 그 등기가 당해 부동산을 공시하고 있는 것이라고 할 수 있을 정도의 동일성 또는 유사성이 인정되면 그 등기는 유효하고(대판 1981.12.8. 80다163), 그 불일치는 경정등기로 시정할 수가 있다.

(2) 동일성의 판단기준
토지의 경우에는 지목·면적이 틀려도 소재·지번이 동일하면 그 동일성이 있는 것으로 보고, 건물의 경우에는 건물의 종류·구조·면적 등의 기록 및 인근에 유사한 건물의 존부 등을 종합적으로 판단하여 그 등기가 당해 건물을 표시하고 있는 것으로 인정되는 경우에는 유효한 등기로 보고 있다(대판 1981.12.8. 80다163, 등기예규 제1374호).

3 물권행위와의 내용적 합치(內容的 合致)

(1) 원 칙
등기는 당사자가 의도한 물권행위(物權行爲)와 그 내용에 있어서 일치하여야 하며, 만일 양자가 내용적으로 부합하지 않는 때에는 그 어느 쪽도 효력을 발생하지 않는 것이 원칙이다.

(2) 예 외
불일치가 동일성이 인정될 수 있는 정도인 때에는 변경이나 경정등기로서 시정이 가능하므로 무효의 등기는 아니나 동일성이 인정되지 않는 상호불일치가 있는 경우에는 그 등기는 무효이다.
    예 권리의 객체(100번지 토지를 101번지 토지로 등기한 경우)나 권리의 주체(甲을 乙로 등기한 경우), 권리의 종류(전세권을 임차권으로 등기한 경우)를 그르친 등기는 등기와 실체관계의「동일성」이 인정되지 아니하므로 무효이다.

(3) 문제되는 경우

1) 권리의 질적(質的) 불일치(권리의 주체·객체·종류의 불일치)

권리주체의 불일치(권리자가 甲인데 乙로 등기된 경우), 권리객체의 불일치(갑지에 하여야 할 등기를 을지에 한 경우)와 권리의 종류의 불일치가 있는 경우 그 등기는 무효이다.
  예) 지상권설정에 대한 합의가 있었는데 전세권설정등기가 행해진 경우

2) 권리내용의 양적(量的) 불일치

① 등기의 주체, 객체, 종류는 같으나 그 내용에 양적 차이만 있는 경우에는 무효의 등기는 아니다.
② 등기된 권리내용의 양(예) 전세금 2억)이 물권행위의 양(예) 전세금 1억)보다 큰 경우에는 물권행위의 한도에서 그 등기는 효력이 있다.
③ 등기된 권리내용의 양(예) 전세금 1억)이 물권행위의 양(예) 전세금 2억)보다 적은 경우에는 '법률행위의 일부무효'에 의하여 해결한다(민법 제137조).

4 물권변동과정 및 태양(등기원인)과의 합치와 그 완화★★

(1) 공시의 원칙과 그 적용의 완화

1) 공시의 원칙

부동산물권변동에 있어서 등기는 물권변동과정과 그 태양(등기원인) 및 현재의 실체적 권리관계 모두에 부합하여야 한다.

2) 공시의 원칙의 완화

거래의 안전을 위하여 물권변동과정이 실제와 불일치하는 중간생략등기, 모두(冒頭)생략등기(최초의 보존등기의 생략) 또는 실제와 다른 원인에 의한 등기도 유효한 것으로 보고 나아가 무효등기의 유용도 인정한다.

(2) 모두생략등기(冒頭省略登記)

모두생략등기란 부동산의 원시취득을 한 자가 소유권보존등기를 하지 않고 그로부터 부동산을 양도받은 자가 소유권보존등기를 하는 경우를 말한다. 판례는 미등기부동산이 전전양도된 경우에 최후의 양수인이 소유권보존등기를 한 경우에도 그 등기가 결과적으로 실체적 권리관계에 부합된다면 그 등기는 무효라고 볼 수 없다(대판 1984.1.24. 83다카1152)고 하여 모두생략등기의 유효성을 인정한다.

(3) 중간생략등기(中間省略登記)

1) 의의와 유효성 **17회 출제**

부동산물권이 최초의 양도인으로부터 중간취득자를 거쳐 최후양수인에게 전전이전(轉傳移轉)된 경우에 그 중간취득자로의 이전등기를 생략하고 최초의 양도인으로부터 직접 최후의 양수인에게 하는 등기를 말하며, 학설·판례에 의하여 그 유효성이 인정되어 왔다.

2) 「부동산등기 특별조치법」에 의한 규제

① 「부동산등기 특별조치법」은 '부동산의 소유권을 이전받을 것을 내용으로 하는 계약을 체결한 자가 반대급부의 이행일 후 다시 제3자와 소유권이전 또는 계약당사자의 지위를 이전하는 계약을 체결하고자 하는 경우에는 먼저 체결된 계약에 따라 소유권이전등기를 신청하여야 한다.'고 규정하여 중간생략등기를 금지하고 이에 위반하는 경우에는 벌칙을 부과하고 있다(동법 제2조 제1항, 2항).

② 판례는 「동법」의 금지규정을 단속규정으로 해석하여 「동법」이 중간생략등기 합의의 사법상 효력까지 무효로 하는 취지는 아니라고 하였다. 즉 중간생략등기의 유효성을 인정한다(대판 1993.1.26. 92다39112).

3) 인정요건

① **중간생략등기청구권 행사의 요건**

판례는 '최종 매수인이 최초의 매도인에게 소유권이전등기청구권을 행사하려면 중간자를 포함한 전원의 합의가 있을 것을 요건으로 하며, 만일 전원의 합의가 없다면 최종 매수인은 중간 매수인을 대위하여 대위등기를 한 다음에 자기 명의로 소유권이전등기를 청구할 수밖에 없다.'고 한다(대판 1995.8.22. 95다15575).

② **이미 마쳐진 중간생략등기의 유효성**

한편 '그러한 합의가 없더라도 이미 중간생략등기가 적법한 등기원인에 기하여 마쳐진 경우에는 합의가 없었음을 이유로 무효를 주장할 수 없고 따라서 그 말소를 청구하지 못한다.'고 하여 그 유효성을 인정한다(대판 1980.2.12. 79다2104).

4) 토지거래허가구역 내에서의 중간생략등기

그러나 판례는 토지거래허가구역 내의 토지를 토지거래허가 없이 순차로 매매한 후, 최종 매수인이 중간생략등기의 합의하에 자신과 최초 매도인을 매매 당사자로 하는 토지거래허가를 받아 경료한 소유권이전등기는 적법한 토지거래허가 없이 경료된 등기로서 무효(대판 1997.11.11. 97다33218)라는 태도이다. 이는 토지거래허가구역 내의 토지를 순차로 매매한 경우 토지거래허가는 제도의 취지상 각각의 매매계약에 대해 받아야 하고 그 허가를 받지 않은 각각의 매매계약은 확정적 무효로 되기 때문으로 본다.

■ 중간생략등기를 무효로 본 판례　15회 출제

❶ 토지거래허가구역 내의 토지를 순차로 매매한 경우 각 매매계약의 당사자는 각각의 매매계약에 관하여 토지거래허가를 받아야 한다.

❷ 당사자들 사이에 최초의 매도인으로부터 최종 매수인 앞으로 직접 소유권이전등기를 경료하기로 하는 중간생략등기의 합의가 있었다고 하더라도 이러한 중간생략등기의 합의란 부동산이 전전 매도된 경우 각각의 매매계약이 유효하게 성립함을 전제로 그 이행의 편의상 최초의 매도인으로부터 최종의 매수인 앞으로 소유권이전등기를 경료하기로 한다는 당사자 사이의 합의에 불과할 뿐, 최초의 매도인과 최종의 매수인 사이에 매매계약이 체결되었다는 것을 의미하는 것은 아니므로 최초 매도인과 최종 매수인 사이에 매매계약이 체결되었다고 볼 수 없다.

❸ 설사 최종 매수인이 자신과 최초 매도인을 매매당사자로 하는 토지거래허가를 받아 자신 앞으로 소유권이전등기를 경료하였더라도 그러한 최종 매수인 명의의 소유권이전등기는 적법한 토지거래허가 없이 경료된 등기로서 무효이다(대판 1997.3.14. 96다22464).

Professor Comment
이미 등기가 마쳐진 중간생략등기의 효력과 중간생략등기의 합의에 의한 중간생략등기의 청구에 대한 허용여부는 구별하여야 한다.

(4) 실제와 다른 등기원인에 의한 등기

1) 등기가 물권행위와는 부합하나 그 등기원인만이 다른 경우(예 증여에 의한 소유권이전등기를 매매에 의한 이전등기로 한 경우)에 이들 등기도 당사자 사이의 현재의 실체관계에는 부합한다는 점에서 그 유효성을 인정한다(대판 1970.7.24. 70다1005).

2) 「부동산등기 특별조치법」은 부동산의 소유권이전을 내용으로 하는 계약을 체결한 자가 허위의 등기원인을 기록하거나 소유권이전등기 외의 다른 등기를 신청하지 못하도록 하고, 이를 위반한 경우 벌칙을 부과하고 있다(동법 제6조, 제8조).

 ■ 이전등기를 말소하지 않고 다시 이전등기한 경우(진정명의회복을 위한 소유권이전등기청구)

증여로 인한 소유권이전등기 후 그 증여계약을 해제한 경우 그 소유권이전등기의 말소등기절차이행을 소구(訴求)하지 아니하고, 증여자가 수증자에 대하여 소유권이전등기를 청구하였다고 하여 위법이라 할 수 없다(대판 1970.7.24. 70다1005).

(5) 무효등기의 유용(無效登記流用)

1) 의의

어떤 등기가 처음부터 무효이었으나(민법 제108조 위반 등) 후에 다시 적법한 등기원인이 생긴 경우, 처음에는 유효였던 것이 후에 실체관계를 잃어 무효로 되었으나(예 저당권의 소멸 등) 다시 처음의 등기와 유사한 실체관계가 생긴 경우에 종전의 등기를 나중에 생긴 원인행위에 의한 등기의 공시방법으로 유용할 수 있느냐의 문제이다.

2) 권리등기의 유용

판례에 의하면 유효하게 경료된 저당권설정등기가 피담보채권의 변제 등으로 인하여 소멸하여 저당권설정등기가 실체법상 무효로 되었지만 저당권설정등기를 말소하지 않고 있던 중에, 당사자간에 종전 저당권과 동일한 내용의 채권이 새로이 성립된 경우에는 그 저당권설정등기의 유용 합의 이전에 등기부상 새로이 이해관계를 갖게 된 제3자가 없는 때에 한하여 무효인 저당권설정등기를 새로운 채권을 담보하는 저당권설정등기로 유용할 수 있다(대판 1986.12.9. 86다카716).

3) 표제부등기의 유용

건물이 멸실되어 무효로 된 멸실건물의 소유권보존등기를 멸실 건물과 동일하게 다시 건축한 신축건물의 소유권보존등기로 유용하는 것은 동일성이 전혀 없어 허용되지 않는다(대판 1976.10.26. 75다2211).

5 시간적 불합치의 문제★★

(1) 원 칙

법률행위로 인한 물권변동이 발생하기 위해서는 물권행위와 그 효력요건으로서 등기를 요하므로, 등기가 유효하기 위해서는 이에 대응하는 유효한 물권행위(실체관계)가 존재해야 한다. 그러나 물권행위가 시간적으로 선행하여야 하는 것은 아니다.

(2) 문제되는 경우

1) 등기가 선행(先行)된 경우

① 보통은 물권행위가 선행하고 이에 대응하는 등기가 행하여지며 등기실무상으로도 그것이 원칙이지만, 때로는 등기가 먼저 행하여지고 이어서 물권행위가 행하여질 수도 있다.

② 이때 선행하는 등기는 그에 부합하는 물권행위가 있지 않으므로 우선은 효력이 없으나 후에 그에 대응하는 물권행위가 있게 되면 그 때부터 유효한 등기로써 물권변동을 일으키게 된다(무효등기의 유용).

2) 물권행위 후 등기 전에 당사자의 사망 또는 행위능력의 상실의 경우

물권행위가 있은 후, 등기를 하기 전에 당사자가 사망하거나 행위능력(行爲能力)을 상실한 경우에도 물권행위의 효력에는 아무런 영향을 주지 않는다(민법 제111조 제2항 참조). 따라서 그러한 물권행위에 기한 등기는 유효한 등기가 된다.

3) 물권행위 후 당사자의 교체

물권행위가 있은 후, 그러나 등기를 하기 전에 당사자가 대체된 경우에는 <u>물권행위가 새로이 행해져야 한다.</u>

> **예** 토지소유자 甲이 乙과의 사이에 지상권설정(地上權設定)에 대한 물권행위를 한 후 아직 등기를 하기 전에 丙에게 그 토지를 양도한 경우에 乙이 지상권설정의 등기를 하기 위해서는 丙과의 사이에 새로운 물권행위를 하였어야 한다.

4) 물권행위 후 처분권의 제한

물권행위가 있은 후, 그러나 등기를 하기 전에 처분자가 파산하거나 또는 목적물에 대한 압류(押留)가 있음으로써, 그 <u>처분권이 제한당한 경우에는 그 물권행위는 그대로의 효력을 발생시킬 수 없게 된다. 왜냐하면 처분자는 등기시에도 처분의 권한을 가지고 있어야 하기 때문이다</u>(법률행위에 의한 물권변동의 요건 : 채권행위, 물권행위, 등기, 처분권한의 존재).

단락핵심   실체적 유효요건

(1) 등기신청절차에 하자가 있으나 사실상 등기가 행하여진 경우로 당사자에게 등기의사가 있고 등기가 실체적 유효조건을 갖추고 있는 경우 그 등기는 유효하다.
(2) 소유권이전등기절차 중 하자가 있다 하여도 현재의 등기부상 명의인에 대한 소유권취득이 정당한 것인 경우에는 그 등기는 실체에 부합한 것으로서 유효하다.
(3) 소유자의 대리인으로부터 토지를 적법하게 매수하였지만, 매수인의 소유권이전등기가 위조된 서류에 의해 경료된 경우에도 그 등기는 유효하다.
(4) 상속인이 자기명의로 소유권이전등기를 하지 않고 그 부동산을 양도하여, 피상속인으로부터 직접 양수인 앞으로 소유권이전등기를 한 경우 그 등기는 효력이 있다.

단락문제 09

등기의 유효요건에 관한 다음 기술 중 옳지 못한 것은?

① 원칙적으로 당사자의 적법한 신청이 있어야 한다.
② 등기능력이 있는 사항에 관한 것이어야 한다.
③ 관할등기소에서 하여야 한다.
④ 법인 아닌 사단 명의(社團名義)의 소유권이전등기도 유효하다.
⑤ 절차상 적법하게 행해진 등기는 실체관계에 관계없이 유효하다.

해설 등기의 유효요건
①, ②, ③ (○) 등기의 형식적(절차적) 유효요건이다.
④ (○) 법 제26조 제1항의 명문으로 등기신청당사자능력을 인정한다.
⑤ (×) 절차상 적법하게 행해진 등기일지라도 실체관계에 부합하지 않는 등기는 무효이다.   ⑤

제5절 등기의 효력 `18·32회 출제`

01 서설 ★★ `14·16회 출제`

제4조(권리의 순위)
① 같은 부동산에 관하여 등기한 권리의 순위는 법률에 다른 규정이 없으면 등기한 순서에 따른다.
② 등기의 순서는 등기기록 중 같은 구(區)에서 한 등기 상호간에는 순위번호에 따르고, 다른 구에서 한 등기 상호간에는 접수번호에 따른다.

제5조(부기등기의 순위)
부기등기(附記登記)의 순위는 주등기(主登記)의 순위에 따른다. 다만, 같은 주등기에 관한 부기등기 상호간의 순위는 그 등기 순서에 따른다.

제6조(등기신청의 접수시기 및 등기의 효력발생시기)
① 등기신청은 대법원규칙으로 정하는 등기신청정보가 전산정보처리조직에 저장된 때 접수된 것으로 본다.
② 제11조 제1항에 따른 등기관이 등기를 마친 경우 그 등기는 접수한 때부터 효력을 발생한다.

(1) 부동산등기는 그 기록에 의하여 일정한 효력이 발생한다. 등기의 효력은 본등기의 일반적 효력과 예비등기인 가등기의 효력으로 나눌 수 있다.

(2) 형식적 유효요건을 갖춘 등기는 실질적 요건을 갖추지 못한 경우에도 점유적 효력과 추정적 효력 및 후등기저지력은 인정된다. 즉 무효인 등기에도 등기의 추정력은 인정될 수 있다. 그러나 형식적 유효요건조차 갖추지 못한 등기는 아무런 효력을 갖지 못한다.

→ 실질적 요건을 갖추지 못하여 무효 → 형식적 효력

02 등기의 일반적 효력 ★★   14·16회 출제

1 물권변동의 효력

(1) 의 의

물권변동에 관한 형식주의를 채택하고 있는 현행법 하에서는 물권행위가 있고 등기관이 그에 부합하는 등기를 마친 경우 그 등기는 접수한 때부터 효력을 발생하고(법 제6조 제2항), 이 때에 부동산에 관한 물권변동의 효력이 발생한다(민법 제186조).

(2) 물권변동의 효력발생시기

법률행위에 의해서 물권변동의 효력이 생기는 시기는 등기관이 등기를 마친 경우 그 등기는 접수한 때부터 효력을 발생한다(법 제6조 제2항).

(3) 법률의 규정에 의한 물권변동

1) 법률의 규정에 의한 물권의 변동은 등기 없이도 발생하지만 처분하려면 등기를 하여야 하므로(민법 제187조) 그 등기가 경료 되었다면 그 등기는 성립요건이 아니고 처분요건인 등기에 해당된다.

2) 다만, 점유에 의한 시효취득은 법률의 규정에 의한 원시취득에 해당하지만 등기를 하여야 물권 변동이 발생하므로 그 등기는 성립요건인 등기가 된다(민법 제245조).

2 추정력(推定力) ★★   11회 출제

(1) 의 의

1) 등기의 추정력이라 함은 등기가 형식적으로 존재한다는 사실로부터 그에 대응하는 실체적 권리관계가 존재하는 것으로 추정되는 효력을 말한다.

   예 어떤 부동산이 甲으로부터 乙로의 소유권이전등기가 되어 있으면 그 부동산은 乙의 소유로 추정된다.

2) **추정력의 인정근거(개연성설)와 성질**

명문규정은 없지만, 등기는 그 신청 절차에 있어서 공동신청주의 등 등기실행과정상의 엄격성 때문에 등기의 진정성이 상당히 보장되며, 등기부 등은 국가기관에 의하여 엄격하게 관리되기 때문에 실체권리관계와 부합할 개연성이 많다는 점을 근거로 학설·판례(개연성설)가 등기의 추정력을 인정하고 있다(대판 1972.10.10. 72다1352). 더불어 판례는 점유의 권리적법추정(민법 제200조)을 유추하여 법률상추정으로 본다(대판 2000.3.10. 99다65462).

(2) 각종 등기에서의 추정력

1) 추정력이 인정되는 등기

원칙적으로 물권변동의 효력을 가져오는 종국등기 즉 이전등기, 변경등기, 경정등기, 말소등기, 회복등기에는 등기의 추정력이 인정되며, 소유권보존등기의 경우에도 소유권이 진실하게 보존되어 있다는 사실에 대해서 추정력이 인정된다.

2) 추정력이 인정되지 않는 등기

① 추정력은 권리등기에만 인정되고 표제부의 부동산표시등기에는 인정되지 아니하므로 표제부에 등기된 부동산의 물리적 현황의 기록에는 추정력이 인정되지 않는다.

② 판례에 의하면 등기는 물권의 효력 발생 요건이고 존속 요건은 아니어서 등기가 원인 없이 말소된 경우에는 그 물권의 효력에 아무런 영향이 없는 것이므로 불법말소등기에는 권리의 소멸·부존재에 대한 추정력이 인정되지 않으며, 오히려 그 회복등기가 마쳐지기 전이라도 말소된 등기의 등기명의인이 적법한 권리자로 추정된다(대판 1997.9.30. 95다39526).

③ 추정력은 본등기에만 인정되므로 소유권이전등기청구권보전을 위한 가등기가 있다고 하여 소유권이전등기를 청구할 어떤 법률관계가 있다고 추정되지 아니한다(대판 1979.5.22. 79다239).

④ 판례에 의하면 동일인명의의 2중 소유권보존등기의 경우에는 선등기에만 추정력이 인정되고 후등기에는 추정력이 미치지 않는다(대판 1981.8.25. 80다3259).

⑤ 판례에 의하면 전 소유자가 사망한 이후에 그 명의로 신청되어 경료된 소유권이전등기는 예외적인 경우를 제외하고는 원칙적으로 원인무효의 등기라고 볼 것이어서 그 등기의 추정력을 인정할 여지가 없다(대판 2004.09.3. 2003다3157).

⑥ 등기의 기록 자체에 의하여 부실한 등기임이 명백한 경우에도 추정력이 미치지 아니한다(대판 1982.9.14. 82다카134).

Professor Comment
① 등기가 있으면 등기명의인에게 그에 대응하는 실체적 권리가 존재하는 것으로 추정된다.
② 판례는 추정력의 법적 성질을 법률상 추정으로 보므로 이를 다투는 상대방(등기의 무효를 주장하는 자 또는 등기의 내용과 양립할 수 없는 사실을 주장하는 자) 측에서 그 사실을 주장·증명하여 그 추정력을 번복할 수 있다.

■ 등기의 추정력과 입증책임

등기는 물권의 효력발생요건이고 효력존속요건이 아니므로 물권에 관한 등기가 원인없이 말소된 경우에 그 물권의 효력에는 아무런 영향을 미치지 않는다고 봄이 타당한 바, 등기공무원이 관할지방법원의 명령에 의하여 소유권이전등기를 직권으로 말소하였으나 그 후 동 명령이 취소확정된 경우에는 말소등기는 결국 원인없이 경료된 등기와 같이 되어 말소된 소유권이전등기는 회복되어야 하고 회복등기를 마치기 전이라도 말소된 소유권이전등기의 최종명의인은 적법한 권리자로 추정된다고 하겠으니 동 이전등기가 실체관계에 부합하지 않은 점에 대한 입증책임은 이를 주장하는 자에게 있다(대판 1982.9.14. 81다카923).

(3) 추정력이 미치는 범위★★

1) 객관적 범위

① **등기된 권리 귀속·내용의 적법추정**

예컨대 근저당권의 설정등기가 되어 있으면 근저당권의 존재 자체뿐만 아니라 이에 상응하는 피담보채권의 존재도 추정된다.

② **등기절차와 등기원인의 적법추정**

예컨대 농지에 대한 소유권이전등기가 경료된 경우에는 농지취득자격증명정보를 제공한 것으로 추정되며, 그 등기명의자는 적법한 등기원인에 의하여 소유권을 취득한 것으로 추정된다.

③ **대리권의 존재 추정**

대리인에 의한 등기의 경우에는 대리권 및 유효한 대리행위의 존재가 추정된다.

2) 주관적 범위

① 판례에 의하면 소유권이전등기가 경료된 경우 등기의 추정력은 매수인과 매도인 사이에서도 인정되므로, 매매에 의한 소유권이전등기의 무효를 주장하기 위해서는 매도인이 그 무효사유를 주장·증명해야 한다(대판 2004.9.24. 2004다27273).

 추정적 효력

어떤 등기가 있으면 그에 상응하는 실체적 권리관계가 있는 것으로 추정된다.

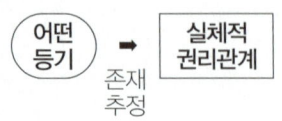

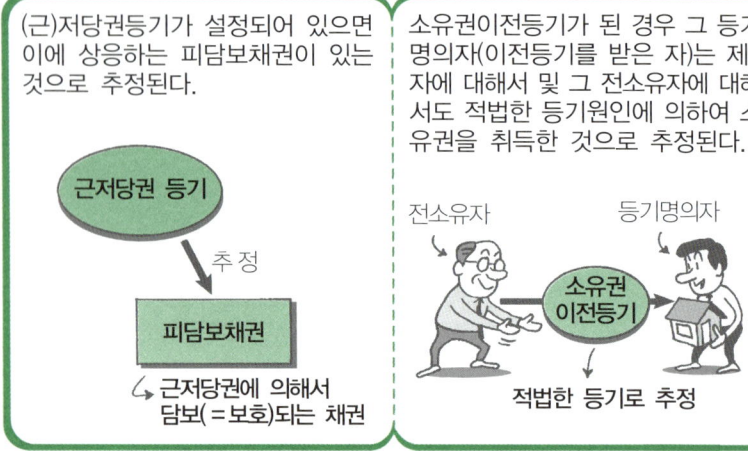

제1장 총설

② 다만, 모두생략등기(즉, 건물을 신축하여 소유권을 원시취득한 자가 등기 없이 건물을 양도하고 양수인 명의로 직접 소유권보존등기를 한 경우)의 경우 소유권보존등기의 추정력은 양도인에 대하여 미치지 않는다(아래 판례 참조).

> **판례** ■ 등기의 추정력에 관한 대법원판례
>
> **1** 대리행위에 의한 등기의 추정력 : 전등기명의인이 아닌 제3자의 처분행위에 의하여 소유권이전등기가 마쳐진 경우, 현등기명의인이 그 제3자가 전등기명의인의 대리인이라고 주장하더라도 전등기명의인의 등기가 현등기명의인에게 적법히 이루어진 것으로 추정되므로, 전등기명의인이 그 등기가 원인무효임을 이유로 그 말소를 청구하기 위해서는 그 반대사실 즉, 그 제3자가 무권대리인임 또는 제3자가 전소유명의인의 등기서류를 위조하였다는 등의 무효사실에 대한 입증책임을 부담한다(대판 1992.4.24. 91다26379).
>
> **2** (모두생략)소유권보존등기의 추정력 부정 : 부동산에 대한 소유권보존등기가 있으면 그 명의자에게 소유권이 있는 것으로 추정되나, 그 명의자가 보존등기 전의 소유자로부터 소유권을 양도받은 것이라는 주장이 있고 또한 전소유자가 보존등기명의자에게 양도한 사실을 부인하는 경우에는 소유권이전등기의 경우와 다르게 그 추정력이 깨어진다(대판 1982.9.14. 82다카707). 따라서 소유권보존등기명의인이 스스로 그 부동산의 원시취득사실에 대한 입증책임을 부담한다.

3) 추정력의 부수적 효력

등기내용을 신뢰한 자는 무과실(無過失)로 추정되나(대판 1982.5.11. 80다2881), 등기부 기록내용에 대해서 조사하지 않은 경우에는 그 부동산을 인도받아 선의로 점유한 경우에도 과실 없이 부동산의 점유를 개시하였다고 볼 수 없다(대판 1986.2.25. 85다카771).

(4) 점유의 추정력과의 관계

1) 「민법」 제200조는 "점유자가 점유물에 대하여 행사하는 권리는 적법하게 보유한 것으로 추정한다"고 규정하고 있는바, 미등기부동산의 점유에도 추정력을 인정하는 근거규정으로 할 수 있느냐의 문제이다.

2) 특별한 사정이 없는 한 부동산 물권에 대하여는 점유자의 권리추정의 규정이 적용되지 아니하고 다만 그 등기에 대하여서만 추정력이 부여된다(대판 1982.4.13. 81다780).

(5) 추정력의 번복

1) 소유권보존등기

소유권보존등기에도 그 보존등기명의자에게 소유권이 있음이 추정되지만 소유권보존등기명의인이 원시취득(건물신축 등)에 의한 것이 아닌 사실이 밝혀지면 추정력이 깨진다(대판 1982.9.14. 82다카707 참조).

2) 소유권이전등기

등기의 추정력이 인정되나, 등기원인의 무효·취소, 무권대리인에 의한 등기, 위조문서에 의한 등기임이 그 등기의 효력을 부정하는 자에 의하여 주장·입증되면 추정력이 깨어진다.

3) 「부동산등기 특별조치법」에 의한 등기

일반등기보다 더 강한 추정력을 인정한다. 따라서 「특별조치법」에 따라 등기를 마친 자가 취득원인에 관하여 보증서나 확인서에 기재된 것과 다른 주장을 하였다는 사유만으로 등기의 추정력이 깨어지지 않고, 등기의 기초가 된 보증서나 확인서가 허위 또는 위조된 것이라거나 그 밖의 사유로 적법하게 등기된 것이 아니라는 증명이 있는 때 등기의 추정력은 번복된다(대판 2005.4.29. 2005다2189).

Professor Comment

우리나라 등기는 실질적 심사를 거치지 않으므로 등기에 의해 권리(물권)가 확정력을 가지지 못하고 추정력(실체관계로서 번복될 수 있음)만 부여되는 것이다.

단락핵심 — 등기의 추정력

(1) 등기의 추정력이 인정되는 경우에 등기의 내용과 양립할 수 없는 사실을 주장하는 자는 이 사실에 대한 입증책임이 있다.
(2) 등기가 형식적으로 존재하는 사실 자체로 그 등기에 표시된 실체적 권리관계가 존재하는 것으로 추정된다.
(3) 소유권이전등기절차 중 하자가 있다 하여도 현재의 등기부상 명의인에 대한 소유권취득이 정당한 것인 경우에는 그 등기는 실체에 부합한 것으로서 유효하다.
(4) 담보물권의 등기에는 담보물권뿐 아니라 피담보채권의 존재까지도 추정된다.
(5) 부동산의 전소유자가 당해 부동산에 관하여 경료된 소유권보존등기 명의자에 대한 양도사실을 부인하면 그 보존등기의 추정력은 인정되지 않는다.

단락문제 Q10

등기의 추정적 효력에 대한 설명으로 틀린 것은?

① 「부동산등기 특별조치법」에 의한 등기는 일반등기보다 더 강한 추정력이 인정된다.
② 등기의 추정력이 발생하더라도, 그와 배치되는 사실을 증명하면 추정력은 깨어진다.
③ 등기가 존재하는 경우 등기원인의 존재, 대리권의 존재에도 추정력이 미친다.
④ 등기의 기록자체로 부실등기임이 명백한 경우에는 추정력이 발생하지 않는다.
⑤ 등기내용을 신뢰한 자에 대하여는 무과실이 추정되지만, 등기내용을 조사하지 아니하였다고 하여 과실이 있는 것은 아니다.

해설 등기의 추정력

⑤ (×) 부동산을 등기부상의 소유명의자가 아닌 자로부터 그에게 권리가 있는 것을 명확히 하지 않고 매수하여 점유를 시작한 것이라면 선의라 하더라도 과실이 없다 할 수 없다(대판 1967.1.31. 66다2267). **답** ⑤

제1장 총설

3 순위확정적 효력(順位確定的效力)★★ 34회 출제

(1) 의 의
같은 부동산에 관하여 등기한 권리의 순위는 법률에 다른 규정이 없으면 등기한 순서에 따른다(법 제4조 제1항). 이를 순위확정의 효력이라고 한다.

(2) 주등기의 순위 10·11·12회 출제 → 갑구와 갑구 또는 을구와 을구
1) 등기의 순서는 등기기록 중 같은 구(동구)에서 한 등기 상호간에는 순위번호에 따르고, 다른 구(별구)에서 한 등기 상호간에는 접수번호에 따른다(동순별접, 법 제4조 제2항). ← 갑구와 을구
2) 대지권에 대한 등기로서의 효력이 있는 등기(건물등기부)와 대지권의 목적인 토지의 등기기록 중 해당구에 한 등기(토지등기부)의 순서는 접수번호에 따른다(법 제61조 제2항). 이 경우에는 부동산이 다르기 때문에 등기한 순서인 접수번호 순서대로 할 수밖에 없다.

(3) 부기등기와 가등기에 의한 본등기의 순위
1) 부기등기의 순위는 주등기의 순위에 의하고, 같은 주등기에 관한 부기등기 상호간의 순위는 그 등기 순서에 의한다(법 제5조).
2) 가등기에 의한 본등기를 한 경우 그 본등기의 순위는 가등기의 순위에 따른다(법 제91조).

(4) 기 타
1) 저당권의 등기에서는 순위상승의 원칙의 적용
(근)저당권설정등기에 있어서 1번, 2번 (근)저당권이 차례로 설정된 상태에서 1번(근)저당권이 피담보채무의 변제 등으로 소멸된 경우 후일 근저당권의 실행시 2번(근)저당권자가 실질적으로 1번(근)저당권자의 지위에서 우선변제를 받는다.
2) 말소회복등기의 순위는 말소되기 전의 '말소된 등기(회복하고자 하는 등기)'의 순위와 같다.
3) 손상된 등기부의 복구의 경우 복구된 등기부의 순위는 손상 전 등기의 순위에 따른다(법 제17조 참조).
4) 신탁등기의 순위는 소유권이전등기 순위와 같다.

단락핵심 　　　　　　　순위확정적 효력

(1) 같은 부동산에 관하여 등기한 권리의 순위는 법률에 다른 규정이 없으면 등기한 순서에 따른다.
(2) 등기의 순서는 등기기록 중 같은 구(區)에서 한 등기 상호간에는 순위번호에 따르고, 다른 구에서 한 등기 상호간에는 접수번호에 따른다.
(3) 구분건물의 등기기록에 대지권등기가 되어 있는 경우에는 대지권에 대한 등기로서의 효력이 있는 등기와 대지권의 목적인 토지의 등기기록 중 해당 구에 한 등기의 순서는 접수번호에 따른다.

제2편 부동산등기법

단락문제 Q11
제12회 기출 개작

등기한 권리의 순위에 관한 다음 설명 중 옳지 않은 것은?

① 같은 부동산에 관하여 등기한 권리의 순위는 법률에 다른 규정이 없으면 등기한 순서에 따른다.
② 등기의 순서는 등기기록 중 같은 구(동구)에서 한 등기 상호간에는 순위번호에 따르고, 다른 구(별구)에서 한 등기 상호간에는 접수번호에 따른다.
③ 구분건물에서 대지권에 대한 등기로서의 효력이 있는 등기와 대지권의 목적인 토지의 등기기록 중 해당 구에 한 등기의 순서는 순위번호에 따른다.
④ 부기등기의 순위는 주등기의 순위에 따르고 부기등기 상호간의 순위는 그 등기 순서에 따른다.
⑤ 가등기에 기하여 본등기를 한 때에는 본등기의 순위는 가등기의 순위에 따른다.

해설 등기한 권리의 순위
③ 이 경우는 건물등기기록에 등기된 것과 토지등기기록에 등기된 것 간에 전후의 문제이고, 부동산이 다르기 때문에 접수번호에 따른다(법 제61조 제2항).　　**답** ③

4 후등기저지력(後登記沮止力)

등기가 존재하는 이상 그것이 비록 실체법상 무효라고 하더라도 형식상의 효력은 있으므로(형식적 확정력) 법정의 요건과 절차에 따라 그것을 말소하지 않고는 그것과 양립할 수 없는 등기를 할 수 없는데 이것을 후등기저지력이라고 한다.

5 대항력(對抗力)★★

(1) 의 의

어떤 사항은 등기하지 않으면 당사자 사이에서 채권적 효력이 있을 뿐이지만 등기한 때에는 제3자에 대하여 그 등기된 사항을 가지고 대항할 수 있게 되는데, 이러한 효력을 대항력이라고 한다.

(2) 대항요건인 등기의 예

등기를 함으로써 제3자에게 대항할 수 있는 등기로는 ① 독립한 등기목적을 갖는 것으로 환매특약등기(민법 제592조)·신탁등기(신탁법 제3조)·임차권등기(민법 제621조) 등, ② 각종 등기에 있어서의 임의적 약정사항으로서 등기할 수 있다는 법령의 근거가 있는 전세권의 존속기간(법 제72조)이나 저당권의 변제기(법 제140조)의 등기 등, ③ 동산·채권 등의 담보에 관한 법률상의 채권담보권은 당사자의 약정에 따라 성립하되 채권담보등기부에 등기함으로써 제3채무자를 제외한 나머지 제3자에게 대항할 수 있는 경우(동법 제35조 제1항)가 있다.

단락핵심　　　　대항력

(1) 공유물분할금지의 약정, 지상권의 존속기간·지료 등은 등기하지 아니하면 양수인 등에게 대항할 수 없다.
(2) 지상권의 양도금지특약은 등기하더라도 대항력이 발생하지 않는다.
　* 지상권 양도금지특약은 실체법상 금지되므로 등기대상이 아니다(민법 제282조, 제289조 참조).

6 점유적 효력(占有的 效力)

(1) 의 의

「민법」 제245조 제2항에는 부동산의 소유자로 등기한 자가 10년간 소유의 의사로 평온, 공연하게 선의이며 과실 없이 그 부동산을 점유한 때에는 소유권을 취득한다고 하여 등기부취득시효❶를 규정하고 있다.

> **용어사전**
>
> ❶ 등기부취득시효
> (登記簿取得時效)
> 부동산의 소유자가 아니면서 소유자로 등기된 자가 10년간 소유의 의사로 평온·공연하게, 선의이며, 과실 없이 그 부동산을 계속하여 점유한 때에는 소유권을 취득하는 것을 등기부취득시효라고 한다(민법 제245조 제2항).

(2) 인정여부

1) 이러한 부동산물권의 등기부취득시효에서 등기가 동산의 점유취득시효에 있어서 점유와 같은 효력을 갖게 되는데 이를 등기의 점유적 효력이라 한다.

2) 한편 부동산의 점유취득시효기간은 20년이지만, 등기부취득시효기간은 10년이므로 등기는 부동산에 대한 취득시효기간을 단축하는 효력을 갖는다.

Professor Comment
① 점유적 효력과 점유력(점유권)은 다르다.
② 점유력(점유권)은 점유 자체에 대한 효력을 말하지만, 점유적 효력은 등기의 효력으로서 인정되는 것이다.

Key Point 등기의 일반적 효력

권리변동적 효력	「등기가 행하여진 때」에는 등기한 권리의 권리변동의 효력이 생긴다.
추정적 효력 (추정력)	등기에는 그 기록사항이 진정하다고 추정케 하는 효력이 있다(=기록된대로의 실체적 권리관계가 진실로 존재한다고 추정케 하는 효력). ⇨ 형식적으로 존재하는 등기부상의 권리는 그에 부합하는 권리가 실체법상으로도 존재하는 것으로 추정된다.
대항적 효력 (대항력)	지상권·지역권·전세권·저당권의 존속기간·지료·이자·지급시기 등 「당사자가 합의한 일정사항(=임의적 기록사항)」은 등기할 수 있으며, 이는 등기하지 않아도 당사자간에는 채권적 효력이 인정되지만 등기함으로써 제3자에 대항할 수 있다. ⇨ 부동산환매권과 부동산임차권에 관하여서도 또한 같다.
순위확정적 효력 (순위확정력)	동일부동산을 목적으로 하는 권리 상호간의 우선순위는 등기한 순서에 의해 결정되며, 물권과 등기한 채권 간의 우선순위도 등기한 순서에 따른다.
후등기 저지력 (형식적 확정력)	실체법상 무효인 등기도 그 존재 자체로 형식적 효력은 인정된다. ⇨ 따라서 그 무효인 등기를 말소하기 전에는 그 등기와 양립할 수 없는 등기를 실행할 수 없다.
점유적 효력	부동산의 등기부취득시효 ⇨ 부동산의 소유권자로 등기된 자는 점유시효취득자와 달리 10년간의 점유만으로 시효취득하므로 등기가 동산의 시효취득에 있어서 점유와 같은 효력을 갖고, 취득시효기간을 10년간 단축하는 효과를 가진다.
공신력	부동산물권의 공시방법으로서의 등기에는 공신력이 인정되지 않는다.

단락핵심　　　　　　　　　　점유적 효력

(1) 등기에는 점유적 효력이 있다.
(2) 토지점유여부는 등기부, 토지대장, 현실점유의 순서로 판단한다.
(3) 무효인 매매에 기한 소유권이전등기라도 점유적 효력은 인정될 수 있다.

단락문제 012　　　　　　　　　　　　　　　　　　　　　　　제26회 기출

등기의 효력에 관한 설명 중 틀린 것은?(다툼이 있으면 판례에 따름)

① 등기를 마친 경우 그 등기의 효력은 대법원규칙으로 정하는 등기신청정보가 전산정보처리조직에 저장된 때 발생한다.
② 대지권을 등기한 후에 한 건물의 권리에 관한 등기는 건물만에 관한 것이라는 뜻의 부기등기가 없으면 대지권에 대하여 동일한 등기로서 효력이 있다.
③ 같은 주등기에 관한 부기등기 상호간의 순위는 그 등기순서에 따른다.
④ 소유권이전등기청구권을 보전하기 위한 가등기에 대하여는 가압류등기를 할 수 없다.
⑤ 등기권리의 적법추정은 등기원인의 적법에서 연유한 것이므로 등기원인에도 당연히 적법 추정이 인정된다.

해설 등기의 효력
④ 부동산소유권이전등기청구권이 가등기에 의해 보전된 경우에도 가압류의 등기를 부기등기로 할 수 있다(등기예규 제1344호).　　　　　　　　　　　　　　　　　　　　　　　　　　　　　　　**답** ④

03　가등기의 효력★★

1　본등기 전(가등기 자체)의 효력 → 청구권 보전

(1) 실체법적 효력

가등기는 종국등기가 아니므로 본등기를 하기 전의 가등기 자체만으로는 어떠한 실체법상의 권리변동의 효력이나 대항력도 발생하지 않는다. 따라서 가등기권리자는 가등기 자체만으로 가등기의무자의 소유권 행사에 제한을 가할 수 없다.

(2) 추정력

가등기에는 본등기와 같은 추정력이 없다. 즉, 소유권이전등기청구권의 보전을 위한 가등기가 있다고 하여 <u>소유권이전의 본등기를 청구할 어떤 법률관계가 존재한다고 추정되지 않는다</u>(대판 1979.5.22. 79다239).

(3) 가등기의 이전등기 등

1) 가등기 자체로는 권리변동의 실체법상의 효력은 없지만 가등기가 아무런 권리가 아닌 것은 아니므로 가등기권리도 상속이 가능하고 가등기의 이전등기, 가등기이전청구권보전가등기, 가등기의 가처분등기 등이 가능하다(대판 1998.11.19. 98다24105). 다만 가등기에 기한 본등기금지 가처분등기는 법령에 근거가 없어서 허용되지 않는다.
2) 동일한 부동산에 대해서 가등기를 여러 번 할 수도 있다(등기예규 제1632호).

2 본등기 후의 효력

(1) 본등기의 순위보전의 효력

가등기에 의한 본등기를 한 경우 본등기의 순위는 가등기의 순위에 의한다(법 제91조).

(2) 가등기 후 본등기 전의 중간처분등기의 직권말소

가등기 후에도 제3자 등기는 허용되나, 등기관은 가등기에 의한 본등기를 하였을 때에는 가등기 이후에 된 등기로서 가등기에 의하여 보전되는 권리를 침해하는 등기를 직권으로 말소하여야 한다(법 제92조, 규칙 제147조 이하).

(3) 물권변동의 효력발생시기

<u>본등기의 순위가 가등기의 순위에 의한다는 것은 물권변동의 효력발생시기 자체가 가등기 당시로 소급(遡及)한다는 것이 아니라, 단지 본등기의 순위를 가등기의 순위에 따른다는 의미일 뿐이다</u>(대판 1992.9.25. 92다21258). 따라서 취득세, 양도소득세 등의 부과도 가등기시가 아닌 본등기시를 기준으로 결정한다.

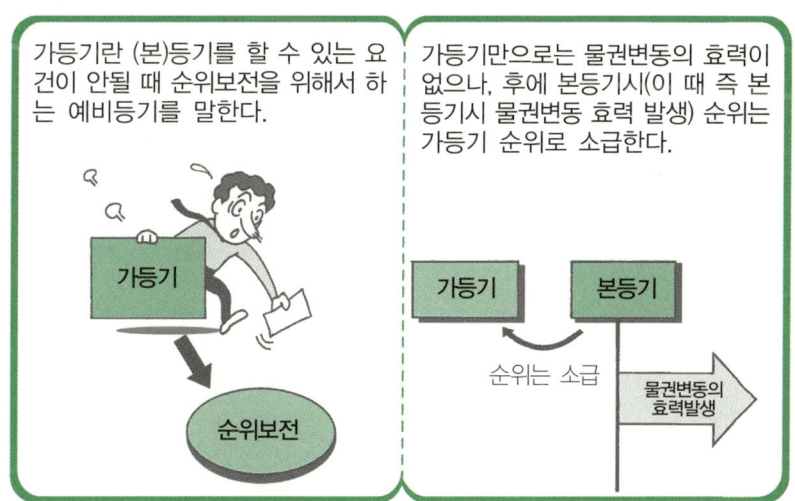

가등기의 효력

① 예비등기의 일종으로서 물권변동의 효력은 없다.
② 그러나 순위 보전의 효력은 있다.

가등기란 (본)등기를 할 수 있는 요건이 안될 때 순위보전을 위해서 하는 예비등기를 말한다.

가등기만으로는 물권변동의 효력이 없으나, 후에 본등기시(이 때 즉 본등기시 물권변동 효력 발생) 순위는 가등기 순위로 소급한다.

3 담보가등기(擔保假登記)의 특수한 효력

(1) 담보가등기의 의의

「가등기담보 등에 관한 법률」에 의하여 채권자와 채무자간에 채무자 소유의 부동산에 대하여 대물변제예약이나 매매예약을 체결하고 채무자가 이행기에 채무를 변제하지 않을 경우에 채권자가 예약완결권을 행사함으로써 발생하게 될 장래의 소유권이전청구권을 보전하기 위해서 가등기를 할 수 있는데 이때의 가등기를 가리켜 담보가등기라 한다.

(2) 본등기 전의 효력(경매청구권과 우선변제적 효력 등 실체적 효력의 인정)

가등기담보권자는 그의 선택에 따라 청산금을 지급하고 본등기를 신청하거나 또는 목적부동산의 경매를 청구할 수 있고 또한 그 가등기담보목적물에 대한 경매절차에서 그 가등기의 순위를 가지고 우선변제권을 행사할 수 있다(동법 제12조, 제13조).

(3) 본등기 후의 효력(순위보전의 효력)

담보가등기❶는 귀속청산 등의 절차를 거쳐 본등기를 하면 물권변동의 효력이 발생하고, 순위보전의 효력 등 가등기의 일반적인 효력도 인정된다(동법 제4조 제2항 참조).

> **용어사전**
>
> ❶ **담보가등기(擔保假登記)**
> 금전거래를 하면서 가등기담보설정계약을 하고 약정 채무의 변제가 없으면 채권자의 요구에 의해 채무자의 부동산을 채권자 앞으로 그 당시의 순위로 이전등기를 할 수 있도록 해둠으로써 부동산에 담보권을 설정해 두려는 가등기를 말한다.

청구권보전가등기와 담보가등기의 효력

1) **가등기의 효력** : 권리의 순위보전효력
2) **담보가등기의 효력** : 권리의 순위보전효력, 경매청구권, 우선변제권

04 폐쇄등기부상의 등기의 효력

폐쇄등기부에 기재되어 있는 등기는 현재의 등기로서의 효력은 없다. 그러나 소유권에 관한 현재의 효력 있는 등기를 원인무효 등에 의하여 말소하면 효력이 다시 살아나는 전등기사항을 폐쇄등기부로부터 이기하여야 하므로 이런 의미에서는 잠정적인 효력이 있다고 할 수 있다.

Key Point 청구권보전가등기와 담보가등기의 효력

1) 가등기의 효력 : 권리의 순위보전효력   2) 담보가등기의 효력 : 권리의 순위보전효력, 경매청구권

단락문제 Q13

제9회 기출 개작

가등기에 관한 내용 중 틀린 것은?

① 가등기가 있더라도 가등기의무자가 당해 부동산을 처분할 권리를 잃는 것은 아니다.
② 가등기는 장래에 있을 본등기를 위하여 그 순위보전을 위한 것이다.
③ 청구권이 시기부 또는 정지조건부인 때에도 가등기를 할 수 있다.
④ 판례는 가등기의 가등기를 인정하고 있지 않다.
⑤ 가등기에 의한 본등기를 한 경우 그 가등기 후 본등기 전에 이루어진 제3자 명의의 소유권이전등기는 직권말소의 대상이 된다.

해설 가등기의 효력

① (○) 가등기 자체만으로는 어떤 실체법상의 권리변동의 효력도 인정되지 않으므로 가등기가 있다 하여도 가등기의무자는 부동산을 처분할 권리를 잃지 않는다.
② (○) 가등기는 그 성질상 본등기의 순위보전의 효력만이 있어 후일 본등기가 경료된 때에는 본등기의 순위가 가등기의 순위에 따르는 것뿐이지 본등기에 의한 물권변동의 효력이 가등기한 때로 소급하는 것은 아니다(대판 1992.9.25. 92다21258).
③ (○) 가등기는 「부동산등기법」 제3조 각호의 1에 해당하는 권리의 설정, 이전, 변경 또는 소멸의 청구권을 보전하려 할 때에 이를 한다. 그 청구권이 시기부 또는 정지조건부인 때 기타 장래에 있어서 확정될 것인 때에도 또한 같다(법 제88조).
④ (×) 가등기는 원래 순위를 확보하는 데에 그 목적이 있으나, 순위 보전의 대상이 되는 물권변동의 청구권은 그 성질상 양도될 수 있는 재산권일뿐만 아니라 가등기에 의하여 그 권리의 공시방법까지 마련된 셈이므로, 이를 양도한 경우에는 양도인과 양수인의 공동신청으로 그 가등기상의 권리의 이전등기를 가등기에 대한 부기등기의 형식으로 마칠 수 있다(대판 1998.11.19. 98다24105 전합).
⑤ (○) (법 제92조 제1항)

답

CHAPTER 01 총설

빈출 함정 총정리

• 경록 교재에 모든 답이 있습니다.

01 우리나라의 등기제도는 물적 편성주의, 공동신청주의, 형식적 심사주의, 형식주의(실질적 심사주의, 실질주의 x)라고 할 수 있다.

02 우리나라의 등기제도는 모든 부동산에 대하여 반드시 등기하도록 하고 있는 것은 아니다(하고 있다 x).

03 등기신청은 등기신청 정보가 전산정보처리조직에 저장된 때 접수된 것으로 보며, 등기관이 등기를 마친 경우 그 등기는 접수한 때부터(등기를 마친 때부터 x) 효력을 발생한다.

04 등기는 법률행위로 인한 물권변동의 성립요건(대항요건 x)이다.

05 등기의 공신력은 인정되지 않는다(인정된다 x).

06 등기가 행하여진 후 등기와 실체관계의 일부가 후발적으로(등기가 원시적으로 x) 불일치하여 이를 시정하기 위한 등기는 협의의 변경등기이다.

07 상속, 형성판결, 공용징수(수용), 경매, 기타 법률의 규정(신축, 변제로 인한 저당권소멸 등)의 경우에는 등기를 하지 않더라도 그 관련규정에 의해(등기를 하여야만 x) 물권이 변동된다.

08 변경등기나 경정등기(말소등기 x)는 등기의 일부를 말소하는 것이고, 말소등기(변경등기나 경정등기 x)는 등기의 전부를 말소하는 것이다.

09 소유권 외의 권리, 즉 저당권, 전세권, 지상권 등의 이전등기는 부기등기(독립등기 x)로 행해진다.

10 부동산이 전부멸실된 경우에는 멸실등기(말소등기 x)를 하고 등기기록을 폐쇄한다. 그러나 일부멸실된 경우에는 표시변경등기를 한다.

11 공유수면하의 토지(방조제 x)는 등기할 수 없지만 방조제(공유수면하의 토지 x)는 등기할 수 있다.

제1장 총설

12 점유권, 유치권, **특수지역권**(구분지상권 x)은 등기할 권리가 아니다.

13 임차권, 환매권은 **등기하면 제3자에게 대항할 수 있다**(등기하여야 효력이 발생한다 x).

14 부동산물권의 포기는 **법률행위로서 등기하여야 물권변동의 효력이 발생한다**(등기 없이도 효력이 발생한다 x).

15 건물신축, **건물의 멸실**(부동산의 점유취득시효 x)은 등기를 하지 않고 물권변동의 효력이 생기는 사항이다.

16 등기한 권리의 순위는 같은 구에서는 **순위번호**(접수번호 x)에 따르고, 갑구와 을구간에는 **접수번호**(순위번호 x)에 따른다.

17 부기등기의 순위는 주등기의 순위에 따르고 부기등기 상호간에는 **그 등기의 순서에 따른다**(동순위가 된다 x).

18 소유권이전등기가 경료된 경우 등기의 추정력은 매수인과 매도인 **사이에서도 인정된다**(사이에서는 인정되지 않는다 x).

19 가등기만 존재하는 경우 본등기와 같은 **추정력이 없다**(추정력이 인정된다 x).

20 가등기에 의한 본등기를 한 경우 본등기의 **순위는 가등기의 순위에 따른다**(효력은 가등기 한 때로 소급한다 x).

21 불법말소등기에는 권리의 소멸·부존재에 대한 추정력이 **인정되지 않으며**(인정되며 x), 오히려 그 회복등기가 마쳐지기 전이라도 말소된 등기의 등기명의인이 **적법한 권리자로 추정된다**(적법한 권리자로 추정될 수 없다 x).

CHAPTER 02 등기기관과 그 설비 및 등기의 공시

학습포인트

- 이 장에서는 등기기관과 인적 설비인 등기관, 물적 설비인 등기에 관한 장부, 등기의 공시인 등기사항의 증명과 열람 및 전산정보처리조직에 의한 등기사무의 처리에 관한 등기예규(제1624호)에 관해 다루고 있다.
- 이 장의 출제비중은 높지 않으나 등기기록의 구성과 양식(특히 구분건물의 등기기록)과 등기사항의 증명과 열람(특히 인터넷에 의한)부분이 주로 출제된다. 이 장은 일상생활에서 부동산거래를 할 때의 상식으로서도 필요한 부분이다. 시험에 대비하여서는 등기기록의 구성과 양식, 등기사항의 증명과 열람 중심으로 학습할 필요가 있다.
- 전산정보처리조직에 의한 등기사무의 처리에 관한 등기예규의 내용은 거의 매회 출제가 되므로 또한 전자신청에 관한 전반적인 내용의 이해를 위해서도 면밀한 예습과 복습이 필요하다.

CHAPTER 학습 & 출제되는 키워드

- ☑ 등기소
- ☑ 등기사무의 정지
- ☑ 등기관의 책임
- ☑ 등기부
- ☑ 토지 및 일반건물 등기기록
- ☑ 폐쇄등기부
- ☑ 등기의 공시
- ☑ 주민등록번호 등의 공시제한
- ☑ 관할등기소
- ☑ 등기관의 의의
- ☑ 등기정보중앙관리소 등
- ☑ 등기부의 편성
- ☑ 구분건물등기기록
- ☑ 등기부 이외의 장부
- ☑ 등기사항증명서의 발급
- ☑ 수수료
- ☑ 관할의 변경
- ☑ 등기관의 업무처리의 제한
- ☑ 등기에 관한 장부
- ☑ 1부동산 1등기기록주의의 원칙
- ☑ 등기기록의 일부로 취급되는 것
- ☑ 등기부의 보존·관리
- ☑ 등기기록 등의 열람
- ☑ 전산정보처리조직에 의한 등기

CHAPTER 학습 & 출제되는 질문

- ☑ 등기부와 대장(臺帳)의 관계에 관한 설명 중 틀린 것은?
- ☑ 인터넷을 이용한 등기부 등의 열람에 관한 설명 중 틀린 것은?
- ☑ 전산정보처리조직에 의한 등기신청(이하 '전자신청')에 관한 설명 중 틀린 것은?

제1절 등기소

01 등기소의 의의★

등기소라 함은 구체적인 등기사무를 담당하는 관청 또는 등기사무를 행하는 권한을 가진 국가기관을 말한다. 또한 등기소는 등기소라는 현실의 명칭을 가진 관서만을 의미하는 것이 아니며, 지방법원 등기과, 동 지원 등기과 또는 등기계를 모두 일괄하여 지칭한다.

02 관할등기소★★

1 원칙

등기할 권리의 목적인 「부동산의 소재지를 관할하는 지방법원, 동 지원, 또는 등기소(登記所)」가 관할등기소이다(법 제7조 제1항). 즉, 각 등기소는 원칙적으로 대법원규칙에 의하여 정해진 그의 관할구역 내의 등기사무만을 처리할 권한이 있다.

2 예외

(1) 관할등기소의 지정(등기예규 제1521호)

1) 의의

건물이 수개의 등기소의 관할구역에 걸쳐 있는 경우 또는 단지를 구성하는 수동의 건물 중 일부 건물의 대지가 다른 등기소의 관할에 속하여 관할이 중복되는 경우에 그 건물에 대한 최초의 등기를 신청하고자 하는 자는 상급법원의 장에게 관할등기소의 지정을 신청하여야 한다(규칙 제5조 제1항).

Professor Comment
1필지의 토지가 수 개의 등기소 관할에 걸치는 경우는 존재하지 않으므로 토지는 관할의 지정이 문제되지 않는다.

2) 관할지정이 필요한 경우(관할의 중복)

① 예컨대 소유권보존등기의 신청 당초부터 어떤 특정의 건물이 수 개의 등기소의 관할구역에 걸쳐 있는 경우, 소유권보존등기 후에 건물의 증축, 부속건물의 신축, 건물의 합병 등으로 인하여 관할이 중복되는 경우, 단지를 구성하는 수동의 건물 중 일부 건물의 대지가 다른 등기소의 관할에 속하는 경우 등이 관할이 중복되는 경우에 해당한다.

② **관할지정이 필요 없는 경우**

건물대지 일부의 행정구역변경 등으로 인하여 1개의 건물이 2개 이상의 등기소의 관할에 걸치게 된 때에는 종전 관할 등기소에서 관할한다.

3) 지정신청권자와 신청방법 및 지정권자 등

① **지정신청권자**

관할등기소의 지정대상 부동산에 대한 등기신청을 하고자 하는 자는 관할지정신청정보에 건축물대장정보를 첨부정보로 제공하여 당해 부동산의 관할등기소 중 어느 한 곳에 신청하여야 한다.

② **지정권자**

상급법원의 장으로서 ㉠ 각 등기소가 동일 지방법원 관할 내이면 그 지방법원장이, ㉡ 그 각 등기소가 다른 지방법원에 속하나 동일 고등법원 관할 내이면 고등법원장이, ㉢ 고등법원을 달리하는 관할구역에 걸쳐 있을 때에는 대법원장이 상급법원장이 된다. 상급법원의 장은 그 부동산의 등기사무를 처리하기에 적정하다고 인정되는 등기소를 관할등기소로 지정하여야 한다.

4) 관할지정이 있는 경우 등기신청

관할등기소의 지정을 받은 자는 지정된 관할등기소에 등기신청을 할 때에는 '관할등기소의 지정이 있었음을 증명하는 정보'를 첨부정보로서 등기소에 제공하여야 한다(규칙 제5조 제4항).

5) 등기완료 후의 조치

등기관이 관할지정에 따라 등기를 하였을 때에는 지체 없이 그 사실을 다른 등기소에 통지하여야 한다(규칙 제5조 제5항).

(2) 등기사무의 위임

1) 대법원장은 어느 등기소의 관할에 속하는 사무를 다른 등기소에 위임하게 할 수 있다(법 제8조). 교통사정, 등기사무의 양, 기타의 사유로 위임하게 된다.
2) 관할의 위임이 있게 되면 위임받은 등기소만이 전속적인 관할권을 갖게 된다.
3) 부동산등기사무의 위임은 현재 그 사례가 없고, 상업등기사무의 위임에 관해서만 그 근거가 있다(「등기소의 설치와 관할구역에 관한 규칙」 제4조).

제2장 등기기관과 그 설비 및 등기의 공시

3 관할위반의 효과

관할위반의 등기신청은 각하사유가 되고(법 제29조 제1호), 이를 간과하고 등기된 때에는 당연무효의 등기로서 직권말소사유가 된다(법 제58조).
→ 신청없이 등기관이 직권으로 말소함

단락문제 01
제3회 기출

등기소의 관할을 달리하는 3필지(3筆地)의 토지 위에 건물을 신축하였다. 이 경우 보존등기는 어느 등기소에 신청하여야 하는가?

① 등기신청인 편의에 따라 신청하면 된다.
② 등기소장이 결정한 등기소에 신청하여야 한다.
③ 위임을 받은 등기소에 신청하면 된다.
④ 건물의 주된 지역의 관할등기소에 신청하여야 한다.
⑤ 관할지정권자가 지정한 등기소에 신청하여야 한다.

해설 관할지정의 효과
상급법원장의 관할지정을 받으면 지정받은 등기소가 전속관할 등기소에 해당한다(규칙 제5조 제4항). **답** ⑤

 관할을 위반한 등기

① 관할위반의 등기신청은 각하하여야 하나, 이를 간과하여 마쳐진 등기는 당연무효이다.
② 따라서 「등기관은 직권으로 관할을 위반한 등기를 말소」하여야 한다.

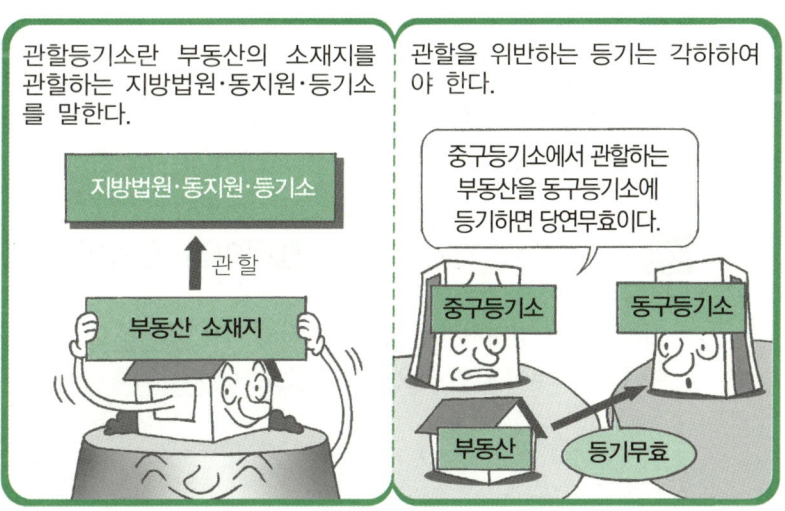

03 관할의 변경 (관할의 전속, 등기예규 제1433호)★

1 관할변경의 의의
관할의 변경이란 어느 부동산의 소재지가 다른 등기소의 관할로 바뀐 경우를 말하며, 이 때 종전의 관할 등기소는 전산정보처리조직을 이용하여 그 부동산에 관한 등기기록의 처리권한을 다른 등기소로 넘겨주는 조치를 하여야 한다(법 제9조).

2 관할변경의 사유
(1) 「등기소의 설치와 관할구역에 관한 규칙」 제3조의 개정(「법원조직법」 제3조 제3항)이 있는 경우
(2) 관할위임 및 그 해지가 있는 경우와 관할변경을 수반하는 행정구역의 변경이 있는 경우

Professor Comment
다만, 행정구역이 변경되었으나 등기소의 관할구역이 변경되지 않는 경우(예컨대 동일 관할등기소 관내인 관악구 성현동이 관악구 대학동으로 행정구역이 변경된 경우 등)에는 관할의 변경사유에 해당하지 않음에 주의하여야 한다(법 제31조, 규칙 제54조 참조).

04 등기사무의 정지

1 의 의
천재·지변, 즉 등기소의 화재·수난(水難) 등 현실적으로 등기사무의 처리가 불가능하여 등기소에서 등기사무를 정지하여야 하는 사유가 발생하면 대법원장은 기간을 정하여 등기사무의 정지를 명령할 수 있다(법 제10조).

2 등기사무정지기간 중에 행하여진 등기의 효력
이 등기사무 정지기간 중에 행하여진 등기는 당연 무효이며 「부동산등기법」 제29조 제2호의 사건이 등기할 것이 아닌 것으로서 직권말소(職權抹消)와 이의신청의 대상이 된다.

→ 형식적 요건의 불비

제2절 등기관

01 등기관의 의의 ★

1 의의
등기관이란 지방법원장 또는 지원장의 지정에 의해 등기소에서 자기의 이름으로 자기의 책임 하에 등기사무를 처리하는 독립관청으로서의 지위를 갖는 자를 말한다.

2 등기관의 지정
등기관은 '지방법원장이나 지원장'이 지방법원, 그 지원과 등기소에서 근무하는 법원서기관·등기사무관·등기주사 또는 등기주사보 중에서 등기사무를 처리하도록 지정한 자를 이른다(법 제11조 제1항). 등기소에 근무하더라도 등기관으로「지정」을 받지 아니하면 등기관이 아니다.

02 등기관의 업무처리의 제한 ★★

1 의의
사건을 맡은 등기관이 사건이나 당사자와 특수한 관계에 있어 등기사무를 불공정하게 처리할 우려가 있는 경우 직무집행에서 배제하는 제도를 말한다. 등기사무의 공정한 집행을 위함에 그 취지가 있다.

2 적용범위와 그 예외
(1) 등기관은 자기, 배우자 또는 4촌 이내의 친족(이하 배우자 등) 또는 배우자 등이었던 자가 등기신청인인 때에는 등기를 할 수 없다(법 제12조 제1항). ▶예 이혼한 전처 등
(2) 그러나 그 등기소에서 소유권등기를 한 성년자로서 등기관의 배우자 등이 아닌 자 2명 이상의 참여가 있으면 등기를 할 수 있고, 이 경우 등기관은 조서를 작성하여 참여인과 같이 기명날인 또는 서명하여야 한다(법 제12조 제2항).

3 위반의 효과
등기관이 이에 위반하여 참여인 없이 또는 조서를 작성하지 않고 등기를 한 경우에 그 등기는 사소한 절차위배에 불과하므로 당연히 무효가 되는 것은 아니다(통설).

제2편 부동산등기법

03 등기관의 책임 ★

1 의의

등기관이 등기사무를 처리함에 있어서 고의·과실로 인하여 부당한 처분을 함으로써 사인에게 손해를 준 경우에 그 등기관의 책임에 관하여 「부동산등기법」에는 특별규정은 없다. 그러나 등기관도 국가공무원이라는 일반적 지위에 기하여 공무원법상의 책임 및 형사책임을 진다.

2 국가와 등기관 개인의 배상책임

(1) 등기관이 고의·과실로 직무집행, 즉 등기사무처리와 관련된 불법행위로 인한 손해에 대하여 국가가 「국가배상법」(國家賠償法)에 따라 배상책임을 지게 된다(헌법 제29조 제1항, 「국가배상법」 제2조).

(2) 등기관이 고의나 과실로 사인에게 손해를 준 경우에는 등기관 자신도 불법행위에 의한 손해배상책임을 진다(민법 제750조).

(3) 국가는 당해 등기관의 고의 또는 중과실에 대하여 구상권을 행사할 수 있다(「국가배상법」 제2조 제2항).
→ 책임 있는 자를 대신하여 배상한 자가 책임 있는 자에게 상환을 청구하는 권리

> **판례** 등기관의 과실인정기준에 관한 판례
> 등기관은 형식적심사권만을 가지므로 제출된 서면이 위조된 것임을 간과하고 등기신청을 수리한 경우에도 평균적 등기관이 보통 갖추어야 할 통상의 주의의무를 기울였는지 여부를 기준으로 그 과실유무를 판단한다(대판 2005.2.25. 2003다13048).

3 재정보증제도 도입

구상권 행사의 실효성확보를 위해 1998년에 도입했다. 법원행정처장은 등기관의 재정보증(財政保證)에 관한 사항을 정하여 운용할 수 있다(법 제13조).

04 등기정보중앙관리소와 전산운영책임관

전산정보처리조직에 의한 등기사무처리의 지원, 등기부의 보관·관리 및 등기정보의 효율적인 활용을 위하여 법원행정처에 등기정보중앙관리소를 두고, 전산정보처리조직을 종합적으로 관리·운영하기 위하여 전산운영책임관을 둔다(규칙 제9조).

제2장 등기기관과 그 설비 및 등기의 공시

제3절 등기에 관한 장부

01 등기부의 의의★

1 의 의

(1) 등기부란 부동산에 관한 권리관계와 부동산의 현황에 대해 전산정보처리조직에 의하여 입력·처리된 등기정보자료를 대법원규칙으로 정하는 바에 따라 편성한 것을 말한다(법 제2조 제1호).

(2) **등기부부본자료**(登記簿副本資料) **및 등기기록과의 구별**
등기부부본자료란 등기부와 동일한 내용으로 보조기억장치에 기록된 자료를 말하고, 등기기록이란 1필의 토지 또는 1개의 건물에 관한 등기정보자료를 말한다(법 제2조 제2·3호).

(3) 「구법」하에서는 부책식(장부식)등기부 또는 카드식(보관철식)등기부 형식의 장부를 의미하였다.

2 등기부의 종류★★

「부동산등기법」상 등기부는 그 등기대상 목적물이 토지냐 건물이냐에 따라 '토지등기부와 건물등기부'의 2종으로 되어 있다(법 제14조 제1항).

Professor Comment
「공간정보의 구축 및 관리 등에 관한 법률」상 임야대장은 있으나 「부동산등기법」상 임야등기부는 별도로 없고 토지등기부에 기록한다.

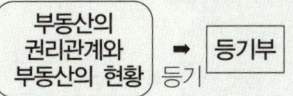

부동산에 관한 권리관계와 부동산의 현황에 대해 전산정보처리조직에 의하여 입력·처리된 등기정보자료를 말한다.

02 등기부의 편성 ★ 12회 출제

> 제15조(물적 편성주의)
> ① 등기부를 편성할 때에는 1필의 토지 또는 1개의 건물에 대하여 1개의 등기기록을 둔다. 다만, 1동의 건물을 구분한 건물에 있어서는 1동의 건물에 속하는 전부에 대하여 1개의 등기기록을 사용한다.
> ② 등기기록에는 부동산의 표시에 관한 사항을 기록하는 표제부와 소유권에 관한 사항을 기록하는 갑구(甲區) 및 소유권 외의 권리에 관한 사항을 기록하는 을구(乙區)를 둔다.

1 물적 편성주의

(1) 물적 편성주의는 권리의 객체인 개개의 부동산을 편성의 단위로 하는 것으로서 우리나라는 법 제15조 제1항에서 "등기부를 편성할 때에는 1필의 토지 또는 1개의 건물에 대하여 1개의 등기기록을 둔다"고 하여 물적 편성주의 원칙을 명확히 하였다. 이 물적 편성주의를 구체화하는 방법으로 우리나라는 1부동산 1등기기록주의를 취하고 있다.

(2) 한편 동산·채권 등의 담보에 관한 법률에서는 담보권설정자마다 등기기록을 개설하기 때문에 인적 편성주의를 취하고 있다.

2 1부동산 1등기기록주의의 원칙 27회 출제

(1) 의 의

'1필의 토지 또는 1개의 건물에 대하여 1등기기록을 둔다'는 원칙을 말하며(법 제15조 제1항 본문), 따라서 공유부동산에 대해서도 1개의 등기기록만을 둔다.

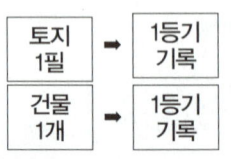

등기기록

1필의 토지 또는 1개의 건물마다 「1등기기록」을 사용한다.

토지 1필 → 1등기기록
건물 1개 → 1등기기록

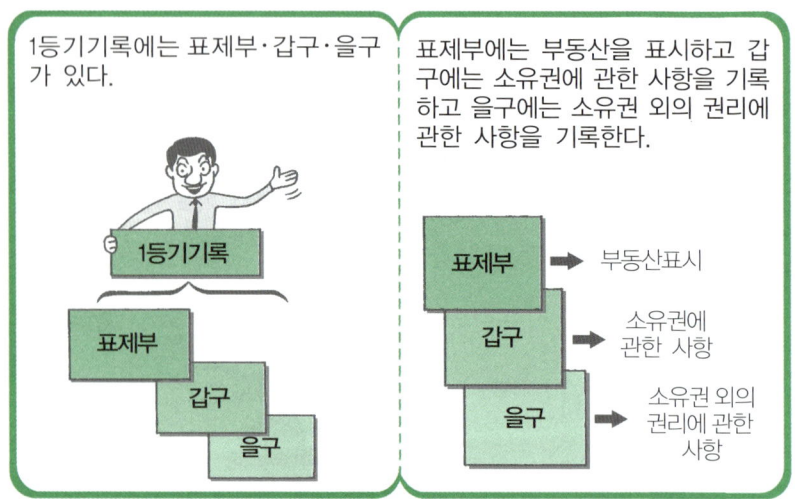

(2) 구분건물의 등기기록에 관한 특칙

1) 아파트와 같은 집합건물, 즉 1동의 건물을 구분한 '구분건물'에 있어서는 1동의 건물에 속하는 '전부'에 대하여 1개의 등기기록을 사용한다(법 제15조 제1항 단서).

2) 이 경우 구분건물의 등기기록에는 1동의 건물에 대한 표제부를 두고, 전유부분마다 표제부, 갑구, 을구를 둔다(규칙 제14조 제1항). 구분건물은 개개의 구분건물이 소유권보존등기의 대상이 되므로 이 점에 있어서 실질적으로는 1부동산 1등기기록주의가 적용되고 있다고 할 수 있다(법 제46조 제1항 참조).

Professor Comment
구분건물 501호는 4층이 없으면 존재할 수가 없는 것이므로 1등기기록에 같이 등기하는 것이다.

3) 그러나 구분건물의 등기사항증명서의 발급 또는 열람에 관하여는 구분건물등기부의 편성방법(법 제15조 제1항 단서)과는 달리, 1동건물의 표제부와 해당 구분건물의 표제부·갑구·을구에 관한 등기기록만을 1등기기록으로 본다(규칙 제30조 제3항).

단락핵심 1부동산 1등기기록주의

등기부는 원칙적으로 1개의 부동산(토지·건물)에 대하여 1등기기록를 사용하지만, 1동의 건물을 구분한 건물에 있어서는 1동의 건물에 속하는 전부에 대하여 1등기기록을 사용한다.

단락문제 02

1부동산 1등기기록주의에 관한 설명 중 틀린 것은?

① 등기기록이란 1필의 토지 또는 1개의 건물에 관한 등기정보자료를 말한다.
② 1개의 등기기록은 표제부, 갑구 및 을구의 3부분으로 구성되어 있다.
③ 주된 건물과 부속건물에 관한 등기는 하나의 등기기록에 기록한다.
④ 구분건물의 경우 1동의 건물에 속하는 전부에 대하여는 별도의 등기기록을 두지 않는다.
⑤ 1등기기록에는 1개 부동산의 전부를 등기하여야 하며, 1개 부동산의 일부만을 등기할 수는 없다.

해설 1부동산 1등기기록주의 원칙
④ 1동의 건물을 구분한 구분건물에 있어서는 1동의 건물에 속하는 전부에 대하여 1등기기록을 사용한다(법 제15조 제1항 단서).

답 ④

제2편 부동산등기법

3 등기기록의 폐쇄

(1) 등기관이 등기기록에 등기된 사항을 새로운 등기기록에 옮겨 기록한 때에는 종전 등기기록을 폐쇄하여야 하고, 폐쇄한 등기기록은 영구히 보존하여야 한다(법 제20조).

→ 건물의 경우에는 등기예규 제1374호에 의거 정리

(2) 등기관이 같은 토지에 관하여 중복하여 마쳐진 등기기록을 발견한 경우에는 대법원규칙으로 정하는 바에 따라 중복등기기록 중 어느 하나의 등기기록을 폐쇄하여야 한다(법 제21조, 규칙 제33조 이하).

4 등기기록의 구성과 양식★★ 13회 출제

(1) 등기기록의 구성

1) **등기기록의 의의**

   등기기록이란 1필의 토지 또는 1개의 건물에 관한 등기정보자료를 말한다(법 제2조 제3호).

2) **부동산고유번호의 부여**

   등기기록을 개설할 때에는 1필의 토지 또는 1개의 건물마다, 구분건물에 대하여는 전유부분마다 부동산고유번호를 부여하고 이를 등기기록에 기록하여야 한다(규칙 제12조).

3) 1필의 토지, 1개의 건물의 등기기록의 양식은 표제부, 갑구, 을구로 이루어져 있다(규칙 제13조).

4) 구분건물등기기록의 양식은 1동의 건물에 대한 표제부와, 각 전유부분마다의 표제부, 갑구, 을구로 이루어져 있다(규칙 제14조).

5) 「구법」하의 등기부는 1개의 부동산마다 표제부, 갑구, 을구 3장으로 구성되며, 그 내용은 등기번호란, 표제부, 갑구, 을구의 4부분으로 구성되어 있었다(등기번호란과 표제부는 동일지면). 그러나 개정법에서는 등기번호란을 삭제하였으므로 등기번호란은 따로 두지 않는다.

(2) 토지 및 일반건물 등기기록의 양식(규칙 제13조)

1) **표제부**

   ① 토지등기기록의 표제부에는 표시번호란, 접수란, 소재·지번란, 지목란, 면적란, 등기원인 및 기타사항란을 둔다(법 제34조, 규칙 제13조 제1항). 접수번호와 등기목적은 기록하지 않는다. 토지의 표제부 등기사항은 권리관계에 영향을 미치지 않기 때문이다.

   ② 건물등기기록의 표제부에는 표시번호란, 접수란, 소재·지번 및 건물번호란(같은 지번 위에 1개의 건물만 있는 경우에는 기록하지 아니함), 건물내역란(건물의 종류, 구조와 면적, 부속건물이 있는 경우에는 부속건물의 종류, 구조와 면적도 함께 기록함), 등기원인 및 기타사항란을 둔다. 도면의 번호는 같은 지번 위에 여러 개의 건물이 있는 경우에만 기록한다(법 제40조, 규칙 제13조 제1항). 건물의 길이, 높이 등은 기록하지 않는다.

2) 갑구

① 갑구에는 순위번호란, 등기목적란, 접수란, 등기원인란, 권리자 및 기타사항란을 둔다.
② 권리자 및 기타사항란에는 소유권에 관한 사항을, 순위번호란에는 권리자 및 기타사항란에 등기한 순서를 적는다.
③ 갑구에는 소유권에 관한 사항, 즉 소유권보존·소유권이전등기, 소유권이전청구권보전가등기, 소유권이전담보가등기, 소유권의 변경·경정·말소등기, 소유명의인을 채무자로 하는 처분제한의 등기인 압류, 가압류, 처분금지가처분(규칙 제151조), 강제·임의경매개시결정등기, 소유권의 소멸에 관한 약정, 환매특약등기, 소유권이 대지권인 경우 대지권인 뜻의 등기(법 제40조 제4항) 및 위 각 등기의 말소등기 등을 기록한다.

3) 을구

① 순위번호란, 등기목적란, 접수란, 등기원인란, 권리자 및 기타사항란을 둔다.
② 권리자 및 기타사항란에는 소유권 외의 권리, 즉 지상권·지역권·전세권·저당권·권리질권·채권담보권 및 임차권에 관한 사항을, 순위번호란에는 권리자 및 기타사항란에 등기한 순서를 적는다.

→ 즉, 을구에 소유권보존등기는 할 수 없음

(3) 구분건물등기기록의 양식 ★★ 10·15·17·18·24회 출제

1) 표제부

① **1동의 건물의 표제부**

1동 건물의 표제부에는 표시번호란, 접수란, 소재와 지번·건물명칭 및 번호란, 건물내역란(건물의 종류, 구조 및 면적), 등기원인 및 기타사항란을 둔다(규칙 제14조 제2항). 건물명칭은 구분건물인 경우에 1동 건물의 등기기록의 표제부에만 기록된다(법 제40조 제2항).

② **전유부분❶의 표제부**

전유부분의 표제부에는 표시번호란, 접수란, 건물번호란, 건물내역란(건물의 종류, 구조 및 면적), 등기원인 및 기타사항란을 둔다(규칙 제14조 제2항). 여기에는 소재, 지번은 기록하지 않는다(법 제40조 제2항).

> **용어사전**
> ❶ 전유부분
> 구분소유권의 목적인 건물부분을 말한다(「집합건물의 소유 및 관리에 관한 법률」 제2조 제3호). 즉, 1동의 건물의 일부이면서 구분해서 소유권의 목적으로 된 부분이 전유부분인 것이다.

Professor Comment
건물등기부 표제부에는 지목을 기재하지 않는다.

③ **구분한 각 건물 중 대지권이 있는 건물의 1동 건물의 표제부**(법 제40조 제3항, 규칙 제14조 제2항 단서, 제88조)

→ 건물의 존속을 위해 필요한 토지에 대한 권리

㉠ 1동의 건물의 표제부에는 <u>대지권의 목적인 토지의 표시</u>를 위한 표시번호란, 소재지번란, 지목란, 면적란, 등기원인 및 기타사항란을 두고 각 란에 해당사항 외에 대지권의 목적인 토지의 일련번호와 등기연월일도 기록한다.

㉡ 전유부분의 표제부에는 <u>대지권의 표시</u>를 위한 표시번호란, 대지권종류란, 대지권비율란, 등기원인 및 기타사항란을 두고 각 란에 해당사항 외에 대지권의 목적인 토지의 일련번호와 등기원인 연월일 및 등기연월일도 기록한다.

㉢ 구분건물에 대지권 등기를 한 경우에는 등기관은 소유권이 대지권인 경우에는 토지의 등기기록의 갑구에, 지상권, 전세권 또는 임차권이 대지권인 경우에는 토지의 등기기록의 을구에 대지권이라는 뜻을 직권으로 기록하여야 한다(법 제40조 제4항).

2) **전유부분의 갑구와 을구**

일반 부동산의 등기기록의 갑구·을구와 같다.

Professor *Comment*
① 집합건물 등기부도 1부동산 1등기기록을 준수한다.
② 갑구에는 '설정등기'는 할 수 없다.

단락핵심   등기기록의 구성내용

(1) 등기기록의 표제부에는 접수일자를 기록하고 접수번호는 기록하지 않는다.
(2) 등기기록의 표제부의 표시번호란에는 부동산의 표시와 그 변경에 관한 사항을 등기한 순서를 기록한다.

Key Point   구분건물의 등기기록

아파트와 같은 구분건물의 등기기록은 표제부가 1동 건물 전체에 대한 표제부와 각 전유부분(專有部分)에 대한 표제부로 나누어지고, 구분건물의 규약상 공용부분에 관해서는 표제부만을 둔다(규칙 제104조 제3항). 구조상 공용부분은 등기대상이 아니다.

제2장 등기기관과 그 설비 및 등기의 공시

Key Point 등기기록의 구성

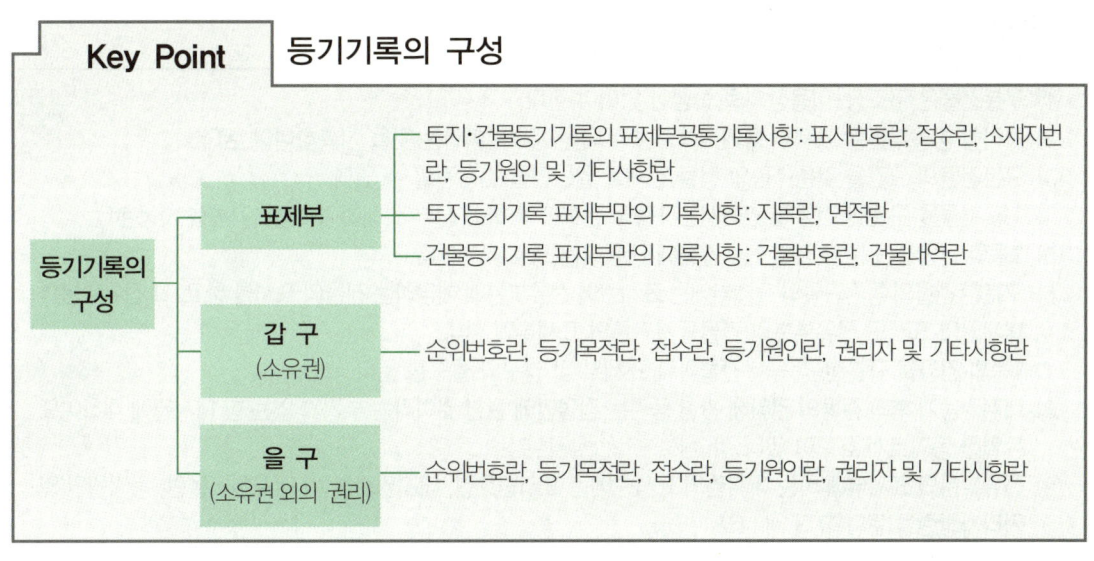

Professor Comment
집합건물의 등기기록에서 소재지와 지번은 1동건물 표제부(공통표제부)에 기록하지, 전유부분표제부에는 기록하지 않는다.

Key Point 구분건물의 등기기록의 구성

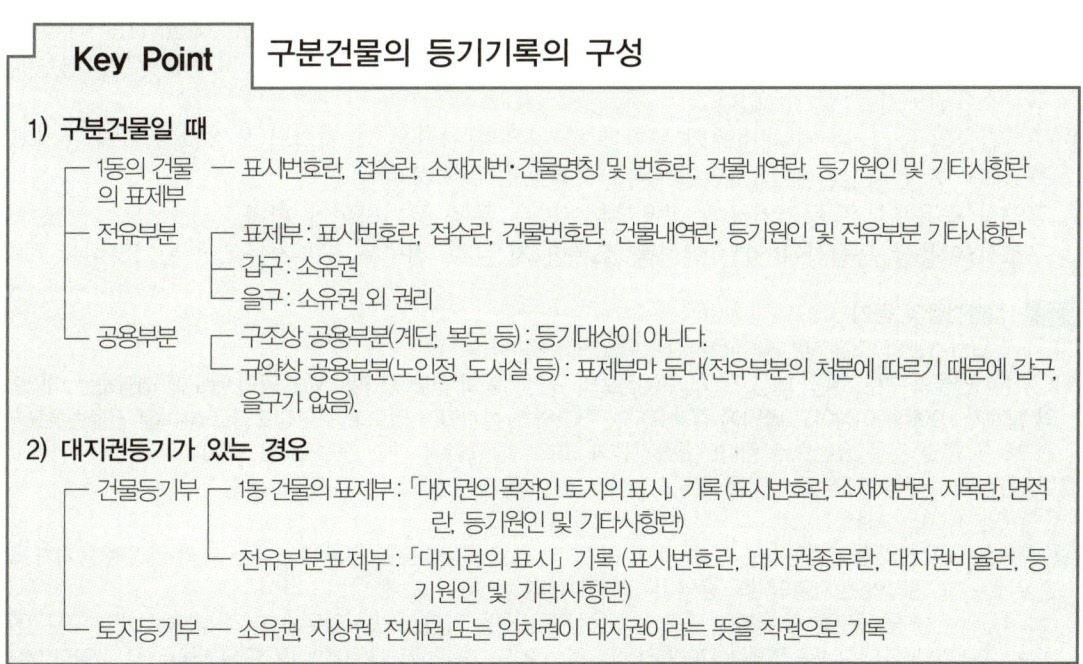

제2편 부동산등기법

단락핵심 — 구분건물등기

(1) 구분건물은 구조상·이용상의 독립성이 있어야 한다.
(2) 규약상 공용부분은 표제부 등기기록만을 두며 공용부분이라는 뜻을 기록하여야 한다.
(3) 구분건물의 요건을 갖춘 1동의 건물 전체를 일반건물로 등기할 수 있다.
(4) 1동 건물을 구분한 건물에 있어서는 1동의 건물에 속하는 전부에 대하여 1등기기록을 사용한다.
(5) 1동의 건물을 구분한 경우 1동 건물에 대하여는 표제부만 둔다.
(6) 구분한 건물의 등기기록의 표제부에는 표시란에 전유부분에 해당하는 건물의 표시를 하고, 그 전유부분의 대지권의 표시도 전유부분의 건물등기기록의 표제부에 한다.
(7) 1동의 건물을 구분한 각 구분건물마다 표제부 및 갑구와 을구를 둔다.
(8) 대지권등기 후의 건물의 권리에 관한 등기는 건물만에 관한 것이라는 부기가 없는 한 대지권에 대하여도 동일한 등기로서 효력이 있다(법 제61조 제1항 본문).
(9) 전유부분의 표제부에 하는 대지권의 표시란에는 표시번호란, 대지권종류란, 대지권비율란, 등기원인 및 기타사항란을 둔다(규칙 제14조 단서).
(10) 「집합건물의 소유 및 관리에 관한 법률」에서는 전유부분과 대지사용권의 분리처분을 금하고 있으며, 대지사용권은 구분건물의 처분에 따르는 것이 원칙이다(동법 제20조 제2항).

단락문제 03

제17회 기출 개작

집합건물등기에 관한 설명 중 틀린 것은?

① 구조상, 이용상 독립성이 인정되는 구분건물을 소유한 자는 구분건물로 등기할 수 있으며, 구분건물의 전유부분에 대한 소유권이전등기를 경료하면 구조상 공용부분의 소유권을 취득한다.
② 벽에 의하여 물리적으로 분리되지 않은 평면매장(平面賣場)도 일정한 요건을 갖춘 경우에는 구분소유권등기를 할 수 있다.
③ 구분건물의 등기기록에 대지권의 등기를 한 경우 등기관은 그 권리의 목적인 토지의 등기기록 중 해당 구의 사항란에 대지권인 뜻을 직권으로 등기하여야 한다.
④ 규약상 공용부분은 등기기록에 공용부분이라는 뜻을 등기하여야 한다.
⑤ 구조상·이용상 독립성이 있는 건물을 소유한 자는 그 건물을 구분건물로서 등기하여야 한다.

해설 집합건물의 등기

① (○) (「집합건물의 소유 및 관리에 관한 법률」 제1조, 제13조)
② (○) 상가건물의 구분소유의 대상으로서 구분점포의 요건: 1동의 건물 중 판매시설 등의 용도에 해당하는 바닥면적의 합계가 1,000㎡ 이상이고 바닥에 경계표지가 견고하게 설치되어 있으며 구분점포별로 부여된 건물번호표지를 견고하게 붙일 것을 요건으로 한다(「집합건물의 소유 및 관리에 관한 법률」 제1조의2).
  * 백화점이나 대형소매점의 매장을 분양하는 경우를 떠올리면 이해하기 쉬울 것이다.
③ (○) (법 제40조 제4항)
④ (○) 이는 소유권의 등기명의인이 신청하여야 하고, 이 경우 공용부분인 건물에 소유권 외의 권리의 등기가 있는 경우에는 그 권리의 등기명의인의 승낙이 있어야 한다(법 제47조 제1항).
⑤ (×) 1동의 건물 중 구분된 각 부분이 구조상, 이용상 독립성을 가지고 있는 경우에 그 각 부분을 1개의 구분건물로 하는 것도 가능하고, 그 1동 전체를 1개의 건물로 하는 것도 가능하기 때문에, 이를 구분건물로 할 것인지 여부는 특별한 사정이 없는 한 소유자의 의사(구분행위 유무)에 의하여 결정된다(대판 1999.7.27. 98다35020).

답 ⑤

단락문제 04

집합건물에 관한 설명 중 옳지 않은 것은?

① 구분건물 중 대지권이 있는 건물인 경우에 대지권의 표시는 전유부분의 등기기록의 표제부에 기록된다.
② 전유부분에 관한 표제부에는 공용부분에 대한 면적의 합계가 함께 등기되어 구분소유자의 소유면적을 알 수 있다.
③ 규약상 공용부분에 대한 등기기록에는 갑구, 을구를 두지 아니한다.
④ 구분건물의 등기기록에 등기되는 대지권에는 소유권뿐만 아니라, 지상권, 전세권 및 임차권이 있다.
⑤ 집합건물등기제도는 토지와 건물의 등기부로 이원화되어 있는 우리 제도의 문제점을 다소나마 해결하는 역할을 한다.

해설 집합건물의 등기
① (○) (법 제40조 제3항)
② (×) 구조상 공용부분은 원래 구분소유의 대상이 될 수 없으므로 전유부분에 공용부분의 면적이 표시되지 않는다.
③ (○) 규약상 공용부분은 표제부만 등기하고 갑구와 을구를 두지 않는다(규칙 제104조 제3항).
④ (○) 이 경우 등기관이 직권으로 대지권의 목적인 토지의 등기기록의 해당구에 위의 권리가 대지권이라는 뜻을 기록하여야 한다(법 제40조 제4항).
⑤ (○) 1동의 건물의 등기기록의 표제부에 '대지권의 목적인 토지의 표시에 관한 사항'을 기록하고, 전유부분의 등기기록의 표제부에는 '대지권의 표시에 관한 사항'을 기록하므로 토지와 건물의 권리관계 공시의 규율이 분리되는 것을 예방한다(법 제40조 제3항).

답 ②

▼ 등기기록의 양식

《(열람용)등기부 (말소사항 포함) − 토지》

서울특별시 ○○구 ○○동 494-1   고유번호 1100-1996-131707

[표제부]	(토지의 표시)				
표시번호	접 수	소재지번	지 목	면 적	등기원인 및 기타사항
1 (전 3)	1998년9월1일	서울특별시 ○○구 ○○동 494-1	대	129m²	부동산등기법 제177조의6 제1항의 규정에 의하여 1999년 05월 26일 전산이기

제2편 부동산등기법

[갑 구]		(소유권에 관한 사항)		
순위번호	등기목적	접 수	등기원인	권리자 및 기타사항
1 (전 13)	소유권이전	1988년5월6일 제74729호	1988년5월6일 매매	소유자 김○○ 520827-1023417 서울 ○○구 ○○동 494-1
				부동산등기법 제177조의6 제1항의 규정에 의하여 1999년 05월 26일 전산이기
2	소유권이전	2000년11월16일 제81064호	2000년10월1일 매매	소유자 한○○ 570601-2018413 서울 ○○구 ○○동 200-127

관할등기소 : 서울지방법원 ○○지원 ○○등기소
* 본 등기부는 열람용이므로 출력하신 등기부는 법적인 효력이 없습니다. 실선으로 그어진 부분은 말소사항을 표시합니다. 등기부에 기록된 사항이 없는 갑구 또는 을구는 생략합니다.

《(열람용)등기부 (말소사항 포함) - 건물》

서울특별시 ○○구 ○○동 494-1 　　　　　고유번호 1100-1996-152227

[표제부]		(건물의 표시)		
표시번호	접 수	소재지번 및 건물번호	건물내역	등기원인 및 기타사항
1 (전 1)	1990년12월 26일	서울특별시 ○○구 ○○동 494-1	벽돌조 평 슬래브 지붕 2층 단독주택 1층 64.17m^2 2층 64.17m^2 지층 72.78m^2	도면편철장 7책662장
				부동산등기법 제177조의6 제1항의 규정에 의하여 1999년 06월 26일 전산이기

제2장 등기기관과 그 설비 및 등기의 공시

[갑 구]		(소유권에 관한 사항)		
순위번호	등기목적	접 수	등기원인	권리자 및 기타사항
1 (전 1)	소유권보존	1990년12월26일 제168278호		소유자 김○○ 520827-1023417 서울 ○○구 ○○동 494-1
				부동산등기법 제177조의6 제1항의 규정에 의하여 1999년 06월 03일 전산이기
2	소유권이전	2000년11월16일 제81064호	2000년10월1일 매매	소유자 한○○ 570601-2018413 서울 ○○구 ○○동 200-127

관할등기소 : 서울지방법원 ○○지원 ○○등기소
* 본 등기부는 열람용이므로 출력하신 등기부는 법적인 효력이 없습니다. 실선으로 그어진 부분은 말소사항을 표시합니다. 등기부에 기록된 사항이 없는 갑구 또는 을구는 생략합니다.

〈1동 건물의 표제부〉

[구분건물] 0000시 00구 00동 00 제0층 제0호   고유번호   1149-1998-067530

[표제부]		(1동의 건물의 표시)		
표시번호	접 수	소재지번, 건물명칭 및 번호	건물내역	등기원인 및 기타사항
1	1998년4월15일	서울특별시 삼성동29, 32, 46아이파크아파트	5층 아파트 철근콘크리트조 슬래브지붕 1층 637m² 2층 637m² 3층 637m² 4층 637m² 5층 637m²	도면의 번호 제20호

(대지권의 목적인 토지의 표시)				
표시번호	소재지번	지 목	면 적	등기원인 및 기타사항
1	1 서울특별시 강남구 삼성동 29 2 서울특별시 강남구 삼성동 32 3 서울특별시 강남구 삼성동 46	대 대 대	1759m² 745m² 674m²	1998년4월15일

제2편 부동산등기법

⟨전유부분 건물의 표제부⟩

고유번호 1149-1998-067530

[표제부]		(전유부분의 건물의 표시)		
표시번호	접 수	건물번호	건물내역	등기원인 및 기타사항
1	1998년4월15일	1층 제101호	철근콘크리트조 96m²	도면의 번호 제20호

(대지권의 표시)

표시번호	대지권종류	대지권비율	등기원인 및 기타사항
1	1. 소유권 2. 소유권 3. 임차권	1759분의 47 745분의 47 674분의 18	1998년4월15일 대지권 1998년4월15일 대지권 1998년4월15일 대지권

※ 갑구와 을구는 일반 건물 등기기록과 동일함

[갑 구]		(소유권에 관한 사항)		
순위번호	등기목적	접 수	등기원인	권리자 및 기타사항

[을 구]		(소유권 외의 권리에 관한 사항)		
순위번호	등기목적	접 수	등기원인	권리자 및 기타사항

⟨대지권의 목적인 토지의 등기기록⟩

[갑 구]		(소유권에 관한 사항)		
순위번호	등기목적	접 수	등기원인	권리자 및 기타사항
2	소유권이전	1997년2월19일 제74729호	1997년2월19일 매매	소유자 김○○ 520827-1023417 서울 ○○구 ○○동 494-1
3	소유권대지권			건물의 표시 서울특별시 강남구 삼성동 29 외2필지 아이파크아파트 1998년4월15일 등기

5 등기부부본자료의 작성

(1) 전산정보처리조직에 의하여 등기관이 등기를 마친 때에는 등기부부본자료를 전산정보처리조직으로 작성하여 법원행정처장이 지정하는 장소(등기정보중앙관리소)에 보관하여야 하고 등기부와 동일하게 관리하여야 한다(법 제16조, 규칙 제15조).

(2) 등기부의 전부 또는 일부가 손상된 경우에 전산운영책임관은 등기부부본자료에 의하여 그 등기부를 복구한다(규칙 제17조 제2항). → 등기부 복구의 근거자료

6 기타 등기기록의 일부로 취급되는 것

(1) 의의 및 종류

1) 이는 넓은 의미의 등기부를 의미한다. 등기사항에 관한 신청정보 등을 담고 있으며 등기기록의 일부로 취급되는 신탁원부, 공동담보(전세)목록, 도면 및 매매목록 등을 이른다(규칙 제18조).

2) 신탁원부

① 신탁등기의 신청시 첨부정보가 전자문서로 등기소에 제공된 경우, 그 전자문서(다만, 자연인 또는 법인 아닌 사단·재단이 직접 등기신청을 하는 경우 또는 자격자 대리인이 아닌 사람에게 위임하여 등기신청을 하는 경우에는 서면으로 작성하여 제출한 신탁원부를 전자적 이미지 정보로 변환한 그 이미지 정보)에 번호를 부여하여 신탁원부로서 전산정보처리조직에 등록한 것을 이른다(법 제81조 제1항, 규칙 제140조).

② 한편 목적 부동산의 등기기록에는 신탁원부의 번호를 기록한다(법 제81조 제1항).

3) 공동담보(전세)목록 **14회 출제**

① 5개 이상의 부동산에 관한 전세권의 등기 또는 동일한 채권에 관하여 5개 이상의 부동산에 관한 권리를 목적으로 하는 저당권설정의 등기를 할 때에는 각 부동산의 등기기록에 그 부동산에 관한 권리가 다른 부동산에 관한 권리와 함께 저당권(전세권)의 목적으로 제공된 뜻을 기록하고 공동담보(전세)목록을 작성하여야 한다(법 제78조 제2항, 제72조 제2항).

② 추가적 공동담보(전세)의 설정에 의해 부동산이 5개 이상이 된 경우에도 동일하다(법 제78조 제4항, 제72조). 각 부동산의 등기기록에 공동담보(전세)목록의 번호를 기록한다(규칙 제135조 제2항).

4) 도면 → 권리의 범위를 명확하게 하기 위해서임

① 용익권, 즉 지상권, 지역권, 전세권 및 임차권 설정 등의 범위가 목적물의 일부인 경우, 전자신청의 경우뿐만 아니라 방문신청에 의한 등기신청 시에도 원칙적으로 '그 부분을 표시하기 위한 도면'을 첨부정보로서 전자문서로 작성하여 전산정보처리조직을 이용하여 등기소에 송신하는 방법으로 제공하도록 정하고 있다(법 제69조 제6호 등, 규칙 제63조, 제126조 제2항 등).

② 이 경우 등기소에 제공된 지적도나 건물도면을 이르며, 당해 부동산의 등기기록에는 그 도면의 번호를 기록한다(법 제69조 제6호 등).

5) 매매목록

거래부동산이 2개 이상인 경우 또는 거래부동산이 1개라도 여러 명의 매도인과 여러 명의 매수인 사이의 매매계약인 경우에는 첨부정보로서 거래가액과 부동산의 표시를 기록한 것을 제공하도록 되어 있는바, 이를 매매목록이라 한다(규칙 제124조 제2항). 이 경우 당해 부동산의 등기기록에는 그 매매목록의 번호를 기록한다.

(2) 기타 등기기록의 일부로 취급되는 것의 보존방법과 보존기간

위의 신탁원부, 공동담보(전세)목록, 도면 및 매매목록 등은 보조기억장치, 즉 자기디스크, 자기테이프 등의 전자적 정보저장매체에 저장하여 보존하며, 도면이 서면으로 작성되어 제출된 경우에는 전자적 이미지 정보로 변환하여 그 이미지정보를 보조기억장치에 저장하여 보존하여야 하며 영구보존한다(규칙 제20조 제1항).

(3) 기타 등기기록의 일부로 취급되는 것의 손상과 복구

위의 등기기록의 일부로 취급되는 것의 손상과 복구절차도 등기부의 손상 복구절차 및 방법에 준하여 전산운영책임관이 하며 법원행정처장에게 그에 관해 사전·사후보고하여야 한다(법 제17조).

03 폐쇄등기부 (폐쇄등기기록) ★★

1 의 의

폐쇄(閉鎖)등기부란 등기관이 전체 등기부의 모든 기재내용을 새로운 등기부에 그대로 이기함으로써 '폐쇄한 구등기부' 또는 등기기록에 등기된 사항을 새로운 등기기록에 옮겨 기록한 때 '폐쇄한 종전 등기기록'을 별도로 편철한 장부를 의미한다.

2 등기기록의 폐쇄사유와 폐쇄절차

(1) 이기절차를 수반하는 경우

1) 의 의

이는 폐쇄되는 등기기록 중 현재효력이 있는 등기사항을 다른 등기기록 또는 새로이 개설되는 등기기록에 옮겨 기록하고 그 등기기록을 폐쇄하는 경우이다. 토지의 합필, 건물의 합병·구분 및 새 등기기록에의 이기 등이 그 예이다.

2) 토지의 합필

갑 토지를 을 토지에 합병하여 합필의 등기를 한 때에는 갑 토지의 등기기록을 폐쇄하여야 한다(규칙 제79조).

Professor Comment
「부동산등기법」에서 토지의 합필과 토지의 합병은 의미가 다르다. 토지를 합병(분합필)할 때는 변경등기를 하여야 한다(법 제35조).

3) 건물의 합병(合倂) 등
① 甲건물을 乙건물 또는 그 부속건물에 합병하거나 乙건물의 부속건물로 한 경우 합병등기를 할 때에는 甲건물의 등기기록을 폐쇄하여야 한다(규칙 제100조 제1항 본문). 다만, 甲건물이 구분건물로서 같은 등기기록에 乙건물 외에 다른 건물(丙건물)의 등기기록이 있을 때에는 그 등기기록을 폐쇄하지 않는다.
② 구분건물인 甲건물과 乙건물이 합병으로 인하여 구분건물이 아닌 것으로 된 경우에 합병 후의 건물에 대한 등기기록을 개설하고 종전의 甲건물과 乙건물의 등기기록은 폐쇄한다(규칙 제100조 제3항).
③ 구분건물이 건물합병 외의 사유로 비구분건물로 된 경우, 비구분건물에 대한 등기기록을 개설하고 구분건물의 등기기록은 폐쇄한다(규칙 제101조).

4) 새 등기기록에의 이기(移記)
등기기록에 기록된 사항이 많아 취급하기에 불편하게 되는 등 합리적 사유로 등기기록을 옮겨 기록할 필요가 있는 경우에 등기관은 현재 효력이 있는 등기만을 새로운 등기기록에 옮겨 기록한 경우에는 종전 등기기록을 폐쇄한다(법 제33조, 규칙 제55조).

5) 건물의 구분
구분건물이 아닌 甲건물(일반건물)을 구분하여 甲건물과 乙건물로 한 경우에(→ 이를 구분행위라고 함), 구분 후의 甲건물과 乙건물에 대한 등기기록을 개설하고 구분 전의 甲 건물에 대한 등기 기록은 폐쇄하여야 한다(규칙 제101조, 규칙 제97조 제2항). (→ 소유권보존등기)

(2) 이기절차를 수반하지 않는 경우

1) 의 의
당해 부동산등기기록에 더 이상 등기할 사항이 없는 경우 그 표제부에 멸실의 뜻과 그 원인을 기록하고 표제부의 등기를 말소하는 표시를 한 후 그 연월일을 기록하고 등기관이 식별번호를 기록하여 그 등기기록을 폐쇄한다. 소유권보존등기의 말소등기(1동에 속하는 구분건물이 아닌 경우), 토지의 멸실, 건물의 멸실·부존재의 경우 등이다.

2) 부동산의 멸실 등
토지·건물의 멸실 또는 건물의 부존재의 경우에는 멸실등기를 하고 그 등기기록은 폐쇄하여야 한다(규칙 제84조, 제103조). 다만, 멸실한 건물이 1동의 건물을 구분한 것인 때에는 등기기록의 전부를 폐쇄하는 것이 아니고(규칙 제103조) 1동의 건물 표제부를 제외하고 멸실된 당해 구분건물의 전유부분 표제부·갑구·을구만을 폐쇄한다.

3) 소유권보존등기의 말소

소유권보존등기를 말소하는 때에는 원칙적으로 표제부만을 두는 등기는 허용하지 아니하므로(예외 ; 규약상 공용부분의 등기, 법 제47조 제2항 참조) 등기기록의 전부를 폐쇄하여야 한다. 다만, 1동에 속하는 구분건물 중 일부만에 관하여 보존등기를 말소하는 경우에는 그 구분건물의 표시에 관한 등기는 이를 존치시켜야 하므로 그 등기기록은 폐쇄하지 아니한다.

4) 중복등기기록의 정리

중복등기기록을 정리하는 경우에 존치시킬 등기기록 이외의 등기기록은 폐쇄한다(법 제21조 제1항, 규칙 제33조 이하).
→ 동일한 토지나 건물에 대하여 수 개의 등기기록이 존재하는 경우

단락문제 05

다음 중 건물의 등기기록을 전부 폐쇄할 수 없는 경우는?

① 건물의 멸실, 부존재에 따라 멸실등기를 한 경우
② 1동에 속하는 구분건물 중에서 일부만에 관하여 보존등기를 말소하는 때
③ 구분건물이 아닌 甲건물을 구분하여 甲건물과 乙건물로 하고 그 등기를 한 때
④ 甲건물을 乙건물 또는 그 부속건물에 합병하고 그 등기를 한 때
⑤ 건물의 합병으로 인하여 구분건물인 甲건물, 乙건물이 구분건물이 아닌 丙건물로 되어 그 등기를 한 때

해설 건물의 등기기록을 폐쇄할 수 없는 경우
② (×) 구분건물 중의 일부 만에 관한 보존등기를 말소하는 경우에는 다른 구분건물은 존재하므로 1동의 건물의 등기기록은 폐쇄하지 아니한다. **답** ②

3 폐쇄된 등기기록의 보존과 효력

(1) 의 의

등기기록이 폐쇄되면 그 등기는 현재 등기로서의 공시력과 권리추정력을 상실하여 효력이 없는 등기로 된다.

(2) 폐쇄된 등기기록의 보존

1) 폐쇄한 등기기록에 기록된 등기는 현재의 등기로서의 효력은 없는 것이지만 이기사항의 불명(移記事項不明)이나 과거의 권리관계에 관한 다툼을 해결하는 데 중요한 의미가 있으므로 등기부와 마찬가지로 영구보존하도록 하고 있다(법 제20조 제2항).

2) 종이형태로 작성된 폐쇄등기부의 보존

종이형태로 작성된 등기부를 폐쇄한 경우 그 등기부는 '전자적 이미지정보'로 변환하여 30년간 보관하여야 한다(규칙 부칙 제4조).

(3) 폐쇄된 등기기록의 열람과 증명

폐쇄한 등기기록의 열람과 증명도 현재의 등기기록에 기록된 등기사항의 열람과 증명에 관한 규정을 준용한다(법 제20조).

4 폐쇄된 등기기록의 부활(규칙 제41조 등)

(1) 의 의

등기기록의 폐쇄가 등기관의 착오에 의한 경우에는 직권으로, 그 외의 경우에는 소명자료를 첨부한 폐쇄등기 기록상의 소유권의 등기명의인, 도시개발사업의 시행자 또는 말소된 소유권보존등기명의인의 신청에 의하여 등기기록을 부활시킨다.

(2) 폐쇄된 등기기록의 부활사유

1) 부동산의 멸실(해몰 포함)을 원인으로 대장의 등록이 말소된 사실이 없음에도 착오로 등기기록이 폐쇄된 경우와 등록이 말소된 대장에 의하여 등기기록이 폐쇄되었으나 후에 대장의 등록말소가 착오임이 밝혀져 대장이 원상회복된 경우

2) 대장상 합병된 사실이 없음에도 착오로 합필(합병)등기가 되면서 합병 당한 부동산의 등기기록이 폐쇄된 경우와 대장상 합병된 사실을 원인으로 합필(합병)등기가 되면서 합병 당한 부동산의 등기기록이 폐쇄되었으나 후에 대장상의 합병이 착오임이 밝혀져 대장이 원상회복된 경우(권리에 관한 말소등기의 실행을 위하여 합필 또는 합병된 부동산을 분필 또는 분할하여야 할 경우는 이에 해당하지 아니함).

3) 「도시개발법」 등에 의한 환지등기의 촉탁에 착오가 있어 등기기록이 잘못 폐쇄된 경우와 등기관이 착오로 촉탁되지 않은 토지의 등기기록을 폐쇄한 경우

4) 소유권보존등기가 등기관의 착오나 등기명의인의 착오에 기한 말소신청 또는 확정판결의 집행으로 말소됨에 따라 등기기록이 폐쇄된 후 그 말소가 착오에 의한 것임이 밝혀지거나 확정판결이 재심판결에 의하여 취소됨으로써 소유권보존등기를 회복하여야 할 경우(이 경우 부활된 등기기록에 소유권보존등기를 회복함)

5) 중복등기기록의 정리절차에 의해 폐쇄된 등기기록의 부활

폐쇄된 등기기록의 소유권의 등기명의인 또는 등기상 이해관계인은 그 토지가 그의 소유임을 확정하는 판결이 있음을 증명하는 정보를 등기소에 제공하여 폐쇄된 등기기록의 부활을 신청할 수 있다. 이 경우 폐쇄된 등기기록을 부활하고 다른 등기기록을 폐쇄한다(규칙 제41조).

단락핵심 — 폐쇄등기부

(1) 1동에 속하는 구분건물 중에서 일부만에 관하여 보존등기를 말소하는 때에는 1동의 등기기록 전부를 폐쇄하지 않는다.
(2) 구분건물이 아닌 甲건물을 구분하여 이를 甲건물과 乙건물로 하고 그 등기를 한 때에는 구분 전의 甲건물 등기기록을 폐쇄한다.

개정 2011. 10. 11. [등기예규 제1377호, 시행 2011. 10. 13.]
(출처 : 등기부위조관련 업무처리지침 개정 2011. 10. 11. [등기예규 제1377호, 시행 2011. 10. 13.] 〉종합법률정보 규칙)

제1조 (목적)
등기부의 위조 및 위조문서를 첨부한 등기신청에 의하여 등기가 되는 것을 방지함으로써 등기부의 공시적 기능을 충실히 하기 위하여 위와 같은 등기의 사전방지를 위한 주의사항과 발견시의 처리절차를 규정함을 목적으로 한다.

제2조 (등기부 위조 여부 확인)
등기관은 등기부의 위조방법이 다양하고 상당히 정교하다는 점을 감안하여 해당등기부의 기재방식이 다음 각 호에 해당하는 경우 등 기존 등기부와 다른 점이 있는지 여부를 주의 깊게 살펴 위조 등기부에 의한 등기가 경료되는 일이 없도록 한다.
  1. 고무인 압날 등 통상의 기재문자와 다르게 기재된 경우
  2. 당해 등기소의 등기관 또는 종전 등기관의 교합인지 여부가 불분명하거나 판독이 불가한 경우
  3. 접수번호 또는 순위번호의 현저한 차이가 있는 경우

제3조 (위조등기부를 발견한 경우 처리)
위와같이 근무함에 있어 위조등기부를 발견한 경우에는 다음 절차에 의하여 업무를 처리한다.
① 위조등기부를 발견한 등기과 소장은 동일 부동산에 대한 등기업무 일체를 중단하도록 조치 한 후 등기부등본을 첨부하여 지체없이 법원행정처장에게 보고하여야 한다.
② 제1항의 경우 등기과 소장은 관련 수사기관에 고발조치하고, 소유권에 대한 등기의 위조가 있는 경우에는 그 취지를 대장 소관청에도 통지하여 대장에 등록되지 않도록 하고 이미 등록되었다면 위 위조등기의 말소 통지가 있을 때까지 대장등본 발급을 중단하도록 협조요청한다.
③ 등기관은 제1항의 등기가 위조인 것이 명백한 때에는 등기상 이해관계인이 없으면 위조등기 명의인에게 통지할 필요 없이 직권말소하고, 등기상 이해관계인이 있는 경우에는 그 제3자에게만 통지하고, 이의가 있는 때에는 이를 각하하고 직권 말소한다(「부동산등기법」제29조제2호, 제58조).
④ 제3항과 같이 위조등기를 말소한 경우 등기과 소장은 말소한 등기사항증명서를 첨부하여 지체없이 법원행정처장에게 보고한다. 이 경우 소유권에 관한 위조등기를 말소한 경우에는 대장 소관청에 이를 통지하여 대장을 정리하도록 한다.

⑤ 수사기관에 고발조치 및 이에 대한 처분의 통보가 있는 때에는 이를 법원행정처장에게 보고한다.

제4조 (첨부서면을 위조한 등기신청이 있는 경우)
① 등기관은 등기신청서를 조사함에 있어 등기관의 심사권 범위내에서 첨부서면의 진위 여부를 신중히 판단하여 위조문서 등에 터잡은 등기가 경료되는 일이 없도록 한다. 특히 토지에 대하여 등기필정보 또는 등기필증을 첨부하지 아니하고 소유권이전, 권리의 경정, 근저당권설정등기를 신청하는 경우 등 특별한 사정이 있는 때에는 위조 여부에 대한 강한 의심을 가지고 다음 각 호를 참고하여 등기신청서 및 첨부서면을 철저히 조사하여 위와 같은 등기가 발생하지 않도록 세심한 주의와 노력을 한다.
1. 인감증명서의 정상발급 및 위임장에 날인한 인영과 동일한지 여부
2. 각종 등·초본·제증명·제3자의 허가·동의서의 정상발급 여부
3. 등기필증의 접수인 및 청인의 동일성 여부
4. 종중 등 비법인 사(재)단의 정관 및 의사록의 정상 작성 유무
5. 삭제(2007. 6. 25. 제1193호)

② 등기신청서의 조사시 첨부서면이 위조 문서로 의심이 가는 경우에는 신청인 또는 대리인에게 알려 그 진위 여부를 확인하여 처리하고 위조문서임이 확실한 경우에는 수사기관에 고발조치하고 전 조 제5항의 예에 의하여 보고한다.중요지문 밑줄그어주세요

제5조 (첨부서면을 위조하여 등기가 이루어진 경우)
① 등기된 사항이 위조된 첨부문서(공문서에 한함)에 의하여 이루어진 사실이 발급기관에의 조회 등을 통하여 확인된 경우 등기관은 등기기록 표제부의 좌측 상단에 위조된 문서에 의하여 등기된 사항이 있다는 취지를 부전할 수 있다. 부전된 내용은 판결에 의한 위조된 등기의 말소신청이 있거나 이해관계인이 소명하는 자료를 제출하여 삭제를 요청한 경우 등기관은 이를 삭제할 수 있다.
② 제1항의 경우 등기관은 이와 같은 사실을 등기기록상 전 소유명의인(소유권이전의 등기가 된 경우) 또는 현 소유명의인(소유권이외의 권리가 등기된 경우) 등 기타 이해관계인에게 별지 양식에 의하여 통지하여야 한다. 통지를 받을 자의 주소가 불명인 경우(소재불명으로 반송된 경우도 포함)에는 통지를 하지 않을 수 있고, 통지하여야 할 자가 다수인 경우에는 그 중 1인에게 통지할 수 있다.
③ 제1항의 경우 등기과 소장은 수사기관에 수사를 의뢰하고 사건의 경위를 법원행정처장에게 보고하여야 한다.

부 칙(2007. 01. 15. 제1161호) 이 예규는 2007. 1. 22.부터 시행한다.
부 칙(2011. 10. 11. 제1377호) 이 예규는 2011년 10월 13일부터 시행한다.

제4절 장부의 보존·관리

01 장부의 보존

1 비치할 장부 및 그 보존기간 (규칙 제21조 제1항, 제25조 제1항) 25회 출제

장부의 명칭	보존기간
부동산등기신청서 접수장	5년
기타 문서 접수장	10년
결정원본 편철장	10년
이의신청서류 편철장	10년
사용자등록신청서류 등 편철장	10년
신청서 기타 부속서류 편철장	5년
신청서 기타 부속서류 송부부	신청서 그 밖의 부속서류가 반환된 날로부터 5년
각종 통지부	1년
열람신청서류 편철장	1년
제증명신청서류 편철장	1년

Professor Comment

등기부, 폐쇄등기부는 영구히 보존한다(법 제14조 제2항, 제20조 제1항). 또한 전산정보처리조직에 의해서 보조기억장치에 저장한 신탁원부, 공동담보(전세)목록, 도면, 매매목록도 영구보존한다(규칙 제20조). 다만, 종전에 영구보존문서로 보관 중인 등기부책보존부도 영구보존한다(등기예규 제1441호).

2 장부의 조제와 폐기 등

(1) 위의 장부는 매년 별책으로 하여야 하며 필요에 따라 분책할 수 있다. 한편, 위의 장부는 전자적으로 작성할 수 있다(규칙 제21조 제2항, 제3항).

(2) 장부의 보존기간은 해당 연도의 다음 해부터 기산한다. 다만 "신청서 기타 부속서류 송부부"는 신청서 그 밖의 부속서류가 반환된 날부터 기산한다. 한편 보존기간이 만료된 장부는 지방법원장의 인가를 받아 보존기간이 만료되는 해의 다음 해 3월말까지 폐기한다(규칙 제25조 참조).

Professor Comment

"신청서 기타 부속서류 송부부"를 제외하고 그 기산점을 해당 연도의 다음해부터 기산하는 것으로 통일함

02 등기부 등의 관리

1 등기부 등의 이동금지★★

(1) 등기부의 이동 금지

1) 등기부는 법원행정처의 등기정보중앙관리소에 보관·관리하여야 하며(규칙 제10조), 전쟁·천재지변이나 그 밖에 이에 준하는 사태를 피하기 위한 경우 외에는 그 장소 밖으로 옮기지 못한다(법 제14조 제3항). ←넓은 의미의 등기부

2) 이 외에 폐쇄등기부, 등기부부본도 반출금지규정이 적용되므로 반출할 수 없다. 따라서 등기부는 법원의 송부명령이나 송부촉탁이 있어도 반출할 수 없으며, 검사의 압수명령이 있어도 이에 응해서는 아니 된다.

(2) 등기부의 부속서류의 이동금지

1) 등기부의 부속서류는 전쟁·천재지변이나 그 밖에 이에 준하는 사태를 피하기 위한 경우 외에는 등기소 밖으로 옮기지 못한다. 다만, 신청서나 그 밖의 부속서류에 대하여는 법원의 명령 또는 촉탁(囑託)이 있거나 법관이 발부한 영장에 의하여 압수하는 경우에는 그러하지 아니하다(법 제14조 제4항).

2) 위 신청서나 그 밖의 부속서류는 등기신청서 및 등기신청서의 부속서류 또는 이와 동일시할 수 있는 등기신청취하서 등이며, 등기부의 일부로 보는 도면, 신탁원부, 공동담보(전세)목록, 「공장 및 광업재단 저당법」 제6조 목록, 공장(광업)재단목록은 이에 포함되지 아니한다(등기예규 제1548호).

3) 등기관이 법원으로부터 송부명령 또는 촉탁(囑託)을 받았을 때에는 그 명령 또는 촉탁과 관계가 있는 부분만 송부하여야 하고, 이 경우 그 서류가 전자문서로 작성된 경우에는 해당 문서를 출력한 후 인증하여 송부하거나 전자문서로 송부한다(규칙 제11조 제3항).

Key Point 등기부 등의 이동의 가부(可否)★★★

장부 \ 사유	전쟁	천재지변	준하는 사태	법원에 송부	검사의 압수
등기부	O	O	O	X	X
신청서나 그 밖의 부속서류	O	O	O	O	O

* 범례 : O → 장부이동 가능, X → 장부이동 불가

2 등기부 등의 손상·멸실방지의 처분과 복구

(1) 등기부의 손상과 복구

1) 등기부의 전부 또는 일부가 손상되거나 손상될 염려가 있을 때에는 전산운영책임관은 대법원장의 위임을 받은 법원행정처장에게 지체 없이 그 상황을 조사한 후 처리방법을 보고하고 등기부부본자료에 의하여 그 등기부를 복구하여야 하고 등기부를 복구한 경우에 전산운영책임관은 지체 없이 그 경과를 법원행정처장에게 보고하여야 한다(법 제17조, 규칙 제16조, 제17조).

2) 기타 등기기록의 일부로 취급되는 것의 손상과 복구

신탁원부, 공동담보(전세)목록, 도면 및 매매목록 등은 등기기록의 일부로 취급되므로(법 제78조 제3항, 법 제81조 제3항) 손상·염려시 그 복구절차는 위의 등기부의 경우에 준한다.

(2) 등기부의 부속서류의 손상 등 방지처분

1) 등기부의 부속서류가 손상·멸실의 염려가 있을 때에는 대법원장은 그 방지를 위하여 **필요한 처분**을 명령할 수 있다(법 제18조). ← 부속서류의 이동 등

2) 손상 등 방지처분 권한

① 전자문서로 작성된 등기부 부속서류의 멸실방지 등의 처분명령권한은 대법원장의 위임을 받은 법원행정처장이 ② 신청서나 그 부속서류의 멸실방지 등의 처분명령권한은 대법원장의 위임을 받은 지방법원장이 갖는다(법 제17조 제2항, 규칙 제16조 제2항).

Key Point 「부동산등기법」상 각종의 권한기관

지방법원장	상급법원의 장	대법원장	법원행정처장
1) 등기관의 지정권자(지원장도 가능, 법 제11조 제1항) 2) 보존장부 폐기의 인가권자(규칙 제25조 제3항) 3) 대법원장의 위임에 의한 신청서나 그 밖의 부속서류의 멸실방지 등의 처분명령권한(규칙 제16조 제2항)	관할등기소의 지정권자(지방법원장, 고등법원장, 대법원장 등 상급법원장)(법 제7조)	1) 등기사무의 정지명령권자(법 제10조) 2) 관할등기소의 위임권자(법 제8조) 3) 등기부복구 등의 처분명령권자. 단 ① 등기부의 손상·염려시 복구 및 전자문서로 작성된 등기부 부속서류의 멸실방지 등의 처분명령권한은 법원행정처장에게, ② 신청서나 그 밖의 부속서류의 멸실방지 등의 처분명령권한은 지방법원장에게 위임(법 제17조, 제18조, 규칙 제16조)	1) 등기관의 재정보증의 운용권자(법 제13조) 2) 등기정보중앙관리소의 종합적 관리·운영 및 등기정보자료의 이용 승인(규칙 제9·163조) 3) 대법원장의 위임에 의한 등기부의 손상·염려시 복구 및 전자문서로 작성된 등기부 부속서류의 멸실방지 등의 처분명령권한(법 제17조 제2항, 제18조 제2항, 규칙 제16조)

제2장 등기기관과 그 설비 및 등기의 공시

제5절 등기의 공시 (등기사항의 증명과 열람)★

> **법 제19조(등기사항의 열람과 증명)**
> ① 누구든지 수수료를 내고 대법원규칙으로 정하는 바에 따라 등기기록에 기록되어 있는 사항의 전부 또는 일부의 열람(閱覽)과 이를 증명하는 등기사항증명서의 발급을 청구할 수 있다. 다만, 등기기록의 부속서류에 대하여는 이해관계 있는 부분만 열람을 청구할 수 있다.
> ② 제1항에 따른 등기기록의 열람 및 등기사항증명서의 발급 청구는 관할 등기소가 아닌 등기소에 대하여도 할 수 있다.
>
> **규칙 제26조(등기사항증명 등의 신청)**
> ① 등기소를 방문하여 등기사항의 전부 또는 일부에 대한 증명서(이하 "등기사항증명서"라 한다)를 발급받거나 등기기록 또는 신청서나 그 밖의 부속서류를 열람하고자 하는 사람은 신청서를 제출하여야 한다.
> ② 대리인이 신청서나 그 밖의 부속서류의 열람을 신청할 때에는 신청서에 그 권한을 증명하는 서면을 첨부하여야 한다.
> ③ 전자문서로 작성된 신청서나 그 밖의 부속서류의 열람 신청은 관할 등기소가 아닌 다른 등기소에서도 할 수 있다.

등기제도의 목적은 부동산의 현황 및 권리관계를 공시하는 데 있으므로 등기에 관한 장부 등을 공개하여 일반인이 이용할 수 있도록 「부동산등기법」에서는 등기사항의 열람과 증명에 관하여 규정하여 등기기록 등을 일반에게 공개하고 있다(법 제19조, 규칙 제26조 이하).

01 등기사항증명서의 발급★★

1 의의 11회 출제

(1) 누구든지 수수료를 내고 '등기기록에 기록되어 있는 등기사항의 전부 또는 일부를 증명'하는 등기사항증명서(구법 하의 등기부등·초본)의 발급을 청구할 수 있다(법 제19조). 등기기록의 일부로 보는 신탁원부, 공동담보(전세)목록, 도면 또는 매매목록은 그 사항의 증명도 함께 신청하는 뜻의 표시가 있는 경우에만 이를 포함하여 발급한다(규칙 제30조 제2항).

(2) 등기신청사건 처리 중인 경우의 발급정지 등

등기신청이 접수된 부동산에 관하여는 등기관이 그 등기를 마칠 때까지 등기사항증명서를 발급하지 못한다. 다만, 그 부동산에 등기신청사건이 접수되어 처리 중에 있다는 뜻을 등기사항증명서에 표시하여 발급할 수 있다(규칙 제30조 제4항).

제2편 부동산등기법

2 등기사항증명서의 종류(규칙 제29조)

등기사항증명서의 종류	발급내용
등기사항전부증명서	말소사항 포함
등기사항전부증명서	현재 유효사항
등기사항일부증명서	특정인 지분
등기사항일부증명서	현재 소유현황
등기사항일부증명서	지분취득 이력

* 폐쇄한 등기기록에 대해서는 등기사항전부증명서(말소사항 포함)만의 발급만이 가능하다(규칙 제29조 단서).
* 등기사항전부증명서는 「구법」하에서의 등기부등본에, 등기사항일부증명서는 「구법」하에서의 등기부초본에 해당한다.

(1) 등기사항증명서의 종류(등기예규 제1645호)

1) 등기사항전부증명서(말소사항 포함)

"등기사항전부증명서(말소사항 포함)"는 말소된 등기사항을 포함하여 등기기록에 기록된 사항의 전부를 증명하는 증명서를 말한다.

2) 등기사항전부증명서(현재 유효사항)

"등기사항전부증명서(현재 유효사항)"는 현재 효력이 있는 등기사항 및 그와 관련된 사항을 증명하는 증명서를 말한다.

3) 등기사항일부증명서(특정인 지분)

"등기사항일부증명서(특정인 지분)"는 특정 공유자의 지분 및 그 지분과 관련된 사항을 공시하기 위하여 지정된 특정인의 지분을 표시하고 해당 지분과 관련된 사항을 발췌하여 증명하는 증명서를 말한다.

 등기사항증명서 발급

① 누구든지 수수료를 내고 등기사항 전부·일부증명서의 발급을 청구할 수 있다.
② 이해관계인이 아니어도 등기사항 전부·일부증명서의 발급을 청구할 수 있다.
③ 등기사항전부증명서는 해당 부동산의 등기기록상의 등기사항 전부를 그대로 출력하여 인증한 문서를 이른다. 등기사항일부증명서는 그 중 일부만을 출력하여 인증한 문서를 이른다.

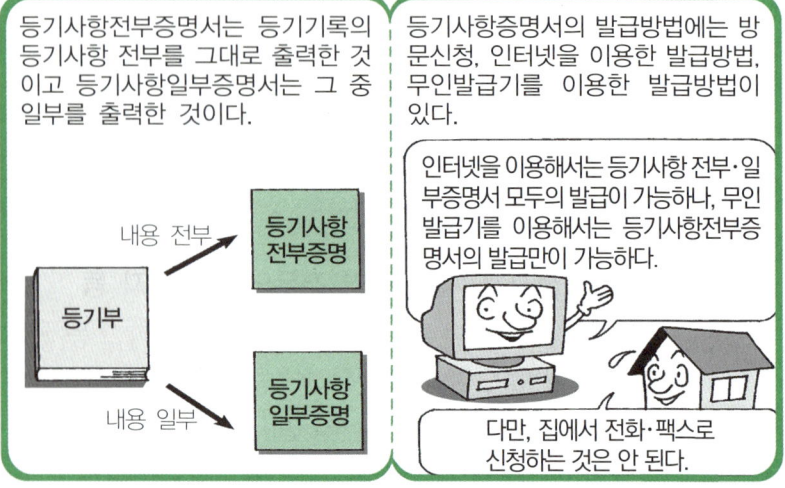

4) 등기사항일부증명서(현재 소유현황)

"등기사항일부증명서(현재 소유현황)"는 해당 부동산의 현재 소유자(또는 공유자)만을 밝히고, 공유의 경우에는 공유지분을 증명하는 증명서를 말한다.

5) 등기사항일부증명서(지분취득 이력)

"등기사항일부증명서(지분취득 이력)"는 특정 공유지분이 어떻게 현재의 공유자에게로 이전되어 왔는지를 쉽게 확인할 수 있도록 해당 지분의 취득경위와 관련한 등기사항만을 발췌하여 증명하는 증명서를 말한다.

6) 등기사항일부증명서(일부사항)

"등기사항일부증명서(일부사항)"는 이미지폐쇄등기부(전산이기전)에 기재된 사항 중 신청인이 청구한 일부 면을 증명하는 증명서를 말한다.

7) 말소사항포함 등기부등본

"말소사항포함 등기부등본"은 말소된 등기사항을 포함하여 수작업폐쇄등기부에 기재된 사항의 전부를 증명하는 등본을 말한다.

8) 일부사항증명 등기부초본

"일부사항증명 등기부초본"은 수작업폐쇄등기부에 기재된 사항 중 신청인이 청구한 일부 면을 증명하는 초본을 말한다.

(2) 발급가능한 등기사항증명서의 종류 (등기예규 제1645호) **32회 출제**

각종 등기부의 종류별 발급가능한 등기사항증명서의 종류는 아래의 표와 같다.

등기부의 종류		발급가능한 등기사항증명서의 종류	비 고
전산등기부		등기사항전부증명서(말소사항 포함) 등기사항전부증명서(현재 유효사항) 등기사항일부증명서(특정인 지분) 등기사항일부증명서(현재 소유현황) 등기사항일부증명서(지분취득 이력)	전산등기부 중 AROS TEXT·전산과부하·원시오류코드가 부여된 등기부·전산화이후오류코드가 부여된 등기부의 경우는 등기사항전부증명서(말소사항 포함)만 발급가능
전산폐쇄등기부		등기사항전부증명서(말소사항 포함)	전산폐쇄등기부는 전산등기부가 폐쇄된 것을 말함
이미지 폐쇄 등기부	전산이기전	등기사항전부증명서(말소사항 포함) 등기사항일부증명서(일부사항)	전산이기전에 폐쇄된 수작업등기부를 촬영한 이미지형태의 등기부를 말함
	전산이기시	등기사항전부증명서(말소사항 포함)	등기부를 전산화함에 따라 폐쇄된 수작업등기부를 촬영한 이미지형태의 등기부를 말함
수작업폐쇄등기부		말소사항포함 등기부등본 일부사항증명 등기부초본	폐쇄된 종이등기부(종전의 수작업폐쇄등기부)를 말함

※ 주의) 현재 유효한 수작업 등기부는 존재하지 않는다. 따라서 수작업등기부에 대한 등기사항증명서는 발급할 수 없음에 유의할 것

3 등기사항증명서를 발급받는 방법

(1) 등기사항증명서의 발급(법 제19조)

1) 누구든지 수수료를 내고 등기기록에 기록되어 있는 사항의 전부 또는 일부의 열람(閱覽)과 이를 증명하는 등기사항증명서의 발급을 청구할 수 있다. 다만, 등기기록의 부속서류에 대하여는 이해관계 있는 부분만 열람을 청구할 수 있다.
2) 등기기록의 열람 및 등기사항증명서의 발급 청구는 관할 등기소가 아닌 등기소에 대하여도 할 수 있다.

(2) 방문신청에 의한 등기사항증명서의 발급(규칙 제26조)

1) 등기소를 방문하여 등기사항의 전부 또는 일부에 대한 증명서(이하 "등기사항증명서"라 한다)를 발급받거나 등기기록 또는 신청서나 그 밖의 부속서류를 열람하고자 하는 사람은 신청서를 제출하여야 한다.
2) 대리인이 신청서나 그 밖의 부속서류의 열람을 신청할 때에는 신청서에 그 권한을 증명하는 서면을 첨부하여야 한다.
3) 전자문서로 작성된 신청서나 그 밖의 부속서류의 열람 신청은 관할 등기소가 아닌 다른 등기소에서도 할 수 있다.

(3) 무인발급기에 의한 등기사항증명서의 발급

법원행정처장이 등기소 외의 장소 즉 국가기관이나 지방자치단체 그 밖의 자가 관리하는 장소를 지정하여 설치한 무인발급기를 이용하여 신청인이 등기사항발급에 필요한 정보를 스스로 입력하여 '등기사항전부증명서'의 발급을 받을 수 있다(규칙 제27조).

(4) 인터넷에 의한 등기사항증명서의 발급

1) 인터넷에 의해서는 등기사항전부증명서(말소사항포함)·등기사항전부증명서(현재 유효사항)·등기사항일부증명서(특정인 지분)·등기사항일부증명서(현재 소유현황)·등기사항일부증명서(지분취득 이력)의 발급을 받을 수 있고 등기정보중앙관리소에서 처리하며 전산운영책임관이 그 업무를 담당한다(규칙 제28조, 제29조, 등기예규 제1645호).
2) 인터넷에 의한 등기사항증명서의 발급의 경우에는 신청서의 제출을 요하지 아니한다(등기예규 제1571호).

(5) 등기사항증명서 발급의 제한

법원행정처장은 등기기록의 분량과 내용에 비추어 무인발급기나 인터넷에 의한 발급이 적합하지 않다고 인정되는 때에는 이를 제한할 수 있다(규칙 제32조 제2항).

제2장 등기기관과 그 설비 및 등기의 공시

> **Key Point** 신청방법 ★★
>
> | 분 류 | | 출 석 | 인터넷 | 무인발급기 |
> |---|---|---|---|---|
> | 등기사항증명서의 발급 | | O | O | O |
> | 열 람 | 등기기록 | O | O | X |
> | | 등기기록의 부속서류(신청서나 그 부속서류) | O | X | X |

4 등기사항증명서의 발급방법(규칙 제30조)

(1) 등기사항증명서를 발급할 때에는 그 종류를 명시하고 등기기록의 내용과 다름이 없음을 증명하는 내용의 증명문을 기록하며, 발급연월일과 등기정보중앙관리소 전산운영책임관의 직명을 적은 후 전자이미지관인을 기록하여야 한다. 이 경우 등기사항증명서가 여러 장으로 이루어진 경우에는 연속성을 확인할 수 있는 조치를 하여 발급하고 그 등기기록 중 갑구 또는 을구의 기록이 없을 때에는 증명문에 그 뜻을 기록하여야 한다.

(2) 구분건물에 대한 등기사항증명서의 발급에 관하여는 1동의 건물의 표제부와 해당 전유부분에 관한 등기기록을 1개의 등기기록으로 본다(규칙 제30조 제3항).

02 등기기록 등의 열람

1 대상과 범위(법 제19조 제1항·2항)

(1) **등기기록**

누구든지 수수료를 내고 등기기록에 기록되어 있는 사항의 전부 또는 일부의 열람을 청구할 수 있다(법 제19조 제1·2항). 따라서 대리인이라 하더라도 위임장 등을 제공하지 않고 대리인 명의로 직접 열람을 신청할 수 있다. 등기기록의 일부인 신탁원부, 공동담보(전세)목록, 도면 또는 매매목록의 경우는 등기기록과 "함께" 열람을 "신청"하는 경우에 한하여 이를 포함하여 열람하게 한다(규칙 제31조 제1항, 제30조 제2항).

(2) **등기기록의 부속서류**

등기기록의 부속서류(신청서나 그 밖의 부속서류)에 대하여는 이해관계 있는 부분만 열람을 청구할 수 있다(법 제19조 제1항 단서).

(3) 구분건물에 관한 등기기록의 열람과 관련하여서는 1동의 표제부와 해당 전유부분에 관한 등기기록을 1개의 등기기록으로 본다(규칙 제31조 제1항, 제30조 제3항).

제2편 부동산등기법

2 열람방법

(1) 방문 열람

1) 등기기록 또는 등기기록의 부속서류(신청서나 그 밖의 부속서류)를 열람하고자 하는 사람은 등기소에 방문하여 신청서를 제출하여야 한다(규칙 제26조 제1항). 등기기록(신청서나 그 밖의 부속서류가 전자문서로 작성된 경우 포함)의 열람 청구는 관할 등기소가 아닌 등기소에 대하여도 할 수 있다(법 제19조 제2항, 규칙 제26조 제3항).

2) 등기기록의 부속서류(신청서나 그 밖의 부속서류)의 열람의 특칙 18회 출제

① 신청서나 그 밖의 부속서류의 열람은 등기관 또는 그가 지정하는 직원이 보는 앞에서 하여야 한다. 다만, 신청서나 그 밖의 부속서류가 전자문서로 작성된 경우에는 전자적 방법으로 그 내용을 보게 하거나 그 내용을 기록한 서면을 교부하는 방법으로 한다(규칙 제31조 제2항).

② 대리인이 신청서나 그 밖의 부속서류의 열람을 신청할 때에는 신청서에 그 권한을 증명하는 서면을 첨부하여야 한다(규칙 제26조 제2항).

(2) 인터넷에 의한 열람

1) 등기기록(신청서나 그 밖의 부속서류 ×)의 열람업무는 법원행정처장이 정하는 바에 따라 인터넷을 이용하여 처리할 수 있다(규칙 제28조 제1항). 이 경우 전산운영책임관이 그 업무를 담당하고(규칙 제28조 제2항) 신청서의 제출은 요하지 아니한다(등기예규 제1571호).

2) 인터넷에 의한 등기기록의 열람 제한

법원행정처장은 등기기록의 분량과 내용에 비추어 인터넷에 의한 열람이 적합하지 않다고 인정되는 때에는 그 열람을 제한할 수 있다(규칙 제32조 제2항).

 등기기록의 열람

① 누구든지 수수료를 납부하고 등기기록의 열람을 청구할 수 있다.
② 등기기록의 열람은 등기기록에 기록된 등기사항을 전자적 방법으로 그 내용을 보게 하거나 그 내용을 기록한 서면을 교부하는 방법으로 한다.

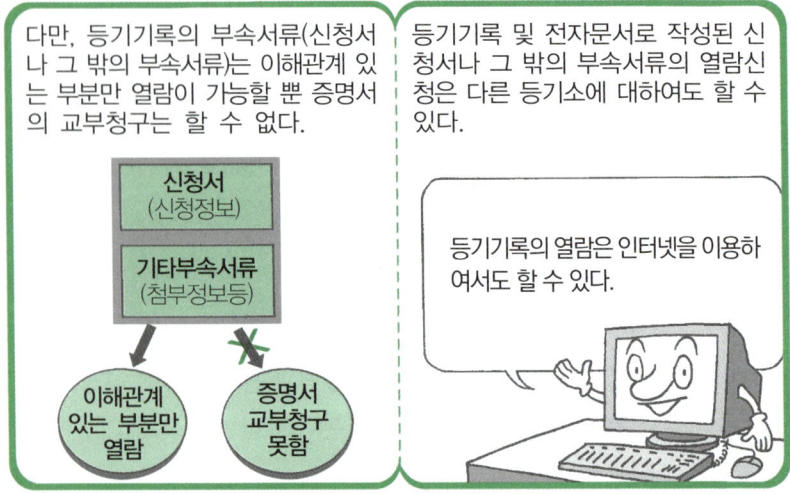

제2장 등기기관과 그 설비 및 등기의 공시

Key Point 등기사항증명서 등의 발급과 열람범위 ★★★

등기장부 \ 항목	발급	열람	발급·열람 범위
등기기록	○	○	모든 부분
폐쇄등기기록	○	○	발급은 등기사항전부증명서(말소사항포함)만 가능함. 단, 열람은 모든 부분
등기기록의 부속서류 (신청서나 그 밖의 부속서류)	X	○	이해관계 있는 부분

* 범례: ○ → 가능함, X → 가능하지 않음

Wide 인터넷에 의한 등기기록의 열람 등에 관한 업무처리지침의 주요내용(등기예규 제1571호)

① **인터넷으로 제공하는 서비스의 종류**

　㉠ 등기기록의 열람, 등기사항증명서의 발급, 등기신청사건 진행상태 확인, 법인 등기사항증명서 다량발급 예약, 상호검색, 법인인감증명서 발급내역 확인, 등기사건 접수 및 처리사실 전자우편 고지, 등기기록 발급 확인, 인감증명서 발급예약, 이미지폐쇄등기부 등기사항증명서 발급예약 등이 있다.

　㉡ 부동산등기사항전부증명서는 말소사항포함·현재유효사항에 관하여 발급하고, 부동산등기사항일부증명서는 특정인 지분·현재소유현황·지분취득이력에 관하여 발급한다.

② **신청에 관한 특칙**

　㉠ 인터넷에 의한 등기기록의 열람 및 등기사항증명서 발급과 법인 등기사항증명서 다량발급예약 및 인감증명서 발급예약의 경우에는 신청서의 제출을 요하지 아니한다.

　㉡ 인터넷에 의한 등기기록의 열람 및 등기사항증명서 발급의 신청과 법인 등기사항증명서 다량발급예약 신청은 신청인이 인터넷 열람 및 등기사항증명서 발급 등의 서비스 화면의 안내에 따라 신청인의 인적사항과 법원행정처장이 지정하는 카드사의 신용카드의 번호, 지정 금융기관의 예금계좌의 번호, 지정 전자화폐발행업체의 전자화폐의 번호와 열람 및 등기사항증명서 발급 또는 예약하고자 하는 등기기록, 등기사항 전부 또는 일부증명서의 구분 등 필요한 사항을 입력하는 방식에 의한다.

　㉢ 인터넷에 의한 등기사항증명서 발급의 경우에는 ㉡ 이외에 발급받고자 하는 등기사항증명서의 통수를 입력하여야 한다.

　㉣ 법인 등기사항증명서 다량발급예약의 경우에는 ㉡ 이외에 발급을 받고자 하는 등기사항증명서의 통수와 발급·교부받을 등기소(이하 '발급 등기소'라 한다) 및 수령 예정일 등을 입력하여야 하며, 수령인을 따로 지정하는 경우에는 수령인의 성명, 주민등록번호를 입력하여야 한다.

　㉤ 신용카드의 결제, 예금계좌의 이체, 전자화폐의 결제 등으로 수수료의 결제가 끝난 경우에는 그 열람 및 등기사항증명서 발급 신청 또는 법인 등기사항증명서 다량발급예약, 인감증명서 발급예약 신청은 수수료를 결제한 당일에 한하여 전부에 대해서만 철회할 수 있다. 다만, 예약에 따라 등기소에서 인감증명서 작성이 완료된 후에는 당일에도 철회할 수 없다.

　㉥ 지정 카드사, 지정 금융기관, 지정 전자화폐발행업체에 관한 법원행정처장의 지정은 인터넷 열람 등의 서비스 화면에 기재하는 것으로 갈음한다.

ⓐ 법원행정처장은 신청인의 편의를 위해 지급방법 및 신청인의 관리에 관한 규정을 "등기포털 및 인터넷에 의한 등기기록의 열람 등 서비스의 이용에 관한 약관"에 정할 수 있다.

③ 인터넷 열람 등에 관한 업무수행기관

인터넷 열람 등에 관한 업무는 법원행정처 등기정보중앙관리소에서 수행한다. 다만, 수수료의 정산 및 국고수납에 관한 업무는 법원행정처 사법등기국 부동산등기과에서 수행한다.

④ 열 람

㉠ 열람은 등기사항전부증명서 또는 등기사항일부증명서 형태로 나누어 제공한다.

ⓐ 등기사항전부증명서 형태의 열람 : 등기기록에 기록되어 있는 모든 내용을 볼 수 있다. 다만, 등기사항전부증명서(현재 유효사항) 형태의 열람에 있어서는 열람 당시 효력이 있는 등기사항 및 그와 관련된 사항만을 볼 수 있다.

ⓑ 등기사항일부증명서 형태의 열람 : 부동산등기부의 경우에는 특정인지분·현재소유현황·지분취득이력, 법인등기부의 경우에는 임원란·지배인란·지점란 등 특정부분의 내용만을 볼 수 있다.

㉡ 1등기기록에 대한 등기사항전부증명서 형태 또는 등기사항일부증명서 형태의 열람은 각 1건으로 본다. 다만, 재열람 등은 최초의 열람에 포함되는 것으로서 별도의 건수로 보지 아니한다.

⑤ 부동산등기사항전부·일부증명서의 발급에 관한 특칙

㉠ 부동산등기부 등기사항증명서 발급은 등기사항전부증명서(말소사항포함)·등기사항전부증명서(현재 유효사항)·등기사항일부증명서(특정인 지분)·등기사항일부증명서(현재 소유현황)·등기사항일부증명서(지분취득 이력) 형태로 제공하며, 법인 등기사항증명서 발급은 현재사항·말소사항포함·폐쇄사항의 전부 또는 일부증명서 형태로 제공한다.

㉡ 등기사항증명서 형태의 발급은 1등기기록에 대하여 5통 이내로 발급받을 수 있고, 신청인은 이를 1회에 모두 발급받거나 나누어 발급받을 수 있다.

⑥ 등기부발급확인에 관한 특칙

㉠ 타인으로부터 등기사항증명서를 교부받은 자는 인터넷으로 등기사항증명서의 진위 여부를 확인할 수 있다.

㉡ 등기사항증명서의 진위 여부 확인은 인터넷 열람 등 서비스 화면의 안내에 따라 등기사항증명서에 기재된 발급확인번호를 입력하거나, 위 변조 방지를 위한 안전장치를 스캐너 등에 의하여 복원하는 경우에 제공되는 등기기록 내용을 교부받은 등기사항증명서의 내용과 비교하는 방식에 의한다.

㉢ ㉡의 전단에 따라 발급확인번호에 의하여 등기사항증명서의 진위 여부를 확인하는 경우에는 확인 당시의 등기기록 내용을 확인할 수 있으며, 발급일로부터 3월 이내에 5회에 한한다.

⑦ 신청사건이 계류중인 경우

㉠ 신청사건이 계류중인 등기기록을 열람하고자 하는 경우에는 그 사실을 알려 준다.

㉡ 등기신청이 접수된 등기기록에 관하여는 등기관이 그 등기를 마칠 때까지 등기사항증명서를 발급하지 아니한다. 다만, 그 등기기록에 등기신청사건이 접수되어 처리 중에 있다는 뜻을 등기사항증명서에 표시하여 발급할 수 있다.

⑧ 수수료액 및 수수료의 납부

㉠ 인터넷에 의한 등기기록의 열람 및 등기사항증명서 발급과 법인 등기사항증명서 다량발급예약, 인감증명서 발급예약의 수수료(이하 '수수료'라 한다) 금액은 「등기사항증명서 등 수수료규칙」이 정하는 수수료에 따른다.

㉡ 인터넷에 의한 등기기록의 열람 및 등기사항증명서 발급과 법인 등기사항증명서 다량발급예약의 경우에는 수수료 면제에 관한 규정을 적용하지 아니한다.

제2장 등기기관과 그 설비 및 등기의 공시

03 주민등록번호 등 등기사항의 공시제한 (규칙 제32조, 등기예규 제1620호)

1 원칙

등기사항증명서를 발급하거나 등기기록을 열람하게 할 때에는 등기명의인의 표시에 관한 사항 중 주민등록번호 또는 부동산등기용등록번호의 일부를 공시하지 아니할 수 있다(규칙 제32조).

(1) 공시 제한 대상 및 그 범위

등기명의인의 주민등록번호 등이 기재되는 모든 등기(소유권보존·이전등기, 저당권설정등기, 가등기 등) 중 그 등기명의인이 개인(내국인, 재외국민, 외국인) 및 등기명의인이 법인 아닌 사단·재단인 경우에 한해서 그 개인 및 대표자의 주민등록번호(규칙 제43조 제2항 참조) 뒤의 7자리 부분을 가리고 작성하여 교부한다.

(2) 공시 미제한 범위

그 밖의 법인, 법인 아닌 사단이나 재단, 국가, 지방자치단체 등 단체의 등록번호는 공시를 제한하지 아니한다.

2 예외

다음의 경우에는 주민등록번호 공시를 제한하지 아니한다.
(1) 대상 등기명의인(말소사항 포함)의 주민등록번호 등을 입력하고, 등기기록에 그와 일치하는 주민등록번호 등이 존재하는 경우
(2) 공용목적(수용, 토지대장정리 등)으로 국가, 지방자치단체, 「공익사업을 위한 토지등 취득 및 보상에 관한 법률」 제8조에 의한 사업시행자 등이 그 신청과 이해관계가 있음을 소명한 경우
(3) 재판상 목적으로 신청인이 그 신청목적과 이해관계가 있음을 소명한 경우

3 수작업폐쇄등기부 및 이미지폐쇄등기부의 특례

수작업폐쇄등기부 및 이미지폐쇄등기부의 경우 위 1 및 2의 규정에 따라 처리하되, 신청사건 수·발급면수·등기명의인 수 등이 과다하거나 등기부의 상태상 등기명의인의 주민등록번호 등의 식별이 용이하지 않아 주민등록번호 등의 공시를 제한하기 어려운 사정이 있는 경우에는 주민등록번호 등의 전부 또는 일부의 공시를 제한하지 아니할 수 있다.

04 수수료 (등기사항증명서 등 수수료 규칙)

1 등기사항증명서
(1) 등기사항증명서 교부수수료는 1통에 대하여 20장까지는 1,200원으로 하고, 1통이 20장을 초과하는 때에는 초과 1장마다 50원의 수수료를 납부하여야 한다.
(2) 무인발급기에 의한 등기사항증명서의 교부수수료는 1통에 대하여 1,000원, 인터넷에 의한 등기사항증명서의 교부수수료는 1통에 대하여 1,000원으로 한다.

2 열 람
(1) 등기기록이나 신청서 기타 부속서류의 열람에 대한 수수료는 1등기기록 또는 1사건에 관한 서류에 대하여 1,200원으로 한다. 다만, 열람 후 등기사항을 출력한 서면 또는 신청서 기타 부속서류의 복사물을 교부하는 경우에 20장을 초과하는 때에는 초과 1장마다 50원의 수수료를 납부하여야 한다.
(2) 위 (1)의 규정에도 불구하고 인터넷을 통한 등기기록의 열람에 대한 수수료는 1등기기록에 관하여 700원으로 한다.

3 수수료의 납부방법
(1) 유인발급에 의한 전산등기부 등기사항증명서의 발급 수수료는 현금으로 납부하며, 무인발급기에 의한 발급 수수료는 현금 또는 고주파송수신칩이 내장된 매체에 의한 결제방식으로 납부할 수 있고, 인터넷을 통한 등기사항증명서의 발급에 대한 수수료는 신용카드, 금융기관계좌이체, 전자화폐 결제방식으로 납부할 수 있다.
(2) 출석열람의 경우 등기부 열람수수료의 납부는 현금으로 하여야 하나, 인터넷을 통한 등기부열람의 경우에는 신용카드, 금융기관계좌이체, 전자화폐 결제방식으로 납부할 수 있다.
(3) 등기사항증명서를 신청한 부동산이 미등기인 경우에 그 수수료는 반환하여야 하나, 열람의 수수료는 반환하지 않는다.

4 수수료의 면제
(1) 등기사항증명서의 발급 및 열람의 수수료는 ① 다른 법률에 수수료를 면제하는 규정이 있거나, ② 「국유재산법」상의 분임재산관리관 이상의 공무원이 「징발법」, 「징발재산정리에 관한 특별조치법」 시행상의 필요에 의하여 등기사항증명서의 발급 또는 열람을 청구하는 경우에 면제한다.
(2) 다만, ① 다른 법률에서 청구인이 국가기관(정부기관 또는 행정기관 등을 포함한다)에 대하여 필요한 자료의 제공 또는 관계서류의 열람 등을 요청하거나 요구할 수 있도록 규정한 경우, ②

제2장 등기기관과 그 설비 및 등기의 공시

「전자정부법」 제38조에 의하여 행정기관이 업무처리를 위해 행정정보 공동이용 대상인 등기정보를 열람하는 경우에는 열람에 관한 수수료만을 면제하는 것이므로 등기사항증명서 발급의 경우에는 수수료를 납부하여야 함을 주의하여야 한다.

(3) 한편, 위 면제사유에 해당하는 경우에도 무인발급기에 의한 등기사항증명서의 발급이나 인터넷에 의한 등기사항증명서의 발급·열람에 따른 수수료는 면제하지 아니한다.

단락핵심 인터넷에 의한 열람 및 등기사항증명서의 발급 신청 18회 출제

(1) 누구든지 수수료를 내고 인터넷에 의해 등기기록에 기록되어 있는 사항의 전부 또는 일부의 열람(閱覽)과 이를 증명하는 등기사항증명서의 발급을 청구할 수 있다.
(2) 인터넷에 의해 신청서나 부속서류의 열람은 할 수 없다.
(3) 인터넷에 의한 등기기록의 열람 및 등기사항증명서의 발급의 경우 신청서의 제출을 요하지 않는다.
(4) 인터넷 열람 등에 관한 업무는 전산운영책임관이 담당한다.
(5) 법원행정처장은 등기기록의 분량과 내용에 비추어 인터넷에 의한 열람 또는 발급이 적합하지 않다고 인정되는 때에는 이를 제한할 수 있다.
(6) 누구든지 타인으로부터 교부받은 등기사항증명서의 진위 여부를 인터넷을 통하여 확인할 수 있다.
(7) 인터넷에 의한 등기사항증명서 발급이나 열람수수료 및 무인발급기에 의한 등기사항증명서 발급 수수료는 국가라도 면제되지 아니한다.
(8) 누구든지 자신의 등기신청 사건에 대하여 그 진행상태를 인터넷을 통하여 확인할 수 있다.
(9) 등기소의 직원과 관련 금융기관 등의 업무담당자는 그 업무의 수행으로 알게 된 개인정보사항을 업무수행 이외의 목적에 사용하거나 외부에 유출하여서는 안 된다.

단락문제 06

인터넷에 의한 등기사항증명서의 발급과 열람에 관하여 틀린 것은?

① 누구든지 수수료를 내고 등기사항증명서의 발급을 청구할 수 있다.
② 신청서 그 밖의 부속서류의 열람청구는 할 수 없다.
③ 누구든지 타인으로부터 교부받은 등기사항증명서의 진위여부를 인터넷을 통하여 확인할 수 있다.
④ 신청사건이 계류중인 경우에는 그 사실을 알리고 등기사항증명서를 발급하여야 한다.
⑤ 부동산등기부 등기기록은 특정인지분, 현재소유현황, 지분취득이력만을 등기사항일부증명서 형태로 열람할 수 있다.

해설 등기부의 공개
① (○) (법 제19조, 규칙 제26조 제1항)
② (○) 인터넷에 의한 등기기록의 부속서류 열람은 허용되지 않는다(규칙 제28조 제1항).
③, ⑤ (○) (등기예규 제1571호)
④ (×) 신청사건이 계류 중인 등기기록을 열람하고자 하는 경우에는 그 사실을 알려 준다. 등기신청이 접수된 등기기록에 관하여는 등기관이 그 등기를 마칠 때까지 등기사항증명서를 발급하지 아니한다. 다만, 그 등기기록에 등기신청사건이 접수되어 처리 중에 있다는 뜻을 등기사항증명서에 표시하여 발급할 수 있다. **답** ④

제2편 부동산등기법

제6절 전산정보처리조직에 의한 부동산등기신청에 관한 업무처리지침 ★★

(등기예규 1624호)

Professor Comment

이 절의 내용은 전산정보처리조직에 의한 부동산등기신청에 관한 업무 처리와 관련 등기절차 전반에 관한 규정을 모두 담고 있다. 비록 신법이 「법」과 「규칙」의 해당부분에서 전산정보처리조직에 의한 부동산등기신청에 관한 업무 처리에 관한 기본적인 사항에 관하여 규정하고 있으나, 여전히 세부적인 사항 전반에 관하여 등기예규에서 규율하고 있으므로 제2편 제3장까지 학습한 이후에 이에 관해 복습하는 의미로 학습하면 전산정보처리조직에 의한 부동산등기신청에 관한 업무 처리에 관한 이해에 도움이 될 것이다.

01 서설

전자신청은 법원행정처장이 지정·고시한 등기소 및 등기유형에 한하여 할 수 있고 이에 관한 내용의 지정·고시는 관보에 게시하여야 하며, 전자신청 등기소장은 '전자신청의 대상이 되는 부동산 및 등기유형의 범위'를 등기소 내 보기 쉬운 장소에 게시하여야 한다.

02 전자신청절차 18회 출제

1 전자신청을 할 수 있는 자(규칙 제68조) 29회 출제

(1) 당사자 본인에 의한 신청의 경우

1) 사용자등록을 한 자연인(외국인 포함), 전자증명서를 발급받은 법인(「상업등기법」 제17조), 다만 외국인의 경우에는 「출입국관리법」 제31조에 따른 외국인등록 또는 「재외동포의 출입국과 법적지위에 관한 법률」 제6조, 제7조에 따른 국내거소신고 중 어느 하나의 요건을 갖추어야 한다.
2) 법인 아닌 사단이나 재단은 전자신청을 할 수 없다.

(2) 대리에 의한 신청의 경우

1) 자격자대리인인 변호사나 법무사[법무법인·법무법인(유한)·법무사법인·법무사법인(유한)을 포함], 다만 자격자대리인이 외국인인 경우에는 출입국관리법 제31조에 따른 외국인등록 또는 재외동포의 출입국과 법적지위에 관한 법률 제6조, 제7조에 따른 국내거소신고를 한 자이어야 한다.
2) 자격자대리인이 아닌 사람은 다른 사람을 대리하여 전자신청을 할 수 없다.

2 전자신청의 방법

(1) 대법원 인터넷등기소 접속

전자신청을 하고자 하는 당사자 또는 자격자대리인은 인터넷등기소에 접속한 후 "인터넷등기전자신청"을 선택하여 모든 문서를 전자문서로 작성하여야 한다.

> **Wide** 신청인이 자격자대리인인 경우 첨부정보의 송신방법에 관한 특칙
>
> 신청인이 자격자대리인인 경우 다음의 서면에 대하여는 이를 전자적 이미지 정보로 변환(스캐닝)하여 원본과 상위 없다는 취지의 부가정보와 자격자대리인의 개인공인인증서정보를 덧붙여 등기소에 송신하는 것으로 이를 갈음할 수 있다.
>
> ① 대리권한을 증명하는 서면(등기원인증서가 존재하지 아니하는 등기유형에 한함) 및 행정정보 또는 취득세 또는 등록면허세납부확인정보를 담고 있는 서면
> ② 다음 ㉠부터 ㉢까지의 경우에 그 첨부정보를 담고 있는 모든 서면. 다만, 인감증명서와 그 인감을 날인한 서면, 본인서명사실확인서와 서명을 한 서면 및 전자본인서명확인서 발급증과 관련서면에 서명을 한 서면(예 등기의무자의 위임장, 제3자의 승낙서 등)은 제외한다.
>   ㉠ 국가, 지방자치단체 또는 특별법에 의하여 설립된 공법인(지방공사 포함)이 등기권리자로서 「공익사업을 위한 토지 등의 취득 및 보상에 관한 법률」에 의하여 토지 등을 협의취득 또는 수용하여 이를 원인으로 소유권이전등기를 신청하는 경우
>   ㉡ 법원행정처장이 지정하는 금융기관이 (근)저당권자로서 (근)저당권 설정·이전·변경·경정·말소등기를 신청하는 경우
>   ㉢ 국가, 지방자치단체, 특별법에 의하여 설립된 공법인(지방공사 포함) 또는 법원행정처장이 지정하는 금융기관이 지상권자로서 지상권설정·말소등기를 신청하는 경우

(2) 사용자 인증의 취득

인터넷등기소에 접속한 당사자 또는 자격자대리인이 전자신청을 하기 위해서는 다음의 구분에 따른 정보를 입력하여 사용자 인증을 받아야 한다.

1) **당사자가 개인인 경우**

공인인증서정보 및 사용자등록번호

2) **당사자가 법인인 경우**

전자증명서정보

3) **자격자대리인의 경우**

공인인증서정보 및 사용자등록번호

(3) 신청정보의 입력

신청정보는 인터넷등기전자신청 시스템이 안내하는 순서에 따라 입력하여야 한다.

(4) 필수정보의 첨부 등

1) 필수정보의 전자적 첨부

매매에 의한 소유권이전등기 외 18개 등기유형에 해당하는 사건을 등기권리자와 등기의무자가 공동으로 전자신청을 하기 위해서는 해당 필수정보를 반드시 전자적으로 첨부하여야 하며, 그 정보가 첨부되지 아니한 때에는 신청정보를 송신할 수 없다.

2) 행정정보 공동이용의 대상이 되는 첨부정보 등의 제공방법

① 법인등기부정보 및 부동산등기부정보와 같이 등기소에서 직접 확인할 수 있는 정보는 그 표시만 하고 첨부를 생략하며, ② 행정정보 공동이용의 대상이 되는 다음의 정보는 행정정보 공동이용센터에 연계요청을 하여 수신한 정보를 첨부한다(주민등록정보, 토지대장정보, 건축물대장정보, 거래계약신고필정보, 취득세 또는 등록면허세납부확인정보, 토지거래계약허가정보).

3)

작성명의인이 있는 전자문서를 첨부할 경우 그 전자문서는 PDF 파일 형식의 전자문서이어야 하며, ① 작성명의인이 개인인 경우에는 공인인증서정보, ② 관공서인 경우에는 행정전자서명정보, ③ 법인인 경우에는 전자증명서정보를 함께 첨부하여야 한다.

4)

등기필증을 전자적 이미지 정보로 변환하여 등기소에 송신하는 경우에는 원본과 상위 없다는 취지의 부가정보와 자격자대리인의 공인인증서정보를 덧붙여야 한다.

(5) 승 인

1) 공동신청의 경우

공동신청을 하여야 할 등기신청에 있어서 당사자가 대리인에게 위임하지 않고 직접 신청하는 경우 또는 위임을 서로 다른 대리인에게 한 경우에는 어느 일방이 신청정보와 첨부정보를 입력한 후 승인대상자를 지정하여야 하고, 승인대상자로 지정된 자는 사용자 인증을 받은 후 공인인증서정보(법인인 경우에는 '전자증명서정보')를 첨부하여 승인을 하여야 한다.

2) 대리인에 의한 신청의 경우

대리인에 의한 신청인 경우에는 대리인이 위임에 관한 정보를 입력하고 당사자가 공인인증서정보(법인인 경우에는 '전자증명서정보')를 첨부하여 승인하여야 한다.

3) 승인이 불필요한 경우

단독신청 사건(부동산표시변경, 등기명의인표시변경 사건 등)에서 사용자등록을 한 자가 대리인을 통하지 않고 스스로 전자신청을 하는 경우에는 승인절차를 거치지 아니한다.

(6) 등기신청수수료의 납부 등

1) 등기신청수수료 납부
당사자 또는 대리인이 신청정보를 모두 입력하고 승인을 받은 경우(승인대상이 아닌 경우 제외)에는 신청수수료를 전자적인 방법(신용카드, 계좌이체 또는 선불전자지급수단 등)으로 납부하여야 한다.

2) 등기신청수수료 과·오납에 따른 결제방법
위의 등기신청수수료를 과·오납한 경우 신청인은 등기신청사건 처리완료 전에 기존 결제를 전액 취소한 후 다시 결제를 하여야 한다.

(7) 송 신
등기신청수수료를 납부한 당사자 또는 대리인은 납부 후 14일 이내에 신청정보를 등기소에 송신하여야 한다.

(8) 인감증명서정보의 송신 불요
인감증명을 제출하여야 하는 자(규칙 제60조, 제61조 등)가 공인인증서정보(법인인 경우에는 '전자증명서정보')를 송신한 때에는 인감증명서정보의 송신을 요하지 않는다.

(9) 공인인증서의 가입자가 외국인인 경우
위의 각 전자신청 과정에서 공인인증서정보를 첨부하여야 하는 경우로서 그 당사자, 자격자대리인 또는 작성명의인이 외국인일 때에는 그 공인인증서에는 가입자의 성명정보는 한글표기이어야 하고, 외국인등록번호나 국내거소신고번호를 담고 있어야 한다.

3 전자신청의 접수(접수번호의 자동 부여 및 접수장에 기록)
전자신청의 경우 접수번호는 전산정보처리조직에 의하여 자동적으로 생성된 접수번호를 부여하며, 접수가 완료된 경우에는 접수장에 전자신청이라는 취지를 기록하여야 한다.

4 기입사무의 처리
전산정보처리조직상 자동기입이 실패되어 기입수정 상태가 된 경우, 기입담당자는 당해 등기기록에 부전지가 있는지 여부, 원시오류코드 부여 여부, 행정정보 공동이용의 대상이 되는 첨부정보가 도달되었는지 여부 등을 확인하여 등기관에게 보고하고, 등기관의 지시를 받아 기입사무를 처리한다.

5 조사, 교합업무 등

(1) 조사, 교합업무

등기관은 신청정보 및 첨부정보가 부동산등기법 등 제반 법령에 부합되는지 여부를 조사한 후 접수번호의 순서대로 교합처리하여야 하며, 지연처리 사건이나 보정을 명한 사건 이외에는 24시간 이내에 등기필정보의 송신 및 등기완료사실의 통지를 하여야 한다.

(2) 지연처리

집단사건이나 판단이 어려운 사건, 기타 행정정보 공동이용의 대상이 되는 정보의 취득이 1분 이내에 이루어지지 않는 사건과 같이 만일 접수 순서대로 처리한다면 후순위로 접수된 다른 사건의 처리가 상당히 지연될 것이 예상될 경우에는, 그 사유를 등록하고 이들 신청사건 보다 나중에 접수된 사건을 먼저 처리할 수 있다. 다만, 지연사건의 처리는 접수된 때로부터 50일 이내에 완료하여야 한다.

(3) 보정사무

1) 보정 통지의 방법

보정사항이 있는 경우 등기관은 보정사유를 등록한 후 전자우편, 구두, 전화 기타 모사전송의 방법에 의하여 그 사유를 신청인에게 통지하여야 한다.

2) 보정의 방법

전자신청의 보정은 전산정보처리조직에 의하여 하여야 한다. 다만, 행정정보 공동이용의 대상이 되는 첨부정보에 관하여 해당 행정기관의 시스템 장애, 행정정보공동이용망의 장애 등으로 이를 첨부할 수 없는 경우 또는 등기소의 전산정보처리조직의 장애 등으로 인하여 등기관이 이를 확인할 수 없어 보정을 명한 경우에는 그 정보를 담고 있는 서면(주민등록등본, 건축물대장등본 등)을 등기소에 직접 제출하거나, 신청인이 자격자대리인인 경우에는 그 서면을 전자적 이미지 정보로 변환하여 원본과 상위 없다는 취지의 부가정보와 자격자대리인의 공인인증서정보를 덧붙여 등기소에 송신할 수 있다.

3) 신청정보의 출력

신청인이 위 2)의 단서에 의하여 등기소에 직접 제출하는 방식으로 보정을 한 경우 등기관은 신청정보를 담고 있는 서면을 출력하여 그 출력물과 보정 서면을 편철한 후 신청서 기타 부속서류 편철장에 편철한다.

6 교합완료 후의 조치

등기관이 등기를 완료한 때에는 전산정보처리조직에 의하여 등기필정보의 송신 및 등기완료사실의 통지를 하여야 한다.

7 전자신청의 취하

전자신청의 취하는 전산정보처리조직을 이용해서 하여야 한다. 이 경우 전자신청과 동일한 방법으로 사용자인증을 받아야 한다.

8 각하결정의 방법

전자신청에 대한 각하 결정의 방식 및 고지방법은 방문(서면)신청과 동일한 방법으로 처리한다.

9 이의신청

전자신청 사건에 관하여 이의신청이 있어 그 사건을 관할지방법원에 송부하여야 할 경우 등기관은 전자문서로 보존되어 있는 신청정보와 첨부정보를 출력하여 인증을 한 후 그 출력물을 송부하여야 한다.

03 기타 전자신청에 관한 특례 **22회 출제**

1 사용자등록(규칙 제68조 이하, 등기예규 제1601-3호)

(1) 의 의

1) 전자신청을 하기 위해서는 그 등기신청을 하는 당사자 또는 등기신청을 대리할 수 있는 자격자대리인이 최초의 등기신청 전(최초의 전자신청을 의미함)에 등기소에 직접 출석하여 미리 사용자등록을 하여야 한다(규칙 제68조 제1항).

2) 다만, 법인이 전자증명서의 이용등록을 한 경우에는 사용자등록을 한 것으로 본다(규칙 제68조 제5항).

(2) 사용자등록절차(규칙 제68조 제2항 이하)

1) 당사자 또는 자격자대리인은 등기소(주소지나 사무소 소재지 관할 이외의 등기소에서도 할 수 있다)에 출석하여 아래의 사항을 적은 신청서를 제출하여야 한다.

2) 사용자등록신청서 기재사항

① 당사자의 성명, 주민등록번호(외국인의 경우에는 외국인등록번호 또는 국내거소신고번호), 주소, 전화번호, 전자우편주소, 인터넷등기소 회원 ID

② 자격자대리인인 경우에는 위 ① 이외에 그 자격을 증명하는 정보와 사무소의 소재지

3) 첨부서면

① 신청인의 인감증명과 주소증명서면(발행일부터 3개월 이내의 것, 외국인인 경우에는 발행일부터 3개월 이내의 외국인등록사실증명이나 국내거소신고사실증명)
② 자격자대리인의 경우에는 그 자격을 증명하는 서면(법무사등록증 등)의 사본

4) 사용자등록 신청서의 반려

① 본인이 직접 출석하지 아니한 경우 ② 사용자등록대상이 아닌 사람이 신청한 경우(법인, 법인 아닌 사단이나 재단 등), ③ 사용자등록신청서가 방식에 적합하지 아니한 경우 및 ④ 신청에 필요한 첨부서면을 제출하지 아니한 경우에는 신청서를 반려한다.

(3) 사용자등록의 유효기간(규칙 제69조)

1) 사용자 등록은 등기소로부터 접근번호를 부여받은 후 10일 이내에 하여야 하며 사용자 등록의 유효기간은 3년으로 한다. 유효기간이 경과하면 다시 사용자등록을 하여야 한다.
2) 유효기간 만료일 3개월 전부터 만료일까지는 그 유효기간의 연장을 신청할 수 있다(전자문서로도 신청할 수 있음). 다만, 연장기간은 3년으로 한다.

(4) 사용자등록의 효력정지 신청 등(규칙 제70조)

1) 사용자등록을 한 사람은 사용자등록의 효력정지 또는 해지신청은 등기소에의 방문신청(신청서의 제출) 또는 전자신청(전자문서의 송신)으로 할 수 있다.
2) 사용자등록의 효력회복신청은 등기소에의 방문신청으로만 할 수 있다.

(5) 사용자등록정보 변경 등(규칙 제71조)

1) 사용자등록정보가 변경된 경우에는 그 변경된 사항을 등록하여야 한다. 사용자의 성명 또는 주민등록번호가 변경된 때에는 등기소에 직접 출석하여 사용자등록번호의 변경을 신청하여야 하나 사용자등록정보 중 공인인증서에 대한 정보의 변경은 사용자등록관리 시스템을 이용하여 할 수 있다.
2) 사용자등록번호를 분실하면 기존 사용자등록을 해지신청하고 새로이 사용자등록을 하여야 한다.

2 등기신청의 접수시기 및 등기의 효력발생시기(법 제6·11조, 규칙 제4·7조)

(1) 등기신청은 등기신청정보가 전산정보처리조직에 저장된 때 접수된 것으로 본다.
(2) 등기관이 접수번호의 순서에 따라 등기를 마치고 등기사무를 처리한 등기관이 누구인지 알 수 있는 조치(고유의 식별번호의 기록)를 취한 경우 그 등기는 접수한 때부터 효력을 발생한다.

제2장 등기기관과 그 설비 및 등기의 공시

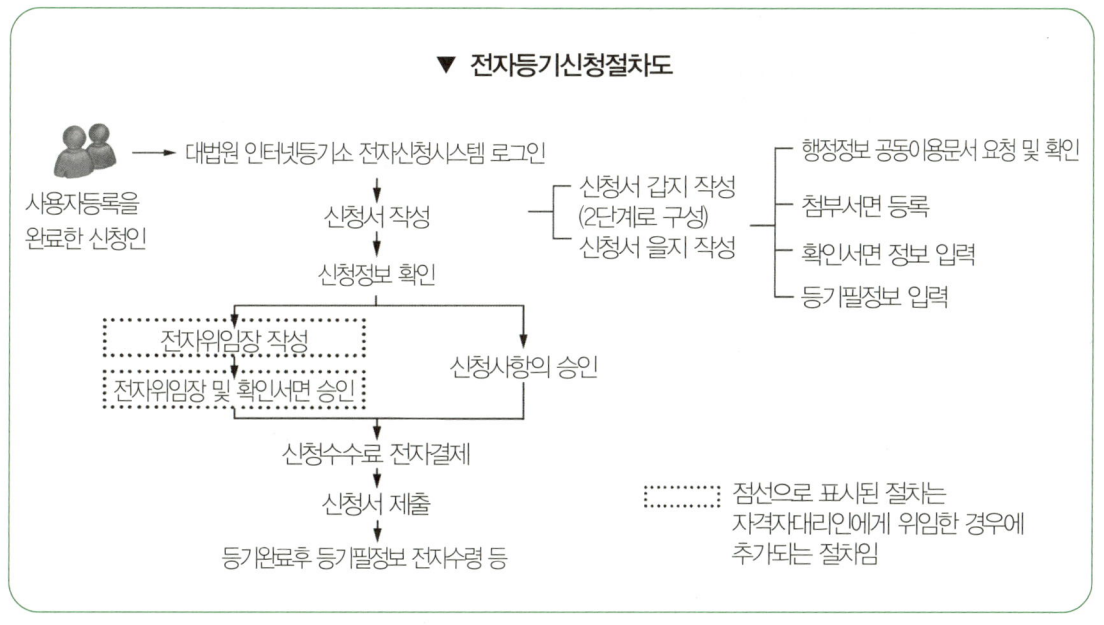

단락핵심   전산정보처리조직에 의한 등기사무 처리

(1) 등기사항의 열람에 대신하여 전자적 방법에 의하여 그 내용을 보게 하는 방법에 의할 수 있다.

(2) 전산정보처리조직에 따라 등기사무를 처리하는 경우에는 대법원규칙이 정하는 등기신청정보가 전자적으로 저장되는 때에 등기신청서가 접수된 것으로 본다.

(3) 미리 사용자등록을 한 자만이 전자신청으로 등기신청을 할 수 있다.

(4) 작성명의인이 있는 전자문서를 첨부할 경우에는 기명날인 또는 서명은 전자서명으로 대신하고, 공인인증서를 함께 송신하여야 한다.

(5) 단독신청사건에서 사용자등록을 한 자가 대리인을 통하지 않고 스스로 전자신청을 하는 경우에는 승인절차를 거치지 않는다.

(6) 전자신청 사건에 관하여 이의신청이 있어 그 사건을 관할지방법원에 송부하여야 할 경우 등기관은 전자문서로 보존되어 있는 신청정보와 첨부정보를 출력하여 인증을 한 후 그 출력물을 송부하여야 한다.

(7) 인감증명과 가족관계증명서의 유효기간은 발행일부터 3개월 이내의 것이어야 한다.

(8) 전자정보처리조직에 의한 가등기를 함에 있어서는 등기기록 중 해당구의 아래쪽에 여백을 두지 않는다.

(9) 전산정보처리조직에 따라 등기를 마친 경우에 등기관은 등기필정보의 통지를 한다.

제2편 부동산등기법

단락문제 Q7
제18회 기출 개작

전산정보처리조직에 의한 등기신청(이하 '전자신청'이라 함)**에 관한 설명 중 틀린 것은?**
① 전자신청에 의한 등기는 소유권이전등기를 비롯하여 전형적인 등기신청사건의 대부분을 전자신청으로 할 수 있다.
② 사용자등록을 한 자연인(외국인 포함)과 전자증명서를 발급받은 법인은 전자신청을 할 수 있다.
③ 전자신청의 경우 접수번호는 전산정보처리조직에 의하여 자동적으로 생성된 접수번호를 부여한다.
④ 변호사나 법무사가 아닌 자도 위임이 있으면 다른 사람을 대리하여 전자신청을 할 수 있다.
⑤ 집단사건이나 판단이 어려운 사건은 지연처리사유를 등록하고 이들 신청사건보다 나중에 접수된 사건을 먼저 처리할 수 있다.

해설 전산정보처리조직에 의한 등기신청
④ 법인 아닌 사단이나 재단은 전자신청을 할 수 없고, 자격자대리인이 아닌 사람은 다른 사람을 대리하여 전자신청을 할 수 없다(등기예규 제1624호).
답 ④

단락문제 Q8
제20회 기출

전산정보처리조직에 의한 등기신청(이하 '전자신청'이라 함)**에 관련된 설명으로 틀린 것은?**
① 사용자등록을 한 법무사에게 전자신청에 관한 대리권을 수여한 등기권리자도 사용자등록을 하여야 법무사가 대리하여 전자신청을 할 수 있다.
② 최초로 사용자등록을 신청하는 당사자 또는 자격자대리인은 등기소에 출석하여야 한다.
③ 전자신청을 위한 사용자등록은 전국 어느 등기소에서나 신청할 수 있다.
④ 법인 아닌 사단은 전자신청을 할 수 없다.
⑤ 사용자등록 신청서에는 인감증명을 첨부하여야 한다.

해설 전산정보처리조직에 의한 등기신청
사용자등록을 하지 아니한 당사자도 사용자등록을 한 자격자대리인에게 위임하여 전자신청에 의하여 등기를 신청할 수 있다.
답 ①

빈출 함정 총정리

• 경록 교재에 모든 답이 있습니다.

01 건물이 여러 등기소의 관할구역에 걸쳐 있는 경우 그 건물에 대한 최초의 등기를 신청하고자 하는 자는 **상급법원의 장**(그 관할등기소 중의 하나 x)에게 관할등기소의 지정을 신청하여야 한다.

02 등기관이란 지방법원장 또는 지원장의 지정에 의해 등기소에서 **자기의 이름으로**(지방법원장 또는 지원장의 이름으로 x) 자기의 책임 하에 등기사무를 처리하는 독립관청으로서의 지위를 갖는 자를 말한다.

03 등기관이 고의·과실로 직무집행과 관련된 불법행위를 한 경우 그 손해에 대하여 국가가 「국가배상법」에 따라 배상책임을 지게 되며, **등기관 자신도 불법행위에 의한 손해배상책임을 진다**(등기관은 책임을 면한다 x).

04 1동의 건물을 구분한 '구분건물'에 있어서는 **1동의 건물에 속하는 전부에 대하여**(각 전유부분에 대하여 x) 1개의 등기기록을 사용한다.

05 1동의 건물의 표제부에는 **대지권의 목적인 토지의 표시를**(대지권의 표시를 x) 위한 표시번호란이 있다.

06 전유부분의 표제부에는 **대지권의 표시를**(대지권의 목적인 토지의 표시를 x) 위한 표시번호란이 있다.

07 구조상·이용상 독립성이 있는 건물을 소유한 자는 그 건물을 구분건물로서 **등기할 수 있다**(등기하여야 한다 x).

08 구분건물에 대지권 등기를 한 경우에는 소유권이 대지권인 경우에는 토지의 등기기록의 갑구에, 지상권, 전세권 또는 임차권이 대지권인 경우에는 토지의 등기기록의 을구에 대지권이라는 뜻을 **등기관이 직권으로 기록하여야 한다**(구분건물의 소유자가 등기신청하여야 한다 x).

09 규약상 공용부분은 **표제부 등기기록만을 두며 공용부분이라는 뜻을 기록하여야 한다**(등기부의 을구에 공용부분이라는 뜻을 기록하여야 한다 x).

제2편 부동산등기법

10 5개(10개 x) 이상의 부동산에 관한 전세권의 등기를 할 때에는 각 부동산의 등기기록에 그 부동산에 관한 권리가 다른 부동산에 관한 권리와 함께 전세권의 목적으로 제공된 뜻을 기록하고 공동전세목록을 작성하여야 한다.

11 구조상(규약상 x) 공용부분에 대해서는 등기할 수 없고, 규약상(구조상 x) 공용부분에 대해서는 표제부만 설치한다.

12 부동산등기신청서 접수장은 5년(10년 x), 기타 문서 접수장은 10년(5년 x) 동안 보존하여야 한다.

13 등기기록의 일부로 보는 신탁원부, 공동담보(전세)목록, 도면 또는 매매목록은 그 사항의 증명도 함께 신청하는 뜻의 표시가 있는 경우에만(등기사항전부증명서를 신청하면 x) 이를 포함하여 발급한다.

14 등기기록의 부속서류에 대하여는 이해관계 있는 부분만(등기권리자만이 x) 열람을 청구할 수 있다.

15 등기기록의 열람 및 등기사항증명서의 발급 청구는 관할 등기소가 아닌 등기소에 대하여도 할 수 있다(관할 등기소에 하여야 한다 x).

16 등기기록의 열람신청은 출석 신청과 인터넷에 의한 신청만(신청 및 모사전송에 의한 신청이 x) 가능하다.

17 신청서나 그 밖의 부속서류의 열람은 등기관 또는 그가 지정하는 직원이 보는 앞에서 하여야 하나, 전자문서로 작성된 "신청서나 그 밖의 부속서류"의 열람은 전자적 방법으로 그 내용을 보게 하거나 그 내용을 기록한 서면을 교부하는 방법으로 한다(열람도 등기관 또는 그가 지정하는 직원이 보는 앞에서 해야 한다 x).

18 인터넷에 의한 등기기록의 열람 및 등기사항증명서의 발급 신청의 경우 신청서를 제출할 필요가 없다(제출하여야 한다 x).

19 인터넷에 의해 '신청사건이 계류 중인 등기기록'의 등기사항증명서를 발급신청한 경우 등기관이 그 등기를 마칠 때까지 **등기사항증명서를 발급하지 아니한다. 다만 그 등기기록에 등기신청사건이 접수되어 처리 중에 있다는 뜻을 등기사항증명서에 표시하여 발급할 수 있다**(등기사항증명서를 발급할 수 없다 x).

20 어느 부동산의 미등기증명은 할 수 **없다**(있다 x).

21 등기사항증명서를 신청한 부동산이 미등기인 경우에 그 수수료는 반환하여야 하나, **열람의 수수료는 반환하지 않는다**(열람의 수수료도 반환하여야 한다 x).

22 자격자대리인이 아닌 사람은 다른 사람을 대리하여 부동산등기신청의 전자신청을 **할 수 없다**(하기 위해서는 위임장을 받아야 한다 x).

CHAPTER 03 등기절차 총론

학습포인트

- 이 장에서는 등기절차의 총론, 즉 등기신청주의 원칙과 그 예외, 등기신청, 등기의 신청정보와 첨부정보, 등기신청의 접수와 심사, 등기신청의 보정, 각하 및 취하, 등기의 실행, 등기완료 후의 절차 및 등기관의 처분에 대한 이의와 벌칙에 관해 다루고 있다.
- 절차법상 등기신청권과 실체법상 등기청구권의 차이, 등기신청인, 신청정보와 첨부정보, 등기신청의 각하사유, 등기신청절차 전반을 묻는 종합문제, 등기관의 처분에 대한 이의 등이 주로 출제된다. 이 장은 절차법인 부동산등기법을 이해함에 있어서 초석이 되는 부분이므로 모든 부분을 빠짐없이 철저히 학습해야 한다.

CHAPTER 학습 & 출제되는 키워드

- ☑ 신청주의 원칙
- ☑ 등기신청의무
- ☑ 등기관의 직권에 의한 등기
- ☑ 등기당사자능력·신청능력
- ☑ 등기당사자적격
- ☑ 공동신청주의·단독신청
- ☑ 판결에 의한 등기신청
- ☑ 상속 등 포괄승계에 따른 등기신청
- ☑ 등기신청정보
- ☑ 1건 1신청주의
- ☑ 필요적 신청정보의 내용
- ☑ 임의적 신청정보의 내용
- ☑ 등기원인을 증명하는 정보
- ☑ 제3자의 허가·동의·승낙 등
- ☑ 대표자·대리인의 자격
- ☑ 주소를 증명하는 정보
- ☑ 주민등록번호 등의 증명정보
- ☑ 부동산의 표시증명정보
- ☑ 규약 또는 공정증서
- ☑ 인감증명
- ☑ 거래계약신고필정보
- ☑ 등기신청의 접수 및 심사
- ☑ 등기신청의 보정·각하 및 취하
- ☑ 등기관의 처분에 대한 이의신청

CHAPTER 학습 & 출제되는 키워드

- ☑ 등기신청절차에 관한 설명 중 틀린 것은?
- ☑ 법인 아닌 사단의 등기에 관한 설명 중 틀린 것은?
- ☑ 등기신청정보의 내용 중 임의적 정보사항은?
- ☑ 등기원인증명정보(서면) 및 그 검인에 관한 설명으로 옳은 것은?
- ☑ 부동산등기를 신청하는 경우 제출해야 하는 인감증명이 아닌 것은?
- ☑ 부동산등기법상 등기필정보에 관한 설명 중 틀린 것은?
- ☑ 등기신청의 각하사유 중 '사건이 등기할 것이 아닌 때'에 해당하지 않는 것은?

제3장 등기절차 총론

제1절 신청주의 원칙과 그 예외 **27회 출제**

부동산등기는 등기신청인이 작성한 신청정보 및 첨부정보를 등기소에 제공함으로써 그 절차가 시작되어 이를 등기관이 접수한 후 등기부와의 대조·조사, 즉 심사과정을 거쳐 각하사유가 없으면 전산정보처리조직을 이용하여 등기부에 등기사항을 기록하고 등기사무를 처리한 등기관이 누구인지 알 수 있는 조치를 취함으로써 완료되고, 등기신청정보가 전산정보처리조직에 저장된 때 그 효력을 발생한다(법 제6조, 제11조, 제22조).

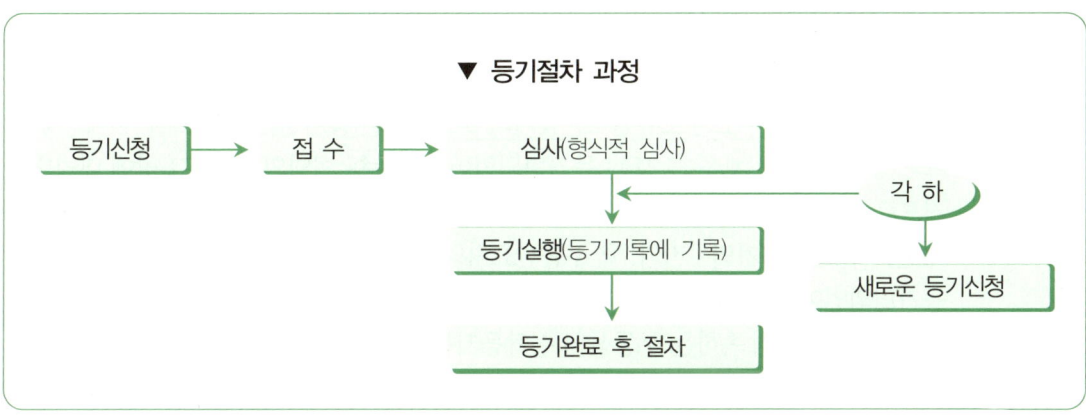

▼ 등기절차 과정

01 등기신청에 관한 일반원칙

1 신청주의원칙과 구체적 내용

제22조(신청주의)
① 등기는 당사자의 신청 또는 관공서의 촉탁에 따라 한다. 다만, 법률에 다른 규정이 있는 경우에는 그러하지 아니하다.
② 촉탁에 따른 등기절차는 법률에 다른 규정이 없는 경우에는 신청에 따른 등기에 관한 규정을 준용한다.
③ 등기를 하려고 하는 자는 대법원규칙으로 정하는 바에 따라 수수료를 내야 한다.

제2편 부동산등기법

(1) 신청주의

「부동산등기법」은 등기는 법률에 다른 규정이 있는 경우(법 제58조, 법 제97조, 법 제107조 등)를 제외하고 당사자의 신청 또는 관공서의 촉탁이 없으면 하지 못한다(법 제22조 제1항)라고 하여 신청주의 원칙을 명백히 하고 있다. 이는 당사자의 신청에 의할 때 가장 효율적으로 실체관계에 부합하는 등기를 할 수 있기 때문이다.

(2) 신청주의의 구체적 내용

1) 공동신청주의

① 의의와 취지

등기는 법률에 다른 규정이 없는 경우에는 등기권리자와 등기의무자가 공동으로 신청한다. 등기의 진정성을 담보하기 위함이다(법 제23조 제1항).

② 예외적 단독신청

㉠ 소유권보존등기 또는 소유권보존등기의 말소등기는 등기명의인으로 될 자(대장상 최초의 등록자등. 법 제65조) 또는 등기명의인이, ㉡ 상속, 법인의 합병, 그 밖에 대법원규칙으로 정하는 포괄승계에 따른 등기는 등기권리자가, ㉢ 판결에 의한 등기는 승소한 등기권리자 또는 등기의무자가, ㉣ 부동산표시의 변경이나 경정(更正)의 등기는 소유권의 등기명의인이, ㉤ 등기명의인표시의 변경이나 경정의 등기는 해당 권리의 등기명의인이, ㉥ 신탁재산에 속하는 부동산의 신탁등기는 수탁자가, ㉦ 재신탁의 경우 해당 신탁재산에 속하는 부동산의 신탁등기는 새로운 신탁의 수탁자가 단독으로 신청한다(법 제23조 제2항 이하). 이는 등기의 성질상 공동신청이 불가능한 경우, 공동신청에 의하지 아니하여도 등기의 진정이 담보될 수 있는 경우 또는 권리관계에 영향이 없는 중성적 등기 등의 경우이다.

2) 방문(출석)신청주의 또는 전자신청주의

부족하거나 틀린 부분을 바로 잡음

등기신청에 있어서 방문신청(출석)주의를 취하는 이유는 등기의 진정을 확보하고 당일 보정의 경우에 보정사항에 대한 구두전달이 용이하다는 점이다. 아래의 관공서촉탁등기와 관련하여 우편에 의한 등기촉탁은 출석주의의 예외가 된다(법 제24조, 법 제96조 이하).

① 방문신청

등기신청은 신청인 또는 그 대리인이 등기소에 출석하여 신청정보 및 첨부정보를 적은 서면을 제출하는 방법으로 할 수 있다. 다만, 변호사나 법무사 등의 자격자대리인에 의한 등기신청시 지방법원장의 허가를 얻은 사무원을 출석하게 하여 이를 신청할 수 있다(법 제24조 제1항 제1호, 규칙 제56조 이하).

② 전자신청

등기신청은 대법원규칙으로 정하는 바에 따라 전산정보처리조직을 이용하여 신청정보 및 첨부정보를 보내는 방법으로 할 수 있다(법원행정처장이 지정하는 등기유형으로 한정한다). 다만 법인 아닌 사단·재단은 전자신청의 방법에 의한 등기신청은 할 수 없다. 외국인의 경우에는 외국인 등록(「출입국관리법」 제31조)이나, 국내거소신고(「재외동포의 출입국과 법적 지위에 관한 법률」 제6·7조) 중 어느 하나의 요건을 갖추어야 한다(법 제24조 제1항 제2호, 규칙 제67조 이하).

③ 관공서의 촉탁에 의한 등기신청

㉠ 관공서가 촉탁정보 및 첨부정보를 적은 서면을 제출하는 방법으로 등기촉탁을 하는 경우, 그 촉탁서를 소속 공무원이 직접 등기소에 출석하여 제출하거나 우편으로 제출하는 방법에 의할 수 있다(법 제96조 이하, 규칙 제155조 이하). 후자의 경우 방문(출석) 촉탁의 예외에 해당할 뿐, 신청주의의 한 예에 해당하므로 원칙적으로 신청에 의한 등기절차에 관한 규정이 적용된다.

㉡ 등기촉탁을 할 수 있는 관공서는 원칙적으로 국가 또는 지방자치단체이고, ⓐ 권리관계의 당사자로서 등기를 촉탁하는 경우[예 수용으로 인한 등기(법 제99조 제3항)]와 ⓑ 공권력행사의 주체로서 촉탁하는 등기[예 체납처분으로 인한 압류등기(법 제96조), 공매처분으로 인한 등기(법 제97조)]가 있다.

3) 서면주의 또는 전자문서주의

① 방문신청의 경우

등기신청은 신청정보의 내용 및 첨부정보를 적은 서면을 제출하는 방법으로 하여야 하고 구술에 의한 등기의 신청은 인정되지 않는다(규칙 제56조 이하).

② 전자신청의 경우

신청정보의 내용 및 첨부정보를 전자문서로 등기소에 송신하는 방법으로 할 수 있다(규칙 제67조 이하).

2 신청주의의 예외

(1) 등기관의 직권에 의하는 경우

1) 이는 당사자의 등기신청이 없는 때에도 등기관이 직무상 권한으로 등기를 하여야 하거나 할 수 있는 경우로서 법령의 규정이 있는 경우에만 가능하다.

2) ①마쳐진 등기가 관할위반의 등기이거나 등기할 사건이 아닌 경우로서 이의를 진술한 자가 없거나 이의를 각하한 경우(법 제58조), ② 미등기부동산에 대하여 법원의 소유권의 처분제한의 등기촉탁이 있는 경우에 소유권보존등기를 하는 경우(법 제66조) 및 ③ 가등기에 의한 본등기를 하였을 때 가등기에 의하여 보전되는 권리를 침해하는 가등기 이후에 된 등기를 직권말소 하여야 하는 경우(법 제92조) 등이다.

(2) 법원의 명령에 의하는 경우

1) 등기에 대한 당사자의 이의신청에 대해 관할 지방법원이 결정하기 전에 가등기 또는 이의가 있다는 뜻의 부기등기를 명령한 경우(법 제106조) 또는 당사자의 이의신청이 이유 있다고 인정하여 등기관에게 일정한 등기를 명령한 경우(법 제105조 제1항) 등이다.

2) 다만, 「주택임대차보호법」 및 「상가건물 임대차보호법」상 임차권등기명령에 의한 등기는 관공서(법원)의 "촉탁"에 의한 등기에 해당한다(「주택임대차보호법」 제3조의3, 「상가건물 임대차보호법」 제6조).

3 당사자의 등기신청의무★★

(1) 원칙(임의신청)

법률행위로 인한 물권변동의 경우 등기를 하여야 물권변동이 일어난다(성립요건주의 내지 형식주의, 민법 제186조). 그런데 등기는 본래 사법상의 부동산에 관한 재산권을 보호하기 위한 제도이므로 사적자치의 원칙에 따라서 등기를 할 것인지 여부는 당사자의 자유의사에 의해 당사자가 결정할(임의적) 문제이고, 원칙적으로 당사자에게 등기신청의무가 있는 것은 아니다.

(2) 예외(강제신청)

다만, 「부동산등기법」과 특별법에서는 등기부와 대장의 부동산표시를 일치시킬 목적, 부동산의 물리적 현황을 현재의 상태대로 공시할 목적, 중간생략등기와 명의신탁등기를 금지시킬 목적으로 등기신청의무 규정을 두고 있다.

1) **부동산등기법 : 1개월 이내**

① ㉠토지의 분할, 합병, 멸실, 지목의 변경 또는 면적의 증감이 있을 때(법 제35·39조), ㉡건물의 분할, 구분, 합병, 건물번호·종류, 구조와 면적의 변경, 그 멸실, 부속건물의 신축, 건물대지의 지번 변경 또는 대지권의 변경이나 소멸이 있을 때(법 제41·43조)에 등기명의인은 1개월 이내(단, 건물의 부존재의 경우에는 지체 없이, 법 제44조)에 그 등기를 신청하여야 한다.

② 등기기록의 부동산의 표시가 토지대장·임야대장 또는 건축물대장과 일치하지 아니한 경우의 등기신청은 각하하도록 규정하고 있다(법 제29조 제11호). 따라서 이 경우 부동산의 표시변경등기를 사실상 강제하고 있다고 볼 수 있다.

2) **부동산등기 특별조치법 : 60일 이내**

① 부동산투기·탈세 등을 방지하여 건전한 부동산거래질서를 확립하기 위해 계약에 기한 소유권이전등기신청 및 미등기부동산을 양도하는 경우의 보존등기신청을 의무화하고(동법 제2조 제1·5항), 이에 위반할 경우 과태료를 부과함으로써(동법 제11조) 등기신청을 강제하고 있다.

② 소유권이전등기 신청은 쌍무 계약의 경우에는 반대급부의 이행이 완료된 날로부터, 편무 계약의 경우에는 그 계약의 효력이 발생한 날로부터 60일 이내에 신청하여야 한다.

③ 소유권보존등기 신청은 계약체결시에 소유권보존등기를 할 수 있었다면 그 계약을 체결한 날로부터, 계약체결시에 소유권보존등기를 할 수 없었다면 소유권보존등기를 신청할 수 있게 된 날로부터 60일 이내에 소유권보존등기를 신청하여야 한다.

3) 부동산 실권리자명의 등기에 관한 법률

「부동산 실권리자명의 등기에 관한 법률」에 의해 「동법」 시행 전에 실명등기의무에 위반한 자 또는 장기미등기자에 대해 일정기간 내에 실명등기신청(법 시행일로부터 1년 내) 또는 소유권이전등기신청의무(계약당사자가 서로 대가적인 채무를 부담하는 경우에는 반대급부 이행이 사실상 완료된 날부터 또는 계약당사자의 한쪽만이 채무를 부담하는 경우에는 그 계약의 효력이 발생한 날로부터 3년 이내)를 부과하고 이를 위반한 경우에 과징금, 이행강제금 또는 벌칙을 부과하여 사실상 등기신청을 강제하고 있다(동법 제5조, 제6조, 제7조, 제10조, 제11조).

Professor Comment
과징금이란 행정법에 정해진 의무를 다하지 않은 사람에게 행정기관이 부과·징수하는 금전적인 제재조치이다.

등기절차의 개시

1) (임의)신청주의
   ① 원칙: 당사자의 신청 또는 관공서의 촉탁
   ② 예외: 등기신청의무

2) 신청주의 예외
   ① 등기관의 직권에 의한 등기
   ② 법원의 명령에 의한 등기

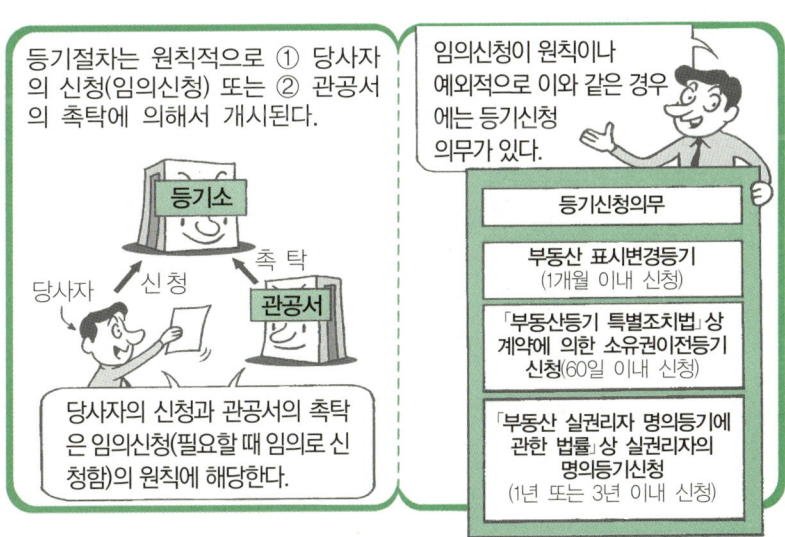

제2편 부동산등기법

> **Key Point** 등기신청의무가 있는 경우
>
> 1) **부동산표시변경등기**(건물표시 및 대지권변경등기)
>   1개월 이내 신청
> 2) **미등기부동산에 대하여 소유권이전을 내용으로 하는 계약을 체결하는 경우**(소유권보존등기)
>   60일 이내 신청(위반시 취득세의 5배 이하의 과태료 – 「부동산등기 특별조치법」 제2조 제5항, 제11조)
> 3) **부동산의 소유권이전을 내용으로 하는 계약을 체결하는 경우**
>   60일 이내 신청(위반시 취득세의 5배 이하의 과태료 : 「부동산등기 특별조치법」 제2조 제1항·제2항·제3항, 제11조)
>   * 단, 위 2), 3)의 경우 「부동산 실권리자명의 등기에 관한 법률」 제10조 제1항의 규정에 의하여 과징금을 부과한 경우에는 그러하지 아니하다(「부동산등기 특별조치법」 제11조 제1항 단서).
> 4) 「부동산등기 특별조치법」 제2조 제1항 등의 적용을 받는 자(예계약에 의한 소유권이전등기의무자)로서 장기미등기자가 3년 이내에 소유권이전등기를 신청하지 아니한 경우 부동산평가액의 100분의 30의 범위에서 과징금(「부동산등기 특별조치법」 제11조에 따른 과태료가 이미 부과된 경우에는 이를 차감한 금액을 말함)을 부과한다(「부동산 실권리자명의 등기에 관한 법률」 제10조 제1항).

단락핵심 — 등기신청의무

(1) 건물의 구조 변경이 있는 경우 등기부상 소유자는 1개월 이내에 등기신청을 하여야 한다.
(2) 「부동산등기 특별조치법」에서는 투기 및 탈세의 방지를 위하여 등기의무를 부과하고 있다.

02 등기관의 직권에 의한 등기 ★★ 12회 출제

1 의의와 취지

이는 당사자의 등기신청이 없는 때에도 등기관이 직무상 권한으로 등기를 하여야 하거나 할 수 있는 경우로서, 법령의 규정이 있는 경우에만 가능하다. 이는 등기제도, 즉 공시제도로서의 기능의 제고, 신청이나 촉탁의 전제가 되는 등기로서 당사자에게 신청을 요구할 필요성이 없는 경우 또는 당사자의 편의를 위해 주로 행하여진다.

2 구체적 예

(1) 미등기부동산에 대한 소유권보존등기

미등기부동산에 대해 법원의 소유권의 처분제한의 등기촉탁이 있는 경우 등기관은 직권으로 소유권보존등기를 하고 처분제한(가압류·가처분결정, 경매개시결정, 임차권등기명령, 회생절차개시결정, 파산선고 등)의 등기를 한다(법 제66조).

(2) 변경등기

1) **소유권이전등기를 하기 위한 등기명의인의 표시(주소)변경등기**

   등기명의인의 주소 변경으로 신청정보와 등기기록상의 주소가 일치하지 아니하는 경우라도 첨부된 주소증명정보에 등기의무자의 등기기록상의 주소가 신청정보 상의 주소로 변경된 사실이 명백히 나타나면 등기명의인의 표시변경등기를 직권으로 하여야 한다(규칙 제122조).

2) 등기기록상 토지의 표시가 지적공부와 불일치 한다는 지적소관청의 통지에 의한 표시변경등기의 경우 등기명의인으로부터 등기신청이 없을 때에는 그 통지서의 기재내용에 따른 변경의 등기를 직권으로 하여야 한다(법 제36조).

3) 행정구역 또는 그 명칭이 변경된 경우 등기기록에 기록된 행정구역 또는 그 명칭에 대하여 변경등기가 있는 것으로 보나(법 제31조), 등기관은 직권으로 부동산 표시변경등기 또는 등기명의인의 주소변경등기를 할 수 있다(규칙 제54조).

(3) 경정등기

등기관의 잘못으로 인해 등기의 착오나 빠진 부분이 있는 때의 직권경정등기. 다만, 등기상 이해관계 있는 제3자가 있는 경우에는 제3자의 승낙이 있어야 한다(법 제32조).

(4) 말소등기

1) 가등기에 의한 본등기를 하였을 때 가등기에 의하여 보존되는 권리를 침해하는 가등기 이후에 된 중간처분등기의 직권말소

2) 수용에 의한 소유권이전등기를 함에 있어 수용의 개시일 이후의 소유권이전등기와 수용의 개시일 전후를 불문한 소유권 외의 권리등기의 직권말소(법 제99조)

3) 등기사무 정지기간 중에 경료된 등기의 직권말소

4) 구분건물의 구조상공용부분에 대한 소유권보존등기의 직권말소

5) 말소등기시 제3자의 승낙이 있는 경우 그 제3자의 등기의 직권말소(법 제57조)

6) 가처분권자가 본안의 승소판결에 의해서 피보전권리의 등기를 신청하는 경우 당해 가처분등기의 직권말소(법 제94조)

7) 환매권 행사로 인한 소유권이전등기시의 환매특약등기의 직권말소(규칙 제114조)

8) 공용부분이라는 뜻을 정한 규약을 폐지하여 건물의 등기기록에 소유권보존등기를 하였을 때 공용부분이라는 뜻의 말소(규칙 제104조 제5항)

(5) 회복등기

가등기에 기한 본등기시 직권말소된 중간처분등기는 후에 그 본등기를 말소한 때에는 직권으로 회복하여야 한다(대판 1995.5.26. 95다6878).

(6) 구분건물에 관한 등기시의 직권등기

1) 건물의 등기기록에 대지권등기를 하였을 때에는 직권으로 대지권의 목적인 토지의 등기기록에 소유권, 지상권, 전세권 또는 임차권이 대지권이라는 뜻을 기록하여야 한다(법 제40조 제4항).

2) 대지권의 목적인 토지의 등기기록에 대지권이라는 뜻의 등기를 한 경우로서 그 토지 등기기록에 소유권보존등기나 소유권이전등기 외의 소유권에 관한 등기 또는 소유권 외의 권리에 관한 등기가 있을 때에는 등기관은 그 건물의 등기기록 중 전유부분 표제부에 토지 등기기록에 별도의 등기가 있다는 뜻을 기록하여야 한다(규칙 제90조 제1항).

3) 대지권의 변경 또는 경정으로 인하여 건물 등기기록에 대지권의 등기를 하는 경우에 건물에 관하여 소유권보존등기와 소유권이전등기 외의 소유권에 관한 등기 또는 소유권 외의 권리에 관한 등기가 있을 때에는 그 등기에 건물만에 관한 것이라는 뜻을 기록하여야 한다(규칙 제92조 제1항).

4) 대지권인 권리가 대지권이 아닌 것으로 변경되거나 대지권인 권리 자체가 소멸하여 대지권 소멸의 등기를 한 경우에는 대지권의 목적인 토지의 등기기록 중 해당 구에 그 뜻을 기록하고 대지권이라는 뜻의 등기를 말소하여야 한다(규칙 제91조 제3항).

5) 대지권의 변경 또는 경정으로 인하여 건물의 등기기록에 대지권의 등기를 하는 경우에 건물에 관한 등기가 창설적 공동저당등기인 경우는 대지권에 대한 저당권의 등기를 말소하여야 한다(규칙 제92조 제2항).

단락핵심   직권에 의한 등기

(1) 관할 위반의 등기인 경우 그 등기가 실체적 관계와 부합하는 경우에도 직권말소하여야 한다(법 제58조).

(2) 등기관의 과오를 원인으로 하는 경정등기도 등기관이 직권경정 한다(법 제32조 제2항).

(3) 환매에 의한 권리취득의 등기를 한 경우 환매특약등기의 말소도 등기관이 직권으로 한다(규칙 제114조 제1항).

(4) 미등기부동산에 대한 처분제한의 등기를 하는 경우의 소유권보존등기는 등기관이 직권으로 한다(법 제66조 제1항).

단락문제 Q1

다음 중 등기관이 직권에 의하여 등기할 수 없는 경우는?

① 미등기부동산에 대한 소유권의 처분의 제한등기(가압류, 가처분, 경매)를 위한 소유권보존등기
② 대장소관청의 통지에 의한 부동산의 표시변경등기
③ 등기사무 정지 기간 중에 경료된 등기의 말소등기
④ 지상권을 목적으로 한 저당권의 경우 지상권소멸등기를 한 경우의 저당권말소등기
⑤ 가등기에 기한 본등기를 말소하는 경우의 중간처분등기에 대한 말소등기

해설 등기관의 직권에 의한 등기
⑤ 가등기에 기한 본등기를 말소하는 경우 말소된 중간처분등기는 말소회복등기를 하여야 한다(1994.3.24. 등기 3402-244).
① 법 제66조 제1항)
② (법 제36조)
③ (법 제58조)

답 ⑤

제2절 등기의 신청 13·16·27·33·34회 출제

01 등기신청행위 ★★

1 의의(법 제22조)

등기신청행위는 일정한 자격을 갖춘 등기신청인이 국가기관인 등기소에 대하여 일정한 내용의 등기를 할 것을 요구하는 일종의 공법상의 행위로서 등기절차법상 요구되는 의사표시이다. 관공서의 촉탁에 의한 등기도 신청주의의 일환에 해당하므로 신청에 따른 등기에 관한 규정을 준용한다(법 제22조 제1항).

2 성 질

(1) 사인의 공법상 행위
등기신청은 사인(私人)이 국가기관인 등기소에 대하여 일정의 등기를 요구하는 의사표시로서, 사인이 행하는 일종의 공법상의 행위로서 서면으로 신청하는 요식행위이다.

(2) 비송행위
→ 민법상 의사표시규정의 적용이 없음

등기사무는 사법부에서 관장하지만 판결에 의해서 사권관계의 존부를 판단하는 소송사건이 아니고, 국가가 후견적 입장에서 사권의 변동에 관여하는 것으로서 비송사건(非訟事件)에 속하므로 등기신청행위는 비송행위(非訟行爲)의 일종이다.

→ 등기 거부 시 이의신청의 대상이 됨(법 제100조 이하)

3 등기신청행위의 유효요건

등기신청행위가 유효하게 성립하기 위해서는 아래의 요건을 갖추어 하여야 하며 요건을 구비하지 않는 등기신청에 대하여 등기관은 등기사무처리 의무가 없으며 그 등기신청을 각하한다(법 제29조 제4·5·9호 참조).

(1) 등기신청인이 등기당사자능력과 등기신청능력이 있고 등기당사자적격을 가지고 있을 것
(2) 등기신청이 신청인의 진의에 의한 것일 것
(3) 등기신청이 소정의 방식을 갖추고 있을 것

> **Wide** 등기신청행위의 유효요건과 등기의 유효요건의 개념 구별
>
> **등기의 유효요건**이란 등기기록에 기록된 등기 자체가 유효하게 효력을 발생하기 위한 요건이고, **등기신청행위의 유효요건**이란 등기가 실행되기 위한 전단계로서 유효한 신청행위가 되기 위한 요건을 말하는 바, 등기신청행위의 유효요건은 등기의 유효요건 중의 한 요소에 불과하다.

단락핵심 　　　　　　　등기신청

(1) 법률에 다른 규정이 있는 경우를 제외하고는 당사자의 신청 또는 촉탁이 없으면 등기를 하지 못한다.
(2) 등기가 유효하기 위해서는 등기신청인이 등기신청능력을 가지고 있어야 하며, 소정의 방식도 갖추어야 한다.

02 등기당사자능력, 등기신청능력 및 등기(신청)당사자적격 ★★★

18회 출제

1 등기당사자능력 ❶ 32회 출제

(1) 의 의

이는 등기절차상 등기권리자, 등기의무자가 될 수 있는 일반적 능력으로 민법상의 권리능력에 대응하는 개념이다. 자연인과 법인 외에 법인 아닌 사단·재단에 대해서도 등기당사자능력을 인정하므로(법 제26조) 권리능력보다 그 인정범위가 넓다.

(2) 등기당사자능력이 문제되는 경우 28회 출제

1) 자연인(외국인)과 태아 12·19회 출제

① 사람은 출생한 때부터 권리·의무의 주체가 되므로 권리능력이 있다(민법 제3조). 다만, 태아와 제한능력자의 경우에 문제가 된다.
　(등기능력이 인정됨)

② 태아의 경우는 민법에서 예외적으로 상속순위에 관하여는 출생한 것으로 보고(민법 제1000조 제3항), 이를 유증의 경우에 준용하고 있으나(민법 제1064조), 판례는 이에 대해 '정지조건설'의 태도를 취하고 있으므로, 출생 전에 태아의 등기당사자능력은 인정되지 않는다. 그러나 태아가 살아서 출생하면 그 권리능력을 소급해서 인정하므로 살아서 출생한 태아(자연인)는 상속등기의 경정의 방법으로 자기의 권리를 찾을 수 있다.
　(실무상 태아 명의의 등기는 허용하고 있지 않음)

③ 외국인의 경우도 법령이나 조약에 의한 제한이 없는 한 등기당사자능력은 인정된다(헌법 제6조 제2항). 다만, 법률에 의하여 외국인의 부동산 물권취득을 제한하는 경우가 있다(「부동산 거래신고 등에 관한 법률」 제7·8조).

용어사전

❶ 등기당사자능력과 관련된 개념의 비교
부동산등기법에서는 등기당사자능력, 등기신청능력, 등기당사자적격이 문제된다.
① 등기당사자능력이란 등기명의인이 될 수 있는 일반적 능력으로서 민법상의 권리능력에 해당하지만 그 보다 범위가 넓다(예) 비법인사단·재단 : 민법상의 권리능력은 없으나 부동산등기법 제26조상 등기당사자능력은 인정된다).
② 등기신청능력이란 민법상 행위능력에 해당하는 것으로 일반적으로 등기관서에 등기를 요구할 수 있는 자격을 말하며, 등기신청인에게 최소한 의사능력은 있어야 한다.
③ 등기(신청)당사자적격이란 구체적 등기사건과 관련하여 적법하게 등기를 신청할 수 있는 자격으로서 등기법에서는 등기권리자와 등기의무자로 표현되고 민사소송법상의 당사자 적격에 해당하는 것이다.
④ 등기당사자능력이 인정되는 자임을 전제로 등기신청능력이나 등기당사자적격이 인정될 수 있으며, 등기당사자적격은 절차법상 개별적으로 판단한다.

제2편 부동산등기법

2) 법인, 법인 아닌 사단·재단(법 제26조) 및 청산법인　16회 출제
① 법인은 민법상 권리능력이 있으므로 당연히 등기당사자능력이 있다.
② **법인 아닌 사단·재단**
　㉠ 민법상 법인아닌 사단·재단은 법인격이 인정되지 않지만 부동산등기법에서 등기당사자능력을 인정하고 있고(법 제26조), 민사소송법에서도 당사자능력이 인정된다(「민사소송법」 제52조).
　㉡ 종중, 문중 기타 대표자나 관리인이 있는 법인 아닌 사단·재단에 속하는 부동산에 관하여는 「그 사단 또는 재단」을 등기권리자와 등기의무자로 하여 등기할 수 있다(법 제26조 제1항). 따라서 '계', '동'의 경우에도 법인 아닌 사단의 성격을 갖춘 경우에는 가능하다.
③ **청산법인**
청산법인이란 존립기간의 만료나 기타 사유로 법인이 해산된 후 청산절차가 진행 중인 법인을 말하며, 청산종결등기가 된 경우라 하더라도 청산사무가 아직 종결되지 아니한 경우에는 청산법인으로서 청산사무와 관련하여 부동산에 관해 여전히 등기능력이 인정된다(대판 1980.4.8. 79다2036).

3) 민법상 조합　11·29회 출제
(예: 동업단체)
(지분이 기재되지 않음을 주의할 것)
① 민법상 조합은 권리능력자가 아니며 따라서 등기당사자능력이 인정되지 아니하므로 그 조합의 명의로 등기를 하지 못하고 조합원 전원의 합유(合有)로 등기하여야 한다.
② 민법상 조합은 등기능력이 없는 것이므로 이러한 조합 자체를 채무자로 표시하여 근저당권설정등기를 할 수는 없다(1984.3.8. 등기선례 1-59).
③ 그러나 특별법에 의해 설립된 조합으로서 법인격이 인정되는 농업·수산업협동조합, 각종의 신용협동조합, 「도시 및 주거환경정비법」상의 정비사업조합 등은 등기당사자능력이 인정된다.

4) 국가·지방자치단체
국가나 지방자치단체(특별시, 광역시, 특별자치도, 도, 특별자치도, 시·군·자치구)는 법인이므로 등기당사자능력이 인정된다. 그러나 읍·면·리·동은 지방자치단체가 아니므로 등기당사자능력이 인정되지 않는다.

5) 학교
(등기당사자능력이 없다는 의미)
① 「교육기본법」 제11조에 의하여 설립된 학교는 권리능력이 없으므로 그 명의로 등기신청을 할 수 없다(등기예규 제1621호).
② 국립학교의 경우 등기명의인은 국으로 하고, 지방자치단체가 설립한 공립학교의 경우 등기명의인은 지방자치단체로 하여 등기한다.
③ 법인이나 사인이 설립·경영하는 사립학교는 권리능력이 인정되지 아니하여 등기당사자능력이 인정되지 않으므로 설립자인 법인 또는 개인명의로 등기를 신청하여야 한다.

제3장 등기절차 총론

Key Point 등기당사자능력 ★★★

인정되는 경우(O)	부정되는 경우(X)
1) 자연인(의사무능력자, 제한능력자, 외국인 포함) 2) 법인(사단법인, 재단법인, 영리·비영리법인 불문) 3) 공법인(국가, 지방자치단체) 　⇨ 지방자치단체는 특별시·광역시·특별자치시·도·특별자치도 및 시·군·자치구 4) 법인 아닌 사단·재단(종중, 정당, 교회, 동창회, 유치원, 아파트입주자 대표회의) 　⇨ 등기권리자 또는 등기의무자는 사단·재단 이름으로 하되 등기신청인은 대표자나 관리인	1) 태아(정지조건설과 판례에 따름) 2) 「민법」상 조합 　⇨ 조합은 계약이므로 조합자체의 명의로 등기할 수 없고 조합원 전원명의의 합유등기로 한다. 3) 사립학교 　⇨ 학교이름으로 등기할 수 없고 재단법인(설립자)명의로 등기신청 4) 지자체의 읍·면·리·동

Professor Comment

법인 아닌 사단의 등기 절차와 관련하여 다음의 사항에 주의한다(등기예규 제1621호).
① 법인 아닌 사단이나 재단에도 임시이사의 선임에 관한 규정인 민법 제63조의 규정을 유추 적용할 수 있다(판례 변경에 따른 예규의 변경)
② 법인 아닌 사단이나 재단이 채무자로서 (근)저당권설정등기신청시 부동산등기용등록번호나 대표자에 관한 사항은 기록할 필요가 없다. 한편 부동산등기용등록번호는 법인 아닌 사단이나 재단이 등기권리자로서 등기를 신청하는 경우에만 신청정보로서 제공하여야 한다.

　　　　　　　　등기당사자능력

(1) 경상남도 합천군 가야면(面)은 등기명의인이 될 수 없다.
(2) 동(洞) 명의로 동민들이 법인 아닌 사단을 설립한 경우에는 그 대표자가 동 명의로 등기신청을 할 수 있다.
(3) 학교법인 '백두' 산하의 '압록고등학교'는 등기당사자능력이 없다.
(4) 법인 아닌 사단에 속하는 부동산에 관한 등기는 그 사단의 명의로 신청할 수 있다.
(5) 민법상 조합은 등기명의인이 될 수 없다.
(6) 종중 또는 문중과 같이 권리능력 없는 사단의 경우에도 등기당사자능력은 있다.

제2편 부동산등기법

2 등기신청능력

국가기관인 등기소에 대하여 등기를 해줄 것을 요구하는 절차법상의 의사표시, 즉 공법상의 신청을 할 수 있는 능력을 등기신청능력이라 하는 바, 민법상의 행위능력에 대응하는 개념이다. 구체적으로 어떠한 능력이 필요한지 문제된다.

(1) 등기를 신청하는 당사자는(→등기권리자와) 권리능력과 의사능력을 가지고 있어야 함은 물론 사법상의 의무가 관계되는 경우 행위능력도 갖추어야 한다는 것이 통설이다.

(2) 등기신청능력을 결한 경우에는 신청인의 출석이 없는 것으로 보아 그 신청을 각하하여야 한다(법 제29조 제4호).

(3) 그러나 이를 간과하고 등기관이 등기를 한 경우라도 그 등기가 실체관계와 부합하는 한 유효하다고 보아야 한다.

　　㉠ 권리만 얻거나 의무만을 면하는 경우
　　㉡ 처분을 허락한 재산
　　㉢ 영업허락이 있는 경우 등

(4) 제한능력자인 미성년자, 피한정후견인 및 피성년후견인이 사법상의 의무와 연결되어 등기의무자가 되는 경우에는 행위능력을 요하므로 원칙적으로 등기신청능력이 없다. 다만, **제한능력자가 단독으로 할 수 있는 행위**[권리만을 얻거나 의무만을 면하는 행위(민법 제5조 제1항 단서)] 등의 경우에는 등기신청능력이 인정된다. 그러나 실무상으로는 등기관의 형식적 심사권의 한계 때문에 어느 경우인지 판단이 어려우므로 법정대리인의 동의서와 인감증명정보를 첨부하여 제한능력자가 등기신청을 하도록 하고 있다. **24회 출제**

3 등기당사자적격 **12·19회 출제**

(1) 의 의

이는 특정한 등기신청에 있어서 정당한 등기신청인이 될 수 있는 자격, 즉 구체적 등기신청권이 있는 자를 의미한다. 등기당사자적격의 유무는 공동신청주의 아래에서 등기권리자 및 등기의무자의 개념과 예외적으로 단독신청이 인정되는 경우에는 누가 정당한 등기신청권자인가와 관련이 깊다. 등기당사자적격이 없는 자의 등기신청은 출석주의에 위반한 등기신청으로 각하한다(법 제29조 제3호).

(2) 공동신청의 경우

특정의 등기와 관련 등기권리자와 등기의무자가 아닌 자는 등기당사자적격, 즉 등기신청권이 없다. 채무자 변경으로 인한 근저당권변경등기의 경우 신채무자는 등기기록상 근저당권설정등기의 등기의무자가 아니므로, 근저당권자와 신채무자가 신청한 등기는 각하되어야 한다.

(3) 단독신청의 경우

소유권보존등기는 대장상 최초 소유자로 등록된 자 등(법 제65조 각호)이 신청할 수 있으므로 그 자를 상대로 소유권이전등기절차를 명하는 이행판결을 받은 자는 그 자를 대위하여 소유권보존등기를 할 수 있지만 <u>등기신청당사자적격이 없기 때문에 자기 명의로는 직접 소유권보존등기를 신청을 할 수 없다.</u>

단락문제 02

부동산등기신청을 할 수 있는 자에 관한 설명으로 옳은 것은?

① 국가기관인 등기소에 대하여 등기를 요구하는 절차법상의 의사표시를 할 수 있는 능력을 등기신청능력이라 하고, 구체적으로 등기를 신청하는 때에 정당한 등기권리자나 의무자 또는 등기명의인이 될 수 있는 자격을 등기신청적격이라 한다.
② 태아에 대하여는 민법에서 출생한 것으로 보는 규정이 있으므로 상속의 경우 등기신청능력이 인정된다.
③ 권리능력 없는 사단과 민법상 조합은 법인에 해당하지 아니하므로 등기신청능력이 없다.
④ 학교는 등기능력이 없으나, 지방 행정구역인 읍과 면은 지방자치단체이므로 등기신청적격이 인정된다.
⑤ 등기신청능력을 결한 경우 그 신청을 각하하여야 하며, 이에 위반한 경우 그 등기는 항상 무효이다.

해설 부동산 등기신청능력·당사자적격
① (○) 등기신청능력과 등기당사자적격에 대한 타당한 설명이다.
② (×) 상속의 경우 판례의 태도인 정지조건설에 따르면 태아는 등기당사자능력이 없다.
③ (×) 법인 아닌 사단의 경우에도 등기당사자능력이 인정된다(법 제26조 제1항).
④ (×) 지방자치단체 중 공법인에 해당하는 특별시, 광역시, 특별자치시, 도, 특별자치도, 시·군·구는 등기당사자능력이 인정되나, 읍·면은 상위 지방자치단체의 일부에 불과하므로 등기당사자능력이 인정되지 않는다.
⑤ (×) 등기신청능력을 결한 경우 신청인의 출석이 없는 것으로 보아 그 신청을 각하하여야 하나(법 제29조 제4호), 실체관계에 부합하는 경우에는 유효한 등기로 본다(대판 1971.8.31. 71다1163).

답 ①

03 등기신청인 29·33회 출제

> **제23조(등기신청인)**
> ① 등기는 법률에 다른 규정이 없는 경우에는 등기권리자(登記權利者)와 등기의무자(登記義務者)가 공동으로 신청한다.
> ② 소유권보존등기(所有權保存登記) 또는 소유권보존등기의 말소등기(抹消登記)는 등기명의인으로 될 자 또는 등기명의인이 단독으로 신청한다.
> ③ 상속, 법인의 합병, 그 밖에 대법원규칙으로 정하는 포괄승계에 따른 등기는 등기권리자가 단독으로 신청한다.
> ④ 등기절차의 이행 또는 인수를 명하는 판결에 의한 등기는 승소한 등기권리자 또는 등기의무자가 단독으로 신청하고, 공유물을 분할하는 판결에 의한 등기는 등기권리자 또는 등기의무자가 단독으로 신청한다. 〈개정 2020. 2. 4.〉
> ⑤ 부동산표시의 변경이나 경정(更正)의 등기는 소유권의 등기명의인이 단독으로 신청한다.
> ⑥ 등기명의인표시의 변경이나 경정의 등기는 해당 권리의 등기명의인이 단독으로 신청한다.
> ⑦ 신탁재산에 속하는 부동산의 신탁등기는 수탁자(受託者)가 단독으로 신청한다. 〈신설 2013. 5. 28.〉
> ⑧ 수탁자가 「신탁법」 제3조제5항에 따라 타인에게 신탁재산에 대하여 신탁을 설정하는 경우 해당 신탁재산에 속하는 부동산에 관한 권리이전등기에 대하여는 새로운 신탁의 수탁자를 등기권리자로 하고 원래 신탁의 수탁자를 등기의무자로 한다. 이 경우 해당 신탁재산에 속하는 부동산의 신탁등기는 제7항에 따라 새로운 신탁의 수탁자가 단독으로 신청한다.

1 공동신청주의

(1) 공동신청의 의의와 취지

1) 등기는 등기권리자와 등기의무자가 공동으로 신청하여야 한다(법 제23조). 이는 형식적 심사주의 하에서 부실등기를 방지하고 등기의 진정을 확보함을 직접적 목적으로 한다.

공동신청주의

등기의 신청을 등기권리자와 등기의무자가 공동으로 해야 한다는 것을 말한다.

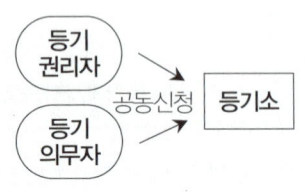

당사자가 등기를 신청하려면 등기권리자와 등기의무자 또는 그 대리인이 등기소에 출석하여 공동으로 신청하여야 한다(단, 전자신청의 경우에는 등기소에 출석함이 없이 전산정보처리조직을 이용하여 공동으로 신청하면 된다).

다만, 대리인이 변호사 또는 법무사인 경우에는 사무원을 등기소에 출석하게 하여 등기를 신청할 수 있다(법 제24조 제1항 제1호 단서).

등기신청의 대리는 자기계약과 쌍방대리가 가능하므로(민법 제124조 참조) 변호사와 법무사등은 등기권리자와 등기의무자 쌍방을 대리하여 등기신청을 할 수 있다.

제3장 등기절차 총론

2) 다만, 권리변동을 수반하지 아니하는 등기나(표시변경등기) 등기의무자가 존재하지 아니하는 등기 또는 판결의 경우와 같이 진정성이 확보되는 경우 등에는 단독신청에 의할 수 있다.

3) 등기권리자·등기의무자의 개념은 원칙적으로 「공동신청」이 필요한 경우를 전제로 해서 인정되고 단독신청에 의하는 등기의 경우에는 인정될 여지가 없다. 다만 단독신청 중에서도 판결이나 상속과 같이 공동신청주의의 예외로서 단독신청이 인정되는 경우에는 등기권리자와 등기의무자의 개념이 존재한다.

(2) 등기권리자와 등기의무자 13·31회 출제

「부동산등기법」 제23조에서 규정하는 '등기권리자·등기의무자'는 절차법상의 개념으로서 민법 등 기타 실체법상의 '등기권리자(등기청구권자)·등기의무자(실체법상 등기청구권의 협력의무자 또는 그 상대방)'의 개념과는 구별하여야 한다.

1) 절차법상의 등기권리자와 등기의무자

① 절차법상 '등기권리자'라 함은 신청된 등기가 행하여짐으로써 실체적 권리관계에 있어서 권리의 취득 기타 '이익'을 받는 자를 말하고, '등기의무자'라 함은 그 등기가 행하여짐으로써 권리의 상실 기타 '불이익'을 받는 자를 말한다.

② 이는 등기부상의 기록에 의하여 형식적으로 판단한다. 등기연속의 원칙을 보장하기 위한 도구 개념으로서 의미를 가지며 아래에서 살필 대위등기신청을 이해하는 데 유용한 개념이다.

구 분	매매로 인한 소유권이전 등기신청시	저당권설정 등기신청시	저당권말소 등기신청시	전세권설정 등기신청시
등기권리자(등기기록상 유리한 자)	매수인	저당권자	저당권설정자	전세권자
등기의무자(등기기록상 불리한 자)	매도인	저당권설정자	저당권자	전세권설정자

 등기권리자와 등기의무자

① 부동산 매매시 매수인은 등기권리자이고 매도인은 등기의무자가 된다.
② 은행이 대출하면서 주택에 저당권을 설정하는 경우 등기권리자는 은행(= 저당권자)이 되고 등기의무자는 주택소유자(= 저당권설정자)가 된다.

제2편 부동산등기법

■ **등기의무자의 의미**

부동산에 관한 등기는 법률에 다른 규정이 없는 한 등기권리자와 등기의무자의 신청에 의한다. 여기서 등기의무자라 함은 등기기록상 형식적으로 보아 그 신청하는 등기에 의하여 권리를 상실하거나 기타 불이익을 받은 자(등기명의인·그의 포괄승계인)를 말한다(대판 1979.7.24. 79다345).

2) 실체법상의 등기권리자와 등기의무자

→ 예 매수인의 등기청구권, 시효취득자의 등기청구권

① 실체법상의 등기권리자란 민법 등 실체법상의 사권(私權)인 등기청구권을 가지는 자를 말한다. 구별개념으로서 등기신청권은 등기절차상 등기를 신청할 수 있는 공법상의 권리이다.

실체법상의 등기의무자란 그에 대응하는 실체법상의 협력의무자를 말한다.

→ 예 매도인·소유자

Key Point 등기청구권

1) 의 의
　등기는 당사자 쌍방의 공동신청에 의하는 것이 원칙이다(법 제23조). 따라서 일방 당사자가 등기신청에 협력하지 아니하면 등기신청을 할 수 없으므로 일방 당사자가 타방에게 등기의 신청에 협력할 것을 청구하는 실체법상의 권리를 등기청구권이라고 한다.

2) 등기청구권을 갖는 자
　등기청구권은 원칙적으로 등기권리자에게 인정되는 것이나, 예외적으로 등기의무자에게도 인정되는 경우가 있는데 이를 등기인수청구권이라고 한다.
　예 甲이 乙에게 부동산을 매도하였으나 乙이 소유권이전등기를 해주지 않는 경우에 甲에게 세금이 계속 부과되자 등기의무자(매도인)인 甲이 乙에게 소유권이전등기청구권을 행사하는 경우

3) 등기신청권과 구별
　① 등기청구권은 사인(私人)의 다른 사인에 대한 사법상(私法上)의 권리라는 점에서 신청인이 국가기관인 등기관에 대하여 등기를 신청하는 권리인 등기신청권과는 구별된다. 즉, 등기청구권은 사권(私權)이지만 등기신청권은 공권(公權)이다.
　② 등기청구권의 행사에 대해 상대방이 의무이행을 거부하면 민사소송에 의해서 강제집행이 가능하다.

등기청구권

등기권리자가 등기의무자에게 등기의 신청에 협력할 것을 청구하는 권리를 말한다.

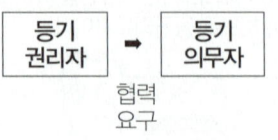

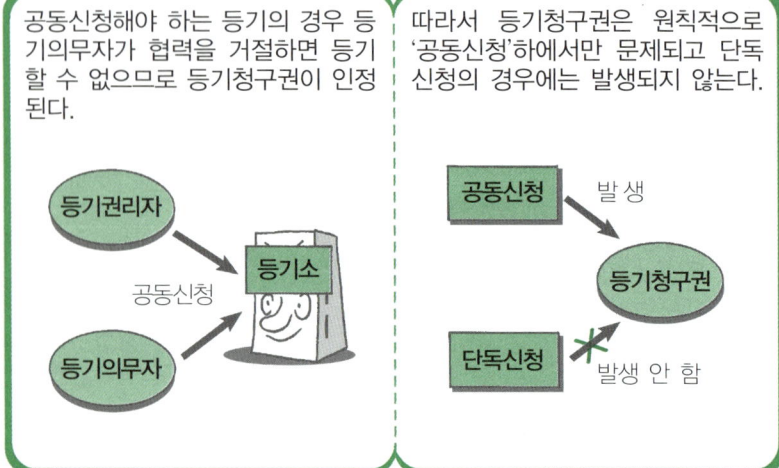

제3장 등기절차 총론

3) **양자의 관계** 30회 출제

① **원 칙** 절차법상의 등기권리자·등기의무자는 대부분의 경우 실체법상의 등기권리자·등기의무자와 일치하지만, 언제나 반드시 일치하는 것은 아니다.

② **양자가 불일치하는 예**

㉠ 甲에서 乙에게로 매매된 경우 乙이 소유권이전등기에 협력하지 아니하여 甲이 등기인수청구권(登記引受請求權)을 행사한 경우에는 甲은 등기의무자이면서 등기(인수)청구권자가 되고, 乙은 등기권리자이면서 등기(인수)의무자가 된다.

> **용어사전**
> ❶ **등기인수청구권**
> 정당한 이익(조세관계, 민법상 공작물소유자책임의 면탈 등)이 있는 등기의무자가 등기권리자에게 등기를 받아갈 것을 요구할 수 있는 권리로서, 판례는 「신법」 제23조 제4항(구법 제29조)를 근거로 이를 인정하고 있다(대판 2001.2.9. 2000다60708).

㉡ 순차매매의 경우와 대위등기신청의 문제

ⓐ 甲 → 乙 → 丙에게 순차로 매매되었으나 등기가 아직 甲에게 있는 경우, '丙'은 실체법상 등기권리자(등기청구권자)이나 절차법상 등기권리자가 아니고(乙은 丙에 대해 실체법상의 등기의무자이지만 절차법상 등기의무자는 아니며 甲에 대해서는 절차법상 등기권리자이다), 절차법상 등기의무자는 '甲'이다.

ⓑ 대위등기의 신청

위의 예에서와 같이 절차법상 등기권리자(乙)와 실체법상 등기권리자(丙, 등기청구권자)가 다른 경우, 후자가 전자를 대위하여 절차법상 등기의무자(甲)로부터 乙로의 소유권이전등기를 마친 후 다시 자기(丙) 앞으로의 소유권이전등기를 신청하는 방법에 의하여 소유권이전등기를 마친다. 대위등기의 방식에 의한 경우 물권변동의 과정이 공시되므로 중간생략등기가 아니다.

> **판례** 「법」 제23조 제4항(구법 제29조)에 따라 등기의무자가 등기권리자를 상대로 등기를 인수받아 갈 것을 구할 수 있다
>
> 「부동산등기법」은 등기는 등기권리자와 등기의무자가 공동으로 신청하여야 함을 원칙으로 하면서도(법 제23조 제1항), 제23조 제4항에서 '판결에 의한 등기는 승소한 등기권리자 또는 등기의무자만으로' 신청할 수 있도록 규정하고 있는 바, 승소한 등기권리자 외에 등기의무자도 단독으로 등기를 신청할 수 있게 한 것은, 통상의 채권채무 관계에서는 채권자가 수령을 지체하는 경우 채무자는 공탁 등에 의한 방법으로 채무부담에서 벗어날 수 있으나 등기에 관한 채권채무 관계에 있어서는 이러한 방법을 사용할 수 없으므로, 등기의무자가 자기 명의로 있어서는 안 될 등기가 자기 명의로 있음으로 인하여 사회생활상 또는 법상 불이익을 입을 우려가 있는 경우에는 소의 방법으로 등기권리자를 상대로 등기를 인수받아 갈 것을 소구하여 그 판결을 받아 등기를 강제로 실현할 수 있도록 한 것이다(대판 2001.2.9. 2000다60708).

제2편 부동산등기법

단락문제 03
제4회 기출

등기청구권의 발생원인으로 볼 수 없는 것은?

① 부동산매매
② 부동산교환계약의 취소
③ 부동산환매특약(不動産還買特約)
④ 건물신축
⑤ 부동산의 점유취득시효(占有取得時效)

해설 **등기청구권의 발생원인**
④ 소유권보존등기는 단독신청이므로 등기청구권이 발생할 수 없다. 등기청구권은 공동신청에서만 발생한다.

답 ④

2 단독신청이 가능한 경우★★★ 13·27·28·32·35회 출제

공동신청에 의하지 않더라도 등기의 진정성이 보장될 수 있는 경우, 등기의 성질상 등기의무자가 있을 수 없는 경우 또는 등기된 권리관계에 영향이 없는 중성적등기(표시변경등기) 등의 경우에는 예외적으로 법률의 규정에 의하여 등기권리자나 등기의무자 또는 등기명의인에 의한 단독신청을 허용하는 경우가 있다.

(1) 판결에 의한 등기신청(등기예규 제1607호) 19·26회 출제

등기절차의 이행 또는 인수를 명하는 판결에 의한 등기는 승소한 등기권리자 또는 등기의무자가 단독으로 신청하고, 공유물을 분할하는 판결에 의한 등기는 등기권리자 또는 등기의무자 단독으로 신청한다. (법23조)

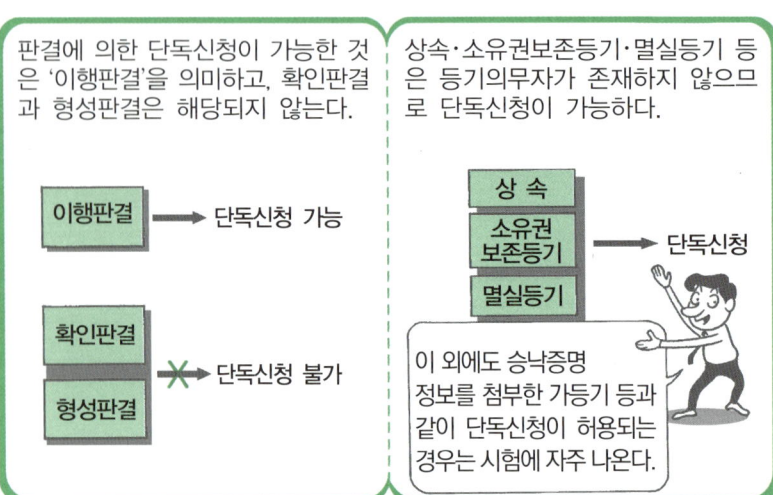

공동신청과 단독신청
① 등기신청은 공동신청이 원칙이다.
② 예외적으로 상속이나 판결 등에 의해 단독신청이 허용된다.

판결에 의한 단독신청이 가능한 것은 '이행판결'을 의미하고, 확인판결과 형성판결은 해당되지 않는다.

이행판결 → 단독신청 가능
확인판결 / 형성판결 ✗ 단독신청 불가

상속·소유권보존등기·멸실등기 등은 등기의무자가 존재하지 않으므로 단독신청이 가능하다.

상속 / 소유권보존등기 / 멸실등기 → 단독신청

이 외에도 승낙증명정보를 첨부한 가등기 등과 같이 단독신청이 허용되는 경우는 시험에 자주 나온다.

1) 법 제23조 제4항의 판결

① **이행판결**

ㄱ 법 제23조 제4항의 판결은 <u>등기신청절차의 이행</u>을 명하는 이행판결이어야 하며, 주문의 형태는 "○○○등기절차를 이행하라"와 같이 <u>등기신청 의사를 진술하는 것이어야 한다.</u> 다만, 공유물분할판결의 경우에는 예외로 한다.

ㄴ 위 판결에는 등기권리자와 등기의무자가 나타나야 하며, 신청의 대상인 등기의 내용, 즉 등기의 종류, 등기원인과 그 연월일 등 신청정보의 내용으로 등기소에 제공할 사항이 명시되어 있어야 한다.

ㄷ <u>등기신청할 수 없는 판결의 예시</u>

ⓐ <u>등기신청절차의 이행을 명하는 판결이 아닌 경우</u>
㉮ "○○재건축조합의 조합원 지위를 양도하라"와 같은 판결
㉯ "소유권지분 10분의 3을 양도한다"라고 한 화해조서
㉰ "소유권이전등기절차에 필요한 서류를 교부한다"라고 한 화해조서

ⓑ <u>확인판결인 경우</u>
㉮ 매매계약이 무효라는 확인판결에 의한 소유권이전등기의 말소등기신청
㉯ 소유권확인판결에 의한 소유권이전등기의 신청
㉰ 통행권확인판결에 의한 지역권설정등기의 신청

ⓒ <u>형성판결인 경우</u>
㉮ 재심의 소에 의하여 재심대상 판결이 취소된 경우 그 재심판결로 취소된 판결에 의하여 경료된 소유권이전등기의 말소등기 신청
㉯ 피고의 주소를 허위로 기재하여 소송서류 및 판결정본을 그 곳으로 송달하게 하여 얻은 사위판결에 의하여 소유권이전등기가 경료된 후 상소심절차에서 그 <u>사위판결이 취소된 경우</u> 그 취소판결에 의한 <u>소유권이전등기의 말소등기 신청</u>

ⓓ <u>필요적 신청정보의 내용이 판결주문에 명시되지 아니한 경우</u>
㉮ <u>근저당권설정등기를 명하는 판결주문에 필요적 신청정보의 내용인 채권최고액이나 채무자가 명시되지 아니한 경우</u>(법 제75조 제1항)
㉯ <u>전세권설정등기를 명하는 판결주문에 필요적 신청정보의 내용인 전세금이나 전세권의 목적인 범위가 명시되지 아니한 경우</u>(법 제72조 제1항)

② **확정판결**

법 제23조 제4항의 판결은 확정판결이어야 한다. 따라서 <u>확정되지 아니한 가집행선고가 붙은 판결에 의하여 등기를 신청한 경우 등기관은 그 신청을 각하하여야 한다.</u>

③ **법 제23조 제4항의 판결에 준하는 집행권원**

ㄱ <u>화해조서·인낙조서, 화해권고결정, 민사조정조서·조정에 갈음하는 결정, 가사조정조서·조정에 갈음하는 결정</u> 등 그 내용에 등기의무자의 등기신청에 관한 의사표시의 기재가 있는 경우에는 등기권리자가 단독으로 등기를 신청할 수 있다.

ⓒ **중재판정 또는 외국판결에 의한 등기신청**
    집행판결을 첨부하여야만 단독으로 등기를 신청할 수 있다(「민사집행법」 제26조).

ⓒ **공증인 작성의 공정증서**
    등기절차에 관한 의사진술을 명하는 것을 내용으로 하는 공정증서는 「민사집행법」 제56조상의 집행권원에 해당하지 아니하므로 설령 부동산에 관한 등기신청의무를 이행하기로 하는 조항이 기재되어 있더라도 이 공정증서에 의하여는 단독으로 등기를 신청할 수 없다.

ⓔ 「민사집행법」상의 가처분결정에 등기절차의 이행을 명하는 조항이 기재되어 있어도 가처분의 잠정적 성격상 등기권리자는 이 가처분결정 등에 의하여 단독으로 등기를 신청할 수 없다. 다만, 「부동산등기법」 제89조상의 가등기가처분명령이 있을 때에는 단독으로 가등기를 신청할 수 있다.

④ **판결의 확정시기**
    등기절차의 이행을 명하는 확정판결을 받았다면 그 확정시기에 관계없이, 즉 확정 후 10년이 경과하였다 하더라도 그 판결에 의한 등기신청을 할 수 있다(등기예규 제1607호).

2) **신청인** 24회 출제

① **승소한 등기권리자 또는 승소한 등기의무자**
    ㉠ 승소한 등기권리자 또는 승소한 등기의무자는 단독으로 판결에 의한 등기신청을 할 수 있다(법 제23조 제4항). 승소한 등기권리자에는 적극적 당사자인 원고뿐만 아니라 피고나 당사자참가인도 포함된다.
    ㉡ 패소한 등기의무자는 그 판결에 기하여 직접 등기권리자 명의의 등기신청을 하거나 승소한 등기권리자를 대위하여 등기신청을 할 수 없다.

② **승소한 등기권리자의 상속인**
    승소한 등기권리자가 승소판결의 변론종결 후 사망하였다면, 상속인이 상속을 증명하는 서면을 첨부하여 직접 자기 명의로 등기를 신청할 수 있다.

③ **공유물분할판결에 의한 경우**
    공유물분할판결이 확정되면 그 소송 당사자는 원·피고인지 여부에 관계없이 그 확정판결을 첨부하여 등기권리자 단독으로 공유물분할을 원인으로 한 지분이전등기를 신청할 수 있다.

④ **채권자대위소송에 의한 경우**
    채권자가 제3채무자를 상대로 채무자를 대위하여 등기절차의 이행을 명하는 판결을 얻은 경우 채권자는 채무자의 대위 신청인으로서 그 판결에 의하여 단독으로 등기를 신청할 수 있다(법 제28조).

⑤ 채권자취소소송의 경우

채권자는 수익자를 상대로 사해행위취소 및 원상회복에 관한 판결을 받아 채무자를 대위하여 단독으로 등기를 신청할 수 있다(민법 제406조, 법 제28조).

3) 신청정보로서의 등기원인과 그 연월일 등

① 이행판결 → 예) 매매, 근저당설정계약 등

그 판결주문에 명시된 등기원인과 그 연월일을 신청정보로 제공한다. 다만, 그 판결주문에 등기원인과 그 연월일이 명시되어 있지 아니한 경우에는 등기원인은 "확정판결"로, 그 연월일은 "판결선고일"을 제공한다. → 판결확정일이 아님 주의

② 형성판결

권리변경의 원인이 판결 자체, 즉 형성판결인 경우 신청정보로서 등기원인은 "판결에서 행한 형성처분"으로, 그 연월일은 "판결확정일"로 제공한다.

③ 화해조서 등

화해조서·인낙조서, 화해권고결정, 민사(가사)조정조서·조정에 갈음하는 결정 등(이하 "화해조서 등"이라 함)에 등기신청에 관한 의사표시의 기재가 있고 그 내용에 등기원인과 그 연월일의 기재가 있는 경우 신청정보로는 그 등기원인과 그 연월일을 제공한다. 다만, 그 내용에 등기원인과 그 연월일의 기재가 없는 경우에는 등기원인은 "화해", "인낙", "화해권고결정", "조정" 또는 "조정에 갈음하는 결정" 등으로, 그 연월일은 "조서기재일" 또는 "결정확정일"을 제공한다.

④ 등기필정보

승소한 등기권리자가 단독으로 판결에 의하여 등기를 신청하는 경우에는 등기의무자의 권리에 관한 등기필정보를 신청정보로 제공할 필요가 없다(규칙 제43조 제1항 제7호 참조). 다만, 승소한 등기의무자가 단독으로 권리에 관한 등기를 신청할 때에는 그에 관한 등기필정보를 제공하여야 한다(규칙 제43조 제1항 제7호 단서 참조).

4) 첨부정보로서의 등기원인증명정보와 주소증명정보

① 판결정본 및 확정증명서

㉠ 판결에 의한 등기를 신청함에 있어 등기원인을 증명하는 정보로서 판결이 있음을 증명하는 정보와 그 판결이 확정되었음을 증명하는 확정증명서를 첨부정보로서 등기소에 제공하여야 한다. 조정에 갈음하는 결정정본 또는 화해권고결정정본에 의한 등기를 신청함에 있어서도 동일하다. 이 경우도 확정되어야 의사진술이 의제되기 때문이다.

㉡ 다만, 조정조서, 화해조서 또는 인낙조서가 등기원인을 증명하는 정보인 경우에는 확정증명서를 첨부정보로 등기소에 제공할 필요가 없다. 조서의 작성으로 효력이 생기고 의사진술이 의제되기 때문이다.

ⓒ **집행문**

판결에 의한 등기를 신청하는 경우 원칙적으로 집행문의 첨부를 요하지 않지만 선이행판결, 상환이행판결, 조건부이행판결인 경우에는 집행문을 첨부하여야 한다(「민사집행법」 제30조 참조). 다만, 등기절차의 이행과 반대급부의 이행이 각각 독립적으로 기재되어 있다면 그러하지 아니하다.

② **주소증명정보**
  ㉠ 판결에 의하여 등기권리자가 단독으로 소유권이전등기를 신청할 때는 <u>등기권리자의 주소증명정보만을 제출하면 된다</u>(규칙 제46조 제1항 제6호 본문 참조).
  ㉡ 그러나 <u>판결문상의 피고의 주소가 등기부상의 등기의무자의 주소와 다른 경우</u>(등기부상 주소가 판결에 병기된 경우 포함)에는 동일인임을 증명할 수 있는 자료로서 <u>등기의무자의 주소증명정보를 제공하여야 한다</u>. 다만 판결문상에 기재된 피고의 주민등록번호와 등기부상에 기재된 등기의무자의 주민등록번호가 동일하여 동일인임을 인정할 수 있는 경우에는 그러하지 아니하다.

③ **등기원인에 대한 제3자의 허가증명정보** → 토지거래허가서·주무관청의 인가 등
  ㉠ 신청대상인 등기의 등기원인에 대하여 <u>제3자의 허가증명정보 등이 필요한 경우에도 그러한 서면의 제출은 요하지 않는다</u>(규칙 제46조 제3항 참조).
  ㉡ 다만, 등기원인에 대하여 행정관청의 허가, 동의 또는 승낙 등을 받을 것이 요구되는 때에는 해당 허가서 등의 현존사실이 그 판결서에 기재되어 있는 경우에 한하여 허가서 등의 제출의무가 면제된다(규칙 제46조 제3항 참조).
  ㉢ 그러나 <u>"소유권이전등기"를 신청할 때에는 해당 허가서 등의 현존사실이 판결서 등에 기재되어 있다 하더라도, 행정관청의 허가 등을 증명하는 서면을 반드시 제출하여야 한다</u>(「부동산등기 특별조치법」 제5조 제1항 참조).

(2) 상속 등 포괄승계에 따른 등기신청

1) 상속, 법인의 합병, 법인의 분할로 인하여 분할 전 법인이 소멸하는 경우 등 포괄승계에 따른 등기는 등기권리자가 단독으로 그 등기를 신청할 수 있다(법 제23조 제3항). 이 경우 등기의무자인 피상속인이 사망하여 존재하지 아니할 뿐만 아니라 사망의 사실이 피상속인의 가족관계증명서 등 상속을 증명하는 서면에 의하여 명백하여 등기의 진정이 담보되기 때문이다.

2) 그러나 소유권이전등기의 등기원인이 <u>유증(遺贈)</u>인 경우에는 <u>유언집행자와 수증자(受贈者)가 공동으로</u> 신청하여야 한다(등기예규 제1512호).

(3) 기 타

1) **미등기부동산에 대한 소유권보존등기 또는 소유권보존등기의 말소등기**(법 제23조 제2항)
   성질상 등기의무자가 없다.

2) **표시에 관한 등기**
   ① 부동산의 분합 등에 의한 부동산표시의 변경 또는 경정등기(법 제23조 제5항)
   ② 토지·건물 멸실등기(법 제39조, 제43조 등)

Professor Comment
말소회복등기는 공동신청에 의한다.

   ③ 등기명의인 표시의 변경 또는 경정등기(법 제23조 제6항)

3) 신탁재산에 속하는 부동산의 신탁등기는 수탁자(受託者)가 단독으로 신청한다(법 제23조 제7항).

4) 등기된 권리가 등기명의인인 사람의 사망 또는 법인의 해산으로 권리가 소멸한다는 약정이 등기되어 있는 경우, 그 사람의 사망 또는 법인의 해산으로 그 권리가 소멸하였을 때에 하는 말소등기(법 제55조)

   〈집합건물의 경우〉
5) '**규약상 공용부분인 뜻**의 등기는 소유권의 등기명의인이, 그 규약의 폐지시의 소유권보존등기는 공용부분의 취득자가 단독으로 신청한다(법 제47조). 단, 규약상 공용부분인 뜻의 말소표시는 등기관이 직권으로 한다(규칙 제104조 제5항).

6) **가등기의 경우**
   ① 가등기의무자의 승낙 또는 가등기가처분명령이 있는 경우의 가등기(법 제89조)
   ② **가등기의 말소등기**(법 제93조 제1항, 규칙 제150조)
      가등기명의인 또는 가등기의무자나 가등기상 이해관계인(가등기명의인의 승낙이나 이에 대항할 수 있는 재판이 있음을 증명하는 정보를 첨부정보로서 제공 요함)은 단독으로 가등기의 말소를 신청할 수 있다.

7) **토지수용으로 인한 소유권이전등기**
   수용으로 인한 소유권이전등기는 등기권리자가 단독으로 신청할 수 있다. 이때 등기권리자가 국가나 지방자치단체인 경우에는 지체 없이 등기소에 촉탁하여야 한다
   (법 제99조 제1·3항).

8) **등기의무자가 소재불명된 경우의 말소등기**(법 제56조)

제2편 부동산등기법

Key Point — 단독신청의 허용(공동신청주의의 예외의 인정) ★★★ 35회 출제

1) 등기의무자가 존재하지 않는 등기	① 상속등기 ② 미등기부동산의 소유권보존등기 ③ 혼동으로 소멸한 권리의 말소등기 ④ 멸실등기
2) 권리변동이 없는 중성적인 등기	① 부동산표시의 변경·경정등기 ② 등기명의인표시의 변경·경정등기
3) 등기의 진정성이 보장되는 등기	① 판결에 의한 등기(이행판결) ② 가등기가처분명령·승낙증명정보를 첨부정보로 제공한 가등기 ③ 승낙증명정보·대항할 수 있는 재판이 있음을 증명하는 정보를 첨부정보로 제공한 가등기의 말소 ④ 사망으로 소멸한 권리의 말소등기 ⑤ 토지수용으로 인한 소유권이전등기
4) 특히 그 필요성이 요구되는 등기	① 등기의무자가 소재불명된 경우의 말소등기 ② 가등기명의인에 의한 가등기의 말소

단락핵심 — 단독신청

(1) 소유권이전등기 말소청구의 소에서 패소한 등기의무자는 그 판결에 의하여 직접 등기신청을 할 수 없다.
(2) 소유권이전등기절차이행을 명하는 확정판결을 받았다면 그 확정시기가 언제인가에 관계없이 그 판결에 의한 소유권이전 등기신청을 할 수 있다.
(3) 확정판결에 의하여 등기의 말소를 신청하는 경우, 그 말소에 대하여 등기상 이해관계인이 있는 때에는 그의 승낙서 등을 첨부하여야 한다.
(4) 공유물분할판결이 확정되면 그 소송의 피고도 단독으로 공유물분할을 원인으로 한 지분이전등기를 신청할 수 있다.

단락문제 04

등기의무자의 관여 없이 등기할 수 있는 경우에 해당하지 않는 것은?

① 상속에 의해 부동산의 소유권을 취득한 경우
② 유증을 원인으로 한 소유권이전등기
③ 토지수용으로 인한 소유권이전등기
④ 미등기부동산에 대한 소유권보존등기
⑤ 규약상 공용부분인 뜻의 등기

해설 부동산 등기의 단독신청
① (○) (법 제23조 제4항)
② (×) 다만, 미등기 부동산의 "포괄"수증자는 단독으로 소유권보존등기를 신청할 수 있다(등기예규 제1512호).
③ (○) (법 제99조)   ④ (○) (법 제23·65조)   ⑤ (○) (법 제47조)   답 ②

제3장 등기절차 총론

3 포괄승계인에 의한 등기신청(법 제27조)★★ 11회 출제

> **제27조(포괄승계인에 의한 등기신청)**
> 등기원인이 발생한 후에 등기권리자 또는 등기의무자에 대하여 상속이나 그 밖의 포괄승계가 있는 경우에는 상속인이나 그 밖의 포괄승계인이 그 등기를 신청할 수 있다.

(1) 포괄승계인에 의한 등기신청이라 함은 등기원인이 발생한 후에 등기권리자 또는 등기의무자에 대하여 상속이나 그 밖의 포괄승계가 있는 경우에는 상속인이나 그 밖의 포괄승계인이 그 등기를 신청하는 것을 말한다.

(2) 포괄승계인에 의한 등기는 공동신청의 원칙이 유지되므로 단독신청을 하는 상속·합병·분할 등기와 다르며, 포괄승계인 앞으로의 상속등기 등이 생략된 채 매수인 등의 명의로 직접 등기를 실행하므로 중간생략등기가 명시적으로 인정되며, 법 제29조 제7호의 적용이 없다는 점에 그 특징이 있다.

Key Point 포괄승계인에 의한 등기, 상속등기 및 유증에 의한 등기★★★

구 분	포괄승계인에 의한 등기(법 제27조)	상속등기(법 제23조 제3항)	유증으로 인한 등기
등기원인	별도의 원인(매매, 증여 등)	상 속	유 증
신청인	공동신청 (포괄승계인과 상대방)	상속인의 단독신청	공동신청(원칙)(유언집행자와 수증자)
등기필정보의 제공여부	제공해야 한다(규칙 제43조 제1항 제7호 단서).	제공할 필요가 없다(규칙 제43조 제1항 제7호 단서의 반대해석).	제공해야 한다(규칙 제43조 제1항 제7호 단서).

단락문제 Q5
제11회 기출

甲이 乙에게 자신의 부동산을 매도한 다음 그에 따른 등기를 하기 이전에 사망하였다. 이 경우 乙명의로 상속인에 의한 소유권이전등기를 신청하는 방법에 관한 설명 중 틀린 것은?

① 신청정보로 제공한 등기의무자의 표시가 등기기록과 일치하지 아니하면 각하한다.
② 甲의 상속인과 乙이 공동으로 등기를 신청한다.
③ 甲의 상속인 앞으로 상속등기를 할 필요가 없다.
④ 등기원인은 매매이다.
⑤ 「부동산등기법」에 이 경우의 상속인에 의한 등기에 관한 특별규정이 있다.

제2편 부동산등기법

> **해설** 상속인에 의한 등기
> 등기원인발생 후에 등기의무자나 등기권리자가 사망한 경우에 그들의 상속인이 등기를 신청하는 것을 상속인에 의한 등기신청이라고 한다(법 제27조). 이 사안에서 등기의무자인 매도인 甲이 사망하였으니 그의 상속인이 소유권이전등기를 신청할 수 있다. 이 경우에 등기기록에 기록되어 있는 등기의무자는 甲이고 등기신청정보로 제공한 등기의무자는 그의 상속인이라서 서로 불일치할지라도 무방하다(법 제27조, 제29조 제7호 단서). **답** ①

4 대위등기신청(법 제28조)★★ 31회 출제

> **제28조(채권자대위권에 의한 등기신청)**
> ① 채권자는 「민법」 제404조에 따라 채무자를 대위(代位)하여 등기를 신청할 수 있다.
> ② 등기관이 제1항 또는 다른 법령에 따른 대위신청에 의하여 등기를 할 때에는 대위자의 성명 또는 명칭, 주소 또는 사무소 소재지 및 대위원인을 기록하여야 한다.

(1) 의 의
등기는 법률에 다른 규정이 없는 경우에는 등기권리자와 등기의무자가 공동으로 신청한다(법 제23조 제1항). 다만, 예외적으로 등기권리자나 등기의무자가 아니면서 법률(민법 제404조, 법 제96조, 제99조 등)에 의하여 등기신청권자를 대위하여 자기 이름으로 피대위자 명의의 등기를 신청하는 경우가 있다. 이를 대위등기신청이라고 한다.

(2) 채권자대위권에 기한 등기신청

1) **의 의** 채권자가 자기의 채권을 보전하기 위하여 채무자의 등기신청권을 자기의 이름으로 행사하는 것을 말하는데, 대위신청이 필요한 이유는 특정채권의 경우에는 실체법상의 등기청구권자와 절차법상의 등기권리자가 일치하지 아니하는 경우가 발생하기 때문이다.

2) **대위등기신청의 요건으로서의 채무자의 무자력 문제**
채권자대위권 행사의 요건으로서 채무자의 무자력 요부와 관련하여, 특정채권인 소유권이전등기청구권의 보전을 위한 경우뿐만 아니라 일반 금전채권의 보전을 위한 경우에도 채무자의 무자력에 관계 없이 대위등기 신청이 가능하도록 하고 있다(등기예규 제1432호).

3) **대위신청할 수 있는 등기**
대위신청할 수 있는 등기의 종류에는 원칙적으로 특별한 제한이 없다. 다만, 그 등기자체는 채무자에게도 통상 이익을 가져오는 것이어야 하고 불리해질 가능성이 있는 것이어서는 안 된다. 한편 권리등기뿐만 아니라 등기상 이해관계인의 권리에 영향이 없는 중성적등기(등기명의인의 표시변경·경정등기, 부동산의 표시변경등기 등)인 표시등기도 대위할 수 있다.

4) 등기절차

① **신청인**

본래 단독으로 신청할 수 있는 등기는 채권자가 단독으로 대위신청할 수 있으나 채무자와 제3채무자간의 공동으로 신청하여야 할 등기를 대위신청하는 경우에는 대위채권자와 제3채무자가 공동으로 신청하여야 한다. 다만, 제3채무자가 협력하지 않는 경우에는 대위승소판결을 받아 대위채권자가 단독으로 신청할 수도 있다(법 제23조 제4항).

② **신청정보의 내용과 첨부정보**

일반적인 사항(규칙 제43조) 외에 ㉠ 피대위자의 성명, 주소 및 주민등록번호(법인 등인 경우에는 명칭, 사무소 소재지, 부동산등기용등록번호), ㉡ 신청인이 대위자라는 뜻, ㉢ 대위자의 성명과 주소(법인 등인 경우에는 명칭, 사무소 소재지), ㉣ 대위원인 등을 신청정보의 내용으로 제공하여야 한다. 이 경우 대위채권자의 주민등록번호(또는 부동산등기용등록번호)는 신청정보의 내용으로 제공할 필요가 없다. 그리고 첨부정보로서 일반적인 첨부정보(규칙 제46조) 외에 대위원인을 증명하는 정보를 등기소에 제공하여야 한다.
→ 예) 매매계약서, 판결서, 화해조서 등

> **Professor Comment**
> ① 대위원인을 증명하는 정보란 채무자의 제3채무자에 대한 등기원인증명정보가 아니라, 채권자가 채무자를 대위할 수 있는 대위권의 발생원인인 즉 "보전하여야 하는 채권이 발생된 법률관계"의 존재를 증명하는 정보를 말한다(등기예규 제1432호).
> ② 대위의 기초인 권리가 특정채권인 때에는 당해 권리의 발생원인인 법률관계의 존재를 증명하는 정보(예 매매계약서 등)를, 금전채권인 때에는 당해 금전채권증서정보(예 금전소비대차계약서 등)를 첨부정보로 제공하여야 한다. 이 때의 매매계약서 등은 공정증서가 아닌 사서증서라도 무방하다(등기예규 제1432호).

③ **등기완료 후의 절차**

㉠ 대위신청인 및 피대위자에게 등기완료통지를 하여야 하나(규칙 제53조 제1항 제2호),
㉡ 등기권리자(피대위자인 채무자)에게 등기필정보를 작성하여 통지할 필요는 없다(법 제50조 제1항 제3호, 규칙 제109조 제2항 제4호).

(3) 「부동산등기법」 및 등기실무가 인정하는 대위등기

1) 구분건물 표시등기, 표시변경등기, 대지권 변경등기의 대위신청

① 구분건물에 대한 소유권보존등기시 표시등기의 대위신청(법 제46조 제2항)
② 건물의 신축으로 비구분건물이 구분건물로 된 경우 표시변경등기의 대위신청(법 제46조 제3항)
③ 구분건물의 대지권 변경등기의 대위신청(법 제41조 제3항)
④ 규약상 대지에 대한 대지권 변경·경정 또는 소멸등기의 대위신청(등기예규 제1470호)

2) 건물멸실등기의 대위신청(법 제43조 제2항 및 제3항. 제44조 제2항).

3) 수익자 또는 위탁자의 신탁등기의 대위신청(법 제82조 제2항).

제2편 부동산등기법

4) 관공서의 체납처분으로 인한 압류등기 촉탁시 또는 토지수용으로 인한 소유권이전등기신청시에 관공서나 등기권리자의 대위신청(법 제96조, 제99조 제2항).
5) 근저당권자에 의한 상속등기의 대위신청(등기예규 제1432호).

단락핵심 — 대위신청 30회 출제

(1) 근저당권설정자가 사망한 경우 근저당권자는 임의경매신청을 하기 위하여 근저당권의 목적인 부동산의 상속등기를 대위신청할 수 있다.
(2) 甲, 乙간의 매매 후 등기 전에 매수인 乙이 사망한 경우 乙의 상속인 丙은 甲과 공동으로 丙명의의 소유권이전등기를 신청할 수 있다.
(3) 건물이 멸실한 경우에 그 소유권의 등기명의인이 멸실등기를 신청하지 않는 때에는, 그 건물대지의 소유자가 대위하여 멸실등기를 신청할 수 있다.

단락문제 06

등기의 대위신청에 관한 설명으로 틀린 것은?

① 채권자 대위권에 의한 신청시 등기신청은 채권자의 이름으로 행해지나, 등기명의인은 채무자이다.
② 채권자 대위권에 의한 등기시 등기완료 후 등기관은 등기권리자인 채무자에게 등기필정보통지를 할 필요는 없으나, 등기완료통지는 하여야 한다.
③ 근저당권설정자가 사망한 경우에 근저당권자가 임의경매신청을 하기 위하여 근저당권의 목적인 부동산에 대하여 대위에 의한 상속등기를 신청할 수 있다.
④ 구분건물로서 그 대지권의 변경이나 소멸이 있는 경우에는 구분건물의 소유권의 등기명의인은 1동의 건물에 속하는 다른 구분건물의 소유권의 등기명의인을 대위하여 그 등기를 신청할 수 없다.
⑤ 건물소유자와 대지소유자가 다른 경우 건물의 소유자가 건물멸실등기를 법정기간 내에 신청하지 아니하면 대지소유자가 이를 대위하여 신청할 수 있다.

해설 부동산 등기의 대위신청
① (○) (법 제28조, 규칙 제50조)
② (○) (법 제50조 제1항 단서 및 제3호, 규칙 제109조 제2항 제4호, 규칙 제53조 제1항 제2호)
③ (○) (등기예규 제1432호)
④ (×) 그 대지권의 변경등기를 대위하여 신청할 수 있다(법 제41조 제3항).
⑤ (○) (법 제43조 제2항)

답 ④

5 대리인에 의한 등기신청

(1) 의 의

등기는 법률에 다른 규정이 없는 경우에는 등기권리자와 등기의무자가 공동으로 신청한다(법 제23조 제1항). 그러나 대리인도 등기소에 출석하여 방문신청하거나 전산정보처리조직을 이용하여 전자신청을 할 수 있다(법 제24조). 여기의 대리인에는 임의대리인과 법정대리인❶의 양자가 모두 포함된다.

> **용어사전**
> ❶ **법정대리인**
> 법률의 규정에 의해 다른 사람을 대신할 수 있는 사람(법정대리인은 혈연관계와 지정권자의 지정, 법원의 선임에 의해 되는데 그 종류에는 친권자, 후견인, 부재자의 재산관리인, 상속재산관리인 등이 있음)을 말한다.

(2) 대리인의 자격

1) 법정대리인의 자격

법정대리인의 경우에는 그 근거법률에서 자격요건을 규정하고 있으므로 별로 문제될 것이 없다. 예컨대 「민법」은 본인을 보호하기 위해서 미성년자는 친권자가 되지 못하며(민법 제910조), 제한능력자는 후견인이 될 수 없다고 규정하고 있다(민법 제937조).

2) 임의대리인의 자격

① 방문신청대리인의 자격에 관하여는 특별한 제한이 없으므로 누구나 등기신청의 임의대리인이 될 수 있으나, 법무사 또는 변호사 아닌 자는 등기신청을 업으로 하지 못한다.

② 전자신청 대리의 경우에는 누구나 할 수 있는 것은 아니고, 법무사나 변호사가 아닌 자는 다른 사람을 대리해서 전자신청을 할 수 없다(규칙 제67조 제1항 본문).

(3) 대리권이 존속하여야 하는 시기

1) 본인이나 대리인의 사망은 대리권의 소멸사유이나(민법 제127조 제1항), 등기신청이 접수된 후 등기를 마치기 전에 본인이나 대리인이 사망하여도 그 등기신청은 적법하고 마쳐진 등기는 유효하다(민법 제111조 제2항 참조).

2) 등기신청의 위임 후 등기신청 전에 등기의무자인 법인의 대표이사가 변경된 경우, 위임인은 법인이므로 수임인의 등기신청의 대리권한은 소멸하지 않는다.

(4) 자기계약과 쌍방대리의 허용여부 등 13·30회 출제

1) 자기계약과 쌍방대리

대리인에 의한 등기신청의 경우에는 사법상 법률행위에 적용되는 자기계약과 쌍방대리금지규정(민법 제124조)이 적용되지 않는다. 이는 등기신청행위를 '채무의 이행에 준'하는 것으로 보기 때문이다. 따라서 변호사나 법무사 등의 자격자대리인 1인이 등기신청인 쌍방으로부터 등기신청을 수임하거나(쌍방대리), 스스로 등기권리자나 등기의무자인 자가 상대방으로부터 등기신청을 수임하여 등기신청을 하는 것도 무방하다(자기계약).

2) 특별대리인
   ① **의 의**
   등기할 사항이 미성년자와 법정대리인인 친권자와의 사이에 이해가 상반되는 것인 경우 또는 동일한 친권에 복종하는 수인의 미성년자 사이에 이해가 상반되는 경우에 가정법원이 선임한 특별대리인이 그 등기신청을 대리하게 하여야 한다(민법 제921조).

   ② **이해상반행위의 판단**
   ㉠ 이해상반행위란 친권자에 대해서는 이익이 되고 미성년인 자에 대해서는 불이익이 되는 행위 또는 친권에 복종하는 자의 일방에 대해서는 이익이 되고 다른 일방에 대해서는 불이익이 되는 행위를 말하는 바, 판례에 따르면 친권자의 의도나 그 행위의 결과 실제로 이해의 대립이 생겼는가의 여부는 불문하고 행위의 객관적 성질을 기준으로 판단한다.
   ㉡ 따라서 상속재산분할협의를 함에 있어서 미성년자와 친권자가 공동상속인인 경우는 이해가 상반되는 것으로 보나, 친권자가 상속을 포기한 경우와 친권자가 미성년자의 부동산을 제3자에게 증여하는 경우 등은 이해가 상반되지 않는 것으로 본다.

3) **무권대리인에 의한 신청**
   비록 등기를 신청한 대리인에게 대리권이 없었더라도 본인의 의사에 의하여 실체적 유효요건을 갖추게 되고, 등기가 이에 부합하는 때에는 그 등기는 유효하다.

(5) **대리인에 의한 등기신청절차**
   1) **신청정보와 첨부정보의 제공**(대리인의 표시와 대리권한 증명정보)
      ① 일반적인 신청정보 이외에 대리인의 성명과 주소(주민등록번호는 제외)를 등기소에 제공하여야 한다(규칙 제43조 제1항 제4호). 다만, 법인 아닌 사단·재단의 관리자나 대표자인 경우에는 주민등록번호까지 신청정보의 내용으로 제공하여야 한다(규칙 제43조 제2항).
      ② 일반적인 첨부정보 이외에 대리권한을 증명하는 정보로 임의대리인의 경우는 위임장을, 법정대리인의 경우에는 친권자인 경우는 미성년자의 기본증명서와 가족관계증명서를, 후견인인 경우는 피후견인의 기본증명서 또는 후견인선임심판서를 제공한다(규칙 제46조 제1항 제5호).

   2) **법정대리인의 인감증명을 제공하여야 하는 경우**(규칙 제61조 제2항)
      ① 소유권의 등기명의인의 등기의무자로서의 등기신청 또는 소유권에 관한 가등기명의인의 가등기의 말소등기 신청을 법정대리인이 하는 경우
      ② 소유권 외의 권리의 등기명의인이 등기의무자로서 등기신청시 등기필정보가 없으나 변호사·법무사 등의 자격자대리인이 등기의무자의 법정대리인으로부터 위임받았음을 확인한 경우(법 제51조 단서).

제3장 등기절차 총론

3) 방문신청에 의한 등기신청의 경우 22회 출제

대리인이 변호사·법무사 등의 자격자대리인인 경우에는 지방법원장의 허가를 얻은 사무원이 신청정보 및 첨부정보를 적은 서면을 등기소에 출석하여 제출할 수 있다(법 제24조 제1항 제1호 단서, 규칙 제58조).

4) 대리인에 관한 사항의 불기재

대리인이 신청한 등기의 실행시 등기부에는 본인의 성명 등만 기록하고 대리인에 관한 사항(대리인의 성명과 주소)은 기록하지 아니한다.

Professor Comment

대리인에 의한 등기신청의 경우에는 대리인의 성명과 주소를 신청정보의 내용으로는 제공하지만 등기기록에는 기록되지 아니하는 반면, 법인 아닌 사단·재단에 관한 등기의 경우에는 대표자나 관리인의 성명·주민등록번호·주소를 신청정보의 내용으로 제공하여야 하고 등기기록에 기록하여야 하는 점과 구별해야 한다(법 제48조 제3항, 규칙 제43조 제2항).

단락핵심 대리인에 의한 등기신청

(1) 등기신청에 있어서는 자기계약이나 쌍방대리가 허용된다.
(2) 무권대리인에 의한 신청이더라도 그 등기가 실체관계에 부합하는 경우에는 유효한 등기로 본다.
(3) 대리인에 관한 사항은 등기기록에 적지 아니한다.

6 법인과 법인 아닌 사단·재단의 등기신청

(1) 법인의 등기신청

1) 법인은 권리능력이 있으므로 등기당사자능력을 갖는다(민법 제34조).
2) 등기신청은 대표자(민법상 법인의 이사 또는 상법상 회사의 대표이사)가 하며, 대표자가 수인인 경우에 법인 소유 부동산의 처분권을 공동으로 행사하도록 그 대표권의 제한을 등기한 경우에 그 부동산의 등기신청은 공동으로 하여야 한다.

(2) 법인 아닌 사단·재단의 등기신청★

법제26조(법인 아닌 사단 등의 등기신청)
① 종중(宗中), 문중(門中), 그 밖에 대표자나 관리인이 있는 법인 아닌 사단(社團)이나 재단(財團)에 속하는 부동산의 등기에 관하여는 그 사단이나 재단을 등기권리자 또는 등기의무자로 한다.
② 제1항의 등기는 그 사단이나 재단의 명의로 그 대표자나 관리인이 신청한다.

1) 종중(宗中), 사찰, 아파트입주자대표회의 그 밖에 대표자나 관리인이 있는 법인 아닌 사단·재단은 민법상 권리능력은 없으나 「부동산등기법」상 등기당사자능력은 인정되므로 등기의무자, 등기권리자로서 등기명의인이 될 수 있다(법 제26조 제1항).

2) 등기신청은 그 대표자나 관리인이 한다. 「민법」 제63조의 임시이사 규정은 법인 아닌 사단이나 재단에도 유추 적용되어 임시이사도 신청할 수 있다(법 제26조 제2항, 등기예규 제1621호).

Professor Comment
사무원은 법무사사무소 등의 소재지를 관할하는 지방법원장이 1명을 허가한다(규칙 제58조 제1항).

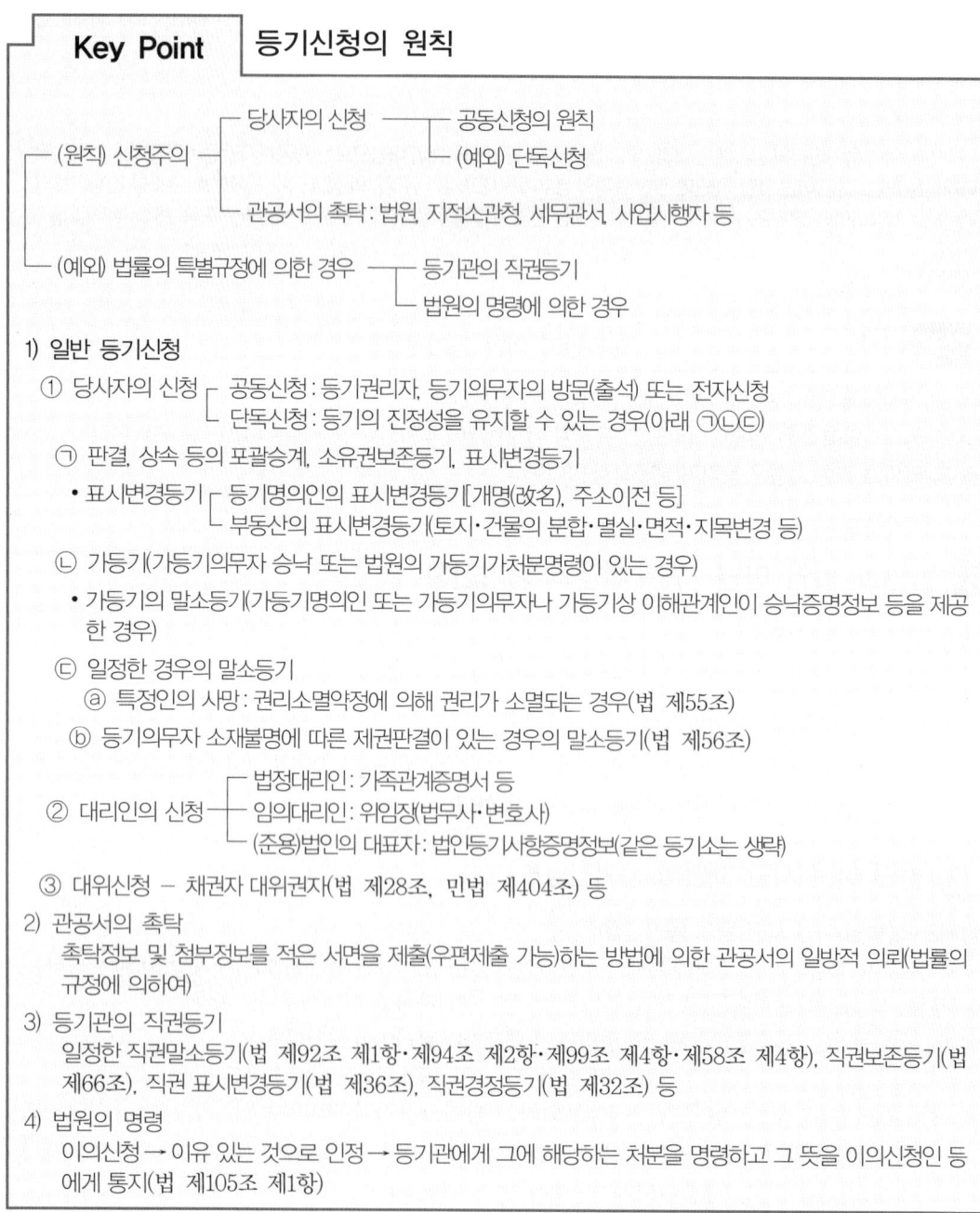

Key Point 등기신청의 원칙

- (원칙) 신청주의
  - 당사자의 신청
    - 공동신청의 원칙
    - (예외) 단독신청
  - 관공서의 촉탁: 법원, 지적소관청, 세무서, 사업시행자 등
- (예외) 법률의 특별규정에 의한 경우
  - 등기관의 직권등기
  - 법원의 명령에 의한 경우

1) 일반 등기신청
   ① 당사자의 신청 ─ 공동신청: 등기권리자, 등기의무자의 방문(출석) 또는 전자신청
                    └ 단독신청: 등기의 진정성을 유지할 수 있는 경우(아래 ㉠㉡㉢)
      ㉠ 판결, 상속 등의 포괄승계, 소유권보존등기, 표시변경등기
         • 표시변경등기 ─ 등기명의인의 표시변경등기(개명(改名), 주소이전 등)
                        └ 부동산의 표시변경등기(토지·건물의 분합·멸실·면적·지목변경 등)
      ㉡ 가등기(가등기의무자 승낙 또는 법원의 가등기가처분명령이 있는 경우)
         • 가등기의 말소등기(가등기명의인 또는 가등기의무자나 가등기상 이해관계인이 승낙증명정보 등을 제공한 경우)
      ㉢ 일정한 경우의 말소등기
         ⓐ 특정인의 사망: 권리소멸약정에 의해 권리가 소멸되는 경우(법 제55조)
         ⓑ 등기의무자 소재불명에 따른 제권판결이 있는 경우의 말소등기(법 제56조)
   ② 대리인의 신청 ─ 법정대리인: 가족관계증명서 등
                    ├ 임의대리인: 위임장(법무사·변호사)
                    └ (준용)법인의 대표자: 법인등기사항증명정보(같은 등기소는 생략)
   ③ 대위신청 − 채권자 대위권자(법 제28조, 민법 제404조) 등
2) 관공서의 촉탁
   촉탁정보 및 첨부정보를 적은 서면을 제출(우편제출 가능)하는 방법에 의한 관공서의 일방적 의뢰(법률의 규정에 의하여)
3) 등기관의 직권등기
   일정한 직권말소등기(법 제92조 제1항·제94조 제2항·제99조 제4항·제58조 제4항), 직권보존등기(법 제66조), 직권 표시변경등기(법 제36조), 직권경정등기(법 제32조) 등
4) 법원의 명령
   이의신청 → 이유 있는 것으로 인정 → 등기관에게 그에 해당하는 처분을 명령하고 그 뜻을 이의신청인 등에게 통지(법 제105조 제1항)

제3장 등기절차 총론

제3절 등기신청에 필요한 정보★★★ 13·27회 출제

01 등기신청의 방법과 신청정보 등의 제공방법

1 등기신청의 방법
등기는 신청인 또는 그 대리인이 등기소에 출석하여 신청정보 및 첨부정보를 적은 서면을 제출하는 방법(방문신청)과 전산정보처리조직을 이용하여 신청정보 및 첨부정보를 보내는 방법(전자신청)으로 신청한다(법 제24조 제1항).

2 신청정보 등의 제공방법

(1) 방문신청의 경우

1) 방문신청의 경우에는 신청정보의 내용과 첨부정보를 적은 법정의 서면을 제출해서 하여야 하는 요식행위(서면주의)로서 제출이 요구되는 서면의 종류에는 보통의 등기신청에 일반적으로 요구되는 것과 특수한 등기신청에만 특별히 요구되는 것이 있다(법 제24조, 규칙 제43조, 제46조 등). 관공서의 촉탁에 따른 등기의 경우에는 등기촉탁서를 직접 제출하거나 우편제출 하는 방법에 의한다(법 제96조 이하, 규칙 제155조).
   → 일정한 형식을 갖추어야만 유효한 행위

2) **전자표준양식에 의한 신청** (e-Form 신청, 규칙 제64조)
   방문신청의 경우에 신청인은 신청서를 등기소에 제출하기 전에 전산정보처리조직에 신청정보를 입력하고 그 입력한 신청정보를 서면으로 출력하여 등기소에 제출하는 방법으로 할 수 있다.

3) **도면과 신탁원부의 기록사항의 제공방법**
   한편 방문신청의 경우에도 도면과 신탁원부의 기록사항(신탁등기의 신청시 첨부정보)은 전산정보처리조직을 이용하여 등기소에 송신하는 방법으로 한다. 그러나 자연인 또는 법인 아닌 사단이나 재단이 직접 등기신청을 하는 경우나 자격자대리인이 아닌 사람에게 위임하여 등기신청을 하는 경우에는 서면으로 작성하여 제출할 수 있다(규칙 제63조, 제139조 제4항).

(2) 전자신청의 경우

신청정보의 내용과 첨부정보를 전산정보처리조직을 이용하여 전자문서로 송신하는 방법에 의하여 등기소에 제공하는 방법에 의한다(규칙 제67조).

02 등기신청정보★★

1 1건 1신청주의

(1) 원칙
등기의 신청은 1건당 1개의 부동산에 관한 신청정보를 제공하는 방법으로 하여야 한다(1건 1신청주의 원칙, 법 제25조 단서).

(2) 예외

1) 의의
다만, 등기목적과 등기원인이 동일하거나, 그 밖에 대법원 규칙으로 정하는 경우에는 같은 등기소의 관할 내에 있는 여러 개의 부동산에 관한 신청정보를 일괄하여 제공하는 방법으로 할 수 있다(법 제25조 단서).

Professor Comment
등기권리자와 등기의무자 모두 수인인 경우에는 일괄신청에 의할 수 없다.

2) 일괄신청을 할 수 있는 경우 (법 제25조 단서)

> **제25조(신청정보의 제공방법)**
> 등기의 신청은 1건당 1개의 부동산에 관한 신청정보를 제공하는 방법으로 하여야 한다. 다만, 등기목적과 등기원인이 동일하거나 그 밖에 대법원규칙으로 정하는 경우에는 같은 등기소의 관할 내에 있는 여러 개의 부동산에 관한 신청정보를 일괄하여 제공하는 방법으로 할 수 있다.

① 등기목적과 등기원인이 동일한 경우 **23회 출제**
  ㉠ 등기목적의 동일은 등기의 내용 내지 종류의 동일을 의미하므로, 소유권이전등기와 저당권설정등기는 동일한 신청서로 할 수 없다.
  ㉡ 등기원인의 동일은 물권변동을 일으키는 법률행위 또는 법률사실이 동일(즉, 법률관계의 당사자와 그 내용, 성립일자가 동일)한 경우를 이른다.

② 규칙 제47조 제1항 각호의 경우
  ㉠ 같은 채권의 담보를 위하여 소유자가 다른 여러 개의 부동산에 대한 (공동)저당권설정등기를 신청하는 경우
  ㉡ 관공서가 공매처분을 한 경우에 등기권리자의 청구에 의해 공매처분으로 인한 권리이전의 등기 등을 촉탁하는 경우(법 제97조)
  ㉢ 부동산강제경매의 경우 매각대금이 지급된 뒤에 법원사무관 등이 매수인 앞으로의 소유권이전등기 등을 촉탁하는 경우(「민사집행법」 제144조 제1항)

2 등기신청정보의 작성방법

(1) 신청정보의 기재방법

방문신청의 경우 등기신청의 양식 및 전자신청의 경우 전자문서의 양식은 등기예규로 정해져 있는데 등기신청인이 제공한 신청정보는 등기기록에의 기록의 기초자료가 되므로 그 기재문자나 정정방법은 엄격성이 요구된다.

(2) 신청정보의 기재문자 등(규칙 제57조)

1) 신청정보의 기재문자

한글과 아라비아숫자로 기재하고, 외국인의 성명은 국적과 함께 기재한다. 또한 그 자획(字劃)을 분명히 하여야 한다.

2) 부동산의 소재지 및 등기명의인 등의 주소 표시

행정구역의 명칭 전부를 그대로 기재하여야 한다.
㉮ 서울특별시, 경기도를 '서울', '경기'로 줄여 써서는 안 된다.

3) 면적과 금액의 표시

계량법에 의한 면적의 표시는 '㎡'를 사용하고, 금액의 표시는 아라비아 숫자로 하되 금 10,000,000원, 또는 미화 금 100,000달러 로 기재한다.

4) 연월일의 표시

서기라는 연호를 생략하고 '20XX년 8월 31일'의 형식으로 기재한다.

(3) 등기신청서에의 기명날인 또는 서명 등 29회 출제

1) 기명날인 또는 서명

① **방문신청의 경우**

등기신청정보를 적은 서면에는 당사자가 직접 신청하는 경우에는 신청인이, 대리인에 의한 등기신청의 경우에는 대리인이 기명날인 또는 서명하여야 한다(이 경우 본인은 위임장에 기명날인 한다).

② **전자신청의 경우**(규칙 제67조 제4항)

당사자 또는 자격자대리인의 전자서명으로 갈음한다. 전자서명은 ㉠ 개인은 공인인증서 정보를 입력하고 「전자서명법」의 공인인증서를, ㉡ 법인의 경우에는 전자증명서정보를 입력하고 「상업등기법」의 전자증명서를 함께 송신하는 방법으로 한다.

2) 등기신청서에의 간인

등기신청서가 여러 장인 경우에는 신청서에의 간인은 등기권리자 또는 등기의무자가 다수인 때에는 그 중 1인 또는 자격자대리인이 하면 된다. 그러나 위임장과 별지 등의 부속서류가 여러 명이 작성한 것으로서 여러 장인 경우에는 작성자 전원의 간인이 있어야 한다.

3) 신청정보의 정정

특히 신청서 등에 적은 문자의 정정, 삽입 또는 삭제를 한 경우에는 그 글자 수를 난외(欄外)에 적으며 문자의 앞뒤에 괄호를 붙이고 정정인으로서 날인 또는 서명하여야 한다. 한편 신청인이 다수인 경우에는 날인하지 아니한 신청인과 이해상반되는 경우가 있을 수 있으므로 그 전원이 정정인을 날인하여야 한다(등기예규 제585호). 이 경우 삭제한 문자는 해독할 수 있게 글자체를 남겨두어야 한다(규칙 제57조 제2항).

3 필요적 신청정보의 내용(규칙 제43조)★★★ 추가15·25회 출제

> 제43조(신청정보의 내용)
> ① 등기를 신청하는 경우에는 다음 각 호의 사항을 신청정보의 내용으로 등기소에 제공하여야 한다.
> 1. 다음 각 목의 구분에 따른 부동산의 표시에 관한 사항
>   가. 토지 : 법 제34조제3호부터 제5호까지의 규정에서 정하고 있는 사항
>   나. 건물 : 법 제40조제1항제3호와 제4호에서 정하고 있는 사항
>   다. 구분건물 : 1동의 건물의 표시로서 소재지번·건물명칭 및 번호·구조·종류·면적, 전유부분의 건물의 표시로서 건물번호·구조·적, 대지권이 있는 경우 그 권리의 표시. 다만, 1동의 건물의 구조·종류·면적은 건물의 표시에 관한 등기나 소유권보존등기를 신청하는 경우로 한정한다.
> 2. 신청인의 성명(또는 명칭), 주소(또는 사무소 소재지) 및 주민등록번호(또는 부동산등기용등록번호)
> 3. 신청인이 법인인 경우에는 그 대표자의 성명과 주소
> 4. 대리인에 의하여 등기를 신청하는 경우에는 그 성명과 주소
> 5. 등기원인과 그 연월일
> 6. 등기의 목적
> 7. 등기필정보. 다만, 공동신청 또는 승소한 등기의무자의 단독신청에 의하여 권리에 관한 등기를 신청하는 경우로 한정한다.
> 8. 등기소의 표시
> 9. 신청연월일
> ② 법 제26조의 법인 아닌 사단이나 재단이 신청인인 경우에는 그 대표자나 관리인의 성명, 주소 및 주민등록번호를 신청정보의 내용으로 등기소에 제공하여야 한다.

(1) 부동산의 표시에 관한 사항(규칙 제43조 제1항 제1호)

1) 토지의 경우 33회 출제

토지의 소재와 지번, 지목과 면적(법 제34조 제3~5호)

2) 건물의 경우

소재, 지번 및 건물번호(같은 지번 위에 수개의 건물이 있는 경우에 한함), 건물의 종류, 구조와 면적. 부속건물이 있는 경우에는 부속건물의 종류, 구조와 면적도 함께 기록한다(법 제40조 제1항 제3·4호).

Professor Comment
건물의 경우 신청정보에 토지의 지목·면적을 기재하지 않는다.

3) 구분건물의 경우
① 1동의 건물의 표시로서 소재·지번·건물명칭 및 번호·구조·종류·면적, 대지권이 있는 경우 그 권리의 표시, 다만, 1동의 건물의 구조·종류·면적은 건물의 표시에 관한 등기나 소유권보존등기를 신청하는 경우에 한한다.
② 전유부분의 건물의 표시로서 건물번호·종류·구조·면적

(2) 신청인에 관한 사항(규칙 제43조 제1항 제2·3호)

1) 신청인
① **자연인인 경우**   성명, 주소 및 주민등록번호
② **법인인 경우**   명칭, 사무소 소재지, 부동산등기용등록번호 및 그 대표자의 성명과 주소
③ **법인 아닌 사단·재단인 경우**
명칭, 사무소 소재지 부동산등기용등록번호 및 그 대표자나 관리인의 성명, 주소 및 주민등록번호도 기재하여야 한다(법 제26조, 규칙 제43조 제2항).

2) 대리인에 의하여 등기를 신청할 때는 그 성명·주소(규칙 제43조 제1항 제4호)

Professor Comment
① 대리인에 의하여 등기를 신청할 때에는 대리인의 주민등록번호는 기재하지 않는다.
② 복대리인이란 대리인에 의해 대리인의 이름으로 선임된 복대리인 본인을 대리하는 관계를 말한다.

3) 대위에 의한 등기신청인 경우(법 제28조, 규칙 제50조)
채권자가 채권자대위권(민법 제404조)에 의해 채무자를 대위하여 등기를 신청할 때 신청정보의 내용으로는 ① 피대위자의 성명, 주소 및 주민등록번호(법인인 경우에는 명칭, 사무소 소재지 및 부동산등기용등록번호) ② 신청인이 대위자라는 뜻 ③ 대위자의 성명(또는 명칭), 주소(또는 사무소 소재지) ④ 대위원인에 관한 정보를, 첨부정보로는 대위원인을 증명하는 정보를 등기소에 제공하여야 한다. → 예) 판결서, 화해조서 등

4) 등기권리자가 2인 이상인 경우(규칙 제105조)
합유의 경우 지분은 적지 않음 ←
등기할 권리자가 2인 이상일 때에는 그 지분을, 등기할 권리가 합유일 때에는 합유라는 뜻을 신청정보의 내용으로 등기소에 제공하여야 한다. 따라서 그 지분의 표시나 합유인 뜻을 신청정보의 내용으로 제공하지 아니하면 신청정보의 제공이 대법원규칙으로 정한 방식에 맞지 아니한 경우에 해당되어 각하사유가 된다(법 제29조 제5호).

(3) 등기원인과 그 연월일(규칙 제43조 제1항 제5호)

1) 등기원인

이는 부동산에 관한 권리변동의 원인 또는 표시 등의 변경원인을 말한다.

예 매매, 교환, 전세권설정계약, 상속, 경매, 판결, 지목변경, 토지의 분합(分合), 건물의 신축 등

2) 연월일

이는 그 법률행위 기타 법률사실의 성립 내지 효력이 발생한 날을 의미한다.

예 매매계약의 경우 매매계약체결일

3) 판결에 의한 등기신청의 경우

형성판결(形成判決)의 경우에는 등기원인은 형성처분인 공유물분할이나 사해행위취소 등이고 그 연월일은 판결확정일이다. 이행판결(履行判決)의 경우에는 등기원인은 판결에서 인정하는 법률행위 그 자체이고 연월일은 법률행위 성립일을 말하나, 판결주문에 등기원인과 그 연월일이 명시되어 있지 아니한 경우에는 등기원인은 확정판결을, 그 연월일은 판결선고일을 표시한다(등기예규 제1607호). ▶ 예 매매, 근저당설정계약 등

Professor *C*omment

매매를 원인으로 소유권이전등기를 신청할 때는 거래가액을 신청서에 기재해야 한다.

(4) 등기의 목적

등기의 목적이란 신청하는 등기의 내용 내지 종류를 말한다.

예 소유권보존등기, 소유권이전등기, 저당권설정등기 등을 말한다.

(5) 등기필정보(규칙 제43조 제1항 제7호, 법 제50조 이하, 규칙 제106조 이하)

1) 등기필정보를 제공하여야 하는 경우

등기필정보는 이전의 등기시에 등기필정보를 통지받은 등기권리자가 후일 등기의무자로서 새로운 등기권리자가 될 자와 함께 공동으로 권리에 관한 등기를 신청하는 경우 또는 승소한 등기의무자가 단독으로 권리에 관한 등기를 신청하는 경우 신청정보로써 등기의무자의 등기필정보를 등기소에 제공하여야 한다(법 제50조 제2항, 규칙 제43조 제1항 제7호).

2) 등기필정보가 없는 경우에 갈음하는 제도 : 본인확인방법(법 제51조) **13·14·16·30회 출제**

① 등기의무자 또는 그의 법정대리인이 등기소에 출석하여 직접 등기를 신청하는 경우의 확인조서의 작성

이 경우 등기관은 등기의무자 또는 법정대리인의 신분을 증명할 수 있는 증서(예 주민등록증, 운전면허증 등)에 의해 등기의무자 또는 법정대리인 본인인지의 여부를 직접 확인하고 '확인조서'를 작성하는 방법으로 한다(규칙 제111조 제1항).

제3장 등기절차 총론

② **자격자대리인의 확인정보 제공 방법**

자격자대리인이 등기신청의 대리인인 경우 등기의무자 등의 신분을 증명할 수 있는 증서에 의해 본인여부를 확인하고 그로부터 위임받았음을 확인한 경우에는 그 확인한 사실을 증명하는 '확인정보'를 등기소에 제공하는 방법으로 한다(규칙 제111조 제2·3항).

③ **공증서면 부본을 제공하는 방법**

등기신청정보 또는 위임에 관한 정보(대리인에 의한 등기신청시) 중의 등기의무자 등의 작성부분에 관하여 공증을 받고 그 '공증서면부본'을 첨부하는 방법으로 등기필정보의 제공에 갈음할 수 있다. 이때의 대리인은 자격자대리인이 아니어도 상관없다(법 제51조 단서, 2002.6.14. 등기 3402-329).

④ 소유권 외의 권리의 등기명의인이 등기의무자로서 등기필정보가 없어 본인확인방법으로 갈음한 위의 경우(②·③)에는 등기의무자의 인감증명을 제출하여야 한다(법 제51조 단서, 규칙 제60조 제1항 제3호). 다만, 소유권의 등기명의인이 등기의무자인 경우에는 인감증명을 첨부하여야 한다(규칙 제60조 제1항 제1호).

3) 등기필정보를 제공할 필요가 없는 경우 13·35회 출제

① 승소한 등기권리자가 집행력 있는 판결을 등기원인으로 하여 신청하는 등기
② 상속등기
③ 가등기권리자가 단독으로 신청하는 가등기
④ 관공서의 촉탁에 따른 등기
⑤ 성질상 등기의무자가 없는 부동산의 표시변경등기, 등기명의인의 표시변경등기 또는 소유권보존등기의 경우에는 등기의 진정이 확보되는 등의 이유에서 등기필정보의 제공을 요하지 않는다.

Key Point | 등기필정보의 제공을 요하지 않는 경우 ★★

1) 판결에 의한 등기신청	승소한 등기권리자의 판결에 의한 등기신청(단 승소한 등기의무자의 판결에 의한 등기신청의 경우는 등기필정보를 제공하여야 함)
2) 상속으로 인한 등기	상속등기
3) 단독신청	① 소유권보존등기 ② 등기명의인의 표시변경등기 ③ 부동산표시변경등기
4) 촉탁등기	① 관공서의 촉탁등기 ② 공매·경매·수용에 의한 등기촉탁
5) 가등기	등기권리자의 단독신청에 의한 가등기(단, 공동신청의 경우는 제공)

제2편 부동산등기법

Key Point 등기필정보통지 및 등기완료통지의 정리

구 분	등기완료통지를 해야 하는 경우	등기필정보의 작성 또는 통지	후일 등기신청시 신청정보의 내용으로 등기필정보의 제공을 요하지 않는 경우
1) 승소한 등기의무자의 등기신청(법 제23조 제4항)	승소한 등기의무자(규칙 제53조 제1항), 패소한 등기권리자(규칙 제53조 제1항 제1호)	X (규칙 제109조 제2항 제3호)	O
2) 대위채권자의 등기신청 (법 제28조)	대위채권자(규칙 제53조 제1항), 권리자인 피대위채무자(규칙 제53조 제1항 제2호)	X (규칙 제109조 제2항 제4호)	O
3) 유권처분제한의 등기촉탁(법 제66조)	소유권보존등기 명의인 (규칙 제53조 제1항 제4호)	X (규칙 제109조 제2항 제5호)	O
4) 기 타	① 등기필정보가 없어 등기관의 확인조서 등에 의해 등기를 신청한 경우의 등기의무자(규칙 제53조 제1항 제3호) ② 관공서촉탁등기의 경우 관공서(규칙 제53조 제1항 제5호)	① 등기권리자가 등기필정보의 통지를 원하지 아니하는 경우: X(법 제50조 제1항 제1호) ② 국가 또는 지방자치단체가 등기권리자인 경우: X(법 제50조 제1항 제2호) ③ 등기필정보를 전산정보처리조직으로 통지받아야 할 자가 수신이 가능한 때부터 3개월 이내에 전산정보처리조직을 이용하여 수신하지 않은 경우: X(규칙 제109조 제2항 제1호) ④ 등기필정보통지서를 수령할 자가 등기를 마친 때부터 3개월 이내에 그 서면을 수령하지 않은 경우: X(규칙 제109조 제2항 제2호)	① 등기필정보를 전산정보처리조직으로 통지받아야 할 자가 수신이 가능한 때부터 3개월 이내에 전산정보처리조직을 이용하여 수신하지 않은 경우(규칙 제109조 제2항 제1호) ② 등기필정보통지서를 수령할 자가 등기를 마친 때부터 3개월 이내에 그 서면을 수령하지 않은 경우(규칙 제109조 제2항 제2호)

단락핵심 　　　　　　등기필정보

(1) 등기필정보가 없는 경우에는 등기의무자나 그 법정대리인이 등기소에 출석하여 등기관이 본인임을 확인하는 확인조서를 작성하는 것으로 그 제공에 갈음할 수 있다.
(2) 소유권보존등기 또는 상속으로 인한 소유권이전등기를 신청할 경우에는 등기필정보를 제공할 필요가 없다.
(3) 소유권이전등기를 신청하여 등기필정보를 통지받은 자가 그 소유권을 양도하기 위하여 등기의무자로서 이전등기를 신청할 경우에는 등기필정보를 제공하여야 한다.
(4) 집행력 있는 판결정본에 의한 등기권리자의 등기신청의 경우에는 등기의무자의 등기필정보의 제공이 필요하지 않다.
(5) 승소한 등기의무자가 단독으로 소유권이전등기를 신청할 경우에는 등기필정보를 제공하여야 한다.

단락문제 07　　　　　　　　　　　　　　　　　　　　　　　제27회 기출

등기절차에 관한 설명으로 옳은 것은?
① 등기관의 처분에 대한 이의는 집행정지의 효력이 있다.
② 소유권이전등기신청시 등기의무자의 주소증명정보는 등기소에 제공하지 않는다.
③ 지방자치단체가 등기권리자인 경우, 등기관은 등기필정보를 작성·통지하지 않는다.
④ 자격자대리인이 아닌 사람도 타인을 대리하여 전자신청을 할 수 있다.
⑤ 전세권설정범위가 건물 전부인 경우, 전세권설정등기 신청시 건물도면을 첨부정보로서 등기소에 제공해야 한다.

해설 등기절차
① 등기관의 처분에 대한 이의는 집행정지의 효력이 없다(법 제104조).
② 소유권이전등기신청시 등기의무자의 주소증명정보는 등기소에 제공하여야 한다(규칙 제46조 제1항).
③ (법 제50조 제1항 단서, 규칙 제109조)
④ 전자신청은 당사자가 직접 하거나 자격자대리인이 당사자를 대리하여 한다(규칙 제67조 제1항).
⑤ 전세권설정범위가 건물 일부인 경우, 전세권설정등기 신청시 건물도면을 첨부정보로서 등기소에 제공해야 한다(규칙 제128조 제2항).

답 ③

(6) 관할등기소의 표시　13·14·16회 출제

등기신청은 부동산소재지를 관할하는 등기소에 하여야 하므로 관할등기소를 신청정보로 제공하여야 한다(규칙 제43조 제1항 제8호).

(7) 등기신청 연월일

신청연월일을 신청정보의 내용으로 제공하여야 한다(규칙 제43조 제1항 제8호).

(8) 거래가액

1) 신청정보의 내용
「부동산 거래신고 등에 관한 법률」 제3조 제1항에서 정하는 부동산의 매매계약을 등기원인으로 한 소유권이전등기를 하는 경우에는 거래신고관리번호와 거래가액을 신청정보의 내용으로 등기소에 제공하여야 한다(법 제68조, 규칙 제124조, 등기예규 제1633호).

2) 첨부정보와 등기의 실행
① 첨부정보로서 ㉠ 거래계약신고필증과 ㉡ 매매목록(거래부동산이 2개 이상인 경우 또는 거래부동산이 1개라 하더라도 여러 명의 매도인과 여러 명의 매수인 사이의 매매계약인 경우)을 제공하여야 하고, ㉢ 거래가액(매매목록이 제공된 경우에는 매매목록의 번호)을 등기기록 중 갑구의 권리자 및 기타사항란에 기록한다(규칙 제125조).

② 매매예약을 원인으로 한 소유권이전청구권가등기에 의한 본등기를 신청하는 때에도 거래가액을 등기한다.

(9) 취득세와 등록면허세(규칙 제44조)
취득세와 등록면허세 등 등기와 관련하여 납부하여야 할 세액, 그 과세표준액 및 다른 법률에 의하여 부과된 의무사항을 신청정보의 내용으로 등기소에 제공하여야 한다(「지방세법 시행령」 제36조, 제49조 등).

Key Point | 필요적 신청정보의 내용

1) **부동산의 표시** ─ 소재와 지번
    └ 지목과 면적

2) **신청인에 관한 사항** ─ 신청인의 성명(법인 ⇨ 명칭)과 주소, 주민등록번호
    ├ (법인, 법인 아닌 사단: 부동산등기용등록번호)
    └ 대리인에 의한 신청: 그 성명, 주소

3) **등기원인(연월일)과 목적** ─ 등기원인과 그 연월일
    └ 등기의 목적

4) **등기필정보**

5) **기타(행정상) 기재사항** ─ 등기소의 표시
    ├ 등기신청 연월일
    └ 거래신고관리번호와 거래가액, 취득세와 등록면허세

■ **건물의 표시**
  ─ 건물의 표시 → 소재, 지번 및 건물번호, 종류, 구조, 면적, 부속건물에 관한 사항(종류, 구조, 면적)
  └ 구분건물에 있어서는 1동의 건물의 표시(소재, 지번, 건물명칭 및 번호, 종류, 구조, 면적)와 전유부분의 건물의 표시(건물번호, 종류, 구조, 면적)

제3장 등기절차 총론

단락문제 08
제25회 기출

토지소유권이전등기 신청정보에 해당하지 않는 것은?

① 지목
② 소재와 지번
③ 토지대장 정보
④ 등기소의 표시
⑤ 등기원인과 등기의 목적

해설 신청정보의 내용(규칙 제43조 제1항)
③ (×) 토지대장 정보는 첨부정보이다(규칙 제46조 제1항 제7호). **답** ③

4 임의적 신청정보의 내용 ★★

(1) 의 의 → 예 환매권, 공유물분할금지특약 등

법령의 규정에 의해 당사자가 임의적으로 약정한 사항으로서 등기기록에 기록하는 것이 허용되는 사항을 말한다.

(2) 효 력

등기원인증명정보에 임의적 신청정보에 해당하는 당사자 간의 약정 등이 기재되어 있으면 이를 신청정보로서 등기소에 제공하여야 하고 이를 제공하지 아니하면 신청정보의 제공이 방식에 맞지 아니한 경우에 해당되어 등기신청에 대한 각하사유가 된다(법 제29조 제5호). 임의적 신청정보에 관한 사항은 신청정보로서 등기소에 제공되어 등기기록에 기록되었을 때에 제3자에 대하여 대항할 수 있다(민법 제592조, 제621조 등).

(3) 현행법상 임의적 신청정보 24회 출제

1) 매매계약과 동시에 한 환매특약에 관한 사항(법 제53조)
2) 등기원인에 권리의 소멸에 관한 약정(예 해제조건이나 종기)이 있는 경우 그에 관한 사항(법 제54조)
3) 공유물의 분할금지특약(민법 제268조 단서)
4) 지상권의 존속기간, 지료와 그 지급시기(법 제69조 단서)
5) 전세권의 존속기간, 위약금 또는 배상금, 양도·임대금지특약(법 제72조 단서)
6) 저당권의 변제기, 이자 및 그 발생기·지급시기, 원본과 이자의 지급장소, 채무불이행으로 인한 손해배상약정, 저당권의 효력범위에 관한 약정, 채권이 조건부일 때에는 그 조건(법 제75조 단서)
7) 임차권의 차임지급시기, 존속기간, 임차보증금, 임차권의 양도 또는 임차물의 전대에 대한 임대인의 동의(법 제74조 단서)
8) 지역권(법 제70조 단서), 저당권부 채권에 대한 질권(법 제76조 제1항 제3호), 채권담보권(법 제76조 제2항 제3호)에 대해서도 그 임의적 신청정보사항을 규정하고 있다.

제2편 부동산등기법

(참고 : 신청서 견본)

즉시접수	당일접수
제출자	
총	건

소유권이전등기신청(매매)

접수	년 월 일	처리인	등기관 확인	각종 통지
	제 호			

① 부동산의 표시(거래신고관리번호/거래가액)
1. 서울특별시 서초구 서초동 100 　　대 300m² 2. 서울특별시 서초구 서초동 100 　　시멘트 벽돌조 슬래브지붕 2층주택 　　1층 100m² 　　2층 100m² 　　거래신고관리번호 : 12345-2006-4-1234560　　거래가액 : 금 500,000,000원 이　　상

② 등기원인과 그 연월일	2007년 9월 1일 매매
③ 등기의 목적	소 유 권 이 전
④ 이전할 지분	

구분	성 명 (상호·명칭)	주민등록번호 (등기용등록번호)	주 소 (소 재 지)	지 분 (개인별)
⑤ 등기의무자	이 대 백	XXXXXX-XXXXXXX	서울특별시 서초구 서초동 200	
⑥ 등기권리자	김 갑 돌	XXXXXX-XXXXXXX	서울특별시 중구 다동 5	

제3장 등기절차 총론

⑦ 시가표준액 및 국민주택채권매입금액		
부동산 표시	부동산별 시가표준액	부동산별 국민주택채권매입금액
1. 주 택	금 ○○,○○○,○○○원	금 ○○○,○○○ 원
2.	금 원	금 원
3.	금 원	금 원
⑦ 국 민 주 택 채 권 매 입 총 액		금 ○○○,○○○ 원
⑦ 국 민 주 택 채 권 발 행 번 호		○ ○ ○

⑧ 취득세(등록면허세) 금○○○,○○○원	⑧ 지방교육세 금 ○○,○○○원
	⑧ 농어촌특별세 금 ○○,○○○원

⑨ 세 액 합 계	금 ○○○,○○○ 원	
⑩ 등 기 신 청 수 수 료	금 28,000 원	
	납부번호 : ○ ○ ○	
	일괄납부 : 건 원	

⑪ 등기의무자의 등기필정보

부동산고유번호	1102-2006-002095	
성명(명칭)	일련번호	비밀번호
이대백	Q77C-LO71-35J5	40-4636

⑫ 첨 부 서 면

• 매매계약서 1통	• 주민등록표등(초)본 각1통
• 취득세(등록면허세)영수필확인서 1통	• 부동산거래계약신고필증 1통
• 인감증명서나 본인서명사실확인서 또는	• 매매목록 1통
전자본인서명확인서 발급증 1통	• 위임장 통
• 등기필증 1통	• 등기신청수수료 영수필확인서 통
• 토지·임야·건축물대장등본 각1통	〈기 타〉

2011년   10월   13일

⑬ 위 신청인   이   대   백 ㊞ (전화 : 200-7766)
              김   갑   돌 ㊞ (전화 : 300-7766)
   (또는)위 대리인   (전화 :   )

서울중앙지방법원   등기국 귀중

─ 신청서 작성요령 ─

* 1. 부동산표시란에 2개 이상의 부동산을 기재하는 경우에는 부동산의 일련번호를 기재하여야 합니다.
  2. 신청인란등 해당란에 기재할 여백이 없을 경우에는 별지를 이용합니다.
  3. 담당 등기관이 판단하여 위의 첨부서면 외에 추가적인 서면을 요구할 수 있습니다.

제2편 부동산등기법

> **Wide | 첨부정보**
>
> ① 등기원인을 증명하는 정보 등 첨부정보는 신청정보와 함께 등기소에 제공하여야 하는 바, 방문신청의 경우에는 등기원인 증명서면 등 첨부정보가 담긴 서면을 등기신청서에 첨부하여 제출하여야 하고, 전자신청의 경우에는 그 정보가 입력된 전자문서를 송신하거나 대법원예규로 정하는 바에 따라 등기소에 제공하여야 한다. 전자신청의 경우 기명날인 또는 서명은 전자서명으로 갈음하며 공인인증서 또는 전자증명서를 함께 송신한다(규칙 제46조, 제56조 제3항, 제67조 제3·4항).
> ② 첨부정보 중 법원행정처장이 지정하는 정보는 「전자정부법」 제36조 제1항에 따른 행정정보 공동 이용을 통하여 등기관이 확인하고 신청인에게는 그 제공을 면제한다. 다만, 그 첨부정보가 개인정보를 포함하고 있는 경우에는 그 정보주체의 동의가 있음을 증명하는 정보를 등기소에 제공한 경우에만 그 제공을 면제한다. 이는 법원행정처장이 지정하는 등기소에 한정하여 적용할 수 있다(규칙 제46조 제6·7항).
> ③ 첨부정보가 「상업등기법」 제15조에 따른 등기사항증명정보로서 그 등기를 관할하는 등기소와 부동산 소재지를 관할하는 등기소가 동일한 경우에는 그 제공을 생략할 수 있다(규칙 제46조 제5항).

03 등기원인을 증명하는 정보 (등기원인정보, 규칙 제46조 제1항 제1호) ★★★

1 등기원인증명정보의 의의와 그 정보내용 21회 출제

(1) 의 의

1) 등기원인을 증명하는 정보라 함은 <u>등기할 권리변동의 원인인 법률행위 기타 법률사실의 성립을 증명하는 정보</u>로서 구체적인 경우에 따라 다를 것이므로 일률적으로 어느 특정 정보만이 등기원인을 증명하는 정보가 된다고 할 수 없다.

2) 따라서 권리변동의 원인인 법률행위나 법률사실을 증명하는 정보이면 등기원인을 증명하는 정보로 보아야 하므로 매매를 원인으로 한 소유권이전등기에서는 <u>매매계약정보</u>, 상속을 원인으로 한 소유권이전등기에서는 <u>가족관계등록사항별증명정보</u>, 주소이전으로 인한 등기명의인표시변경등기에서는 <u>주민등록정보</u>, 분필이나 합필등기의 경우에는 <u>대장정보</u> 등이 등기원인을 증명하는 정보가 된다.

(2) 등기원인을 증명하는 정보의 내용

1) 부동산표시의 기재

① 법률행위에 의한 물권변동의 경우에 등기원인을 증명하는 정보에 원칙적으로 토지의 경우에는 소재·지번·지목·면적을 기재해야 하며, 건물의 경우에는 소재·지번(도로명주소 포함)·구조·종류·면적을 기재하되 부속건물이 있는 경우에는 그 부속건물의 종류·구조·면적도 기재해야 한다.

제3장 등기절차 총론

② 다만, <u>구분건물과 대지권이 함께 등기의 목적인 경우에는 그 계약서에 대지권의 구체적인 표시가 없더라도 대지권이 포함된 취지의 표시는 되어 있어야</u> 등기관이 등기신청을 수리할 수 있다.

③ 한편 <u>상속을 원인으로 한 소유권이전등기신청의 경우</u>에 피상속인의 사망사실이 기재되어 있으나 부동산의 표시가 없는 가족관계등록사항별증명서는 등기원인을 증명하는 정보가 될 수 없다는 것이 종전의 등기실무였으나 현재는 전부 등기원인을 증명하는 정보에 해당한다.

2) 등기할 사항의 기재

<u>법률행위에 의한 물권변동의 경우</u>에 등기원인을 증명하는 정보에는 등기목적, 등기원인과 그 연월일 및 등기할 사항으로서 필수적·임의적 기록사항이 담겨있어야 한다. 다만, <u>유언증서나 사인증여계약서상에는 등기원인일자인 사망일자의 기재가 없지만 그 사망일자는 가족관계등록사항별증명서에 의해서 확인할 수 있기 때문에 유증이나 사인증여를 증명하는 정보, 즉 등기원인을 증명하는 정보로 등기소에 제공할 수 있다.</u>

3) 당사자의 표시와 날인

등기원인증명정보에는 등기권리자와 등기의무자, 즉 당사자의 표시와 날인이 있어야 하며 등기의무자는 등기기록상의 등기명의인과 부합하여야 한다.

→ 성명, 주소, 주민등록번호
→ 동일·일치해야 함

4) 등기원인증명정보가 될 수 있는지 여부가 문제되는 경우

① 수용의 경우에는 협의성립확인서나 재결서, 경매개시결정등기의 경우에는 경매개시결정정본, 매각으로 인한 권리이전등기의 경우에는 매각허가결정정본, 가압류·가처분 기입등기의 경우에는 가압류·가처분 결정서 정본 등이 등기원인증명정보가 된다.

② 부동산의 표시가 없는 가족관계등록사항별증명서, 등기원인일자가 기재되어 있지 않고 사망사실도 증명되지 않는 상속재산분할협의서 등도 개정법하에서는 등기원인증명정보가 된다.

Professor Comment

구법하에서는 당사자표시, 부동산표시, 등기사항이 모두 포함되어 있는 경우에만 등기원인증서로 인정하였지만 개정법하에서는 이 중 한 가지 정보만을 담고 있더라도 등기원인증명정보가 될 수 있음에 주의하여야 한다(예 주민등록등·초본, 유언증서, 사인증여증서, 상속재산분할협의서, 가족관계등록사항별증명서 등).

2 계약으로 인한 소유권이전등기의 경우「검인계약서」 12·14·19회 출제

(1) 계약서에 검인을 받아야 하는 경우(「부동산등기 특별조치법」 제3조) 32회 출제

1) 유·무상 불문하고 "계약"을 원인으로 한 "소유권이전등기"를 신청하는 경우에는 그 계약서에 검인을 받아야 하는데 계약의 "종류"는 불문한다.

2) 등기원인증명정보가 집행력 있는 판결서(같은 효력을 갖는 조서인 경우도 포함)인 경우에도 검인을 요한다. 즉 명의신탁해지를 원인으로 하는 판결서, 조정조서, 인낙조서 등에 검인을 받는다.

(2) 검인의 면제(검인을 요하지 않는 경우)

1) 계약서검인제도의 입법취지는 실체적 권리관계에 부합하는 등기를 신청하도록 하여 건전한 부동산 거래질서를 확립, 즉 투기·탈세의 원인이 되는 미등기전매의 규제에 있으므로 수용·상속·매각(강제경매, 임의경매)·공매·시효취득 등 법률의 규정에 의한 소유권취득의 경우, 즉 소유권이전등기의 등기원인이 계약이 아니거나 계약의 일방당사자가 국가 또는 지방자치단체인 경우에는 검인의 대상이 아니다.

2) 토지거래허가지역 내의 토지거래계약에 대해 토지거래허가를 받은 경우에는 검인을 받은 것으로 보므로 매매계약서에 검인을 받을 필요가 없다(「부동산 거래신고 등에 관한 법률」 제20조 제2항).

3) 소유권이전을 내용으로 한 예약(계약)을 원인으로 소유권이전등기청구권 보전의 가등기를 신청할 때에는 등기원인증명정보에 검인을 받지 않아도 되나, 그 가등기에 터잡은 본등기를 신청할 때에는 등기원인증명정보에 검인을 받아 제출하여야 한다(등기예규 제1419호).

4) 부동산거래에 따른 소유권이전등기를 신청하는 경우 거래신고필증을 첨부정보로 제공한 경우에도 검인을 받은 것으로 보므로 등기원인증명정보인 계약서에 검인을 받을 필요가 없다(「부동산 거래신고 등에 관한 법률」 제3조 제5항).

> **Wide** 부동산거래의 신고
>
> 거래당사자는 부동산의 매매계약 등을 체결한 경우 거래계약의 체결일부터 60일 이내에 그 권리의 대상 부동산의 소재지를 관할하는 시장·군수 또는 구청장에게 공동으로 신고하여야 한다. 개업공인중개사가 거래계약서를 작성·교부한 때에는 해당 개업공인중개사가 신고를 하여야 한다(「부동산 거래신고 등에 관한 법률」 제3조 제1·3항).

(3) 검인 신청권자

검인은 계약을 체결한 당사자 중 1인이나 그 위임을 받은 자, 계약서를 작성한 변호사와 법무사 및 중개업자가 신청할 수 있다(「부동산등기 특별조치법에 따른 대법원규칙」 제1조). 또한 대위에 의한 소유권이전등기를 신청하는 경우에는 그 대위채권자도 검인신청을 할 수 있다(1992.12.10. 등기 - 2536).

(4) 검인신청을 받은 시장 등의 처리

1) 검인신청을 받은 경우 시장·군수·구청장은 계약서 또는 판결서등의 **형식적 요건의 구비 여부만을 확인**하고 그 기재에 흠결이 없다고 인정한 때에는 지체 없이 검인을 하여 검인신청인에게 교부하여야 한다(동 규칙 제1조 제3항). ← 형식적 심사

2) 검인신청을 받은 시장 등은 준공검사를 필하였는지 또는 계약서 등의 부동산표시가 지적공부 또는 가옥대장상 위 부동산표시와 일치하는지 여부 등을 확인할 필요는 없는 것이며, 이러한 점은 등기신청서를 접수한 등기공무원이 심사과정에서 확인할 사항이다(등기선례 제3-86호).

3 등기원인증명정보의 제공을 필요로 하지 않는 경우 (규칙 제46조 제4항)

(1) 구분건물을 신축한 자가 대지사용권을 가지고 있음에도 구분건물에 관하여만 소유권이전등기를 마친 후, 현재의 구분건물의 소유명의인과 공동으로 대지사용권에 관한 이전등기를 신청하는 경우

(2) 구분건물을 신축하여 양도한 자가 그 건물의 대지사용권을 나중에 취득하여 이전하기로 약정한 경우로서, 후일 현재의 구분건물의 소유명의인과 공동으로 대지사용권에 관한 이전등기를 신청하는 경우

Key Point 등기원인증명정보

1) 등기원인증명정보에 해당하는 경우 ★★

법률행위의 성립을 증명하는 서면		법률사실을 증명하는 서면	
① 소유권이전등기	매매계약서, 교환계약서, 대물반환계약서	① 수 용	재결서 또는 협의성립확인서
② 각종 권리의 설정등기	지상권설정계약서, 근저당권설정계약서	② 판 결	판결정본
③ 각종 변경등기	권리변경계약서	③ 가압류, 가처분의 기입등기	가압류 또는 가처분 결정서 정본
④ 말소등기	해지증서		
⑤ 가등기	매매예약서, 매매계약서		

2) 등기원인증명정보에 해당하는지가 문제되는 경우 ★★★

① 소유권 이전등기	㉠ 가족관계등록부사항별증명서	부동산의 표시가 없다.	등기원인증명정보에 해당한다.
	㉡ 상속재산분할협의서	피상속인의 사망일자가 표시되지 않으므로 등기원인일자를 알 수 없다.	
	㉢ 유언증서, 사인증여증서		
② 기 타	APT분양사실증명원	분양사실만으로는 등기원인이 되지 못한다. 부동산의 존재를 확인할 수도 없다.	등기원인증명정보에 해당하지 않는다.
	매매계약서 사본	원본만이 등기원인증서가 될 수 있고 사본은 허용되지 않는다.	

제2편 부동산등기법

> **Wide** 부동산에 대한 경매시 소유권이전등기의 촉탁
>
> ① 매수인이 매각대금을 모두 낸 후 법원사무관등이 매수인 앞으로 소유권이전등기를 촉탁하는 경우 그 등기촉탁서상의 등기원인은 강제경매(임의경매)로 인한 매각으로, 등기원인인 일자는 매각대금을 모두 낸 날로 적어야 한다(「민사집행법」 제135조, 제144조). [기재 예시 : 200○. ○. ○. 강제경매(임의경매)로 인한 매각]
> ② 등기촉탁서에는 매각허가결정 등본을 붙여야 한다[재판예규 제1631호(부동산등에 대한 경매절차 처리지침) 제52조].

주의

주민등록등·초본, 유언증서, 사인증여증서, 상속재산분할협의서, 가족관계등록부 등은 부동산의 표시가 없거나 등기원인일자 등이 기재되어 있지 않지만 개정법하에서는 등기원인증명정보에 해당한다.

단락핵심 등기원인증명정보에 대한 검인

(1) 계약을 원인으로 한 소유권이전등기 신청을 할 때에는 검인계약서를 첨부정보로 등기소에 제공하여야 한다.
(2) 경매 또는 공매를 원인으로 한 소유권이전등기를 할 경우에는 검인을 받을 필요가 없다.
(3) 「부동산 거래신고 등에 관한 법률」의 규정에 의한 토지거래허가증을 교부받아 소유권이전등기신청을 하는 경우에는 별도로 검인을 받을 필요가 없다.
(4) 계약으로 인한 소유권이전등기의 경우 등기원인을 증명하는 서면이 집행력 있는 판결서인 경우에도 그 판결서에 검인을 받아 제출하여야 한다.
(5) 매매계약을 체결하였으나 매도인이 소유권이전등기신청에 협력하지 아니하여 소유권이전등기를 명하는 판결을 받은 경우에도 검인을 받아야 한다.
(6) 계약의 일방 당사자가 지방자치단체인 경우에는 검인을 받을 필요가 없다.
(7) 부동산소재지 관할시장 등이 검인기관이다.
(8) 검인신청인은 당사자 중 1인, 수임인, 계약서를 작성한 변호사, 법무사, 중개업자이다.
(9) 검인신청을 받은 시장 등은 계약서의 기재사항에 관한 형식적 심사를 하여야 한다.
(10) 무허가 건물에 대한 매매계약서나 미등기 아파트에 대한 분양계약서는 검인을 받아야 한다.
(11) 시효취득으로 인한 소유권이전등기에 있어서의 등기원인은 시효취득이고 그 등기원인의 연월일은 시효기간의 기산일이다(시효취득의 소급효를 상기할 것).

단락문제 09

제9회 기출 개작

등기원인에 대한 내용 중 맞는 것은?

① 등기원인이 실제와 다르게 등기된 경우에도 그 등기가 실체관계에 부합한다면 유효하다.
② 환매특약의 등기를 신청하는 경우에는 등기원인에 환매기간을 기재하는 것은 필수사항이다.
③ 등기원인에 등기의 목적인 권리의 소멸에 관한 약정을 둘 수 없다.
④ 상속이 등기원인인 경우에는 등기원인을 증명하는 정보로 가족관계등록사항별증명서 등을 제공할 수 없다.
⑤ 소유권이전등기를 신청하는 경우 등기원인에 대하여 행정관청의 허가 등이 필요한 경우에도 등기원인증명정보가 집행력 있는 판결인 경우에는 그 허가를 증명하는 첨부정보를 제공할 필요가 없다.

해설 등기원인(상속인 경우 등)

① (○) 부동산 등기는 현실의 권리 관계에 부합하는 한 그 권리취득의 경위나 방법 등이 사실과 다르다고 하더라도 그 등기의 효력에는 아무런 영향이 없는 것이므로 증여에 의하여 부동산을 취득하였지만 등기원인을 매매로 기재하였다고 하더라도 그 등기의 효력에는 아무런 하자가 없다(대판 1980.7.22. 80다791).
② (×) 환매기간은 임의적 신청정보의 내용이다(법 제53조 단서).
③ (×) 권리소멸약정을 할 수 있고 이를 등기할 수 있다(법 제54조).
④ (×) 가족관계등록사항별증명서를 제공할 수 있다(규칙 제46조 제1항 제1호).
⑤ (×) 등기원인증명정보가 집행력 있는 판결(화해·인낙조서 등 포함)인 때에는 원칙적으로 제3자의 허가정보 등의 제공은 요하지 아니한다. 다만, 등기원인에 대하여 행정관청의 허가, 동의 또는 승낙 등을 받을 것이 요구되는 때에는 해당 허가서 등의 현존사실이 그 판결서에 기재되어 있는 경우에 한하여 허가서 등의 제출의무가 면제된다. 한편 소유권이전등기를 신청할 때에는 해당 허가서 등의 현존 사실이 판결서 등에 기재되어 있다 하더라도 행정관청의 허가 등을 증명하는 서면을 반드시 제출하여야 한다(등기예규 제1607호, 「부동산등기 특별조치법」 제5조 제1항 참조).

답 ①

Key Point 등기원인증명정보

1) 등기원인증명정보의 내용 = 부동산의 표시, 등기원인 및 연월일, 당사자의 표시와 날인
2) 등기원인이 소유권이전계약인 때 ⇨ 검인 필요

제2편 부동산등기법

04 등기원인에 대한 제3자의 허가, 동의 또는 승낙을 증명하는 서면 ★★

1 서 설

등기를 신청함에 있어서 등기원인에 대하여 제3자의 허가·동의·승낙을 요하는 경우에는 이를 증명하는 정보를 제공하여야 한다(규칙 제46조 제1항 제2호). 이 등기원인에 대하여 제3자의 허가·동의·승낙을 요하는 경우라 함은 ㉠ 법률행위의 효력발생 요건이 되거나(토지거래허가구역내의 토지거래계약에 대한 관할 시장 등의 허가정보) ㉡ 법률행위의 취소원인이 되는 경우(법정대리인의 동의정보) 및 ㉢ 대항력발생의 요건(임대인의 동의정보)이 되는 경우를 의미한다.

> **Wide** 등기원인에 대하여 행정관청의 허가 등을 요하는 경우의 예시(등기예규 제1638호)
>
> ① 농지의 취득에 대한 농지소재지 관할 시장, 구청장, 읍장, 면장의 농지취득자격증명(「농지법」 제8조)
> ② 학교법인의 기본재산의 매도, 증여, 교환, 담보제공 또는 권리포기에 대한 관할청(교육부장관, 시, 도 교육감)의 허가(「사립학교법」 제28조)
> ③ 토지거래허가구역 안에 있는 토지에 관한 소유권·지상권을 이전 또는 설정하는 계약(예약포함)의 체결에 대한 시장·군수 또는 구청장의 허가(「부동산 거래신고 등에 관한 법률」 제11조)
> ④ 전통사찰의 부동산의 양도에 대한 문화체육관광부장관의 허가 및 전통사찰의 부동산의 대여 또는 담보제공에 대한 시·도지사의 허가(「전통사찰보존법」 제9조)
> ⑤ 향교재단의 부동산의 처분 또는 담보제공에 대한 시·도지사의 허가(「향교재산법」 제8조)
> ⑥ 외국인 등이 토지를 취득하는 경우 시장·군수·구청장의 허가(「부동산 거래신고 등에 관한 법률」 제9조)
> ⑦ 공익법인의 기본재산의 매도, 증여, 임대, 교환 또는 담보제공에 대한 주무관청의 허가(「공익법인의 설립·운영에 관한 법률」 제11조)
> ⑧ 「북한이탈주민의 보호 및 정착지원에 관한 법률」에 의한 주거지원을 받는 보호대상자가 그 주민등록전입신고일부터 2년 이내에 그 주거지원에 따라 취득한 부동산의 소유권, 전세권 또는 임차권을 양도하거나 저당권을 설정하는 경우의 통일부장관의 허가(「북한이탈주민의 보호 및 정착지원에 관한 법률」 제20조)
> ⑨ 사회복지법인의 기본재산의 매도, 증여, 교환, 임대 또는 담보제공에 대한 보건복지부장관의 허가(「사회복지사업법」 제23조)
> ⑩ 의료법인의 기본재산의 매도, 증여, 임대, 교환 또는 담보제공에 대한 시·도지사의 허가(「의료법」 제48조)

2 제공을 요하는 경우

제3자의 허가·동의·승낙이 없으면 등기원인이 무효, 취소되거나 제3자에게 대항할 수 없는 경우이다. 즉 그 허가 등이 등기원인인 법률행위의 유효요건인 경우(예 토지거래계약허가), 그 허가 등이 없으면 등기원인인 법률행위의 취소사유가 되는 경우(예 미성년자의 행위에 대한 법정대리인의 동의) 및 그 허가 등이 등기원인인 법률행위의 대항요건(對抗要件)이 되는 경우(예 임차권의 양도에 대한 임대인의 승낙) 등이다.

(1) 효력발생요건인 경우(무효원인이 되는 경우)

1) 학교법인의 기본재산 처분시에 대한 관할청의 허가「사립학교법」제28조, 등기예규 제1255호)

① 학교법인이 그 소유 기본재산을 매매, 증여 또는 담보제공 등에 의해 처분하는 경우에 주무관청(교육감)의 허가 없이 한 경우 그 처분행위는 무효이다.

② 그러나 학교법인의 재산 중 학교교육에 직접 사용되는 교사(校舍), 교지(校地) 또는 실습 및 연구시설은 절대적으로 매도 또는 담보제공 등의 처분을 할 수 없다.

③ 다만, 학교법인이 부동산을 취득하여 소유권이전등기를 하는 경우 또는 타인의 시효취득이나 경매에 의한 매각에 의해 소유권이전등기를 해 주는 경우 등에는 관할청의 허가가 필요 없다.

2) 토지거래계약에 대한 시장, 군수 또는 구청장의 허가(「부동산 거래신고 등에 관한 법률」제11조 및 등기예규 제1634호)

① 허가대상인 토지거래계약

허가구역으로 '지정 후 그 해제 전'에 토지거래허가구역 안에 있는 토지에 관하여 유상으로 소유권·지상권을 이전 또는 설정하는 계약(예약 포함)을 체결하고 그에 따른 등기신청을 하는 경우이다. 즉 계약체결일(예약완결일)과 등기신청일을 기준으로 판단한다. 따라서 그 해제 후에 등기신청을 하는 경우에는 허가증명정보를 제공할 필요가 없다. 그러나 해제 전에 확정적으로 무효가 된 경우에는 등기신청을 할 수 없으므로 허가증명정보의 제공여부가 문제 되지 않는다.

② 등기의 신청시 허가증명정보의 제공

㉠ 토지거래허가구역에 대한 등기를 신청하기 위해서는 시장, 군수 또는 구청장의 토지거래계약허가증명정보를 등기소에 제공하여야 한다.

㉡ 예약도 포함되므로 가등기(담보가등기를 포함함)를 신청하는 경우에도 허가증명정보를 제공하여야 한다. 그러나 그 가등기에 기한 본등기를 신청하는 경우에는 허가증명정보를 제공할 필요가 없다(등기예규 제1634호).

③ 검인 또는 농지취득자격증명 제출의 불요
  ㉠ 토지거래계약허가증명정보를 등기소에 제공한 때에는, 등기원인증명정보에 「부동산등기 특별조치법」상의 검인을 받을 필요가 없으며 「농지법」상의 농지취득자격증명정보 등을 제공할 필요가 없다(등기예규 제1634호).
  ㉡ 그러나 검인을 받은 경우에도 토지거래허가증명정보는 제공하여야 한다. 검인으로 허가를 갈음할 수는 없다.
④ 등기신청서에 첨부하는 토지거래계약허가증의 유효기간은 제한이 없으나, 등기관은 토지거래계약허가증의 기간경과일수가 오래되어 증명력이 의심스러운 때에도 최근 발행된 것의 제출을 요구할 수 있다(2006.8.16. 부동산등기과 – 2406 질의회답).

Wide | 토지거래허가증명정보의 제공이 필요한 경우

허가증명정보의 제공이 필요한 경우	허가증명정보의 제공이 필요치 않은 경우
① 토지에 대한 소유권이전 및 지상권설정·이전계약(예약)	① 토지에 대한 무상의 증여계약 및 무상의 지상권설정계약
② 토지의 매매·교환 및 대물변제 등 유상계약	② 토지에 대한 명의신탁의 해지 및 신탁
③ 소유권이전·지상권설정·이전등기(가등기), 가등기 가처분명령에 의한 가등기 및 담보가등기	③ 토지에 대한 전세권, 임차권 및 저당권설정계약
④ 위에 해당하는 등기원인정보가 집행력 있는 판결인 경우 (규칙 제46조 제3항)	④ 경매에 의한 토지취득
	⑤ 상속, 유증, 진정명의회복, 취득시효
	⑥ 공유지분 포기로 인한 다른 공유자 앞으로의 소유권이전등기
	⑦ 이혼을 하면서 특정재산을 이전하는 계약·이혼당사자 사이의 재산분할
	⑧ 가등기시에 토지거래허가를 받은 경우의 본등기
	⑨ 등기신청 이전에 토지거래허가구역에서 해제된 경우

(2) 취소원인이 되는 경우
미성년자나 피성년후견인의 행위에 대한 법정대리인의 동의서가 없는 등기신청(민법 제5·10조)

(3) 대항요건이 되는 경우
임차권의 양도 또는 전대 등기에 임대인의 동의서(민법 제629조 제1항)

(4) 농지취득자격증명(「농지법」 제8조) 19회 출제

1) 의의와 취지

농지를 취득하려는 자는 농지 소재지를 관할하는 시장(구를 두지 아니한 시의 시장)·구청장·읍장 또는 면장에게서 농지취득자격증명을 발급받아야 한다. 농지취득자격증명이 면제되는 경우는 상속, 공유물분할, 시효취득 등이다. 이는 경자유전의 원칙과 농지소유상한제를 실현하고자 함에 그 취지가 있다.

제3장 등기절차 총론

2) 법적 성질
농지취득자격증명은 농지매매 등의 효력발생요건은 아니며 등기신청시에 첨부정보로서 제공하면 족하다. 즉 농지를 취득할 수 있는 자격이 있다는 것을 증명하는 성질만을 가질 뿐이다(「농지법」 제8조 제4항, 대판 2006.1.27. 2005다59871).

3)
농지취득자격증명정보는 가등기시에는 첨부정보로 제공할 필요가 없고, 본등기시에 첨부정보로 제공하면 된다.

4)
토지거래계약허가구역 안의 농지취득의 경우 토지거래허가증명정보를 제공한 경우에는 별도로 농지취득자격증명정보를 제공할 필요가 없다(「부동산 거래신고 등에 관한 법률」 제20조 제1항).

Wide 농지취득자격증명정보의 제공 요부 (등기예규 제1635호)

농지취득증명정보의 제공이 필요한 경우	농지취득증명정보의 제공이 필요치 않은 경우
① 매매·증여·교환으로 인한 소유권이전등기	① 농지의 상속(포괄유증 포함), 취득 시효, 수용, 협의취득
② 농지의 양도담보, 사인증여, 계약해제, 대물변제	② 농지의 공유물분할, 진정명의회복
③ 농지를 경매·공매 등으로 취득	③ 도시지역(주거지역·상업지역·공업지역) 내의 농지취득
④ 농지의 신탁 또는 신탁해지, 명의신탁해지	④ 농지에 대한 가등기, 저당권설정등기
⑤ 농지의 상속인 이외의 자에 대한 특정적 유증	⑤ 농지의 상속인에 대한 특정적 유증
⑥ 「초·중등교육법」 및 「고등교육법」에 의한 학교나 공공단체 등이 농지를 취득	⑥ 국가나 지방자치단체의 농지취득
⑦ 농지전용허가나 신고를 한 농지의 이전등기	⑦ 농지전용협의를 완료한 농지취득
⑧ 국가나 지방자치단체로부터 매수한 농지의 소유권이전등기를 신청하는 경우	⑧ 한국농어촌공사의 농지취득
⑨ 동일 가구(세대)내 친족 간의 매매 등을 원인으로 하여 소유권이전등기를 신청하는 경우	
⑩ 피상속인이 매수한 부동산에 대하여 상속인이 소유권이전등기를 신청하는 경우	
⑪ 위의 농지취득의 등기원인증명정보가 집행력 있는 판결인 경우	

판례 ■ 「농지법」상 농지취득자격증명이 원인이 되는 법률행위의 효력발생요건인지 여부(소극)

「농지법」 소정의 농지취득자격증명은 농지를 취득하는 자가 그 소유권에 관한 등기를 신청할 때에 첨부하여야 할 서류로서 농지를 취득하는 자에게 농지취득의 자격이 있다는 것을 증명하는 것일 뿐 농지취득의 원인이 되는 매매 등 법률행위의 효력을 발생시키는 요건은 아니며(농지법 제8조 제4항, 대판 2006.1.27. 2005다59871). 농지에 관한 경매절차에서 이러한 농지취득자격증명 없이 매각허가결정 및 대금납부가 이루어지고 그에 따른 소유권이전등기까지 경료되었다 하더라도 농지취득자격증명은 그 후에 추완하여도 무방하다 할 것이다(대판 2008.2.1. 2006다27451).

제2편 부동산등기법

단락문제 Q10 제16회 기출

등기신청시에 첨부정보로서 제공하여야 할 것이 아닌 것은?

① 협의분할에 의한 상속등기신청의 경우 분할협의서에 날인한 상속인 전원의 인감증명정보
② 등기의 말소를 신청하는 경우 그 말소에 대하여 등기상 이해관계 있는 제3자의 승낙증명정보 등
③ 소유권의 보존 또는 이전등기를 신청하는 경우 신청인의 주소를 증명하는 정보
④ 농지에 대하여 취득시효완성을 원인으로 한 소유권이전등기를 신청하는 경우 농지취득자격증명정보
⑤ 건물의 일부에 대한 전세권설정등기를 신청하는 경우 그 건물의 도면

해설 등기신청시에 제출해야 할 서면

① (○) (규칙 제60조 제6호)
② (○) (법 제57조 제1항, 규칙 제46조 제1항 제3호)
③ (○) (규칙 제46조 제1항 제6호)
④ (×) 농지취득자격증명을 발급받아 농지를 취득한 자가 그 소유권에 관한 등기를 신청할 때에는 농지취득자격증명을 첨부하여야 하는 바(「농지법」 제8조 제4항) 이미 영농을 하고 있거나(시효취득), 농지의 소유제한의 특례가 인정되는 경우(국가·지방자치단체 및 상속 등)에는 그 소유권이전등기를 신청하는 경우라도 농지취득자격증명을 첨부할 필요가 없다(등기예규 제1635호).
⑤ (○) (규칙 제128조 제2항)

답 ④

3 등기원인증명정보가 집행력 있는 판결인 경우(등기예규 제1607호)

(1) 원 칙

등기원인에 대하여 제3자의 허가, 동의 또는 승낙을 요하는 경우이더라도 등기원인증명정보가 집행력(執行力)있는 판결인 때에는 허가 등을 증명하는 서면을 제출할 필요가 없다(규칙 제46조 제3항 본문). 제3자의 허가 등의 존부가 이미 재판에서 확인되어 있기 때문이다.

(2) 예 외   행정관청의 허가, 동의 또는 승낙을 받아야 하는 경우

1) 등기원인에 대하여 행정관청의 허가, 동의 또는 승낙을 받아야 하는 경우에는 등기원인을 증명하는 정보가 집행력 있는 판결인 경우에도 판결문에 해당 허가서 등의 현존사실이 기재되어 있지 않을 경우 등기를 신청할 때에 첨부정보로서 '행정관청의 허가, 동의 또는 승낙'을 증명하는 정보를 제공하여야 한다(규칙 제46조 제3항 단서). 단, 해당 허가서 등의 현존사실이 그 판결문에 기재되어 있는 경우에는 허가서 등의 제공의무가 면제된다.

2) 그러나 소유권이전등기를 신청할 때에는 해당 허가서 등의 현존사실이 판결서 등에 기재되어 있다 하더라도 '행정관청의 허가 등'을 증명하는 서면을 반드시 제출하여야 한다(「부동산등기 특별조치법」 제5조 제1항 참조).

제3장 등기절차 총론

4 구별개념(등기상 이해관계 있는 제3자의 승낙증명정보를 제공하여야 하는 경우)

(1) 등기상 이해관계 있는 제3자는 등기부에 기록되어 있어야 되지만 등기원인에 대한 제3자는 등기부에 기록되어 있을 필요는 없다.

(2) 등기원인에 대한 제3자의 허가정보 등은 첨부정보로서 등기소에 제공하지 아니하면 등기신청이 각하되므로(법 제29조 제9호) 등기신청의 수리요건이 되나, 등기상 이해관계인의 승낙정보 등은 권리변경등기에서는 부기등기의 요건이 되고, 말소·말소회복등기에서는 수리요건이 된다.

(3) 등기원인이 집행력 있는 판결인 경우에 등기원인에 대한 제3자의 허가정보 등의 제공은 원칙적으로는 면제되지만, 등기상 이해관계인의 승낙정보 등의 제공은 면제되지 않는다.

05 대표자의 자격 또는 대리인의 권한을 증명하는 정보★

(1) 본인이 직접 등기신청을 하지 않고 대리인에 의해서 신청할 때에는(법 제24조 제1항) 등기신청정보에 대리권한을 증명하는 정보를 첨부정보로서 등기소에 제공하여야 한다(규칙 제46조 제1항 제4·5호). 다만, 첨부정보로서 등기소에 제공할 대리권한을 증명하는 정보는 대리인의 자격에 따라 상이하다.

(2) 대리인의 자격을 증명하는 정보를 제공하게 하는 이유는 형식적 심사권 밖에 없는 등기관으로 하여금 대리권 존재 여부를 용이하게 판단하게 해서 무권대리인의 신청에 의한 부실등기를 방지하는 데 그 취지가 있다.

Professor Comment
대리권한을 증명하는 서면은 대리인의 자격에 따라 상이하다.

1 법인 또는 외국회사의 경우 그 대표자의 자격증명정보

→ 등기기록의 전부·일부를 등사한 것

(1) 법인 또는 외국회사의 대표자가 등기신청을 하는 경우에는 그 자격을 증명하는 정보로서 법인의 등기사항증명정보를 등기소에 제공하여야 한다(규칙 제46조 제1항 제4호).

(2) 다만, 법인 또는 외국회사의 대표자가 등기신청을 하는 경우에 그 법인 또는 외국회사의 등기를 관할하는 등기소와 부동산 소재지를 관할하는 등기소가 동일한 경우에는 그 제공을 생략할 수 있다(규칙 제46조 제5항).

2 법인 아닌 사단·재단의 경우 그 대표자·관리인의 자격증명정보 등 10·26회 출제

법인 아닌 사단이나 재단에 대해서는 그 성질상 민법상 법인(「비송사건절차법」 제60조 이하) 또는 상법상 회사(「상업등기법」)와 달리 등기에 의한 공시제도가 없어 별도의 첨부정보가 추가로 요구된다(규칙 제48조).

(1) 정관 기타의 규약

정관 기타의 규약에는 단체의 목적, 명칭, 사무소의 소재지, 자산에 관한 규정, 대표자 또는 관리인의 임면에 관한 규정, 사원자격의 득실에 관한 규정(법인 아닌 사단에 국한)이 기재되어야 한다(민법 제40조 참조, 등기예규 제1621호). 이는 등기당사자능력이 있는 법인 아닌 사단이나 재단으로서의 실체 구비여부를 증명하는 정보가 된다.

(2) 대표자 또는 관리인을 증명하는 정보

1) 법인 아닌 재단은 정관이나 그 밖의 규약을, 법인 아닌 사단은 정관 기타의 규약에서 정한 방법에 의하여 선임되었음을 증명하는 사원총회결의서 등을 대표자 또는 관리인을 증명하는 정보로 제공하여야 한다.
2) 다만, 등기부에 등기되어 있는 대표자나 관리인이 신청하는 때에는 대표자나 관리인임을 증명하는 정보를 첨부정보로 제공할 필요가 없다(규칙 제48조 제2호 단서).
3) 부동산등기용등록번호대장이나 기타 단체등록증명서는 위 대표자 또는 관리인을 증명하는 정보로 제공할 수 없다.

(3) 사원총회의 결의서(법인 아닌 사단에 국한) 29회 출제

1) 법인 아닌 사단이 그 총유물의 관리·처분에 따라 등기의무자로서 등기신청을 할 경우에는 그에 관한 결의서를 첨부정보로서 제공하여야 한다(민법 제276조 제1항 참조).
2) 다만, 정관 기타의 규약으로 그 소유 부동산을 처분하는데 있어서 위 결의를 필요로 하지 않는다고 정하고 있을 경우에는 그러하지 아니하다.
   → 정관을 첨부 정보로 제공하므로 달리 특별한 결의서의 제공은 불필요함

(4) 인감증명

1) **보증인의 인감증명**(법인 아닌 사단의 경우, 등기예규 제1621호)
   ① 위 (2), (3)의 규정에 의한 첨부정보에는 그 사실을 확인하는데 상당하다고 인정되는 2인 이상의 성년자가 사실과 상위 없다는 취지와 성명을 기재하고 인감을 날인하여야 하며, 날인한 인감에 관한 인감증명을 제출하여야 한다.
   ② 다만, 변호사 또는 법무사가 등기신청을 대리하는 경우에는 변호사 또는 법무사가 위 각 서면에 사실과 상위 없다는 취지를 기재하고 기명날인함으로써 이에 갈음할 수 있다.

2) 대표자나 관리인의 인감증명

법인 아닌 사단·재단이 등기의무자로서 등기를 신청하는 경우 등에는 그 대표자나 관리인의 인감증명을 첨부정보로 제공하여야 한다(규칙 제61조 제1항).

(5) 기 타

법인 아닌 사단·재단이 등기권리자인 경우에는 부동산등기용등록번호증명정보(법 제49조 제1항 제3호, 규칙 제46조 제1항 제6호) 및 대표자 또는 관리인의 성명, 주소 및 주민등록번호는 신청정보의 내용임과 동시에 등기사항이므로 이를 소명하기 위해 첨부정보로서 주민등록표등본을 제공하여야 한다(규칙 제43조 제2항 참조).

3 대리인의 권한증명정보

(1) 의 의

대리인에 의하여 등기를 신청하는 경우에는 그 권한을 증명하는 정보를 첨부정보로서 등기소에 제공하여야 한다(규칙 제46조 제5호). 이 때 위임장은 등기권리자와 등기의무자가 동일한 서면으로 작성할 수도 있으며 여러 건의 등기의 신청대리권을 1장의 위임장에 위임할 수도 있다.

(2) 임의대리인(위임장)

1) 위임장에는 부동산의 표시, 등기할 권리에 관한 사항, 위임인의 표시, 위임의 취지 및 그 연월일을 표시하고 위임인이 기명날인하여야 한다. 방문신청을 하는 경우 위임인인 등기의무자의 인감증명을 제출하여야 하는 경우에는 위임장에 위임인의 신고된 인감을 날인하여야 한다(규칙 제60조 제1항 제1호).

2) 등기필정보가 없는 경우로서, 수임인인 자격자대리인이 위임인인 소유권 외의 권리의 등기명의인인 등기의무자로부터 직접 위임받았음을 확인하는 서면 또는 위임장 중 등기의무자의 작성부분에 관하여 공증을 받고 공증서면의 부본을 첨부정보로서 제공하는 경우에도 등기의무자의 인감증명을 제출하여야 하므로 위임장에 신고된 인감을 날인하여야 한다(법 제51조 단서, 규칙 제60조 제1항 제3호).

(3) 법정대리인

자연인인 제한능력자의 법정대리인(친권자, 후견인 등)이 등기를 신청하는 경우에는 본인의 기본증명서와 가족관계증명서, 후견인 선임심판서 등이 대리인의 권한을 증명하는 정보가 된다.

제2편 부동산등기법

Key Point | 대리권한을 증명하는 정보 ★★

임의대리인	위임장
법정대리인	미성년자의 기본증명서 및 가족관계증명서, 피후견인의 기본증명서 또는 후견인선임심판서 특별대리인선임심판서 등
법인의 대표기관(대표자·지배인)	법인등기사항증명정보
비법인사단·재단의 대표자·관리인	① 정관, 규약, ② 선임결의서

단락문제 Q11
제26회 기출

법인 아닌 사단이 등기신청을 하는 경우, 등기소에 제공하여야 할 정보에 관한 설명으로 <u>틀린</u> 것은?

① 대표자의 성명, 주소 및 주민등록번호를 신청정보의 내용으로 제공하여야 한다.
② 법인 아닌 사단이 등기권리자인 경우, 사원총회결의가 있었음을 증명하는 정보를 첨부정보로 제공하여야 한다.
③ 등기되어 있는 대표자가 등기를 신청하는 경우, 대표자임을 증명하는 정보를 첨부정보로 제공할 필요가 없다.
④ 대표자의 주소 및 주민등록번호를 증명하는 정보를 첨부정보로 제공하여야 한다.
⑤ 정관이나 그 밖의 규약의 정보를 첨부정보로 제공하여야 한다.

해설 법인 아닌 사단의 등기신청
② 그 총유물의 관리·처분에 따라 "등기의무자"로서 등기신청을 할 경우에는 그에 관한 결의서를 첨부정보로서 제공하여야 한다(민법 제276조 제1항 참조).

답 ②

06 주소를 증명하는 정보 ★★

1 의의 및 취지

등기기록에 새롭게 기록되는 등기권리자로서 등기신청을 하는 경우에는 신청인의 주소를 증명하는 정보로 주민등록표정보나 법인등기사항증명정보를 첨부정보로서 등기소에 제공하여야 한다(규칙 제46조 제1항 제6호). 이는 잘못된 주소로 등기되거나 허무인명의로 등기되는 것을 막고 등기의무자의 동일성 여부를 판단하기 위한 것이다(1994.6.17. 등기 3402-529).

2 주소 등의 증명정보를 제공하여야 하는 등기신청

(1) 새롭게 등기명의인이 되는 자가 등기권리자로서 등기신청을 하는 경우

1) 등기기록에 새롭게 등기명의인이 되는 자가 등기권리자로서 등기신청을 하는 경우이다(규칙 제46조 제1항 제6호). 따라서 소유권보존·이전등기 외에 제한물권의 설정등기 및 각종 권리의 이전등기를 신청하는 경우에도 등기권리자의 주소 등의 증명정보를 첨부정보로서 제공하여야 한다.

2) 소유권이전등기를 신청하는 경우의 특칙

소유권이전등기를 신청하는 경우에는 등기의무자의 주소(법인 등의 경우 사무소 소재지) 증명정보도 제공하여야 하므로(규칙 제46조 제1항 제6호 단서), 공동신청의 경우에는 주소 등의 증명정보는 등기권리자와 등기의무자 모두의 것을 제공하여야 한다. 그러나 판결 등에 의해 등기권리자만이 단독신청하거나(등기예규 제1607호), 관공서의 촉탁에 의한 등기를 하는 경우에는 등기권리자의 주소 등의 증명정보만 제공하면 된다.

(2) 판결에 의한 소유권이전등기신청시 주소증명정보제공의 특칙(등기예규 제1607호)

1) 판결 등에 의한 소유권이전등기를 신청하는 경우

판결에 의하여 소유권이전 등기를 단독으로 신청하는 때에도 등기의무자인 판결문상의 피고의 주소가 등기기록상의 주소와 다른 경우(등기기록상 주소가 판결에 병기된 경우 포함)에는 동일인임을 증명할 수 있는 자료로서 등기의무자의 주소증명정보를 제공하여야 한다. 다만, 판결문상과 등기기록상 주민등록번호가 동일하여 동일인임을 인정할 수 있는 경우에는 그러하지 아니하다.

2) 판결에 의한 대위보존등기를 신청하는 경우

원고가 미등기 부동산에 관하여 그 소유자를 피고로 하여 소유권이전등기절차의 이행을 명하는 판결을 받은 후 피고를 대위하여 소유권보존등기를 신청하는 경우에는 그 보존등기명의인인 피고의 주소증명정보를 제공하여야 한다.

3) 판결에 의하여 소유권이전등기를 순차로 대위신청하는 경우

甲은 乙에게, 乙은 丙에게 각 소유권이전등기절차를 순차로 이행하라는 판결에 의하여 丙이 乙을 대위하여 甲으로부터 乙로의 소유권이전등기를 신청할 때에는 乙의 주소증명정보를 제공하여야 한다.

3 등기권리자 등의 주소증명정보의 제공이 필요 없는 경우

(1) 대지사용권의 이전등기를 신청하는 경우

구분건물을 신축한 자가 대지사용권을 가지고 있음에도 대지권에 관한 등기를 하지 아니하고 구분건물에 관하여만 소유권이전등기를 마친 경우 또는 구분건물을 신축하여 양도한 자가 그 건물의 대지사용권을 나중에 취득하여 이전하기로 약정한 경우, 후일 현재의 구분건물의 소유명의인과 공동으로 대지사용권에 관한 이전등기를 신청하는 경우에는 신청인의 주소증명정보의 제공이 필요 없다(규칙 제46조 제4항).

(2) 등기기록상 새롭게 등기명의인이 되는 자가 없는 등기신청의 경우

부동산·등기명의인표시변경등기 또는 당사자의 변경이 없는 권리변경등기를 신청하는 경우에도 신청인의 주소증명정보의 제공이 필요 없다.

4 주소증명정보

등기신청인		주소(사무소 소재지)증명정보
대한민국 국민으로서 국내 거주자		주민등록정보
법 인		법인등기사항증명정보
법인 아닌 사단·재단		정관·규약
외국인	입국하지 않은 경우	① 본국관공서의 주소증명정보 또는 거주사실증명정보 ② 발급기관이 없는 경우 주소를 공증한 정보
	입국한 경우	위 ①, ② 이외에 외국인등록사실증명정보도 가능. 외국인인 재외동포는 국내거소신고사실증명정보도 가능
재외국민	입국하지 않은 경우	③ 외국주재 한국대사관 또는 영사관이 있는 경우에는 재외국민거주사실증명정보 또는 재외국민등록부등록정보 ④ 한국대사관 등이 없는 경우에는 주소를 공증한 정보
	입국한 경우	위 ③, ④ 이외에 주민등록등·초본으로도 가능

* 외국인 및 재외국민의 주소증명정보에 대하여 자세한 내용은 4장 제2절 12 외국인 및 재외국민의 소유권이전등기(등기예규 제1640호)에서 서술하였으니 참조할 것

단락핵심   주소증명정보

(1) 지상권설정등기나 지상권이전등기를 신청하는 때에는 신청인의 주소증명정보를 제공하여야 한다.
(2) 판결에 의하여 등기권리자가 단독으로 소유권이전등기를 신청하는 경우에는 등기권리자의 주소를 증명하는 정보만을 제출하면 되고, 등기의무자의 주소증명정보는 제출하지 아니한다.

제3장 등기절차 총론

07 주민등록번호 또는 부동산등기용등록번호의 증명정보

1 의의 및 취지

등기부에 새롭게 등기명의인으로 되는 자가 등기권리자로서 등기를 신청하는 경우에는 신청정보에 첨부정보로서 등기권리자의 주민등록번호(또는 부동산등기용등록번호)를 증명하는 정보를 등기소에 제공해야 한다(규칙 제46조 제1항 제6호). 이는 허무인명의의 등기를 방지하고, 부동산에 관한 자료를 전산화하여 다양한 행정목적의 수행에 이바지하기 위한 것인데, 등기신청인의 동일성 확인을 위한 중요한 판단자료로서의 역할을 하기도 한다.

2 주민등록번호 등의 증명정보를 제공하여야 하는 등기신청

(1) 개정 부동산등기법에 의하면 등기부에 새롭게 등기명의인으로 되는 자가 생기는 기입등기의 종류로 한정한다.

(2) 즉 소유권보존등기·소유권이전등기·근저당권설정등기·용익물권설정 등과 같이 새로운 등기원인에 의하여 등기부에 새롭게 등기명의인이 생기는 등기일 경우에만 등기권리자의 주민등록번호(또는 부동산등기용등록번호)정보를 첨부정보로 제공한다(규칙 제46조 제1항 제6호).

(3) 다만, 주소증명정보와 달리 소유권이전등기를 신청하는 경우에도 등기의무자의 주민등록번호 등의 증명정보는 제공할 필요가 없다(규칙 제46조 제1항 제6호).

3 부동산등기용등록번호의 증명정보

(1) 부동산등기용등록번호의 증명정보

1) 등기부에 새롭게 등기명의인으로 되는 자가 법인, 법인 아닌 사단이나 재단, 주민등록번호가 없는 재외국민, 외국인인 경우에는 부동산등기용등록번호를 부여받아 이를 증명하는 정보를 첨부정보로서 등기소에 제공하여야 한다(규칙 제46조 제1항 제6호).

2) 다만, 국가·지방자치단체·국제기관·외국정부의 경우에는 국토교통부장관이 지정·고시하므로 따로 제공할 필요는 없다.

Professor Comment

주민등록번호가 없는 재외국민과는 달리 외국인등록을 한 외국인은 외국인등록증 또는 국내거소신고를 한 해외동포는 국내거소사실증명서로 갈음할 수 있다. 한편 주민등록번호가 있는 재외국민은 반드시 말소된 주민등록정보를 제공하여야 한다.

(2) 부동산등기용등록번호 부여기관(법 제49조) 27회 출제

1) 가·지방자치단체·국제기관·외국정부	국토교통부장관이 지정·고시(첨부가 아님)
2) 주민등록번호가 없는 재외국민	대법원 소재지 관할등기소(서울중앙지방법원 등기국)의 등기관
3) 법인	주된 사무소 소재지(본사·본점) 관할등기소의 등기관
4) 법인 아닌 사단이나 재단 국내에 영업소가 없는 외국법인	시장·구청장·군수(소재지 제한 없음)
5) 외국인	체류지를 관할하는 지방출입국·외국인관서의 장
6) 외국법인	국내에 최초로 설치 등기를 한 영업소나 사무소 소재지 관할 등기소의 등기관

단락문제 012

제10회 기출 개작

주민등록번호가 없는 등기권리자에 대한 부동산등기용 등록번호의 부여방법으로서 틀린 것은?

① 지방자치단체는 관할 지방법원장이 부여한다.
② 재외국민은 대법원 소재지 관할등기소의 등기관이 부여한다.
③ 법인은 주된 사무소의 소재지 관할등기소의 등기관이 부여한다.
④ 법인이 아닌 사단이나 재단은 시장·구청장·군수가 부여한다.
⑤ 외국인은 체류지를 관할하는 지방출입국·외국인관서의 장이 부여한다.

해설 부동산등기용 등록번호의 부여기관
지방자치단체의 부동산등기용 등록번호는 국토교통부장관이 부여한다(법 제49조 제1항 제1호). 답 ①

08 대장정보 기타 부동산의 표시를 증명하는 정보★★

1 의의

(1) 대장정보 기타 부동산표시를 증명하는 정보라 함은 부동산의 물리적 현황을 기록하여 조세부과라는 행정목적 달성을 위하여 작성하는 정보를 의미한다.
(2) 부동산의 표시를 증명하는 정보에는 토지대장·임야대장·건축물대장의 정보 및 지적도, 도면과 건물의 소재도 등이 있다.

제3장 등기절차 총론

2 부동산의 표시증명정보를 제공하여야 하는 경우

(1) 소유권보존등기를 신청하는 경우

1) 소유권보존등기를 신청하는 경우 부동산표시증명정보로 토지의 표시를 증명하는 토지대장정보나 임야대장정보 또는 건물의 표시를 증명하는 건축물대장정보나 그 밖의 정보를 첨부정보로서 등기소에 제공하여야 한다(규칙 제121조 제2항).

2) 건물의 소유권보존등기를 신청하는 경우에 그 대지 위에 여러 개의 건물이 있을 때에는 그 대지 위에 있는 건물의 소재도를 첨부정보로서 등기소에 제공하여야 한다. 다만, <u>건물의 표시를 증명하는 정보로서 건축물대장정보를 등기소에 제공한 경우에는 그러하지 아니하다</u>(규칙 제121조 제3항).

3) 구분건물에 관한 소유권보존등기를 신청하는 경우에는 1동의 건물의 소재도, 각 층의 평면도와 전유부분의 평면도를 첨부정보로서 등기소에 제공하여야 한다. 다만, 건물의 표시를 증명하는 정보로서 건축물대장 정보를 등기소에 제공한 경우에는 그러하지 아니하다(규칙 제121조 제4항).

(2) 소유권이전등기를 신청하는 경우

소유권이전등기를 신청하는 경우에는 토지대장·임야대장·건축물대장 정보나 그 밖에 부동산의 표시를 증명하는 정보를 제공하여야 한다(규칙 제46조 제1항 제7호).

(3) 부동산표시의 변경등기를 신청하는 경우

1) 토지의 분합, 멸실, 면적의 증감 또는 지목의 변경등기를 신청하는 경우에는 첨부정보로 토지대장정보 또는 임야대장정보를 제공하여야 한다(규칙 제72조, 제83조). 따라서 토지의 경우에는 대장정보 외에 기타 부동산표시를 증명하는 정보를 제공할 수 없다.

2) 건물의 분합, 종류 또는 구조의 변경, 면적의 증감 또는 부속건물의 신축등기를 신청하는 경우에는 건축물대장정보를 첨부정보로 제공하여야 한다(규칙 제86조 제3항).

3) 한편 건물멸실등기를 신청하는 경우에는 그 멸실이나 부존재를 증명하는 건축물대장정보나 그 밖의 정보를 첨부정보로서 등기소에 제공하여야 한다(규칙 제102조).

(4) 건물이나 토지의 일부에 대한 전세권설정등기 등을 신청하는 경우

1) 첨부정보 제공

건물이나 토지의 일부에 대한 전세권, 지상권, 지역권의 설정등기를 신청하는 경우에는 그 부분을 표시한 지적도나 건물의 도면을 첨부정보로 제공하여야 한다(규칙 제126조 제2항, 제128조 제2항 등).

2) 도면 등의 작성방법

도면은 전자문서로 작성하여야 하며, 건물의 도면에는 건물의 소재지, 건물의 종류, 구조와 면적, 택지의 방위를 기록하고, 1필지 또는 여러 필지 위에 여러 개의 건물이 있을 때에는 건물의 번호, 건물의 형상, 길이, 위치를 기록하여야 한다.

3) 도면 등의 제공방법

도면 등을 전자문서로 작성하여 전산정보처리조직을 이용하여 등기소에 제공하여야 하고, 이 때 신청인 또는 대리인의 전자서명정보를 함께 송신하여야 한다. 다만, 자연인 또는 법인 아닌 사단이나 재단이 직접 등기신청을 하는 경우 또는 자연인 또는 법인 아닌 사단이나 재단이 자격자대리인이 아닌 사람에게 위임하여 등기신청을 하는 경우에 도면 등을 서면으로 작성하여 등기소에 제공할 수 있다. 이때에는 신청인 또는 대리인이 기명날인하거나 서명하여야 한다.

> **Key Point** 토지·임야·건축물대장정보를 첨부정보로 제공하여야 하는 경우
>
> 1) 소유권보존등기를 신청하는 때(규칙 제121조 제2항)
> 2) 토지의 분합·멸실·면적의 증감 또는 지목변경등기신청을 하는 때(규칙 제72조 등)
> 3) 건물의 분합, 종류·구조의 변경, 그 면적의 증감·부속건물의 신축이 있는 때(규칙 제86조 제3항)
> 4) 건물의 멸실, 부존재로 멸실등기를 신청하는 경우(규칙 제102조)
> 5) 소유권이전등기를 신청하는 때(규칙 제46조 제1항 제7호)

Professor Comment
건물대지상에 1동의 건물이 있을 때, 멸실등기를 신청할 때는 도면을 첨부하지 않는다.

09 규약 또는 공정증서 (구분건물 등기신청의 경우)

(1) 구분건물에 대하여 대지권의 등기를 신청할 때 다음의 어느 하나에 해당되는 경우에는 첨부정보로서 해당 규약이나 공정증서를 등기소에 제공하여야 한다(규칙 제46조 제2항).

1) 구분건물의 대지권의 목적인 토지가 구분건물의 규약상 대지인 경우
2) 구분건물의 소유자가 2개 이상의 전유부분을 가지는 경우에 규약으로 각 전유부분의 대지권의 비율을 전유부분의 면적비율과 다르게 정할 때
3) 전유부분과 대지사용권을 분리하여 처분할 수 있도록 규약으로 정한 때(즉, 대지사용권이 대지권이 아닌 때) 또는 이 규약을 폐지하여 대지권변경등기를 신청할 때

(2) 한편 대지권의 변경·경정 또는 소멸의 등기를 신청할 때(규칙 제86조 제2항), 규약상 공용부분인 뜻의 등기를 할 때와 규약의 폐지에 따른 소유권보존등기를 신청할 때(규칙 제104조 제1항, 제4항)에도 규약이나 공정증서(규약폐지를 증명하는 정보)를 첨부정보로 제공하여야 한다.

제3장 등기절차 총론

■ 건축물대장의 기재 및 관리 등에 관한 규칙 [별지 제1호 서식]

일반건축물대장(갑)

(3쪽 중 제1쪽)

고유번호			명칭		호수/가구수/세대수	
대지위치		지번		도로명주소		
※대지면적 ㎡	연면적 ㎡	※지역		※지구		※구역
건축면적 ㎡	용적률 산정용 연면적 ㎡	주구조		주용도		층수 지하: 층, 지상: 층
※건폐율 %	※용적률 %	높이 m		지붕		부속건축물 동 ㎡
※조경면적 ㎡	※공개 공지·공간 면적 ㎡	※건축선 후퇴면적 ㎡		※건축선 후퇴거리 m		

건축물 현황

구분	층별	구조	용도	면적(㎡)

소유자 현황

성명(명칭) 주민(법인)등록번호 (부동산등기용등록번호)	주소	소유권 지분	변동일 변동원인

이 등(초)본은 건축물대장의 원본내용과 틀림없음을 증명합니다.

담당자:
전 화:
발급일: 년 월 일

특별자치시장·특별자치도지사 또는 시장·군수·구청장

※ 표시 항목은 총괄표제부가 있는 경우에는 기재하지 않을 수 있습니다.

297㎜×210㎜[백상지 80g/㎡]

(3 중 제2쪽)

		명칭	호수/가구수/세대수
대지위치	지번	도로명주소	

구분	성명 또는 명칭	면허( )번호	※주차장					승강기		허가일
건축주			구분	옥내	옥외	인근	면제	승용 대	비상용 대	착공일
설계자								※하수처리시설		사용승인일
공사감리자			자주식	대 ㎡	대 ㎡	대 ㎡		형식		관련 주소
공사시공자 (현장관리인)			기계식	대 ㎡	대 ㎡	대 ㎡	대	용량		지번

※ 에너지효율등급 인증	※에너지성능지표(EPI) 점수	※녹색건축 인증	※지능형건축물 인증	
등급		등급	등급	
에너지절감률(또는 1차에너지 소요량) %(kw/h)		인증점수 점	인증점수 점	
유효기간: . . . ~ . . .	점	유효기간: . . . ~ . . .	유효기간: . . . ~ . . .	도로명

내진설계 적용 여부	내진능력	특수구조 건축물 (해당, 미해당)	특수구조 건축물 유형	
지하수위 G.L m	기초형식 (지내력기초, 파일기초)		설계지내력(지내력기초인 경우) t/㎡	구조설계 해석법 (등가정적해석법, 동적해석법)

변동사항				
변동일	변동내용 및 원인	변동일	변동내용 및 원인	그 밖의 기재사항

※ 표시 항목은 총괄표제부가 있는 경우에는 기재하지 않을 수 있습니다.

건축물현황도

대지위치		명칭		호수/가구수/세대수	(3 중 제3쪽)
	지번		도로명주소		

| 도면의 종류 | | 축척 | 1 : | 도면 작성자 | (서명 또는 인) |

10 인감증명 ★★★   11·추가15·17·21회 출제

> **제60조(인감증명의 제출)**
> ① 방문신청을 하는 경우에는 다음 각 호의 인감증명을 제출하여야 한다. 이 경우 해당 신청서(위임에 의한 대리인이 신청하는 경우에는 위임장을 말한다)나 첨부서면에는 그 인감을 날인하여야 한다. 〈개정 2018. 8. 31.〉
> 1. 소유권의 등기명의인이 등기의무자로서 등기를 신청하는 경우 등기의무자의 인감증명
> 2. 소유권에 관한 가등기명의인이 가등기의 말소등기를 신청하는 경우 가등기명의인의 인감증명
> 3. 소유권 외의 권리의 등기명의인이 등기의무자로서 법 제51조에 따라 등기를 신청하는 경우 등기의무자의 인감증명
> 4. 제81조제1항에 따라 토지소유자들의 확인서를 첨부하여 토지합필등기를 신청하는 경우 그 토지소유자들의 인감증명
> 5. 제74조에 따라 권리자의 확인서를 첨부하여 토지분필등기를 신청하는 경우 그 권리자의 인감증명
> 6. 협의분할에 의한 상속등기를 신청하는 경우 상속인 전원의 인감증명
> 7. 등기신청서에 제3자의 동의 또는 승낙을 증명하는 서면을 첨부하는 경우 그 제3자의 인감증명
> 8. 법인 아닌 사단이나 재단의 등기신청에서 대법원예규로 정한 경우
> ② 제1항제1호부터 제3호까지 및 제6호에 따라 인감증명을 제출하여야 하는 자가 다른 사람에게 권리의 처분권한을 수여한 경우에는 그 대리인의 인감증명을 함께 제출하여야 한다. 〈신설 2018. 8. 31.〉
> ③ 제1항에 따라 인감증명을 제출하여야 하는 자가 국가 또는 지방자치단체인 경우에는 인감증명을 제출할 필요가 없다. 〈개정 2018. 8. 31.〉
> ④ 제1항제4호부터 제7호까지의 규정에 해당하는 서면이 공정증서이거나 당사자가 서명 또는 날인하였다는 뜻의 공증인의 인증을 받은 서면인 경우에는 인감증명을 제출할 필요가 없다. 〈개정 2018. 8. 31.〉

1 서 설

(1) 방문신청에 의한 일정한 등기신청시에 신청서, 위임장(대리인에 의한 등기신청시) 또는 첨부서면에 등기의무자, 등기원인에 대한 동의·승낙자 또는 등기상 이해관계인 등의 날인은 인감으로 하여야 하고 인감증명을 제출하여야 하는 바(규칙 제60조 제1항), 이는 이들 서면에 날인한 당사자의 의사의 진정성을 확인하기 위함이다.

(2) 인감증명은 '인장'이 행정상 관리주소를 관할하는 증명청에 미리 신고한 '인감'임을 증명하는 것으로서 특별자치시장·특별자치도지사·시장·군수 또는 구청장이나 읍장·면장·동장 또는 출장소장이 발급한 서면이다(「인감증명법」 제3조, 제12조).

2 인감증명의 제출   17회 출제

(1) 제출을 요하는 경우   10회 출제

1) 소유권의 등기명의인이 등기의무자로서 신청하는 아래 등기의 경우 등기의무자인 소유권의 등기명의인의 인감증명(규칙 제60조 제1항 제1호)

   ① 소유권이전등기, 소유권이전등기의 말소등기, 소유권이전등기청구권보전의 가등기
   ② 소유권 목적의 지상권·전세권·지역권·임차권·저당권설정등기

2) 소유권에 관한 가등기명의인이 가등기말소등기를 신청하는 경우 가등기명의인의 인감증명 (규칙 제60조 제1항 제2호)

3) 등기의무자인 소유권 외의 권리의 등기명의인이 등기필증의 멸실 또는 등기필정보가 없어서 첨부정보로서 등기소에 자격자대리인의 확인정보 또는 공정증서부본을 첨부정보로 제공하여 등기를 신청하는 경우 등기의무자의 인감증명(규칙 제60조 제1항 제3호)

4) 토지합필특례에 따라 토지소유자들의 확인서를 첨부하여 토지합필등기를 신청하는 경우 그 토지소유자들의 인감증명(규칙 제60조 제1항 제4호)

5) 토지의 분필등기를 신청함에 있어 1필의 토지의 일부에 지상권 전세권 등의 용익권이 있는 경우 그 권리가 존속할 토지의 표시에 관해 권리자의 확인서를 첨부하여 분필등기를 신청하는 경우 그 권리자의 인감증명(규칙 제60조 제1항 제5호)

6) 협의분할에 의한 상속등기를 신청하는 경우 분할협의서에 날인한 상속인 전원의 인감증명 (규칙 제60조 제1항 제6호)

7) 등기신청서에 제3자의 동의 또는 승낙을 증명하는 서면을 첨부하는 경우 제3자의 인감증명 (규칙 제60조 제1항 제7호)

8) 법인 아닌 사단이나 재단의 등기신청시 인감증명을 첨부하여야 하는 경우

   ① 법인 아닌 사단의 경우, 대표자 또는 관리인임을 증명하는 정보로 사원총회결의를 증명하는 정보를 제출하여야 한다.「민법」제276조 제1항에 따른 사원총회결의를 증명하는 정보에는 그 사실을 확인하는데 상당하다고 인정되는 2인 이상의 성년자가 사실과 상위 없다는 취지와 성명을 기재하고 인감을 날인하여야 하며, 날인한 인감에 관한 인감증명을 첨부정보로서 등기소에 제공하여야 한다(규칙 제60조 제1항 제8호, 등기예규 제1621호).

   ② 다만, 변호사 또는 법무사가 등기신청을 대리하는 경우에는 변호사 또는 법무사가 위 각 서면에 사실과 상위 없다는 취지를 기재하고 기명날인한 경우에는 보증인이 인감을 날인할 필요가 없고 그 자의 인감증명을 첨부정보로서 등기소에 제공할 필요도 없다(등기예규 제1621호).

Key Point	인감증명을 첨부하여야 하는 경우(등기권리자에게 요구하는 경우는 없음)
등기의무자	① 소유권의 등기명의인이 등기의무자로서 등기신청 : 등기의무자의 인감증명 ② 소유권의 가등기명의인이 가등기말소를 신청 : 가등기명의인의 인감증명 ③ 소유권 외 권리의 등기명의인이 등기의무자로서 등기필정보가 없는 경우 : 등기의무자 인감증명 ④ 토지의 합필의 특례에 따른 등기 신청 : 그 토지 소유자들의 인감증명
등기신청에 참여하지 않는 제3자	① 1필 토지의 일부에 용익물권이 존재하는 토지분필등기신청 : 동의·승낙한 그 권리자의 인감증명 ② 협의분할에 의한 상속등기신청 : 분할협의서에 인감날인한 상속인 전원의 인감증명 ③ 제3자의 동의·승낙증명서면 첨부 : 이에 인감날인한 동의·승낙자의 인감증명
기 타	① 법인 아닌 사단(재단)의 등기신청시 대표자 또는 관리인임을 증명하는 서면으로서 선임한 총회결의서를 첨부하거나, 법인 아닌 사단이 등기의무자로서 등기신청을 할 경우의 부동산 처분에 관한 사원총회결의서 첨부 : 2인 이상 성년자인 보증인의 인감증명 ② 등기명의인으로부터 권리의 처분권한을 수여받은 대리인이 본인을 대리하여 법률행위를 하고 그에 따른 등기신청을 하는 경우 또는 상속인이 상속재산 협의분할권한을 대리인에게 위임하여 협의분할이 이루어지고 그에 따른 상속등기신청을 하는 경우에 본인의 인감증명 외에 대리인의 인감증명도 제출

(2) 본인서명사실확인서 등과 인감증명서와의 관계

관계 법령 등에 규정된 각종 절차와 거래 관계 등에서 인감증명서를 제출하여야 하는 경우 본인서명사실확인서(전자본인서명확인서의 경우에는 그 발급증)를 제출한 경우에는 인감증명서를 제출한 것으로 본다(「본인서명사실 확인 등에 관한 법률」제13조 제1항).

(3) 제출을 요하지 않는 경우 14회 출제

1) 소유권의 등기명의인이 등기의무자로서 등기신청하는 것이 아닌 경우
   ① 소유권 외의 권리인 지상권·전세권·저당권 이전등기
   ② 소유권 외의 권리인 지상권·전세권 목적의 저당권설정등기, 저당권목적의 권리질권설정등기, 채권담보권설정등기
   ③ **소유권의 보존등기** → 등기의무자가 없으므로
   ④ 저당권이전 가등기, 지상권·전세권·저당권설정청구권 가등기의 말소등기
   ⑤ 환매특약등기(환매특약등기 신청시에는 후일 환매권행사시의 등기의무자인 매수인이 아직 소유권등기명의인이 아님)

2) 인감증명을 제출하여야 하는 자가 국가 또는 지방자치단체인 경우(규칙 제60조 제3항)

3) 토지합필등기의 신청시의 토지소유자들의 확인서, 토지분필등기신청시의 권리자의 확인서, 협의분할에 의한 상속등기신청시의 협의분할서 또는 등기신청서에 첨부하는 제3자의 동의 또는 승낙증명서면이 공정증서이거나 당사자가 서명 또는 날인하였다는 뜻의 공증인의 인증을 받은 서면인 경우(규칙 제60조 제4호~제7호, 제60조 제4항)

4) 등기명의인의 표시변경등기
5) 전자신청의 경우 인감증명을 제출하여야 하는 자가 공인인증서정보(법인인 경우에는 '전자증명서정보')를 송신한 경우(규칙 제60조 제1항의 반대해석, 등기예규 제1624호)

> **Key Point** 인감증명 제출을 필요로 하지 않는 경우
>
> 1) 소유권의 등기명의인이 등기의무자로서 등기신청하는 것이 아닌 경우: ① 소유권 외의 권리인 지상권·전세권·저당권 이전등기 ② 소유권 외의 권리인 지상권·전세권 목적의 저당권 설정등기, 저당권목적의 권리질권 설정등기·채권담보권설정등기 ③ 저당권이전·말소·이전가등기, 지상권·전세권·저당권설정청구권보전가등기의 말소등기, ④ 환매특약등기
> 2) 소유권보존등기를 신청하는 경우
> 3) 인감증명을 제출하여야 하는 자가 국가 또는 지방자치단체인 경우
> 4) 건물의 멸실등기 신청시, 등기명의인의 표시변경등기
> 5) 전자신청의 경우 인감증명을 제출하여야 하는 자가 공인인증서정보(법인인 경우에는 '전자증명서정보')를 송신한 경우

3 제출하여야 할 인감증명(규칙 제61조)

1) 대한민국 국민		「인감증명법」에 의한 본인의 인감증명(제한능력자의 경우 법정대리인의 인감증명: ① 규칙 제60조 제1호~제3호의 등기신청을 하는 경우 또는 ② 규칙 제60조 제4호~제7호의 서류를 작성한 경우)
2) 법인 또는 외국법인		대표자의 인감증명(등기소증명 요함, 규칙 제61조 제1항)
3) 법인이 아닌 사단·재단		대표자 또는 관리인의 인감증명(규칙 제61조 제1항)
4) 외국인	① 인감증명제도가 있는 경우	「인감증명법」에 따른 인감증명 또는 본국의 관공서가 발행한 인감증명(규칙 제61조 제4항)
	② 인감증명제도가 없는 경우	본국에 인감증명제도가 없고 또한 「인감증명법」에 따른 인감증명을 받을 수 없는 자는 신청서나 위임장 또는 첨부서면에 본인이 서명 또는 날인하였다는 뜻의 본국 관공서의 증명이나 본국 또는 대한민국 공증인의 인증(「재외공관 공증법」에 따른 인증을 포함한다)을 받음으로써 인감증명의 제출을 갈음할 수 있음(규칙 제61조 제4항)
5) 재외국민		위임장이나 첨부서면에 본인이 서명 또는 날인하였다는 뜻의 「재외공관 공증법」에 따른 인증을 받음으로써 인감증명의 제출을 갈음할 수 있음(규칙 제61조 제3항)

※ 외국인 및 재외국민의 국내 부동산 처분 등에 따른 등기신청절차(등기예규 제1640호 참조)

제2편 부동산등기법

4 인감증명서의 유효기간 및 용도(등기예규 제1308호) 10회 출제

(1) 유효기간
등기신청서에 첨부하는 인감증명은 발행일부터 3개월 이내의 것이어야 한다(규칙 제62조).

(2) 용도

1) 부동산매도용 인감증명을 제출하여야 하는 경우(등기예규 제1308호)
① 매매를 원인으로 한 소유권이전등기를 신청하는 경우
② 따라서 소유권이전등기의 원인이 증여·교환 등 매매 이외의 원인인 경우에는 부동산매도용 인감증명서를 첨부할 필요가 없으므로, 그 등기의 목적과 인감증명의 용도가 다르더라도 그 등기신청은 수리하여야 한다.

2) 주소증명정보로의 전용 여부(소극)
원칙적으로 인감증명은 등기의무자의 인감을 증명하기 위한 것이지 본인의 주소를 증명하는 정보라고 볼 수는 없으므로, 인감증명을 주소증명정보로 제공할 수 없다. 따라서 소유권이전등기를 신청하는 경우에는 신청인의 주소를 증명하는 정보와 등기의무자의 인감증명정보를 각각 제공하여야 한다(2000.8.25. 등기 3402-604).

3) 부동산매도용 인감증명에의 기재사항
① 부동산매도용 인감증명의 부동산매수자란에는 매수인의 성명(법인은 법인명), 주민등록번호 및 주소가 기재되어 있어야 한다.
② 부동산매도용 인감증명서에 기재된 매수자와 매매를 원인으로 한 소유권이전등기신청서에 기재된 등기권리자의 인적사항은 일치되어야 한다. 불일치한 경우의 등기신청은 수리가 거부된다. → 동일인임을 증명할 정도면 족함
③ **부동산의 매수인이 다수인 경우**
이 경우 부동산매도용 인감증명서상의 매수자란 중 성명란에 "○○○ 외 ○명"으로 기재하고, 주민등록번호 및 주소란에 첫 번째 매수인 1인의 주소와 주민등록번호를 기재한 다음, 나머지 매수인들의 인적사항을 기재한 별지를 첨부한 등기신청은 이를 수리하되, 나머지 매수인들의 인적사항을 기재한 별지를 첨부하지 않은 등기신청은 수리하여서는 아니 된다.

> **Key Point** 인감증명 등 첨부서면의 유효기간(규칙 제62조)
>
> 인감증명, 법인등기사항증명서, 주민등록표등본·초본, 가족관계등록사항별증명서, 건축물대장·토지대장·임야대장 등본은 발행일부터 3개월 이내의 것이어야 한다.

제3장 등기절차 총론

단락핵심 — 인감증명

(1) 일본에 거주하는 재외국민이 등기의무자인 때에는 우리나라 「인감증명법」상의 본인의 인감증명을 제출하여야 하나, 위임장이나 첨부서면에 본인이 서명 또는 날인하였다는 뜻의 「재외공관 공증법」에 따른 인증을 받음으로써 인감증명의 제출을 갈음할 수 있다.
(2) 인감증명은 발행일부터 3개월 이내의 것이어야 한다.
(3) 법인 또는 외국법인이 등기의무자인 때에는 등기소의 증명을 얻은 그 대표자의 인감증명을 제출하여야 한다.
(4) 법인 아닌 사단 또는 재단이 등기의무자인 때에는 그 대표자 또는 관리인의 인감증명을 제출하여야 한다.
(5) 증여를 원인으로 한 소유권이전등기를 신청할 경우 제출할 인감증명의 용도를 불문하나, 부동산매도용 인감증명을 제출할 수 있다.
(6) 관공서의 촉탁에 의한 등기의 경우에는 부동산소유자의 인감증명서의 제출을 요하지 않는다.

단락문제 Q13

다음은 등기신청시 제공하여야 하는 첨부정보 중 인감증명에 대한 설명으로 틀린 것은?

① 소유권 외의 권리의 등기명의인이 등기의무자로서 그 등기필정보가 없어 신청서에 자격자대리인의 확인서면 또는 공증서면 부본을 첨부하여 등기를 신청하는 경우 등기의무자의 인감증명을 제출해야 한다.
② 법정대리인에 의하여 등기를 신청하는 경우 본인의 인감증명서를 제출하여야 한다.
③ 등기신청서에 제3자의 동의 또는 승낙을 증명하는 서면을 첨부하는 경우 그 서면에 날인한 동의 또는 승낙자의 인감증명을 제출해야 한다.
④ 매매 이외의 경우에는 등기신청서에 첨부된 인감증명서상의 사용용도와 그 등기의 목적이 다르더라도 그 등기신청은 이를 수리하여야 한다.
⑤ 소유권이전등기신청서에 첨부되는 재외국민의 인감증명서는 비고란에 이전할 부동산명과 그 소재지가 기재될 필요가 없다.

해설 인감증명서
①, ③ (○) (규칙 제60조 제1항)
② (×) 법정대리인에 의한 등기신청은 법정대리인의 인감증명서를 제출하여야 한다(규칙 제61조 제2항).
④ (○) (등기예규 제1308호 제5조)
⑤ (○) 종래 비고란에 이전할 부동산명과 그 소재지를 기재할 것을 요구했던 등기예규 제1171호가 개정되어 이러한 제한이 없다.

답 ②

11 거래계약신고필정보와 매매목록정보 18회 출제

1 부동산거래의 신고의 의의(등기예규 제1633호)

(1) 부동산거래의 신고

부동산(또는 그 부동산을 취득할 수 있는 권리)에 관한 매매계약을 체결한 때에는 부동산 등의 실제 거래가격 등을 거래계약의 체결일부터 60일 이내에 그 권리의 대상부동산 등의 소재지 관할 시장·군수 또는 구청장에게 공동으로 신고하여야 한다(「부동산 거래신고 등에 관한 법률」 제3조 제1항).

(2) 소유권이전등기시 거래가액의 등기 등

1) 부동산거래의 경우

2006. 1. 1. 이후 작성된 동 매매계약서를 등기원인증명서면으로 하여 2006. 6. 1. 이후에 소유권이전등기를 신청하는 경우에는 신고한 거래가액을 등기기록에 기록한다(법 제68조). 매매예약을 원인으로 한 소유권이전청구권가등기에 의한 본등기를 신청하는 때에는 매매계약서를 등기원인증명서면으로 제출하지 않는다 하더라도 거래가액을 등기한다.

2) 거래가액을 등기하지 않는 경우

2006. 1. 1. 이전에 작성된 매매계약서에 의한 등기신청을 하는 때, 등기원인증명서면이 매매계약서가 아닌 때(판결서 등) 또는 매매계약서를 등기원인증명서면으로 제출하면서 소유권이전청구권가등기를 신청하는 때에는 거래가액을 등기하지 않는다.

2 신청정보와 첨부정보

(1) 신청정보로서 거래가액 및 거래신고관리번호를 제공하여야 한다.
(2) 첨부정보로서 거래계약신고필증정보와 매매목록(거래부동산이 2개 이상인 경우 또는 거래부동산이 1개라 하더라도 매매당사자 쌍방이 수인인 경우)을 등기소에 제공하여야 한다(규칙 제124조). 신고필증명정보에는 거래신고관리번호, 거래당사자, 거래가액, 목적부동산이 표시되어 있어야 한다.

3 거래가액의 등기방법(등기예규 제1633호)

(1) 기본적인 등기방법

매매목록의 제공이 필요 없는 경우에는 그 거래가액을, 매매목록이 제공된 경우에는 거래가액과 부동산의 표시를 기록한 매매목록의 번호를 등기기록 중 갑구의 권리자 및 기타사항란에 기록하고(규칙 제125조), 매매목록에는 목록번호, 거래가액, 부동산의 일련번호, 부동산의 표시, 순위번호, 등기원인을 전자적으로 기록한다(등기예규 제1633호).

(2) 분양계약의 경우

1) 최초의 피분양자가 등기권리자가 되어 소유권이전등기를 신청하는 경우에 거래계약신고 대상이어서 첨부정보로 거래신고필증정보가 제공된 경우에는 거래가액을 등기한다.
2) 최초의 피분양자로부터 그 지위를 이전받은 자가 등기권리자가 되어 소유권이전등기를 신청하는 경우에는 등기신청서에 등기권리자가 매수인으로 거래계약신고를 하여 교부받은 거래신고필증정보가 첨부정보로 제공되어 있을 때에만 거래가액을 등기한다.

4 등기신청의 각하사유

등기원인증명정보와 신고필증명정보의 기재사항이 서로 달라 동일한 거래라고 인정할 수 없는 경우 등기관은 해당 등기신청을 각하하여야 한다(법 제29조 제8호).

Professor Comment

부동산거래신고 및 거래신고필증을 첨부정보로 제공하는 제도는 2006. 1. 1. 이후 작성된 매매계약서를 등기원인증서로 하여 2006. 6. 1. 이후 소유권이전등기를 신청하는 경우에만 적용되고, 등기원인이 교환, 증여, 신탁, 판결, 경매 등의 경우에는 거래신고대상이 아니다.

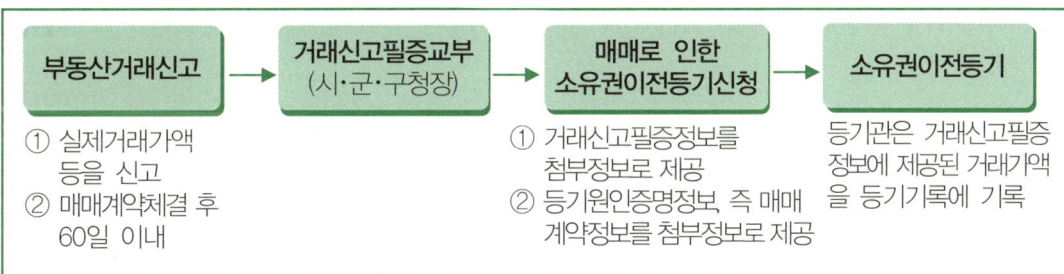

거래가액의 등기

(1) 2006.1.1. 이전에 작성된 매매계약서를 등기원인증명정보로 한 경우에는 거래가액을 등기기록에 기록하지 않는다.
(2) 등기원인이 매매라 하더라도 등기원인증명정보가 판결, 조정조서 등 매매계약서가 아닌 때에는 거래가액을 기록하지 않는다.
(3) 신고필증정보상의 부동산이 1개인 경우에도 매도인과 매수인이 각각 복수이면 매매목록을 제공하여야 한다.
(4) 당초의 신청에 착오가 있는 경우 또는 등기관의 과오로 잘못 기록된 경우에는 등기된 매매목록을 경정할 수 있다.
(5) 등기원인증명정보와 신고필증정보에 기재된 사항이 서로 달라 동일한 거래라고 인정할 수 없는 등기신청은 각하된다.

제2편 부동산등기법

단락문제 Q14

다음은 등기신청시 제공하는 거래계약신고필증정보와 거래가액의 등기에 대한 설명으로 틀린 것은?

① 거래가액은 2006. 1. 1.이후 작성된 매매계약서를 등기원인증명정보로 하여 2006. 6. 1.이후 소유권이전등기를 신청하는 경우에 등기한다.
② 등기원인이 매매라 하더라도 등기원인증명정보가 판결, 조정조서 등 매매계약서가 아닌 때에는 거래가액을 등기하지 않는다.
③ 매매에 관한 거래계약서를 등기원인을 증명하는 정보로 제공하여 소유권이전등기를 신청하는 경우에는 거래계약신고필증정보를 첨부정보로 제공해야 한다.
④ ③의 경우 거래계약신고필증정보에 기재되어 있는 실제거래가액을 갑구의 권리자 및 기타사항란에 기록하여야 한다.
⑤ 매매예약을 원인으로 한 소유권이전청구권가등기에 의한 본등기를 신청하는 경우에는 거래가액을 등기할 필요가 없다.

해설 등기신청시의 첨부서면
①, ② (○) (등기예규 제1633호)
③, ④ (○) (규칙 제124조 제2항, 제125조 제1호)
⑤ (✕) 거래가액을 등기한다(등기예규 제1633호).

답 ⑤

제3장 등기절차 총론

> **Key Point** 등기신청시 신청정보와 첨부정보

1) 신청정보 ─ 방문신청주의 (출석·서면: 요식주의)
   ─ 원칙: 1건 1신청주의
   ─ 예외: 일괄신청 (동일신청서) ─ 관할등기소, 등기의 원인 (모두 동일), 등기의 목적
   ─ 내용 ─ 필요적 정보사항 → 누락 시 각하
            ─ 임의적 정보사항

2) 첨부정보
   ① 등기원인을 증명하는 정보
      ㉠ 제출이유: 등기의 진정보장
      ㉡ 등기원인증명정보의 내용: 부동산표시, 등기할 사항(권리변동 등)의 표시, 당사자표시와 기명날인·서명 등에 관한 정보를 담고 있어야 한다.
   ② 검인계약서
      계약을 등기원인으로 한 소유권이전등기신청인 경우
   ③ 등기필증(등기필증이 없는 경우: 자격자대리인의 직접위임확인정보, 신청서 또는 위임장의 공정증서 부본) → 종전의 등기필증소지자가 등기의무자가 되는 경우에 한하여 제출함. 등기필정보통지서를 보유하고 있는 자는 신청시에 그 내용을 신청정보로 제공하므로 첨부정보로 제공하지 않는다.
      • 제출 ─ 요하는 경우(권리에 관한 등기를 공동신청, 또는 승소한 등기의무자가 단독 신청하는 경우)
              ─ 불필요한 경우(등기권리자 단독신청의 경우)
   ④ 등기원인에 대한 제3자의 허가, 동의 또는 승낙을 증명하는 정보
      • 제출 ─ 요하는 경우: 유효요건 또는 취소사유가 되는 경우
              ─ 요하지 않는 경우: 등기원인증명정보가 집행력 있는 판결인 경우. 그러나 제3자가 행정관청인 경우에는 허가 등의 증명정보의 제공이 필요함(예외 있음)
   ⑤ 대리권한(법인의 대표자격)을 증명하는 정보 ─ 임의대리(위임장)
                                                ─ 법정대리(가족관계등록에 관한 정보)
                                                ─ 법인(법인등기사항증명정보)
   ⑥ 주소·주민등록번호 등의 증명정보(새로운 등기명의인이 등기권리자로 되는 경우. 다만, 소유권이전등기의 경우에는 등기의무자의 주소증명정보도 첨부함)
   ⑦ 포괄승계사실(상속 등)증명정보(가족관계등록에 관한 정보)
   ⑧ 대위원인을 증명하는 정보(채권증서 등 채권자의 자격증명서면)
   ⑨ 인감증명정보 ─ 제출이 필요한 경우: 소유권등기명의인이 등기의무자로서 등기신청시 등
                    ─ 부동산매도용: 매매원인 소유권이전등기신청시, 이외의 등기신청시에는 용도, 효기간(3개월 이내의 것)
   ⑩ 부동산의 표시증명정보(토지·건축물대장등본, 지적도, 도면 등)
      소유권보존등기, 소유권이전등기 및 표시변경 등기·멸실등기시

12 등기신청과 관련한 의무사항의 이행과 관련정보의 제공

(1) 등기를 신청하는 경우에는 취득세나 등록면허세 등 등기와 관련하여 납부하여야 할 세액 및 과세표준액을 신청정보의 내용으로 등기소에 제공하여야 한다.

(2) **여러 개의 부동산에 관한 등록면허세 등의 납부**

등기원인 및 등기목적이 동일한 것으로서 여러 개의 등기소의 관할에 걸쳐 있는 여러 개의 부동산에 관한 권리의 등기를 신청할 때에는 최초의 등기를 신청하면서 등록면허세의 전액을 납부하여야 하며 등기관은 신청인이 등록면허세의 전액을 납부한 사실에 관한 정보를 전산정보처리조직에 의하여 작성하여야 한다(규칙 제45조 제1항, 제2항).

(3) 신청인이 다른 등기소에 등기를 신청할 때에는 최초의 등기를 신청하면서 등록면허세의 전액을 납부한 사실, 최초의 등기를 신청한 등기소의 표시와 그 신청정보의 접수연월일 및 접수번호를 신청정보의 내용으로 등기소에 제공하여야 한다(규칙 제45조 제3항).

(4) 취득세, 등록면허세 또는 등기신청수수료를 내지 아니하거나 등기신청과 관련하여 다른 법률에 따라 부과된 의무를 이행하지 아니한 경우에는 등기신청의 각하사유가 된다(법 제29조 제10호).

13 첨부정보(서면)의 원용과 원본환부

1 첨부정보의 원용

같은 등기소에 동시에 여러 건의 등기신청을 하는 경우에 첨부정보의 내용이 같은 것이 있을 때에는 먼저 접수되는 신청에만 그 첨부정보를 제공하고, 다른 신청에는 먼저 접수된 신청에 그 첨부정보를 제공하였다는 뜻을 신청정보의 내용으로 등기소에 제공하는 것으로 그 첨부정보의 제공을 갈음할 수 있다(규칙 제47조 제2항).

2 첨부서면의 원본환부와 반환

(1) 첨부서면 중에 관청의 허가서 등과 같이 원본이 1통 뿐이어서 재입수가 어려운 것은 신청서에 그 원본과 같다는 뜻을 적은 사본을 첨부하고 원본의 환부를 청구할 수 있고, 이 경우 등기관은 서류의 원본을 환부하고 그 사본에 원본환부의 뜻을 적고 기명날인하는 방법에 의한다(규칙 제59조).

(2) **원본환부청구를 할 수 없는 서류**

1) 해당 등기신청만을 위하여 작성한 등기신청위임장, 등기필정보가 없는 경우 자격자대리인이 등기의무자 또는 법정대리인으로부터 위임받았음을 확인하는 확인정보서면
2) 별도의 방법으로 다시 취득할 수 있는 인감증명, 법인등기사항증명서, 주민등록표등본·초본, 가족관계등록사항별증명서 및 건축물대장·토지대장·임야대장 등

(3) 등기원인증서의 반환

방문신청에 있어서 등기신청서에 첨부된 등기원인증명정보를 담고 있는 서면이 법률행위의 성립을 증명하는 서면이거나 그 밖에 대법원예규로 정하는 서면(법률사실의 성립을 증명하는 서면, 그 밖에 등기원인증서로 볼 수 있는 서면)일 때에는 등기관이 등기를 마친 후에 이를 신청인에게 돌려주어야 한다. 다만, 신청인이 등기를 마친 때부터 3개월 이내에 수령하지 않을 때에는 이를 폐기할 수 있다(규칙 제66조, 등기예규 제1514호).

14 첨부정보 제공의 면제 (규칙 제46조 제6항, 등기예규 제1549호)

1 의 의

(1) 규칙 제46조 제1항 및 그 밖의 법령에 따라 등기소에 제공하여야 하는 첨부정보 중 법원행정처장이 지정하는 첨부정보는 「전자정부법」 제36조 제1항에 따른 행정정보 공동이용을 통하여 등기관이 확인하고 신청인에게는 그 제공을 면제한다(규칙 제46조 제6항 본문).

(2) 다만, 그 첨부정보가 개인정보를 포함하고 있는 경우에는 그 정보주체의 동의가 있음을 증명하는 정보를 등기소에 제공한 경우에만 그 제공을 면제한다(규칙 제46조 제6항 단서).

2 면제대상 첨부정보 등 (행정정보의 공동이용을 통하여 등기관이 확인할 수 있는 정보)

(1) 면제대상 첨부정보

주민등록정보, 토지대장정보, 건축물대장정보, 거래계약신고필정보, 취득세 또는 등록면허세납부확인정보(전자신청을 하기 위해서는 취득세 또는 등록면허세납부확인정보를 지방세 인터넷 납부시스템에 의하여 전자적으로 납부하여야 함), 토지거래계약허가정보(「전자정부법 시행령」 제43조 참조)

(2) 개인정보를 포함하고 있는 행정정보의 제공

1) 첨부정보가 개인정보를 포함하고 있는 행정정보인 경우에는 그 정보주체의 동의가 있음을 증명하는 정보를 등기소에 제공한 경우에만 그 제공을 면제한다.

2) ① 방문신청의 경우에는 정보주체의 동의증명서면에 동의인의 서명 또는 기명날인이 있어야 하고, ② 전자신청을 본인이 직접 하는 경우에는 정보주체의 동의증명정보에 동의인의 공인인증서 정보를 덧붙여야 한다. 다만, 자격자대리인이 신청을 하는 경우에는 동의증명서면을 전자적 이미지정보로 변환하여 송신할 수 있다.

3 전산정보처리조직의 장애 발생으로 행정정보를 확인할 수 없는 경우

(1) 해당 행정기관의 시스템 장애, 행정정보 공동이용센터의 시스템 장애 또는 등기시스템의 장애 등으로 등기관이 그 행정정보를 당일 확인할 수 없는 경우에는 신청인에게 그 행정정보를 등기소에 제공할 것을 명할 수 있다.

(2) 위 (1)에 따른 명을 받은 신청인은 등기소에 출석하여 그 행정정보를 담고 있는 서면을 제출하여야 한다. 다만, 자격자대리인이 전자신청을 한 경우에는 그 행정정보를 담고 있는 서면을 전자적 이미지정보로 변환하여 그 이미지정보를 등기소에 송신하는 방법으로 할 수 있다.

제4절 등기신청의 접수 및 심사 27회 출제

01 등기신청의 접수 ★

1 서 설

(1) 의 의

1) 방문신청의 경우

① 방문신청의 경우에 등기신청서의 접수라 함은 당사자 등이 제공한 신청서를 등기관이 받아서 그 신청서 중 일정한 내용을 부동산등기시스템(전자접수장)에 입력하는 것을 말한다.

② 방문신청의 특수한 형태로서 전자표준양식에 의한 신청(이하 "e-Form신청"이라고 한다)이 있다. 이 e-Form신청의 경우에 e-Form 번호를 입력하면 자동으로 접수와 기록절차가 이루어지기 때문에 별도의 접수절가 없으나 등기신청 자체는 방문신청 절차와 동일하다.

2) 전자신청의 경우

전자신청의 경우에는 신청정보의 송신이 있으면 자동으로 신청정보와 첨부정보가 접수되기 때문에 방문신청과 달리 별도의 접수절차가 없다.

(2) 접수의 거부 불가

등기의 신청이 있는 경우에는 등기관은 접수를 거부하지 못하며 무조건 접수순서대로 등기신청접수장에 기재하고 접수번호를 부여하여야 하고, 등기신청을 각하하거나 취하하지 아니하면 접수번호 순서대로 등기를 하여야 한다.

2 전산정보처리조직에 의한 접수

(1) 등기신청서의 접수(부동산등기신청서접수장에의 기재와 기재사항)

등기신청서가 제출된 때에는 등기관은 이를 접수하여야 하며, 전산정보처리조직에 의해 '부동산등기신청서접수장'에 접수연월일·접수번호·등기의 목적·부동산의 표시·신청인의 성명 또는 명칭·등기신청수수료·취득세 또는 등록면허세와 국민주택채권매입금액 및 그 밖에 대법원예규로 정하는 사항을 입력한 후 신청서에 접수번호표를 붙여야 한다(규칙 제65조, 제22조).

(2) 등기신청의 동시접수

→ 동일한 순위가 됨

동일 부동산에 관하여 동시에 여러 개의 등기신청이 있는 경우에는 **동일 접수번호**를 부여하여야 하고 동일 순위로 등기하여야 한다(규칙 제65조 제2항, 등기예규 제1348호).

(3) 신청인이 다수인 경우의 생략기재

등기권리자 또는 등기의무자가 여러 명인 경우에는 부동산등기신청서접수장에는 신청인 중 1인의 성명 또는 명칭과 나머지 인원을 적는 방법으로 할 수 있다(예 홍길동 외 5명).

(4) 접수증의 발급

등기관이 신청서를 접수하였을 때에는 신청인이 청구하면 그 신청서의 접수증을 발급하여야 한다.

Professor Comment

① 접수번호 기재하는 곳 → 신청서(접수번호표의 부착), 부동산등기신청서 접수장, 등기필정보, 갑구접수란, 을구접수란 (단, 표제부 접수란에 접수번호를 기록하지 않음)
② 개정법은 방문신청과 전자신청을 구별하지 않고 일정한 정보가 전산정보처리조직에 기록된 때 접수된 것으로 간주하여 접수시기를 일원화하였다.

판례 등기공무원이 동일 부동산에 관한 가압류등기 촉탁서와 처분금지가처분등기 촉탁서를 동시에 받은 경우, 그 처리 방법 및 등기 순위

1 등기신청의 접수순위는 등기공무원이 등기신청서를 받았을 때를 기준으로 하고, 동일한 부동산에 관하여 동시에 수개의 등기신청이 있는 때에는 동일 접수번호를 기재하여 동일 순위로 기재하여야 하므로, 등기공무원이 법원으로부터 동일한 부동산에 관한 가압류등기 촉탁서와 처분금지가처분등기 촉탁서를 동시에 받았다면 양 등기에 대하여 <u>동일 접수번호와 순위번호를 기재하여 처리하여야 하고 그 등기의 순위는 동일하다.</u>

2 동일한 부동산에 관하여 동일 순위로 등기된 가압류와 처분금지가처분의 효력은 그 당해 <u>채권자 상호간에 한해서는 처분금지적 효력을 서로 주장할 수 없다</u>(대결 1998.10.30. 98마475).

3 동시신청

(1) 의 의

동일한 부동산에 관하여 같은 등기소에 동시에 여러 건의 등기신청이 있는 때에는 동일한 접수번호를 기재하여야 한다(규칙 제47조 제2항, 제65조 제2항). 동시신청은 「법」에서 동시신청을 하도록 규정한 경우와 신청인의 의사(협의)에 의한 경우가 있다.

> **예** 동일한 부동산에 대하여 甲과 乙의 저당권설정등기신청이 동시에 접수된 경우나, 동일한 부동산에 대하여 '2개 이상의 가압류등기촉탁서' 또는 '가압류등기촉탁서와 가처분등기촉탁서'가 동시에 접수된 경우

(2) 동시신청을 요건으로 하는 경우

1) <u>환매특약이 있는 경우 소유권이전등기와 환매특약등기의 신청</u>(민법 제592조).
2) 1동의 건물에 속하는 구분건물 중 일부 만에 관한 소유권보존등기와 나머지 구분건물의 표시에 관한 등기의 신청(법 제46조 제1항).
3) <u>구분건물이 아닌 건물에 접속하여 구분건물을 신축한 경우</u>, 그 신축건물의 소유권보존등기와 비구분건물을 구분건물로 변경하는 건물의 표시변경등기의 신청(법 제46조 제3항).
4) 신탁등기와 신탁으로 인한 권리의 이전·보존·설정등기의 신청(법 제82조 제1항).

(3) 위반의 효과

1) 동시신청으로 하여야 하는 여러 건의 등기신청을 동시에 하지 아니하면 각하사유가 된다(법 제29조 제2호, 단 위 4)의 경우에는 법 제29조 제5호, 등기예규 제1618호).
2) 양립할 수 없는 등기를 동시에 신청한 경우에는 접수 후 모두 각하하여야 한다.

4 등기신청의 접수시기 및 등기의 효력발생시기

(1) 등기신청의 접수시기

1) 등기신청은 해당 부동산이 다른 부동산과 구별될 수 있게 하는 등기신청정보가 전산정보처리조직에 저장된 때 접수된 것으로 본다(법 제6조 제1항, 규칙 제3조).
2) 다만, 같은 토지 위에 있는 여러 개의 구분건물에 관한 등기를 동시에 신청하는 경우에는 그 건물의 소재 및 지번에 관한 정보가 전산정보처리조직에 저장된 때 등기신청이 접수된 것으로 본다.

(2) 교합(식별부호의 기록)과 등기의 효력발생시기

등기관이 등기를 마친 때라 함은 등기사무를 처리한 등기관이 누구인지 알 수 있도록 그 등기관이 미리 부여 받은 식별번호를 기록한 때를 의미하며, 이 경우 그 등기는 접수한 때부터 효력을 발생한다(법 제6조 제2항, 제11조 제4항, 규칙 제7조).

단락핵심 등기신청의 접수

(1) 등기를 마친 시기는 등기관이 고유의 식별번호를 기록(교합)한 때이나, 그 등기의 효력발생시기는 등기신청을 접수한 때이다.
(2) 동일한 부동산에 관하여 동시에 여러 개의 신청을 받으면 동일한 접수번호를 적어야 한다.
(3) 동일한 부동산에 관하여 동일 순위로 등기된 가압류와 처분금지가처분의 효력은 그 당해 채권자 상호간에 한해서는 처분금지적 효력을 서로 주장할 수 없다.
(4) 등기신청의 접수는 일정한 정보가 전산정보처리조직에 저장된 때 접수된 것으로 간주한다.

02 등기신청에 대한 심사★★

1 서 설

「부동산등기법」은 등기관에게 등기신청에 대한 심사권을 부여하여(법 제29조 참조) 허위의 등기를 막고 실체에 부합하는 등기가 행하여지도록 하고 있다. 따라서 등기관은 등기신청서를 받았을 때에는 지체 없이 그 등기신청의 적법여부, 즉 신청에 관한 모든 사항을 조사하여 등기신청의 수리 또는 각하여부를 결정하여야 한다.

다만, 원칙적으로 형식적 심사

2 형식적 심사주의와 실질적 심사주의 14회 출제

(1) 형식적 심사주의

형식적 심사주의는 심사대상의 면에서는 등기신청에 대한 절차법상 요건의 적법여부만 심사하게 하고 실체법상의 권리관계나 유효요건에 대해서는 심사권한을 부여하지 않으며, 심사방법의 면에서는 형식적 심사주의는 등기가 신속하게 이루어지는 장점은 있으나 등기의 진정성 보장에는 미흡한 단점이 있다. 소에 현출된 자료만을 가지고 소극적으로 심사하게 하는 입법주의이다.

(2) 실질적 심사주의

실질적 심사주의는 심사대상의 면에서 절차법상의 적법요건뿐만 아니라 실체법상의 권리관계 및 유효요건까지도 심사할 수 있게 하고, 심사방법의 면에서는 신청정보, 기타 첨부정보, 등기기록의 기록은 물론 그 밖의 인적·물적 자료에 의해서도 심사할 수 있게 하는 입법주의이다. 실질적 심사주의는 등기의 정확성을 높여 공신력을 인정하는 데 기초가 되는 장점은 있으나 등기의 신속한 처리 보장은 미흡할 수 있는 단점이 있다.

제2편 부동산등기법

3 부동산등기법의 입법태도

(1) 형식적 심사주의의 채택

1) 「부동산등기법」은 등기관의 심사권에 대하여 명문의 규정을 두고 있지 않으나, 법 제29조는 등기신청의 각하사유로 제1호부터 제11호까지 열거하고 등기관은 이에 대하여 심사하여 여기에 해당되는 경우에는 이유를 적은 결정으로 각하하도록 하고 있다.
2) 대법원은 등기공무원은 등기신청에 대하여 실체법상의 권리관계와 일치하는 여부를 심사할 실질적 심사권한은 없고 오직 신청서 및 그 첨부서류와 등기부에 의하여 등기요건에 합당하는지 여부를 심사할 형식적 심사권한 밖에는 없다(대판 2007.6.14. 2007다4295)고 하였고, 학설도 우리 법이 형식적 심사주의를 채택한 것으로 해석하고 있다. 등기의 공신력을 부정하는 실질적 근거로 제시된다.

(2) 형식적 심사주의 하에서의 심사범위와 심사방법

1) **형식적 소극적 심사**

   등기관은 방문신청의 경우에는 등기소에 제출된 서면에 담긴 내용(전자신청의 경우에는 전산정보처리조직에 입력된 신청정보의 내용과 첨부정보)에 의해서 등기요건에의 합당 여부만을 심사한다(예 등기원인의 존부는 심사할 수 없으나, 그 등기사건의 실체법상 허용여부는 판단할 수 있다). 따라서 제공된 정보의 내용이 실체관계에 부합하는가 또는 실체법상 유효한가를 심사할 권한은 없다.

2) **실체법상 실체관계 심사**

   판례는 ① 신청한 등기사건의 실체법상 허용여부(법 제29조 제2호 참조), ② 등기관이 통상의 주의만 기울이면 발견할 수 있는, 즉 등기소에 제공된 신청정보 또는 첨부정보가 허위 또는 위조된 것임이 명백한 경우에 이를 간과한 경우에는 형식적 심사주의 위반으로 보므로 예외적으로 실체관계에 대하여 심사할 수 있다고 보는 것이 일반적이다(대판 1993.8.24 93다11937). 또한 ③ 유언의 방식위배, 상속등기의 신청시 상속인의 범위 및 상속지분 등은 등기관의 형식적 심사권의 범위 내이므로 이와 다른 등기신청은 각하하여야 한다(대결 1995.2.22. 94마2116)고 하므로, 역시 예외적으로 실체관계의 심사를 인정하는 경우로 볼 수 있다.

(3) 심사의 기준시

판례에 따르면 등기관이 법 제29조에 의하여 등기신청의 적법여부를 결정하는 심사의 기준시를 <u>등기신청정보 및 첨부정보가 등기소에 제공된 시점이 아니라 등기기록에 기록(등기의 실행)하려고 하는 때이다</u>(대결 1989.5.29. 87마820).

(4) 예외적 실질적 심사주의의 폐지

「구법」하에서는 <u>구분건물의 표시에 관한 사항</u>에 대하여는 실질적 심사권을 허용하였으나(구법 제56조의2), 「신법」하에서는 이는 그 물리적 현황에 관한 사항으로서 건축물대장소관청에서 판단함이 타당하고, 건축물대장과 등기기록의 불일치발생으로 거래의 불안을 초래할 수 있다 하여 폐지하였다.

제5절 등기신청의 보정, 각하 및 취하 〔14·27회 출제〕

01 등기신청의 흠결의 보정 ★★

1 서 설

등기신청의 보정에는 ㉠ 등기관이 등기신청정보 등을 조사한 결과 흠결이 있어서 각하사유에 해당하지만 그 흠결이 보정할 수 있는 것이면 우선 보정을 통지하여 그 흠결을 시정토록 하는 보정통지와 ㉡ 통지받은 등기신청의 흠결을 정정·보충시키는 행위인 보정이행이라는 2가지 의미가 포함되어 있다.

2 보정통지

(1) 보정통지의 의무 여부

판례에 따르면 등기관이 등기신청정보 기타 첨부정보를 심사하여 흠결을 발견하였을 경우 이를 보정하도록 <u>당사자에게 권장함은 바람직한 일이나 보정명령이나 의무가 있다고 석명할 의무가 있다고는 볼 수 없다</u>(대결 1969.11.6. 67마243).

(2) 보정통지의 대상

등기관은 흠결사항에 대한 <u>보정이 없으면 그 등기신청을 각하할 수밖에 없는 경우에만</u> 보정통지를 하여야 한다(예규 제1515호). 그러나, 관할 위반의 경우 이를 보정통지하더라도 보정할 방법은 없으며, 적법한 등기소에 다시 등기를 신청해야 한다는 문제점이 있다.

(3) 보정통지의 시기

최근 판례는 "등기소의 인적·물적 시설이 한정되어 있는데다가 복잡사건, 집단사건이 빈발하고 있는 등기실무의 현황에 비추어볼 때 등기신청에 대한 조사가 완료되어 <u>보정할 사항이 명확하게 된 날로 해석해야 한다</u>(대판 2000.9.29. 2000다29240)."라고 보고 있으므로 보정통지의 시기도 신청정보가 접수된 날로 좁게 해석할 것은 아니다.

(4) 보정통지의 방식

등기관이 보정통지를 하고자 할 때에는 보정할 사항을 구체적으로 적시하고 그 근거법령이나 예규, 보정기간 등을 제시하여 보정을 통지하여야 하는데 그 방법은 구두, 전화, 모사전송의 방법으로 한다(등기예규 제1515호). 다만, <u>전자신청의 경우에는 전자우편</u>으로도 보정통지를 할 수 있다(등기예규 제1624호).

3 보정의 이행과 보정의 효과

(1) 보정의 이행

1) 보정할 수 있는 자와 보정의 방법

보정은 신청당사자, 그 대리인 또는 자격자대리인의 허가받은 사무원이 등기소에 직접 출석하여 등기관의 면전에서 하며, 보정을 위하여 신청정보나 첨부정보의 반환을 요구할 수 없다(등기예규 제1515호).

2) 전자신청에 대한 보정의 방법(등기예규 제1624호)

① 전자신청에 대한 보정은 전산정보처리조직에 의하는 것이 원칙이다.

② 다만, 행정정보 공동이용의 대상이 되는 첨부정보에 관하여 해당 행정기관의 시스템 장애, 행정정보 공동이용망의 장애 등으로 이를 첨부할 수 없는 경우 또는 등기소의 전산정보처리조직의 장애 등으로 등기관이 이를 확인할 수 없어 보정을 명한 경우에는 그 정보를 담고 있는 서면을 등기소에 출석하여 제공하여야 한다. 이와 같은 경우 신청인이 자격자대리인인 경우에는 그 서면을 전자적 이미지 정보로 변환하여 원본과 상위 없다는 취지의 부가정보와 자격자대리인의 공인인증서정보를 덧붙여 등기소에 송신할 수 있다.

3) 보정기간

보정은 등기관이 보정을 명한 날의 다음날까지 하면 된다(법 제29조 단서).

(2) 등기관의 조치와 보정의 효과

1) 등기의 실행 또는 각하

① 등기관은 보정의 적부를 심사하여 보정통지에 부합하는 보정을 한 경우에는 신청에 따른 등기를 하고, ② 보정의 내용이 통지의 내용에 부합하지 아니하거나 보정기간이 도과한 경우 또는 보정을 이행하지 아니한 경우에는 등기신청을 각하한다.

2) 보정기간 내에 보정을 이행하여 등기가 실행된 경우에는 그 신청의 접수순위, 즉 등기한 권리의 순위에는 변동이 없다. →접수번호

3) 만일 각하결정을 한 후에 보정이 이행되었다면 그 보정이행이 각하결정을 무효화시킬 수는 없기 때문에 등기관이 각하한 등기신청에 대한 등기 실행을 하여야 하는 것은 아니다(등기예규 제124호).

02 등기신청의 각하★★

13·17회 출제

> **제52조(사건이 등기할 것이 아닌 경우)** **35회 출제**
> 법 제29조제2호에서 "사건이 등기할 것이 아닌 경우"란 다음 각 호의 어느 하나에 해당하는 경우를 말한다.
> 1. 등기능력 없는 물건 또는 권리에 대한 등기를 신청한 경우
> 2. 법령에 근거가 없는 특약사항의 등기를 신청한 경우
> 3. 구분건물의 전유부분과 대지사용권의 분리처분 금지에 위반한 등기를 신청한 경우
> 4. 농지를 전세권설정의 목적으로 하는 등기를 신청한 경우
> 5. 저당권을 피담보채권과 분리하여 양도하거나, 피담보채권과 분리하여 다른 채권의 담보로 하는 등기를 신청한 경우
> 6. 일부지분에 대한 소유권보존등기를 신청한 경우
> 7. 공동상속인 중 일부가 자신의 상속지분만에 대한 상속등기를 신청한 경우
> 8. 관공서 또는 법원의 촉탁으로 실행되어야 할 등기를 신청한 경우
> 9. 이미 보존등기된 부동산에 대하여 다시 보존등기를 신청한 경우
> 10. 그 밖에 신청취지 자체에 의하여 법률상 허용될 수 없음이 명백한 등기를 신청한 경우

1 각하의 의의

(1) 등기신청의 각하란 등기관이 당사자의 등기신청을 확정적으로 수리하지 아니하는, 즉 <u>등기기록에의 기록을 거부</u>하는 처분행위이다. 등기관은 각하의 이유를 기재한 <u>결정</u>으로써 한다(법 제29조 본문). ← 비송사건의 대상임

(2) 각하사유(却下事由)는 법 제29조에 제한적으로 열거되어 있다.

2 각하사유(법 제29조) **13·30회 출제**

(1) 사건이 그 등기소의 관할이 아닌 경우(제1호)

등기사무는 부동산의 소재지를 관할하는 지방법원 등의 등기소에서 관할한다(법 제7조). 관할위반의 등기신청에 대해 등기관은 이를 각하하여야 하며, 관할위반임을 간과하고 실행된 등기는 절대적 무효이므로 이의절차를 거친 후 '직권말소'한다(법 제58조, 규칙 제117조, 제159조 제1항). 이에 대해서는 관할등기소로의 이송절차가 없다.

(2) 사건이 등기할 것이 아닌 경우(제2호) **15·19·29·34·35회 출제**

1) 의의 및 효과   ← 별도의 절차 없이 무효

어느 등기신청이 그 신청취지 자체에 의하여 법률상 허용될 수 없음이 명백한 경우를 말하며, 등기관은 이러한 등기신청은 각하하여야 하며, 이에 위반하여 실행된 등기는 <u>당연무효</u>로서 이의절차를 거친 후 '직권말소'한다(법 제58조, 규칙 제117조, 제159조 제1항).

제2편 부동산등기법

 판례 「부동산등기법」 제29조 제2호 소정의 "사건이 등기할 것이 아닌 때"의 의미 및 이에 해당하는 경우, 등기관의 잘못으로 마쳐진 등기의 효력(=무효)

「부동산등기법」 제29조 제2호에서 규정하고 있는 "사건이 등기할 것이 아닌 때"라 함은 <u>등기신청이 그 신청취지 자체에 의하여 법률상 허용할 수 없음이 명백한 경우</u>를 말하고, 이에 해당하는 경우에는 등기관의 잘못으로 등기가 마쳐졌다 하더라도 그 등기는 그 자체가 어떠한 의미도 가지지 않는 무효의 등기이기 때문에 등기관은 같은 법 제58조에 의하여 <u>직권으로 그 등기를 말소</u>하게 된다(대판 2000.9.29. 2000다29240).

2) 실체법상 등기가 허용되지 않는 경우
① <u>환매특약등기를 소유권이전등기와 동시에 신청하지 않은 경우</u>(민법 제592조)
② 지분에 대한 전세권 또는 지상권설정
    용익권은 목적물의 일부에 대해 설정할 수 있으나 그 지분에 대해서는 설정할 수 없다(법 제69조 제6호, 제72조 제6호, 민법 제314조 참조).

 ## 등기신청의 각하

1) 각하
① 등기관이 신청한 등기에 대하여 등기부에의 기록을 거부하는 것을 말한다.
② 각하는 등기관이 등기신청의 수리를 거부하는 형태로 나타난다(접수는 거부하지 못한다).

2) 등기신청의 각하사유
① 절대무효사유
    ⇨ 등기해도 무효
② 상대적 무효사유
    ⇨ 흠결보정시 등기 가능

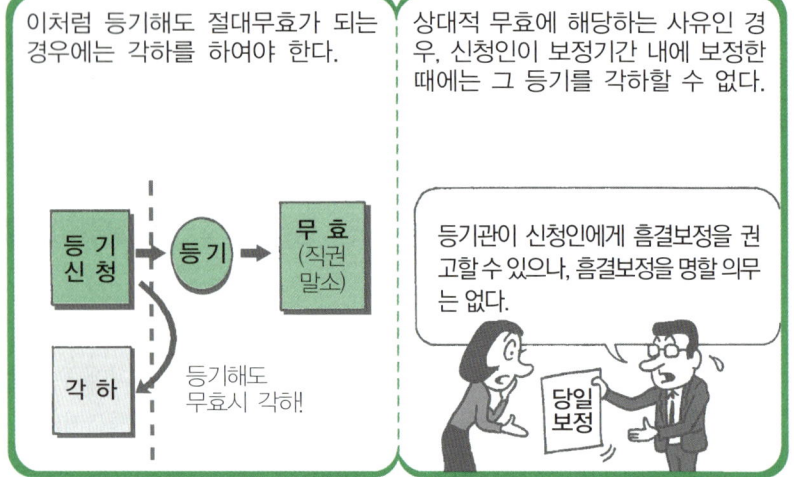

③ 지상권이 설정된 토지부분에 다시 지상권설정(2중의 지상권설정)
　지상권은 그 목적부분을 배타적으로 사용할 수 있는 물권이므로 배타성에 반하기 때문이다.
④ 저당권을 피담보채권과 분리하여 양도하거나, 피담보채권과 분리하여 다른 채권의 담보로 하는 등기를 신청한 경우(저당권의 부종성 : 민법 제361조)
⑤ 농지에 대한 전세권설정(민법 제303조 제2항)
⑥ 요역지와 분리하여 지역권을 양도하는 등기(민법 제292조 제2항)
⑦ 공유부동산에 대한 5년을 넘는 기간으로 한 공유물분할금지약정의 등기(민법 제268조)
⑧ 부동산의 명의신탁에 따른 실명등기 유예기간 경과 후 명의신탁해지를 원인으로 한 소유권이전등기(대결 1997.5.1. 97마384)

3) 「부동산등기법」상 사건이 등기할 것이 아닌 경우(규칙 제52조)
　① **등기능력이 없는 물건, 권리 또는 권리변동에 대한 등기신청**
　　㉠ **등기능력이 없는 물건**
　　　건물의 경우 건물로서의 요건[외기분단성(독립성 – 기둥, 주벽, 지붕), 정착성, 용도성]을 갖추지 않은 경우(예 교량, 고압송전철탑, 제방의 부대시설물인 배수갑문, 양수기, 주유소 캐노피, 비닐하우스 등) 및 구분건물의 구조상 공용부분(아파트의 복도, 계단), 그리고 토지의 경우 공유수면하의 토지는 소유권보존등기를 할 수 없다.
　　㉡ **등기능력 없는 권리**
　　　점유권, 유치권, 분묘기지권, 특수지역권, 주위토지통행권
　　㉢ **등기능력이 없는 권리변동**
　　　가등기에 기한 본등기를 금지하는 가처분은 등기할 것이 아니다(가등기에 기한 본등기는 가등기의 본질적 효력이고 그 처분이 아니므로 '처분제한'의 대상이 아니다. 다만, 가등기에 의해 보전된 권리자체의 처분을 금지하는 가처분은 등기할 권리임).
　② **1부동산 1등기기록주의**(또는 1물1권주의)**에 위배되는 등기신청**(법 제15조 제1항)
　　㉠ 1필지 토지의 일부 또는 1개의 건물의 일부에 대한 소유권이전등기, 저당권설정등기, 처분금지가처분등기는 불가하다. 이들 등기는 토지의 분할에 따른 분필등기를 한 후 또는 건물의 분할·구분절차에 따른 분할·구분등기를 한 후에만 할 수 있다. 그러나 용익물권의 설정은 할 수 있다.
　　㉡ 일부 공유자의 공유지분만에 대한 보존등기, 이미 보존등기된 부동산에 대하여 다시 보존등기를 신청하는 경우에는 1부동산 1등기기록주의 원칙에 위배되므로 사건이 등기할 것이 아닌 때에 해당된다.
　③ **법에 규정이 없는 특약사항**
　　당사자의 특약사항은 법에서 규정이 있는 때에 한하여 등기할 수 없다.
　　　예 저당권설정등기에 있어 채권을 변제하지 못하면 저당목적물로 변제하겠다는 대물변제에 관한 특약등기는 하지 못한다.

> **Wide** 특별법에 의한 특약사항 등의 등기에 관한 예규(등기예규 제1617호)
>
> ① 원 칙
>   특별법에 의한 특약사항, 금지사항 등은 그러한 사항을 등기할 수 있다는 법령상의 근거가 있어야만 이를 등기할 수 있다.
> ② 특별법에 의한 특약사항 등을 등기할 수 있는 경우의 예
>   ㉠ 「국유재산법」에 의한 국유재산 양여 등에 따른 특약등기
>   ㉡ 「주택법」 제61조 제3항, 제64조 제4항 등에 따른 금지사항의 부기등기
> ③ 특별법에 의한 특약사항 등을 등기할 수 없는 경우의 예
>   ㉠ 「산업집적활성화 및 공장설립에 관한 법률」 제39조 및 제43조의 규정에 의한 처분제한 사항
>   ㉡ 「공익사업을 위한 토지 등의 취득 및 보상에 관한 법률」 제91조에서 규정하는 환매권

④ **동시 신청하여야 할 등기를 동시에 신청하지 아니한 경우**
  ㉠ 1동에 속하는 구분건물의 일부만에 관하여 소유권보존등기를 신청함에 있어서 나머지 구분건물의 표시에 관한 등기를 동시에 신청하지 않은 경우(법 제46조)
  ㉡ 비구분건물에 접속하여 구분건물을 신축한 경우에 그 신축건물의 소유권보존등기를 신청할 때에 비구분건물을 구분건물로 변경하는 건물의 표시변경등기를 동시에 신청하지 않은 경우(법 제46조 제3항)

⑤ **구분건물의 전유부분과 대지사용권의 분리처분 금지에 위반한 등기를 신청한 경우**
  ㉠ 대지권이 등기된 구분건물의 등기기록에는 건물 만에 관한 소유권이전등기 또는 저당권설정등기, 그 밖에 이와 관련이 있는 등기를 할 수 없다(법 제61조 제3항).
  ㉡ 대지권이 토지의 소유권인 경우에 대지권이라는 뜻이 기록되어 있는 토지의 등기기록에는 소유권이전등기, 저당권설정등기, 그 밖에 이와 관련이 있는 등기를 할 수 없다.
  → 처분의 일체성 확보 수단

⑥ **공동상속인 중 일부가 자신의 상속지분만에 대한 상속등기를 신청한 경우**

⑦ **관공서 또는 법원의 촉탁으로 실행되어야 할 등기를 신청한 경우**

⑧ **그 밖에 신청취지 자체에 의하여 법률상 허용될 수 없음이 명백한 등기를 신청한 경우**

Professor Comment
건물의 등기기록에 대지권등기가 있는 경우, 건물만 또는 토지만을 목적으로 하는 소유권이전등기와 저당권등기는 금지되나, 토지에 대한 지상권, 건물에 대한 전세권, 토지 또는 건물에 대한 임차권 등기는 가능하다. 이는 전유부분과 대지사용권의 일체성을 해치는 결과를 초래하는 등기는 금지되기 때문이다(「집합건물의 소유 및 관리에 관한 법률」 제20조 제2항 참조).

(3) 신청할 권한이 없는 자가 신청한 경우(제3호)

1) 의 의

등기당사자능력(예 학교, 민법상 조합 등) 또는 등기당사자적격(특정한 등기신청에 있어서 정당한 등기신청인이 될 수 있는 자격, 즉 구체적 등기신청권이 있는 자)이 없는 자가 한 등기신청이 이에 해당한다. 「신법」에서 신설된 각하사유이다.

2) 구체적인 예

① 등기당사자능력이 없는 자(예 학교, 민법상 조합 등), ② 공동신청의 경우의 등기권리자, 등기의무자가 아닌 자, 소유권보존등기의 단독신청의 경우 대장상 최초로 등록된 자가 아닌 자, ③ 법인의 경우 대표권이 없는 자, 법인 아닌 사단·재단의 경우 그 대표자나 관리인 아닌 자의 등기신청 또는 ④ 등기신청의 대리권한이 없는 자의 등기신청, 자격자대리인이 아닌 자가 업(業)으로 하는 등기신청, 지방법원장의 허가를 받지 않은 사무원이 등기를 신청한 경우 등이 이에 해당한다.

(4) 당사자 또는 그 대리인이 출석하지 아니한 경우(방문신청의 경우, 제4호)

1) 출석의 의미

당사자 또는 그 대리인(자격자대리인인 경우 사무소 소재지 관할지방법원장의 허가를 받은 1명의 사무원 포함)이 등기소, 즉 등기관의 면전에 직접 나타나는 것을 이른다(법 제24조 제1항 제1호). 본호는 방문(출석)신청의 경우에 적용되는 규정이므로, 전자신청의 경우에는 적용되지 않는다.

2) 출석하지 아니한 경우에 해당하는 경우

① 당사자의 일방 또는 쌍방이 출석하지 않은 경우

② 당사자가 출석하였어도 의사능력 또는 행위능력이 없는 경우 즉, 등기신청능력이 없는 자인 경우(단, 등기당사자능력 또는 등기당사자 적격이 없는 자의 등기신청은 앞의 '제3호'에 해당함)

③ 관공서가 아닌 자가 등기신청정보를 우송한 경우(규칙 제155조 제1항 참조)

(5) 신청정보의 제공이 대법원규칙으로 정한 방식에 맞지 아니한 경우(제5호)

1) 등기신청에 있어서 필수적 신청정보 또는 등기원인증명정보상의 임의적 신청정보가 흠결된 등기신청, 등기원인증명정보와 신청정보가 소극적으로 불일치하는 경우를 말한다.

2) 등기신청서에 신청인(대리인 포함)의 기명날인·서명이 없는 경우, 신청서가 여러 장일 때에 신청인(대리인 포함)의 간인이 빠진 경우 또는 신청서기재문자에 관한 처리지침 위반이 있는 경우 등을 말한다.

3) 신탁등기를 소유권이전등기와 별개의 신청정보로 신청하거나 신탁등기에 있어서 소유권이전등기 없이 신탁의 등기만을 신청하거나 소유권이전등기만을 신청한 경우에도 그 등기원인이 신탁임이 판명된 경우에도 본호에 의해서 각하되어야 할 것이다(등기예규 제1618호). 다만, <u>환매특약등기를 소유권이전등기와 동시에 신청하지 않은 경우는 본조 제2호에 해당하는 각하사유</u>이다(민법 제592조).

(6) 신청정보의 부동산 또는 등기의 목적인 권리의 표시가 등기기록과 일치하지 아니한 경우(제6호)

이는 부실등기의 방지를 위하여 등기의 목적인 부동산, 권리를 명확히 할 필요가 있기 때문이다. 다만, 내용적으로 불일치가 있어도 동일성이 인정되면 그 등기신청을 수리해도 무방하다.

(7) 신청정보의 등기의무자의 표시가 등기기록과 일치하지 아니한 경우. 다만, 포괄승계인이 등기신청을 하는 경우는 제외한다(제7호).

1) 이는 과연 진정한 등기의무자의 신청이 있는지 여부가 불명확하기 때문이다. 따라서 신청정보에 표시한 등기의무자와 등기부상의 등기의무자가 동일인이 아닌 경우 및 주소이전·개명 등으로 부합하지 않게 된 때에는 본호에 의하여 각하하여야 한다. 다만, 등기의무자의 관념을 생각할 수 없는 분필등기 기타 부동산의 표시변경등기신청의 경우에 신청정보와 등기기록의 등기명의인의 주소 등이 다른 경우(1994.5.30. 선례 4-522)에도 **(7)**의 각하사유에 포함시켜 확대 적용하는 것이 등기실무이다.

2) **구체적인 예**
   ① 근저당권설정등기나 지상권설정등기를 신청하고자 하는 경우에 설정자인 등기의무자의 현주소가 등기부상의 주소와 다른 경우
   ② 가등기에 의한 본등기가 이루어진 후에 등기의무자를 본등기명의인이 아닌 가등기 의무자를 기재한 주택임차권등기 촉탁이 있는 경우
   ③ 분필등기 신청시에 등기명의인의 현주소와 등기기록의 주소와 다른 상태에서 등기신청정보에 등기명의인의 현주소를 기재한 등기신청이 있는 경우
   ④ 최근판례에 의하면 상속으로 인한 소유권이전등기의 신청시 기존 피상속인의 등기명의인의 표시에 착오가 있음에도 불구하고 그 경정등기를 하지 아니하고 곧바로 상속등기를 신청하는 경우에도 **(7)**의 각하 사유에 해당한다(대판 2008.8.28. 2008마943).

3) **(7)의 적용이 없는 경우**
   ① 소유권이전등기의 신청시에 등기명의인의 주소변경으로 신청정보상의 등기의무자의 표시가 등기기록과 불일치하는 경우
   첨부정보로 제공된 주소증명정보에 등기의무자의 등기기록상의 주소가 신청정보상의

주소로 변경된 사실이 명백히 나타나면 등기관이 직권으로 변경등기를 하여야 하기 때문이다(규칙 제122조). 따라서 본호로 각하할 수 없다.

② **등기연속의 원칙과 관계없는 말소등기 등의 경우**

부동산 멸실등기, 가등기말소나 소유권 외의 등기를 말소하는 경우에는 등기명의인의 표시에 변경·경정의 사유가 있어도 이를 증명하는 첨부정보의 제공으로 족하고 그 표시 변경·경정등기가 생략되기 때문이다. 따라서 본호로 각하할 수 없다.

(8) 신청정보와 등기원인을 증명하는 정보가 일치하지 아니한 경우(제8호)

1) 이는 신청정보의 내용이 등기원인증명정보상의 등기원인 등의 실체관계에 관한 내용이 적극적으로 불일치하는 경우이다. 이는 신청정보의 내용을 기준으로 판단한다.
2) 그러나 검인계약서의 부동산표시가 신청정보의 그것과 엄격히 일치하지 아니하는 경우에도 양자 사이에 그 동일성을 인정할 수 있으면 그 등기신청은 수리하여도 무방하다.

(9) 등기에 필요한 첨부정보를 제공하지 아니한 경우(제9호)

1) 이는 등기신청이 실체적 권리관계나 사실관계와 부합하는지 또는 신청당사자의 진의에 바탕을 둔 것인가를 형식적으로 확인하기 위함이다.

2) **구체적 예**

① 유효기간 3개월을 경과한 법인등기사항증명정보·주민등록정보·대장정보·인감증명·가족관계등록사항별증명정보 등을 제공하여 등기를 신청한 경우(규칙 제62조).
② 부동산매도용 인감증명서에 기재된 매수자와 매매를 원인으로 한 소유권이전등기신청정보에 기재된 등기권리자의 인적사항이 동일성이 없을 만큼 일치되지 아니한 경우(등기예규 제1308호).
③ 검인을 받아야 할 계약서에 검인을 받지 않은 경우
④ 첨부정보로 제공한 서면이 외견상 일견하여 위조나 변조되었음이 명백한 경우(대판 1975.1.30. 75다1452).

(10) 취득세, 등록면허세(등록에 대한 등록면허세만 해당) 또는 수수료를 내지 아니하거나 등기신청과 관련하여 다른 법률에 따라 부과된 의무를 이행하지 아니한 경우(제10호)

등기를 신청하는 경우에 취득세·등록면허세·지방교육세, 농어촌특별세, 국민주택채권의 매입, 등기신청수수료 및 인지세를 납부하지 아니하거나 납부액에 부족이 있거나 정당한 납부방법에 의하지 않은 경우가 이에 해당한다.

(11) 신청정보 또는 등기기록의 부동산의 표시가 토지대장·임야대장 또는 건축물대장과 일치하지 아니한 경우(제11호) 18회 출제

1) 신청정보의 부동산의 표시가 토지대장, 임야대장 또는 건축물대장과 일치하지 아니한 경우

토지의 멸실·변경등기(법 제35조, 제39조, 규칙 제72조, 제83조), 건물의 변경등기(법 제41조, 규칙 제86조) 또는 소유권의 보존등기(법 제65조, 규칙 제121조)를 신청하는 경우에는 토지대장등본, 임야대장등본 또는 건축물대장등본을 첨부정보로 제공하여야 하는 바 신청정보의 내용과 대장상의 부동산의 표시가 일치하지 않는 경우가 이에 해당한다.

2) 등기기록상의 부동산의 표시가 토지대장·임야대장 또는 건축물대장과 일치하지 아니한 경우

① 등기기록과 대장상 부동산표시가 불일치하는 경우에는 이를 일치시키기 위한 부동산의 표시변경등기를 선행하지 아니하고 다른 등기를 신청하는 경우에는 각하한다는 의미이다. 다만, 등기기록과 대장상의 소유자의 표시가 불일치하는 경우에는 본호의 각하사유가 아니다(구법 제56조 제2항을 신법 본호에서는 삭제).

→ 법적 안정성과 거래의 안전을 동시에 확보하기 위해서

② 이는 대장과 등기기록의 부동산표시를 일치시키기 위한 것이다. 부동산표시변경등기는 1개월 이내에 신청을 의무화하고 있다(법 제35·41조).

③ 「부동산등기법」제29조 제11호는 그 등기명의인이 등기신청을 하는 경우에 적용되는 규정이므로, 관공서가 등기촉탁을 하는 경우에는 등기기록과 대장상의 부동산의 표시가 부합하지 아니하더라도 그 등기촉탁을 수리하여야 한다(등기예규 제1625호).

Key Point 등기신청의 각하사유(법 제29조)★★★

사 유	위반의 효과
1) 사건이 그 등기소의 관할이 아닌 경우(1호) → 관할위반의 등기 2) 사건이 등기할 것이 아닌 경우(2호) → 등기능력이 없는 경우	절대무효
3) 신청할 권한이 없는 자가 신청한 경우 4) 당사자나 대리인의 불출석 5) 신청서정보 ≠ 소정방식 6) 신청정보의 부동산·권리 표시 ≠ 등기기록 7) 신청정보의 등기의무자 ≠ 등기기록상의 명의인 8) 신청정보상 등기원인 ≠ 등기원인증명정보 9) 필요한 첨부정보의 미제공 10) 취득세, 등록면허세, 등기신청수수료 납부 등의 법정의무 불이행 11) 신청정보 또는 등기기록상의 부동산표시 ≠ 대장	상대적 무효

*범례 : ≠ 불부합

단락핵심 — 등기신청의 각하사유

(1) 가등기상의 권리의 처분을 금지하는 가처분등기는 허용된다.
(2) 가등기에 기한 본등기금지의 가처분등기는 할 수 없다(처분제한에 해당하지 않음).
(3) 가처분 등기 후 그에 반하는 소유권이전등기는 할 수 있다(단, 상대적 무효).
(4) 공유지분에 대한 전세권설정등기는 할 수 없다(등기예규 제1351호).
(5) 일부공유자의 자기지분만에 대한 보존등기는 할 수 없다(1부동산 1등기기록주의).
(6) 공동상속인 중 일부의 자기상속지분만에 관한 상속등기는 할 수 없다.
(7) 등기기록과 대장상 부동산의 표시가 불일치한 경우 소유자는 대장을 기초로 등기기록상 부동산의 표시변경 등기를 하지 않으면 그 부동산에 대해 다른 등기를 신청할 수 없다.

단락문제 Q15　　　　　제24회 기출

등기가 가능한 것은?

① 甲소유 농지에 대하여 乙이 전세권설정등기를 신청한 경우
② 甲과 乙이 공유한 건물에 대하여 甲지분만의 소유권보존등기를 신청한 경우
③ 공동상속인 甲과 乙 중 甲이 자신의 상속지분만에 대한 상속등기를 신청한 경우
④ 가압류결정에 의하여 가압류채권자 甲이 乙소유 토지에 대하여 가압류등기를 신청한 경우
⑤ 가등기가처분명령에 의하여 가등기권리자 甲이 乙소유 건물에 대하여 가등기신청을 한 경우

해설 사건이 등기할 것이 아닌 경우 등
① (×) (규칙 제52조 제4호).
② (×) 공유자 중 1인의 자기 지분만에 대한 소유권보존등기는 1부동산 1등기기록주의 원칙에 반하여 허용되지 아니한다(규칙 제52조 제6호).
③ (×) (규칙 제52조 제7호).
④ (×) (규칙 제52조 제8호).
⑤ (○) 가등기권리자는 법 제23조 제1항에도 불구하고 가등기의무자의 승낙이 있거나 가등기를 명하는 법원의 가처분명령이 있을 때에는 단독으로 가등기를 신청할 수 있다(법 제89조).　　　답 ⑤

3 각하결정 ★★

(1) 등기신청의 각하방식

등기신청(촉탁을 포함함)이 「법」 제29조 각호에 해당하는 경우에는 이유를 기재한 결정으로 이를 각하한다. 다만, 주의할 점은 전자신청에 대한 각하결정의 방식 및 고지방법도 방문신청과 동일한 방법으로 처리한다는 점이다(등기예규 제1624호).

(2) 각하결정의 고지방법

등기신청을 각하한 경우에는 각하결정등본을 작성하여 신청인 또는 그 대리인에게 교부하거나 특별우편송달 방법으로 송달하되, 교부의 경우에는 교부받은 자로부터 영수증을 수령하여야 한다.

(3) 첨부정보의 환부와 재(再)제출명령

1) 각하결정등본을 교부하거나 송달할 때에는 <u>등기신청서 이외의 첨부정보</u>(취득세·등록면허세 영수필확인서 등)도 함께 교부하거나 송달하여야 한다.
2) 첨부서류 중 각하사유를 증명할 서류는 이를 복사하여 당해 등기신청정보에 편철하고 그 원본은 반환한다.
3) 각하결정 취소시의 환부한 첨부정보의 재제출명령

    각하결정에 대한 당사자의 이의신청에 대해 지방법원이 그 각하결정을 취소하고 등기기록에의 기록을 명령한 경우에는, 환부한 첨부정보의 재제출을 명하고 이에 불응할 때에는 그 기록명령에 따른 등기를 할 수 <u>없으므로</u> 그 뜻을 관할지방법원과 이의신청인에게 통지하여야 한다(규칙 제161조 참조).
4) 등기신청이 각하된 경우 신청인은 납부한 취득세 또는 등록면허세를 환부받을 수 있으나, 등기신청수수료는 환부받을 수 없다.

4 각하사유를 간과한 등기의 효력

(1) 법 제29조 제1호, 제2호를 위반한 경우

1) 관할위반(법 제29조 제1호), 등기할 사건이 아닌 경우(동조 제2호)에 해당하는 등기가 마쳐진 경우에 그 등기는 당연무효이고 이의절차를 거쳐 등기관이 직권말소한다(법 제58조, 규칙 제117조). 이 경우 이의절차를 거치지 않고 민사소송의 방법으로 그 시정을 구할 수는 없다(대판 1996.4.12. 95다33214).
2) 등기관이 이를 발견한 경우의 조치
   ① <u>등기관이 관할위반이나 등기할 사건이 아닌 것을 발견한 때에는 등기권리자, 등기의무자와 등기상 이해관계 있는 제3자에게 1개월 이내의 기간을 정하여 그 기간에 이의</u>('등기관이 직권말소'하는데 대한 이의를 의미함)<u>를 진술하지 아니하면 등기를 말소한다는 뜻을 통지하여야 한다.</u>
   ② <u>등기관은 기간 내에 이의를 진술한 자가 있으면 그 이의에 대한 결정을 하여야 한다.</u>
   ③ <u>이의를 진술한 자가 없거나 이의를 각하한 경우에는 그 등기를 직권말소하여야 한다.</u>
   ④ 등기관의 위 ②의 결정에 이의가 있는 자는 관할 지방법원에 이의신청을 할 수 있다(법 제100조 제1항).
3) 당사자 등이 발견하여 이의한 경우의 조치
   ① 한편 등기권리자, 등기의무자와 등기상 이해관계 있는 제3자가 위의 등기에 대하여 이의(여기서의 이의는 '직권말소를 촉구'하는 의미의 이의임)를 한 경우, 등기관은 그 이의가 이유가 있다고 인정하면 이의신청하지 않은 등기권리자, 등기의무자와 등기상 이해관계

있는 제3자에게 이의('등기관이 직권말소'하는 데 대한 이의를 의미함)의 기회를 부여한 후(법 제58조, 규칙 제159조 제1항), 그 등기를 직권으로 말소한다(대결 1970.2.21. 69마1023, 법 제103조 제1항).

② 등기관은 이의가 이유 없어 직권말소할 수 없는 사유가 있다고 인정하면 이의신청일로부터 3일 이내에 그 이의신청서를 지방법원으로 보내야 한다(규칙 제159조 제2항).

③ 관할지방법원은 그 이의에 대하여 이유를 붙인 결정으로 하되, 그 이의가 이유 있다고 인정하면 등기관에게 그에 해당하는 처분을 명령하고 그 뜻을 이의신청인과 등기상 이해관계 있는 자에게 알려야 한다(법 제105조).

(2) 법 제29조 제3호 이하를 위반한 경우 23회 출제

1) 「법」 제29조 제3호 이하 위반의 등기신청에 대해 등기가 마쳐진 경우에는 그 등기는 무효가 명백한 경우(당연무효)에 해당되지 않으므로 직권으로 말소할 수 없다.

2) 따라서 마쳐진 등기에 대하여는 등기관의 처분에 대한 이의의 방법으로 그 등기의 말소를 구할 수 없고, 그 등기의 말소를 구하는 소를 제기하여 그 등기의 말소를 명하는 이행판결을 받아 말소하여야 한다(대결 1984.4.6. 84마99).

3) 마쳐진 등기에 대하여 법 제29조 제1호 및 제2호 외의 사유로 이의한 경우 등기관은 이의신청서를 관할지방법원으로 보내야 한다(규칙 제159조 제3항).

■ 등기신청정보의 내용이 등기원인증명정보와 부합하지 아니함에도 신청내용대로 등기가 경료된 경우(법 제29조 제8호 위반), 등기관이 이를 직권으로 말소할 수 있는지 여부(소극)

등기신청정보의 내용이 등기원인을 증명하는 정보와 부합하지 아니함에도 신청정보대로 등기가 경료되었다면 이는 부동산등기법 제29조 제2호에 해당하는 것이 아니므로 일단 등기가 경료된 후에는 등기관이 이를 직권으로 말소할 수 없고, 등기의무자가 불응하는 경우 그를 상대로 말소등기의 회복등기절차의 이행을 명하는 판결을 받아 부적법하게 말소된 등기를 회복하여야 한다(대판 2004.5.14. 2004다11896).

 등기신청의 취하

취하는 방문신청의 경우에는 취하서의 제출(서면주의)에 의하고, 전자신청의 경우에는 취하정보를 전자문서로 등기소에 송신하는 방법에 의한다.

제2편 부동산등기법

03 등기신청의 취하 (철회, 등기예규 제1643호)★ 13·18회 출제

> **제51조(등기신청의 취하)**
> ① 등기신청의 취하는 등기관이 등기를 마치기 전까지 할 수 있다.
> ② 제1항의 취하는 다음 각 호의 구분에 따른 방법으로 하여야 한다.
> 1. 법 제24조제1항제1호에 따른 등기신청(이하 "방문신청"이라 한다) : 신청인 또는 그 대리인이 등기소에 출석하여 취하서를 제출하는 방법
> 2. 법 제24조제1항제2호에 따른 등기신청(이하 "전자신청"이라 한다) : 전산정보처리조직을 이용하여 취하정보를 전자문서로 등기소에 송신하는 방법

1 의 의

등기신청의 취하라 함은 등기신청인이 신청한 등기가 완료되거나 등기신청이 각하되기 전에 등기신청의 의사표시를 철회하는 것을 말한다(규칙 제51조).

2 취하를 할 수 있는 자

(1) 등기신청인 또는 그 대리인이 등기신청을 취하할 수 있다. 다만, 대리인이 등기신청을 취하하는 경우에는 위임장에 취하에 관한 기재가 없다면 별도로 취하에 대한 특별수권이 있어야 한다.

(2) 등기신청이 등기권리자와 등기의무자의 공동신청에 의한 경우에는 공동으로 취하해야 하고, 등기권리자 및 등기의무자 쌍방으로부터 위임받은 대리인에 의한 경우에는 그 등기신청의 취하도 등기권리자 및 등기의무자 쌍방으로부터 취하에 대한 특별수권이 있어야 한다.

3 취하의 시기와 방법

(1) 등기신청의 취하는 등기관이 등기부에 등기사항을 기록하고 식별부호를 기록(교합)하여 등기를 완료하기 전 또는 등기신청을 각하하기 전에만 가능하다(법 제11조 제3항, 규칙 제7조, 제51조 제1항).

(2) 방문신청의 경우에는 신청인 또는 그 대리인이 등기소에 출석하여 취하서를 제출하는 방법으로, 전자신청의 경우에는 전산정보처리조직을 이용하여 취하정보를 전자문서로 등기소에 전송하는 방법으로 한다(규칙 제51조 제2항).

> **판례** ■ 등기신청의 취하
>
> 등기는 등기기록에 등기사항을 기록한 후에 등기관이 식별부호를 기록함으로써 완료되는 것이므로 등기신청인은 그 전까지는 등기신청을 취하(取下)할 수 있다(대판 1966.6.7. 66다538).

제3장 등기절차 총론

4 취하의 범위(일괄신청의 경우 일부취하 가능) → 그 일부가 독립성이 인정되어야 함.
예 수 필지 중 일부 필지

(1) 등기를 일괄신청한 경우에도 그 중 일부만에 관하여 취하할 수 있다.
(2) 이 경우에는 신청정보 및 첨부정보의 내용 중 취하된 부동산에 관련된 사항을 정정, 보정케 한다.

5 취하 후의 등기관의 조치
등기신청을 취하하는 경우에는 접수장에 취하되었음을 표시하고 등기신청서에 부착된 접수번호표에 취하라고 주서하여 신청서 및 부속서류 일체를 환부한다.

Key Point 각하와 취하의 비교

구 분	신청서 제출	신청서 환부	부속서류 환부
각 하	불필요	환부 안 함	환부
취 하	취하서의 제출 또는 전자송신 필요	환부	환부

단락핵심 등기신청의 취하

(1) 등기신청대리인이 등기신청을 취하하는 경우에는 취하에 대한 특별수권이 있어야 한다.
(2) 등기관이 등기부에 등기사항을 기록하고 식별부호를 기록하기 전까지는 등기신청의 취하가 가능하다.
(3) 등기의 공동신청 후 등기권리자 또는 등기의무자는 각각 단독으로 등기신청을 취하할 수 없다.
(4) 동일한 신청서로 수 개의 부동산에 관한 등기신청(일괄신청)을 한 경우 일부 부동산에 대한 등기신청을 취하할 수 있다.
(5) 전자신청을 취하하려면 전자신청과 동일한 방법으로 공인인증서를 함께 송신하여야 한다.
(6) 등기신청을 취하한 경우에는 등기신청서와 그 부속서류를 환부한다.

단락문제 Q16

다음 중 서면에 의한 등기신청의 취하에 대한 설명으로 틀린 것은?

① 등기신청의 취하는 등기관이 등기를 마치기 전까지 할 수 있다.
② 취하는 등기소에 출석하여 취하서를 제출하는 방법으로 하여야 한다.
③ 등기를 공동으로 신청한 경우에는 그 취하도 공동으로 하여야 한다.
④ 등기를 일괄신청한 경우에는 그 취하도 전부에 대하여 하여야 한다.
⑤ 부동산등기신청서접수장의 비고란에 '취하'의 뜻을 기록한 후, 등기신청서에 부착된 접수번호표에 취하라고 주서하여 그 등기신청서와 그 부속서류를 신청인 또는 그 대리인에게 환부하며, 취하서는 신청서기타부속서류편철장의 취하된 등기신청서를 편철하였어야 할 곳에 편철한다.

해설 등기신청의 취하(등기예규 제1643호)
① (○) 등기신청의 취하는 등기공무원이 등기기록에 등기사항을 기입하고 식별부호를 기록하기 전까지 이를 할 수 있다.
②,③,⑤ (○) (규칙 제51조, 등기예규 제1643호) ④(X) 일부취하도 가능하다(등기예규 제1643호). **답** ④

제2편 부동산등기법

제6절 등기의 실행 27회 출제

01 서설

1 의의

등기의 실행이라 함은 등기관이 당사자가 한 등기신청에 대해 심사하여 각하사유(법 제29조 각호)에 해당되지 않는 등 적법한 경우에 그 등기신청을 수리하여 등기기록에 등기의 종류에 따라 소정의 등기사항을 기록하고 식별부호를 기록(교합)함으로써 등기가 완료되는 것을 이른다.

2 등기의 실행순서

(1) 등기의 실행은 접수번호의 순서에 따라 행하여야 한다(법 제11조 제3항).
   └→ 등기의 효력에 영향을 미치기 때문임

(2) 동시접수한 등기의 실행

   1) 같은 부동산에 관하여 동시에 여러 개의 등기신청이 있는 경우에는 같은 접수번호를 부여하여 같은 순위로 등기하여야 한다(규칙 제65조 제2항). 등기관이 법원으로부터 처분금지가처분등기촉탁서와 가압류등기촉탁서를 동시에 받은 경우에는, 신청법원에의 접수시기가 달라도 등기관은 두 등기를 동시 접수 처리하여야 하고 그 등기의 순위는 동일하다(등기예규 제1348호).

   2) 접수순서와 다르게 실행된 등기도 직권말소대상등기는 아니다.

3 기록방법

(1) 등기기록에는 한글과 아라비아 숫자로 기록하고, 등기관은 그 자획을 분명히 하여야 한다.

(2) 문자는 변개(變改)할 수 없으며, 정정·삽입·삭제시에는 그 글자 수를 난외에 적으며, 문자의 앞뒤에 괄호를 붙이고 날인 또는 서명하여야 한다. 삭제한 문자는 해독할 수 있게 글자체를 남겨두어야 한다.

(3) 말소대상등기사항 또는 해당등기의 말소표시

   1) 부동산의 표시변경등기의 경우에는 종전의 표시에 관한 사항을 말소하는 표시를 하고(규칙 제73조, 제87조), 권리 또는 등기명의인의 표시의 변경·경정등기의 경우에는 변경·경정 전의 등기사항을 말소하는 표시를 하여야 하며(규칙 제112조), 말소등기를 하는 경우에는 해당등기를 말소하는 표시를 하여야 한다(규칙 제116조).

2) 소유권이전등기시 소유자표시의 처리

소유권이전등기시에는 종전 소유자의 표시는 지우지 않는다(등기연속의 원칙). 다만, 신청정보상의 등기의무자 표시가 등기기록과 일치하지 아니한 경우, 첨부정보로 제공된 주소증명서면에 주소변경사실이 명백히 나타날 때에는 등기관이 직권으로 등기명의인 표시의 변경등기를 하여야 한다(규칙 제122조).

02 등기부의 기록

> **Professor Comment**
> 이 단원은 제2장 등기소와 그 설비에서 다루었으므로 정리하는 의미에서 요약으로 대신하겠다.

1 표제부의 등기사항(법 제34조, 제40조)

1) 부동산의 표시사항 (필요적 신청정보의 내용)	토지	소재, 지번, 지목과 면적	
	건물	소재지번 및 건물번호, 건물내역(건물의 종류·구조와 면적), 부속건물이 있는 때에는 그 종류, 구조와 면적	
	구분건물	① 1동건물의 표제부	㉠ 소재지번, 건물명칭 및 번호 ㉡ 건물내역 ㉢ 대지권이 있는 경우 : 대지권의 목적인 토지의 표시
		② 전유부분의 표제부	㉠ 건물번호 ㉡ 건물내역(건물의 종류, 구조와 면적) ㉢ 대지권이 있는 경우 : 대지권의 표시(대지권 종류, 비율)
2) 신청서 접수연월일	〈참고〉 접수번호는 기록할 필요가 없다.		
3) 도면첨부의 경우	도면을 첨부정보로 제공하여 토지의 일부에 지상권을 설정한 경우 그 도면의 번호		
4) 채권자의 표시 및 대위원인	채권자대위권에 의한 부동산표시변경등기의 경우에는 대위자(채권자)의 성명 또는 명칭, 주소 또는 사무소 소재지 및 대위원인을 기록하여야 한다(법 제28조 제2항).		

2 갑구·을구의 등기사항(법 제48조) 12회 출제

① 순위번호, ② 등기목적, ③ 접수연월일 및 접수번호, ④ 등기원인 및 그 연월일, ⑤ 등기권리자 표시(성명, 주소, 주민등록번호, 다만 법인 또는 법인 아닌 사단·재단인 경우에는 그 명칭, 사무소 소재지, 부동산등기용등록번호, 법인 아닌 사단이나 재단 명의의 등기를 할 때에는 그 대표자나 관리인의 성명, 주소 및 주민등록번호), ⑥ 권리에 관한 사항(등기종류, 권리내용별 필요적·임의적 기록사항 : 권리자가 2인 이상인 경우에는 권리자별 지분을 기록하여야 하고 등기할 권리가 합유(合有)인 때에는 그 뜻), ⑦ 대지권등기 실행시 그 대지권의 목적인 토지의 등기기록의 해당구에 대지권인 뜻, ⑧ 매매인 경우에는 거래가액 또는 매매목록의 번호(규칙 제125조)

3 등기관의 식별부호기록(교합)

(1) 의 의

등기관은 등기가 완료되었음을 확인한 후 식별번호를 기록하여야 한다(교합, 법 제11조 제4항, 규칙 제7조). 이로써 등기절차는 완료된다.

(2) 식별번호가 누락된 경우의 효과

등기의 완성은 등기부에 등기사항을 기입하고 등기공무원이 날인함으로써 완성되는 것이지만 등기기재의 적정여부를 확인하는 등기공무원의 교합인이 누락되었다 하여 그것만으로 그 등기가 무효가 되는 것은 아니라는(대결 1977.10.31. 77마262) 종전 등기예규 제303호는 등기예규 제1337호에 의해서 폐지되었다.

> **Wide** 이기와 전사
>
> 이기와 전사는 현재 효력 있는 등기사항만을 다른 등기기록에 옮겨 적는다는 점에서 그 차이점이 없으나, 기본적으로 표제부에 있는 표시란의 등기사항을 옮겨 적을 때에는 '이기', 갑구 내지 을구에 있는 등기사항을 옮겨 적을 때에는 '전사'라는 표현을 사용한다.

제7절 등기완료 후의 절차★★ 〔27회 출제〕

01 등기필정보의 작성 및 통지 (등기예규 제1604호) 〔34회 출제〕

1 서 설

(1) 등기필정보의 의의

1) 등기필정보라 함은 등기를 완료한 등기관이 등기필증 대신에 등기소에 본인임을 확인하는 기능을 담당하게 할 목적으로 작성, 교부하는 정보 또는 서면을 말한다(법 제2조 제4호, 제50조 이하, 규칙 제106조 이하).

2) 등기필정보는 통지받은 등기권리자가 후일 등기의무자로서 권리에 관한 등기를 신청하는 경우 종전의 등기시에 통지받은 등기필정보를 신청정보의 내용으로 등기소에 제공하게 함으로써 그 등기신청이 등기의무자의 진의에 바탕을 둔 것임의 확인과 아울러 등기의 진정을 담보하는 기능을 한다(법 제50조 제2항, 규칙 제43조 제1항 제7호).

(2) 등기필증에 관한 경과조치

이 법 시행 전에 권리취득의 등기를 한 후 등기필증을 발급받거나 등기완료의 통지를 받은 자가 이 법 시행 후 등기의무자가 되어 방문신청을 할 때에는 등기필정보의 제공에 갈음하여 신청서에 등기필증 또는 등기완료통지서를 첨부할 수 있다(신법 부칙 제2조).

2 등기필정보의 작성

> **제50조(등기필정보)**
> ① 등기관이 새로운 권리에 관한 등기를 마쳤을 때에는 등기필정보를 작성하여 등기권리자에게 통지하여야 한다. 다만, 다음 각 호의 어느 하나에 해당하는 경우에는 그러하지 아니하다.
> 1. 등기권리자가 등기필정보의 통지를 원하지 아니하는 경우
> 2. 국가 또는 지방자치단체가 등기권리자인 경우
> 3. 제1호 및 제2호에서 규정한 경우 외에 대법원규칙으로 정하는 경우
> ② 등기권리자와 등기의무자가 공동으로 권리에 관한 등기를 신청하는 경우에 신청인은 그 신청정보와 함께 제1항에 따라 통지받은 등기의무자의 등기필정보를 등기소에 제공하여야 한다. 승소한 등기의무자가 단독으로 권리에 관한 등기를 신청하는 경우에도 또한 같다.

(1) 등기필정보를 작성하는 경우(새로운 권리의 등기, 법 제50조 제1항 본문)

1) 권리의 보존·설정·이전등기(법 제3조) 또는 권리의 설정·이전청구권 보전을 위한 가등기를 하는 경우, 한편 관공서가 등기권리자를 위하여 소유권보존·이전등기를 촉탁한 경우에도 등기필정보를 작성한다.
2) 권리자를 추가하는 권리의 경정·변경등기(甲 단독소유를 甲·乙 공유로 경정하는 경우 또는 합유자가 추가되는 합유명의인표시변경등기 등)를 하는 경우

(2) 등기필정보를 작성하지 않는 경우

1) 새로운 권리의 등기가 아닌 경우
   ① 표시란의 등기, 등기명의인 표시변경등기(등기완료통지로 등기필정보통지제도에 갈음함)
   ② 말소 및 말소회복등기 등
2) 등기명의인이 신청하지 않은 경우(방문신청의 경우)
   ① 채권자대위에 의한 등기, ② 등기관의 직권에 의한 보존등기 및 ③ 승소한 등기의무자의 신청에 의한 등기(등기예규 제1604호)
3) 관공서 촉탁의 경우
   이 경우에는 등기필정보를 작성하지 아니한다. 다만, 관공서가 등기권리자를 위해 등기를 촉탁하는 경우에는 등기필정보를 작성한다.

(3) 등기필정보의 작성방법(등기필정보의 기재사항과 구성)

1) 등기필정보에는 권리자, (주민)등록번호, 부동산고유번호, 부동산소재, 접수일자, 접수번호, 등기목적, 일련번호 및 비밀번호를 기재한다.
2) 등기필정보의 일련번호는 영문 또는 아라비아 숫자를 조합한 12개로 구성하고 비밀번호는 50개를 부여한다.
   > **예** ㉠ 일련번호 : WTDI – UPRV – P6H1 ㉡ 비밀번호 : 01 – 7952 ~ 50 – 6459, 이는 순번(기재순서) – 비밀번호를 의미한다.

(별지 제3호)

등기필정보 및 등기완료통지서

대리인 : 법무사 홍길동

권 리 자 : 김갑동
(주민)등록번호 : 451111-1******
주   소 : 서울특별시 서초구 서초동 123-4

부동산고유번호 : 1102-2006-002634
부 동 산 소 재 : [토지] 서울특별시 서초구 서초동 362-24

접 수 일 자 : 2008년3월14일   접 수 번 호 : 9578
등 기 목 적 : 소유권이전
등기원인 및 일자 : 2008년1월9일 매매

부착기준선 ┌

일련번호 : WTDI-UPRV-P6H1
비밀번호(기재순서:순번-비밀번호)

01-7952	11-7072	21-2009	31-8842	41-3168
02-5790	12-7320	22-5102	32-1924	42-7064
03-1568	13-9724	23-1903	33-1690	43-4443
04-8861	14-8752	24-5554	34-3155	44-6994
05-1205	15-8608	25-7023	35-9695	45-2263
06-8893	16-5164	26-3856	36-6031	46-2140
07-5311	17-1538	27-2339	37-8569	47-3151
08-3481	18-3188	28-8119	38-9800	48-5318
09-7450	19-7312	29-1505	39-6977	49-1314
10-1176	20-1396	30-3488	40-6557	50-6459

2008년 3월 17일

서울중앙지방법원 등기과 등기관

※ 주의사항
☞ 등기필정보는 종래의 등기필증을 대신하여 발행된 것입니다.
 • 전자신청등기소에서는 등기 완료후 종래와 같이 등기필증을 교부하지 아니하고, 그 대신에 등기 유형에 따라 **등기필정보** 또는 **등기완료통지서**를 발행합니다.

☞ 등기필정보 사용 및 관리방법
 • 보안스티커 안에는 다음에 등기신청 시 필요한 일련번호와 50개의 비밀번호가 기재되어 있습니다.
 • 등기신청 시 보안스티커를 떼어내고 일련번호와 비밀번호 1개를 임의로 선택하여 해당 순번과 함께 신청서에 기재하면 종래의 등기필증을 첨부한 것과 동일한 효력이 있으며, 등기필정보서면 자체를 첨부하는 것이 아님에 유의하시기 바랍니다.
 • 따라서 등기신청 시 등기필정보서면을 거래상대방이나 대리인에게 줄 필요가 없고, 대리인에게 위임한 경우에는 일련번호와 비밀번호 50개 중 1개와 해당 순번만 알려주시면 됩니다.
 • 만일 등기필정보의 비밀번호등을 다른 사람이 안 경우에는 종래의 등기필증을 분실한 것과 마찬가지의 위험이 발생하므로 철저하게 관리하시기 바랍니다.

3) 등기필정보는 등기를 마친 등기관이 부동산 및 등기명의인이 된 신청인별로 작성하되, 등기신청서의 접수연월일 및 접수번호가 동일한 경우에는 부동산이 다르더라도 등기명의인별로 작성할 수 있다.

3 등기필정보의 통지

(1) 등기필정보의 통지를 하여야 하는 경우(법 제50조 제1항 본문)

새로운 권리에 관한 등기로서 등기필정보의 통지를 원하는 경우이다. 위의 등기필정보를 작성하는 경우와 동일하다.

(2) 등기필정보의 통지를 필요로 하지 않는 경우(법 제50조 제1항 단서, 규칙 제109조) 27·34회 출제

1) 등기권리자가 등기필정보의 통지를 원하지 아니하는 경우
2) 국가 또는 지방자치단체가 등기권리자인 경우
3) 등기필정보를 전산정보처리조직으로 통지받아야 할 자가 수신이 가능한 때로부터 3개월 이내에 전산정보처리조직을 이용하여 수신하지 않는 경우
4) 등기필정보통지서를 수령할 자가 등기를 마친 때로부터 3개월 이내에 그 서면을 수령하지 않은 경우
5) 판결에 의해 승소한 등기의무자가 등기신청을 한 경우
6) 채권자가 등기권리자를 대위하여 등기신청을 한 경우
7) 등기관이 직권으로 소유권보존등기를 하는 경우

(3) 등기필정보 통지의 상대방 및 그 방법

1) 통지의 상대방(규칙 제108조)
   ① 등기명의인으로서 새로운 권리자가 된 신청인
   ② 관공서가 등기권리자를 위하여 등기를 촉탁한 경우에는 대법원예규로 정하는 바에 따라 그 관공서 또는 등기권리자에게 등기필정보를 통지한다.
   ③ 제한능력자의 법정대리인이 등기를 신청한 경우에는 법정대리인
   ④ 법인이 등기신청인인 경우 그 등기를 신청한 법인의 대표자나 지배인
   ⑤ 법인 아닌 사단이 등기신청인인 경우 그 등기를 신청한 대표자나 관리인

2) 통지의 방법(규칙 제107조)

방문신청의 경우에는 등기필정보통지서를 교부하는 방법으로, 전자신청의 경우에는 전산정보처리조직을 이용하여 송신하는 방법으로 등기필정보를 통지한다.

① 전자신청의 경우

㉠ **당사자가 직접 신청한 경우**

등기권리자는 인터넷등기소에 접속하여 인터넷등기전자신청 메뉴에서 신청내역조회를 선택하고 개인공인인증서정보와 사용자등록번호를 입력하여 사용자인증을 받는다. 신청내역을 조회하여 처리상태가 등기완료로 기록되어 있는 사건을 표시한 후 등기필정보를 전송받는다(등기필정보는 3회에 한하여 전송받을 수 있다). 동일한 등기신청 사건에서 수인이 권리자로 표시되어 있는 경우 다른 사람에 관한 등기필정보는 전송받을 수 없다. 한편 전송된 등기필정보를 확인하기 위해서는 등기권리자의 공인인증서정보를 입력하여야 한다.

㉡ **대리인이 신청한 경우**

전자신청을 대리인에게 위임한 경우 등기필정보를 권리자 자신이 직접 전송받을 수 없으며, 대리인이 위 ㉠의 절차에 의하여 등기필정보를 전송받은 후 등기권리자에게 그 파일을 전자우편으로 송신하거나 직접 전달한다. 다만, 권리자가 등기신청을 대리인에게 위임하면서 등기필정보의 수령 및 그 확인에 관한 일체의 권한을 부여한 경우에는 대리인이 직접 자신의 공인인증서정보를 입력하여 전송받은 등기필정보를 확인할 수 있으며, 이를 서면으로 출력하여 등기권리자에게 교부할 수 있다.

㉢ **전자촉탁의 경우**

관공서가 등기권리자를 위하여 소유권이전등기를 전자촉탁한 때에는 등기필정보통지서를 출력하여 관공서에 직접 교부 또는 송달할 수 있고, 이 경우 관공서는 밀봉된 등기필정보통지서를 뜯지 않은 채 그대로 등기권리자에게 교부한다.

② 방문(서면)신청의 경우

㉠ 등기필정보통지서 교부 담당자는 등기필정보통지서를 출력하여 교부하는 방법으로 한다. 등기필정보통지서는 1회에 한하여 교부한다.

㉡ 구체적으로 ⓐ 등기필정보 교부대상을 확인하고, ⓑ 교부 대상자 중 특정 등기명의인을 선택하여 등기필정보통지서를 출력한다. ⓒ 출력된 등기필정보통지서의 기재사항 중 일련번호 및 비밀번호가 보이지 않도록 그 기재된 부분에는 스티커를 부착한다. ⓓ 등기필정보통지서 우측상단에 바코드를 생성하여 출력하고, 교부담당 공무원은 교부할 등기필정보통지서를 바코드리더기 등을 이용하여 확인한다. ⓔ 신청인 본인 또는 대리인, 대리인인 법무사 또는 변호사의 사무원은 전자서명을 한 후 등기필정보통지서를 교부받아야 하며, 수령인은 본인의 성명을 제3자가 알아볼 수 있도록 적어야 하고 교부담당 공무원은 수령인의 성명을 제3자가 알아보기 어렵다고 인정하는 경우에는 다시 서명할 것을 요청할 수 있다.

ⓒ 그리고 ⓕ 신청인이 등기필정보통지서를 우편으로 송부받고자 하는 경우에는 등기신청서와 함께 수신인란이 기재된 봉투에 우표(등기취급 우편 또는 특급취급 우편에 상응하는 우표)를 붙여 이를 제출하여야 하고, 이 경우 등기필정보통지서 교부담당자는 등기사건이 처리된 즉시 등기필정보통지서를 수신인에게 발송하고, 부동산등기접수장의 수령인란에 '우송'이라고 기재한 후 그 영수증은 '우편물수령증철'에 첨부하여 보관하여야 한다. 이 '우편물수령증철'은 1년간 보존한다.

4 등기필정보의 실효신고(규칙 제110조)

(1) 의의와 취지

등기명의인 또는 그 상속인 그 밖의 포괄승계인은 등기필정보의 실효신고를 할 수 있다. 등기필정보가 노출되는 경우 그 정보가 공유되어 다른 사람에 의해 악용될 수 있어 이를 예방하기 위함이다.

(2) 실효신고의 방법

1) 전산정보처리조직을 이용한 신청에 의한 실효

등기필정보를 부여받은 자가 인터넷등기소에 접속하여 인터넷등기전자신청을 선택한 후 성명, 주민등록번호, 공인인증서정보를 입력하여 등기필정보의 실효신청을 한다. 이 경우 해당 등기필정보는 자동적으로 효력을 상실한다.

2) 방문(서면)신청에 의한 실효

① 등기권리자가 등기소를 방문하여 소정의 양식에 의해 등기필정보의 실효를 신청한다.
② 접수담당자는 신청인이 제시하는 신분증에 의하여 본인임을 확인한 후 전산정보처리조직의 등기필정보관리 기능을 선택하여 등기필정보를 실효시키는 조치를 하고, 신청인이 제시한 신분증을 복사하여 그 사본을 등기필정보 실효 신청서에 편철한다.
③ 등기권리자의 대리인에 의한 신청인 때에는 신청서에 본인의 인감증명서와 위임장을 첨부한다. 이 경우 위 ②의 방법으로 접수담당자가 대리인 여부를 확인하여야 하나, 대리인이 제시한 신분증의 사본을 등기필정보 실효 신청서에 편철할 필요는 없다.
④ 등기관은 해당 등기필정보를 실효시키는 조치를 하여야 한다.

5 등기신청시 신청정보의 내용으로서 등기필정보의 제공방법

(1) 전자신청의 경우

1) 신청인이 등기필정보를 입력하는 화면에서 일련번호와 임의로 선택한 비밀번호를 입력한다. 단, 한 번 사용한 비밀번호는 50개의 비밀번호를 모두 사용한 후가 아니면 사용하지 못한다.

2) 비밀번호 입력의 오류 및 오류해제

① **비밀번호 입력의 오류**

신청인이 등기필정보를 입력하면서 일련번호와 부합하지 않는 비밀번호를 5회 연속하여 잘못 입력한 경우 그 등기필정보는 입력오류로 처리되고, 오류해제가 있을 때까지 효력이 정지된다.

② **입력오류 해제 신청절차**

이는 위의 등기필정보의 실효신고절차에 준한다(등기예규 제1604호 참조).

(2) 방문(서면)신청의 경우

신청인이 일련번호와 비밀번호를 신청서에 기재한다. 비밀번호의 사용방법은 전자신청의 경우와 같다.

02 등기완료통지 (법 제30조, 규칙 제53조, 등기예규 제1623호)

1 서 설

종래 등기필증은 신청에 따른 등기가 실행되기만 하면 작성·교부되었으나, 등기필정보는 한정된 경우에만 작성·교부될 뿐이므로 등기가 마쳐져도 아무런 통지를 하지 아니할 경우 절차적으로 등기완료사실을 알아야 하는 사람들이 그 사실을 모를 수가 있기 때문에 등기완료통지를 한다(법 제30조, 규칙 제53조).

2 등기완료통지를 받을 자 24회 출제

(1) 신청인

등기관이 등기를 완료한 때에는 등기완료통지서를 작성하여 신청인에게 교부하는 것이 원칙이다.

(2) 그 밖의 자

다음에 해당하는 자는 등기완료 사실을 알려야 할 필요성이 있기 때문에 등기완료사실을 통지하여야 한다.

1) 승소한 등기의무자의 등기신청에 있어서 등기권리자
2) 대위채권자에 의한 등기신청에 있어서 피대위자인 등기권리자
3) 등기필정보(등기필증 포함)를 제공해야 하는 등기신청에서 등기필정보를 제공하지 않고 확인정보 등을 제공한 등기신청에 있어서 등기의무자

4) 소유권의 처분제한의 등기촉탁시 직권소유권보존등기의 경우 등기명의인
5) 관공서의 촉탁에 의한 등기의 경우 그 관공서

3 등기완료통지서의 작성 및 통지방법

(1) 등기완료통지서의 작성

등기완료통지서에는 신청인(또는 권리자)의 성명과 주소, 부동산의 소재, 접수일자, 접수번호, 등기목적, 등기원인 및 그 일자, 등기완료통지의 작성일자를 기재하고 등기관의 전자이미지관인을 기록한다. 대리인에 의한 신청의 경우에는 대리인의 자격과 성명을 기재한다.

(2) 등기완료통지의 방법

1) 등기필정보를 부여받을 사람에 대한 통지

전자신청의 경우에는 등기필정보를 송신할 때 함께 송신하고, 방문(서면)신청의 경우에는 등기필정보가 함께 기재된 등기필정보 및 등기완료통지서를 교부한다.

2) 등기필정보를 부여받지 않는 사람에 대한 통지

① **공동신청에 있어서 등기의무자에 대한 통지**
㉠ 신청서에 등기완료사실의 통지를 원한다는 등기의무자의 의사표시가 기재되어 있는 경우에만 등기완료사실의 통지를 하며,
㉡ 그 방식은 전자신청의 경우에는 전산정보처리조직을 이용하여 송신하는 방법에 의하고, 방문(서면)신청의 경우에는 등기완료사실을 인터넷등기소에 게시하는 방법에 의한다(다만, 그 통지를 받을 자가 등기소에 출석하여 직접 서면의 교부를 요청하는 때에는 등기완료통지서를 출력하여 직접 교부한다).

② 위 ①을 제외한 신청인에 대한 통지
㉠ 통지방식은 위 ①의 경우와 동일하다.
㉡ **통지를 받을 자**
ⓐ 공동신청에 있어서 등기필정보를 부여받지 않는 등기권리자(근저당권말소등기 등), ⓑ 단독신청에 있어서 신청인(표시변경등기 등), ⓒ 판결에 의한 승소한 등기의무자의 등기신청에 있어서 등기의무자, ⓓ 대위채권자의 등기신청에 있어서 대위자이다.

③ 신청인이 아닌 등기명의인 등에 대한 통지
㉠ 통지방식
등기완료통지서를 출력하여 등기부에 기록된 주소로 우편 송달한다.

ⓒ **통지를 받을 자**
ⓐ 판결에 의한 승소한 등기의무자의 등기신청에 있어서 등기권리자, ⓑ 대위채권자의 등기신청에 있어서 등기권리자, ⓒ 소유권의 처분제한의 등기촉탁에 있어서 소유권보존등기의 명의인 및 ⓓ 등기의무자의 등기필정보가 없는 경우의 등기신청에 있어서 등기의무자

④ **관공서에 대한 통지**
㉠ 전자촉탁의 경우에는 전산정보처리조직을 이용하여 송신하는 방법에 의한다.
㉡ 서면촉탁의 경우에는 법원에 대해서는 등기완료통지서를 출력하여 직접 교부하거나, 우편으로 송부하고(경매개시결정등기촉탁을 제외하고는 등기완료통지서 송부용봉투가 첨부된 경우에 한함), 기타 관공서에 대해서는 등기완료사실을 인터넷등기소에 게시하는 방법에 의한다.

03 등기완료 후 소유권변경사실의 통지 등 (등기예규 제1372호)

1 전산정보처리조직에 의한 소유권변경사실의 통지(법 제62조)

(1) 의의와 취지
등기관이 다음의 등기를 하였을 때에는 지체 없이 그 사실을 토지의 경우에는 지적소관청에, 건물의 경우에는 건축물대장 소관청에 각각 알려야 한다. 이는 우리 법제가 부동산의 공시에 관하여 등기부와 대장의 이원주의를 취함에 따라, 그 물리적 현황과 권리관계를 일치시키기 위함이다.

(2) 소유권변경 사실의 통지를 하여야 하는 등기 12회 출제
1) 소유권의 보존 또는 이전등기
2) 소유권의 등기명의인표시의 변경 또는 경정등기
3) 소유권의 변경 또는 경정등기
4) 소유권의 말소 또는 말소회복등기

(3) 통지내용 및 방법
소유권변경사실의 정보, 즉 교합처리가 완료된 '위의 등기'에 관한 신청정보와 접수장정보(접수일자, 접수번호, 동순위여부, 등기목적, 처리완료구분, 등기소, 신청인의 성명)를 전산정보처리조직을 이용하여 그 정보를 「전자정부법」 제38조 제1항에 따라 행정정보공동이용센터에 전송하는 방식으로 한다(규칙 제120조).

제2편 부동산등기법

> **Key Point** (소관청에의) **소유권변경사실의 통지**
>
> 1) **목적**: 대장 = 등기기록의 일치 ┌ 토지 → 지적소관청
>   └ 건물 → 건축물대장소관청
> 2) **대상등기**
>   소유권의 보존·이전·변경·경정·말소·말소회복 및 등기명의인 표시의 변경·경정등기
> 3) **통지방법**
>   전산정보처리조직을 이용하여 그 정보를 행정정보공동이용센터에 전송

단락핵심 　 소관청에 소유권변경사실통지

토지소유권의 이전등기가 완료된 때에는 등기관은 지체 없이 지적소관청에 알려야 한다.

단락문제 Q17　　　　　　　　　　　　　　　　　　　　　　　　제12회 기출

다음 중 등기 완료한 후 그 뜻을 토지의 경우 지적소관청, 건물의 경우 건축물대장소관청에 통지할 필요가 **없는** 등기는?

① 저당권설정등기　　　　　　　　　② 소유권보존등기
③ 소유권이전등기　　　　　　　　　④ 소유권등기명의인표시경정등기
⑤ 소유권말소등기

해설　멸실등기
① 등기완료 후 소유권 변경사실의 통지의 대상이 되는 등기는 "소유권에 관한 등기"가 그 대상이고, 소유권에 관한 처분제한등기나 가등기는 그 대상이 아니다.　　　　　　　　　　　　　　**답** ①

2 전산정보처리조직에 의한 과세자료의 제공 (법 제63조, 규칙 제120조)

(1) 등기관이 소유권의 보존 또는 이전등기(가등기 포함)를 한 때에 과세자료의 제공은 국세청 과세정보연계시스템에 전송하는 방식으로 한다(규칙 제120조).

(2) 전송할 과세자료의 정보는 ① 교합처리가 완료된 소유권보존, 소유권이전(가)등기에 대한 신청정보, ② 접수장 정보(접수일자, 접수번호, 동순위여부, 등기목적, 처리완료구분, 등기소, 등기의무자 및 등기권리자의 성명), ③ 소유권이전등기를 하는 경우 양도일자(검인계약서상 또는 첨부된 거래신고필증상의 잔금지급기일) 및 ④ 경매(공매)를 원인으로 한 소유권이전 등기시의 매각대금 등이다.

3 전산정보처리조직에 의한 등록세영수필의 통지(등기예규 제1624호)

등기관이 등기를 마친 때에는 등록세영수필통지서에 해당하는 정보의 전송은 「전자정부법」 제38조 제1항에 따라 행정정보공동이용센터에 전송하는 방식으로 한다.

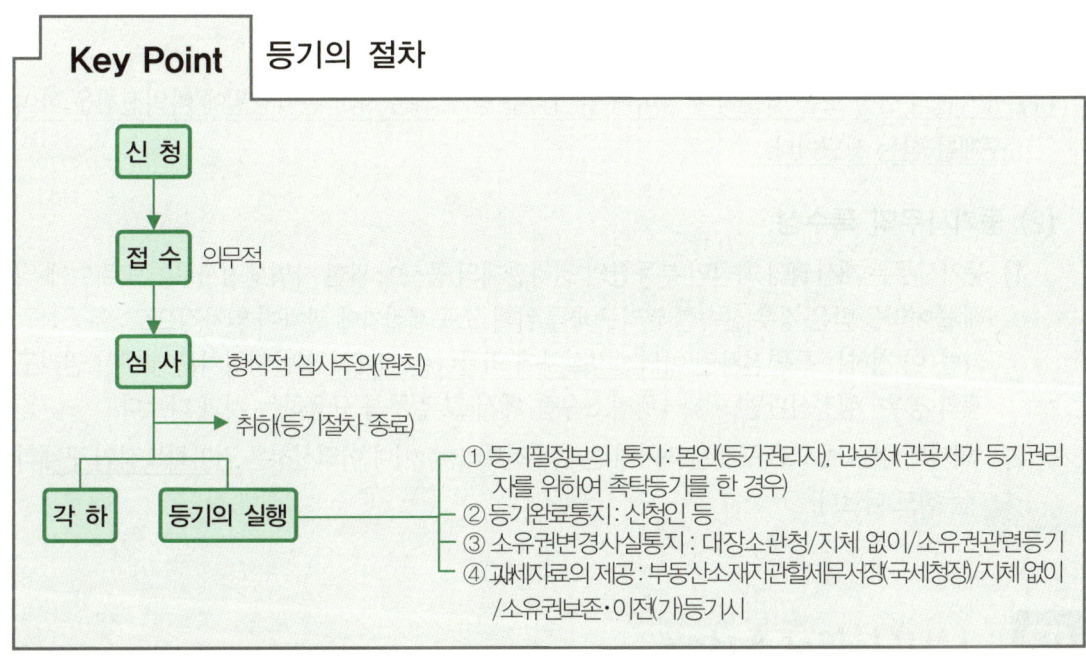

Key Point 등기의 절차

4 기타 각종의 통지

(1) 신청착오 등의 통지

등기관이 등기를 마친 후 신청착오로 그 등기에 착오(錯誤)나 빠진 부분이 있음을 발견하였을 때 또는 그 착오 등이 등기관의 잘못으로 인한 경우 직권경정등기를 한 때에는 그 사실을 등기권리자와 등기의무자 또는 등기명의인에게 알려야 한다(법 제32조 제1항, 제3항).

(2) 등기관이 토지수용으로 인한 소유권이전등기시 그 부동산의 등기기록 중 소유권, 소유권 외의 권리, 그 밖의 처분제한에 관한 등기를 직권으로 말소한 경우에는 그 뜻을 등기명의인(말소된 등기가 대위신청에 의해 이루어진 경우에는 그 채권자 포함)에게 통지하여야 한다(법 제99조 제4항, 규칙 제157조).

(3) 법 제29조 제1호, 제2호 해당 등기가 있는 경우의 직권말소통지(법 제58조 제1항)

(4) 등기관이 지적소관청의 통지에 의해 직권에 의한 표시변경등기를 한 경우 지적소관청과 소유권등기명의인에 대한 통지(법 제36조 제2항)

(5) 등기의무자의 등기필정보가 없어 등기관의 확인조서 등에 의해 등기를 한 경우 등기의무자에 대한 등기완료통지 등(규칙 제53조 제1항 제3호)

제2편 부동산등기법

제8절 등기관의 처분에 대한 이의신청 (등기예규 제1411호) 27·31·34회 출제

01 서설 ★

(1) 등기관의 결정 또는 처분이 부당하여 불이익을 받게 되는 자가 관할법원에 이의신청을 하여 구제를 받는 제도이다.

(2) 등기사무의 특수성

1) 등기사무는 재산권의 핵심인 부동산의 권리관계의 공시에 관한 사법행정사무이므로 이에 의해 불이익을 받은 경우 신속한 권리구제를 위해 그 구제절차에 관하여 일차적으로 「부동산등기법」이 정하는 특별절차인 이의신청절차에 의한다는 점에서 일반행정처분에 대한 권리구제의 경우 「행정심판법」이나 「행정소송법」에서 그 절차를 규율하는 것과 다르다.

2) 「국가배상법」에 의한 구제는 과거의 손해의 전보(塡補)이나 이의신청은 권리회복적인 구제라는 점도 다르다.

02 이의신청❶의 요건 ★★

등기관의 부당한 결정 또는 처분에 대하여 이의가 있는 자는 이의신청을 할 수 있다.

1 등기관의 부당한 '결정 또는 처분'이 있을 것

(1) 등기관의 '결정·처분'

결정이라 함은 등기신청에 대한 등기관의 각하결정과 같은 것을 의미하고, 처분이라 함은 등기신청에 대한 등기관의 접수, 수리 또는 등기실행처분, 등기사항의 열람과 증명과 관련된 처분 등 각하결정 이외의 모든 조치를 의미한다.

> **용어사전**
> ❶ **이의신청**
> 법원이나 소송상대방, 검사, 일반 행정기관 등이 한 행위나 처분에 대해 문제가 있다고 주장하며 그 변경이나 취소를 요구하는 것을 말한다.

(2) '부당한' 결정·처분

1) 부당의 의미 → 부작위   → 작위

부당에는 소극적 부당뿐만 아니라 적극적 부당을 포함하며, 등기관이 법률에 의하여 하여야 할 것을 하지 않는 것을 소극적 부당이라 하고, 반대로 해서는 아니되는 것을 하는 것을 적극적 부당이라고 한다.

2) 등기신청 이외의 신청에 대한 처분의 경우

적법한 등기기록에 대한 열람신청이나 등기사항에 대한 증명신청에 대해 이를 거부하는 소극적 부당처분 또는 등기사항의 증명신청에 대해 신청한 부동산이 아닌 다른 부동산에 관한 등기사항증명을 발급하는 적극적 부당처분 모두가 이의신청의 대상이 된다.

3) 등기신청에 대한 처분의 경우

① **소극적 부당**

적법한 등기신청에 대하여 그 접수나 수리의 거부, 각하결정 또는 등기실행을 게을리 한 경우를 들 수 있다. 그 이의사유에 특별한 제한은 없으나, 다만, 당사자만이 이의신청을 할 수 있다.

② **적극적 부당**

부적법한 등기신청에 대해 각하하지 않고 수리하여 그 등기를 실행하는 경우를 들 수 있다. 등기실행처분에 대한 이의는 「부동산등기법」 제29조 제1호, 제2호에 해당하는 각하사유가 있다고 주장하는 경우에 한하여, 당사자뿐 아니라 등기상 이해관계 있는 제3자도 할 수 있으나, 제3호 이하의 사유로는 이의신청의 방법으로 그 말소를 구할 수 없다 (대결 1973.8.29. 73마669).

(3) 부당의 판단시점

등기관의 결정 또는 처분에 대한 당부의 판단은 '결정 또는 처분을 한 시점'을 기준으로 판단하여야 하고 이의신청시점을 기준으로 하는 것이 아니다(법 제102조).

 이의신청의 종류

① 소극적 부당(부작위)에 대한 이의신청

② 적극적 부당(작위)에 대한 이의신청

2 이의신청인

(1) 각하결정에 대한 이의신청인 : 등기상 직접적 이해관계자일 것

1) 등기공무원의 처분이 부당하다고 하여 이의신청을 할 수 있는 자는 등기상 직접적인 이해관계를 가진 자에 한한다(대결 1987.3.18. 87마206).
2) 등기신청의 각하결정에 대하여는 등기신청인인 등기권리자 또는 등기의무자만이 이의신청을 할 수 있고 제3자는 이의신청을 할 수 없다.

(2) 등기실행처분에 대한 등기상 직접적 이해관계인 해당 여부의 구체적 판단

1) 「법」 제29조 위반의 등기실행에 대해서는 제29조 제1호, 제2호에 해당하는 경우에 한하여 등기상 이해관계 있는 제3자도 그 처분에 대하여 이의신청을 할 수 있다(법 제58조).

이의신청의 절차와 효력

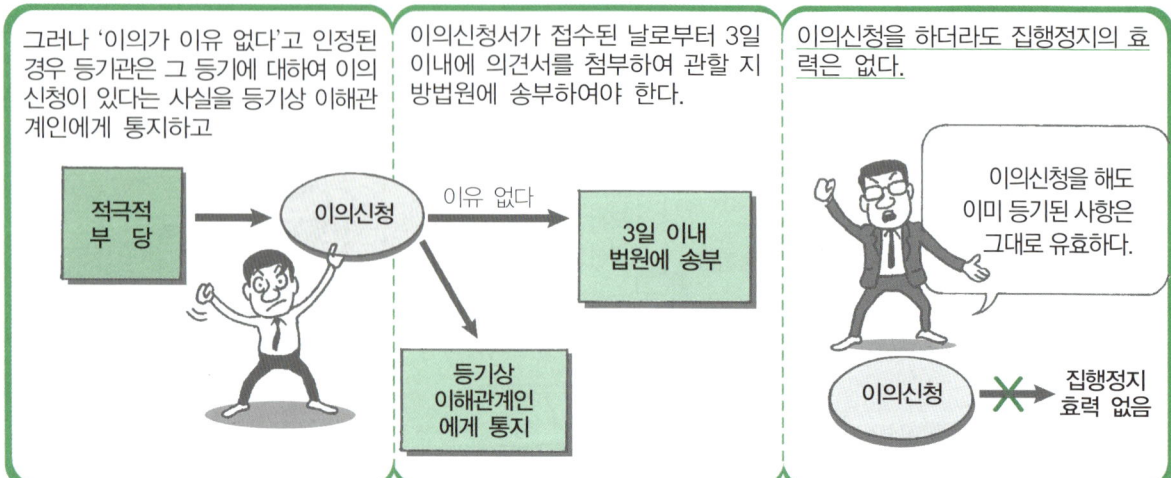

2) 2인의 공유등기를 그 중 1인의 단독 소유로 경정하여 달라는 등기신청은 법 제29조 제2호 소정의 법률상 허용될 수 없음이 명백한 경우에 해당하고, 등기상 이해관계 있는 자는 이의신청의 방법으로 그 등기의 시정을 구할 수 있으므로, 민사소송의 방법으로 그 시정을 구할 수 없다(대판 1996.4.12. 95다33214).
3) 채권자의 대위등기신청에 의하여 마쳐진 등기가 채무자의 신청에 의하여 말소된 경우에는 채권자는 등기상 이해관계인으로서 이의신청을 할 수 있다.
4) 상속등기에 대하여 상속인이 아닌 자, 저당권이전의 부기등기에 대하여 저당권설정자는 등기상 이해관계인이 아니므로 이의신청을 할 수 없다.
5) 등기의 말소신청에 있어 등기상 이해관계 있는 제3자(법 제57조)의 승낙서 등 서면이 첨부되어 있지 아니하였다는 사유는 제3자의 이해에 관련된 것이므로, 말소등기의무자는 말소처분에 대하여 등기상 이해관계인에 해당되지 않는다.

> **Key Point** 법에 위반한 등기실행의 이의신청
>
> 제29조 제1호(관할위반)와 제2호(등기할 사건이 아닌 때)에 해당하는 등기실행에 대해서는 말소하라는 이의신청을 할 수 있으나, 제3호 이하에 해당하는 등기의 실행처분에 대해서는 이의신청이 허용되지 아니한다.

03 이의신청의 절차와 효력   28회 출제

1 관할법원과 신청방법 등   추가15·26회 출제

(1) 이의신청은 관할 지방법원에 하여야 하나(법 제100조), 이의신청서는 당해 등기소에 제출하여야 한다(법 제101조).
(2) 이의신청은 서면으로 하여야 하며(법 제101조), 그 기간에 대해서는 제한이 없다.
(3) 이의신청은 결정, 처분 후의 새로운 사실이나 새로운 증거방법을 근거로 할 수 없다(법 제102조).

2 이의신청의 효력(집행부정지)

이의는 집행정지의 효력이 없다(법 제104조). 즉 이의를 제기하여도 그 이의의 당부는 심사 후에 결정될 것이므로 이미 행한 등기관의 결정, 처분의 효력이 무조건 정지되는 것이 아니다.

제2편 부동산등기법

3 등기관의 조치(등기예규 제1411호)

(1) 등기신청의 각하결정에 대한 이의신청이 있는 경우

1) 이의가 이유 없다고 인정할 때

등기관은 이의가 이유 없다고 인정한 때에는 이의신청일부터 3일 이내에 의견을 붙여 이의신청서를 관할 지방법원에 보내야 한다(법 제103조 제2항).

Professor Comment
이의는 지방법원에 대하여 행하는 것이니까 등기관은 이를 각하할 권한이 없다.

2) 이의가 이유 있다고 인정할 때

① 등기관은 이의신청서를 받아 판단한 결과 이의가 이유 있다(각하결정이 부당)고 인정하면 그 등기신청에 대한 등기를 실행한다(법 제103조 제1항).
② 이 때 등기신청의 각하시에 환부한 첨부정보 등을 제공하게 하여 그 등기를 실행한다.

(2) 등기신청을 수리하여 마쳐진 등기에 대한 이의신청이 있는 경우

1) 이의가 이유 없다고 인정한 경우

등기를 마친 후에 이의신청이 있는 경우에는 3일 이내에 의견을 붙여 이의신청서를 관할 지방법원에 보내고 등기상 이해관계 있는 자에게 이의신청 사실을 알려야 한다(법 제103조 제3항).

2) 이의가 이유 있다고 인정한 경우

① 이의신청의 대상이 되는 등기가 「부동산등기법」 제29조 제1호, 제2호에 해당하여 이의가 이유 있다고 인정한 경우에는 「법」 제58조의 절차를 거쳐 그 등기를 직권으로 말소한다(법 제58조 제1항, 제4항, 규칙 제159조 제1항).
② 이의신청의 대상이 되는 마쳐진 등기가 부동산등기법 제29조 제3호 이하의 사유에 해당하는 경우에는 이의신청의 방식으로 말소를 구할 수 없고 소송의 방식으로 해결해야 하므로 그 이의가 이유 없는 경우에 해당하는 것과 동일하게 취급하여 3일 이내에 의견을 붙여 이의신청서를 관할 지방법원에 보내야 한다(규칙 제159조 제3항, 대결 1973.8.29. 73마669 참조).

4 이의신청에 대한 관할지방법원의 조치

(1) 결정 전 가등기 및 부기등기의 명령

1) 관할지방법원은 이의신청에 대하여 결정하기 전에 등기관에게 가등기 또는 이의가 있다는 뜻의 부기등기를 명령할 수 있다(법 제106조).
2) 이의는 집행정지의 효력이 없으므로 이의를 결정하기 전에 이의대상이 된 등기순위를 확보해둠으로써 만약에 발생할지도 모르는 회복할 수 없는 손해를 방지하자는 데 그 목적이 있다.
3) 이의신청에 대한 가등기 후 관할법원은 인용결정에 의해 본등기를 명할 수 있다.

(2) 이의신청에 대한 법원의 결정

1) 이의신청이 이유 있다고 인정할 때

관할 지방법원이 이의가 이유 있다고 인정하면 이유를 붙인 결정으로 등기관에게 그에 해당하는 처분을 명령하고 그 뜻을 이의신청인과 등기상 이해관계 있는 자에게 알려야 한다(법 제105조 제1항).

2) 이의신청이 이유 없다고 인정될 때

이의가 이유 없다고 인정할 때에는 기각(각하의 경우 포함)하고 그 결정정본을 이의신청인과 등기관에게 송달하고, 이의신청이 취하된 경우에는 취하서 부본을 등기관에게 송달한다.

5 관할지방법원의 명령에 의한 등기 30회 출제

(1) 관할지방법원의 기록명령에 의한 등기

1) 기록명령에 따른 등기를 함에 장애가 되는 경우

다음의 경우에는 그 기록명령에 따른 등기를 할 수 없고, 등기관은 그 뜻을 관할지방법원과 이의신청인에게 통지하여야 한다(규칙 제161조).

① 권리이전등기의 기록명령이 있었으나 그 기록명령에 따른 등기 전에 제3자 명의로 권리이전등기가 되어 있는 경우
② 지상권·지역권·전세권·임차권설정등기의 기록명령이 있었으나, 그 기록명령에 따른 등기 전에 동일한 부분에 지상권·전세권·임차권설정등기가 되어 있는 경우
③ 말소등기의 기록명령이 있었으나 그 기록명령에 따른 등기 전에 등기상 이해관계인이 발생한 경우
④ 등기관이 기록명령에 따라 등기를 하기 위하여 신청인에게 환부된 첨부정보(취득세 또는 등록면허세영수필확인서 등)를 다시 등기소에 제공할 것을 명령하였으나 신청인이 이에 응하지 않은 경우

2) 기록명령에 따른 등기를 함에 장애가 되지 아니하는 경우

소유권이전등기신청의 각하결정에 대한 이의신청에 기하여 관할 지방법원의 소유권이전등기 기록명령이 있기 전에 제3자 명의의 근저당권설정등기가 경료된 때와 같은 경우에는 기록명령에 따른 등기를 함에 장애가 되지 아니하므로, 기록명령에 따른 등기를 하여야 한다(등기예규 제1411호).

(2) 관할 지방법원의 명령에 의한 가등기 또는 부기등기의 말소

법 제106조에 의해서 법원의 명령에 따라 경료된 가등기 또는 부기등기는 등기관이 관할 지방법원으로부터 이의신청에 대한 기각결정(각하, 취하를 포함)의 통지를 받았을 때에 말소한다(규칙 제162조).

6 불복의 방법

(1) 항고

이의신청의 전부 또는 일부를 각하하는 관할지방법원의 결정에 대하여 불복이 있는 이의신청인은 「비송사건절차법」(非訟事件節次法)이 정하는 바에 의하여(동법 제20조 내지 제31조 참조) 항고❶할 수 있다(법 제105조).

(2) 항고의 효력

항고를 하더라도 집행정지의 효력(執行停止效力)은 인정되지 않는다(「비송사건절차법」제21조).

(3) 재항고

항고법원의 결정에 대하여 **법령위반**이 있음을 이유로 대법원에 **재항고**❷할 수 있다(「민사소송법」 제442조).
→ 사실오인 등은 대법원에 재항고할 수 없음

> **용어사전**
>
> ❶ 항고
> 판사나 재판장이 한 판결 이외의 재판인 결정이나 명령에 대해 법률에 어긋남을 이유로 결정이나 명령의 취소나 변경을 요구하는 불복신청을 말한다.
>
> ❷ 재항고
> 항고법원·고등법원 또는 항소법원의 결정 및 명령에 대하여 헌법이나 법률, 명령이나 규칙에 위배됨이 있음을 이유로 해서 대법원에 하는 불복신청을 말한다.

제3장 등기절차 총론

> **Key Point** 등기관의 처분에 대한 이의신청

1) **의 의**
   ① 등기관의 부당한 결정 또는 처분으로 불이익을 받은 이해관계자가 하는 것이다.
   ② 사법행정사무:「부동산등기법」상의 이의 또는「비송사건절차법」항고절차에 의한다(「행정소송법」이 아님).

2) **이의신청의 요건**
   ① 등기관의 결정 또는 처분이 부당하다고 인정될 것
      ㉠ 결정: 신청을 각하하는 결정
      ㉡ 처분: 등기신청의 접수, 등기의 실행, 등기사항의 열람과 증명 등 등기사무에 관한 처리
      ㉢ 새로운 사실이나 새로운 증거방법에 의한 이의금지
   ② 이의신청자가 등기상 직접 이해관계 있는 자일 것
      ㉠ 각하결정(소극적 부당처분)에 대한 이의신청인: 등기신청인만 O, 제3자는 X
      ㉡ 등기의 실행처분(적극적 부당처분)에 대한 이의신청인: 법 제29조 제1호, 제2호에 해당하는 경우에만 등기권리자, 등기의무자 및 등기상 이해관계인이 이의신청할 수 있음

3) **이의신청의 관할법원**
   ① 관할 지방법원에 한다(서면으로만 할 수 있음).
   ② 이의신청서는 당해 등기소에 제출하여야 한다.
   ③ 집행부정지의 원칙: 이의신청이 있어도 등기관의 처분은 집행이 정지되지 않는다.

4) **등기관의 조치**
   ① 이의가 이유 있는 경우: 그에 해당하는 처분을 하여야 한다.
   ② 이의가 이유 없는 경우: 등기관은 이의가 이유 없다고 인정하면 이의신청일부터 3일 이내에 의견을 붙여 이의신청서를 관할 지방법원에 보내야 한다.
   ③ 이미 등기를 마친 경우
      ㉠ 이의가 이유 있는 경우: 이의신청의 대상등기가 법 제29조 제1호 또는 제2호에 해당하는 경우에는 법 제58조의 절차를 거쳐 그 등기를 직권말소한다. 한편 법 제29조 제3호 이하의 사유에 해당하는 경우에는 이의가 이유 없는 경우에 해당하는 것과 동일하게 취급하여 아래 ㉡과 동일한 조치를 취한다.
      ㉡ 이의가 이유 없는 경우: 3일 이내에 의견을 붙여 이의신청서를 관할 지방법원에 보내고 등기상 이해관계 있는 자에게 이의신청 사실을 알려야 한다.

5) **관할 지방법원의 조치**(재판)
   「비송사건절차법」에 의하여 변론을 거치지 아니하고 서면심리로 한다(결정 전에 이유 있는 것을 방치하지 않고 가등기 또는 부기등기명령을 할 수 있음).
   ① 이의가 이유 없는 경우: 기각결정을 이의신청인과 등기관에게 통지하고 법원의 통지를 받은 등기관은 실행한 가등기 또는 부기등기를 말소한다.
   ② 이의가 이유 있는 경우: 등기관에게 그에 해당하는 처분을 명령하고 그 뜻을 이의신청인과 등기상 이해관계 있는 자에게 알려야 한다.

6) **관할법원의 결정에 대한 불복방법**: 항고와 재항고(「비송사건절차법」)

단락문제 Q18 제28회 기출

부동산등기법령상 등기관의 처분에 대한 이의절차에 관한 설명으로 틀린 것은?

① 이의에는 집행정지의 효력이 없다.
② 새로운 사실이나 새로운 증거방법을 근거로 이의신청을 할 수 있다.
③ 관할 지방법원은 이의신청에 대하여 결정하기 전에 등기관에게 이의가 있다는 뜻의 부기등기를 명령할 수 있다.
④ 이의신청서에는 이의신청인의 성명과 주소, 이의신청의 대상인 등기관의 결정 또는 처분, 이의신청의 취지와 이유, 그 밖에 대법원예규로 정하는 사항을 적고 신청인이 기명날인 또는 서명하여야 한다.
⑤ 이의에 대한 결정의 통지는 결정서 등본에 의하여 한다.

해설 이의절차
② 이의신청은 결정, 처분 후의 새로운 사실이나 새로운 증거방법을 근거로 할 수 없다(법 제102조).   답 ②

제3장 등기절차 총론

제9절 벌칙 및 과태료 등 16·27회 출제

01 「부동산등기법」상의 벌칙 ★

다음에 해당하는 경우 <u>2년 이하의 징역 또는 1천만원 이하의 벌금</u>에 처한다(법 제111조).

(1) 부동산등기사무에 종사하는 등기관(그 직에 있었던 사람 포함)으로서 그 직무로 인하여 알게 된 등기필정보의 작성이나 관리에 관한 비밀을 누설한 사람
(2) 누구든지 부실등기를 하도록 등기의 신청이나 촉탁에 제공할 목적으로 등기필정보를 취득하거나 그 사정을 알면서 등기필정보를 제공한 사람
(3) 누구든지 부정하게 취득한 등기필정보를 부실등기를 하도록 등기의 신청이나 촉탁에 제공할 목적으로 보관한 사람

02 「부동산등기 특별조치법」상의 벌칙 및 과태료 ★

1 「부동산등기 특별조치법」상의 벌칙

(1) **미등기전매금지 등에 위반한 경우**(3년 이하의 징역이나 1억원 이하의 벌금, 동법 제8조)

  1) **미등기전매금지위반**(소유권이전등기신청의무에 위반한 경우 : 제1호)

   ① 부동산의 소유권을 이전받을 것을 내용으로 하는 계약을 체결한 자가 반대급부의 이행이 완료된 날(서로 대가적인 채무를 부담하는 경우) 또는 그 계약의 효력이 발생한 날(일방만이 채무를 부담하는 경우) 이후 그 부동산에 대하여 다시 제3자와 소유권이전을 내용으로 하는 계약이나 제3자에게 계약당사자의 지위를 이전하는 계약을 체결하고자 할 때에 조세부과를 면하려 하거나 다른 시점간의 가격변동에 따른 이득을 얻으려 하거나 소유권 등 권리변동을 규제하는 법령의 제한을 회피할 목적으로 그 제3자와 계약을 체결하기 전에 먼저 체결된 계약에 따라 소유권이전등기를 신청하지 아니한 경우(동법 제2조 제2항 위반)
   ② 부동산의 소유권을 이전받을 것을 내용으로 하는 계약을 체결한 자가 반대급부의 이행이 완료된 날(서로 대가적인 채무를 부담하는 경우) 또는 그 계약의 효력이 발생한 날(일방만이 채무를 부담하는 경우) 전에 그 부동산에 대하여 다시 제3자와 소유권이전을 내용으로 하는 계약을 체결한 때에 위와 동일한 목적으로 먼저 체결된 계약의 반대급부의 이행이 완료되거나 계약의 효력이 발생한 날부터 60일 이내에 먼저 체결된 계약에 따라 소유권이전등기를 신청하지 아니한 경우(동법 제2조 제3항 위반)

2) 등기원인 허위기재 등의 금지 위반한 경우(제2호)

동법 제2조의 규정에 의하여 부동산의 소유권이전을 내용으로 하는 계약을 체결한 자로서 소유권이전등기를 신청하여야 할 자가 그 등기를 신청함에 있어서 등기신청서에 등기원인을 허위로 기재하여 신청하거나 소유권이전등기 외의 등기를 신청한 경우(동법 제6조 위반)

(2) 계약서상 검인의무에 위반(1년 이하의 징역이나 3천만원 이하의 벌금, 동법 제9조)

위 (1)의 미등기전매금지에 위반한 자(동법 제8조 제1호)에 해당하지 아니한 자로서, 그 부동산에 대하여 다시 제3자와 소유권이전을 내용으로 하는 계약이나 제3자에게 계약당사자의 지위를 이전하는 계약을 체결하고자 할 때에 먼저 체결된 계약의 계약서 검인을 받지 아니한 경우

2 「부동산등기 특별조치법」상의 과태료(동법 제11조)

부동산의 소유권이전을 내용으로 하는 계약을 체결한 경우 등기권리자가 상당한 이유 없이 위의 동법 제2조의 규정에 의한 등기신청을 해태한 때에는 소정의 과태료를 부과한다. 다만, 「부동산 실권리자명의 등기에 관한 법률」에 의해 장기미등기자에 대해 과징금을 부과한 경우(동법 제10조 제1항)에는 과태료를 부과하지 않는다.

03 「부동산 실권리자명의 등기에 관한 법률」상의 과징금, 이행강제금 및 벌칙 등

1 「부동산 실권리자명의 등기에 관한 법률」상의 과징금

다음의 경우에는 부동산 가액의 100분의 30에 해당하는 금액의 범위에서 과징금을 부과한다.

(1) 실권리자명의 등기의무를 위반한 명의신탁자(동법 제5조 제1항 제1호)

(2) 양도담보사실기재의무를 위반한 채권자 및 서면에 채무자를 거짓으로 적어 제출한 실채무자(동법 제5조 제1항 제2호)

(3) 장기미등기자 등

1) **장기미등기자**(동법 제10조)

위의 「부동산등기 특별조치법」 제2조 제1항의 적용을 받는 부동산의 소유권이전을 내용으로 하는 계약을 체결한 자로서 과태료 부과대상이 되는 자가 3년 이내에 소유권이전등기를 신청하지 아니한 등기권리자

2) 「동법」 시행 전의 기존의 명의신탁자가 동법 시행일로부터 1년의 유예기간 이내에 실명등기를 하지 아니한 경우(동법 제12조 제2항)

3) 기존의 양도담보권자로서 서면제출의무에 위반한 채권자 등

「동법」 시행 전의 기존의 양도담보권자로서 「동법」 시행일부터 1년 이내에 서면제출의무에 위반한 채권자 또는 서면에 채무자를 거짓으로 적어 제출하게 한 실채무자(동법 제14조 제2항)

2 「부동산 실권리자명의 등기에 관한 법률」상의 이행강제금(동법 제6조)

다음의 경우에는 과징금 부과일부터 1년이 지난 때에 부동산평가액의 100분의 10에 해당하는 금액을, 다시 1년이 지난 때에 부동산평가액의 100분의 20에 해당하는 금액을 각각 이행강제금으로 부과한다.

(1) 실권리자명의 등기의무에 위반한 명의신탁자가 과징금 부과일부터 1년이 지나도록 자기 명의로 등기를 하지 않은 경우(동법 제6조 제1항)

(2) 장기미등기자가 위의 과징금을 부과 받고도 소유권이전등기를 신청하지 아니한 경우(동법 제10조 제4항)

(3) 「동법」 시행 전의 기존의 명의신탁자가 동법 시행일로부터 1년의 유예기간 이내에 실명등기를 하지 아니한 경우(동법 제12조 제2항)

3 「부동산 실권리자명의 등기에 관한 법률」상의 벌칙(동법 제7조 등)

(1) 5년 이하의 징역 또는 2억원 이하의 벌금에 처하는 경우

1) 실권리자명의등기의무를 위반한 명의신탁자(동법 제7조 제1항 제1호)

2) 양도담보사실기재의무를 위반한 채권자 및 서면에 채무자를 거짓으로 적어 제출한 **실채무자**(동법 제7조 제1항 제2호)

3) 장기미등기자

「부동산등기 특별조치법」의 적용을 받는 자로서 3년 이내에 소유권이전등기를 신청하지 아니한 장기미등기자(동법 제10조 제5항)

4) 실명등기를 가장하여 등기한 자

「동법」의 시행 전에 명의신탁약정에 따른 등기를 한 사실이 없는 자가 소정의 유예기간 내에 기존 명의신탁약정에 따른 실명등기를 가장하여 등기한 자(동법 제11조, 제12조 제3항)

(2) 3년 이하의 징역 또는 1억원 이하의 벌금에 처하는 경우

실권리자명의 등기의무를 위반한 명의수탁자(동법 제7조 제2항)

제2편 부동산등기법

단락문제 Q19 제16회 기출

등기신청의무와 관련한 설명 중 옳은 것은?

① 부동산매매계약을 체결한 경우 매수인은 매매계약일로부터 60일 이내에 등기하지 않으면 과태료의 처분을 받는다.
② 甲이 乙로부터 무상으로 토지를 증여받았다면 증여의 효력이 발생한 날로부터 60일 이내에 등기를 신청하지 않으면 과태료의 처분을 받는다.
③ 건물을 신축한 경우 소유자는 준공검사일로부터 60일 이내에 보존등기를 신청하여야 한다.
④ 건물대지의 지번의 변경 또는 대지권의 변경이 있는 경우 소유자는 그 변경일로부터 60일 이내에 변경등기를 하지 않으면 과태료의 처분을 받는다.
⑤ 토지의 지목변경이 있는 경우 그 토지 소유명의인은 60일 이내에 표시변경의 등기신청을 하여야 한다.

해설 등기신청의무

① (×) 소유권이전등기의 신청의무기간은 매매인 경우(쌍무계약인 경우) 반대급부를 이행한 날로부터 60일 이내이며 이를 해태한 때에는 취득세액의 5배 이하에 상당하는 과태료를 부과한다(「부동산등기 특별조치법」제11조).
② (○) 소유권이전등기의 신청의무기간은 증여인 경우(편무계약인 경우) 계약의 효력이 발생한 때로부터 60일 이내이며 이를 해태한 때에는 취득세액의 5배 이하에 상당하는 과태료를 부과한다(「부동산등기 특별조치법」제11조).
③ (×) 소유권보존등기가 되어 있지 아니한 부동산에 대하여 소유권이전을 내용으로 하는 계약을 체결한 자는 소유권보존등기를 신청할 수 있었음에도 이를 하지 아니하고 계약을 체결한 경우에는 그 계약을 체결한 날 또는 계약을 체결한 후에 소유권보존등기를 신청할 수 있게 된 경우에는 소유권보존등기를 신청할 수 있게 된 날로부터 60일 이내에 소유권보존등기를 신청하지 아니한 때에는 취득세액의 5배 이하에 상당하는 과태료를 부과한다(「부동산등기 특별조치법」제11조).
④ (×) 2017.10.13 개정으로 과태료 부과 규정(법 제112조)은 삭제되었다.
⑤ (×) 토지의 표시에 관한 등기의 등기사항인 지목변경이 있는 경우 그 토지의 소유명의인은 그 변경일(대장의 등록변경일)로부터 변경사항을 증명하는 토지대장을 첨부하여 1개월 이내에 토지의 표시변경등기를 신청하여야 하나, 이를 해태한 때에도 지적공부 소관청의 통지에 의하여 등기관이 직권으로 표시변경등기를 할 수 있으므로 과태료는 부과하지 않는다(법 제35조, 제36조).

답 ②

등기절차 총론

빈출 함정 총정리

• 경록 교재에 모든 답이 있습니다.

CHAPTER 03

01   등기는 법률에 다른 규정이 있는 경우를 제외하고 **당사자의 신청 또는 관공서의 촉탁**(당사자의 신청 x)이 없으면 하지 못한다.

02   소유권보존등기는 당사자의 **단독신청**(공동신청 x)으로 한다.

03   판결에 의한 등기는 **승소한 등기권리자 또는 등기의무자가**(승소한 등기권리자만이 x) 단독으로 신청한다.

04   마쳐진 등기가 관할위반의 등기이거나 등기할 사건이 아닌 경우로서 이의를 진술한 자가 없거나 이의를 각하한 경우는 **신청주의**(공동신청주의 x)의 예외가 된다.

05   토지의 분할, 합병, 멸실, 지목의 변경 또는 면적의 증감이 있을 때에는 등기명의인이 **1개월**(60일 x) 이내에 그 등기를 신청하여야 한다.

06   「부동산등기 특별조치법」상 소유권이전등기 신청은 **쌍무 계약의 경우에는 반대급부의 이행이 완료된 날부터, 편무계약의 경우에는 그 계약의 효력이 발생한**(그 계약의 효력이 발생한 x) 날부터 **60일**(1개월 x) 이내에 신청하여야 한다.

07   등기명의인의 주소 변경으로 신청정보와 등기기록상의 주소가 일치하지 아니하는 경우라도 첨부된 주소증명정보에 등기의무자의 등기기록상의 주소가 신청정보 상의 주소로 변경된 사실이 명백히 나타나면 등기명의인의 표시변경등기를 직권으로 **하여야 한다**(할 수 있다 x).

08   대지권인 권리가 대지권이 아닌 것으로 변경되거나 대지권인 권리 자체가 소멸하여 대지권 소멸의 등기를 한 경우에는 **등기관은 대지권의 목적인 토지의 등기기록 중 해당 구에 그 뜻을 기록하고 대지권이라는 뜻의 등기를 말소하여야 한다**(등기명의인은 대지권등기의 말소를 신청하여야 한다 x).

09   등기관이 미등기부동산에 대하여 법원의 촉탁에 따라 소유권의 처분제한의 등기를 할 때에는 **직권으로 소유권보존등기를 하고, 처분제한의 등기를 명하는 법원의 재판에 따라 소유권의 등기를 한다는 뜻을 기록하여야 한다**(촉탁이 있는 경우 등기관은 그 토지가 미등기임을 법원에 통지하고 등기를 각하하여야 한다 x).

10   민법상 법인 아닌 사단·재단은 법인격이 **인정되지 않지만** 「부동산등기법」에서 등기당사자능력을 **인정한다**(인정되지 아니하므로 등기당사자능력이 없다 x).

제2편 부동산등기법

11 읍·면·리·동은 지방자치단체가 아니므로 등기당사자능력이 인정되지 않는다(당사자능력이 인정된다 x).

12 등기청구권은 공동신청의 경우에만 인정된다(공동신청은 물론이고 단독신청의 경우에도 발생한다 x).

13 권리능력 없는 사단·재단의 등기신청은 그 사단·재단의 대표자나 관리인을(사단·재단을 x) 등기권리자나 등기의무자로 한다.

14 동업단체와 같은 「민법」상의 조합이나 사립학교는 등기신청능력이 없다(인정된다 x).

15 권리에 관한 등기는 공동신청(단독신청 x)이 원칙이고, 표시에 관한 등기는 단독신청(공동신청 x)이 원칙이다.

16 등기의무자도 등기권리자를 상대로 등기를 인수받아 갈 것을 소구하여 그 판결을 받아 등기를 강제로 실현할 수 있다(실현할 수 없다 x).

17 저당권말소등기신청에서 등기권리자는 저당권설정자(저당권자 x)이고 등기의무자는 저당권자(저당권설정자 x)이다.

18 멸실회복등기(말소회복등기 x)는 원칙적으로 단독신청이지만, 말소회복등기(멸실회복등기 x)는 공동신청한다.

19 확정판결에 의한 등기신청의 경우 신청대상인 등기의 등기원인에 대하여 제3자의 허가증명정보 등이 필요한 경우 그러한 서면의 제출은 요하지 않는다(그 서면을 확정판결에 첨부하여야 한다 x).

20 상속의 경우에는 등기의무자가 존재하지 아니 하므로 단독으로 소유권이전등기를 신청한다. 그러나 소유권이전등기의 등기원인이 유증(遺贈)인 경우에는 유언집행자와 수증자(受贈者)가 공동으로(유언집행자가 단독으로 x) 신청하여야 한다.

21 등기원인증서에 검인을 요하는 경우는 소유권이전계약이며, 등기원인증명정보가 집행력 있는 판결서인 경우에도 검인을 요한다(집행력 있는 판결서인 경우에는 검인을 필요로 하지 않는다 x).

22 피상속인의 사망 전 매매 등 등기원인이 발생하였으나 등기신청 전에 피상속인의 사망으로 상속이 개시된 경우 상속인은 상속등기를 거침 없이 바로 매매를 원인으로 한 이전등기를 신청할 수 있다(거쳐 매매를 원인으로 한 이전등기를 신청하여야 한다 x).

제3장 등기절차 총론

23 매도인과 매수인의 쌍방을 대리하여 법무사가 소유권이전등기를 신청하는 것은 등기의 공동신청의 원칙에 위배되는 것이 아니다(위배되는 것으로 그 등기신청은 각하된다 x).

24 등기는 당사자의 신청 또는 관공서의 촉탁에 의하는 것이 원칙으로 종중 또는 문중에 속하는 부동산등기에 관하여는 그 대표자나 관리인이 등기신청을 한다(그 종중 또는 문중의 구성원 전원만이 등기신청을 할 수 있다 x).

25 실체법상의 등기권리자와 절차법상의 등기권리자가 항상 일치하는 것은 아니다(등기권리자는 항상 일치한다 x).

26 채권자대위등기의 경우 등기신청인인 채권자 및 피대위자에게 등기완료통지를 하여야 하나(규칙 제53조 제1항 제2호) 등기권리자에게 등기필정보를 통지할 필요는 없다(등기필정보는 등기권리자인 채무자에게 통지하고 채권자에게는 등기완료통지를 한다 x).

27 등기필정보가 없어 등기관의 확인조서 등에 의해 등기를 신청한 경우 등기의무자에게 등기완료통지를 해야 한다(할 필요가 없다 x).

28 이해관계자의 표시는 필요적 신청정보의 내용이 아니다(내용이다 x).

29 공유물의 분할금지특약은 등기신청정보내용 중의 임의적 정보사항이며, 반드시 분할등기와 동시에 할 필요는 없다(동시에 하여야 한다 x).

30 등기권리자가 판결에 의하여 단독으로 소유권이전등기를 신청함에 있어서는 등기의무자의 권리에 관한 등기필정보를 제공할 필요가 없다(제공해야 한다 x).

31 소유권이전등기청구권 보전의 가등기를 신청할 때 제출하는 등기원인증명정보에는 검인이 필요치 아니하나(필요하나 x), 그 가등기에 터잡은 본등기를 신청할 때 제출하는 등기원인증명정보에는 검인이 되어 있어야 한다(따로 검인을 할 필요가 없다 x).

32 등기공무원은 등기신청에 대하여 실체법상의 권리관계와 일치하는 여부를 심사할 실질적 심사권한은 없고 오직(심사권한이 있으므로 x) 신청서 및 그 첨부서류와 등기부에 의하여 등기요건에 합당하는지 여부를 심사할 형식적 심사권한 밖에는 없다(심사할 뿐만 아니라 실질적 권리관계를 확인하여야 한다 x).

제2편 부동산등기법

33 등기관이 등기신청정보 기타 첨부정보를 심사하여 흠결을 발견하였을 경우 이를 보정하도록 당사자에게 권장함은 바람직한 일이나 보정명령이나 의무가 있다고 석명할 의무가 있다고는 볼 수 없다(석명하여야 한다 x).

34 보정은 신청당사자, 그 대리인 또는 자격자대리인의 허가받은 사무원이 등기소에 직접 출석하여 등기관의 면전에서 하며, 보정을 위하여 신청정보나 첨부정보의 반환을 요구할 수 없다(요구할 수 있다 x).

35 보정기간 내에 보정을 이행하여 등기가 실행된 경우에는 그 신청의 접수순위, 즉 등기한 권리의 순위에는 변동이 없다(순위는 보정된 때로 변경된다 x).

36 등기기록상의 부동산의 표시(소유자의 표시 x)가 토지대장·임야대장 또는 건축물대장과 일치하지 아니한 경우 등기관은 등기신청을 각하한다.

37 관할위반, 등기할 사건이 아닌 경우에 해당하는 등기가 마쳐진 경우에 그 등기는 당연무효이고 이의절차를 거쳐 등기관이 직권말소한다. 이 경우 이의절차를 거치지 않고 민사소송의 방법으로 그 시정을 구할 수는 없다(구할 수 있다 x).

38 등기신청의 취하는 등기완료 후나 각하결정 후에는 불가능하다(후에도 가능하다 x).

39 등기신청인이 신청한 등기를 취하하고자 하는 경우 등기의무자와 공동으로 한 등기신청이라면 그 취하도 공동으로 하여야 한다(등기신청한 경우라도 단독으로 취하할 수 있다 x).

40 ㉠ 채권자대위에 의한 등기, ㉡ 등기관의 직권에 의한 보존등기 및 ㉢ 승소한 등기의무자(승소한 등기권리자 x)의 신청에 의한 등기의 경우에는 등기필정보를 작성하지 아니한다.

41 판결에 의해 승소한 등기의무자(등기권리자 x)가 등기신청을 한 경우에는 등기필정보의 통지를 필요로 하지 않는다.

42 승소한 등기의무자의 등기신청에 있어서 등기권리자에게는 등기완료사실을 통지하여야 한다(통지할 필요가 없다 x).

제3장 등기절차 총론

43 등기를 완료한 것에 대해서 이의신청을 하기 위해서는 관할위반의 등기의 실행이나 **사건이 등기사건이 아닌 때의**(등기내용이 실체관계와 부합하지 아니하는 x) 등기실행에 해당되는 것이어야만 한다.

44 등기관의 결정·처분에 대한 이의신청을 **제기하여도 그 결정·처분의 집행은 정지되지 아니한 다**(제기하면 그 결정·처분의 집행은 정지된다 x).

45 등기관의 처분에 대한 이의는 등기관의 결정 또는 처분 자체가 **결정 또는 처분을 한 시점을**(이의신청을 한 시점을 x) 기준으로 보아 부당한 경우에 한한다.

46 이의신청권자는 등기부상 직접 이해관계 있는 **자에 한한다**(자뿐만 아니라 널리 경제적 이익이 있는 자이면 족하다 x).

47 등기관의 처분에 대한 이의는 새로운 사실이나 새로운 증거에 **의하는 경우에는 할 수 없다**(의하는 경우에만 할 수 있다 x).

48 이의신청은 결정 또는 처분을 한 **등기소에**(등기소를 관할하는 지방법원이나 지원에 x) 이의신청서를 제출하는 절차에 의한다.

49 등기관의 처분에 대한 이의신청기간은 **특별한 제한이 없다**(3개월이다 x).

50 토지소유권이전등기는 그 등기신청을 **해태하면 과태료에 처한다**(해태하더라도 특별한 벌칙이 있는 것은 아니다 x).

CHAPTER 04 부동산의 표시 및 각종 권리의 등기절차

학습포인트

- 이 장은 부동산의 표시에 관한 등기와 소유권, 용익권 및 담보권 등 각종권리의 보존·설정·이전·변경·말소등기 절차와 신탁등기, 구분건물의 등기에 관하여 다루고 있다. 특히 구분건물의 등기(소유권보존등기, 대지권등기, 규약상 공용부분에 관한 등기)에 관하여는 제6절에서 따로 설명하여 학습과 이해의 편의를 도모하였다.
- 이 장은 부동산등기법 중 출제 비중이 가장 높은 부분으로 매년 거의 4~5문제가 출제된다. 소유권보존등기, 소유권이전등기, 구분건물에 관한 등기 부분이 상대적으로 출제비중이 높으므로 이를 중심으로 학습하되, 용익권(임차권 포함)등기, 담보권 등기도 자주 출제되므로 소홀히 해서는 안된다. 새로이 규정된 저당권부 채권담보권 및 전세금반환채권의 일부양도에 따른 전세권의 일부이전등기의 기본 내용에 대해 알아 두어야 한다.

CHAPTER 학습 & 출제되는 키워드

- ☑ 부동산의 표시에 관한 등기
- ☑ 토지의 표시에 관한 등기
- ☑ 건물의 표시에 관한 등기
- ☑ 부동산의 분합등기
- ☑ 소유권에 관한 등기
- ☑ 소유권의 보존등기
- ☑ 소유권의 이전등기
- ☑ 진정명의 회복을 위한 이전등기
- ☑ 공동소유에 관한 등기
- ☑ 구분건물에 관한 등기
- ☑ 부동산신탁에 관한 등기
- ☑ 신탁의 등기
- ☑ 수탁자의 변경으로 인한 등기
- ☑ 신탁원부 기록의 변경등기
- ☑ 신탁등기의 말소등기
- ☑ 용익권에 관한 등기
- ☑ 지상권에 관한 등기
- ☑ 지역권의 등기
- ☑ 전세권에 관한 등기
- ☑ 임차권에 관한 등기
- ☑ 담보권에 관한 등기
- ☑ 저당권의 등기
- ☑ 권리질권에 관한 등기
- ☑ 채권담보권에 관한 등기

CHAPTER 학습 & 출제되는 질문

- ☑ 합필등기를 신청할 수 없는 사유에 해당하는 것은?
- ☑ 미등기토지에 대하여 자기 명의로 소유권보존등기를 신청할 수 없는 자는?
- ☑ 소유권이전등기에 관한 설명으로 틀린 것은?
- ☑ 공동소유의 등기에 관한 설명으로 옳은 것은?
- ☑ 용익권의 등기에 관한 설명으로 옳은 것은?
- ☑ 임차권등기명령에 따른 주택임차권등기에서 등기부에 반드시 기록되어야 하는 등기사항이 아닌 것은?
- ☑ 저당권의 등기에 관한 설명으로 틀린 것을 모두 고른 것은?
- ☑ 구분건물의 등기에 관한 설명으로 틀린 것은?

제4장 부동산의 표시 및 각종 권리의 등기절차

제1절 부동산의 표시에 관한 등기 〈32회 출제〉

01 총설

(1) 부동산의 표시에 관한 등기란 토지의 등기기록의 표제부에 토지의 표시에 관한 사항인 소재와 지번(地番), 지목(地目), 면적 등 또는 건물의 등기기록의 표제부에 건물의 표시에 관한 사항인 소재·지번, 건물번호, 건물의 종류, 구조와 면적, 도면의 번호 등을 기록하는 등기이다(법 제34조, 제40조). 이는 토지 또는 건물의 물리적 현황을 명확히 하기 위하여 하는 등기이다.

(2) 토지의 표시에 관한 등기사항에 변경이 있는 경우에는 그 토지소유권의 등기명의인은 그 사실이 있는 때부터 1개월 이내에 그 등기를 신청하여야 한다(법 제35조).

(3) 건물의 표시에 관한 등기사항에 변경이 있는 경우에는 그 건물 소유권의 등기명의인은 그 사실이 있는 때부터 1개월 이내에 그 등기를 신청하여야 한다(법 제41조).

02 토지의 표시에 관한 등기

1 토지표시의 변경등기

(1) 의의

→ 항상 주등기로 함

토지 자체의 물리적 변경을 수반하지 않는 행정구역이나 구획의 명칭변경, 지번변경 등으로 인하여 토지의 등기기록의 표제부에 기록하는 소재와 지번 등 토지표시의 변경이 있는 경우에 하는 등기로서 당해 토지의 동일성과 관계되는 등기이다(법 제31조).

부동산의 표시의 변경

(부동산의 실질적인 변화없이) 지번이나 건물대지의 지번이 변하는 것과 같이 부동산의 표시형식만 변경되는 것을 말한다.

㉠ 건물과 대지는 그대로이고 지번만 「1번지」에서 「2번지」로 변경되는 경우

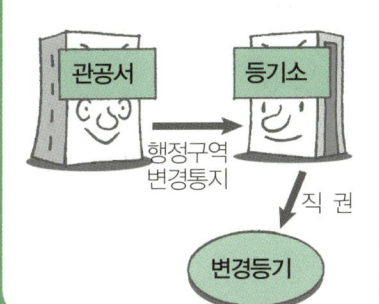

행정구역변경에 의해서 지번이 변경되는 경우에는 관공서가 등기소에 통지하여 등기관이 직권으로 (부동산표시의) 변경등기를 한다.

행정구역변경에 의한 지번변경 이외의 건물번호의 변경 등은 소유권자(=소유권등기명의인)가 1개월 이내에 변경등기신청을 하여야 한다.

부동산표시의 변경등기와 부동산의 변경등기의 등기절차는 같다.

(2) 종 류

1) 신청에 의한 토지표시의 변경등기

토지의 표시변경등기는 원칙적으로 당사자의 단독 신청에 의한다(법 제35조).

2) 지적소관청의 촉탁에 의한 표시의 변경등기

새로운 지번의 부여, 토지의 조사·등록, 등록사항의 정정, 축척변경, 행정구역의 명칭변경 등의 사유로 토지 표시의 변경에 관한 등기를 할 필요가 있는 경우에 지적소관청의 등기촉탁에 의해 하는 등기이다(「공간정보의 구축 및 관리 등에 관한 법률」 제89조).

3) 직권에 의한 토지표시의 변경등기

① 행정구역 또는 그 명칭이 변경된 경우에 등기관은 직권으로 그 부동산표시(소재)의 변경등기를 할 수 있다(규칙 제54조).

② 등기관이 지적소관청의 불부합 통지, 즉 지적소관청으로부터 등기기록상의 토지의 표시와 지적공부가 일치하지 아니하다는 사실을 통지를 받은 경우(「공간정보의 구축 및 관리 등에 관한 법률」 제88조 제3항)에 소유권등기명의인이 1개월 이내에 등기신청을 하지 않는 경우 등기관이 직권으로 통지서의 기재내용에 따라 토지 표시의 변경등기를 하여야 한다(법 제36조).

4) 토지표시(소재)의 변경등기의 간주

행정구역 또는 그 명칭(소재)이 변경되었을 때에는 등기기록에 기록된 소재에 대하여 변경등기가 있는 것으로 본다(법 제31조).

 부동산의 변경

건물이 일부멸실하거나 토지가 분필되어 수필지로 나뉘는 것과 같이 부동산의 상태가 실질적으로 변하는 것을 말한다.

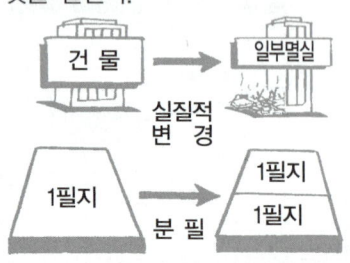

제4장 부동산의 표시 및 각종 권리의 등기절차

2 토지표시의 경정등기

(1) 의 의
이는 등기기록의 표제부에 등기된 부동산의 물리적 현황이 객관적 사항에 합치하지 아니하고 그 등기가 착오 또는 유루로 인하여 생긴 경우에 동일성이 인정되는 범위 내에서 이를 바로잡는 것을 목적으로, 단독으로 그 등기기록상 토지의 표시에 관한 사항의 경정을 신청하여 행하여지는 등기이다(대판 1995.12.5. 94다44989, 법 제32조).

(2) 요 건
1) 원칙적으로 경정등기의 전후를 통하여 그 토지의 동일성에 변함이 없는, 즉 그 표시의 착오 또는 유루의 표시가 경미한 경우에 허용된다(대판 1989.1.31. 87다카 2358).
2) 예외적으로 경정등기 전후의 그 토지의 등기기록상 표시의 동일성·유사성을 인정할 수 없는 경우에도 그 토지에 관하여 따로 소유권보존등기가 존재하지 아니하거나, 등기의 형식상 예측할 수 없는 손해를 입을 우려가 있는 이해관계인이 없는 경우에는 등기관은 그 등기를 수리할 수 있다(등기예규 제1564호).
3) **동일성 인정기준**
   토지의 경우 그 동일성 인정 유무는 그 소재와 지번을 기준으로 하나, 지번이 같은 경우에는 지목이나 지적이 달라도 그 동일성을 인정할 수 있다.

(3) 등기신청인과 첨부정보
등기명의인(수인인 경우에는 그 중 1인도 가능)이 단독으로 신청하여 하는 등기이며, 대장 등 경정사유를 소명하는 첨부정보를 제공하여야 한다.

3 토지의 변경등기

(1) 개 관
1) **의 의**

   → 예 해저의 융기, 1필토지 중 일부의 멸실 등

   토지의 변경등기는 토지의 분합(분할, 분할합병, 합병), 면적의 증감, 지목의 변경, 멸실 등 토지 자체의 물리적 변경이 있는 경우에 하는 변경등기이다.

2) **대장등록의 선행**
   토지의 물리적 현황은 대장을 기준으로 하므로 토지의 분할, 합병 등으로 물리적 변경이 있는 경우에는 토지·임야대장상의 당해 등록사항을 변경등록을 신청하여 변경등록한 다음 토지분필등기 등을 신청하여야 한다(「공간정보의 구축 및 관리 등에 관한 법률」 제79조 등). 따라서 대장상의 분할절차를 거치지 아니한 등기기록상의 분필등기는 분필의 효과가 발생할 수는 없는 것으로서 1부동산 1등기기록의 원칙에 반하여 무효이다(대판 1990.12.7. 90다카25208).

3) 토지의 표시변경등기를 신청하는 경우에는 그 토지의 변경 전과 변경 후의 표시에 관한 정보를 신청정보의 내용으로 등기소에 제공하여야 하며, 그 변경을 증명하는 토지대장정보나 임야대장정보를 첨부정보로서 등기소에 제공하여야 한다(규칙 제72조).

(2) 토지의 분필등기(법 제35조, 규칙 제75조)

1) 의 의

甲토지의 일부를 분할하여 乙토지로 등록하는 경우에 하는 토지의 변경등기이다.

2) 등기의 실행

① 乙토지에 대해서는 새로이 등기기록을 개설해서 그 표제부에 토지의 표시와 분할로 인하여 甲토지의 등기기록에서 옮겨온 뜻을 기록하여야 한다.

② 甲토지에 대해서는 그 등기기록상의 등기사항인 면적이 감소하므로 그 등기기록 중 표제부에 남은 부분의 표시를 하고, 분할로 인하여 다른 부분을 乙토지의 등기기록에 옮겨 기록한 뜻을 기록하며, 종전의 표시에 관한 등기를 말소하는 표시를 하여야 한다.

(3) 토지의 합필등기(법 제35조, 규칙 제79조)

1) 의 의

토지의 합병, 즉 토지·임야대장에 등록된 2필지 이상의 토지를 합하여 1필지로 등록한 경우에 하는 등기를 이른다. 甲토지를 乙토지에 합병하여 乙토지 1필지로 만든 경우에 하는 토지의 변경등기이다.

2) 합필등기의 제한사유 **22회 출제**

① 합병대상 토지에 소유권·지상권·전세권·임차권·승역지(편익제공지)에 하는 지역권, 그리고 창설적 공동저당권(모든 토지에 대하여 등기원인 및 그 연월일과 접수번호가 동일한 것)의 등기, 합필하려는 모든 토지에 있는 제81조제1항 각호의 등기사항이 동일한 신탁등기 외의 권리에 관한 등기가 있는 경우 합필등기를 할 수 없다(법 제37조).

② 용익권과 달리 가치권인 저당권 등의 담보권은 토지의 일부에 설정할 수 없으나, <u>창설적 공동저당권의 경우에는 결과적으로 합병 후의 1필의 토지 전부에 동일한 하나의 저당권이 성립한 것과 같아지기 때문에 합필등기의 제한사유로 하고 있지 않다.</u>

③ **합병하려는 토지의 지번부여지역, 지목 또는 소유자가 서로 다른 경우 등**

합병하려는 토지의 지번부여지역, 지목 또는 소유자가 서로 다른 경우, 합병하려는 토지의 지적도 및 임야도의 축척이 서로 다른 경우, 합병하려는 토지가 등기된 토지와 등기되지 아니한 토지인 경우 또는 합병하려는 토지의 소유자별 공유지분이 다르거나 소유자의 주소가 서로 다른 경우 등(「공간정보의 구축 및 관리 등에 관한 법률」 제80조 제3항, 동법 시행령 제66조 제3항)의 경우에는 합필등기를 할 수 없다.

3) 등기의 실행

① 합필 후의 乙토지의 등기기록 표제부에는 합병 후의 토지의 표시와 합병으로 인한 甲토지의 등기기록에서 옮겨 기록한 뜻을 기록하고 종전의 표시에 관한 등기를 말소하는 표시를 한다.

② 합필된 甲토지의 등기기록 중 표제부에는 합병으로 인하여 乙토지의 등기기록에 옮겨 기록한 뜻을 기록하고, 甲토지의 등기기록 중 표제부의 등기를 말소하는 표시를 한 후 그 등기기록을 폐쇄한다.

4) 토지 합필의 특례(법 제38조)

① '토지합병절차를 마친 후 합필등기를 하기 전'에 합필 대상 일부 토지에 관하여 합필 제한 사유에 해당하는 등기가 마쳐진 경우에도 소유자 또는 이해관계인의 승낙서를 첨부하여 합필등기를 할 수 있도록 한 것이다.

② 요 건
  ㉠ 「공간정보의 구축 및 관리 등에 관한 법률」에 따른 토지합병절차를 마친 후 합필등기를 하기 전일 것
  ㉡ 합필 후의 토지를 공유(共有)로 하는 합필등기를 신청할 수 있는 경우일 것
  ㉢ 합필 후의 토지에 관한 지분으로 하는 합필등기를 신청할 수 있는 경우일 것
  ㉣ 요역지(편익필요지)에 하는 지역권의 등기가 있는 경우에는 합필 후의 토지 전체를 위한 지역권으로 하는 합필등기를 신청할 것

③ 등기실행
  ㉠ 대장상 합병후 합필등기 전에 갑지 또는 을지의 소유권이 이전된 경우에는 토지합필의 등기를 마친 후 종전 토지의 소유권의 등기를 공유지분으로 변경하는 부기등기를 하고 종전 권리자에 관한 사항을 말소하는 표시를 한다(규칙 제82조).
  ㉡ 합필대상 토지 중 1필의 토지에 요역지(편익필요지)에 하는 지역권의 등기가 있는 경우, 토지 전체에 관한 지역권의 등기로 변경하는 등기로 하고, 승역지에 대하여는 요역지의 표시를 변경하는 등기를 한다.

(4) 토지의 분필·합필등기(법 제35조, 규칙 제78조)

1) 의 의

토지의 분할과 합병이 동시에 일어나는 경우, 즉 甲토지의 일부를 분할하여 이를 乙토지에 합병한 경우에 하는 등기이다.

2) 등기의 실행(규칙 제78조)

① 乙토지의 등기기록 중 표제부에 합병 후의 토지의 표시와 일부합병으로 인하여 甲토지의 등기기록에서 옮겨 기록한 뜻을 기록하고, 종전의 표시에 관한 등기를 말소하는 표시를 한다.

② 甲토지의 등기기록 중 표제부에 남은 부분의 표시를 하고, 분할로 인하여 다른 부분을 토지의 등기기록에 옮겨 기록한 뜻을 기록하며 종전의 표시에 관한 등기를 말소하는 표시를 한다.

▼ 합필등기시의 등기기록방법

〈갑지의 표제부〉

[표제부]		(토지의 표시)			
표시번호	접 수	소재지번	지 목	면 적	등기원인 및 기타사항
~~1~~	~~1988년 8월 6일~~	~~서울특별시 서초구 서초동 100-3~~	~~대~~	~~60m²~~	
2	2002년 3월 2일				합병으로 인하여 서울특별시 서초구 서초동 100-2에 이기
					2번 등기하였으므로 본호기록폐쇄 2002년 3월 2일

〈을지의 표제부〉

[표제부]		(토지의 표시)			
표시번호	접 수	소재지번	지 목	면 적	등기원인 및 기타사항
~~1~~	~~1999년 9월 9일~~	~~서울특별시 서초구 서초동 100-2~~	~~대~~	~~40m²~~	
2	2002년 3월 2일	서울특별시 서초구 서초동 100-2	대	100m²	합병으로 인하여 대 60m²를 서울특별시 서초구 서초동 100-3에서 이기

(5) 토지개발사업에 따른 등기(규칙 제85조)

1) 의 의

「도시개발법」에 따른 도시개발사업, 「주택법」에 따른 주택건설사업, 「택지개발촉진법」에 따른 택지개발사업 또는 그 밖의 토지개발사업으로 인한 토지의 이동(異動 : 토지의 표시를 새로 정하거나 변경, 말소하는 것)에 따라 종전 지적공부가 폐쇄되고 새로 지적공부가 작성된 경우에 소유권의 등기명의인은 종전 토지에 관한 말소등기와 새로운 토지에 관한 보존등기를 동시에 신청하여야 한다. 여기서의 등기 또한 토지의 표시에 관한 등기에 해당한다.

2) 요 건

① 모든 토지의 소유권의 등기명의인이 동일할 것
② 모든 토지의 등기기록에 소유권보존등기 또는 소유권이전등기 외의 다른 등기가 없을 것

3) 위 2)의 ② 요건에도 불구하고 다음의 어느 하나에 해당하는 경우에는 규칙 제85조 제1항의 등기를 신청할 수 있다.

① 모든 토지의 등기기록에 위탁자, 수탁자, 수익자 및 신탁관리인이 모두 같은 신탁등기가 있는 경우
② 모든 토지의 등기기록에 「주택법」상 저당권 설정제한 등의 금지사항의 부기등기(동법 제40조 제3항)가 있는 경우
③ **일괄신청**
  <u>위 ①, ②의 경우 신탁등기 또는 금지사항의 부기등기는 소유권보존등기와 함께 1건의 신청정보로 일괄하여 신청하여야 한다.</u>

(6) 토지의 지목과 면적의 변경등기

1) 지목의 변경등기

토지의 용도(지목)가 변경된 경우에 하는 등기로서 「공간정보의 구축 및 관리 등에 관한 법률」상의 토지의 형질변경(예 임야 → 대지) 등의 등록전환이 있는 경우(동법 제78조)에 하는 토지표시의 변경등기이다.

2) 면적의 변경등기

토지가 지형의 변화로 바다로 되어 원상회복될 수 없거나 토지의 일부가 유실되어 토지의 면적이 감소된 경우에 하는 토지표시의 변경등기이다.

4 토지멸실등기(법 제39조, 규칙 제83조, 제84조)

(1) 의 의
토지의 함몰, 포락 등 1필의 토지 전부가 멸실된 경우에 하는 등기이다. 이는 당해 토지의 등기기록 중 표제부의 등기를 말소한 후 그 등기기록을 폐쇄하므로 토지의 표시에 관한 등기에 해당한다.

(2) 등기신청인
그 토지의 소유권 등기명의인은 그 사실이 있는 때로부터 1개월 이내에 그 멸실등기를 신청하여야 한다. 등기관의 직권으로 멸실등기를 실행할 수 있다.

(3) 신청정보와 첨부정보
신청정보로는 일반적인 정보 외에 멸실된 토지의 소재와 지번, 면적 등을 제공하고, 첨부정보로는 멸실을 증명하는 토지·임야대장정보를 등기소에 제공하여야 한다.

(4) 등기실행
1) 당해 토지의 등기기록 중 표제부에 멸실의 뜻과 그 원인을 기록하고 표제부의 등기를 말소한 후 그 등기기록을 폐쇄한다.
2) 멸실등기한 토지가 다른 부동산과 함께 소유권 외의 권리의 목적인 때에는 그 다른 부동산의 등기기록 중 해당 구에 멸실등기한 토지의 표시를 하고, 그 토지가 멸실인 뜻을 부기하며, 그 토지와 함께 소유권 외의 권리의 목적이라는 뜻을 기록한 등기 중 멸실등기한 토지의 표시에 관한 사항을 말소하는 표시를 한다.

제4장 부동산의 표시 및 각종 권리의 등기절차

03 건물의 표시에 관한 등기

1 건물표시의 변경등기

(1) 의 의

건물 자체의 물리적 변경을 수반하지 않는 것으로서, 건물이 소재하는 행정구역이나 구획의 명칭변경, 건물대지의 지번변경 등으로 건물의 등기기록의 표제부에 기록하는 소재와 지번, 건물명칭 및 건물번호(같은 지번 위에 2개 이상의 건물이 있는 경우에 각 건물에 붙이는 일련번호) 등 건물표시의 변경이 있는 경우에 하는 등기로서 당해 토지의 동일성과 관계되는 등기이다(법 제41조 제1항).

(2) 종 류

1) **신청에 의한 건물표시의 변경등기**(법 제41조)

   일반적으로 토지표시의 변경등기와 동일하다.

2) **대장소관청의 촉탁에 의한 표시의 변경등기**(「건축법」 제39조 제1항)

   특별자치시장·특별자치도지사 또는 시장·군수·구청장은 지번이나 행정구역의 명칭 등이 변경된 경우에 관할 등기소에 그 등기를 촉탁하여야 한다.

3) **직권변경등기**(행정구역 또는 그 명칭이 변경된 경우)

   행정구역 또는 그 명칭이 변경된 경우에 등기관은 직권으로 건물의 표시(소재)변경등기를 할 수 있다(규칙 제54조).

4) **토지표시**(소재)**의 변경등기의 간주**

   행정구역 또는 그 명칭(소재)이 변경되었을 때에는 등기기록에 기록된 소재에 대하여 변경등기가 있는 것으로 본다(법 제31조).

2 건물표시의 경정등기

(1) 의 의

이는 등기기록의 표제부에 등기된 건물의 물리적 현황이 객관적 사항에 합치하지 아니하고 그 등기가 착오 또는 유루로 인하여 생긴 경우에 동일성이 인정되는 범위 내에서 이를 바로 잡는 것을 목적으로, 단독으로 그 등기기록상 건물의 표시에 관한 사항의 경정을 신청하여 행하여지는 등기이다(법 제32조, 대판 1995.12.5. 94다44989 참조).

(2) 요 건

건축물대장이 표창하는 건물과 등기기록상 기록된 건물이 동일 건물이라면, 건물의 소재·지번이나 구조·면적이 다소 달라도 경정등기를 할 수 있다.

(3) 등기신청인 등

건물표시의 경정등기와 관련 등기신청인, 신청정보와 첨부정보, 등기실행 등에 관하여는 토지표시의 경정등기에 관한 내용에 따른다.

3 건물의 변경등기

(1) 개 관

1) 의의와 종류

① **일반건물의 경우**

건물의 변경등기라 함은 건물의 분합(분할, 구분, 합병), 면적의 증감, 부속건물의 신축 등의 경우, 즉 건물 자체의 물리적 변경이 있는 경우에 하는 등기를 이른다.

② **구분건물의 경우**

구분건물의 경우의 대지권에 관하여는 1동 건물의 등기기록의 표제부에 대지권의 목적인 토지의 표시에 관한 사항을 기록하고 전유부분의 등기기록의 표제부에는 대지권의 표시에 관한 사항을 기록하므로 대지권의 변경 소멸도 건물의 변경등기 사항이다.

2) 대장등록의 선행

건물의 물리적 현황은 대장을 기준으로 하므로 건물의 분할, 합병 등으로 물리적 변경이 있는 경우에 건축물대장상의 당해 등록사항의 변경을 신청하여 변경등록한 다음 건물분할등기 등을 신청하여야 한다.

3) 등기의 신청의무

건물의 분합(분할, 구분, 합병)이 있는 경우에 그 건물 소유권의 등기명의인은 그 사실이 있는 때부터 1개월 이내에 그 등기를 신청하여야 한다(법 제41조).

(2) 건물의 분할등기(법 제35조, 규칙 제95조)

1) 의 의

건물의 분할이라 함은 1개의 건물을 물리적으로 분할하는 분동(分棟 : 사실상의 분할로서 면적의 감소를 초래한다)과 주된 건물과 같은 등기기록에 등기된 부속건물을 다른 등기기록에 등기하는 등기부상의 분할인 법률상의 분할이 있다. 건물의 분할등기의 신청과 관련하여서는 토지의 분필등기를 신청하는 경우에 관한 규정을 준용한다(규칙 제95조, 제96조, 제74조, 제76조, 제77조).

2) 등기의 실행

① 乙건물에 대해서는 새로이 등기기록을 개설해서 그 표제부에 건물의 표시와 분할로 인하여 甲건물의 등기기록에서 옮겨온 뜻을 기록하는 등의 소유권보존등기를 한다.

② 甲건물에 대해서는 그 등기기록상의 등기사항인 면적이 감소하므로 그 등기기록 중 표제부에 남은 부분의 표시를 하고, 분할로 인하여 다른 부분을 乙건물의 등기기록에 옮겨 기록한 뜻을 기록하며, 종전의 표시에 관한 등기를 말소하는 표시를 하는 건물의 변경등기를 한다(규칙 제96조).

(3) 건물의 합병등기

1) 의 의
甲건물을 乙건물 또는 그 부속건물에 합병하거나 乙건물의 부속건물로 한 경우에 하는 건물의 변경등기이다. 건물의 합병에도 물리적으로 합병하는 합동(合棟)과 다른 등기기록에 등기된 건물을 부속건물로 하기 위하여 기존건물의 등기기록에 그 등기를 이기하는 등기기록상(법률상의) 합병이 있다.

2) 합병등기의 제한사유(법 제42조) 29회 출제

① 합병대상 건물 일부에 성립할 수 없는 권리에 관한 등기가 있는 경우
  ㉠ 합병대상 건물에 소유권·전세권 임차권 그리고 창설적 공동저당권(모든 건물에 대하여 등기원인 및 그 연월일과 접수번호가 동일한)의 등기 '외의 권리에 관한 등기'가 있는 건물에 관하여는 합병의 등기를 할 수 없다.
  ㉡ 따라서 건물의 일부에 존속할 수 없는 저당권등기, 가등기 또는 가압류등기 등이 있는 경우에는 합병등기를 할 수 없다.

② 이 경우 등기관이 ①에 위반한 등기의 신청을 각하하면 지체 없이 그 사유를 건축물대장 소관청에 알려야 한다.

3) 등기의 실행

① **합필등기규정의 준용**
토지합필등기에 관한 규정을 준용한다(규칙 제100조 제1항).

② **구분건물을 합병하는 경우**
1동의 건물 중 甲 구분건물을 乙 구분건물에 합병하는 경우에 또 다른 丙 구분건물이 있는 경우에 甲 구분건물에 관한 등기기록은 폐쇄하나 1동의 건물에 관한 등기기록은 폐쇄하지 않는다(규칙 제100조 제1항 단서).

③ **합병으로 인하여 을(乙) 구분건물이 구분건물이 아닌 것(丙 건물)으로 된 경우**
합병 후의 丙 건물에 대하여 등기기록을 개설하고 그 등기기록의 표제부에 합병 후의 건물의 표시와 합병으로 인하여 甲 건물과 乙 건물의 등기기록에서 옮겨 기록한 뜻을 기록하여야 한다. 합병 전 甲 건물과 乙 건물의 등기기록 중 표제부에 합병으로 개설한 丙 건물의 등기기록에 옮겨 기록한 뜻을 기록하고, 甲·乙 건물의 등기기록 중 표제부의 등기를 말소하는 표시를 한 후 그 등기기록을 폐쇄한다(규칙 제100조 제2항 이하).

(4) 건물의 분할합병등기

1) 의 의

甲 건물로부터 그 부속건물을 분할하여 乙 건물의 부속건물로 한 경우에 甲 건물에 대해서는 분할등기를, 乙 건물에 대해서는 합병등기를 하는 것으로서 등기기록이 폐쇄나 개설이 일어나지 않는다.

2) 등기의 실행(규칙 제98조)

乙 건물의 등기기록 중 표제부에는 합병 후의 건물의 표시와 일부합병으로 인하여 甲 건물의 등기기록에서 옮겨 온 뜻을 기록하고 종전의 표시에 관한 등기를 말소하는 표시를 한다. 건물의 분할등기에 관한 규정(규칙 제96조 제2항), 토지의 분필·합필등기에 관한 규정(규칙 제78조 제2항~제6항)을 준용한다.

(5) 건물의 구분합병등기

1) 의 의

甲 건물을 구분하여 乙 건물 또는 그 부속건물에 합병한 경우에 등기관이 구분등기와 합병의 등기를 하는 건물의 변경등기이다(규칙 제99조). 甲 건물로부터 구분한 건물부분과 합병하는 乙 건물 또는 그 부속건물과는 접속되어 있어야 한다.

2) 등기의 실행(규칙 제99조)

건물의 구분·합병등기는 건물의 분할·합병에 관한 등기에 관한 규정(규칙 제98조 제1항)을 준용한다. 구분건물인 甲 건물을 구분하여 乙 건물 또는 그 부속건물에 합병한 경우에는 건물 구분등기에 관한 규정(규칙 제97조 제5항)을 준용한다.

Key Point | 표제부의 변경등기

1) **부동산의 변경등기**(실질적 변경)
   ① 내 용
      (토지) 분합(분할, 분할합병, 합병), 면적의 증감, 지목의 변경, (일부)멸실 등(법 제35조)
      (건물) 건물의 분합(분할, 구분, 합병), 면적의 증감, 부속건물의 신축 등(법 제41조)
   ② 절차 및 대장과의 관계: 먼저 대장을 변경 → 등기부변경등기(신청)
   ③ 신청: (원칙) 단독신청(소유권등기명의인)(법 제35조)
   ④ 신청의무: 부동산의 변경이 있을 때에는 1개월 이내 변경등기신청의무
   ⑤ 신청정보: 변경된 사항
   ⑥ 첨부정보: 토지대장정보·임야대장정보 또는 건축물대장정보, 도면 등
   ⑦ 등기필정보 및 인감증명정보 제공은 불필요하다.
   ⑧ 등기방법: 항상 주등기로 실행

2) 부동산표시의 변경등기(형식적 변경)

① 내 용
 (토지) 행정구역이나 구획의 명칭변경, 지번변경 등
 (건물) 건물대지의 지번변경·건물명칭 및 건물번호변경 등 부동산자체의 변경인「부동산의 변경등기」와는 구별된다.

② 신 청
 (원칙) 단독신청(소유권 등기명의인)(법 제35조)
 (예외) • 직권변경등기(행정구역 또는 그 명칭이 변경된 경우)(규칙 제54조)
   • 대장소관청의 촉탁에 의한 표시의 변경등기(「공간정보의 구축 및 관리 등에 관한 법률」제89조, 「건축법」제39조 제1항)
   • 토지표시(소재)의 변경등기의 간주(법 제31조)

③ 행정구역의 변경에 의한 지번변경을 제외하고 건물번호의 변경 등은 1개월 이내에 소유권 등기명의인이 신청하여야 한다.

 * 나머지는 부동산의 변경등기와 같다.

Key Point 부동산의 분합등기

분합사항	표제부변경등기	신등기기록개설(보존등기)	등기기록 폐쇄
토지분할(분필)등기	O	O	X
건물분할등기	O	O	X
건물구분등기(ⅰ) (구분건물 아닌 건물을 구분건물로)	X	O	O
건물구분등기(ⅱ) (구분건물을 구분건물로)	O	O	X
토지합필등기	O	X	O
건물합병등기	O	X	O
토지합병(분합필)등기	O	X	X
건물구분합병등기	O	X	X

〈범례〉O - 해당사항을 이행해야 함, X - 해당사항의 조치를 취하지 않음

---

4 건물의 멸실등기

(1) 의의(법 제43조, 제44조)

건물의 멸실등기라 함은 건물의 소실 붕괴 등으로 1개의 건물 전부가 멸실된 경우에는 그 사실이 있는 때로부터 1개월 이내에, 존재하지 아니하는 건물에 대한 등기가 있을 때에는 지체없이 그 건물의 소유권 등기명의인이 신청하여 하는 등기이다. 이는 당해 건물의 등기기록 중 표제부의 등기를 말소한 후 그 등기기록을 폐쇄하므로 건물의 표시에 관한 등기에 해당한다.

(2) 등기신청인

1) **단독신청·신청의무**

    원칙적으로 그 건물의 소유권의 등기명의인이 신청한다.

2) **대위신청의 특칙**(법 제43조 제2항, 제3항, 제44조 제2항, 제3항)

    ① **건물대지의 소유자**

    그 건물 소유권의 등기명의인이 1개월 이내에 멸실등기를 신청하지 아니하면 그 건물대지의 소유자가 대위하여 멸실등기를 신청할 수 있다.
    → 방해배제청구권의 일환

    ② **멸실된 구분건물의 소유권등기명의인**

    구분건물로서 그 건물이 속하는 1동 전부가 멸실된 경우에는 그 구분건물의 소유권의 등기명의인은 1동의 건물에 속하는 다른 구분건물의 소유권의 등기명의인을 대위하여 1동 전부에 대한 멸실등기를 신청할 수 있다.

(3) 신청정보와 첨부정보

1) 신청정보로는 일반적인 정보 외에 멸실된 건물의 표시에 관한 정보 등을 제공하여야 한다.
2) 첨부정보로는 멸실, 부존재를 증명하는 건축물대장정보, 건축물대장무등재증명원이나 그 밖의 정보를 첨부정보로 등기소에 제공하여야 한다(규칙 제102조).

Professor Comment

멸실등기 신청시 신청정보의 내용으로서 등기필정보의 내용 및 첨부정보로서 등기원인증명정보, 도면, 이해관계인의 승낙증명정보의 제공은 요하지 않는다.

 멸실등기

① 1개의 부동산이 전체로서 소멸(= 멸실)한 경우에 하는 등기이다.
② 일부 멸실한 경우에는 변경등기를 한다.

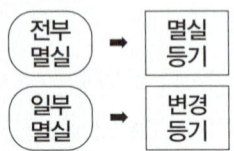

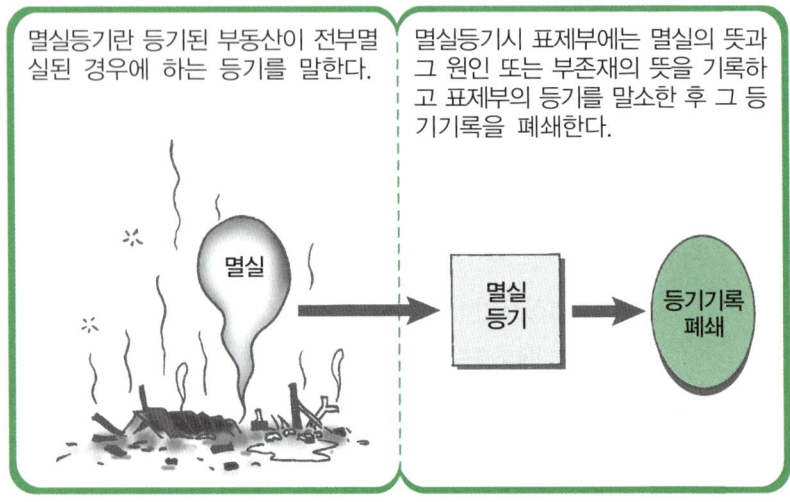

(4) 등기실행(규칙 제103조)

1) **일반건물의 경우**

   당해 건물의 등기기록 중 표제부에 멸실의 뜻과 그 원인 또는 부존재의 뜻을 기록하고 표제부의 등기를 말소한 후 그 등기기록을 폐쇄한다.

2) **구분건물의 경우**

   멸실한 건물이 구분건물인 경우에는 그 등기기록을 폐쇄하지 아니한다. 한편 대지권을 등기한 건물의 멸실등기로 인하여 그 등기기록을 폐쇄한 경우에는 대지권의 변경의 경우의 등기실행에 관한 규정(규칙 제93조)을 준용한다.

3) 위의 규정 외에 토지멸실등기에 관한 규정(규칙 제84조 제2항 이하)을 준용한다.

4) **등기상 이해관계인에 대한 이의신청의 통지**

   ① 멸실등기의 대상인 건물의 등기기록에 소유권 외의 권리가 등기되어 있는 경우에 등기관은 그 권리의 등기명의인에게 1개월 이내의 기간을 정하여 그 기간까지 이의를 진술하지 아니하면 멸실등기를 한다는 뜻을 알려야 한다. 다만, 건축물대장에 건물멸실의 뜻이 기록되어 있거나 소유권 외의 권리의 등기명의인이 멸실등기에 동의한 경우에는 그러하지 아니하다(법 제45조).

   Professor Comment
   건축물대장에 의해 멸실사실을 입증한 경우 외에, 즉 그 밖의 멸실을 증명하는 정보를 제공하여 멸실등기를 신청한 경우에는 건물멸실통지를 하여야 한다.

   ② 이의를 진술한 자가 있으면 그 이의에 대한 결정을 하여야 하고, 이의를 진술한 자가 없거나 이의를 각하한 경우에는 멸실등기를 실행한다(법 제58조 제2항 이하).

   ③ **멸실등기신청의 각하**

   이의기간 내에 이의 또는 다른 등기신청(촉탁)이 있는 경우에는 멸실등기신청을 각하한다(등기예규 제1428호).

(5) 등기명의인의 표시변경등기의 생략

건물멸실등기를 함에 있어서 등기명의인 표시의 변경·경정의 사유가 있는 경우에 그 사실을 증명하는 정보를 첨부정보로 제공한 경우(등기예규 제593호) 및 건물인 부동산의 표시에 있어서 대장과 등기기록상 다소 차이가 있으나 그 동일성이 인정되는 경우(등기선례 제3-638호)에는 그 표시변경등기 절차를 생략하고 멸실등기를 신청할 수 있다.

5 대지권의 변경등기 10·29회 출제

(1) 의 의

1) 대지권변경 등의 등기는 대지권이 없는 건물에 대지권인 권리가 발생한 경우, 대지권인 권리가 대지권이 아닌 것으로 된 경우 및 대지권표시에 변경이 있는 경우 등에 하는 등기로서 구분건물의 등기기록의 표제부의 대지권표시란에 기록된 사항에 대한 변경등기이므로 형식적으로는 구분건물의 표시변경등기에 해당한다.

2) 대지권의 경정등기는 대지권이 있으나 그 등기가 없는 경우 또는 대지권으로 등기된 권리가 대지권이 아닌 경우 등에 하는 등기이다. 건물표시변경등기에 관한 규정을 준용한다(규칙 제91조 제1항, 제87조 제1항).

3) 구분건물의 경우 대지권의 표시에 관한 등기는 토지의 표시에 관한 등기에 해당하나 전유부분과의 분리처분의 금지, 즉 일체성관계에 있음을 공시하기 위해 건물등기기록에 기록하여 공시하므로 여기에서는 대지권의 변경등기에 관해서만 서술하고 나머지는 '구분건물의 표시에 관한 등기' 부분에서 기술한다(「집합건물의 소유 및 관리에 관한 법률」 제20조 제1항, 제2항, 법 제40조 제3항).

(2) 대지권이 새로이 발생한 경우의 등기

1) 대지권이 없는 건물에 규약상 대지를 설정, 분리처분가능규약의 폐지, 비구분건물이 구분건물로 된 경우 등에 하는 등기이다.

2) 등기의 신청

① 당해 구분건물에 대하여 소유권보존등기를 할 수 있는 각 구분건물의 소유자 전원이 동시에 또는 구분건물의 소유자가 다른 구분건물의 소유자를 대위하여 일괄하여 신청할 수도 있다.

② 신청정보로서 등기의 목적은 '구분건물표시변경(대지권의 표시)', 등기원인은 '규약변경' 등으로 제공하고, 첨부정보로서 대위신청의 경우에는 대위원인증명서면으로 집합건축물대장정보를 제공하여야 한다.

3) 등기의 실행

① 건물의 등기기록의 표제부의 대지권의 표시란에 대지권의 표시등기를 하고 그 권리의 목적인 토지의 등기기록 중 해당 구에 대지권이라는 뜻의 등기를 하고(규칙 제91조 제2항), 토지 등기기록에 소유권보존등기나 소유권이전등기 외의 소유권에 관한 등기 또는 소유권 외의 권리에 관한 등기가 있을 때에는 등기관은 그 건물의 등기기록 중 전유부분 표제부에 토지 등기기록에 별도의 등기가 있다는 뜻을 기록하여야 한다(규칙 제90조 제1항 본문). 다만, 그 등기가 소유권 이외의 대지권의 등기인 경우 또는 제92조 제2항에 따라 말소하여야 하는 저당권의 등기인 경우에는 그러하지 아니하다(규칙 제90조 제1항 단서).

② 또한 대지권등기를 하기 전에 구분건물에 관하여 소유권보존·이전등기외의 소유권에 관한 등기 또는 소유권 외의 권리에 관한 등기가 있는 경우에는 '건물만에 관한 것이라는 뜻을 기록하여야 한다. 다만, 그 등기가 저당권에 관한 등기로서 대지권에 대한 등기와 등기원인, 그 연월일과 접수번호가 같은 것일 때에는 건물 만에 관한 것이라는 뜻을 기록하지 아니하고 토지의 등기기록상의 대지권에 대한 저당권의 등기를 말소하여야 한다(규칙 제92조 제1항, 제2항).

(3) 대지권표시의 변경등기

1) 의 의

대지권의 목적인 토지에 분·합필, 지목의 변경 및 면적의 증감 등의 변경이 생기거나 대지권의 비율에 변경이 생긴 경우에 하는 등기이다. 이 경우 신청정보로서 변경 전·후의 대지권의 표시에 관한 정보를 제공하여야 하며 첨부정보로서 토지대장정보를 제공하여야 한다.

2) 등기의 실행

예컨대, 토지가 2필지로 분필된 경우 대지권의 목적인 토지의 표시란에 분필로 인하여 새롭게 생긴 토지의 일련번호, 소재지번, 지목, 면적을 기록하고 종전 표시는 말소하는 표시를 하여야 한다. 한편, 대지권표시란에는 대지권종류 및 대지권비율에는 변경이 없기 때문에 새로운 일련번호만 부여하여 종전 내용과 동일한 대지권표시를 하면 되고 종전 대지권표시에 대해 말소하는 표시를 하지 않는다.

(4) 대지권의 말소등기

1) 의 의

대지권인 권리 자체의 소멸, 즉 대지권인 권리가 대지권이 아닌 것으로 변경되거나 규약대지를 정한 규약의 폐지, 분리처분규약의 설정, 수용으로 인한 소유권의 이전, 대지권인 지상권이 소멸한 경우 등에 하는 등기이다.

2) 등기의 신청

대지권말소등기는 원칙적으로 구분소유자가 하여야 하나 대지에 관하여 권리를 취득한 자나 대지의 진정한 권리자도 구분소유자를 대위하여 신청할 수도 있다. 등기신청시 첨부정보로는 폐지규약에 관한 사항 및 그에 관한 규약이나 공정증서 또는 이를 증명하는 정보를 첨부정보로서 등기소에 제공하여야 한다(규칙 제86조 제2항). 한편 수용이나 판결에 의한 경우에는 처분의 일체성이 인정되지 않으므로 위의 대지권의 변경등기의 대위신청 및 수용 등을 원인으로 한 소유권이전등기의 신청에 있어서 폐지규약의 제공을 요하지 않는다.

3) 등기의 실행

① 구분건물의 등기기록에 대지권소멸의 등기를 한 경우에는 대지권의 목적인 토지의 등기기록 중 해당 구에 그 뜻을 기록하고 대지권인 뜻의 등기를 말소하는 표시를 한다(규칙 제93조 제1항, 제91조 제3항).

② 대지권인 취지를 말소한 때에는 건물의 등기기록에 있는 대지권을 등기한 후에 한 건물의 권리에 관한 등기로서 대지권에 대하여도 동일한 효력이 있는 대지권이전등기 외의 등기가 있는 때에는 토지의 등기기록 중 해당 구에 이를 전사하여야 한다(규칙 제93조 제2항).

(5) 대지권이 아닌 것을 대지권으로 한 경우의 경정등기

구분건물의 등기기록에 대지권 소멸의 등기를 한 경우에는 대지권의 목적인 토지의 등기기록 중 해당 구에 그 뜻을 기록하고 대지권이라는 뜻의 등기를 말소하여야 하며, 대지권을 등기한 후에 한 건물의 권리에 관한 등기로서 대지권에 대하여도 동일한 효력이 있는 등기로서 대지권의 이전등기로서의 효력이 있는 등기가 있을 때에는 그 건물의 등기기록으로부터 토지의 등기기록 중 해당 구에 그 등기를 전부 전사하여야 한다(규칙 제94조 제1항).

제4장 부동산의 표시 및 각종 권리의 등기절차

제2절 소유권에 관한 등기   32·34회 출제

01 소유권의 보존등기   11·15·18·25·29·33회 출제

1 의 의★

(1) 의 의

소유권보존등기는 미등기의 특정부동산을 원시취득하였을 때에 새로이 등기기록을 개설하여 최초로 하는 기입등기이다.

(2) 소유권보존등기의 제한

소유권보존등기는 등기능력이 있는 <u>1필의 토지 또는 1개의 건물의 전부에 대하여 신청하여야 한다</u>(1물1권주의, 1부동산 1등기기록주의). 특정 부동산의 물리적 일부나 일정지분에 관한 소유권보존등기는 신청할 수 없고, 중복보존등기는 무효이다.

(3) 소유권보존등기 사유와 신청

1) 부동산을 원시취득한 경우(건물의 신축, 공유수면의 매립, 단 시효취득은 이전등기의 형식을 취함)
2) 규약상 공용부분인 뜻의 등기를 말소한 경우(구분건물의 전유부분 등에 대해 규약상공용부분임의 등기를 한 경우에는 그 등기기록의 표제부만을 존치하므로 규약폐지 등기시에는 공용부분의 취득자가 새로이 보존등기를 하여야 한다. 법 제47조)
3) 미등기부동산에 대한 소유권의 처분제한 등기촉탁이 있는 경우(법 제66조)

 소유권보존등기

어느 부동산에 대하여 최초로 하는 등기

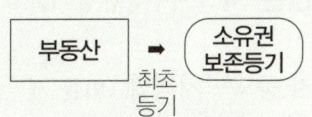

소유권보존등기는 1필의 토지 또는 1동의 건물 전부에 관하여 이를 신청하여야 한다.

소유권보존등기는 표제부에 부동산의 표시에 관한 사항을 기록하고, 갑구에는 해당 부동산의 소유권에 관한 사항을 기록하는 방법으로 행한다.

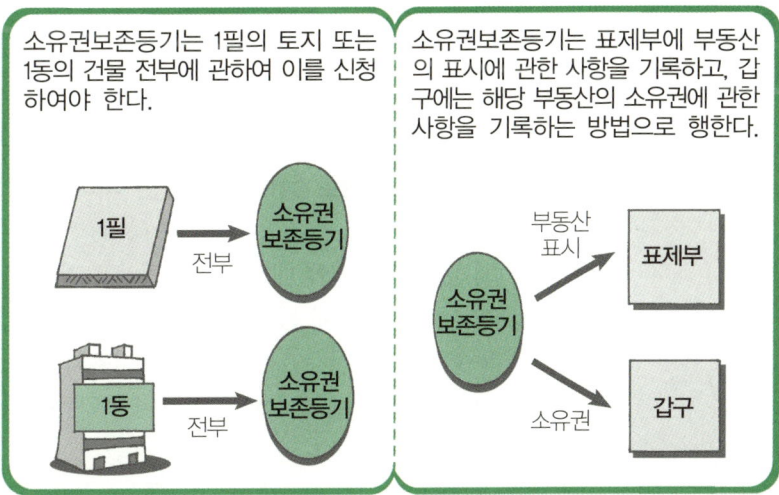

제2편 부동산등기법

2 등기신청인(소유권보존등기의 신청적격자)(법 제65조)

> **제65조(소유권보존등기의 신청인)**
> 미등기의 토지 또는 건물에 관한 소유권보존등기는 다음 각 호의 어느 하나에 해당하는 자가 신청할 수 있다.
> 1. 토지대장, 임야대장 또는 건축물대장에 최초의 소유자로 등록되어 있는 자 또는 그 상속인, 그 밖의 포괄승계인
> 2. 확정판결에 의하여 자기의 소유권을 증명하는 자
> 3. 수용(收用)으로 인하여 소유권을 취득하였음을 증명하는 자
> 4. 특별자치도지사, 시장, 군수 또는 구청장(자치구의 구청장을 말한다)의 확인에 의하여 자기의 소유권을 증명하는 자(건물의 경우로 한정한다)

(1) 토지(임야)대장·건축물대장에 최초의 소유자로 등록되어 있는 자 또는 그 상속인, 그 밖의 포괄승계인

  1) 대장에 최초의 소유자로 등록되어 있는 자
    ① 대장에 최초의 소유자로 등록되어 있는 자의 범위
      ㉠ 대장에 최초의 소유자로 등록된 자
        대장상 소유자의 성명, 주소 등의 일부 누락 또는 착오가 있어 대장상 소유자 표시를 정정 등록한 경우를 포함한다.
      ㉡ 대장에 소유명의인으로 등록된 후 성명복구된 자 등
        대장에 소유명의인으로 등록된 후 성명복구(일본식 이름이 해방 후 대한민국식 성명으로 종전 호적에 복구된 경우), 개명, 주소변경 등으로 등록사항에 변경이 생긴 경우에는 대장을 정정등록할 필요 없이 대장등본 외에 제적등본, 「가족관계등록법」상 기본증명서, 주민등록표등본 등 변경사실을 증명하는 서면을 첨부하여 소유권보존등기를 신청할 수 있다.
      ㉢ 대장에 최초의 소유자로 복구된 자
        대장 멸실 후 복구된 대장에 최초의 소유자로 기재(복구)된 자는 그 대장등본에 의하여 소유권보존등기를 신청할 수 있다.
      ㉣ 미등기 토지의 지적공부상 '국'으로부터 소유권이전등록을 받은 경우
    ② 대장에 최초의 소유자로 등록되어 있는 자에 해당되지 않는 자(소유권보존등기를 신청할 수 없는 자)
      ㉠ 구「지적법」시행시기에 대장에 최초의 소유자로 복구된 자 중 구「지적법」(법률 제165호)이 시행된 시기에 복구된 대장에 법적 근거 없이 소유자로 기재(복구)된 자
      ㉡ 구「부동산소유권이전등기 등에 관한 특별조치법」(2007.12.31까지 시행되고 유효기간 경과로 실효된 법률 제7500호)에 의하여 복구등록된 자

제4장 부동산의 표시 및 각종 권리의 등기절차

ⓒ **대장상 소유권이전등록을 받은 자**
대장상 소유권이전등록을 받은 소유명의인 또는 그 상속인, 그 밖의 포괄승계인(대장상 최초의 소유자 명의로 소유권보존등기를 한 다음 자기 명의로 소유권이전등기를 신청하여야 함)

ⓔ 한편 등기예규 개정(제1427호)으로 "등기부가 멸실되었으나 등기부상의 소유자로서 멸실회복등기기간 내에 회복등기신청을 하지 못한 자"는 소유권보존등기를 할 수 없게 되었음에 주의할 것

▶ 피상속인의 피상속인도 포함 (예) 할아버지와 손자 사이)

2) **토지대장 등에 최초의 소유자로 등록되어 있는 자의 상속인, 그 밖의 포괄승계인** 24·27회 출제

토지(임야)대장·건축물대장에 <u>최초의 소유자로 등록되어 있는 자</u>의 상속인, 그 밖의 포괄승계인(포괄적 수증자, 법인이 합병된 경우 존속 또는 신설 법인, 법인이 분할된 경우 분할 후 법인 등)은 이를 증명하는 대장정보 등을 첨부정보로 제공하여 직접 자기명의로 보존등기를 신청할 수 있다(법 제65조 제1호 후문). 여기의 포괄수증자에는 토지대장, 임야대장 또는 건축물대장에 최초의 소유자로 등록되어 있는 자의 포괄수증자 및 대장에 최초의 소유자로 등록되어 있는 자의 상속인의 포괄적 수증자를 포함하고, 그 포괄수증자가 단독으로 소유권보존등기를 신청할 수 있다(등기예규 제1512호).

판례 부동산등기법 제65조 제1호 소정의 "그 밖의 포괄승계인"의 범위

부동산등기법 제65조 제1호에서 정한 미등기의 토지 또는 건물에 관한 소유권보존등기를 신청할 수 있는 '그 밖의 포괄승계인'에는 '포괄적 유증을 받은 자'도 포함된다고 보아야 한다(대판 2013.1.25. 2012마1206).

(2) 확정판결에 의하여 자기의 소유권을 증명하는 자 26회 출제

1) **소유권을 증명하는 판결에 있어서의 상대방**

소유권을 증명하는 "판결"(판결과 동일한 효력이 있는 화해조서, 조정조서를 포함함)은 다음에 해당하는 자를 대상으로 한 것이어야 한다.

① 토지(임야)대장 또는 건축물대장상에 최초의 소유자로 등록되어 있는 자 또는 그 상속인, 그 밖의 포괄승계인(대장상 소유자 표시가 정정등록된 소유명의인을 포함함)
② 미등기토지의 지적공부상 "국"으로부터 소유권이전등록을 받은 자
③ 토지(임야)대장의 기록만으로는 대장상의 소유자를 특정할 수 없는 경우의 국가(대장상의 소유자 표시란이 공란이거나 소유자표시에 일부 누락이 있는 경우)

2) **판결의 종류와 구체적인 경우**

① 소유권을 증명하는 판결은 <u>보존등기신청인의 소유임을 확정하는 내용의 것</u>이면 소유권확인판결 외에 형성판결(예 공유물분할의 판결)이나 <u>이행판결</u>도 이에 해당한다.

◀ 이행판결도 이에 해당함을 주의할 것

② 위 판결에 해당하는 경우
  ㉠ 당해 부동산이 보존등기 신청인의 소유임을 이유로 소유권보존등기의 말소를 명한 판결
  ㉡ 토지대장상 공유인 미등기토지에 대한 공유물분할의 판결. 다만, 이 경우에는 판결에 따라 토지의 분필절차를 먼저 거친 후에 보존등기를 신청하여야 한다.

3) 위 판결에 해당하지 않는 경우의 예시(소유권보존등기 사유가 되지 않는 경우)
  ① 매수인이 매도인을 상대로 토지소유권이전등기를 구하는 소송에서 매도인이 매수인에게 매매를 원인으로 한 소유권이전등기절차를 이행하고 당해 토지가 매도인의 소유임을 확인한다는 내용의 화해조서(일반 사인은 토지 소유권을 확인해 줄 수 있는 권한이 없기 때문)
  ② 건물에 대하여 국가 또는 건축허가명의인(또는 건축주)을 상대로 한 소유권확인판결

부동산등기법 제65조 제2호 소정의 "판결"의 범위

부동산등기법 제65조 제2호 소정의 판결은 그 신청인에게 소유권이 있음을 증명하는 확정판결로서 확인판결, 이행판결, 형성판결 외에 확정판결에 준하는 화해조서 등도 포함한다(토지에 관한 판결임, 대판 1994.3.11. 93다57704).

소유권보존등기를 하기 위하여 국가를 상대로 제기한 소유권확인청구소송의 적부(적극)

「부동산등기법」 제65조에 비추어 볼 때 부동산에 관한 소유권보존등기를 함에 있어 국가기관이 그 소유를 다투고 있는 경우에는 대장소관청인 국가를 상대로 소를 제기할 수 있다(대판 2001.7.10. 99다34390).

국가를 상대로 한 '미등기 건물'의 소유권확인판결이 부동산등기법 제65조 제2호 소정의 판결에 해당하는지 여부

❶ 미등기 건물에 관하여 국가를 상대로 한 소유권확인판결은 법 제65조 제2호의 판결에 해당하지 않으므로, 이를 근거로 소유권보존등기를 신청할 수 없다.

❷ 건물의 경우 가옥대장이나 건축물관리대장의 비치·관리업무는 당해 지방자치단체의 고유사무로서 국가사무가 아니므로 원칙적으로 국가는 당해 건물의 그 소유권 귀속에 관한 직접 분쟁의 당사자가 아니므로 국가를 상대로 미등기 건물의 소유권 확인을 구하는 것은 부적법하다(대판 1999.5.28. 99다2188, 단 소유권에 관하여 국가가 이를 특별히 다투고 있는 경우는 예외적으로 국가를 상대로 미등기건물의 소유권확인을 구할 수 있다).

제4장 부동산의 표시 및 각종 권리의 등기절차

Key Point 확정판결과 등기와의 관계

판결 종류	법 제65조 제2호에서의 판결의 의미 (보존등기신청시 소유권을 증명하는 판결)	법 제23조 제4항(판결에 의한 단독신청)에서 판결의 의미	민법 제187조(등기없이도 물권변동효력을 발생시키는 판결의 의미)
확인판결	O	X	X
이행판결	O	O	X
형성판결	O	X	O

*범례 : O → 해당, X → 해당 없음

(3) 수용으로 인하여 소유권을 취득하였음을 증명하는 자(법 제65조 제3호)

수용으로 인한 소유권취득은 원시취득이므로 미등기부동산을 수용한 경우 직접 사업시행자 명의로 소유권보존등기를 할 수 있다(법 제65조 제3호). 다만, 등기된 부동산을 수용한 경우에는 원시취득임에도 불구하고 등기연속의 원칙상 소유권이전등기 형식을 취한다.

■ 「공간정보의 구축 및 관리 등에 관한 법률」[구「지적법」(1975. 12. 31. 법률 제2801호로 개정되기 전)]이 시행된 시기에 토지대장이 복구된 미등기 토지를 수용한 경우 사업시행자 명의로 소유권보존등기를 신청할 수 있는지 여부(적극)

사업시행자가 미등기 토지를 수용한 경우, 그 토지의 토지대장상 소유자가 구「지적법」(1975. 12. 31. 법률 제2801호로 개정되기 전) 시행 당시 복구되었는지 여부와 관계없이, 사업시행자는 부동산등기법 제65조 제3호에 따라 토지대장과 재결서등본, 공탁서원본을 첨부정보로 하여 소유권보존등기를 신청할 수 있다(2014.1.22. 부동산등기과-253).

(4) "건물"의 경우 특별자치도지사, 시장, 군수 또는 구청장(자치구의 구청장을 의미)의 확인에 의하여 자기의 소유권을 증명하는 자(법 제65조 제4호)

1) 소유권을 증명하는 정보가 되기 위한 구비요건

법 제65조 제4호 소정의 소유권을 증명하는 특별자치도지사, 시장, 군수 또는 구청장 등의 확인서에 해당하기 위해서는 ① 건물의 소재와 지번, 건물의 종류, 구조 및 면적 등 건물의 표시 ② 건물의 소유자의 성명이나 명칭과 주소나 사무소의 소재지 표시 등이 반드시 있어야 한다.

2) 위의 서면에 해당하는지 여부(건물표시 및 소유자표시의 유무)가 문제되는 경우

① 해당하지 않는 경우

납세증명서 및 세목별과세증명서, 건축물사용승인서, 임시사용승인서, 또는 건축허가서 등

② 해당하는 경우

시장 등이 발급한 사실확인서, 여기에는 건물의 표시와 소유자의 표시 및 그 건물이 완성되어 존재한다는 사실 등이 기재되어 있어야 한다.

제2편 부동산등기법

(5) 유증의 경우(등기예규 제1512호)

유증의 목적 부동산이 미등기인 경우라도 ("포괄적" 유증의 경우(포괄수증자가 직접 수증자명의로 소유권보존등기 신청가능)와는 달리) 특정유증을 받은 자는 직접 수증자명의로 소유권보존등기를 신청할 수 없고, 유언집행자가 상속인 명의로 소유권보존등기를 마친 후에 유증을 원인으로 한 소유권이전등기를 신청하여야 한다.

(6) 공유물의 소유권보존등기에 관한 특칙

1) ① 미등기토지가 공유인 경우 공유자 전원 또는 공유자 중 1인은 전원명의로 보존등기를 신청할 수 있다. 그러나 ② 공유자 중 1인이 그의 지분만의 보존등기나 미등기토지의 일부 지분만에 대한 소유권확인판결에 의한 1필의 토지 전부에 대한 소유권보존등기는 신청할 수 없다. 이는 1부동산 1등기기록주의 관철을 위함이다(법 제15조 제1항).

2) 공유자 중 1인의 단독명의로 그 부동산 전부에 대해 소유권보존등기가 된 경우에는 그의 지분한도 내에서는 유효하므로 다른 공유자의 자기 지분에 대한 소유권보존등기는 일부말소의미의 경정등기의 신청에 의한다.

Key Point | 공유물의 소유권보존등기에 관한 특칙★★★

이는 1부동산 1등기기록주의 관철을 위함이다.
1) 공유자 전원 ⇨ 전원명의 보존등기를 신청할 수 있다.
2) 공유자 중의 1인 ⇨ 전원명의 보존등기를 신청할 수 있다(보존행위, 민법 제265조 단서).
3) 공유자 중의 1인 ⇨ 그의 지분만의 보존등기를 신청할 수 없다.
4) 공유자 중 1인이 단독명의로 등기된 경우
   ⇨ 지분한도에서만 유효(전부무효가 아니므로 말소등기를 할 수 없음)
   ⇨ 일부말소의미의 경정등기를 신청해야 한다.

공유 \ 등기	소유권보존등기 또는 상속등기	가등기에 기한 본등기
1인신청 — 지분만	X	O
1인신청 — 전원명의	O	X

*범례: O는 허용, X는 불허

Key Point | 소유권보존등기의 신청인

1) 대장상 최초의 소유자로 등록된 자 또는 그 상속인, 그 밖의 포괄승계인
2) 확정판결에 의해 자기의 소유권을 증명하는 자
3) 수용으로 소유권을 취득한 자
4) 특별자치도지사, 시장, 군수 또는 구청장의 확인서에 의하여 건물에 대한 자기의 소유권을 증명하는 자(건물에 한함)
   * 1), 2), 3)은 토지와 건물에 공통됨

제4장 부동산의 표시 및 각종 권리의 등기절차

단락문제 01
제27회 기출

소유권보존등기에 관한 설명으로 틀린 것은?(다툼이 있으면 판례에 따름)

① 甲이 신축한 미등기건물을 甲으로부터 매수한 乙은 甲 명의로 소유권보존등기 후 소유권이전등기를 해야 한다.
② 미등기토지에 관한 소유권보존등기는 수용으로 인해 소유권을 취득했음을 증명하는 자도 신청할 수 있다.
③ 미등기토지에 대해 소유권처분제한의 등기촉탁이 있는 경우, 등기관이 직권으로 소유권보존등기를 한다.
④ 본 건물의 사용에만 제공되는 부속건물도 소유자의 신청에 따라 본 건물과 별도의 독립건물로 등기할 수 있다.
⑤ 토지대장상 최초의 소유자인 甲의 미등기토지가 상속된 경우, 甲 명의로 보존등기를 한 후 상속인명의로 소유권이전등기를 한다.

해설 소유권보존등기
⑤ 토지대장상에 최초의 소유자로 등록되어 있는 자의 상속인, 그 밖의 포괄승계인은 이를 증명하는 대장정보 등을 첨부정보로 제공하여 직접 자기명의로 보존등기를 신청할 수 있다(법 제65조 제1호). **답** ⑤

3 등기신청의무

(1) 원 칙 등기신청의무의 부존재

소유권보존등기의 원인인 부동산소유권의 원시취득은 법률의 규정에 의한 물권의 취득으로 원칙적으로 등기를 요하지 않는다(「민법」 제187조, 단 점유취득시효의 완성에 의한 시효취득의 경우는 예외 : 「민법」 제245조 제1항 참조).

(2) 예 외 「부동산등기 특별조치법」상 등기신청의무가 인정되는 경우

소유권보존등기가 되어 있지 아니한 부동산에 대하여 소유권이전을 내용으로 하는 계약을 체결한 자는 ① 계약체결 이전에 소유권보존등기를 신청할 수 있었던 경우에는 그 계약을 체결한 날 ② 계약체결 후에 소유권보존등기를 신청할 수 있게 된 경우에는 그 등기를 신청할 수 있게 된 날로부터, 각각 60일 이내에 소유권보존등기를 신청하여야 한다(동법 제2조 제5항).

4 신청정보와 첨부정보   15·16·25·30회 출제

(1) 신청정보

→ 신청조항

등기소에 제공하여야 하는 신청정보의 내용으로는 모든 등기신청에 공통되는 일반적인 사항 외에 그 신청근거(예 법 제65조 제O호)를 등기소에 제공하여야 하나, 등기원인과 그 연월일은 등기소에 제공할 필요가 없다(규칙 제121조 제1항).

Professor Comment
신청근거조항은 소유권보존등기의 경우에만 신청정보의 내용으로 제공한다.

(2) 첨부정보(규칙 제121조 제2항 이하)

1) 등기원인증명정보의 제공 요부

소유권보존등기신청의 경우 구법하에서의 등기원인서면의 제출을 요하지 않는다(제132조 제2항)는 규정이 신법에서는 삭제되었다. 따라서 부동산표시정보와 소유자 표시 정보가 담긴 '각종 대장정보' 등을 등기원인증명정보로서 첨부정보로 제공하여야 한다(규칙 제46조 제1항 제1호).

2) 법 제65조 각호(신청근거)의 소유권보존등기신청인임을 증명하는 정보

부동산의 표시와 소유자의 표시가 기재된 ① 토지(임야)대장정보나 건축물대장정보, 상속이나 포괄승계인(합병회사, 분할회사 등)이 소유권보존등기를 신청하는 경우에는 대장정보외에 상속증명정보(피상속인의 기본증명서, 가족관계증명서, 친양자입양관계증명서, 제적증명서, 상속재산분할협의서 등)나 법인등기사항증명정보 등(1호), ② 판결정본 및 확정증명(2호), ③ 협의성립확인서, 재결서등본 및 보상 또는 공탁을 증명하는 정보(3호), ④ 건물소유권보존등기의 경우 건물의 표시와 소유자의 표시가 있는 특별자치도지사·시장·군수·자치구 구청장이 발급한 소유권을 증명하는 정보 등(4호)을 첨부하여야 한다. 한편 ①의 대장정보는 부동산의 표시증명정보의 기능도 한다.

3) 건물의 소재도 → 건물의 특정을 위해서

대지 위에 여러 개의 건물이 있는 경우. 단, 건축물대장정보를 제공한 경우에는 제공 불요

4) 인감증명

원칙적으로 제공을 요하지 않으나(규칙 제60조 제1항 참조), 공유부동산에 대한 소유권보존등기의 신청시 실제지분보다 적은 지분을 등기신청정보로 제공한 자의 인감증명을 첨부정보로 제공하여야 한다.

5) 제3자의 허가, 동의 등의 증명정보, 등기의무자의 등기필정보의 제공은 요하지 않는다.

5 등기의 실행

(1) 소유권보존등기의 실행은 새로운 등기기록을 개설하여 하고, 표제부에는 부동산의 표시에 관한 사항 등을 기록한다(법 제34조, 제40조). 갑구에 ① 순위번호, 등기목적, 접수연월일 및 접수번호, ② 소유자에 관한 사항(성명 또는 명칭, 주민등록번호 등), ③ 법인 아닌 사단·재단 명의의 등기를 할 때에는 그 대표자나 관리인의 성명, 주소 및 주민등록번호 ④ 공유인 경우에는 권리자별 지분(합유인 때에는 그 뜻, 단 지분은 표시되지 않음)을 기록하여야 한다.

(2) 등기완료 후의 조치

등기를 완료한 등기관은 등기명의인이 된 등기신청인에게 등기필정보 및 등기완료통지를 하여야 하며(법 제50조, 규칙 제53조), 등기관이 소유권보존등기를 하였을 때에는 전산정보처리조직을 이용하여 대장소관청에 소유권변경사실을 알려야 하고, 부동산 소재지 관할 세무서장에게 과세자료를 제공하여야 한다(법 제62조, 법 제63조, 규칙 제120조).

6 구분건물(區分建物)의 소유권보존등기 (제4장 제3절에서 상세히 기술한다) 11·16·21회 출제

(1) 의 의

미등기의 구분건물에 관하여 최초로 하는 등기로서 집합건물의 특성상 1부동산 1등기기록주의의 관철과 구분소유자의 전유부분에 대한 소유권과 대지사용권의 분리처분금지(대지권)의 일체성의 관철을 위해 「부동산등기법」은 등기신청절차에 있어서 아래의 특칙을 두고 있다.

(2) 구분건물의 보존등기의 특칙 14회 출제

1) 구분건물의 보존등기는 원칙적으로 각 구분소유자가 각각 자기 소유의 구분건물에 관한 소유권보존등기신청을 하되 동시에 신청하거나, 구분건물 전부에 대해서 한 장의 신청정보로 일괄해서 신청해야 하지만 <u>구분소유자 중 일부의 자가 자기소유의 구분건물만에 관하여 소유권보존등기를 신청할 경우에는 그 나머지 구분건물의 표시에 관한 등기를 동시에 신청하여야 한다</u>(법 제46조 제1항).

2) 구분건물의 소유권과 대지권의 공시의 일체성

<u>대지사용권으로서 전유부분의 소유권과 처분의 일체성을 갖는 대지권의 목적인 토지의 표시 및 대지권의 표시는 1동 건물의 표제부와 전유부분의 표제부에 각각 기록된다.</u>

제2편 부동산등기법

▼ 토지등기기록

[토지] 0000시 00구 00동 00   고유번호 0000-0000-000000

[표제부]		(토지의 표시)			
표시번호	접 수	소재지번	지 목	면 적	등기원인 및 기타사항
1	1997년 3월 5일	서울특별시 구로구 개봉동 2	대	350m²	

[갑 구]		(소유권에 관한 사항)		
순위번호	등기목적	접 수	등기원인	권리자 및 기타사항
1	소유권보존	1997년 3월 5일 제2011호		소유자 김갑수 490114-1056429 서울시 종로구 창신동 2

▼ 건물등기기록

[건물] 0000시 00구 00동 00   고유번호 0000-0000-000000

[표제부]		(건물의 표시)		
표시번호	접 수	소재지번 및 건물번호	건물내역	등기원인 및 기타사항
1	1997년 3월 5일	서울특별시 구로구 개봉동 9	시멘트블록조 시멘트기와지붕 단층 주택 200m²	

[갑 구]		(소유권에 관한 사항)		
순위번호	등기목적	접 수	등기원인	권리자 및 기타사항
1	소유권보존	1997년 3월 5일 제3500호		소유자 김갑수 420225-1045215 서울 중구 명동1

제4장 부동산의 표시 및 각종 권리의 등기절차

Key Point 소유권보존등기시 첨부정보에의 해당여부 ★★★

첨부정보				첨부정보가 아닌 것
1) 등기원인증명정보 : 대장정보 등 (구법과는 달리 개정법에 의하면 "미등기 부동산에 대하여 현재 소유자라는 사실"을 증명하는 정보를 등기원인증명정보로 제공하여야 함)	대장	토지(임야)대장정보, 건축물대장정보, 이 경우 대장정보는 부동산의 표시를 증명하는 기능도 겸한다.	⊕ 상속을 증명하는 정보(가족관계등록사항별증명서 등)	특별히 첨부정보로서 제공할 필요가 없는 경우 ① 등기의무자의 권리에 관한 등기필정보 ② 등기원인에 대한 제3자의 허가·동의·승낙의 증명정보 ③ 등기의무자의 인감증명정보(예외: 공유물의 보존등기시 제공하는 경우 있음) * 신청정보의 내용으로 등기원인과 그 연월일의 제공은 불요하나, 신청근거조항의 제공은 필요(규칙 제121조 제1항)
	판결	판결 및 확정증명정보		
	수용	협의성립확인정보·협의성립공정증서정보와 수리증명정보(협의 수용시)	⊕ 보상 또는 공탁 증명정보	
		재결증명정보 (재결 수용시)		
		특별히 건물의 경우에 한해서 특별자치도지사, 시장, 군수 또는 구청장이 작성한 소유권을 증명하는 정보(법 제65조 제4호)등을 등기소에 제공할 수 있다.		
2) 신청인의 주소 및 주민등록번호 증명정보				
3) 토지(임야)·건축물대장정보				
4) 건물의 소재도(규칙 제121조 제3항) (일반건물보존등기 신청시 건물대지상에 수개의 건물이 있는 때)				
5) 1동의 건물의 소재도, 각층의 평면도, 전유부분의 평면도 (구분건물의 표시에 관한 등기 신청시, 규칙 제121조 제4항)				

7 직권보존등기의 특례★★ 21·23회 출제

> **제66조(미등기부동산의 처분제한의 등기와 직권보존)**
> ① 등기관이 미등기부동산에 대하여 법원의 촉탁에 따라 소유권의 처분제한의 등기를 할 때에는 직권으로 소유권보존등기를 하고, 처분제한의 등기를 명하는 법원의 재판에 따라 소유권의 등기를 한다는 뜻을 기록하여야 한다.
> ② 등기관이 제1항에 따라 건물에 대한 소유권보존등기를 하는 경우에는 제65조를 적용하지 아니한다. 다만, 그 건물이 「건축법」상 사용승인을 받아야 할 건물임에도 사용승인을 받지 아니하였다면 그 사실을 표제부에 기록하여야 한다.
> ③ 제2항 단서에 따라 등기된 건물에 대하여 「건축법」상 사용승인이 이루어진 경우에는 그 건물 소유권의 등기명의인은 1개월 이내에 제2항 단서의 기록에 대한 말소등기를 신청하여야 한다.

(1) 의 의

미등기부동산의 소유자가 소유권보존등기를 신청하지 아니한 경우에도, 법원이 가압류, 가처분 또는 경매개시결정 등에 따른 소유권의 처분제한 등기를 촉탁한 경우 등기관이 이 처분제한의 등기를 하기 위해서 직권으로 소유권보존등기를 하는 것을 이른다(법 제66조 제1항). 이 경우에는 소유권보존등기신청인의 제한에 관한 규정을 적용하지 않는다(법 제66조 제2항).

(2) 직권보존등기의 사유(처분제한등기촉탁시)

1) 미등기부동산에 관하여 소유권의 처분제한의 등기촉탁 또는 임차권등기명령의 촉탁이 있는 때에는 그 등기를 하기 위한 전제로서 등기관이 직권으로 그 부동산에 대한 소유권보존등기를 하여야 한다(법 제66조).

2) 법원의 처분제한등기에는 경매개시결정의 등기, 가압류등기, 처분금지가처분등기, 회생절차개시결정·파산선고(보전처분 포함)의 기입등기, 주택·상가건물임차권등기가 포함된다(등기예규 제1469호).

(3) 등기촉탁시의 촉탁정보와 첨부정보

등기신청정보에 해당하는 촉탁정보에는 소유권보존등기신청시의 신청정보의 내용에 관한 사항 및 첨부정보가 제공되어야 한다(법 제66조 제2항 참조).

(4) 직권보존등기의 실행방법

1) 신청에 의한 보존등기의 실행방법과 동일하며, 다만, '처분제한의 등기를 명하는 법원의 재판에 의하여 소유권보존등기를 한다는 뜻'을 기록하여야 한다(법 제66조 제1항). 한편 1동 건물의 일부 구분건물에 대하여 처분제한등기 촉탁이 있는 경우에는 처분제한의 목적물인 구분건물의 소유권보존등기와 나머지 구분건물의 표시에 관한 등기를 하여야 한다(등기예규 제1469호).

2) 그 건물이 「건축법」상 사용승인을 받아야 할 건물임에도 사용승인을 받지 아니하였다면 그 사실을 표제부에 기록하여야 하고, 나중에 「건축법」상 사용승인이 이루어진 경우에는 그 건물 소유권의 등기명의인은 1개월 이내에 그 기록에 대한 말소등기를 신청하여야 한다(법 제66조 제2항 단서, 제3항).

(5) 등기완료 후의 조치

1) 등기관이 직권으로 소유권보존등기를 한 경우에 등기필정보의 통지는 요하지 않으나(규칙 제109조 제2항 제5호), 소유권등기명의인에게 등기완료통지는 하여야 한다(규칙 제53조 제1항 제4호). 후일 처분제한등기가 말소되어도 소유권보존등기는 말소하지 않는다.

2) **직권보존등기 후의 보존등기 신청에 대한 조치**(건물)

  직권보존등기 이후 동일 지상에 다시 건물에 관한 소유권보존등기신청이 있는 경우에는 건물의 소재도 등 등기된 건물과 동일성이 인정되지 아니함을 소명하는 서면의 제출이 있는 경우에 한하여 등기한다(등기예규 제1469호).

3) **등록면허세미납통지**

  등기를 완료한 등기관은 「지방세법」제33조 규정에 의한 등록면허세미납통지를 누락하지 않도록 한다(등기예규 제1469호).

단락핵심 — 소유권보존등기

(1) 토지소유권보존등기의 경우 특별자치도지사, 시장, 군수 또는 구청장(자치구)의 확인에 의하여 자기의 소유권을 증명하는 자는 신청할 수 없다(법 제65조 제4호 참조).
(2) 건물에 대하여 국가를 상대로 한 소유권확인 판결에 의한 소유권보존등기는 신청할 수 없다.
(3) 미등기토지의 지적공부상 '국'으로부터 소유권이전등록을 받은 자는 자기명의로 소유권보존등기를 신청할 수 있다.
(4) 대장정보에 의하여 대장상 소유권이전 등록을 받은 소유명의인은 최초의 소유자명의로 하는 보존등기 없이 자기 명의로 직접 소유권보존등기를 할 수 없는 것이 원칙이다.
(5) 소유권 외의 권리에 대한 처분제한의 등기촉탁을 위하여 직권보존등기를 할 수 없다.
(6) 미등기부동산에 대하여 체납처분으로 인한 압류등기를 하기 위해서는 세무서장이 보존등기를 대위하여 촉탁하므로 직권보존등기를 할 필요가 없다.

제2편 부동산등기법

단락문제 02

미등기부동산에 관하여 소유권보존등기를 할 경우에 대한 설명으로 틀린 것은?

① 소유권보존등기의 신청은 신청주의 및 단독신청이 원칙이다.
② 소유권보존등기의 신청시에 등기원인과 그 연월일은 신청정보의 내용으로 등기소에 제공을 요하지 않으나, 신청근거조항은 제공하여야 한다.
③ 구분건물에 대한 소유권보존등기의 신청시에는 건물의 소재도, 각 층의 평면도, 전유부분의 평면도를 첨부정보로 제공하여야 한다.
④ 「건축법」상 사용승인을 받지 아니한 미등기부동산에 대한 처분제한이 있는 경우에는 등기관이 직권으로 소유권보존등기를 할 수 없다.
⑤ 처분제한등기에는 경매개시결정의 등기, 가압류등기, 처분금지가처분등기, 주택임차권등기 및 상가건물임차권등기 등이 포함된다.

해설 소유권보존등기 절차
① (○) (법 제65조)
② (○) (규칙 제121조 제1항)
③ (○) (규칙 제121조 제4항)
④ (×) 사용승인을 받지 아니한 미등기부동산에 대해서도 직권에 의한 보존등기를 할 수 있다. 다만, 그 사실을 표제부에 기록하여야 한다(법 제66조 제2항).
⑤ (○) (등기예규 제1469호)

답 ④

단락문제 03

제25회 기출

소유권등기에 관한 설명으로 틀린 것은?(다툼이 있으면 판례에 의함)

① 소유권보존등기의 신청인이 그의 소유권을 증명하기 위한 판결은 그가 소유자임을 증명하는 확정판결이면 충분하다.
② 소유권보존등기를 할 때에는 등기원인과 그 연월일을 기록하지 않는다.
③ 공유물의 소유권등기에 부기등기된 분할금지약정의 변경등기는 공유자의 1인이 단독으로 신청할 수 있다.
④ 미등기건물의 건축물대장에 최초의 소유자로 등록된 자로부터 포괄유증을 받은 자는 그 건물에 관한 소유권보존등기를 신청할 수 있다.
⑤ 법원이 미등기부동산에 대한 소유권의 처분제한등기를 촉탁한 경우, 등기관은 직권으로 소유권보존등기를 하여야 한다.

제4장 부동산의 표시 및 각종 권리의 등기절차

> **해설** 소유권보존등기
> ① (○) 보존등기신청인의 소유임을 확정하는 내용의 것이면 소유권확인판결 외에 형성판결(예 공유물분할의 판결)이나 이행판결도 이에 해당한다.
> ② (○) (규칙 제121조 제1항)
> ③ (×) 공유물분할금지약정의 변경등기는 공유자 중의 1인이 신청할 수는 없고 공유자 전원이 공동으로 신청하여야 한다(법 제67조 제2항).
> ④ (○) (법 제65조 제1호)
> ⑤ (○) (법 제66조)
>
> **답** ③

02 소유권의 이전등기   16·17·29회 출제

1 서 설

(1) 의 의

<u>소유권이전등기는 법률행위(계약), 법률의 규정(상속) 등 다양한 원인에 의한 소유권의 승계취득이 있는 경우에 이를 공시하기 위해 이루어지는 등기이다.</u>

(2) 계약에 의한 소유권이전등기에 관한 특별법상 규율

「부동산등기 특별조치법」에서는 건전한 부동산 거래질서 확립, 즉 부동산투기의 억제를 목적으로, 「부동산 실권리자명의 등기에 관한 법률」에서는 부동산등기실명제, 즉 부동산에 관한 소유권을 실체적 권리관계와 일치하도록 하기 위해 특수한 규율을 하고 있다(제9절에서 상술함).

소유권이전등기

소유권이전등기란 보존등기된 소유권이 타인에게 이전된 경우에 하는 등기를 말한다.

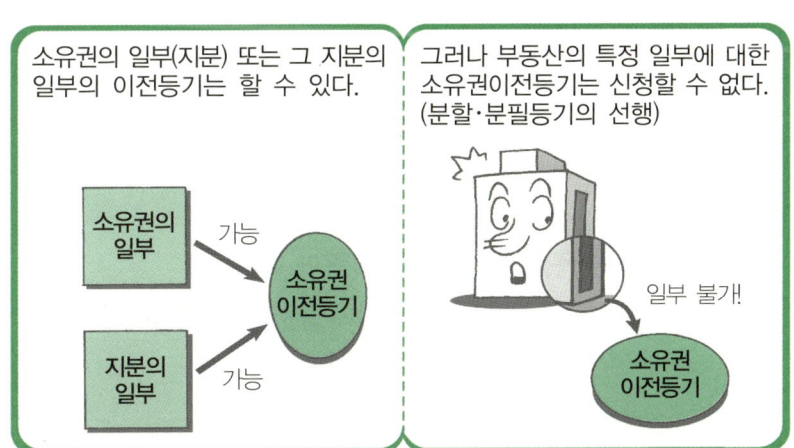

Professor Comment

당해 단락을 공부할 때에는 제3장 등기절차 총론과 유기적으로 연결하면서 공부해야 한다. 예를 들어 공동신청 여부, 등기원인정보, 첨부정보, 인감증명정보의 필요성 등을 복습해야 한다.

2 매매 등 법률행위를 원인으로 한 소유권이전등기

(1) 의 의

법률행위를 원인으로 한 소유권이전등기로는 매매(공공용지의 협의취득 포함), 증여, 교환, 양도담보계약 등의 계약이나 유증, 계약의 해제, 환매특약에 의한 환매권의 행사 등의 단독행위를 원인으로 한 소유권이전등기가 있다. 여기서는 매매를 원인으로 한 소유권이전등기에 관해 기술한다.

(2) 신청정보와 첨부정보

1) 신청정보

① 신청정보일반에 관하여는 「부동산등기규칙」 제43조 이하에 따른다.

② 등기원인과 그 연월일은 '매매 및 매매계약서 작성일'이다. 다만, 판결의 경우 판결주문에서 등기원인과 그 일자를 확인할 수 없는 경우에는 등기원인은 '확정판결'로, 그 연월일은 '판결선고일'로 한다(등기예규 제1607호).

③ **거래가액**

2006년 1월 1일 이후의 계약에 대해서 2006년 6월 1일 이후에 매매에 관한 거래계약서를 등기원인을 증명하는 정보로 하여 소유권이전등기를 신청하는 경우에는 부동산표시란에 거래신고관리번호 및 거래가액을 신청정보의 내용으로 등기소에 제공하여야 한다(등기예규 제1633호, 규칙 제124조). 다만, 등기원인이 매매라 하더라도 등기원인을 증명하는 정보가 판결, 조정조서 등 매매계약서가 아닌 경우에는 거래가액 등을 신청정보의 내용으로 등기소에 제공하지 아니한다(등기예규 제1633호).

2) 첨부정보

① 첨부정보일반에 관하여는 「부동산등기규칙」 제46조 이하에 따른다.

② 등기의무자인 매도인의 '부동산매도용인감증명'(규칙 제60조 제1항 제1호, 단, 전자신청의 경우 자연인인 경우에는 공인인증서정보를, 법인인 경우에는 전자증명서정보를 송신한 때에는 인감증명서정보의 송신 불요).

③ **부동산거래계약신고필증과 매매목록**

매매목록은 거래부동산이 2개 이상인 경우 또는 1개라 하더라도 매매 당사자가 수인인 경우에 한한다(규칙 제124조 제2항).

(3) 등기의 실행

1) 독립등기로 실행

소유권이전등기는 독립등기로 실행하며, 첨부정보로 부동산거래계약신고필정보만 제공한 경우에는 거래가액을, 매매목록도 제공한 경우에는 매매목록의 번호를 등기기록 중 갑구의 권리자 및 기타사항란에 기록한다(규칙 제125조).

2) 직권에 의한 등기의무자인 등기명의인의 주소변경등기

등기관이 소유권이전등기의 실행시, 신청정보상의 등기의무자의 표시가 등기기록과 불일치하고 첨부정보인 주소증명정보에 의해 주소변경사실이 명백하면 직권으로 등기명의인표시의 변경등기를 하여야 한다(규칙 제122조).

3 소유권의 일부이전등기 주기15회 출제

(1) 의 의 → 지분을 의미

1) 소유권의 일부이전등기는 단독 소유를 공유로 하거나, 공유지분의 전부 또는 그 일부를 이전하는 등기를 이른다.

2) 부동산의 (물리적)특정 일부에 대한 이전등기

부동산의 특정 일부를 양도하기로 한 경우 그 소유권이전등기는 그 일부에 대해 대장상 분할등록을 한 다음 분할·분필등기를 한 후에, 분할·분필 후의 1개(1필)의 부동산 '전부'에 대한 소유권이전등기의 형식에 의한다. 이는 1물1권주의, 1부동산1등기기록주의를 관철하기 위함이므로 전체면적에 대해 특정면적에 상응하는 지분으로 표시하여 소유권이전등기를 신청할 수 없다.

(2) 유형별 신청정보의 제공과 등기의 실행

1) (단독)소유권일부이전

등기의 목적은 '소유권일부이전', 이전되는 지분은 '○분의 ○(전체에 대한 지분 의미)'을 신청정보로 등기소에 제공하고 등기실행시 등기기록에도 기록한다(법 제67조, 규칙 제123조).

2) 공유지분권 전부 또는 일부이전

① 공유자(甲)의 공유지분 전부를 이전하는 경우에는 등기의 목적은 '○번 甲 지분 전부이전'으로, 이전되는 지분은 '甲 지분 ○분의 ○(전체에 대한 지분 의미)'으로 제공하고, ② 공유지분의 일부를 이전하는 경우에는 등기의 목적은 '○번 甲 지분 ○분의 ○중 일부(○분의 ○ : 전체에 대한 지분 의미)이전'으로, 이전되는 지분은 '공유자 지분 ○분의 ○(전체에 대한 지분 의미)'으로 제공하고 등기기록에도 동일하게 기록한다.

제2편 부동산등기법

3) 수인의 공유자의 수인에 대한 지분의 전부 또는 일부 이전

신청정보는 <u>등기권리자별 또는 등기의무자별</u>로 작성하여 등기소에 제공하여야 한다. 하나의 신청정보로 일괄신청하는 경우에 등기관은 등기신청을 수리해서는 아니 된다(등기예규 제1363호).

4) 공유자의 지분일부에 저당권등기가 있는 경우

그 지분일부에 대하여 다시 이전등기를 하거나 저당권설정등기를 하는 경우에는 그 부분이 저당권의 부담이 있는 부분인지 여부를 신청정보의 내용으로서 등기소에 제공하고, 등기실행 시 등기기록에도 기록한다.

5)
공유물불분할금지의 약정이 있는 경우에는 그 약정에 관한 사항은 <u>신청정보의 내용 중 임의적 정보로서 등기소에 제공하여야 한다</u>(규칙 제123조). 공유물불분할의 약정은 공유자상호간에는 등기하지 않아도 효력이 있으나, 이를 등기하지 않으면 지분을 양수한 제3자의 공유물분할 청구에 대하여 대항할 수 없다(「민법」 제268조 제1항 단서, 법 제67조 제1항 후문).

단락문제 04

소유권이전등기신청에 관한 설명 중 틀린 것은?

① 소유권이전등기의 신청은 공동신청이 원칙이다.
② 매매로 인한 소유권이전등기의 경우 첨부정보인 등기원인증명정보(계약증명정보)에는 검인을 받아야 한다.
③ 소유권이전등기신청이 토지거래허가구역 내의 토지에 대한 유상계약을 원인으로 한 것인 경우에는 첨부정보로서 토지거래계약허가증명정보를 제공하여야 한다.
④ 소유권의 일부에 대한 이전등기를 신청하는 경우에는 이전되는 지분을 신청정보의 내용으로 등기소에 제공하여야 한다.
⑤ 토지의 특정 일부에 대해서도 소유권이전등기를 신청할 수 있다.

해설 소유권이전등기절차
① (○) (법 제23조 제1항)
② (○) (「부동산등기 특별조치법」 제3조)
③ (○) (등기예규 제1634호)
④ (○) (규칙 제123조)
⑤ (✕) 토지의 특정일부에 대한 이전등기신청은 허용되지 않으며, 먼저 대장상 분할등록과 등기기록상 분필등기 절차를 거쳐야 한다.

답 ⑤

제4장 부동산의 표시 및 각종 권리의 등기절차

▼ **토지등기기록**(소유권전부이전)

[토지]
0000시 00구 00동 00   고유번호 0000-0000-000000

[갑 구]		(소유권에 관한 사항)		
순위번호	등기목적	접 수	등기원인	권리자 및 기타사항
3	소유권이전	1989년 3월 5일 제3500호	1989년 2월 4일 매매	소유자 김갑수 420225-1045215 서울 중구 명동 8
4	소유권이전	1997년 3월 5일 제4500호	1997년 3월 1일 교환	이도영 381210-1068541 서울 동작구 상도동 10

▼ **토지등기기록**(소유권일부이전)

[토지] 0000시 00구 00동 00   고유번호 0000-0000-000000

[갑 구]		(소유권에 관한 사항)		
순위번호	등기목적	접 수	등기원인	권리자 및 기타사항
1	소유권보존	1989년 3월 5일 제3500호	1989년 2월 4일 매매	공유자 지분2분의1 김갑수 420225-1045215 서울 중구 명동 8 공유자 지분2분의1 이을수 381210-1068541 서울 동작구 상도동 10
2	1번 이을수 지분전부이전	1997년 3월 5일 제4500호	1997년 3월 1일 매매	공유자 지분2분의1 이도영 481210-1068541 서울 강남구 삼성동 10

제2편 부동산등기법

> **Key Point** 소유권의 등기절차
>
> 1) 부동산(토지·건물) ─ 소유권의 보존등기
>   ├ 분할·합병에 관한 등기
>   ├ 멸실에 관한 등기
>   └ 이전에 관한 등기 ─ 전부이전
>   └ 일부이전
>
> 2) 신 청
>   소유권에 관한 등기 중 이전등기는 공동신청이고 나머지는 등기권리자의 단독신청에 해당된다.
> 3) 분할·합병·(일부)멸실에 관한 등기는 부동산의 변경등기에 해당하나 그 변경이 소유권의 변동을 가져온다.
> 4) 대장과 등기기록의 관계
>   ① 부동산의 표시에 관한 사항(분할·합병, 멸실, 지목변경 등 물리적 변경)
>   (등기기록의 표시란 해당) → 대장을 기준으로 등기기록을 고침
>
> | (일치) |
> | 대장 → 등기기록 |
>
>   ② 권리(갑구·을구)에 관한 사항(이전, 등기명의인표시변경 즉, 개명·주소이전·명칭변경 등)
>   → 등기기록을 기준으로 대장을 고침
>
> | (일치) |
> | 등기기록 → 대장 |
>
>   * 그러나 보존등기는 처음의 기입등기이므로 대장 등을 기초로 하여 등기기록을 개설한다.

4 공공용지의 협의취득으로 인한 소유권이전등기

(1) 의 의

1) 「공익사업을 위한 토지 등의 취득 및 보상에 관한 법률」(이하 공익사업토지보상법)상 부동산의 소유권의 취득방법으로는 사법상 매매계약에 의한 승계취득에 해당하는 협의취득에 의한 경우(동법 제16조)와 법률의 규정에 의한 원시취득에 해당하는 수용(재결 또는 협의성립의 확인, 동법 제26조, 제29조 제4항, 제34조)에 의한 경우로 나눌 수 있다.
2) 공공용지의 협의취득으로 인한 소유권이전등기는 매매로 인한 소유권이전등기에 준한다.

(2) 등기절차상 특칙(등기예규 제1388호)

1) 등기권리자인 사업시행자가 관공서, 즉 국가 또는 지방자치단체인 경우에는 등기의무자의 승낙을 받아 해당 등기를 지체 없이 등기소에 촉탁하여야 한다(법 제98조 제1항).
2) 신청정보 및 등기기록상의 등기원인은 '공공용지의 협의취득'으로 하고, 첨부정보 중 등기원인증명정보로는 '공공용지의 취득협의증명정보'를 제공하여야 하나(소유권의 강제취득이 아니므로 보상금지급증명정보의 제공은 불요), 인감증명은 '부동산매도용'일 것을 요하지 않고, 농지취득자격증명정보의 제공도 불요한다.

5 수용으로 인한 소유권이전등기 　22·31회 출제

(1) 소유권취득의 법적 성질과 등기형식

1) 「공익사업토지보상법」상 토지소유권의 강제적 취득방법으로서 법률의 규정에 의한 원시취득에 해당한다(협의성립의 확인 포함, 동법 제26조, 제29조 제4항, 제34조, 제45조 제1항).

2) **등기형식**

기등기 부동산인 경우에는 권리변동과정을 모두 공시하기 위해 소유권이전등기의 형식을 취하고, 미등기부동산인 경우에는 사업시행자는 직접 자기명의로 소유권보존등기를 신청한다(법 제65조 제3호). 소유권 외의 권리의 수용으로 인한 권리이전등기에 관하여도 아래의 등기절차를 준용한다(법 제99조 제5항).

(2) 등기신청인(신청 또는 촉탁)

1) **단독신청의 특칙**

<u>수용으로 인한 소유권의 이전등기는 등기권리자인 사업시행자(관공서 여부 불문)가 단독으로 신청할 수 있다. 물론 공동신청에 의할 수도 있다</u>(법 제99조 제1항, 대판 1977.5.24. 77다206). 관공서인 국가 또는 지방자치단체가 사업시행자로서 등기권리자인 경우에는 지체 없이 등기소에 촉탁하여야 한다(법 제99조 제3항).

2) **대위등기신청**

사업시행자인 등기권리자가 <u>소유권의 이전등기를 신청</u>을 하는 경우에 등기명의인이나 상속인 등의 포괄승계인을 갈음하여 부동산의 표시 또는 등기명의인의 표시의 변경·경정 또는 상속 등의 포괄승계로 인한 소유권이전의 등기를 신청할 수 있다(법 제99조 제2항).

3) 사업인정고시 후 재결 전에 소유권의 변동이 있었음에도 사업인정 당시의 소유자를 피수용자로 하여 재결하고 그에게 보상금을 지급한 후 소유권이전등기를 신청한 경우 또는 상속인 또는 피상속인을 피수용자로 하여 재결하고 상속인에게 보상금을 지급하였으나 피상속인의 소유명의로 등기가 되어 있는 경우에는 상속등기를 하지 아니한 채 소유권이전등기신청을 한 경우에는 이를 수리하여서는 아니 된다(이 경우에는 대위에 의한 상속등기를 먼저 하여야 함).

(3) 신청정보와 첨부정보(등기예규 제1388호) 30·31회 출제

1) 신청정보
등기원인과 그 연월일에 관하여는 '토지수용'과 '수용개시일'에 관한 정보를 제공한다(규칙 제156조 제1항).

2) 첨부정보
① 등기원인증명정보로서 ㉠ 협의성립의 확인에 의한 경우에는 토지수용위원회의 협의성립 확인증명정보 또는 협의성립공정증서증명정보와 그 수리증명정보를, ㉡ 재결에 의한 경우에는 재결증명정보를, 그리고 ㉢ 보상금의 지급 또는 공탁증명정보도 등기소에 제공하여야 한다.
② 대위신청의 경우에는 대위원인증명정보로 재결증명정보 등을 제공하여야 한다.
③ 토지거래계약허가증명정보, 농지취득자격증명정보, 주무관청의 허가증명정보 및 등기의무자의 권리에 관한 등기필정보는 제공할 필요가 없다.

(4) 등기의 실행(법 제99조 제4항)

1) 사업시행자 명의로의 소유권이전등기를 하나, 미등기부동산인 경우에는 그의 명의로 소유권보존등기를 한다.

2) 수용으로 인한 소유권이전등기시의 직권말소대상등기 24·27회 출제
① 수용개시일 이후에 마쳐진 소유권이전등기(단 수용개시일 이전의 상속을 원인으로 한 소유권이전등기는 제외), 소유권 외의 권리인 지상권 등 용익권, 저당권 등 담보권 등기(단 그 부동산을 위하여 존재하는 지역권의 등기와 토지수용위원회의 재결로서 존속이 인정된 권리는 제외), 그 밖의 처분제한등기인 가등기, (가)압류등기, 가처분등기 등
② **직권말소사실의 통지**(사후통지)
수용으로 인하여 등기를 직권말소한 때에는 말소한 등기명의인에게, 말소대상 등기가 채권자의 대위신청에 의한 등기인 경우에는 그 채권자에게도 통지하여야 한다(규칙 제157조).

3) 토지수용재결의 실효와 등기의 실행
수용으로 인한 소유권이전등기는 공동신청으로 말소하고, 등기관이 직권말소한 등기는 직권으로 회복한다.

4) 환매권의 행사와 등기절차
수용대상토지에 대하여 환매사유가 발생하여 피수용자로서 환매권자인 수용당시의 소유자가 환매권을 행사한 경우에는 신청에 의해 그의 명의로 소유권이전등기를 한다.

제4장 부동산의 표시 및 각종 권리의 등기절차

6 상속으로 인한 소유권이전등기 ★ 추가1회 출제

(1) 의 의

1) 상속이란 피상속인의 사망으로 피상속인의 일신전속적인 것을 제외하고 피상속인에 속하였던 모든 재산상의 지위를 포괄적으로 승계하는 것이다(「민법」제1005조). 상속으로 인한 부동산 물권의 취득은 법률의 규정에 의한 것으로서 등기를 요하지 않으나, 상속인은 자기 앞으로의 소유권이전등기를 마친 후에만 그 부동산을 처분할 수 있다(「민법」제187조 본문, 단서).
   → 다만, 일신에 전속한 권리는 제외

2) 상속은 피상속인의 사망과 동시에 개시되므로 「민법」이 개정된 경우에도 상속 개시시(사망시)의 「민법」에 따라 상속등기를 하여야 한다. 다만, 실종선고로 인한 상속의 경우에는 상속 개시시인 실종기간 만료시의 「민법」이 아니라 실종선고시의 「민법」에 의한다(「민법」부칙 제25조 제2항).

3) 상속등기는 피상속인의 사망으로 「민법」제1009조에 따라서 하는 법정상속등기와 「민법」제1013조에 의한 협의분할에 의한 상속이 있고, 법정상속등기나 협의분할에 의한 상속등기 후에 하는 협의분할로 인한 상속등기가 있다.

(2) 신청인

1) **단독신청**

   상속을 등기원인으로 하는 소유권이전등기는 등기권리자가 단독으로 이를 신청할 수 있다(법 제23조 제3항).
   → 상속인

2) **공동상속의 경우**

   ① 그 상속인 전원이 등기권리자가 되어 그들의 공유로 하는 등기를 단독신청하거나, ② 공동상속인 중 1인이 전원을 위하여 전원명의의 상속등기를 신청하여야 한다. 이는 1부동산1등기기록주의의 관철을 위함이다. 따라서 ③ 공동상속인 중 일부가 자기 지분만의 상속등기를 신청할 수는 없다(법 제29조 제2호의 각하사유에 해당함).

(3) 신청정보와 첨부정보

1) **신청정보**

   1991년 이후에 사망하여 상속을 원인으로 한 소유권이전등기를 실행하는 경우에 등기원인을 "상속"으로 하고 등기원인일자를 "피상속인의 사망일"로 기록하여야 한다. 상속개시 후 그 상속등기 전에 상속인 중 1인이 사망하여 다시 상속이 일어난 경우 등기원인과 그 연월일 정보로는 '1차 상속원인과 그 연월일'을 제공하고, 신청인 정보로서 '2차 상속원인과 그 상속인에 관한 정보'를 제공한다(공동상속인 중 ○○○는 ○년○월○일에 사망하였으므로 상속, 상속인 표시).

2) 첨부정보
① **등기원인증명정보**(상속 및 상속인의 범위증명정보)
㉠ 상속증명정보(피상속인의 사망사실과 사망일자 증명정보)로서 기본증명서(2008.1.1 이후 사망시) 또는 제적사항증명정보(2007.12.31 이전 사망시)를 ㉡ 상속인의 범위 증명정보로서 피상속인의 가족관계증명서, 친양자입양관계증명서, 제적사항증명정보(2008.1.1 이후 사망한 경우에도 상속인범위 확정을 위해 실무상 제공하고 있다. 유효기간은 3개월)를 첨부정보로 제공하여야 한다.

② **피상속인의 주소증명정보**
법령에서 요구하는 첨부정보는 아니나 등기기록상의 등기명의인과 피상속인의 동일인임을 확인하기 위해 필요한 경우에 실무상 제공한다(시·구·읍·면장 등의 동일인 보증서면에 의할 수도 있음).

③ 이외에도 상속인에 대한 유증증명정보로서 유언검인증명정보, 기여분증명정보, 상속포기수리증명정보 등을 첨부정보로 제공하여야 하는 경우가 있다.

④ 상속인이 등기권리자로서 승소판결을 받아 소유권이전등기를 신청하는 경우에는 위의 상속증명정보를 제공할 필요가 없다. 그러나 판결이유 중에 그 부동산이 피상속인의 소유였다는 사실만이 기재되어 있거나 상속인과 상속분이 구체적으로 기재되어 있지 않은 경우에는 상속증명정보를 제공하여야 한다(등기선례 제200806-3호).

3) 상속등기가 전부무효인 경우, 즉 상속인이 아닌 자 명의로 상속등기가 마쳐진 경우에는 전부 말소 후 다시 상속인 명의로의 상속등기를 하여야 하고, 상속등기가 일부무효인 경우, 즉 상속인 중 1인에게 그의 상속지분보다 많은 지분으로 상속등기가 마쳐진 경우에는 일부무효이므로 그 상속등기를 일부말소 의미의 경정등기에 의해 그 등기를 바로 잡아야 한다.

(4) 협의분할에 의한 상속등기

1) **의 의**
협의분할에 의한 상속등기란 공동상속인 간에 상속재산에 관하여 법정 상속분에 따른 공유관계를 종료시키고 각 상속인의 합의에 따라 그 배분 및 귀속을 확정하고 그 사실을 공시하는 등기이다.

2) **처음부터 하는 협의분할에 의한 상속등기의 등기절차**
① **신청인 특칙**
분할협의는 공동상속인으로 확정된 전원이 하여야 하므로 일부 상속인만이 한 협의는 무효이고(대판 1995.4.7. 93다54736), 등기신청인도 공동상속인 전원이 되어야 한다.

② **신청정보와 첨부정보 등**

㉠ 신청정보의 내용으로서 등기원인은 '협의분할에 의한 상속'으로, 그 연월일은 상속개시일인 '피상속인의 사망일자'로 제공한다. ㉡ 첨부정보로서 상속재산분할협의증명정보와 상속인 전원의 인감증명을 제공하여야 한다(규칙 제60조 제6호). 등기기록에도 등기원인과 그 연월일은 위의 신청정보와 동일하게 기록한다.

3) **법정상속등기 후 협의분할로 인한 상속등기의 특칙**

① 법정상속분에 따른 상속등기 후에도 공동상속인 전원에 의해 협의분할로 인한 상속등기를 '경정등기'로 할 수 있으나 법정상속등기 후 공동상속인 중 1인이 사망한 경우에는 그 분할협의를 할 수 없으므로 그 경정등기도 할 수 없다.

② **신청정보와 첨부정보**

㉠ 신청정보로서 등기원인은 '협의분할로 인한 상속'으로 등기원인의 연월일은 '협의분할일'로 제공하고, ㉡ 첨부정보로서 상속재산분할협의증명정보와 상속인 전원의 인감증명 외에 경정대상 상속등기의 등기상 이해관계인이 있는 경우에는 그의 승낙증명정보와 인감증명을 첨부정보로 제공하여야 한다(규칙 제46조 제1항 제3호, 제60조 제1항 제7호).

③ **등기의 실행**

등기원인과 그 연월일은 위의 신청정보와 동일하고 일부말소의미의 경정등기형식으로 하므로 부기등기의 형식으로 한다.

④ 상속재산분할협의를 공동상속인 전원이 합의해제 후 다시 새로운 분할협의를 할 수 있고(대판 2004.7.8. 2002다73203), 그 등기도 상속등기 후 협의분할로 인한 상속등기의 특칙에 준한다.

7 유증으로 인한 소유권이전등기(등기예규 제1512호)★★ 13·추가15회 출제

(1) 유증의 의의와 효력

1) 유증이란 유언자가 유언으로 자기 재산의 전부 또는 일부를 수증자에게 무상으로 양도하는 상대방 없는 단독행위로서 포괄적 유증과 특정적 유증이 있다(「민법」 제1074조, 제1078조). 유증은 유언자가 사망한 때로부터 그 효력을 발생하며, 다만, 유언에 정지조건이 있는 경우에는 그 조건성취시에 효력이 발생한다(「민법」 제1073조).

2) <u>포괄적 유증은 상속의 경우와 동일한 효력이 발생하여 법률의 규정에 의한 물권변동에 해당하므로 부동산에 관하여는 등기 없이 소유권이 이전한다</u>(「민법」 제1078조, 제187조). <u>특정적 유증은 증여의 한 유형으로서 법률행위에 의한 물권변동에 해당한다</u>(「민법」 제1101조, 제186조).

(2) 신청인

1) 공동신청의 원칙

특정적 유증·포괄적 유증을 불문하고 유언집행자가 등기의무자, 수증자가 등기권리자가 되어 공동으로 신청하여야 한다.

2) 등기의무자인 유언집행자가 수인이면 그 과반수 이상의 동의가 있어야 하고, 포괄유증에서 등기권리자인 수증자가 수인인 경우에는 수증자 전원이 공동으로 신청하거나 각자가 <u>자기지분만에 대하여 신청할 수 있다</u>(이 경우에도 공동신청 하여야 함). 그러나 포괄적 수증자 이외에 유언자의 다른 상속인이 있는 경우에는 그 등기원인이 서로 다르므로 유증으로 인한 소유권이전등기와 상속으로 인한 소유권이전등기를 각각 신청하여야 한다.

(3) 신청정보와 첨부정보

1) 신청정보

① **등기원인과 그 연월일**

<u>등기원인은 'O년 O월 O일 유증'으로, 그 연월일은 '유증자가 사망한 날'</u>로 제공한다. 다만, 유증에 조건 또는 기한이 붙은 경우에는 그 조건이 성취한 날 또는 그 기한이 도래한 날을 제공한다(「민법」 제1073조 제2항).

② **등기의무자 및 등기권리자의 표시**

수증자가 유언집행자인 경우에도 공동신청의 원칙은 유지되므로, '등기의무자 망 ○○○, 유언집행자 ○○○', '등기권리자 ○○○'로 제공한다.

③ 등기의무자인 유증자의 등기필정보도 신청정보로 제공하여야 한다.

2) 첨부정보

① **등기원인증명정보**

유증자의 사망증명정보, 유언증명정보 및 유언검인·심판증명정보 등을 제공하여야 한다(「민법」 제1091조 등 참조).

② 유언집행자의 자격증명정보로서 유언집행자의 지정방법에 따라 유언으로 지정된 경우에는 유언증명정보, 유언에 따라 제3자에 의해 지정된 경우에는 유언증명정보 및 제3자의 지정증명정보, 가정법원에 의해 선임된 경우에는 유언증명정보와 가정법원의 선임 심판증명정보, 상속인이 유언집행자인 경우에는 상속인임을 증명하는 정보 등과 상속인의 법정대리인의 지위를 갖는 유언집행자의 인감증명(규칙 제61조 제2항)을 제공하여야 한다.

3) 기타 농지취득자격증명정보(특정적 유증에 국한) 등을 첨부정보로 등기소에 제공하여야 한다.

(4) 등기의 신청방법과 등기의 실행 24회 출제

1) 수증자 명의로 직접신청

포괄적 유증이든 특정적 유증이든 ① 모두 상속등기를 거치지 않고 유증자로부터 직접 수증자 명의로 소유권이전등기를 신청하여야 하나, ② 상속등기가 이미 마쳐진 경우에는 상속등기를 말소함이 없이 상속인으로부터 수증자에게로 유증으로 인한 소유권이전등기를 신청할 수 있다.

2) 유증의 목적부동산이 미등기인 경우와 유증의 가등기 등

① 유증의 목적 부동산이 미등기인 경우에는 토지대장, 임야대장 또는 건축물대장에 최초의 소유자로 등록되어 있는 자 또는 그 상속인의 포괄적 수증자가 단독으로 소유권보존등기를 신청할 수 있다(등기예규 제1512호). 그러나 유증의 목적 부동산이 미등기인 경우라도 특정유증을 받은 자는 소유권보존등기를 신청할 수 없고, 유언집행자가 상속인 명의로 소유권보존등기를 마친 후에 유증을 원인으로 한 소유권이전등기를 신청하여야 한다.

② 한편 유증으로 인한 소유권이전등기청구권보전의 가등기는, 유언자가 사망한 후에는 이를 수리(특정적 유증의 경우에만)하나, 유언자가 생존 중인 경우에는 유언의 효력이 발생하지 아니하여 보전해야 할 청구권이 없으므로 수리하여서는 안 된다.

(5) 유류분권과의 관계

포괄적 수증자의 소유권보존등기 및 유증으로 인한 소유권이전등기 신청이 상속인의 유류분을 침해하는 내용이라 하더라도 등기관은 이를 수리하여야 한다.

단락핵심　　　　유증으로 인한 소유권이전등기

(1) 유증으로 인한 소유권이전등기는 포괄적 유증의 경우에도 수증자와 유언집행자(상속인이 유언집행자인 경우 상속인)가 공동으로 신청하여야 한다.
(2) 등기신청정보의 내용으로 등기의무자(유증자)의 등기필정보를 제공하여야 한다.
(3) 유증에 조건이 붙은 경우의 신청정보의 내용으로서 등기원인연월일은 조건이 성취된 날을 제공한다.
(4) 유증으로 인한 소유권이전등기는 상속등기를 거치지 않고 유증자로부터 직접 수증자 명의로 소유권이전등기를 한다.
(5) 유증자가 사망한 이후라도 포괄적 유증인 경우에는 유증으로 인한 소유권이전등기청구권보전의 가등기를 할 수 없다.

8 진정명의 회복을 등기원인으로 한 소유권이전등기 (등기예규 제631호) ★★
13 · 추가15 · 35회 출제

(1) 의 의

1) 이미 자기 앞으로 소유권을 표상하는 등기가 되어 있었거나 법률의 규정에 의하여 소유권을 취득한 자(지적공부상 소유자로 등록되어 있던 자로서 소유권보존등기를 신청할 수 있는 자 포함, 민법 제187조, 법 제65조 제1호 참조)가 현재의 등기명의인을 상대로 "진정명의회복"을 등기원인으로 한 소유권이전등기절차의 이행을 명하는 판결을 받아 소유권이전등기를 하는 경우이다 (대법원 1990.11.27. 89다카12398 전합).

2) 이는 판례와 학설에 의해 인정된 것으로서, 진정한 소유자가 실체관계와 부합하지 아니한 무권리자 명의의 등기에 대해 진정한 등기명의로의 회복을 위해 말소등기의 방법에 의하지 않고 무권리자로부터 직접 소유권이전등기를 하는 것이다. 이는 민법상 소유권에 기한 방해배제청구권의 구체적 행사방법의 문제이고 등기경제상 인정실익이 있다(민법 제214조 참조).

(2) 진정명의회복을 위한 소유권이전등기를 인정할 필요가 있는 경우

1) **등기의 무효를 선의의 제3자에게 대항할 수 없는 경우**

   甲에서 乙로의 원인무효 등의 소유권이전등기가 마쳐진 후 乙이 선의의 제3자 丙에게 저당권설정등기를 해 준 경우, 甲이 소유권등기명의의 회복을 위한 말소등기시 丙의 승낙서를 첨부할 수 없으므로 이 경우 甲이 저당권의 부담을 안고서라도 진정명의회복을 위한 소유권이전등기를 할 실익이 있다.

2) **공유부동산이 단독명의로 등기가 된 경우**

   甲·乙 공유 부동산이 甲 단독명의로 등기된 경우에 乙이 권리 회복을 위해 일부말소의미의 경정등기를 신청함에 있어서 甲명의 등기의 등기상 이해관계인의 승낙을 첨부할 수 없는 경우 진정명의회복을 위한 소유권일부(지분)이전등기를 할 실익이 있다.

진정한 등기명의회복의 판결

진정등기명의회복판결을 받아 소유권이전등기를 신청하는 경우 그 등기신청은 수리하여야 한다.

3) 순차무효등기의 경우

① 무효등기를 기초로 순차 이전등기가 마쳐진 경우의 진정한 권리자가 소유권등기명의를 회복하는 방법으로 또는 ② 채권자취소의 경우 악의의 수익자·전득자로부터 채무자 앞으로의 원상회복방법으로 말소등기 대신 진정명의회복을 위한 소유권이전등기를 인정할 실익이 있다.

4) 기판력의 제한으로 말소등기를 청구할 수 없는 경우

진정명의회복을 원인으로 한 소유권이전등기청구권과 무효등기의 말소청구권은 모두 진정한 소유자의 등기명의를 회복하기 위한 소유권에 기한 방해배제청구권으로서, 실질적으로 그 목적, 법적 근거와 성질이 동일하여 그 소송물은 실질상 동일한 것으로 보아야 하므로 소유권이전등기말소청구소송에서 패소확정판결을 받았다면 그 기판력은 그 후 제기된 진정명의회복을 원인으로 한 소유권이전등기청구소송에도 미친다(대판 2001.9.20. 99다37894 전합).

(3) 신청인(공동신청 원칙)

1) 등기권리자(신청인 적격자)

이미 자기 앞으로 소유권을 표상하는 등기가 되어 있었던 자(예 부동산등기실명법 시행 전 명의신탁자가 소정의 유예기간 내에 실명등기를 하지 아니하여 명의신탁약정이 무효로 된 경우) 또는 법률의 규정에 의하여 소유권을 취득한 자(예 등기권리자의 상속인, 포괄수증자, 미등기 부동산의 경우 지적공부상 소유자로 등록되어 있던 자로서 소유권보존등기를 신청할 수 있는 자)가 진정명의회복을 위한 등기권리자가 될 수 있다.

2) <u>실체법상의 진정한 소유자가 현재의 등기명의인과 공동신청으로 또는 그를 상대로 한 "진정명의회복"을 등기원인으로 한 소유권이전등기절차를 명하는 이행판결을 받아 단독신청으로 할 수도 있다.</u>

(4) 신청정보 및 첨부정보

1) 신청정보

등기원인은 '진정명의회복'으로, 등기의 목적은 '소유권이전'으로 제공하나. 등기원인일자 정보는 제공할 필요가 없다.

2) 첨부정보

① **등기원인증명정보**

공동신청의 경우에는 등기원인증명정보가 처음부터 존재하지 아니하므로 그 정보를 제공할 필요가 없으나, 판결에 의한 단독신청의 경우에는 등기원인을 증명하는 정보로 판결정본을 제공하여야 한다.

제2편 부동산등기법

② 토지거래허가증명정보 및 농지취득자격증명정보는 <u>새로이 권리를 취득하는 것이 아니므로 제공을 요하지 않고, 계약을 원인으로 한 소유권이전등기가 아니므로 등기원인증명정보로 제공하는 판결증명정보에도 검인을 요하지 않고, 등기의무자의 인감증명도 '부동산매도용'일 것을 요하지 않는다.</u> 35회 출제

(5) 등기의 실행
무권리자인 현재의 소유권등기명의인으로부터 진정한 권리자로의 소유권이전등기로 한다.

단락핵심 진정명의회복을 원인으로 한 소유권이전등기 35회 출제

(1) 실체관계와 부합하지 않는 원인무효의 소유권이전등기가 甲으로부터 乙명의로 경료된 경우, 甲은 乙에 대하여 진정명의회복을 등기원인으로 하는 소유권이전등기를 청구할 수 있다.
(2) 판결을 받아 소유권이전등기를 신청하는 경우에는 등기원인증명정보로서 판결증명정보를 제공하여야 한다. 계약에 의한 소유권이전등기가 아니므로 검인은 불요하다.
(3) 등기신청정보로서 등기원인일자를 제공할 필요가 없다.
(4) 농지인 경우에도 농지취득자격증명정보를 제공할 필요가 없다.
(5) 토지거래계약허가대상인 경우에도 토지거래계약허가증명정보를 제공할 필요가 없다.

단락문제 Q5 제13회 기출 개작

소유권이전등기절차에 관한 설명 중 맞는 것은?

① 자기 앞으로 소유권을 표상하는 등기가 되어 있었던 자가 무효인 등기로 인하여 소유권을 침해당하는 경우 그 등기의 말소등기를 하는 방법 밖에 없다.
② 진정명의회복을 위한 이전등기청구를 할 수 있는 자는 이미 자기 앞으로 소유권을 표상하는 등기가 되어있었던 자 뿐이다.
③ 「부동산 실권리자명의 등기에 관한 법률」 소정의 유예기간 내에 실명등기를 하지 아니하여 명의신탁약정이 무효로 된 경우에는 명의신탁부동산에 종전에 소유권등기명의를 가진 적이 있는 명의신탁자도 진정명의회복을 원인으로 한 소유권이전등기를 신청할 수 없다.
④ 진정명의회복을 원인으로 한 소유권이전등기를 신청하는 경우 신청정보로 등기원인일자정보를 제공하여야 한다.
⑤ 진정명의회복을 원인으로 한 소유권이전등기신청시에는 토지거래계약허가증명정보의 제공을 요하지 아니한다.

제4장 부동산의 표시 및 각종 권리의 등기절차

> **해설** 진정명의회복을 등기원인으로 하는 소유권이전등기절차(등기예규 제1631호)
> ①, ②(×) ㉠ 이미 자기 앞으로 소유권을 표상하는 등기가 되어 있었거나 ㉡ 법률의 규정에 의하여 소유권을 취득한 자(민법 제187조 참조)에 한하여 현재의 등기명의인을 상대로 진정명의회복을 등기원인으로 한 소유권이전등기의 신청을 할 수 있다(대판 1990.11.27. 89다카12398).
> ③ (×) 명의신탁부동산에 종전에 소유권등기명의를 가진 적이 있는 명의신탁자는 진정명의회복을 원인으로 한 소유권이전등기를 신청할 수 있다(대판 2002.9.6. 2002다35157).
> ④ (×) "진정명의회복"을 등기원인으로 하여 소유권이전등기신청을 하는 경우에는 등기원인증명정보가 처음부터 존재하지 아니한다. 다만, 판결에 의해 단독신청으로 하는 경우에는 그 판결증명정보를 등기원인증명정보로 제공한다.
> ⑤ (○) 진정명의회복을 등기원인으로 하는 소유권이전등기는 계약을 원인으로 소유권을 새로이 취득하는 것이 아니므로 토지거래허가증명정보 및 농지취득자격증명의 제출을 요하지 아니한다.
> **답** ⑤

9 시효취득으로 인한 등기, 계약당사자지위의 이전등기

(1) 점유취득시효의 완성으로 인한 소유권이전등기

1) 의 의
타인 소유의 부동산을 20년간 소유의사를 가지고 평온·공연하게 점유한 자는 등기함으로써 그 소유권을 취득한다. 이는 법률의 규정에 의한 물권변동이나 「민법」 제187조의 예외로서 이전등기를 하여야 그 소유권을 취득한다. 원시취득이나 소유권이전등기의 형식에 의한다(민법 제245조 제1항).

2) 신청인
시효취득자가 등기권리자, 취득시효완성당시의 진정한 소유자가 등기의무자가 되어 공동으로 신청하여야 한다.

3) 신청정보와 첨부정보
신청정보의 내용으로서 등기원인과 그 연월일은 '시효취득'과 '시효기간의 기산일(개시일)'로 제공하고, 첨부정보로서 등기원인증명정보에 해당하는 시효취득증명정보의 제공은 요하지 않으나 판결에 의한 경우에는 그 판결증명정보를 제공할 수 있다. 법률의 규정에 의한 원시취득이므로 토지거래계약허가증명정보, 농지취득자격증명정보 등의 제공을 요하지 않는다.

4) 등기의 실행
법률의 규정에 의한 원시취득이나 소유권이전등기의 형식으로 하고, 미등기토지인 경우에는 최초의 소유자를 대위하여 소유권보존등기를 한 후 소유권이전등기를 한다.

(2) 계약당사자의 지위를 이전하는 계약으로 인한 이전등기

1) 의의

부동산의 소유권을 이전받을 것을 내용으로 하는 계약을 체결한 자가, 서로 대가적인 채무를 부담하는 경우에는 반대급부의 이행이 완료된 날 전에, 일방만이 채무를 부담하는 경우에는 그 계약의 효력이 발생한 날 전에, 다시 제3자에게 계약당사자 지위를 이전하는 계약을 체결한 경우에는 먼저 체결된 계약의 매도인으로부터 지위이전계약의 양수인 앞으로 직접 소유권이전등기를 신청할 수 있다(「부동산등기 특별조치법」 제2조 제3항 참조).

2) 등기신청 및 실행

먼저 체결된 계약의 매도인이 등기의무자가 되고, 지위이전계약의 양수인이 등기권리자가 되어 공동신청으로 할 수 있고, 첨부정보로서 먼저 체결된 계약서와 지위이전계약서에 각각 검인을 받아 함께 등기원인증명정보로 등기소에 제공하여야 한다. 등기는 최초의 매도인으로부터 지위이전계약의 양수인 앞으로 직접 소유권이전등기를 한다.

10 환매특약과 환매 등기★★ 33·35회 출제

(1) 총설

1) 환매특약과 환매의 의의

환매특약이라 함은 매도인이 매수인과의 사이에 매매계약과 동시에 환매할 권리를 보류하는 채권계약으로서 매매계약에 대한 종된 특약이며, 환매라 함은 매도인이 약정한 기간 내에 유보된 환매권을 행사하여 이미 지급받은 매매대금과 비용을 반환하고 목적물을 다시 매수하는 것을 이른다(「민법」 제590조 이하). 환매권은 독립한 재산권으로서 양도 또는 (가)압류의 대상이 될 수 있다.

2) 환매특약의 등기

부동산 환매특약에 관한 등기는 매매로 인한 소유권이전등기와 동시신청에 의하여 부기등기의 형식으로 하여야 하며 제3자에 대하여 대항력이 인정된다. 환매특약등기를 한 후에는 그 부동산에 대해 처분행위로 환매권자에게 대항할 수 없으므로 이후의 소유권의 제3취득자에 대해 환매권을 행사하여 소유권이전청구를 할 수 있다(「민법」 제592조, 법 제52조 제6호).

(2) 등기에 관한 특칙

1) 동시신청

① 환매특약등기신청은 매매로 인한 소유권이전등기신청과 동시에 하여야 하고 신청정보는 소유권이전등기신청정보와 별개로 제공하여야 한다(규칙 제113조). 동시에 신청하므로 동일한 접수번호가 부여된다. 소유권이전등기와 동시에 신청하지 아니하면 '사건이 등기할 것이 아닌 때'(법 제29조 제2호)에 해당되어 각하된다.

제4장 부동산의 표시 및 각종 권리의 등기절차

② 환매특약은 매매계약에 종된 특약이므로 매매로 인한 소유권이전등기신청을 각하하는 경우에는 환매특약등기신청도 각하한다. 반대로 환매특약등기신청을 각하하는 경우에도 소유권이전등기는 실행할 수 있다.

2) 신청인

① **공동신청**

환매특약등기는 후일 환매권을 행사하는 경우, 소유권을 되찾게 되는 매도인이 등기권리자, 소유권을 잃게 되는 매수인이 등기의무자가 되어 공동신청한다(매매로 인한 소유권이전등기와는 반대임).

② **환매권자의 특정** 35회 출제

소유권이전과 동시에 하는 환매특약등기에 있어서 항상 매도인이 등기권리자로서 환매권자이므로 환매권자의 지위를 제3자에게 양도했더라도 제3자를 환매권리자로 한 환매특약 등기신청은 수리되지 아니한다(등기선례).

 환매특약

① 부동산 매매계약의 경우 매도인이 일정기간 경과시 그 부동산을 다시 사기로 약속하는 것을 말한다.

② 환매특약은 등기해야 대항력이 발생한다.

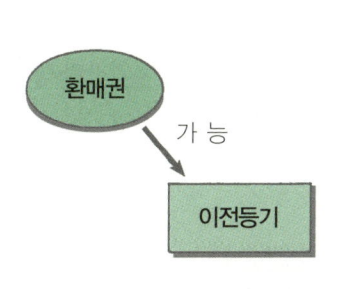

3) 신청정보
    ① **필요적 정보사항**(매매대금과 매매비용)
        등기원인과 그 연월일은 '특약'과 그 '특약의 성립일' 정보를 제공하고, 매수인이 지급한 매매대금과 매매비용정보도 제공하여야 한다(규칙 제113조). 매매비용에는 인지대, 측량·감정비용은 포함되나 등기비용은 제외된다.
    ② **임의적 정보사항**(환매기간)
        환매기간을 약정한 경우에는 그 기간도 신청정보의 내용으로서 제공하여야 한다(법 제53조 단서). 환매기간은 환매특약의 성립일부터 기산한다. 그 기간은 5년을 넘지 못하며 이를 넘는 경우에는 5년으로 단축하고, 또한 그 기간은 연장하지 못한다(민법 제591조).

4) 첨부정보
    ① 등기원인증명정보
        ㉠ 환매특약을 매매계약과 별개의 서면에 의하여 한 때에는 환매특약정보를 제공한다.
        ㉡ 동일서면에 의하여 한 때에는 매매계약증명정보를 제공하여야 하나 소유권이전등기의 첨부정보로 제공되므로, 환매특약등기의 신청시에는 '소유권이전등기의 첨부정보로 제공하였다는 뜻'을 신청정보의 내용으로 등기소에 제공하는 것으로 이에 갈음할 수 있다(규칙 제47조 제2항).
    ② 환매특약등기의 신청당시에는 아직 등기의무자인 매수인 앞으로의 소유권이전등기가 마쳐지기 전이어서, 등기의무자인 매수인의 등기필정보는 존재하지 않으므로 제공을 할 수 없고 또한 소유권의 등기명의인이 아니므로 인감증명의 제공도 요하지 않는다.

5) 등기의 실행
    ① 환매특약등기는 매수인의 소유권이전등기에 부기등기로 한다(법 제52조 제6호).
    ② 소유권이전등기와는 동시에 신청하므로 양 등기의 접수연월일과 접수번호는 동일하게 기록한다.

(3) 환매권의 이전, 변경, 소멸에 관한 등기
    1) 환매권의 이전등기
        ① 환매권도 독립한 재산권으로서 양도성이 있고, 환매권을 양도한 경우 환매권이전등기는 환매권자가 등기의무자, 환매권의 양수인이 등기권리자가 되어 공동신청한다.
        ② 신청정보로서 등기의무자인 환매권자의 환매특약등기시의 등기필정보를 제공하여야 하고, 첨부정보로서 등기원인증명정보로 환매권이전계약증명정보를 제공한다.
        ③ 그 등기는 부기등기인 환매특약등기에 부기등기의 형식으로 한다.

2) 환매특약의 변경등기

① 환매특약의 변경, 즉 환매대금을 증액·감액한 경우에는 공동으로 변경등기를 신청할 수 있다. 다만, 환매대금 증액의 변경등기는 등기상 이해관계인이 없거나 그의 승낙증명정보 등을 제공한 경우에 한하여 부기등기로 할 수 있다.

② 환매기간을 단축하는 변경등기는 할 수 있으나, 연장하는 변경등기는 할 수 없다.

3) 환매특약등기의 말소등기

① 환매특약의 무효·취소·해제로 인한 실효, 환매기간의 도과 등의 경우 환매특약등기의 말소등기는 매수인이 등기권리자가 되고 매도인이 등기의무자가 되어 공동신청으로 또는 매도인이 이행판결을 받아 단독신청으로 할 수 있다. 환매특약등기의 말소등기는 주등기의 형식으로 한다.

② 환매기간의 경과 전에 환매권자가 다른 원인으로 소유권을 다시 취득하여 환매권이 혼동으로 소멸한 경우에는 환매권자가 환매특약등기의 말소등기를 단독으로 신청할 수 있다. 한편 환매권의 행사로 환매권자 앞으로 소유권이전등기를 한 경우에는 등기관은 환매특약등기를 직권말소할 수 있다.

▼ **환매특약등기의 말소등기**

말소등기의 원인은 환매특약의 무효·취소·해제로 인한 실효, 환매기간 도과·혼동 경우의 환매권의 소멸이다.

등기의무자	환매권자인 매도인 (또는 환매권의승계인)	※ 환매권행사로 소유권이 복귀되는 경우에는 환매특약등기는 등기관이 직권말소한다.
등기권리자	매수인(또는 소유권의 전득자)	※ 환매권이 혼동으로 소멸한 경우에는 환매권자가 단독으로 환매특약등기의 말소등기를 신청한다.

제2편 부동산등기법

> **Key Point** 환매특약에 관한 등기
>
> 1) **의 의**
>   - 매매계약
>   - (동시) → 소유권이전 →
>   - 환매특약
>   - 환매권행사: 소유권반환(이전)
>   - 환매기간종료: 환매권실효(말소)
>   - 청산절차: 우선변제(담보목적으로 환매등기를 한 경우 「가등기담보 등에 관한 법률」 제1·2조 참조)
>
> 2) **환매특약의 사회적 기능**
>   채권의 담보 등
>
> 3) **환매특약등기**
>   ① 환매특약은 매매계약과 동시에 하여야 한다.
>   ② 환매특약등기는 소유권이전등기와 동일접수번호로 하여 부기등기의 형식에 의한다.
>   ③ 환매특약은 매매계약의 종된 계약이므로 매매계약이 무효, 취소되면 환매특약도 무효가 된다.
>   ④ 신청정보
>   ㉠ 필요적 신청정보: 매수인이 지급한 매매대금 및 매매비용
>   ㉡ 임의적 신청정보: 환매기간 등
>   ⑤ 환매기간
>   5년을 넘지 못한다. 5년이 넘는 때나 기간을 정하지 아니한 때에는 5년으로 한다. 환매기간은 연장하지 못한다. 환매기간이 지나면 환매권은 실효된다.
>
> 4) **환매권의 이전**
>   ① 양도성 있는 독립한 재산권이므로 양도에 의한 이전이 가능하다.
>   ② 부기등기의 형식에 의한다(즉, 부기등기의 부기등기가 됨).
>
> 5) **환매권의 행사**
>   환매에 의한 「소유권이전등기」의 방법으로 하게 된다.
>
> 6) 환매특약도 채권담보의 하나이므로 「가등기담보 등에 관한 법률」의 적용을 받는다(동법 제1조 참조).

(4) 환매권의 행사로 인한 등기(등기예규 제1359호)

1) **의의와 등기신청인**

   ① 환매권의 행사에 의해 부동산의 소유권이 환매권자에게 복귀하는 경우에는 환매권부매매의 매도인이 등기권리자, 환매권부매매의 매수인이 등기의무자가 되어 환매권 행사로 인한 소유권이전등기를 공동으로 신청한다.

   ② 환매권이 양도된 경우에는 환매권양수인이 등기권리자가 되고, 환매특약의 등기 후 목적 부동산이 양도된 경우에는 그 전득자가 등기의무자가 된다.
   → 현재 등기부상 소유명의인, 가등기의 경우 목적물이 제3자에게 양도된 경우에도 가등기 당시의 소유자가 등기의무자인 것과 구별할 것

2) 신청정보로서 등기원인은 '환매'로, 그 연월일은 '환매의 의사표시가 상대방에게 도달한 날'을 제공한다.

제4장 부동산의 표시 및 각종 권리의 등기절차

3) 등기의 실행
① 환매특약등기에 가압류, 가처분, 가등기 등의 부기등기가 되어 있는 경우에는 그 명의인의 승낙증명정보 등이 첨부정보로 제공된 경우에 한해서 환매권자 앞으로의 소유권이전등기를 할 수 있다. 가등기의 부기등기 명의인 등의 승낙서 등이 제공되지 않는다면 환매특약등기를 직권으로 말소할 수 없으므로 결국 환매권행사를 원인으로 하는 소유권이전등기로 실행할 수 없기 때문이다.
② 등기관은 환매권의 행사로 환매권자에게 소유권이전등기를 한 경우에는 환매특약등기는 직권으로 말소한다(규칙 제114조 제1항).
③ 환매특약등기 이후에 환매권 행사 전에 당해 부동산에 마쳐진 소유권 외의 권리에 관한 등기는 공동신청에 의하여, 처분제한의 등기는 법원의 촉탁에 의하여 말소등기를 하되 그 등기원인은 '환매권행사로 인한 실효'로 기록한다.

(5) 권리소멸약정의 등기와의 차이점

1) 권리소멸약정의 등기
① **권리소멸의 약정의 의의**
권리소멸의 약정이라 함은 등기원인인 권리이전의 법률행위의 부관으로서 해제조건 또는 종기 등을 말한다. 등기원인행위와 동일한 계약에서 부가되어야 한다.
② 권리소멸약정의 등기의 신청정보로 그 약정사항을 제공하여야 하고, 그 등기는 권리이전등기에 부기등기의 형식으로 한다(법 제52조 제7호).
③ **권리소멸약정등기의 말소**
㉠ 해제조건의 성취 또는 종기의 도래로 권리취득등기를 말소한 경우에는 권리소멸약정의 등기를 직권으로 말소한다.
㉡ 등기된 권리소멸약정의 등기명의인인 사람의 사망 또는 법인의 해산으로 그 권리가 소멸하였을 때에는, 등기권리자는 그 사실을 증명하여 단독으로 해당 등기의 말소를 신청할 수 있다(법 제55조).

2) 환매특약등기와의 차이
환매특약등기는 매매로 인한 소유권이전등기와 동시신청에 의하되 별건의 독립된 부기등기의 형식으로 하나, 권리소멸약정의 등기는 권리이전등기의 신청시에 신청정보로서 특약사항을 제공하고 직권에 의한 부기등기로 한다.

제2편 부동산등기법

> **Key Point** 환매특약과 환매에 관한 등기의 비교 ★★★

구 분	등기권리자	등기의무자	등기의 형식	비 고
환매특약등기	매도인	매수인	부기등기	소유권이전등기와 동시에 신청하므로 접수번호가 동일
환매권이전등기	환매권양수인	환매권양도인 (매도인)	부기등기	부기등기의 부기등기
환매특약등기의 말소등기	매수인	매도인	주등기	환매특약의 무효·취소 등으로 환매권 소멸시
	직권말소		주등기	환매권 실행시
	환매권자의 단독말소신청		주등기	환매권이 혼동으로 소멸시

단락문제 Q6

제6회 기출 개작

환매등기에 관한 기술이다. 옳지 않은 것은?

① 환매특약의 등기는 매매로 인한 소유권이전등기와 동시에 신청하여야 한다.
② 환매기간을 정한 때에는 다시 이를 연장하지 못한다.
③ 환매특약의 등기신청시 등기필정보는 신청정보의 내용으로 제공하지 아니한다.
④ 환매기간의 약정이 없는 때에는 이를 신청정보의 내용으로 제공하지 않아도 되나, 이 경우 환매기간은 5년이다.
⑤ 환매권행사시 등기의무자는 환매특약 등기 당시의 소유권등기명의인이며, 환매권 등기 후 제3자가 취득한 경우에도 마찬가지이다.

해설 환매등기
① (○) (「민법」 제592조 참조)
②, ④ (○) (「민법」 제591조 참조)
③ (○) 매매로 인한 소유권이전등기와 환매특약등기는 동시에 신청하기 때문에 매수인은 아직 등기부상 소유권의 등기명의인이 될 수 없어 등기필정보를 통지받지 못하였기 때문에 등기필정보를 신청정보의 내용으로 등기소에 제공하지 않아도 된다.
⑤ (×) 환매권 등기 후 제3취득자가 있는 경우에는 그 제3취득자(현재 등기부상 소유명의인)가 등기의무자가 된다(등기예규 제1359호).

답 ⑤

11 「주택법」상 금지사항의 부기등기(등기예규 제1616호)

(1) 「주택법」상 금지사항의 부기등기

분양주택의 사업주체는 입주예정자의 동의 없이는 주택대지나 건설된 주택에 대하여 매매 또는 증여 등의 방법에 의한 양도, 저당권·가등기담보권 등 담보물권의 설정 또는 전세권·지상권·등기되는 부동산임차권 등의 용익권을 설정하거나 압류·가압류·가처분 등의 목적물이 될 수 없는 재산임을 소유권등기에 부기등기하여야 한다(동법 제61조 제3항).

(2) 금지사항 부기등기 이후에 주등기에 기초한 등기신청이나 촉탁이 있는 경우

1) 등기신청의 각하

금지사항 부기등기 이후에 당해 주택에 관하여 입주예정자의 동의 없이 소유권이전등기신청이 있거나 제한물권설정등기신청이 있는 경우, 또는 압류·가압류·가처분 등의 등기촉탁이 있는 경우, 등기관은 「부동산등기법」 제29조 제9호에 의하여 그 등기신청(촉탁)을 각하하여야 한다.

2) 예 외

사업주체가 당해 주택의 입주자에게 주택구입자금의 일부를 융자하여 줄 목적으로 국민주택기금이나 금융기관으로부터 주택건설자금의 융자를 받고 저당권설정등기 등을 신청하는 경우 등에는 그 등기신청(촉탁)을 각하하지 않는다.

12 외국인 및 재외국민의 소유권이전등기(등기예규 제1640호)

(1) 외국인의 국내부동산 처분 및 취득에 따른 소유권이전등기

1) 외국인의 의의

대한민국의 국적을 보유하고 있지 아니한 자를 말한다.

2) 외국인이 국내부동산을 처분하는 경우

① **외국인이 입국하지 않고 국내부동산을 처분하는 경우의 첨부정보**
   ㉠ 처분위임장
   ㉡ 본국 관공서발행의 인감증명(본국에 인감증명제도가 없는 경우에는 위임장에 한 서명에 관하여 본인이 직접 작성하였다는 취지의 본국 관공서의 증명이나 이에 관한 공증서면 정보)
   ㉢ 주소증명정보(본국에 주소증명정보의 발급기관이 없는 경우에는 주소를 공증한 서면)
   ㉣ 번역문 등

② **외국인이 입국하여 국내부동산을 처분하는 경우의 첨부정보**
   ㉠ 원칙적으로 '①'과 같으나 ㉡ 주소증명정보는 외국인등록사실증명정보 또는 국내거소신고사실증명정보(국내거소신고를 한 외국국적동포의 경우) ㉢ 인감증명은 본국에 인감증명제도가 없는 경우에는 주한 본국 대사관이나 영사관의 확인증명정보 또는 대한민국의 인감증명(외국인등록을 한 자)을 제공할 수도 있다.

③ 수임인에 의한 등기신청
  ㉠ 수임인은 대리인 자격으로 직접 신청하거나 법무사 등 자격자대리인에게 그 신청을 재위임할 수 있다. 이 때 수임인의 인감증명을 제공하여야 한다.
  ㉡ 등기원인증명정보도 수임인이 대리인 자격으로 작성한다.

3) 외국인이 국내부동산을 취득하는 경우
① 외국인 부동산등기용 등록번호를 부여받아야 한다. 다만, 국내거소신고번호(국내거소신고를 한 외국국적동포의 경우)로 이에 갈음할 수 있다.

② **토지취득허가증 등의 첨부**
계약을 원인으로 하여 군사기지 및 군사시설 보호구역 등(「부동산 거래신고 등에 관한 법률」 제9조 제1항)에 있는 토지를 취득하는 경우는 시장·군수·구청장의 토지취득허가증을 첨부하여야 한다(다만, 토지거래계약허가증을 첨부한 경우에는 토지취득허가증은 첨부하지 아니함). 한편 취득하는 토지가 위의 구역에 해당하지 않는 때에는 이를 소명하기 위하여 토지이용계획확인서를 첨부하여야 한다.

③ 주소증명정보는 위 처분시와 동일하다.

(2) 재외국민의 국내부동산 처분 및 취득에 따른 소유권이전등기

1) 재외국민의 의의
대한민국의 국민으로서 외국의 영주권을 취득한 자 또는 영주할 목적으로 외국에 거주하고 있는 자를 뜻한다.

2) 재외국민이 국내부동산을 처분하는 경우
① **재외국민이 귀국하지 않고 국내부동산을 처분하는 경우의 첨부정보**
㉠ 처분위임장은 위 외국인과 같고 ㉡ 인감증명은 본인의 우리나라의 인감증명(등기원인이 매매인 경우 부동산매도용 인감증명)을 ㉢ 주소증명정보는 외국주재 한국 대사관 또는 영사관에서 발행하는 재외국민 거주사실증명 또는 재외국민등록부등본을 첨부정보로 제공하여야 한다(다만, 주재국에 본국 대사관 등이 없어 그와 같은 증명을 발급받을 수 없을 때에는 주소를 공증한 서면으로 갈음할 수 있다).

② **재외국민이 귀국하여 국내부동산을 처분하는 경우의 첨부정보**
귀국하지 않고 국내부동산을 처분하는 경우와 동일하나 주소증명정보는 주민등록등·초본으로도 가능하다.

③ 수임인에 의한 등기신청의 경우에는 위의 외국인의 경우와 동일하다.

3) 재외국민이 국내부동산을 취득하는 경우
① **주소증명정보**
위 처분의 경우와 동일하다.

② 부동산등기용등록번호

재외국민이 등기권리자(취득, 상속 등)로서 신청하는 때에 주민등록번호가 없는 경우에는 대법원 소재지 관할 등기소(현재 서울중앙지방법원 등기국)에서 부동산등기용 등록번호를 부여받아야 한다(종전에 주민등록번호를 부여받았거나 재외국민신고를 하여 주민등록번호를 부여받은 경우에는 그러하지 아니하다).

4) 상속의 경우의 특례

재외국민의 상속재산의 협의분할시 인감증명은 상속재산 협의분할서상의 서명 또는 날인이 본인의 것임을 증명하는 재외공관의 확인서 또는 이에 관한 공정증서로 대신할 수 있다.

13 「부동산소유권 이전등기 등에 관한 특별조치법」(이하 특조법이라 함)   17회 출제

「부동산등기법」에 따라 등기하여야 할 부동산으로서 이 법 시행당시 소유권보존등기가 되어 있지 아니한 부동산 등에 대해 진정한 권리자의 소유권 보호를 목적으로 하여 미등기부동산을 사실상 양수한 사람 등이 3인 이상의 보증서를 첨부하여 대장소관청으로부터 확인서를 발급받아 용이한 절차에 따라 소유권보존등기를 할 수 있도록 한 특별법으로서 한시법(2006.1.1~2007.12.31)으로 시행된 법률이다. 현재는 폐지된 법률이므로 이 법에 의해 마쳐진 등기의 추정력이 강하게 인정된다는 판례의 태도만을 알아둠으로 족하다.

03 공동소유에 관한 등기   29회 출제

1 개 관

(1) 각 공동소유의 개념

공동소유라 함은 하나의 물건을 2인 이상의 다수인이 공동으로 소유하는 것을 이르는 바 이에는 수인이 지분에 의하여 물건을 소유하는 공유, 수인이 법률의 규정 또는 계약에 의하여 조합체(組合體)로서 물건을 소유하는 합유, 법인 아닌 사단의 사원이 집합체로서 물건을 소유하는 총유(단독소유)의 3가지 유형이 있다(「민법」제262조 제1항, 제271조, 제275조).

(2) 발생원인

공유는 공동상속의 경우나 소유권의 일부이전의 경우에, 합유의 경우에는 조합계약에 의해 그리고 총유는 법인 아닌 사단의 사원이 집합체로서 물건을 소유할 때에 일어난다.

제2편 부동산등기법

2 공유(「민법」 제262조 이하)

(1) 공유관계의 등기

1) 공유관계는 소유권의 분량적 일부인 지분에 의한 물건을 공동소유하는 것이므로 등기신청정보의 내용 및 등기기록에도 공유자의 지분이 기록되어 공시되어야 한다. 공유관계의 등기로는 공유물의 소유권보존등기, 공유지분의 이전등기(소유권의 일부이전등기), 공유지분에 대한 권리의 설정, 공유물분할등기 등으로 나눌 수 있다. 공유지분의 이전등기에 대해서는 앞에서 기술하였다.

2) 공유지분의 이전등기(소유권의 일부이전등기)의 경우에는 이전되는 지분을 기록하고 공유물분할금지의 약정이 있는 경우에는 등기원인에 그 약정에 관한 사항도 기록한다(법 제67조, 규칙 제123조).

(2) 공유물의 소유권보존등기 30회 출제

소유권보존등기는 이른바 보존행위(「민법」 제265조 단서)에 해당되므로 공유자 중 1인이 단독으로 공유자 전원을 위하여 그 전원 명의로의 소유권보존등기는 신청할 수 있다. 그러나 그 중 1인 또는 수인이 각자의 지분에 대하여 소유권보존등기를 신청할 수는 없다. 이는 1부동산 1등기기록주의 원칙에 반하기 때문이다.

(3) 공유지분에 대한 저당권 등의 설정 및 처분제한 등기

1) 공유지분에 대한 저당권 설정 등

공유지분은 소유권의 분량적 일부의 성질을 가지므로 그 처분의 자유가 인정된다(「민법」 제263조). 공유자는 공유지분(또는 그 일부)을 목적으로 하는 저당권 등의 담보물권의 설정등기, 가압류·가처분명령·경매개시결정 등의 처분제한의 등기도 허용된다. 소유권의 일부(공유지분)이전등기와 동일하게 표시한다.

2) 공유지분을 목적으로 한 용익권의 설정 불허

지상권, 전세권 등의 용익물권의 본질은 목적부동산의 배타적 사용 수익을 그 내용으로 한다. 그러나 물건을 공유하는 경우 각 공유자의 이용은 상호제한 되므로, 공유지분에 대한 전세권 등의 용익권의 설정이 허용되게 되면 하나의 물건에 배타적 물권이 중복하여 성립하게 되어 1물1권주의에 반하므로 이는 불허된다. 부동산임차권의 경우에도 동일하다.

(4) 공유물분할을 원인으로 한 소유권이전등기 28회 출제

1) 의의와 성질

물건에 대한 공유관계를 해소하여 단독소유로 하는 것을 이르며 그 등기는 공유물분할을 원인으로 한 소유권이전등기의 형식으로 한다. 공유물분할의 법적 성질은 지분권의 교환 또는 매매이나(대판 2003.11.14. 02두6422), 실질적으로는 공유물 전체에 대한 관념적인 지분권을 특정부분에 대한 단독소유권의 형태로 소유형태를 변경하는 것이므로 소유권의 이전이 아니다(대판 1998.3.10. 98두229).

2) 공유물분할의 방법과 절차

① 공유물분할의 방법

공유자간의 현물분할을 원칙으로 하고, 공유물을 제3자에게 매각하여 그 대금을 분할하는 대금분할과 공유자의 1인 또는 수인이 다른 공유자의 지분을 취득하여 단독소유 또는 공유로 하고 지분양도인에 대해서는 그 가격을 배상하는 가격배상의 방법에 의할 수도 있다.

② 공유물분할의 절차

공유물의 분할은 1차적으로 공유자 전원의 협의에 의하나(상속재산의 협의분할과 동일), 협의가 성립되지 않는 경우에는 2차적으로 공유자 전원이 참가하는 필수적공동소송인 형식적형성의 소, 즉 재판분할의 방법에 의한다. 이 경우에는 공유자의 지분비율에 구속되지 않는다.

3) 등기절차

① 개 관

㉠ 현물분할의 경우 분할(분필)등기를 선행하여야 하며, 협의분할의 경우에 분할된 부분에 대해 소유권을 취득하기 위해서는 소유권이전등기를 하여야 하나(민법 제186조), 재판분할의 경우 그 판결은 형성판결에 해당하므로 판결의 확정만으로 그 부분에 대한 소유권을 취득한다(민법 제187조, 대판 1970.6.30. 70다568).

㉡ 동시신청의 불요

공유물분할에 따라 대장상 분할등록을 마친 부분은 각 분필된 부동산별로 독립된 부동산이 되었으므로 이에 대한 소유권이전등기는 동시에 하지 않고 각각 부동산별로 독립하여 신청할 수 있다. 1부동산 1등기기록주의에 반하지 않기 때문이다.

② 신청인

㉠ 협의분할의 경우의 공동신청

이 경우 각 공유자의 단독소유가 된 부분에 대해 공유자는 서로 등기권리자와 등기의무자가 되어 그의 지분이전등기를 공동으로 신청하여야 한다.

㉡ 공유물분할판결에 의한 경우의 단독신청

공유물분할판결은 '이행판결'은 아니나(법 제23조 제4항 참조), 각 공유자는 그의 소유가 된 부분에 대해 동 (형성)판결에 의해 소유권을 취득하므로(민법 제187조) 단독으로 지분이전등기를 신청할 수 있다(2000.3.11. 등기 3402-164).

③ 신청정보와 첨부정보

㉠ 신청정보

등기원인과 그 연월일 정보의 제공과 관련 협의분할의 경우에는 '공유물분할과 협의성립일' 정보를, 판결에 의한 경우에는 '공유물분할과 판결확정일' 정보를 제공한다.

ⓛ **첨부정보**

등기원인증명정보로서 공유물분할협의증명정보 또는 판결과 그 확정증명정보를 제공하여야 한다.

④ **등기의 실행**

㉠ 공유물에 대한 분필등기 후 지분이전등기의 형식으로 한다.

㉡ **일부 공유자의 지분이 제3자에게 이전된 경우**

공유물분할판결의 변론종결 후 그 판결에 따른 등기신청 전에 일부 공유자의 지분이 제3자에게 이전된 경우 공유지분의 양수인은 승계집행문을 부여받아 판결에 따른 지분이전등기를 단독으로 신청할 수 있다. 제3자가 변론을 종결한 뒤의 승계인에 해당한다고 보기 때문이다(「민사소송법」 제218조 제1항, 등기예규 제1607호).

㉢ **분할 전 종전 토지의 공유지분상 저당권의 운명**

ⓐ 각 공유자의 단독소유가 된 부분 모두에 종전의 지분비율대로 저당권이 존속한다. 공유물분할의 법적 성질은 지분권의 교환·매매로 보므로 물상대위가 인정되지 않고 저당권의 추급력이 미치기 때문이다(「민법」 제342조 참조).

ⓑ 공유자의 지분을 목적으로 하는 저당권설정등기를 한 후 공유물분할에 따라 저당권설정자의 단독 소유로 된 부동산 전부에 관하여 그 저당권의 효력을 미치게 하기 위하여서는 저당권의 변경등기를 하여야 한다(규칙 제112조 제1항, 등기예규 제1347호).

4) **구분소유적공유관계의 등기**(관련문제)

① **의 의**

실질적으로는 하나의 부동산을 2인 이상이 위치와 면적을 특정하여 구분소유하고 있으나 형식적으로 공유로 등기한 경우에 다른 공유자의 소유부분에 관한 등기는 상호명의신탁에 의한 등기로서 유효하고(「부동산 실권리자명의 등기에 관한 법률」 제2조 제1호 참조), 외부적으로 그 부동산 전부에 대해 적법한 공유관계가 성립한 것으로 본다. 판례는 공유자간에 공유물분할약정 후 각각 특정부분을 점유·사용하는 경우에도 상호명의신탁관계의 성립에 의해 구분소유적 공유관계에 있는 것으로 본다(대판 1985.9.24. 85다카451, 452).

② **구분소유적공유관계의 해소와 등기절차**

상호명의신탁해지를 원인으로 한 지분이전등기를 공동으로 신청하는 방법에 의하여야 하나, 공유물분할을 원인으로 한 소유권이전등기를 신청하는 경우에도 등기관은 그 등기신청을 수리할 수밖에 없다(대판 1996.2.23. 95다8430, 형식적 심사주의).

3 합유(「민법」 제271조 이하) 30회 출제

(1) 합유등기
합유등기의 신청시 신청정보의 내용으로 합유인 뜻을 제공하고, 등기기록상 등기원인 다음에 '합유'라고 기록하고, 권리자 및 기타사항란에 '합유자'로 기록하나 각 합유자의 지분은 기록하지 아니한다.

(2) 합유물의 처분변경등기
1) 합유물을 처분 또는 변경함에는 합유자 전원의 동의가 있어야 하므로 이에 따른 소유권이전등기는 합유자 전원이 등기의무자가 되어 신청하여야 한다.
2) 합유물에 대해 공유로 등기가 마쳐진 경우에는 합유로의 경정등기신청은 보존행위에 해당하므로 합유자 중 1인이 신청할 수 있다(「민법」 제272조).
3) 합유자는 합유물의 분할을 청구하지 못한다(「민법」 제273조 제2항).

(3) 합유자의 변경과 등기
1) 합유지분의 처분가부와 등기형식
합유물에 대한 지분은 전원의 동의를 얻으면 처분할 수 있으며, 그 때의 등기는 등기명의인의 표시변경등기형태인 합유명의인변경등기이므로 부기등기의 형식으로 한다(법 제52조 제1호). 그러나 등기기록에 각 합유자의 지분은 기록하지 아니하므로 지분이전등기는 허용되지 않는다.

2) 합유자 중 일부가 교체되는 경우
① 합유지분의 처분에 의한 합유자 중 일부의 교체
합유자 중 일부가 나머지 합유자들 전원의 동의를 얻어 그의 합유지분을 제3자에게 처분한 경우에 종전의 합유자 중 일부가 교체되는 결과가 된다.

② 등기의 절차
이 경우에는 합유지분처분자와 합유지분취득자 및 잔존 합유자가 공동으로 등기의무자인 합유지분처분자의 인감증명을 첨부정보로 제공하여 잔존 합유자 및 합유지분취득자의 합유로 하는 합유명의인변경등기를 신청하여야 한다.

3) 합유자 중 일부가 탈퇴한 경우
합유자 중 일부가 그 합유지분을 잔존 합유자에게 처분하고 합유자의 지위에서 탈퇴한 경우 잔존 합유자가 수인인 경우에는 그들의 합유로 하는 합유명의인변경등기를 신청하여야 하고, 잔존 합유자가 1인인 경우에는 그의 단독소유로 하는 합유명의인변경등기를 신청하여야 한다.

4) 새로운 합유자가 추가된 경우

합유자 중 일부 또는 전부가 그 합유지분 중 일부를 제3자에게 처분하여 제3자가 합유자로 추가된 경우에는, 기존합유자와 새로 가입하는 합유자가 공동으로 기존 합유자의 인감증명을 첨부정보를 제공하여 그들의 합유로 하는 합유명의인변경등기를 신청을 하여야 한다.

5) 합유자 중 일부가 사망한 경우

① 합유지분의 상속등기 가능 여부
  ㉠ 합유자 중 일부가 사망한 경우 합유지분은 상속되지 않고 잔존 합유자에게 귀속되는 것이 원칙이다. 그러나 합유지분에 대한 상속을 인정한다는 특별한 약정이 있는 경우나 합유자 전원의 동의가 있으면 그러하지 아니하다.
  ㉡ 그러나 위와 같은 약정이나 동의가 없음에도 불구하고 합유지분에 대한 상속등기가 이미 마쳐진 경우는 법 제29조 제2호를 위반한 등기는 아니므로 쌍방 당사자가 공동으로 말소등기 신청을 하거나 소로써 말소를 구하여야 한다(등기선례).

② 3인 이상의 합유자 중 1인이 사망한 경우
  잔존 합유자는 사망한 합유자의 사망사실을 증명하는 정보를 첨부정보로 제공하여 해당 부동산을 잔존 합유자의 합유로 하는 합유명의인변경등기신청을 할 수 있다.

③ 2인의 합유자 중 1인이 사망한 경우
  잔존 합유자는 해당 부동산을 그의 단독소유로 하는 합유명의인변경등기신청을 할 수 있다.

(4) 공유를 합유로, 합유를 공유로 변경 또는 단독소유를 수인의 합유로 이전하는 경우

1) 공유를 합유로 변경하는 경우

공유자 전부 또는 일부가 그 소유관계를 합유로 변경하는 경우에는, 합유로 변경하려고 하는 공유자들의 공동신청으로 합유로의 변경등기를 하여야 한다.

2) 합유를 공유로 변경하는 경우

수인의 합유로 등기되어 있는 부동산을 수인의 공유로 하기 위해서는 합유자 전원의 합의를 요하며 소유권변경등기의 형식으로 한다.

3) 단독소유를 수인의 합유로 이전하는 경우

단독소유를 수인의 합유로 이전하는 경우, 단독소유자와 합유자들의 공동신청으로 소유권이전등기신청을 하여야 한다. 이 경우 그 단독소유자를 포함한 합유로 되었을 경우에는 전소유자인 그 단독소유자도 합유자로 표시하여야 한다.

4 총유(「민법」제275조 이하)

(1) 의의
총유는 법인이 아닌 사단명의의 단독소유의 형식으로 등기기록에 공시되나, 그 실질은 구성원의 총유가 된다. 이에 관하여는 제3장에서 기술하였다.

(2) 소유형태의 변경
1) 합유를 총유로 변경하는 등기, 즉 합유자 공동명의로 등기된 것을 종중명의로 변경하기 위한 등기는 소유권이전등기의 형식에 의한다. 반대의 경우에도 동일하다.
2) 총유를 공유로 변경하는 등기는 사원총회의 결의가 있어야 하며 각 구성원 앞으로의 소유권의 일부(지분)이전등기의 형식에 의한다.

제3절 구분건물에 관한 등기 34회 출제

01 서설

1 집합건물과 구분건물
아파트와 같이 외형상 1동의 건물 중 구분된 각 부분이 구조상·이용상 독립성이 있고 독립한 소유권의 객체로 삼을 수 있는 경우 1동의 건물 전체를 '집합건물'이라고 하고, 구분된 각 부분을 '구분건물'이라고 한다.

2 전유부분과 공용부분
전유부분은 구분소유권의 목적인 건물부분, 공용부분은 독립한 등기능력이 없는 구조상 공용부분과 규약상 공용부분(표제부 등기기록만을 둠)·전유부분에 속하지 아니하는 건물의 부속물을 말한다.

3 구분건물의 대지와 대지사용권·대지권
(1) 구분건물 대지에는 법정대지(건물이 서 있는 토지)와 규약상대지(규약이나 공정증서로서 정한 대지) 및 간주규약대지(법정대지가 건물의 멸실 등으로 건물이 존재하지 않는 토지로 변한 대지)가 있다.
(2) 대지사용권이라 함은 구분소유자가 전유부분을 소유하기 위하여 건물의 대지에 대하여 가지는 권리를 말하고, 전유부분과 분리처분이 금지되는 대지사용권을 대지권(垈地權)이라 한다.

02 구분건물(區分建物)의 소유권보존등기 11·16·21회 출제

1 의의
미등기의 구분건물에 관하여 최초로 하는 등기이다.

2 신청특칙

(1) 구분소유자 전원의 동시신청 또는 일괄신청
1동의 건물을 구분한 건물의 소유권보존등기신청은 각 구분소유자가 동시에 신청하거나, 구분건물 전부에 대해서 한 장의 신청정보로 일괄신청하는 것이 원칙이다. 이는 1동의 건물의 표제부를 만들어야 할 필요성 때문이다.

(2) 동시·대위신청의 특칙
1) 구분소유자 중 일부의 자가 자기소유의 구분건물만에 관하여 소유권보존등기를 신청할 경우에는 나머지 구분건물의 표시에 관한 등기를 동시에 신청하여야 한다(법 제46조 제1항). 이 경우에 구분건물의 일부 소유자는 1동의 건물에 속하는 다른 구분건물의 소유자를 대위하여 그 건물의 표시에 관한 등기를 신청할 수 있다(동조 제2항).

2) 구분건물이 아닌 건물로 등기된 건물에 접속하여 구분건물을 신축한 경우에는 그 신축건물의 소유권보존등기를 신청할 때에는 구분건물이 아닌 건물을 구분건물로 변경하는 건물의 표시변경등기를 동시에 신청하여야 한다(법 제46조 제3항). 이 경우에 건물의 소유자는 다른 건물의 소유자를 대위하여 건물의 표시변경등기를 신청할 수 있다(동조 제3항).
→ 권리주체의 지위에 갈음하는 것을 말함

3 신청정보 및 첨부정보 14회 출제

(1) 신청정보
1) 일반적인 신청정보
① 1동의 건물의 표시로서 소재·지번·건물명칭 및 1동의 건물의 번호·구조·종류·면적을 신청정보의 내용으로 제공하여야 한다. 다만, <u>1동의 건물의 구조·종류·면적은 건물의 표시에 관한 등기나 소유권보존등기를 신청하는 경우로 한정한다</u>(규칙 제43조 제1항 제1호 다목).
② 전유부분의 건물의 표시로서 건물번호·구조·면적을, 대지권(대지사용권)이 있는 경우에는 그 권리의 표시를 신청정보의 내용으로 제공하여야 한다. 다만, <u>전유부분의 소재와 지번은 제공하지 아니한다</u>(규칙 제43조 제1항 제1호 다목).
→ 소유권, 지상권, 전세권, 임차권 등

2) 특수한 신청정보

신청의 근거조항(법 제65조 각호) 및 다른 구분건물의 표시등기의 대위신청 시에는 동시신청의 근거 및 대위원인(법 제46조 제2항)도 제공하여야 한다.

(2) 첨부정보

1) 일반적인 첨부정보

1동의 건물의 소재도, 각층의 평면도, 구분한 건물의 평면도를 첨부하여야 한다. 다만, 건축물대장정보를 제공한 경우에는 그러하지 아니하다(규칙 제121조 제4항 후문).

2) 특수한 첨부정보

① 규약 또는 공정증서

대지권의 목적 토지가 규약상 대지인 경우, 대지권의 비율이 전유부분의 면적비율과 다른 경우 또는 대지사용권을 전유부분과 분리하여 처분할 수 있는 것으로 정한 때에 제공한다(규칙 제46조 제2항).

② 대위원인을 증명하는 정보

다른 구분건물의 표시등기의 대위신청 시에는 대위원인증명정보로서 집합건축물대장정보를 제공하여야 한다(2003.3.19. 부등 3402-173).

4 구분건물의 소유권보존등기의 등기실행

(1) 구분건물의 소유권보존등기

① 구분건물의 소유권보존등기는 1동의 건물의 표제부와 각 전유부분의 표제부 및 갑구를 개설하여 각각의 등기기록에 소정의 1동의 건물과 전유부분의 표시에 관한 사항 및 소유자의 표시에 관한 사항을 기록하여야 하나, ② 구분건물의 일부에 대해서 소유권보존등기를 신청하면서 나머지 구분건물의 표시에 관한 등기를 동시에 신청한 때에는 나머지 구분건물에 관하여는 전유부분의 표제부만을 개설하여 소정의 등기사항을 기록하고 갑구는 개설하지 않는다.

(2) 대지권이 있는 경우의 대지권등기의 실행(법 제40조 제2항 이하, 규칙 제88조 이하)

1) 구분건물의 소유권과 대지권의 공시의 일체성

구분건물의 전유부분의 소유권과 분리처분이 금지되는 대지사용권(대지권)은 처분의 일체성의 공시를 위해 건물의 등기기록에 기록하고, 토지의 등기기록에는 그 뜻만을 기록하여 공시한다.

2) 1동의 건물의 표제부상 등기의 실행

「대지권의 목적인 토지의 표시란」에 표시번호(대지권의 등기를 한 순서), 대지권의 목적인 토지의 일련번호·소재지번·지목·면적과 등기연월일을 기록하여야 한다.

3) 구분건물의 각 전유부분의 표제부상 등기의 실행

① **대지권의 표시**

「대지권의 표시란」에 표시번호, 대지권의 목적인 토지의 일련번호, 대지권의 종류, 대지권의 비율, 등기원인 및 그 연월일과 등기연월일을 기록한다.

② **별도의 등기가 있다는 뜻의 기록**

㉠ 대지권의 목적인 토지의 등기기록에 소유권보존등기나 소유권이전등기 외의 '소유권에 관한 등기(가등기, 가압류등기 등) 또는 소유권 외의 권리에 관한 등기(대지사용권이 아닌 지상권, 저당권 등)'가 있을 때에는 등기관은 그 건물등기기록 중 전유부분 표제부(대지권표시란)에 '토지 등기기록에 별도의 등기가 있다는 뜻'을 기록하여야 한다.

 구분건물의 소유권보존등기

① 1동에 속하는 구분건물 전부에 대하여 원칙적으로 구분소유자 전원이 동시에 보존등기를 신청하여야 한다.

② 구분소유자 중 일부의 자만이 소유권보존등기를 신청하는 경우에도 표시등기는 전부에 대하여 동시에 신청하여야 한다.

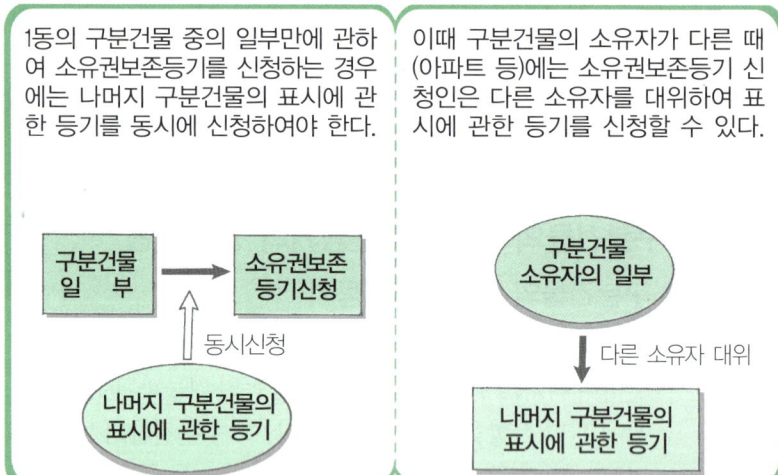

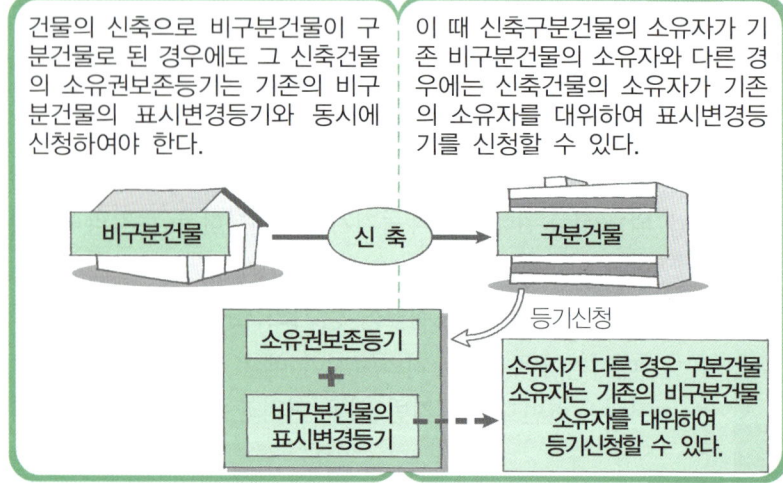

제4장 부동산의 표시 및 각종 권리의 등기절차

▼ **구분건물등기기록(소유권보존등기)의 예시**

[구분건물]
0000시 00구 00동 00 제0층 제0호   고유번호 0000-0000-000000

[1동건물의 표제부] (1동의 건물의 표시)

표시번호	접 수	소재지번, 건물명칭 및 번호	건물내역	등기원인 및 기타사항
1	2011년 11월15일	서울특별시 강남구 삼성동 100 삼성아파트 제101동	5층아파트철근콘크리트조 슬래브지붕 1층888m^2, 2층888m^2, 3층888m^2, 4층888m^2, 5층888m^2, 지하실128m^2	도면의 번호 제85호

(대지권의 목적인 토지의 표시)

표시번호	소재지번	지목	면적	등기원인 및 기타사항
1	서울특별시 강남구 삼성동 100	대	14560m^2	2011년 11월15일
				별도 등기가 있다는 뜻의 등기는 하지 아니함

[전유부분의 표제부] (전유부분의 건물의 표시)

표시번호	접 수	건물번호	건물내역	등기원인 및 기타사항
1	2011년 11월15일	제1층 제101호	철근콘크리트조88m^2 부속건물철근콘크리트조 지하실5호28m^2	도면의 번호 제85호

(대지권의 표시)

표시번호	대지권종류	대지권비율	등기원인 및 기타사항
1	1. 소유권	14560분의47	2011년11월10일대지권
			별도등기 있음 1.토지(을구 1번 지상권) 2011년 11월15일

[갑 구] (소유권에 관한 사항)

순위번호	등기목적	접 수	등기원인	권리자 및 기타사항
1	소유권보존	2011년 11월15일 제1000호		소유자 홍길동 531116-1234567 서울특별시 강남구 삼성동 101

ⓒ **별도의 등기가 있다는 뜻의 기록을 요하지 않는 경우**

다만, 그 등기가 소유권 이외의 대지권의 등기인 경우 또는 구분건물과 토지에 창설적 공동저당권의 등기인 경우에는 '별도의 등기가 있다는 뜻'의 기록을 요하지 않는다(규칙 제90조 제1항 단서).

4) 대지권의 목적인 토지의 등기기록상 등기의 직권실행

① 대지권이라는 뜻의 등기

대지권이 소유권인 경우에는 토지의 등기기록의 갑구에, 용익권인 경우에는 을구에 어느 권리가 대지권이라는 뜻과 그 대지권을 등기한 1동의 건물을 표시할 수 있는 사항 및 그 등기연월일을 직권으로 기록하여야 한다(규칙 제89조).

② 대지권의 목적인 토지가 다른 등기소의 관할에 속하는 경우

대지권등기를 한 등기관은 그 등기소에 지체 없이 소정의 등기할 사항을 통지하여야 하고, 통지를 받은 다른 등기소의 등기관은 그 토지의 등기기록에 통지받은 사항을 기록한다(규칙 제89조 제2항, 제3항).

단락문제 07

구분건물등기기록의 1동의 건물의 표제부 중 대지권의 목적인 토지의 표시란에 기록하는 사항이 아닌 것은?

① 대지권의 목적인 토지의 일련번호
② 대지권의 목적인 토지의 소재, 지번
③ 대지권의 목적인 토지의 지목과 면적
④ 대지권의 비율
⑤ 등기연월일

해설 대지권표시란에 기록하는 사항
④ 1동의 건물의 표제부 중 대지권의 목적인 토지의 표시란에 표시번호, 대지권의 목적인 토지의 일련번호·소재·지번·지목·면적과 등기연월일을 기록한다(규칙 제88조 제1항).

답 ④

제4장 부동산의 표시 및 각종 권리의 등기절차

03 구분건물에 관한 소유권이전등기 등

구분건물의 전유부분과 대지권은 처분의 일체성이 인정되므로 대지권등기가 마쳐진 구분건물에 대하여 소유권이전등기, 저당권설정등기 등을 한 경우 그 등기의 효력은 건물과 대지권 모두에 미친다.

1 구분건물에 관한 소유권이전등기

(1) 등기신청절차상 특칙

1) 신청인

구분건물에 대한 매매 등의 법률행위에 의한 소유권이전등기도 일반적인 경우와 동일하다.

2) 신청정보와 첨부정보

신청정보의 내용으로서 일반적인 사항 외에 대지권의 등기가 있는 경우에는 대지권의 표시에 관한 정보도 제공하여야 한다. 첨부정보와 관련 구분건물과 대지권이 함께 등기의 목적인 경우에는 등기원인증명정보, 등기원인에 대한 제3자의 허가증명정보, 대리권한증명정보 등에도 대지권의 표시가 되어 있어야 한다.

(2) 등기의 실행

1) 토지소유권이 대지권인 경우에는 구분건물등기기록에만 소유권이전등기를 실행하면 된다. 그 등기의 효력은 대지권인 토지소유권에도 미치기 때문이다.

2) 대지권 등기 전에 마쳐진 가등기에 기한 소유권이전의 본등기

건물(또는 토지)만에 관한 가등기에 기한 본등기 : 대지권등기를 하기 전에 전유부분(또는 토지) 만에 대해 마쳐진 가등기에 기한 본등기를 하기 위해서는 먼저 대지권말소의 건물표시변경등기의 신청을 하여 대지권 및 대지권인 뜻의 등기의 말소절차를 밟은 후에 건물(또는 토지) 만에 관하여 가등기에 기한 소유권이전의 본등기를 신청하여야 한다.

2 구분건물에 관한 전세권·저당권 설정등기

(1) 전세권설정등기

1) 집합건물에 대하여 대지권등기가 경료된 경우, 특정의 전유부분과 그 대지권을 함께 전세권의 목적으로 하는 전세권설정등기를 경료받을 수는 없다(1998.8.29. 등기 3402-824).

2) 구분건물의 전유부분에만 설정된 전세권의 효력범위

집합건물이 되기 전에 건물의 일부 만에 관하여 설정된 전세권이 집합건물로 된 후의 구분건물의 전유부분 만에 관한 전세권으로 된 경우, 전유부분과 대지사용권의 분리처분 가능규약 등이 없는 한, 그 전세권의 효력은 그 전유 부분의 소유자가 취득한 대지사용권(대지권)에 까지 미친다(대판 2002.6.14 2001다68389).

(2) 저당권설정등기

1) 일반적인 경우

구분건물의 등기기록에 대지권 등기를 한 경우에는 분리처분금지 원칙에 따라 그 건물이나 대지권만을 목적으로 한 저당권설정등기는 할 수 없다. 한편 대지권 등기가 된 건물에 대한 저당권은 대지권에도 그 효력이 미친다.

2) 구분건물의 추가적공동저당권의 설정

① **대지에 이미 저당권이 설정된 경우**

구분건물과 대지권을 일체로 설정해야 하기 때문에 구분건물의 등기신청정보의 내용으로 구분건물 외에 그 대지권의 표시를 하여야 하고, 종전의 등기를 표시함에 충분한 사항으로서 공동담보목록의 번호 또는 부동산의 소재지번(건물에 번호가 있는 경우에는 그 번호도 포함한다)을 신청정보의 내용으로 등기소에 제공하여야 한다(규칙 제134조). 이 경우 저당권설정등기를 실행할 때에 추가되는 부동산의 등기기록에는 그 등기의 끝부분에 공동담보라는 뜻을 기록하고 종전에 등기한 부동산의 등기기록에는 해당 등기에 부기등기로 그 뜻을 기록하여야 한다(규칙 제135조 제3항).

② **구분건물에 이미 저당권이 설정된 경우**

㉠ 대지권등기가 경료된 이후에는 토지 등기부에 할 등기로서 건물에도 미치는 등기는 건물 등기부에 기록 하는 것으로 대신한다. 따라서 대지권의 목적인 토지에 관한 추가 근저당권설정등기의 실행은 구분건물의 을구에만 이를 기록하고, 토지의 등기기록에는 별도의 등기기록을 할 필요가 없다.

㉡ 다만, 근저당권 추가의 부기기록이나 담보물추가라는 부기등기는 하여야 한다(규칙 제135조 제3항).

3 대지권에 관한 등기

Professor Comment

대지권의 변경등기는 제4장 제1절 부동산의 표시에 관한 등기에서 이미 기술하였다. 따라서 아래의 내용은 앞의 기술과 연계하여 학습하면 이해가 빠를 것이다.

(1) 대지권 등기

1) 대지권등기의 실행 등

① 건물의 등기기록 중 1동 건물의 등기기록의 표제부에는 '대지권의 목적인 토지의 표시에 관한 사항'을 기록하고, 전유부분의 등기기록의 표제부에는 '대지권의 표시에 관한 사항'을 기록하며, 대지권의 목적인 토지의 등기기록의 해당구에 소유권, 지상권 등이 '대지권이라는 뜻'을 직권으로 기록한다(규칙 제88조, 제89조).

② 대지권의 목적인 토지의 등기기록에 대지권이라는 뜻의 등기를 한 경우로서 그 토지 등기기록에 소유권보존등기나 소유권이전등기 외의 소유권에 관한 등기 또는 소유권 외의 권리에 관한 등기가 있을 때에는 등기관은 그 건물의 등기기록 중 전유부분 표제부의 대지권 표시란에 토지 등기기록에 별도의 등기가 있다는 뜻을 기록하여야 한다.

다만, 그 등기가 소유권 이외의 대지권의 등기인 경우 또는 그 등기가 저당권에 관한 등기로서 대지권에 대한 등기와 등기원인, 그 연월일과 접수번호가 같은 것(규칙 제92조 제2항)일 때에는 그러하지 아니하다(규칙 제90조).

③ 건물의 등기기록에 대지권의 등기를 하는 경우에 건물에 관하여 소유권보존등기·소유권이전등기 외의 소유권에 관한 등기 또는 소유권 외의 권리에 관한 등기가 되어 있는 때에는 등기관은 건물에 관한 등기에 직권으로 건물만에 관한 뜻의 부기등기를 하여야 한다(규칙 제92조 제1항 본문). 다만, 그 등기가 저당권에 관한 등기로서 대지권에 대한 등기와 등기원인과 그 연월일 및 접수번호가 같은 것일 때에는 그러하지 아니하며, 대지권에 대한 저당권등기를 말소하여야 한다(규칙 제92조 제1항 단서 및 제2항).

2) 대지권등기의 효력

① 전유부분과 대지사용권의 일체성을 저해하는, 즉 분리처분의 결과를 초래하는 구분건물 전유부분만의 또는 토지만의 처분은 인정되지 않는다. 그러나 일체성에 반하는 결과를 초래하지 않는 등기는 허용된다.

② **소유권대지권인 경우**

㉠ **토지 또는 건물만에 관한 소유권이전등기의 제한**

ⓐ 구분건물의 전유부분과 분리하여 토지만의 처분 및 그에 따른 소유권이전 등기 또는 대지사용권과 분리하여 건물만의 처분 및 그에 따른 소유권이전등기는 이를 하지 못한다. 또한 ⓑ 대지권과 분리하여 소유권이전 결과를 가져올 수 있는 소유권이전청구권 보전가등기, (가)압류등기 및 경매개시결정의 등기도 하지 못한다.

㉡ **저당권설정등기의 금지**

대지권등기가 된 경우에 토지만에 또는 건물만에 설정된 저당권의 실행시에는 분리처분의 결과가 초래될 수 있으므로 각각에 저당권의 설정 및 그 등기를 할 수 없다.

㉢ **예외**

ⓐ 대지권등기 전에 경료된 토지(건물)만에 관한 소유권이전청구권 보전가등기에 기한 대지권등기 후의 본등기 또는 토지(건물)만에 관하여 설정된 저당권의 대지권등기 후의 실행에 따른 경매개시결정등기 및 매각에 의한 소유권이전등기, 토지 또는 건물만의 소유권귀속에 관한 분쟁에 기한 처분금지가처분등기는 할 수 있다.

ⓑ 토지만을 목적으로 하는 지상권, 지역권, 전세권, 임차권의 설정등기는 전유부분에 대한 소유권과 분리처분의 결과를 초래하지 않으므로 할 수 있다.

다만, 이와 같은 용익권의 등기는 '구분건물의 사용에 지장이 없는 토지의 특정부분'에 관하여 설정할 수 있다. 또한 건물 만에 관한 전세권, 임차권 등의 등기도 할 수 있다.

③ **지상권, 임차권, 전세권이 대지권인 경우**
  ㉠ 이 경우 원칙적으로 토지에 대한 지상권, 임차권, 전세권의 양도 및 그 이전등기를 금하고 지상권, 전세권을 목적으로 하는 저당권의 설정 및 그 등기도 하지 못한다.
  ㉡ 다만, ㉠에도 불구하고 토지에 대한 소유권이전등기, 소유권을 목적으로 하는 소유권이전청구권 보전가등기 및 소유권에 대한 가압류 등기 등은 할 수 있다. 이 때 등기권리자는 대지권인 지상권 등의 부담이 있는 소유권 등을 취득한다.

④ **대지권 등기 후에 마쳐진 등기의 (일체적)효력**
대지권을 등기한 후에 한 건물의 권리에 관한 등기는 대지권에 대하여 동일한 등기로서 효력이 있다. 다만, 그 등기에 건물 만에 관한 것이라는 뜻의 부기가 되어 있을 때에는 그러하지 아니하다(법 제61조 제1항).

3) 분리처분의 금지 내지 일체성의 배제

규약으로 전유부분과 대지사용권을 분리처분할 수 있음을 정한 경우, 즉 대지권이 아닌 것으로 된 경우에는 처분의 일체성이 배제된다(「집합건물의 소유 및 관리에 관한 법률」 제20조 제2항 단서). 이에 관한 등기는 대지권변경등기로 한다.

단락핵심   대지권등기의 처분의 일체성

(1) 대지권을 등기한 건물의 등기기록에는 그 건물만에 관한 소유권이전의 등기는 하지 못한다.
(2) 대지권인 뜻의 등기를 한 토지의 등기기록에는 대지권을 목적으로 하는 저당권설정등기는 하지 못한다.

제4장 부동산의 표시 및 각종 권리의 등기절차

Key Point 대지사용권의 취득에 따른 등기(법 제60조)★★

1) 규정내용과 그 취지
구분건물을 신축한 자가 대지사용권을 가지고 있으나 대지권에 관한 등기를 하지 아니하고 구분건물에 관하여만 소유권이전등기를 마친 경우 또는 구분건물을 신축하여 양도한 자가 그 건물의 대지사용권을 나중에 취득하여 이전하기로 약정한 경우에는 현재의 구분건물의 소유명의인과 공동으로 대지사용권에 관한 이전등기를 신청할 수 있다.

이는 구분건물의 소유권이 구분건물의 신축 분양자로부터 수분양자를 거쳐 현재의 구분소유자로 순차 이전된 경우, 구분건물의 신축 분양자로부터 현재 구분소유자 명의로 직접 대지사용권이전등기를 할 수 있도록 하여 명문의 규정에 의해 중간생략등기를 허용한다. 공시원칙의 완화(현재의 물권상태의 공시)에 의해 등기의 경제를 기하기 위함이다.

2) 대지사용권이전등기
① 공동신청 : 분양자와 현재 구분소유자가 공동으로 신청한다.
② 대지사용권이전등기 신청시에는 등기원인증명정보와 주소증명정보의 제공을 요하지 않는다(규칙 제46조 제4항).

3) 대지권등기
대지사용권이전등기는 대지권에 관한 등기와 동시에 신청하여야 한다.

단락문제 08

제20회 기출

대지권 등기에 관한 설명으로 틀린 것은?

① 부속건물에 대한 대지권의 표시를 하는 때에는 대지권의 표시의 끝부분에 그 대지권이 부속건물에 대한 대지권이라는 뜻을 기록하여야 한다.
② 대지권에 대한 전세권설정등기는 하지 못한다.
③ 대지권을 등기한 건물의 등기기록에는 그 건물만에 관한 전세권설정등기를 할 수 있다.
④ 건물의 등기기록에 대지권의 등기를 한 경우, 그 권리의 목적인 토지의 등기기록 중 표제부에 어느 권리가 대지권이라는 뜻을 기록하여야 한다.
⑤ 전유부분의 표제부 중 대지권의 표시란에는 대지권의 목적인 토지의 일련번호 등을 기록하여야 한다.

해설 대지권인 뜻의 등기
① 구분건물에 대지권등기를 실행한 후에는 직권으로 대지권의 목적이 되는 토지의 등기기록 해당구에 대지권인 뜻의 등기를 실행하여야 한다(규칙 제89조).

답 ④

(2) 규약상 공용부분에 관한 등기와 규약폐지에 따른 등기

1) 의 의

공용부분인 뜻의 등기라 함은 구분소유권의 목적이 되는 전유부분 또는 부속건물이 구분소유자 전부 또는 일부의 공용부분이 되는 경우에 그 전유부분의 표제부에 하는 등기를 말한다(「집합건물의 소유 및 관리에 관한 법률」 제1조 및 제3조).

2) 등기의 신청

① **신청인**

소유권의 등기명의인이 신청하여야 한다(법 제47조 제1항). 다만, 구분소유자들이 이미 등기된 건물을 취득하여 규약상 공용부분으로 하는 경우에는 소유권이전등기를 거치지 않고, 기존의 소유권의 명의인이 규약을 등기소에 제공하여 규약상 공용부분의 뜻의 등기를 단독으로 신청할 수 있다(등기선례 제2-657호).

② **신청정보와 첨부정보**

신청정보로서 등기의 목적은 '공용부분인 뜻' 또는 '단지의 공용부분인 뜻'을 제공하고(규칙 제43조), 첨부정보로서 그 뜻을 정한 규약이나 공정증서를, 그리고 그 건물에 소유권의 등기 외의 권리에 관한 등기가 있을 때에는 그 등기명의인의 승낙증명정보 등을 등기소에 제공하여야 한다(규칙 제104조 제1항).

3) 등기의 실행

전유부분의 건물의 표시란 중 등기원인 및 기타 사항란에 공용부분이라는 뜻 및 공유자의 범위를 기록하고, 갑구와 을구의 소유권과 그 밖의 권리에 관한 등기를 말소하는 표시를 하여야 한다(규칙 제104조 제3항). 그러나 갑구와 을구의 등기기록을 제거하지는 않는다.

4) 규약폐지에 따른 등기

공용부분의 공유자가 제3자에게 규약상 공용부분을 처분하면서 규약을 폐지한 경우에는 새로운 취득자가 소유권보존등기를 신청하여야 한다(법 제47조 제2항). 이에 따라 소유권보존등기를 신청하는 경우에는 규약의 폐지를 증명하는 정보를 첨부정보로서 등기소에 제공하여야 하며, 소유권보존등기를 하였을 때에는 공용부분이라는 뜻의 등기를 말소하는 표시를 하여야 한다(규칙 제104조 제4항, 제5항). 다만, 공용부분을 제3자에게 처분하지 아니하고 공용부분인 뜻만을 말소하여 이를 공유물로 하는 경우에는 그 건물의 공유자가 이를 신청한다. 이 경우엔 규약을 첨부하여 공유자 중 1인 또는 일부만의 신청도 가능하다.

제4절 부동산신탁에 관한 등기(등기예규 제1618호) 추가15·21·25·32·33회

01 서설

1 신탁법상의 신탁의 의의

신탁❶에는 「신탁법」상 신탁과 「민법」상 명의신탁이 있다. 「부동산등기법」에서 규율하고자 하는 신탁은 「신탁법」상의 신탁이다. 「신탁법」에서 말하는 신탁이란 위탁자가 특정의 재산권을 수탁자❷에게 이전하거나 그 밖의 처분을 하고 수탁자로 하여금 수익자의 이익을 위하여 또는 특정의 목적을 위하여 그 재산권을 관리처분하게 하는 법률관계를 말한다(「신탁법」 제2조).

> **용어사전**
> ❶ 신탁
> 사람이나 단체가 이익을 얻을 목적이나 공익을 위한 목적 등으로 자기의 재산을 다른 사람이나 단체에 맡겨 관리하게 하는 것을 말한다.
> ❷ 수탁자
> 「신탁법」의 규정에 의해 다른 사람이나 단체로부터 재산에 관한 일의 처리를 의뢰받고 그것을 승낙한 사람이나 단체를 말한다.

2 명의신탁과의 구별

명의신탁이라 함은 명의신탁자와 명의수탁자 사이에 명의신탁약정에 의하여 등기는 명의수탁자 명의로 하지만, 내부적 소유권은 명의신탁자에게 유보하는 것을 말하는데 특별한 사유가 없는 한 위법·무효인 약정이며 따라서 그 등기도 무효이다(「부동산 실권리자명의 등기에 관한 법률」 제2조 제1호, 제4조).

3 부동산신탁등기의 효력

부동산신탁등기는 목적부동산이 수탁자의 고유 재산이 아니고 신탁목적에 따라 구속을 받는 재산임을 공시하는 등기로서, 판례는 그 부동산의 소유권이 대·내외적으로 수탁자에게 완전히 이전되는 결과 수탁자가 신탁재산에 대한 관리권을 가지나, 신탁의 목적 범위 내에서 신탁계약에 정해진 바에 따라 제한을 부담하는 것으로 이해한다(대판 2002.4.12. 2000다70460). 신탁등기는 그 재산이 신탁재산에 속한 것임을 제3자에게 대항할 수 있다(동법 제4조 제1항).

02 신탁의 등기   31회 출제

1 신탁등기의 신청절차

(1) 신탁행위(위탁자와 수탁자 간의)**에 의한 신탁의 경우**(단독신청, 동시·일괄신청)

1) **신청인**(단독신청)
   ① 2011.5.9. 개정 「부동산등기법」 제82조 제2항에서는 공동신청주의 원칙을 유지하였으나, 2013.5.28. 개정 「부동산등기법」 제82조에 의하면 동조 제2항을 삭제하면서 "법 제23조 제7항에 신탁재산에 속하는 부동산의 신탁등기는 수탁자가 단독으로 신청한다."는 규정을 신설하여 <u>단독신청을 원칙으로 하고 있다</u>.
   ② 법 제82조 제2항에서 특별히 제한하고 있지 않으므로 <u>"신탁행위에 의한 신탁등기"의 경우에도 대위신청을 할 수 있다</u>.

2) **신탁등기의 신청방법**(동시 및 일괄신청)
   ① 신탁행위에 의한 신탁등기의 신청은 해당 부동산에 관한 권리의 이전 또는 보존이나 설정등기의 신청과 동시에 하여야 하되(법 제82조 제1항), 해당 신탁으로 인한 권리의 이전 또는 보존이나 설정등기의 신청과 함께 1건의 신청정보로 일괄하여 하여야 한다(규칙 제139조 제1항). 따라서 신탁등기만 또는 소유권이전등기만을 신청한 경우에 등기관은 법 제29조 제5호의 사유로 각하하여야 한다(등기예규 제1618호).
   ② <u>신탁의 성질상 위탁자가 수탁자의 지위를 겸할 수 없으므로, 위탁자가 여러 명인 경우에도 그 중 1인을 수탁자로 한 등기는 신청할 수 없다</u>(선례).

3) **신청정보의 내용** 23회 출제
   <u>등기목적은 '소유권이전 및 신탁'</u>으로, 등기원인과 그 연월일은 '○○년 ○○월 ○○일 신탁'으로 제공하고, 수탁자가 여러 명인 경우에는 그 공동수탁자가 합유❶관계라는 뜻을 제공하여야 한다(법 제84조 제1항 참조).

   > **용어사전**
   > ❶ **합유(合有)**
   > 수인(數人)의 조합체(이른바 합수적 조합)로서 물건을 공동으로 소유하는 형태를 말한다(민법 제271조 제1항 전단).

(2) 신탁재산처분 또는 회복에 의한 신탁의 경우   27회 출제

1) **신청인 동시 또는 별개의 신청정보에 의한 신청**
   ① 2013.5.28. 개정 「부동산등기법」에 의하면 신탁행위에 의한 신탁등기든 신탁재산 처분 및 회복에 의한 신탁등기든 구별하지 않고 법 제23조 제7항의 일반조항에 의해서 신탁등기는 수탁자가 단독으로 신청하여야 한다.
   ② 수익자 또는 위탁자는 수탁자를 대위하여 신탁등기를 신청할 수 있다(법 제82조 제2항).

2) 신탁등기의 신청방법

이 경우에는 두 가지 신청방법이 모두 가능하다. 즉 소유권이전등기와 신탁재산처분에 의한 신탁등기를 동시에 동일한 신청정보로 신청하는 것이 원칙이지만(규칙 제139조 제2항), 먼저 수탁자 앞으로 소유권이전등기만 경료한 이후에 수탁자가 단독으로 신탁등기만을 신청하거나 수익자 또는 위탁자가 수탁자를 대위하여 신탁등기만을 신청할 경우에는 신탁등기와 소유권(또는 소유권 외의 권리)이전등기를 별개 신청정보로, 동시가 아닌 이시(異時)에 신청할 수도 있게 된다.

3) 신청정보의 내용

① 신탁재산처분에 의한 신탁등기의 경우

㉠ 동시에 신청하는 경우

등기목적은 "소유권이전 및 신탁재산처분에 의한 신탁"을, 등기원인과 그 연월일은 "○○년 ○○월 ○○일 매매"를 신청정보의 내용으로 등기소에 제공하여야 한다.

㉡ 별개로 신청하는 경우

등기의 목적은 "신탁재산처분에 의한 신탁"으로 하여 제공한다. 한편 위탁자나 수탁자가 신탁재산처분에 의한 신탁등기를 대위신청하는 경우에는 그 대위원인으로 "부동산등기법 제82조 제2항"을 신청정보의 내용으로 등기소에 제공하여야 한다.

② 신탁재산 회복에 의한 신탁등기의 경우

㉠ 동시에 신청하는 경우

등기목적은 "소유권이전 및 신탁재산회복(반환)으로 인한 신탁"을 등기원인과 그 연월일은 "○○년 ○○월 ○○일 신탁재산회복(반환)을 위한 매매"를 신청정보의 내용으로 등기소에 제공하여야 한다.

㉡ 별개로 신청하는 경우

등기목적은 "신탁재산회복으로 인한 신탁"으로 하여 제공한다. 한편 위탁자나 수탁자가 신탁재산회복에 의한 신탁등기를 대위신청하는 경우에는 그 대위원인으로 "부동산등기법 제82조 제2항"을 신청정보의 내용으로 등기소에 제공하여야 한다.

(3) 첨부정보

1) 신탁계약증명정보 등 등기원인증명정보를 첨부정보로 제공하여야 한다.

2) 신탁등기를 신청하는 경우에는 법 제81조 제1항 각 호의 사항을 첨부정보로 등기소에 제공하여야 하며(규칙 제139조 제3항), 방문신청을 하는 경우라도 해당 첨부정보를 전자문서로 작성하여 전산정보처리조직을 이용하여 송신하는 방법으로 하여야 한다. 다만, 자연인 또는 법인 아닌 사단이나 재단이 직접 또는 자격자대리인이 아닌 사람에게 위임하여 신탁등기를 방문신청하는 경우에는 이를 서면으로 작성하여 등기소에 제출할 수 있다(규칙 제139조 제4항).

3) 위탁자 또는 수익자가 신탁재산처분(또는 복구)에 의한 신탁등기를 수탁자를 대위해서 신청함에 있어서는 대위원인을 증명하는 정보 외에 등기의 목적인 부동산이 신탁재산인 것을 증명하는 정보를 첨부정보로 등기소에 제공하여야 한다(등기예규 제1618호).

2 신탁등기의 실행

(1) 실행 절차

1) 신탁등기를 할 때에는 등기기록에 법 제48조에서 규정한 사항 외에 그 신탁원부의 번호를 기록하여야 한다(법 제81조 제1항).
2) 목적 부동산의 권리의 이전·보존이나 설정등기와 함께 신탁등기를 함에 있어서 소유권이전등기 등과 같은 하나의 순위번호를 사용하여야 한다(규칙 제139조 제7항).
3) 위탁자와 수탁자가 공동으로 신탁을 원인으로 하는 소유권이전등기를 신청함과 동시에 신탁등기를 신청한 경우, 소유권이전등기의 등기명의인은 '수탁자 또는 수탁자(합유)'로 표시한다.
4) 신탁재산의 처분 또는 신탁재산의 원상회복으로 인하여 신탁재산이 된 부동산에 대하여 수탁자가 제3자와 공동으로 소유권이전등기를 신청함과 동시에 단독으로 신탁등기를 신청함에 있어 그 등기명의인은 '소유자 또는 공유자'로 표시하고, 공유자인 경우에는 그 공유지분도 기록한다.

(2) 신탁원부의 작성

1) 등기관이 신탁등기를 할 때에는 신탁원부를 작성하여야 한다. 신탁원부의 작성은 첨부정보로서 등기소에 송신된 전자문서에 번호를 부여하고 이를 신탁원부로서 전산정보처리조직에 등록하는 방법으로 한다(법 제81조, 규칙 제140조 제1항).
2) 자연인 또는 법인 아닌 사단이나 재단이 직접 또는 자격자대리인이 아닌 사람에게 위임하여 신탁등기를 방문신청하는 경우로서 규칙 제139조 제3항에 해당하는 첨부정보를 서면으로 작성하여 제출한 경우에는 그 서면을 전자적 이미지정보로 변환하여 번호를 부여하고 이를 신탁원부로서 전산정보처리조직에 등록하여야 한다(규칙 제140조 제2항).

(3) 신탁등기의 가등기의 신청과 실행

장래 신탁재산이 될 부동산의 소유권이전등기청구권 보전을 위한 가등기와 신탁의 가등기의 신청은 동시에 1건의 신청정보로 일괄하여 하여야 한다. 신탁등기 가등기도 소유권이전등기청구권 보전을 위한 가등기의 실행 후 이어서 한다.

Professor Comment
신탁원부에 신탁재산의 가액은 기재하지 않는다.

제4장 부동산의 표시 및 각종 권리의 등기절차

Key Point 신탁에 관한 등기

1) 신탁의 의의
「신탁법」상의 신탁 즉, 위탁자가 수탁자에게 그의 재산을 이전 기타 처분하여 그로 하여금 일정한 목적에 좇아서 그 재산을 관리 또는 처분하게 하는 것이다. 예를 들면 甲은 乙에게 재산권을 이전하여 주고 乙은 甲 또는 丙을 위하여 일정한 목적에 따라 신탁재산을 관리 또는 처분하는 것을 말한다.

2) 신탁등기의 절차
① 신청인
   ㉠ 단독신청 원칙: 2013.5.28. 개정 「부동산등기법」에 의하면 구법 제82조 제2항을 삭제하면서 "신탁재산에 속하는 부동산의 신탁등기는 수탁자가 단독으로 신청한다"는 법 제23조 제7항을 신설하여 신탁행위에 의한 신탁등기든 신탁재산처분 및 회복에 의한 신탁등기든 구별하지 않고 신탁등기는 수탁자가 단독으로 신청하여야 한다.
   ㉡ 대위신청의 특례: 「수익자 또는 위탁자」가 수탁자를 대위할 수 있다.
② 신청절차: 신탁등기의 신청은 신탁으로 인한 부동산의 소유권이전등기와 동시에 신청하여야 한다.

[갑 구]	(소유권에 관한 사항)		〈신탁행위에 의한 소유권이전등기〉
순위번호	등기목적	접 수	등기원인	권리자 및 기타사항
1	소유권보존	2003년 11월 21일 제2011호		소유자 이갑동 740304-1672345 서울특별시 마포구 신수동 36
2	소유권이전	2007년 4월 6일 제6567호	2007년 4월 2일 신탁	수탁자 박을동 621021-1464567 서울특별시 강남구 도곡동 24
				신탁 신탁원부 제5호

03 수탁자의 변경으로 인한 등기

1 단독수탁자의 경질로 인한 소유권이전등기

(1) 신탁행위로 정한 바에 의하여 수탁자의 임무가 종료하고 새로운 수탁자가 취임한 경우 및 수탁자가 사임·자격상실로 임무가 종료되고(「신탁법」 제14조) 새로운 수탁자가 선임된 경우에는 새로운 수탁자와 종전 수탁자가 공동으로 소유권이전등기를 신청한다.

(2) 다만, 수탁자가 사망(제한능력자 포함), 파산선고, 법인의 해산, 법원이나 주무관청의 해임명령에 의하여 임무가 종료되고 새로운 수탁자가 선임된 경우에는 새로운 수탁자가 단독으로 소유권이전등기를 신청할 수 있다(법 제83조 제1항).

(3) 등기관이 수탁자의 경질로 인한 권리이전등기를 하였을 때에는 직권으로 신탁원부 기록을 변경하여야 한다(등기예규 제1618호).

2 수인의 수탁자 중 1인의 임무종료로 인한 합유명의인 변경등기 (등기예규 제1618호)

(1) 여러 명의 수탁자 중 1인이 신탁행위로 정한 임무종료사유, 사임, 자격상실의 사유로 임무가 종료된 경우에는 나머지 수탁자와 임무가 종료된 수탁자가 공동으로 합유명의인 변경등기를 신청한다.

(2) 여러 명의 수탁자 중 1인이 사망(제한능력자 포함), 파산선고, 해산의 이유로 임무가 종료된 경우에는 나머지 수탁자가 단독으로 합유명의인 변경등기를 신청한다.

(3) 등기관이 수탁자의 경질로 인한 권리변경등기를 하였을 때에는 직권으로 신탁원부 기록을 변경하여야 한다.

04 신탁원부 기록의 변경등기

1 수탁자의 신청에 의하는 경우 28회 출제

수탁자는 등기관의 직권(법 제85조의2) 또는 법원이나 주무관청의 촉탁(법 제85조)에 의한 경우를 제외하고 신탁원부의 기록사항이 변경되었을 때에는 지체 없이 그 변경을 증명하는 정보를 제공하여 신탁원부에의 기록(변경기록)을 신청하여야 한다(법 제86조).

2 법원 또는 주무관청의 촉탁에 의한 경우

법원이 수탁자 해임의 재판을 한 때, 신탁관리인의 선임 또는 해임의 재판을 한 때, 신탁변경의 재판을 한 때에는 지체 없이 신탁원부 기록의 변경등기를 등기소에 촉탁하여야 한다(법 제85조 제1항). 또한 주무관청이 수탁자를 직권으로 해임한 때, 신탁관리인을 직권으로 선임하거나 해임한 때 또는 신탁내용의 변경을 명한 때에도 지체 없이 신탁원부 기록의 변경등기를 등기소에 촉탁하여야 한다(법 제85조 제2항).

3 직권에 의한 기록

등기관이 신탁재산에 속하는 부동산에 관한 권리에 대하여 ① 수탁자의 변경으로 인한 이전등기, ② 여러 명의 수탁자 중 1인의 임무 종료로 인한 변경등기, ③ 수탁자인 등기명의인의 성명 및 주소에 관한 변경등기 또는 경정등기 등을 할 경우 직권으로 그 부동산에 관한 신탁원부 기록의 변경등기를 하여야 한다(법 제85조의2).

05 신탁등기의 말소등기 [26회 출제]

1 신탁재산의 처분, 신탁의 종료 및 수탁자의 고유재산으로 된 경우

신탁재산에 속한 권리가 이전·변경·소멸됨에 따라 신탁재산에 속하지 아니하거나, 신탁종료로 인하여 신탁재산에 속한 권리가 이전 또는 소멸되어 해당 부동산이 신탁재산이 아닌 것으로 된 경우에 신탁등기의 말소신청은 신탁된 권리의 이전·변경·말소등기의 신청과 동시에 하여야 한다(법 제87조).

2 단독신청·일괄신청

신탁등기의 말소등기신청은 수탁자가 단독으로 할 수 있으며(법 제87조 제3항), 권리의 이전 또는 말소등기나 수탁자의 고유재산으로 된 뜻의 등기신청과 함께 1건의 신청정보로 일괄하여 하여야 한다(규칙 제144조 제1항).

3 등기의 실행

등기관이 권리의 이전 또는 말소등기나 수탁자의 고유재산으로 된 뜻의 등기와 함께 신탁등기의 말소등기를 할 때에는 하나의 순위번호를 사용하고, 종전의 신탁등기를 말소하는 표시를 하여야 한다(규칙 제144조 제2항).

제2편 부동산등기법

단락문제 Q9
제23회 기출

신탁등기에 관한 설명으로 틀린 것은?

① 신탁재산의 처분으로 수탁자가 얻은 부동산이 신탁재산에 속하게 된 경우, 수탁자가 단독으로 신탁등기를 신청할 수 있다.
② 수익자 또는 위탁자는 수탁자를 대위하여 신탁등기를 신청할 수 있다.
③ 수탁자가 여러 명인 경우 등기관은 신탁재산이 공유인 뜻을 등기부에 기록하여야 한다.
④ 등기관이 신탁등기를 할 때에는 신탁원부를 작성하여야 하는데, 이때의 신탁원부는 등기기록의 일부로 본다.
⑤ 농지에 대하여 「신탁법」상 신탁을 등기원인으로 하여 소유권이전등기를 신청하는 경우, 신탁의 목적에 관계없이 농지취득자격증명을 첨부하여야 한다.

해설 신탁등기
③ (×) "합유인 뜻"을 기록하여야 한다(법 제84조 제1항).
⑤ (○) 농지에 대하여 신탁을 원인으로 하여 소유권이전등기를 신청하는 경우에는 관리신탁, 처분신탁, 담보신탁 등 신탁의 목적에 관계없이 농지취득자격증명을 첨부하여야 한다(등기선례 제7-465호).   **답** ③

단락문제 Q10
제25회 기출

신탁등기에 관한 설명으로 옳은 것은?

① 수탁자가 수인일 경우, 신탁재산은 수탁자의 공유로 한다.
② 수익자가 수탁자를 대위하여 신탁등기를 신청할 경우, 해당 부동산에 대한 권리의 설정등기와 동시에 신청하여야 한다.
③ 신탁으로 인한 권리의 이전등기와 신탁등기는 별개의 등기이므로 그 순위번호를 달리한다.
④ 신탁종료로 신탁재산에 속한 권리가 이전된 경우, 수탁자는 단독으로 신탁등기의 말소등기를 신청할 수 있다.
⑤ 위탁자가 자기의 부동산에 채권자 아닌 수탁자를 저당권자로 하여 설정한 저당권을 신탁재산으로 하고 채권자를 수익자로 정한 신탁은 물권법정주의에 반하여 무효이다.

해설 신탁등기
① (×) 합유로 한다(「신탁법」 제50조 제1항).
② (×) 이 경우에는 동시에 신청할 필요가 없다(법 제82조 제2항).
③ (×) 일괄하여 처리하므로 그 순위번호도 동일하다(규칙 제139조 제1항).
④ (○) (법 제87조 제3항)
⑤ (×) 특례가 인정된다(법 제87조의2).   **답** ④

제5절 용익권에 관한 등기 [31·34회 출제]

01 지상권에 관한 등기 [추가15회 출제]

1 지상권설정등기★★ [28회 출제]

(1) 의 의 [22회 출제]

1) 지상권은 타인의 토지 위에 건물 기타의 공작물(工作物)이나 수목(樹木)을 소유하기 위하여 그 토지를 사용할 수 있는 권리로서 계약 또는 법률의 규정(법정지상권)에 의하여 성립한다(「민법」 제279조). 법정지상권의 성립에는 등기를 요하지 아니하나, 처분할 때에는 그 등기를 하여야 한다(법 제187조).

→ 수평면의 일부와 상하의 일부(구분지상권) 모두 가능

2) 지상권은 토지의 일부에 그 범위를 정하여 설정할 수 있고, 이 경우 등기신청시 첨부정보로서 지적도를 등기소에 제공하여야 한다(법 제69조 제6호, 규칙 제126조 제2항). 그러나 지상권은 토지의 지분상에는 설정하지 못하고 또한 물권으로서 배타적인 권리이므로 동일한 토지에 2중으로 지상권을 설정하지 못한다(1물1권주의). 한편 그 토지가 농지라도 건물 기타 공작물이나 수목을 소유하기 위해서 지상권을 설정할 수 있다(등기예규 제555호).

3) 구분지상권은 건물 기타 공작물을 소유하기 위하여 지하 또는 지상의 공간을 그 상하의 범위를 정하여 사용할 수 있는 권리이다(법 제289조의2).

(2) 신청인

지상권의 설정등기는 지상권설정자인 토지소유자가 등기의무자가 되고, 지상권자가 등기권리자가 되어 공동으로 신청한다. 지상권의 설정계약 후 상대방이 등기신청에 협력하지 아니하면 이행판결을 받아 단독으로 신청할 수 있다(법 제23조 제4항).

(3) 신청정보

1) **필요적 신청정보의 내용★★** [25회 출제]

지상권설정등기를 신청할 때에는 일반적인 신청정보의 내용(규칙 제43조) 외에, 지상권설정의 목적[예 '연와조 건물의 소유', 이는 지상권설정의 목적에 따라 최단존속기간이 다르기 때문이다(「민법」 제280·281조 참조)]과 지상권설정의 범위(1필(筆)의 토지의 전부인 때에는 '토지의 전부', 토지의 일부인 때에는 '서쪽 500㎡')를 신청정보의 내용으로 제공하여야 한다(규칙 제126조 제1항).

← 제공하지 않으면 등기신청이 각하될 뿐이며, 이미 경료된 지상권등기가 무효가 되는 것은 아님을 주의

제2편 부동산등기법

Professor Comment
일반적 사항 → 부동산의 표시, 신청인에 관한 사항, 등기원인과 연월일, 등기목적, 관할등기소, 등기신청 연월일, 등록세 등

2) 임의적 신청정보의 내용 ★

① 존속기간, 지료와 지급시기 등은 설정계약에서 별도로 약정한 경우에 한해 신청정보의 내용으로 등기소에 제공하여야 한다(규칙 제126조 제1항).

 ■ **지상권에 있어서의 지료약정**

1 지상권에 있어서 지료의 지급은 그의 요소가 아니어서 지료에 관한 유상 약정이 없는 이상 지료의 지급을 구할 수 없다.

2 지상권에 있어서 유상인 지료에 관하여 지료액 또는 그 지급시기 등의 약정은 이를 등기하여야만 그 뒤에 토지소유권 또는 지상권을 양수한 사람 등 제3자에게 대항할 수 있고, 지료에 관하여 등기되지 않은 경우에는 무상의 지상권으로서 지료증액청구권도 발생할 수 없다(대판 1999. 9.3. 99다24874).

② 지상권의 최단존속기간규정은 강행규정이므로 그 기간보다 단축된 기간을 정한 때에는 최단기간까지 연장된 것으로 본다(「민법」 제280조 제2항). 따라서 비록 신청정보의 내용으로 최단기간보다 단축된 기간을 제공한 경우에도 형식적 심사권밖에 없는 등기관은 신청정보의 내용대로 수리하여야 한다(등기예규 제1425호).

③ 지상권의 존속기간을 불확정기간(예) 철탑존속기간을 지상권의 존속기간으로 하는 경우, 등기예규 제1425호) 또는 영구무한으로 하는 것도 가능하다(대판 2001.5.29. 99다66410).

Key Point | 지상권설정 등기

1) **지상권의 의의**
   지상권은 타인의 토지에 건물 기타 공작물 및 수목을 소유하기 위하여 타인의 토지를 사용할 수 있는 물권이다.

2) **지상권의 설정등기의 신청정보**
   ① 필요적 신청정보의 내용
      ㉠ 지상권설정의 목적 ── 「건물」・「공작물」・「수목」의 소유
      ㉡ 지상권설정의 범위 ─┬ 1필의 전부
                          └ 1필의 일부(지적도 첨부)
   ② 임의적 신청정보의 내용(별도의 약정이 있는 경우에만 제공 요)
      ㉠ 존속기간 ─┬ 최장기간 규정 없음
                  └ 최단기간 규정 있음(민법: 30년, 15년, 5년)
      ㉡ 지료(무료의 지상권도 가능)
      ㉢ 구분지상권의 경우: 그 구분지상권행사를 위한 토지사용 제한특약

(4) 첨부정보

1) 등기원인증명정보와 인감증명

지상권설정계약증명정보 또는 판결에 의한 경우에는 판결 정본과 확정증명을 첨부정보로 제공하여야 하나, 법정지상권의 경우에는 원인증명정보가 없으므로 제공하지 않는다. 또한 소유자가 지상권설정자로서 등기의무자가 되므로 그의 인감증명을 제공하여야 한다(규칙 제60조 제1항 제1호).

2) 지적도

지상권이 토지의 전부가 아닌 특정 일부를 목적으로 할 때에는 지적도를 첨부정보로 제공하여야 한다(규칙 제126조 제2항). 다만, 도면은 방문신청의 경우라도 원칙적으로 전자문서로 작성하여 전산정보처리조직에 의해서 송신하는 방법으로 하여야 한다(규칙 제63조).

3) 등기원인에 대한 제3자의 허가서 등

토지거래허가지역 내의 토지에 대한 지상권설정등기의 경우에는 시장 등의 허가서를 첨부정보로 등기소에 제공하여야 한다. 다만, 지료의 지급이 없는 지상권설정등기의 경우에는 이 허가서를 등기소에 제공할 필요는 없다. 그러나 농지에 대한 지상권설정등기의 경우에 농지취득자격증명정보를 첨부정보로 제공할 필요는 없다(1999.2.10. 등기 3402-146).

(5) 등기의 실행

당해 등기기록의 을구에 독립등기로 실행한다. 등기원인과 그 연월일 외에 위의 필수적·임의적 신청정보의 내용 외에 지상권설정의 범위가 토지의 일부인 경우에는 그 부분을 표시한 도면의 번호도 등기기록에 기록한다(법 제69조 제6호).

2 구분지상권의 설정등기

(1) 의 의

1) 구분지상권이란 지하나 공중(지상)의 건물 또는 공작물(지하철, 고가도로 등)을 소유하기 위하여 타인 소유의 토지의 지하 또는 지상의 공간의 상하의 범위를 정하여 사용하는 지상권을 말한다(「민법」 제289조의2 등). 그러나 수목을 소유하기 위해서는 허용되지 아니한다.

2) 구분지상권의 중복설정

지상권은 배타적 권리이므로 지상권이 설정된 동일 토지에 대한 이중의 지상권설정은 양립이 불가하므로 설정할 수 없다. 다만, 구분지상권은 토지의 지하 또는 지상의 공간의 상하의 범위를 달리 정하여 2개 이상을 중복하여 설정하여 1필의 토지의 등기기록의 을구에 각각 따로 등기할 수 있다(등기예규 제1040호).

3) 계층적 구분건물 중 특정계층만의 구분소유목적의 구분지상권의 설정가부

계층적 구분건물 중 특정상층(예 10층 건물의 9층만)만의 구분소유를 목적으로 구분지상권을 설정할 수가 없다(구분지상권에 관한 등기처리요령 등기예규 제1040호). 판례는 기존 1층의 건물 옥상 위에 건물을 소유하기 위한 지상권설정계약은 일반 지상권으로 본다(대판 1978.3.14. 77다2379).

(2) 신청정보와 첨부정보

필요적 신청정보의 내용으로 구분지상권설정의 목적, 설정범위 및 임의적 신청정보의 내용으로 토지소유자의 사용제한 특약(「민법」 제289조의2 제1항 후문), 존속기간, 지료 등에 관한 사항을 제공하여야 하고, 첨부정보로서 구분지상권 설정 당시 이미 제3자가 지상권·전세권 등을 가지고 있는 경우에는 그 토지를 사용·수익할 권리자 전원의 승낙증명정보를 제공하여야 한다(「민법」 제289조의2 제2항 참조). 단 그 사용범위가 다른 구분지상권자의 승낙증명정보의 제공은 불요한다. 한편 등기신청정보의 내용 및 등기부의 기록에 의하여 그 범위가 명백하게 한정되고 있기 때문에 첨부정보로 도면을 등기소에 제공할 필요도 없다(등기예규 제1040호).

→ 대항요건

(3) 등기의 실행

지상권의 설정등기의 경우와 동일하고, 지상권과 구분지상권의 상호변경등기도 등기상 이해관계인이 없거나 그의 승낙증명정보 등이 있는 경우에는 부기등기의 형식으로 할 수 있다(등기예규 제1040호).

(4) 「도시철도법」과 「도로법」에 의한 구분지상권설정등기

1) 토지소유자와 도시철도건설자의 협의에 의한 경우에는 공동신청에 의하며, 그 토지를 사용·수익할 권리자 및 그 권리를 목적으로 하는 권리를 가진 자가 있는 경우에는 전원의 승낙증명정보를 첨부정보로 제공하여야 하고, 권리수용 또는 사용재결을 원인으로 한 경우에는 단독신청으로 할 수 있다.

2) 구분지상권이전등기에 의하는 경우

기존의 구분지상권을 수용한 경우에는 구분지상권이전등기를 신청할 수 있다.

Professor Comment

구분지상권설정등기를 신청할 때 지적도는 첨부하지 않는다. 우리나라 지적법령은 토지의 지표만 등록하는 2차원 지적임을 상기하자.

3 지상권의 이전·변경·말소등기

(1) 지상권이전등기

1) 의 의
지상권은 물권으로서 양도성이 인정되며 그 양도나 상속 등에 의해 지상권이 이전된 경우에는 지상권이전등기형식에 의하며 부기등기로 한다(「민법」제282조, 법 제52조 제2호).

2) 등기절차상 특칙
① 지상권이전등기는 지상권자와 그 양수인의 공동신청에 의하고, 신청정보로서 이전할 지상권의 접수 연월일과 접수번호도 제공하여야 하며, 첨부정보로서 지료가 있는 유상지상권인 경우에는 토지거래계약허가증명도 제공하여야 한다(「부동산 거래신고 등에 관한 법률」제11조 제1항).

② **등기의 실행**
지상권의 이전등기는 부기등기로 하고(법 제52조 제2호), 종전 권리자의 표시에 관한 사항을 말소하는 표시를 한다(규칙 제112조 제3항). 지상권의 이전이 무효인 경우에는 지상권 이전의 부기등기만을 말소한다.

(2) 지상권변경등기

1) 의 의
지상권의 내용 중 지상권설정의 목적, 존속기간, 지료 또는 지료의 지급시기 등이 변경된 때에는 그 등기를 하여야 제3자에게 대항할 수 있다.

2) 등기절차상 특칙
① 지상권자와 지상권설정자의 공동신청에 의하며, 신청정보의 내용으로서 변경할 사항과 변경하고자 하는 지상권을 특정하여 제공하여야 하며, 첨부정보로는 지상권의 변경등기로 불이익을 입게 되는 자 또는 등기상 이해관계인의 승낙증명정보 등과 인감증명을 제공하여야 한다.

② **등기의 실행**
지상권의 변경등기도 부기등기로 하고 변경·경정 전의 등기사항을 말소하는 표시를 하여야 하나, 등기상 이해관계인의 승낙증명정보 등을 첨부정보로 제공하지 아니하여 주등기로 하는 경우에는 그 말소표시를 하지 아니한다(법 제52조 제5호, 규칙 제112조 제1항).

(3) 지상권말소등기

1) 의 의

지상권의 존속기간의 만료, 해지 포기 등의 경우에는 **지상권말소등기**를 한다.

> 지상권 자체의 말소등기와 지상권이전등기의 말소를 명확히 구별할 것

2) 등기절차상 특칙

① 지상권말소등기는 지상권자와 지상권설정자가 공동신청하는 것이 원칙이나, 단독신청(혼동의 경우) 또는 법원이나 관공서의 촉탁에 의하는 경우도 있고, 신청정보로서 말소할 지상권의 표시에 관한 정보를 제공하여야 하고, 첨부정보로서 등기상 이해관계인의 승낙증명정보 등을 제공하여야 한다(규칙 제46조 제1항 제3호).

> 지상권이 양도된 경우 지상권의 양수인(현재의 지상권자)

② **등기의 실행**

> 지상권이 양도된 경우에도 지상권 이전등기를 말소할 것은 아니고, 지상권설정등기를 말소한다는 점과 비교할 것

주등기의 형식으로 말소등기를 한 후 해당 지상권등기를 말소하는 표시를 하여야 하고, 말소할 권리를 목적으로 하는 등기상 이해관계 있는 제3자의 권리에 관한 등기는 그의 승낙증명정보를 제공한 경우에는 등기관이 직권으로 말소한다(법 제57조 제2항, 규칙 제116조 제2항).

단락문제 Q11 제26회 기출

다음 중 지상권설정등기에 대한 설명으로 틀린 것은?

① 토지의 일부에 범위를 정하여 지상권을 설정할 수 있다.
② 계층적 구분건물 중 특정상층만의 구분소유를 목적으로 구분지상권을 설정할 수가 없다.
③ 수목소유를 위해서 구분지상권을 설정하는 것이 합리적이다.
④ 기존 1층의 건물 옥상 위에 건물을 소유하기 위한 지상권설정계약은 그 건물의 대지에 지상권을 설정하기 위한 계약으로 보아 유효하다.
⑤ 공유지분에 대하여는 지상권을 설정할 수 없다.

답 지상권 설정등기

① (○) (법 제69조 제6호 참조)
② (○) 계층적 구분건물 중 특정상층(예 10층 건물의 9층만)만의 구분소유를 목적으로 구분지상권을 설정할 수가 없다(구분지상권에 관한 등기처리요령 등기예규 제1040호).
③ (×) 토지의 지하 또는 지상의 공간만을 사용해 수목을 소유한다는 것은 생각하기 어렵다.
④ (○) (대판 1978.3.14. 77다2379)
⑤ (○) 공유 지분에는 지상권을 설정할 수는 없으므로 다른 공유자의 승낙서를 제공하여 일부 공유자의 지분에 대한 지상권설정등기 신청은 법 제29조 제2호의 각하사유에 해당한다(1999.3.9. 등기 3402-237). **답 ③**

제4장 부동산의 표시 및 각종 권리의 등기절차

02 지역권의 등기 ★★   19회 출제

1 지역권설정등기   24회 출제

(1) 의 의

→ 통행, 인수, 관망 등

지역권(地役權)은 설정행위에서 정한 일정한 목적을 위하여 타인의 토지(승역지 : 편익부담지)를 자기의 토지(요역지 : 편익수혜지)의 편익에 이용하는 물권이다(「민법」제291조). 승역지 또는 요역지의 지상권자나 임차권자, 전세권자도 지역권 설정자 또는 지역권자가 될 수 있다.

(2) 지역권의 객체

승역지의 경우는 1필 토지의 일부에 대하여도 지역권을 설정할 수 있으나(법 제70조 제5호), 요역지의 경우는 1필 토지의 전부이어야 한다(1물1권주의). 한편 지역권은 비배타적 용익물권이므로 동일한 토지상에 편익의 내용(통행, 용수)을 달리하는 2개 이상의 지역권을 설정할 수 있다.

(3) 신청인

지역권설정등기는 승역지 소유자(= 지역권 설정자)가 등기의무자가 되고, 요역지 소유자(= 지역권자)가 등기권리자가 되어 공동신청하여야 한다.

(4) 신청정보   25회 출제

→ 이에 대한 등기는 대항요건임   → 통행, 인수, 관망 등

① 필요적신청정보로는 일반적인 내용 외에 지역권설정의 목적(편익의 내용), 범위(승역지의 표시로서 토지의 전부 또는 동쪽 200m²로 표시), 요역지의 표시에 관한 사항을 ② 임의적신청정보로는 부종성(수반성)배제약정 등이 있는 경우에 이에 관한 사항도 제공하여야 하며(규칙 127조 제1항), ③ 승역지가 소유자를 달리하는 수필의 토지인 경우에는 각 소유자별로 별개로 신청정보를 제공하여야 한다(등기예규 제192호).

(5) 첨부정보

지상권에서와 마찬가지로 승역지 중 그 범위 부분을 표시한 지적도를 첨부정보로서 등기소에 제공하여야 하고(규칙 제127조 제2항, 도면의 제공방법에 관하여는 규칙 제63조 참조), 인감증명은 지역권설정등기신청의 등기의무자가 소유권의 등기명의인인 경우에는 제공하여야 하나 지상권자인 경우에는 그의 인감증명은 제공을 요하지 않는다(규칙 제60조 제1항 제1호).

→ 지역권설정자

(6) 등기의 실행

1) 승역지에의 지역권등기

① 지역권의 설정등기는 승역지의 등기기록의 을구에 하고, 요역지에는 등기관이 직권으로 기록한다.

② 등기사항으로는 일반적인 사항 외에 지역권설정의 목적, 범위, 요역지의 표시, 부종성(수반성)배제약정, 그리고 지역권설정의 범위가 승역지인 1필의 토지의 일부인 경우에는 그 부분을 표시한 도면의 번호도 기록한다(법 제70조, 제71조).

2) 요역지에의 지역권의 등기

① 승역지와 요역지의 관할등기소가 동일한 경우에, 등기관이 승역지에 지역권설정의 등기를 하였을 때에는, 요역지의 등기기록에 순위번호, 등기목적, 승역지, 지역권설정의 목적, 범위, 등기연월일을 직권으로 기록하여야 한다(법 제71조 제1항). 이는 별개의 독립등기이다.

② 요역지와 승역지의 관할등기소가 다른 경우에 등기관은 지체 없이 그 등기소에 승역지, 요역지, 지역권설정의 목적과 범위, 신청서접수의 연월일을 통지해야 하며 이를 받은 등기소의 등기관은 요역지인 부동산의 등기기록에 순위번호, 등기목적, 승역지, 지역권설정의 목적, 범위, 그 통지의 접수연월일 및 그 접수번호를 기록하여야 한다(법 제71조 제2·3항).

> 지역권자가 소유자인 경우 갑구에, 지상권자·전세권자·토지임차권자인 경우 을구에 등기해야 함

Key Point — 지역권의 등기절차

1) 지역권의 의의

일정한 목적(통행·인수·관망 등)을 위하여 타인의 토지를 자기 토지의 편익에 이용하는 권리이다.

① 지역권 ─┬─ 요역지: 편익을 받는 토지(1필의 토지 전부)
　　　　　└─ 승역지: 편익에 제공되는 토지(1필의 토지 일부도 가능)

② 요역지소유자와 승역지소유자의 계약에 의하여 설정된다.

2) 지역권의 설정등기

① 신청정보
　㉠ 필요적 신청정보: ⓐ 지역권설정의 목적, ⓑ 범위(승역지의 표시), ⓒ 요역지
　㉡ 임의적 신청정보: 부종성(수반성)배제약정 등

② 등기의 실행
　지역권의 설정등기는 「승역지」의 등기기록에 하게 된다. → 여기에 부수해서 등기관이 직권으로 요역지의 등기기록에 승역지의 표시와 그 취지 등을 기록한다.

2 지역권의 이전·변경·말소등기

(1) 지역권이전등기

지역권은 요역지의 소유권과 독립한 물권이지만 요역지 소유권에 부종하여 이전한다. 그러나 요역지를 위하여 존재하는 권리이므로 소유권이 이전된 경우에도 별도의 이전등기를 신청할 수 없다.

Professor Comment

지역권설정등기 후 요역지의 소유자가 변경되면 당연히 요역지의 소유자가 지역권자가 되므로(「민법」 제292조) 별도로 지역권이전등기를 신청할 필요가 없다.

(2) 지역권의 변경등기

1) 의 의

지역권의 변경계약에 의하여 지역권설정의 목적 또는 승역지의 범위변경, 부종성(수반성)배제약정의 폐지 등에 의해 지역권의 내용이 변경되는 경우에 하는 등기로서, 변경등기를 한 경우에는 제3자에게 대항할 수 있다.

2) 등기의 신청 및 실행

지역권변경등기의 신청은 승역지 관할 등기소에 지역권자와 그 설정자의 공동신청에 의하여 하며, 신청정보 및 첨부정보로 그 변경과 관련된 사항을 등기소에 제공하여야 하며 그 등기의 실행은 승역지의 등기기록에 먼저 변경사항을 기록한 후 요역지의 등기기록에는 등기관이 직권으로 기록한다.

(3) 지역권의 말소등기

1) 의 의

지역권의 말소등기는 승역지 또는 요역지의 멸실, 권리의 혼동, 지역권자의 권리포기 등의 경우에 하는 등기이다.

2) 등기의 신청 및 실행

① 지역권말소등기는 지역권자와 지역권설정자가 공동신청하는 것이 원칙이나, 혼동 또는 판결이 있는 경우에는 단독으로 신청할 수 있다. 신청정보의 내용으로서 말소할 지역권의 표시에 관한 정보, 첨부정보로서 등기상 이해관계인의 동의증명정보 등을 제공하여야 한다.

② 승역지와 요역지의 등기기록에 독립등기(주등기)로 각 말소등기를 한 후 해당 등기를 말소하는 표시를 한다(규칙 제116조 제1항). 요역지가 다른 등기소의 관할에 속하는 경우에는 말소등기를 한 취지를 요역지 관할 등기소에 통지하고 요역지등기소는 그 등기기록 중 을구에 통지받은 사항을 기록한다(법 제72조 제4항).

제2편 부동산등기법

단락핵심   지역권등기

(1) 승역지의 지상권자도 지역권설정자로서 등기의무자가 될 수 있다.
(2) 승역지의 전세권자가 지역권을 설정해 주는 경우, 그 지역권설정등기는 전세권등기에 부기등기로 한다(소유권 외의 권리를 목적으로 하는 등기이다).
(3) 지역권설정등기는 지역권자가 등기권리자, 지역권설정자가 등기의무자로서 공동으로 신청함이 원칙이다.
(4) 지역권설정등기 신청의 경우에는 부동산의 표시 등 일반적인 신청정보 외에 지역권설정의 목적, 범위 등을 등기소에 신청정보의 내용으로 제공하여야 한다.

단락문제 012   제24회 기출

지역권등기에 관한 설명으로 틀린 것은?

① 등기관이 승역지의 등기기록에 지역권설정의 등기를 할 때에는 지역권설정의 목적을 기록하여야 한다.
② 요역지의 소유권이 이전되면 지역권은 별도의 등기 없이 이전된다.
③ 지역권설정등기는 승역지 소유자를 등기의무자, 요역지 소유자를 등기권리자로 하여 공동으로 신청함이 원칙이다.
④ 지역권설정등기시 요역지지역권의 등기사항은 등기관이 직권으로 기록하여야 한다.
⑤ 승역지의 지상권자는 그 토지 위에 지역권을 설정할 수 있는 등기의무자가 될 수 없다.

해설   지역권등기
① (○) (법 제70조 제1호).
② (○) 요역지 소유권의 처분은 지역권의 처분을 수반한다(지역권의 수반성, 「민법」 제292조).
③ (○) (법 제23조 제1항).
④ (○) (법 제71조 제1항).
⑤ (×) 승역지의 지상권도 그 권한 내에서는 유효하게 지역권을 설정할 수 있으므로 등기의무자가 될 수 있다(등기예규 제205호).

답 ⑤

03 전세권에 관한 등기 ★★★ 21·33회 출제

1 전세권설정등기 10·25·32회 출제

(1) 전세권의 의의

1) 의의 및 법적 성질

① 전세권이라 함은 전세금을 지급하고 타인의 부동산(농경지 제외)을 점유하여 그 부동산의 용도에 좇아 사용·수익하며, 그 부동산 전부에 대하여 후순위권리자 기타 채권자보다 전세금의 우선변제를 받을 수 있는 물권을 말한다(「민법」 제303조).

② 전세권은 물권이므로 당연히 양도성과 상속성을 가지나 설정행위시의 양도금지특약은 지상권과 달리 유효하다(「민법」 제306조 단서).

③ 전세권은 용익물권성 외에 전세금에 대한 우선변제권이 인정되므로 담보물권성도 긍정된다(대판 1989.9.26. 87다카25425).

2) 전세권의 객체

전세권은 그 목적 부동산을 배타적으로 점유하여 사용·수익하는 물권이므로 2중으로 설정할 수 없으며, 지상권, 임차권도 용익권으로서 전세권과 성질상 양립할 수 없으므로 서로 중첩하여 성립할 수 없다. 또한, 전세권은 부동산(토지와 부동산 모두 가능)의 일부에도 설정할 수 있으나(법 제72조 제1항 제6호), 농경지나 공유지분상에는 설정할 수 없다. 한편 토지와 건물은 별개의 부동산이므로 건물에 전세권이 설정된 경우에도 토지에 대해 별도의 전세권을 설정할 수 있다.

3) 전세제도의 이원화

물권으로서의 전세권, 즉 전세권설정계약을 체결하고 전세금을 지급한 후 그 설정등기를 한 것(「민법」 제303조, 제186조 참조)과 채권적 전세, 즉 설정등기를 하지 아니함으로써 채권으로서의 효력만 갖는 것으로 나눌 수 있다. 채권적 전세에 대한 법적 규율은 임대차에 관한 규정(「민법」 제618조 이하, 주택의 채권적 전세의 경우에는 「주택임대차보호법」, 상가건물의 임대차에 대하여는 「상가건물 임대차보호법」)에 의해 규율한다.

> 전세권설정합의를 하였음에도 불구하고 아직 등기하지 않은 미등기전세를 의미하며, 그 밖에 주거의 목적으로 매매가격의 70~80%에 해당하는 전세금을 지불하고 남의 집을 빌려서 사용하는 부동산임대차의 한 형태도 포함한다.

Key Point | 전세권의 2원화

1) 전세권설정계약 + 전세금지급 + 등기 = 물권
2) 전세권설정계약 + 전세금지급 = 채권적 전세(미등기전세)

(2) 등기신청절차

1) 신청인

전세권설정등기는 부동산소유자가 등기의무자가 되고 전세권자가 등기권리자가 되어 공동신청한다. 판결에 의하여 단독신청으로 할 수도 있다.

2) 신청정보(규칙 제128조 제1항) 25회 출제

① **필요적 신청정보의 내용** ★
  ㉠ 전세금·전전세❶금은 전세권의 필수적 성립요소로서 전세권·전전세권의 설정 등기의 신청정보로서 제공하여야 한다.
  ㉡ 전세권의 범위정보로서 전세권·전전세권설정의 목적이 되는 부동산의 범위를 제공하여야 하며, 그 범위가 1필의 토지의 일부 또는 1개의 건물의 일부인 때에는 그 목적부분을 명확히 특정(예 남측 400㎡)하여 제공하여야 한다.

② **임의적 신청정보의 내용**
  ㉠ 등기원인증명정보에 존속기간, 위약금이나 배상금 또는 전세권의 양도금지 등의 특약이 있는 때에는 이에 관한 정보를 제공하여야 한다.
  ㉡ **전세권의 존속기간**
      전세권은 그 설정시 또는 법정갱신시에도 최장존속기간은 10년을 넘지 못한다. 그러나 건물전세의 경우 최단기간이 1년으로 보장되며, 법정갱신시에는 존속기간을 정하지 않은 것으로 본다(「민법」 제312조).

> **용어사전**
> ❶ 전전세(轉傳貰)
> 전세권자의 전세권을 유지·존속하면서 그 전세권을 목적으로 하는 전세권을 다시 설정하는 것을 말한다(민법 제306조).

3) 첨부정보

① **도 면** → 소재도, 평면도
  전세권의 목적이 부동산의 일부인 경우에는 지적도 또는 건물도면을 첨부정보로 제공하여야 한다(규칙 제128조 제2항). 그러나 그 범위가 건물의 '특정층 전부'인 경우에는 그 도면을 첨부할 필요가 없다.

② **등기원인에 대한 제3자의 허가증명정보**
  공익법인의 기본재산인 부동산에 관하여 전세권 등의 제한물권을 설정하는 때에는 주무관청의 허가서를 첨부정보로 제공하여야 하는 경우가 있다(규칙 제46조 제1항 제2호).

(3) 등기의 실행 26회 출제

1) 전세권설정등기는 등기기록의 을구에 일반적 등기사항 외에 전세금 또는 전전세금, 전세권의 범위(그 범위가 부동산의 일부인 경우에는 도면의 번호)를 기록한다.
2) 약정이 있는 경우에는 **존속기간, 위약금 또는 배상금, 양도금지의 특약의 내용**도 기록하여야 한다.
   → 대항요건에 불과함

제4장 부동산의 표시 및 각종 권리의 등기절차

> **Key Point** 전세권에 관한 등기절차
>
> 1) **전세권의 의의**
>   전세금을 지급하고 농경지 이외의 타인의 부동산을 점유하여 그 부동산의 용도에 좇아 사용·수익하는 권리이다.
> 2) **전세권**(또는 전전세권)**의 설정등기의 신청정보**
>   ① 필요적 신청정보
>   ㉠ 전세금(또는 전전세금)
>   ㉡ 전세금의 범위 ─ 전부
>   └ 일부 ─ 토지(지적도)
>   └ 건물(도면)
>   ② 임의적 신청정보
>   ㉠ 존속기간 ─ 최장기간 : 10년
>   └ 최단기간 : 건물(1년)
>   ㉡ 위약금이나 배상금
>   ㉢ 양도 또는 임대금지특약 등
> 3) **전세권의 이전등기**
>   부기등기에 의한다.

2 전세권의 이전·변경·말소등기 등 27회 출제

(1) 전세권이전등기

1) 전세권이전의 자유

전세권은 물권이므로 원칙적으로 이전할 수 있다. 다만, 설정행위로 금지한 경우에는 전세권을 타인에게 양도 또는 담보제공을 할 수 없다(「민법」 제306조). 또한 제3자에게 전세권의 일부를 양도하는 전세권일부이전등기를 부기등기로 할 수 있다(등기선례).

2) 등기의 신청 및 실행

전세권이전등기는 전세권자와 전세권양수인의 공동신청에 의한다. 신청정보로는 이전할 전세권의 접수연월일과 접수번호를 제공하여야 하고, 첨부정보로는 등기원인증명정보로서 전세권이전계약서 등을 제공하여야 한다. 전세권이전등기는 부기등기에 의한다(법 제52조 제2호).

3) 전세금반환채권의 일부양도에 따른 전세권 일부이전등기

전세권의 존속기간의 만료 후 또는 존속기간 만료 전이라도 해당 전세권이 소멸하였음을 증명하는 경우에는 전세금반환채권의 일부를 양도할 수 있고, 이 경우 전세권 일부이전등기를 할 수 있다(법 제73조, 규칙 제129조, 등기예규 제1406호). 이 경우 신청정보로서 이전할 전세권의 접수연월일과 접수번호, 양도액을 첨부정보로서 전세권의 존속기간 만료 전에 전세권 일부이전등기를 신청하는 경우에는 전세권소멸증명정보를 등기소에 제공하여야 한다. 전세권 일부이전등기시에는 양도액을 등기기록에 기록하며 부기등기의 형식으로 한다.

(2) 전세권변경등기

1) 의의

전세권의 내용, 즉 전세금의 증감, 그 범위 또는 존속기간의 변경 등의 경우에 하는 등기로서, 등기를 하여야 제3자에게 대항할 수 있다.

2) 등기절차상 특칙

① 전세권설정등기 후 목적부동산의 소유권이 제3자에게 이전된 경우에는 제3취득자가 전세권설정자의 지위에서 공동신청인이 된다.

② 신청정보의 내용으로는 변경하고자 하는 전세권을 특정할 수 있는 사항과 변경할 사항에 관한 정보를 제공하여야 하고, 첨부정보로는 변경등기에 따른 등기상 이해관계인의 승낙증명정보 등을 제공하여야 한다.

③ 등기의 실행

등기상 이해관계인이 있는 경우에는 그의 승낙증명정보 등을 제공한 경우에 한하여 부기등기로 변경등기를 할 수 있다. 그 승낙증명정보 등을 제공하지 않으면 그 이해관계인 보다 후순위의 주등기 방식으로 한다(법 제52조, 규칙 제112조 제1항).

3) 등기상 이해관계인 여부

① **전세금 증감의 경우**

전세금을 증액하는 경우에는 전세권자보다 후순위권리자가 등기상 이해관계인이 된다. 전세금을 감액하는 경우에는 전세권을 목적으로 하는 저당권자나 전세권가압류권자가 등기상 이해관계인이 된다.

② **존속기간의 변경의 경우**

존속기간을 연장하는 경우에는 후순위 권리자가 이해관계인이 된다. 존속기간을 단축하는 경우에는 전세권을 목적으로 하는 저당권자나 전세권가압류권자가 등기상 이해관계인이 된다. 한편 전세금감액과 동시에 존속기간 연장하는 경우에는 후순위 근저당권자도 등기상 이해관계인에 해당한다.

(3) 전세권말소등기★★

1) 전세권은 존속기간의 만료, 약정소멸사유의 발생 등의 경우에 소멸한다. 목적부동산의 멸실의 경우에는 그 부동산의 멸실등기 후 등기기록을 폐쇄하게 되므로 전세권소멸등기를 할 필요가 없다.

2) 등기절차상 특칙

① 전세권자가 소재불명된 경우에 등기권리자(전세권설정자)가 등기의무자(전세권자)의 소재불명으로 인하여 공동으로 등기의 말소를 신청할 수 없을 때에는 「민사소송법」에 따라 공시최고를 신청할 수 있다. 이 경우 제권판결이 있으면 등기권리자가 그 사실을 증명하여 단독으로 등기의 말소를 신청할 수 있다(법 제56조).

② 한편 구법 제167조 제3항 규정은 삭제되었으므로 전세권말소의 경우에 전세계약서와 전세금 반환증서를 첨부정보로 등기소에 제공하여 제권판결 없이 등기권리자가 단독으로 말소신청을 할 수는 없게 되었다.

3) 전세권이전등기의 말소등기
전세권의 이전이 무효인 경우에는 부기등기로 이루어진 전세권이전등기만을 말소한다.

(4) 수개의 부동산에의 공동전세권설정등기
1) 이 경우에는 공동저당의 등기절차에 관한 규정을 준용한다(법 제72조 제2항, 제78조).
2) 전세권의 목적 부동산이 5개 이상인 경우에는 공동담보목록을 작성하여야 하며 이는 등기기록의 일부로 본다.

[을 구]		(소유권 외의 권리에 관한 사항 : 전세권설정 및 이전등기)		
순위번호	등기목적	접 수	등기원인	권리자 및 기타사항
1	전세권설정	2010년 3월 5일 제3005호	2010년 3월 5일 설정계약	전세금 금70,000,000원 범위 건물 전부 존속기간 2010년 3월 5일부터 2011년 3월 4일까지 ~~전세권자 이을동~~ ~~300114-1057329~~ ~~서울특별시 강남구 삼성동 5~~
1-1	1번 전세권이전	2011년 4월 5일 제2011호	2011년 4월 2일 전세금반환채권 양도	양도액 금70,000,000원 전세권자 박병동 421123-1212987 서울특별시 강남구 역삼동 1

제2편 부동산등기법

단락문제 Q13
제26회 기출

전세권등기에 관한 설명으로 옳은 것은?

① 전세권의 이전등기는 주등기로 한다.
② 등기관이 전세권설정등기를 할 때에는 전세금을 기록하여야 한다.
③ 등기관이 전세권설정등기를 할 때에는 반드시 존속기간을 기록하여야 한다.
④ 건물의 특정부분이 아닌 공유지분에 대한 전세권설정등기도 가능하다.
⑤ 부동산의 일부에 대하여는 전세권설정등기를 신청할 수 없다.

해설 전세권등기
① 부기등기로 한다(법 제52조 제2호).
② (법 제72조 제1항 제1호)
③ 존속기간은 등기원인에 그 약정이 있는 경우에만 기록한다(법 제72조 제1항 제3호).
④, ⑤ 부동산의 일부에 대한 전세권설정등기는 가능하지만, 공유지분에 대한 전세권설정등기는 불가능하다(법 제72조 제1항 제6호).

답 ②

단락문제 Q14
제25회 기출

전세권의 등기에 관한 설명으로 틀린 것은?

① 수개의 부동산에 관한 권리를 목적으로 하는 전세권설정등기를 할 수 있다.
② 공유부동산에 전세권을 설정할 경우, 그 등기기록에 기록된 공유자 전원이 등기의무자이다.
③ 등기원인에 위약금약정이 있는 경우, 등기관은 전세권설정등기를 할 때 이를 기록한다.
④ 전세권이 소멸하기 전에 전세금반환채권의 일부양도에 따른 전세권일부이전등기를 신청할 수 있다.
⑤ 전세금반환채권의 일부양도를 원인으로 한 전세권일부이전등기를 할 때 양도액을 기록한다.

해설 전세권등기
①, ② (○) 공유부동산인 경우에는 등기기록에 기록된 공유자 전원이 등기의무자가 되어 전세권설정등기신청을 하여야 하고, 공유자 중 일부자의 승낙서를 첨부정보로서 등기소에 제공하는 형식으로 공유지분상에 전세권설정등기를 신청할 수는 없다. 왜냐하면 일부 공유자의 지분에 대한 전세권설정은 다른 공유자의 지분이용권을 침해하게 될 뿐만 아니라, 지분 자체의 용익물권성과 전세권의 용익물권성이 양립할 수 없기 때문이다.
③ (○) (법 제72조 제1항 제4호)
④ (×) 전세권 일부이전등기의 신청은 전세권의 존속기간의 만료 전에는 할 수 없다. 다만, 존속기간 만료 전이라도 해당 전세권이 소멸하였음을 증명하여 신청하는 경우에는 그러하지 아니하다(법 제73조 제2항).
⑤ (○) (법 제73조 제1항)

답 ④

제4장 부동산의 표시 및 각종 권리의 등기절차

04 임차권에 관한 등기

19회 출제

1 서 설

(1) 의 의

부동산임대차라 함은 당사자일방이 상대방에게 목적물을 사용, 수익하게 할 것을 약정하고 상대방이 이에 대하여 차임을 지급할 것을 약정함으로써 그 효력이 생기는 채권계약이다(「민법」 제618조). 차임을 정하지 아니하고 보증금❶의 지급만을 내용으로 하는 임대차 즉 '(전세권등기를 하지 아니한 미등기의)채권적 전세'의 경우에도 부동산임대차와 동일하게 취급한다.

> **용어사전**
>
> ❶ 보증금
> 부동산의 임대차계약시에 임차인이 임대인에게 지급하는 금원으로서 임차인의 잘못으로 그 목적물이 멸실한 경우 손해배상에 충당할 수 있는 보증금의 기능 외에 그 이자로서 차임지급에 갈음하는 기능, 그리고 임대차기간 동안 그 부동산을 담보로 한 신용수수의 기능도 갖는다.
>
> ❷ 임차권
> 임대차(계약)에 의해 부동산 등의 물건을 빌린 사람이 그 부동산 등의 목적물을 사용·수익하고 이에 대하여 차임을 지급할 것을 약정하는 것(민법 제618조)

(2) 부동산임차권❷등기의 종류와 효력

1) 「민법」에 의해 부동산임차권등기를 한 경우(「민법」 제621조)

① 일반 부동산임차권의 경우에는 제3자에 대한 대항력만이 인정되고, ② 주택(상가건물)임차권의 경우에는 대항력과 그 보증금에 대해 우선변제권이 인정된다. 그 후의 소액보증금 임차인은 그 일정액에 대해 우선변제권의 보호를 받지 못한다(「주택임대차보호법」 제3조의4 제1항, 「상가건물 임대차보호법」 제7조 제1항).

2) 주택(상가건물)임차권으로서 임차권등기명령에 따른 촉탁등기를 한 경우

① 임차인은 대항력과 보증금에 대한 우선변제적 효력을 취득하거나 기존의 대항력과 우선변제적 효력을 유지하며, ② 대항요건을 상실해도 그 효력을 상실하지 않는다. ③ 그 후의 소액보증금 임차인은 그 일정액에 대해 우선변제권의 보호를 받지 못한다(「주택임대차보호법」 제3조의3, 「상가건물 임대차보호법」 제6조).

Wide 물권화 경향이 인정되는 부동산임차권의 구체적 예

① 등기한 부동산임차권(「민법」 제621조 제1항)
② 건물에 대한 소유권등기가 있는 경우 토지임차권(「민법」 제622조)
③ 대항요건을 갖춘 주택(상가건물)임차권(「주택임대차보호법」 제3조, 「상가건물 임대차보호법」 제3조)

제2편 부동산등기법

2 「민법」상 신청에 의한 부동산임차권등기(등기예규 제1382호 참조)

(1) 의의

1) 임차권은 채권이므로 계약만으로 효력이 발생하고 등기가 효력발생요건은 아니다. 그러나 등기를 하면 제3자에게 대항할 수 있는 권리이다(「민법」 제621조 제2항).

Professor Comment
임차인은 임대인에 대하여 반대약정이 없는 경우 임대차등기절차에 협력할 것을 청구할 수 있을 뿐 당연히 등기를 청구할 수 있는 것은 아님(「민법」 제621조)을 주의해야 한다.

2) 임차인은 임대인과 사이에 반대약정이 없으면 임대인에게 등기에 협력할 것을 청구할 수 있고(「민법」 제621조 제1항) 등기를 갖춘 임차권에 기한 방해배제청구권도 인정된다.

3) 건물소유를 목적으로 한 토지임대차는 이를 등기하지 아니한 경우에도 임차인이 그 지상건물을 등기한 때에는 제3자에 대하여 임대차의 효력이 생긴다(「민법」 제622조 제1항). 따라서 여기서의 토지임차권은 토지등기부에 등기한 권리는 아니다.

4) 주택임차권의 경우에는 입주(→주택을 인도받는 것)와 주민등록(전입신고)을 한 때, 상가임차권의 경우에는 입주(→상가를 인도 받는 것)와 사업자등록(등록신고)을 한 때에, 그 다음날(익일 0시)부터 임차권등기를 하지 않더라도 제3자에게 대항력을 갖는다(「주택임대차보호법」 제3조 제1항, 「상가건물 임대차보호법」 제3조 제1항). 이처럼 채권에 대하여 대항력을 인정하여 마치 물권처럼 대세적 효력과 유사한 효력을 인정하는 것을 부동산임차권의 물권화(物權化) 경향이라고 한다.

(2) 등기신청절차

1) **신청인**

임차권설정자와 임차인이 공동신청하여야 한다(법 제23조 제1항). 한편 임대인이 반대약정이 없으나 임차권의 설정등기 절차에 협력하지 않는 경우에는 이행판결을 받아 등기권리자인 임차인 단독으로 등기신청을 할 수 있다(법 제23조 제4항).

2) **신청정보** 25회 출제

일반적인 신청정보의 내용 외에 필요적 신청정보로서 차임액에 관한 사항을(채권적 전세의 경우에는 제공불요), 범위 임의적 신청정보로서 차임지급시기, 존속기간(다만, 처분능력이나 권한이 없는 자가 한 단기임대차인 경우에는 그 뜻, 「민법」 제619조), 임차보증금 및 특약으로 임차권의 양도 또는 임차물의 전대를 허용한 경우에 임대인의 동의에 관한 사항 임차권설정 또는 임차물전대의 범위가 부동산의 일부인 때에는 그 부분을 표시한 도면의 번호를 등기소에 제공하여야 한다(규칙 제130조 제1항).

> 예) 부재자재산관리인(不在者財産管理人)이나 권한이 정하여져 있지 않은 대리인, 후견인, 상속재산관리인은 처분권한이 없지만, 관리권한이 인정되는데 이 때 민법은 임대차계약의 체결 자체는 허용하지만 임대차 기간을 제한하고 있다.

제4장 부동산의 표시 및 각종 권리의 등기절차

3) 첨부정보

일반적인 첨부정보 외에 임차권설정 또는 임차물전대의 범위가 부동산의 일부인 때에는 그 부분을 표시한 지적도나 건물도면을 첨부정보로서 등기소에 제공하여야 한다(규칙 제130조 제2항).

4) 주택(상가건물)임차권설정등기의 경우의 신청정보와 첨부정보에 관한 특칙

① **주택임차권설정등기의 경우**

㉠ 신청정보의 내용으로서 주민등록을 마친 날, 임차주택을 점유하기 시작한 날과 임대차계약증서상의 확정일자를 받은 날에 관한 정보를, ㉡ 첨부정보로서 임대인이 작성한 점유사실확인증명정보와 주민등록사항증명정보[주민등록등(초)본]을 제공하여야 한다.

② **상가건물임차권설정등기의 경우**

㉠ 신청정보의 내용으로서 사업자등록을 신청한 날, 임차상가건물을 점유하기 시작한 날과 임대차계약서상의 확정일자를 받은 날에 관한 정보를, ㉡ 첨부정보로서 임대인이 작성한 점유사실확인서와 사업자등록신청증명정보를 제공하여야 한다.

③ 위 ①, ②의 경우 임대차의 목적이 토지 또는 건물의 일부분인 때에는 지적도 또는 건물도면을 첨부정보로 등기소에 제공하여야 한다.

(3) 등기의 실행

임차권의 등기는 목적부동산 등기기록의 을구에 독립등기로 실행한다. 그 범위가 부동산의 일부인 때에는 그 부분을 표시한 도면의 번호를 기록하여야 한다(법 제74조).

(4) 임차권 이전 및 임차물 전대의 등기 등 27·35회 출제

1) 의 의

① 임차권이전등기는 임차권을 양도하여 양수인이 임차인의 지위를 승계한 경우에, 임차물전대의 등기는 임차인(전대인)이 그 임차물을 제3자(전차인)에게 전대한 경우에 하는 등기이다.

② 임대차의 존속기간이 만료된 경우와 임차권등기명령에 따른 촉탁에 의해 주택·상가건물 임차권등기가 마쳐진 경우에는, 그 등기에 기초한 임차권이전등기나 임차물전대등기를 할 수 없다.

2) 등기절차상 특칙

① 신청정보의 내용으로서 이전 또는 전대할 임차권의 접수연월일, 접수번호와 임의적 정보로서 차임에 관한 사항을 제공하여야 하고, 임차권의 양도 또는 임차물의 전대에 대한 임대인의 동의가 있다는 뜻의 등기가 없는 경우에는 임차권이전등기 등을 신청할 때에 임대인의 동의증명정보를 첨부정보로서 등기소에 제공하여야 한다(규칙 제130조 제3항).

② **등기의 실행**

임차권등기에 부기등기의 형식으로 한다(법 제52조 제3호).

3) 임차권의 변경·말소등기

임차권의 내용(차임, 존속기간 등)의 변경이 있는 경우에는 변경등기를 하여야 제3자에 대해 대항력이 인정된다. 임차권이 합의해지 등으로 소멸한 경우에 말소등기는 공동신청에 의한다.

4)
토지임차권이 대지권인 경우로서 토지의 등기기록에 그 뜻이 기록된 경우에는 임차권이전등기는 할 수 없다.

3 임차권등기명령에 따른 법원의 촉탁에 의한 등기 21회 출제

(1) 의 의

주택(상가건물) 임대차가 종료된 후 보증금의 전부 또는 일부를 반환받지 못한 임차인이 임차주택(상가건물)의 소재지를 관할하는 지방법원 등에 임차권등기명령을 신청하여 법원의 임차권등기명령에 따른 등기촉탁에 의한 등기를 이른다(「주택임대차보호법」 제3조의3, 「상가건물임대차보호법」 제6조).

(2) 효력(대항력과 우선변제력)

임차권등기명령에 따른 임차권등기를 마치면 임차인은 대항력과 보증금에 대한 우선변제권을 취득한다. 다만, 이미 취득한 대항력 또는 우선변제적 효력은 그대로 유지된다. 그러나 그 이후의 소액보증금 임차인은 그 일정액에 대해 우선변제권의 보호를 받지 못한다.

(3) 임차권등기의 촉탁

임차권등기명령은 판결에 의한 때에는 선고를 한 때에, 결정에 의한 때에는 상당한 방법으로 임대인에게 고지를 한 때에 그 효력이 발생한다(「임차권등기명령 절차에 관한 규칙」 제4조). 법원사무관등은 임차권등기명령의 효력이 발생하면 지체 없이 촉탁서에 재판서등본을 첨부하여 등기관에게 임차권등기의 기입을 촉탁하여야 한다(동 규칙 제5조).

(4) 등기의 실행(동 규칙 제6조, 제7조)

1) 주택(상가건물)임차권등기의 경우

등기관은 등기의 목적(주택임차권 또는 상가건물임차권), 임대차계약을 체결한 날 및 임차보증금액, 임차주택(상가건물)을 점유하기 시작한 날, 주민등록을 마친 날(사업자등록을 신청한 날), 임대차계약증서상의 확정일자일, 차임(약정이 있는 때) 등을 등기기록에 기록한다.

2) 직권에 의한 소유권보존등기의 특례

미등기 주택이나 상가건물에 대하여 임차권등기명령에 의한 등기촉탁이 있는 경우에는 등기관은 직권으로 소유권보존등기를 한 후 주택임차권등기나 상가건물임차권등기를 하여야 한다(법 제66조 참조, 등기예규 제1382호).

3) 등기완료통지서의 송부

등기를 마친 등기관은 촉탁등기이기 때문에 <u>등기필정보를 작성하지 않고 등기완료통지서만 작성하여 법원에 송부한다</u>(법 제30조).

4) 임차권등기촉탁에 따라 마쳐진 임차권등기의 말소

임차권등기명령에 대하여는 가압류명령에 관한 절차가 준용되므로 임차인의 법원에 대한 취소신청에 따른 법원의 말소촉탁에 의해 말소된다.

> **Key Point** 임차권에 관한 등기절차
>
> 1) 임차권의 의의
>   임차권은 임대차계약에 기한 채권(부동산의 사용수익권)이지만 등기한 경우에는 제3자에게 대항할 수 있다.
> 2) 임차권의 설정 또는 임차물의 전대차(轉貸借)등기
>   ① 필요적 신청정보: 차임
>   ② 임의적 신청정보: 차임의 지급시기, 존속기간, 보증금, 이전 또는 전대에 대한 임대인의 동의 등
> 3) 임차권의 이전 또는 임차물 전대의 등기
>   ① 승낙증명정보를 첨부정보로 제공한다(임대인동의가 있다는 뜻의 등기가 없을 때).
>   ② 부기등기의 방법에 의한다(법 제52조 제2호, 제3호).

▼ 건물등기기록

[건물] 0000시 00구 00동 00   고유번호 0000-0000-000000

[을 구]		(주택임차권등기명령을 원인으로 한 등기)		
순위번호	등기목적	접 수	등기원인	권리자 및 기타사항

1	주택임차권	2011년 11월 21일 제3001호	2011년11월10일 서울중앙지방법원의 임차권등기명령 (2011카기123)	임차보증금 70,000,000원
				차 임 월 500만원
				범 위 주택전부
				임대차계약일자 2009년 10월10일
				주민등록일자 2009년 10월10일
				점유개시일자 2009년 10월10일
				확정일자 2009년 10월10일
				임차권자 김갑동
				         651004-1234567
				         서울특별시 강남구 삼성동 100

단락문제 Q15

제27회 기출

등기에 관한 내용으로 틀린 것은?

① 등기관이 소유권일부이전등기를 할 경우, 이전되는 지분을 기록해야 한다.
② 주택임차권등기명령에 따라 임차권등기가 된 경우, 그 등기에 기초한 임차권이전등기를 할 수 있다.
③ 일정한 금액을 목적으로 하지 않는 채권의 담보를 위한 저당권설정등기신청의 경우, 그 채권의 평가액을 신청정보의 내용으로 등기소에 제공해야 한다.
④ 지역권설정등기시 승역지소유자가 공작물의 설치의무를 부담하는 약정을 한 경우, 등기원인에 그 약정이 있는 경우에만 이를 기록한다.
⑤ 구분건물을 신축하여 양도한 자가 그 건물의 대지사용권을 나중에 취득해 이전하기로 약정한 경우, 현재 구분건물의 소유명의인과 공동으로 대지사용권에 관한 이전등기를 신청할 수 있다.

해설 임차권등기명령에 따른 임차권등기
② 주택임차권등기명령에 따라 임차권등기가 된 경우, 그 등기에 기초한 임차권이전등기나 임차물전대등기를 할 수 없다(등기예규 제1382호).

답 ②

단락문제 Q16

임차권의 등기에 관한 다음 사항 중 맞지 않는 것은?

① 임차권양도에 대한 임대인의 동의가 있다는 뜻의 등기가 있는 경우에는 임차권이전등기를 신청할 때에 첨부정보로서 임대인의 동의증명정보를 제공할 필요가 없다.
② 임대차가 종료된 후 보증금을 반환받지 못한 주택임차인은 임차인의 주소지를 관할하는 법원에 임차권등기명령을 신청할 수 있다.
③ 주택의 임차권등기가 법원의 임차권등기촉탁에 의하여 임차권등기가 경료되면 대항력과 우선변제권을 취득하며, 다만, 임차인이 임차권등기 이전에 대항력과 우선변제권을 취득하였을 경우는 종전의 대항력과 우선변제권이 그대로 유지된다.
④ 임차권등기명령은 판결에 의한 때에는 선고를 한 때에, 결정에 의한 때에는 상당한 방법으로 임대인에게 고지를 한 때에 그 효력이 발생한다.
⑤ 미등기주택에 대하여 임차권등기명령에 의한 등기촉탁이 있는 경우에 등기관은 직권으로 소유권보존등기를 한 후 주택임차권등기나 상가건물 임차권등기를 하여야 한다.

해설 임차권 등기
① (○) 임차권의 이전 및 임차물전대는 임대인의 동의가 있어야 되므로 동의의 약정등기가 되어 있으면 임대인의 동의서를 등기소에 제공할 필요가 없으나, 그 약정등기가 없다면 임대인의 동의서를 첨부정보로 등기소에 제공하여야 한다(규칙 제130조 제3항).
② (×) 임차주택의 소재지를 관할하는 법원에 신청하여야 한다(「주택임대차보호법」 제3조의3 제1항).
③ (○) (「주택임대차보호법」 제3조의3 제5항)
④ (○) (「임차권등기명령 절차에 관한 규칙」 제4조)
⑤ (○) (등기예규 제1382호)

답 ②

제6절 담보권에 관한 등기

01 저당권의 등기 ★★ 10·21·28·29회 출제

1 저당권과 근저당권

(1) 의의

1) **저당권의 의의**

저당권은 채무자 또는 제3자가 채무의 담보로 제공한 부동산을 점유의 이전 없이 제공자의 사용·수익에 맡겨두면서 채무의 변제가 없는 경우에는 그 목적물의 대가로부터 자기채권의 우선변제를 받을 수 있는 담보물권❷이다(「민법」 제357조). → 물상보증인❶ (物上保證人)

2) **근저당권의 의의**

근저당권은 계속적인 거래 관계로부터 발생하는 다수의 불특정채권을 장래의 결산기에 일정액까지 담보하는 저당권으로서 그 담보할 채무(피담보채무)의 최고액만을 정하고 채무의 확정을 장래에 보류하여 이를 설정한 담보물권을 이른다. 근저당권은 피담보채무액이 확정될 때까지의 채무의 소멸 또는 이전은 저당권에 영향을 미치지 아니한다(부종성의 완화, 「민법」 제357조).

> **용어사전**
>
> ❶ **물상보증인**
> 제3자(물상보증인)가 채권자와의 계약으로 자기의 재산을 채무자의 채무에 대한 물적 담보로 제공하는 것을 말한다(민법 제341조, 제370조). 이 경우 채무는 부담하지 않고 책임만을 부담한다. 물상보증을 한 제3자를 물상보증인이라 한다.
>
> ❷ **담보물권**
> 채무자 또는 제3자가 특정부동산(책임재산) 등을 채무자의 채무(피담보채무)에 대한 담보로 제공하여 그 채무의 불이행이 있는 경우 그 목적물을 환가하여 우선변제 받을 수 있는 물권으로서 약정담보물권과 법정담보물권이 있다. 채권자평등의 원칙의 예외에 해당한다.

(2) 저당권의 목적

1) 현행법상 저당권의 목적이 될 수 있는 것은 소유권, 지상권, 전세권이다(「민법」 제356조, 제371조).

2) 저당권은 권리의 일부(지분)에는 설정할 수 있으나, 부동산의 특정 일부에는 설정할 수 없다.

3) 저당권은 양립이 불가능한 배타적인 권리가 아니므로 동일목적물에 순위가 같거나 다른 수개의 저당권을 설정할 수가 있다.

4) **대지권인 소유권 등에의 저당권의 설정가부**

구분건물의 전유부분에 대한 소유권과의 분리처분의 결과를 초래할 수 있는 전유부분의 소유권 또는 대지권만을 목적으로 한 저당권의 설정은 금지되고, 양자 모두를 목적으로 한 저당권의 설정만이 가능하다.

(3) 특별법에 의한 저당권

저당권의 규율에 관한 특별법인 「입목에 관한 법률」, 「선박등기법」 및 「공장 및 광업재단 저당법」 등에 의해 수목의 집단, 선박 그리고 공장 및 광업재단을 구성하는 부동산 등도 저당권의 목적이 될 수 있으나 이들에 대한 저당권의 설정은 별도의 등록원부에 등록하는 방법으로 한다.

(4)

거래상 그리고 등기실무에서는 근저당권이 대부분이나 「민법」과 「부동산등기법」에서는 저당권 중심으로 규율하고 있으므로 아래에서도 저당권 중심으로 기술하고 근저당권에 대해서는 특이사항에 대해서만 해당되는 곳에서 부연하여 기술한다.

2 저당권의 설정등기★★ 31·32회 출제

(1) 신청인(공동신청)

저당권설정등기는 저당권자가 등기권리자가 되고 소유자, 지상권자, 전세권자 등 저당권설정자가 등기의무자가 되어 공동으로 신청한다. 그러나 저당권자가 저당권 설정자를 상대로 하여 의사진술을 명하는 확정판결을 받아 단독으로 신청할 수도 있다.

(2) 신청정보 30회 출제

저당권설정등기 신청정보의 내용으로는 일반적 필요적 정보 외에 당사자의 약정에 의한 임의적 정보사항도 제공하여야 한다(법 제75조, 규칙 제131조).

저당권의 목적

저당권의 목적이 될 수 있는 권리로는 소유권·지상권·전세권이 있다.

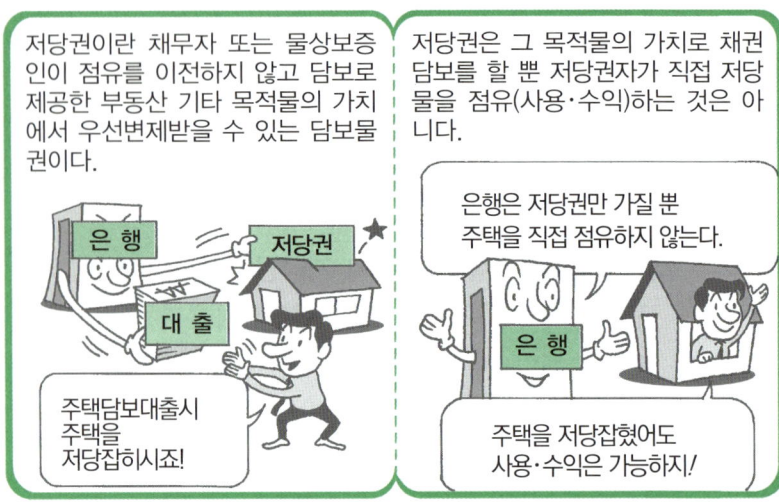

제4장 부동산의 표시 및 각종 권리의 등기절차

1) 필요적 신청정보의 내용 ★ 25회 출제

① **채권액**(채권의 가격 또는 채권의 최고액)

피담보채권의 채권액을 제공하여야 한다. 피담보채권이 일정한 금액을 목적으로 하지 아니하는 것인 때에는 그 채권의 평가액을 제공하여야 하고(법 제77조, 규칙 제131조 제3항), 근저당권❶인 경우에는 「채권의 최고액」을 제공하여야 한다(법 제75조 제2항 제1호).

② **채무자**

저당권❷에 의하여 담보하려는 채권에 대한 채무자(채무자가 저당권설정자인 경우 포함)의 표시에 관한 정보를 제공하여야 한다. 연대채무자인 경우에는 단순히 '채무자'로만 표시한다. 물상보증의 경우에는 채무자와 담보제공자가 다르게 된다.

③ **등기의 목적과 권리의 표시**(소유권 외의 권리가 저당권의 목적인 경우)

㉠ 저당권의 목적이 소유권인 경우에는 '저당권설정'으로, 소유권 외의 권리인 지상권이나 전세권이 저당권의 목적인 경우에는 그 권리의 표시에 관한 정보[O번 전세권(지상권) 저당권설정]를 제공하여야 한다(「민법」 제371조, 규칙 제131조 제2항).

→ 예 전세권, 지상권 등

㉡ **공동저당권의 경우 공동담보목적 부동산에 관한 권리의 표시**

창설적(원시적)공동저당권의 경우에는 각 부동산에 관한 권리의 표시정보를 등기소에 제공하여야 하고(규칙 제133조 제1항), 추가적공동저당권의 경우에는 종전 등기의 표시정보[공동담보목록의 번호 또는 부동산의 소재지번(건물번호 포함)]를 등기소에 제공하여야 한다(규칙 제134조).

> **용어사전**
>
> ❶ **근저당권(根抵當權)**
> 계속적인 거래관계로부터 생기는 다수의 채권에 관하여, 미리 일정한도액을 정하여, 그 범위 내에서 장래의 결산기에 확정되는 채권을 담보하려고 하는 저당권을 말한다(민법 제357조).
>
> ❷ **저당권**
> 채권자가 채무자 또는 제3자(물상보증인)가 점유를 이전하지 아니하고 채무의 담보로 제공한 부동산 및 기타의 목적물의 가치로부터 다른 채권자보다 자기 채권의 우선변제를 받는 권리이다(민법 제356조).

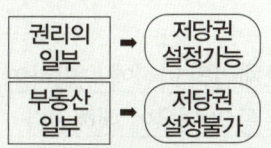

저당권의 설정

① 저당권은 권리의 일부(지분)에는 설정할 수 있다.
② 저당권은 부동산의 일부에는 설정할 수 없다.

| 권리의 일부 | → | 저당권 설정가능 |
| 부동산 일부 | → | 저당권 설정불가 |

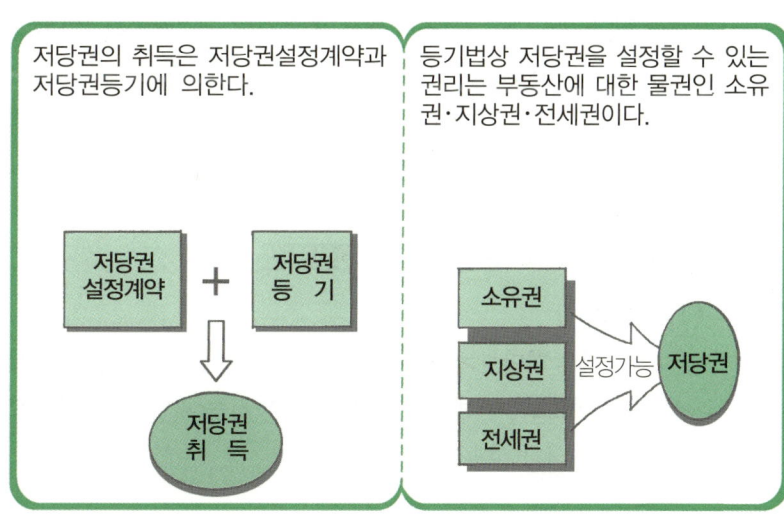

저당권의 취득은 저당권설정계약과 저당권등기에 의한다.

등기법상 저당권을 설정할 수 있는 권리는 부동산에 대한 물권인 소유권·지상권·전세권이다.

2) 임의적 신청정보의 내용(법 제75조 제1항 단서)

다음의 사항은 등기한 때에만 대항력이 인정되는 사항이다.

① **변제기**

변제기는 연장할 수 있으나, 이 경우에 후순위 권리자는 등기상 이해관계인이 아니므로 그의 승낙증명정보를 첨부할 필요는 없다.

② 이자와 그 발생기·지급시기

③ 원본 또는 이자의 지급장소

④ 채무불이행으로 인한 손해배상에 관한 약정

⑤ 부합물이나 종물에 저당권의 효력이 미치지 않게 하는 특약(「민법」 제358조 단서)

⑥ 채권이 조건부인 때에는 그 조건

3) 근저당권인 경우의 특수한 제공사항(법 제75조 제2항)

필요적 신청정보의 내용으로 채권의 최고액, 채무자의 성명 또는 명칭과 주소 또는 사무소 소재지, 임의적 신청정보의 내용으로 「민법」 제358조 단서의 약정에 관한 사항, 존속기간에 관한 사항을 제공하여야 한다.

(3) 첨부정보

등기원인증명정보로서 저당권설정계약증명정보, 소유권이 저당권의 목적인 경우에는 설정자인 소유자의 인감증명(단, 전세권이나 지상권이 저당권인 경우에는 인감증명의 제공 불요, 규칙 제60조 제1항 제1호 참조), 그리고 공익법인인 경우에는 주무관청의 허가증명정보도 제공하여야 하나, 등기원인에 대한 토지거래계약허가증명정보 등의 제공은 요하지 않는다.

(4) 등기의 실행 24회 출제

1) 소유권을 목적으로 하는 경우에는 독립등기로, 소유권 외의 권리(지상권, 전세권)를 목적으로 하는 경우에는 그 권리에 대한 등기의 부기등기로 한다(법 제52조 제3호).

2) 목적부동산의 등기기록의 을구에 일반적인 사항 외에 ㉠ 필요적 사항으로 채권액(또는 그 평가액, 법 제77조), 채무자의 표시, ㉡ 약정이 있는 경우의 임의적 사항, 그리고 ㉢ 근저당권의 경우에는 채권의 최고액, 존속기간 등에 관해 기록한다(법 제75조).

3 저당권의 이전등기★ 30회 출제

(1) 의 의

저당권은 피담보채권의 성립·존속·소멸에 의존하고(부종성), 피담보채권의 이전에 수반하여 이전하므로(수반성), 저당권의 이전등기는 피담보채권의 양도, 상속 등의 경우에 행해진다(「민법」 제369조).

제4장 부동산의 표시 및 각종 권리의 등기절차

(2) 등기원인

1) 저당권이전등기의 원인
피담보채권의 양도, 상속(합병), 피담보채권의 대위변제(「민법」 제482조) 등을 들 수 있다.

2) 근저당권이전등기의 원인
① 피담보채권의 확정 전에 기본계약상의 채권자지위의 승계(계약양도)가 있는 경우(개별채권의 양도나 대위변제는 근저당권의 이전원인이 되지 않음)
② 피담보채권의 확정 후에 확정채권의 양도 또는 대위변제 등이 있는 경우
③ 법률에 의한 이전등기 사유로 근저당권자의 사망, 합병 등이 있다.

3) 저당권일부이전등기의 원인
피담보채권의 일부의 양도 또는 대위변제, 그리고 저당권을 수인이 준공유하는 경우 이에 상응하는 피담보채권의 일부 양도는 저당권일부이전등기의 원인이 된다. 이 경우에는 등기기록에 양도액 또는 변제액도 기록하여야 한다(법 제79조).

4) 근저당권 일부 이전등기의 원인
피담보채권의 확정 전에 기본 계약상의 채권자 지위가 제3자에게 일부양도된 경우(계약일부양도)나 양수인인 기본계약에 가입하여 추가로 채권자로 된 경우(계약가입) 또는 피담보채권의 확정 후에 확정채권의 일부양도나 일부 대위변제한 경우가 있다. 근저당권을 준공유하는 경우에도 준공유지분은 등기하지 않는다는 점에서 저당권자별로 지분이 기재되고 준공유저당권의 지분이전등기도 가능하며 상속의 경우에도 상속인에 대하여 지분을 기재하는 저당권의 준공유와는 다르다.

(3) 신청절차

1) 신청인(공동신청의 원칙)
저당권의 이전등기는 저당권자와 피담보채권의 양수 등에 따라 그 저당권의 전부를 이전받을 자가 공동으로 신청하여야 한다. 다만, 상속 등을 원인으로 한 경우에는 단독신청에 의한다. 저당권의 일부이전등기의 경우에도 동일하다.

2) 신청정보와 첨부정보
① 신청정보의 내용으로서, 일반적인 신청정보 외에 '저당권이 채권과 같이 이전한다는 뜻'과 등기의 목적은 '저당권이전'으로, 등기원인은 '채권양도❶' 또는 '대위변제❷'로 제공한다(근저당권의 경우에는 등기원인은 피담보채권의 확정 전에는 '계약양도', '계약가입', 피담보채권의 확정 후엔 '확정채권양도'로 제공함). 그리고 저당권일부이전등기의 경우에는 양도나 대위변제의 목적인 채권액을 등기소에 제공하여야 한다(규칙 제137조 제2항).

> **용어사전**
> ❶ 채권양도
> 다른 사람에게서 금전이나 그에 상응하는 것을 돌려받을 권리를 제3자에게 주는 것을 말한다.
>
> ❷ 대위변제
> 채무자에 대한 채권자의 권리를 넘겨 받는다는 조건으로 제3자가 채무자를 대신해 빚을 갚는 것이다. 법정대위와 채무자에 대한 통지와 그의 허락이 필요한 임의대위, 일부대위가 있다.

② 첨부정보
  ㉠ 등기원인증명정보로서 저당권양도계약증명정보, 변제증명정보, **변제할 정당한 이익이 있음을 증명하는 정보**, 변제자임의대위의 경우에 대위승낙증명정보, 근저당권이전계약서(실무상 제공함) 또는 확정채권양도계약서 등을 제공하여야 한다. 그러나 등기의무자의 인감증명은 제공을 요하지 아니한다. → 예) 보증계약정보
  ㉡ 채권양도통지의 증명정보, 채무자의 승낙증명정보(「민법」 제450조 제1항) 그리고 물상보증인 또는 제3취득자의 승낙증명정보의 제공도 필요로 하지 않는다.

(4) 등기의 실행
저당권이전등기는 항상 부기등기에 의한다(법 제52조 제2호 참조). 저당권 전부 이전의 경우 종전 저당권자의 표시를 말소하나 저당권 일부이전등기의 경우에는 말소하지 않는다.

4 저당권변경등기 ★

(1) 의 의
저당권등기의 등기사항, 즉 채권액, 채무자의 변경, 변제기, 이자 및 그 지급시기, 원본 또는 이자의 지급장소 등에 변경이 생긴 경우에 하는 등기이다.

(2) 저당권변경등기의 등기원인 중 특히 문제되는 경우
1) 저당권의 목적변경의 경우, 즉 ① 공유지분상의 저당권의 효력을 소유권의 전부에 미치게 하는 경우, ② 공유지분상의 저당권설정자가 공유물분할에 따라 단독소유를 취득한 부분 전부에 저당권을 미치게 하는 경우 및 ③ 저당권이 설정된 공유부동산 전부에 대한 저당권자가 그 목적 지분 일부에 대해 저당권을 포기한 경우 등이 있을 때에는 저당권변경등기를 한다.
2) **채무자 변경의 경우**
   채무자의 교체(면책적 채무인수 또는 경개계약이 있는 경우), 채무자의 추가(중첩적 채무인수가 있는 경우) 또는 채무에 대하여 상속, 회사합병 등이 있는 경우에는 채무자변경등기를 한다. 한편 채무자표시의 변경이 있는 경우(성명, 주소 등)에는 등기명의인의 표시변경등기를 한다.

(3) 근저당권변경등기의 경우
1) 피담보채권의 확정 전에 계약(일부)인수 또는 피담보채권의 확정 후에 채무자의 변경이 있는 경우에는 근저당권의 변경등기를 할 수 있다.
2) 공동근저당권의 경우 채권최고액을 각 부동산별로 분할하여 단순 근저당권등기로의 변경등기는 할 수 없고, 준공유하고 있는 하나의 근저당권을 공유자별로 분할하는 변경등기도 할 수 없다.

(4) 등기절차상 특칙

1) 저당권변경등기도 저당권자와 저당권설정자 등의 공동신청에 의하는 것이 원칙이며, 신청정보의 내용으로 변경등기의 원인정보를, 그리고 그 변경등기를 부기등기로 하기 위해 첨부정보로서 변경등기에 따른 등기상 이해관계인의 승낙증명정보 등을 제공하여야 한다(규칙 제112조 제1항).

2) **등기의 실행**(부기등기원칙)

저당권의 변경등기는 권리의 변경등기이다. 따라서 등기상 이해관계인이 존재하지 아니하거나, 이해관계인이 존재하더라도 그의 승낙증명정보 등을 첨부한 경우에는 부기등기에 의하고, 그의 승낙증명정보 등을 첨부하지 않은 경우에는 주(主)등기에 의한다(법 제52조 제5호).

5 저당권말소등기★★ 19회 출제

(1) 의 의

저당권말소등기는 저당권의 전부가 원시적·후발적으로 부적법한 경우, 즉 ① 물권에 공통하는 소멸원인인 목적부동산의 멸실, 토지수용, 저당권의 포기, ② 저당권의 소멸원인인 피담보채권의 변제, 소멸시효의 완성, 저당권의 목적인 지상권, 전세권의 소멸, 그리고 ③ 근저당권의 경우의 기본계약의 해지 등의 경우에 한다.

(2) 등기신청절차상 특칙

1) **신청인**

① 저당권말소등기는 저당권자와 저당권설정자가 공동으로 신청하여야 하나, 판결에 의한 경우 또는 등기의무자(저당권자)의 소재불명의 경우로서 공시최고의 신청에 따른 제권판결이 있는 경우에는 등기권리자 단독으로 신청할 수 있다(법 제56조).
  (공시최고절차를 거쳐 어음·수표 등의 효력을 실효시키고 상실자에게 자격을 회복시키는 재판)

② **저당권설정 후 부동산 소유권의 이전 또는 저당권이전의 부기등기가 있는 경우**

㉠ 저당권 설정 후 부동산 소유권의 이전이 있는 경우에는 제3취득자가 등기권리자로서, 또는 저당권의 이전의 부기등기가 되어 있는 경우에는 저당권의 양수인이 등기의무자로서 저당권(설정등기의)말소등기를 공동신청 하여야 한다. 이는 소유권에 기한 방해배제청구권 행사의 한 방법이다(「민법」 제370조, 제214조).

㉡ 저당권 설정 후 그 부동산의 소유권이 제3자(제3취득자)에게 이전된 경우에 피담보채무의 소멸을 원인으로 한 저당권말소등기에 있어서는 설정자인 종전의 소유자도 근저당권설정계약의 당사자로서 근저당권소멸에 따른 원상회복으로 근저당권자에게 근저당권설정등기의 말소를 구할 수 있는 계약상 권리가 있으므로 등기권리자가 될 수 있다(대판 1994.1.25. 93다16338 전합).

㉢ 저당권이전등기의 원인에만 하자가 있어 저당권이전의 부기등기만을 말소하는 경우에는 종전의 저당권자가 등기권리자로서 현재의 저당권자가 등기의무자로서 공동으로 신청하여야 한다(대판 2005.6.10. 2002다15412 참조).

제2편 부동산등기법

 근저당권 설정 후 그 부동산의 소유권이 제3자에게 이전된 경우 근저당권설정자인 종전의 소유자도 피담보채무의 소멸을 이유로 근저당권설정등기의 말소를 청구할 수 있는지 여부

이 경우 현재의 소유자가 자신의 소유권에 기하여 피담보채무의 소멸을 원인으로 그 근저당권설정등기의 말소를 청구할 수 있음은 물론이지만, <u>근저당권설정자인 종전의 소유자도 근저당권설정계약의 당사자로서 근저당권소멸에 따른 원상회복으로 근저당권자에게 근저당권설정등기의 말소를 구할 수 있는 계약상 권리가 있으므로 이러한 계약상 권리에 터잡아 근저당권자에게 피담보채무의 소멸을 이유로 하여 그 근저당권설정등기의 말소를 청구할 수 있다</u>(대판 1994.1.25. 93다16338 전합).

 피담보채권의 소멸로 인한 설정등기의 말소 또는 무효인 저당권 설정 등기의 말소청구자

피담보채권의 소멸로 인한 설정등기의 말소 또는 무효인 저당권설정등기의 말소를 청구할 수 있는 자는 청구 당시에 있어서의 그 부동산소유권자 또는 말소등기로 인하여 직접적인 이해관계를 가지고 있는 등기부상의 이해관계인이다(대판 1962.4.26. 4294민상1350).

[을 구]		(소유권 외의 권리에 관한 사항)		
순위번호	등기목적	접 수	등기원인	권리자 및 기타사항
1	저당권설정	2010년 6월 10일 제6100호	2010년 6월 9일 설정계약	채권액 금 50,000,000원 채무자 이성환 서울특별시 중구 명동 1 저당권자 ~~김갑동~~ ~~401111-1590861~~ ~~서울특별시 강남구 삼성동 1~~
1-1	1번 저당권 이전	2011년 3월 5일 제3005호	2011년 3월 4일 채권양도	저당권자 이을동 530412-1017289 서울 강남구 청담동 21

2) 신청정보와 첨부정보

① 신청정보의 내용으로서, 저당권이 이전된 후 말소등기를 신청하는 경우에 '말소할 등기의 표시'는 주등기인 '저당권설정등기'에 관한 정보를, 저당권이전의 원인에만 하자가 있어 저당권이전의 부기등기만을 말소하는 경우에는 '말소할 등기의 표시'로 저당권이전의 부기등기에 관한 정보를 제공하여야 한다.

② 첨부정보로서는 말소등기의 원인증명정보와 그 말소에 등기상 이해관계인이 있는 경우 그의 승낙증명정보 등을 제공하여야 한다(법 제57조).

(3) 등기의 실행

1) 저당권말소등기는 독립등기로 말소등기를 한 후 해당 저당권설정등기를 말소하는 표시를 한다(규칙 제116조 제1항). 이 경우 저당권이전의 부기등기가 있는 경우에는 등기관이 직권으로 말소한다(대판 1988.3.8. 87다카2585).
2) 저당권이전의 원인에만 하자가 있어 저당권이전의 부기등기만을 말소하는 경우에는 원래의 저당권자의 등기명의인 표시의 회복등기를 직권으로 하여야 한다.
3) 말소할 저당권을 목적으로 한 등기상 이해관계인인 제3자의 권리, 즉 저당권부질권 또는 저당권의 압류등기가 있는 때에는 그의 승낙증명정보를 첨부정보로 제공한 경우에 그 등기기록 중 해당구에 그 제3자의 권리를 표시하고 어느 권리의 등기를 말소함으로 인해 말소한다는 뜻을 기록하고 그 제3자의 권리등기를 직권말소한다(법 제57조 제2항, 규칙 제116조 제2항).
4) 저당권자의 표시변경, 경정의 사유가 있어서 신청정보상의 등기의무자의 표시에 관한 정보가 등기기록과 불일치하는 경우에도 그 사유를 증명하는 정보를 첨부정보로 제공한 경우에는 그 표시변경, 경정등기를 생략할 수 있다(등기예규 제451호).

단락문제 Q17

제10회 기출 개작

저당권등기에 관한 사항으로서 옳지 않은 것은?

① 저당권의 목적이 소유권 외의 권리인 때에는 신청정보의 내용으로 그 권리의 표시정보를, 공동담보의 등기를 신청하는 경우에는 각 부동산에 관한 권리표시정보를 등기소에 제공하여야 한다.
② 원칙적으로 독립등기에 의하지만 소유권 외의 권리, 즉 지상권 또는 전세권을 목적으로 하는 저당권설정등기의 경우에는 그 권리에 대한 등기의 부기등기로 한다.
③ 저당권의 이전등기는 부기등기의 형식으로 한다.
④ 공동담보목록은 등기기록의 일부로 본다.
⑤ 저당권말소등기신청은 공동신청이 원칙이며, 판결에 의한 경우 이외에는 단독신청이 허용되지 않는다.

해설 저당권등기
①(○) (규칙 제131조 제1항, 제133조 제1항)
②,③(○) (법 제52조 제2호, 제3호)
④(○) (법 제78조 제3항)
⑤(✕) 판결·혼동에 의한 경우, 사망으로 인한 저당권소멸특약(법 제55조), 등기의무자의 소재불명(법 제56조)시에는 단독신청이 허용된다.

답 ⑤

6 공동저당에 관한 등기★ 25·35회 출제

(1) 공동저당의 의의 및 법적 성질

1) 공동저당의 의의
동일채권의 담보를 위하여 여러 개의 부동산에 관한 권리를 목적으로 하는 저당권설정등기를 한 경우의 수개의 저당권을 말한다. 이 때 2개 이상의 부동산을 공동담보라고 한다.

2) 공동저당의 법적 성질
1물1권주의의 원칙상 공동저당을 설정한 경우 저당권은 복수이며, 각 저당권은 독립적이고, 공동부종성, 연대성을 가진다.

> **Wide** 공동저당의 유형(추가적이라는 언급이 없으면 창설적 공동저당으로 이해함)
>
> ① **창설적(원시적) 공동저당**
> 동일한 채권의 담보를 위해 저당권설정 당시부터 여러 개의 부동산에 관한 권리를 목적으로 하여 설정한 수개의 저당권(법 제78조 제1항)
> ② **추가적 공동저당**
> 동일채권의 담보를 위하여 1개 또는 수 개의 부동산에 관한 권리를 목적으로 하는 저당권을 설정한 후 그 동일한 채권에 대하여 다른 1개 또는 수 개의 부동산에 관한 권리에 추가하여 설정하는 저당권(법 제78조 제4항)

(2) 신청절차상 특칙
공동저당에 관한 등기도 원칙적으로 일반저당권의 등기신청절차와 동일하나, 다음과 같은 특별한 절차가 필요하다.

1) 신청정보의 내용
① 창설적 공동저당권의 등기를 신청하는 경우에는 각 부동산에 관한 권리의 표시를 신청정보의 내용으로 등기소에 제공하여야 한다(규칙 제133조 제1항).
② 추가적 공동저당권의 등기를 신청하는 경우에는 종전의 등기를 표시하는 사항으로서 공동담보목록의 번호 또는 부동산의 소재지번(건물번호 포함)을 신청정보의 내용으로 등기소에 제공하여야 한다(규칙 제134조).

2) 첨부정보 30회 출제
첨부정보와 관련하여 전산정보처리조직에 의하여 등기사무를 처리하는 현행법 하에서 공동담보목록은 등기소에서 전자적으로 작성하므로 목적 부동산이 5개 이상이더라도 공동담보목록의 제공을 요하지 않는다(등기예규 제1467호).

(3) 등기의 실행

1) 등기의 실행방법

① 창설적 공동저당의 경우에는 공동담보라는 뜻을 각 부동산의 등기기록 중 해당 등기의 끝부분에 기록하여야 한다(규칙 제135조 제1항).

② 추가적 공동저당의 경우 새로 추가되는 부동산의 등기기록에는 그 등기의 끝부분에 공동담보라는 뜻을 기록하고, 종전에 등기한 부동산의 등기기록에는 해당 등기에 부기등기로 그 뜻을 기록하여야 한다(규칙 제135조 제3항).

③ 공동담보목록을 작성하는 경우에는 각 부동산의 등기기록에 공동담보목록의 번호를 기록한다(규칙 제135조 제2항).

2) 추가적 공동저당의 경우 종전에 등기한 부동산이 다른 등기소의 관할일 때

등기관은 그 등기소에 추가설정의 등기를 한 취지를 통지하고 이 통지를 받은 등기소는 통지받은 사항을 등기하여야 한다(법 제78조 제5항).

3) 공동담보목록의 작성 **35회 출제**

등기관은 저당권의 목적부동산이 5개 이상일 때에는 공동담보목록을 전자적으로 작성하여야 하고, 공동담보목록은 등기기록의 일부로 본다(법 제78조 제2항, 규칙 제133조 제2항).

4) 구분건물의 추가적공동저당의 특칙 (등기예규 제1470호)

① **가능 여부**

구분건물과 그 대지권의 어느 일방에만 설정되어 있는 저당권의 추가적 담보로써 다른 일방을 제공하려는 경우 구분건물과 대지권을 일체로 하여 추가설정하기 때문에 대지사용권의 처분의 일체성에 반하지 아니하므로 추가저당권설정등기는 가능하다.

② **대지에 이미 저당권이 설정된 경우**

㉠ 신청정보의 내용

구분건물과 대지권을 일체로 설정해야 하기 때문에 구분건물의 등기신청서에는 구분건물 외에 그 대지권의 표시를 하여야 하고, 종전의 등기를 표시함에 충분한 사항으로서 공동담보목록의 번호 또는 부동산의 소재지번(건물에 번호가 있는 경우에는 그 번호도 포함한다)을 신청정보의 내용으로 등기소에 제공하여야 한다(규칙 제134조).

㉡ 등기의 실행

위 추가저당권설정의 등기는 구분건물에 관한 등기의 일반원칙에 따라 구분건물 등기기록의 을구에만 이를 기록하고, 대지권의 목적인 토지에 관하여 설정된 종전의 저당권등기에 저당권담보추가의 부기등기를 할 필요는 없다.

③ 구분건물에 이미 저당권이 설정된 경우
  ㉠ 신청정보의 내용
    대지권과 구분건물을 일체로 설정해야 하기 때문에 대지권과 구분건물의 표시를 반드시 신청정보의 내용으로 등기소에 제공하여야 한다.
  ㉡ 등기의 실행
    대지권등기가 경료된 이후에는 토지 등기부에 할 등기로서 건물에도 미치는 등기는 건물 등기부에 기록하는 것으로 대신한다. 따라서 대지권의 목적인 토지에 관하여 추가저당권설정등기의 실행은 구분건물의 을구에만 이를 기록하고, 토지의 등기기록에는 별도의 등기기록을 할 필요가 없다.
    다만, 각 저당권은 별개로 존재하므로 저당권 추가의 부기기록이나 담보물추가라는 부기등기는 하여야 한다(규칙 제135조 제3항).

(4) 공동저당의 대위등기(등기예규 제1407호) 28·30회 출제

1) 의 의

공동저당목적 부동산 중 일부의 경매대가를 먼저 배당하여 선순위저당권자가 그 대가에서 그 채권전부의 변제를 받음에 따라 그 경매한 부동산의 차순위저당권자가 선순위자를 대위하는 경우, 종전에는 대위에 의한 저당권이전등기를 실행할 수 있는지에 대해서 논란이 있었으나 개정 부동산등기법 제80조에서는 대위에 의한 저당권이전등기가 아니라 공동저당의 대위등기를 하는 것으로 근거규정을 마련하였다(「민법」 제368조 제2항 후단, 법 제80조).

2) 등기철차상 특칙

① 공동저당 대위등기는 선순위저당권자가 등기의무자로 되고 대위자(차순위저당권자)가 등기권리자로 되어 공동으로 신청하여야 한다.

② 신청정보의 내용으로 일반적인 신청정보 외에 매각부동산, 매각대금, 선순위저당권자가 변제받은 금액 및 매각 부동산 위에 존재하는 차순위저당권자의 피담보채권에 관한 사항을, 첨부정보로 일반적인 첨부정보 외에 집행법원에서 작성한 배당표 정보를 등기소에 제공하여야 한다(규칙 제138조).

③ 등기관이 공동저당 대위등기를 할 때에는 법 제48조의 일반적인 등기사항 외에 매각부동산 위에 존재하는 차순위저당권자의 피담보채권에 관한 내용과 매각부동산, 매각대금, 선순위 저당권자가 변제받은 금액을 기록하여야 한다(제80조). 공동저당 대위등기는 대위등기의 목적이 된 저당권등기에 부기등기로 한다.

(5) 공동저당 목적 부동산 중 일부에 관한 저당권등기의 말소 또는 변경등기

1) 의 의

여러 개의 부동산에 관한 권리가 저당권의 목적인 경우에 그 중 일부의 부동산에 관한 권리를 목적으로 한 저당권의 등기를 말소 또는 일부의 부동산에 관한 권리의 표시에 대하여 변경의 등기를 하는 경우를 이른다.

2) 등기의 실행

① 위 1)의 등기를 하는 경우에는 다른 공동저당권 등기에 그 뜻을 기록하고 소멸된 사항 또는 변경 전의 사항을 말소하는 표시를 하여야 한다(규칙 제136조 제1항).

② 이 경우 다른 부동산의 전부 또는 일부가 다른 등기소 관할일 때에는 소정의 양식의 통지서에 의하여 그 소멸·변경의 뜻을 통지하고 이 통지를 받은 등기소는 통지받은 사항을 등기하여야 한다(규칙 제136조 제2항).

③ 공동저당에 관한 등기의 말소 또는 변경등기는 공동담보목록이 있으면 그 목록에 하여야 한다(규칙 제136조 제3항).

Wide | 공장 및 광업재단저당권

「공장 및 광업재단 저당법」에 의해 공장재단(공장에 속하는 일정한 기업용 재산으로 구성되는 일단(一團)의 기업재산) 또는 광업재단(광업권과 광업권에 기하여 광물을 채굴·취득하기 위한 각종 설비 및 이에 부속하는 사업의 설비로 구성되는 일단의 기업재산)에 저당권을 설정하는 경우를 이른다(동법 제2조 참조).

■ **공동저당의 목적인 채무자 소유의 부동산과 물상보증인 소유의 부동산 중 채무자 소유의 부동산에 대하여 먼저 경매가 이루어진 경우**

공동저당의 목적인 채무자 소유의 부동산과 물상보증인 소유의 부동산 중 채무자 소유의 부동산에 대하여 먼저 경매가 이루어져 그 경매대금의 교부에 의하여 1번 공동저당권자가 변제를 받더라도 채무자 소유의 부동산에 대한 후순위 저당권자는 민법 제368조 제2항 후단에 의하여 1번 공동저당권자를 대위하여 물상보증인 소유의 부동산에 대하여 저당권을 행사할 수 없다(대판 2014.1.23. 2013다207996).

제2편 부동산등기법

단락문제 Q18
제28회 기출

저당권의 등기절차에 관한 설명으로 틀린 것은?

① 일정한 금액을 목적으로 하지 않는 채권을 담보하기 위한 저당권설정등기를 신청하는 경우, 그 채권의 평가액을 신청정보의 내용으로 등기소에 제공하여야 한다.
② 저당권의 이전등기를 신청하는 경우, 저당권이 채권과 같이 이전한다는 뜻을 신청정보의 내용으로 등기소에 제공하여야 한다.
③ 채무자와 저당권설정자가 동일한 경우에도 등기기록에 채무자를 표시하여야 한다.
④ 3개의 부동산이 공동담보의 목적물로 제공되는 경우, 등기관은 공동담보목록을 작성하여야 한다.
⑤ 피담보채권의 일부양도를 이유로 저당권의 일부이전등기를 하는 경우, 등기관은 그 양도액도 기록하여야 한다.

해설 저당권등기
④ 등기관은 저당권의 목적부동산이 5개 이상일 때에는 공동담보목록을 작성하여야 한다(법 제78조 제2항). **답** ④

7 근저당권에 관한 등기★★ 11·17·34회 출제

(1) 의 의

1) 근저당권이란 계속적인 거래관계로부터 발생하여 증감변동하는 다수의 불특정의 채권을 장래 그 결산기에 일정한 한도까지 담보하려는 물권을 말한다. 근저당설정계약에서는 채권의 최고액을 정하여야 하는바, 이는 장래의 결산기에서의 채권의 담보한도액이 된다.
2) 채권액은 결산기에 이르기까지 채권 최고액의 범위 내에서 수시로 증감, 변동하므로 중간에 일시적으로 채권이 영(0)이 되거나 그 일부 또는 전부가 이전되어도 근저당권은 소멸하지 아니한다(부종성의 완화, 「민법」 제357조 제1항).

Key Point 일반저당권과 근저당권 비교(효력은 차이가 없음)

일반저당권	근저당권
1) 부종성이 있다.	1) 부종성이 완화된다.
2) 채권액을 정한다.	2) 채권최고액을 정한다.
3) 특정된 채권을 피담보채권으로 한다.	3) 불특정채권을 피담보채권으로 한다.

(2) 근저당권설정등기

1) 근저당권설정등기는 설정자와 근저당권자가 공동으로 신청하여야 하나 근저당권자가 판결에 의해 단독으로 신청할 수도 있다.

제4장 부동산의 표시 및 각종 권리의 등기절차

2) 신청정보의 내용

① 일반적인 신청정보 외에 채권의 최고액과 채무자의 표시 및 종물·부합물에 저당권의 효력이 미치지 않는 경우의 약정과 그 존속기간의 약정에 관한 정보를 제공하여야 한다(법 제75조 제2항 참조). 최고액에는 이자가 포함된 것으로 간주하므로 이자에 관한 정보를 별도로 제공할 필요가 없고, 등기기록에도 기록하지 않는다.

② 근저당의 채권자, 채무자가 수인인 경우에도 채권최고액은 반드시 단일하게 기재하여야 하고 이를 구분하여 기재하지 못한다.

③ 채권최고액을 일정한 금액의 지급을 목적으로 하지 아니하고 특정물 지급이나 종류물의 수량을 지급목적으로 하는 경우에는 물건의 표시나 수량과 병기해서 '채권의 평가액'을 신청정보의 내용으로 등기소에 제공해야 한다(규칙 제131조 제3항).

예 백미 100가마(가마당 80kg), 채권의 평가액 금 20,000,000원

 근저당권의 설정

① 「근저당설정계약」과 「근저당권설정등기」에 의한다.

② 근저당권등기시 신청정보의 내용으로서 「근저당설정계약인 취지」와 「채권최고액」에 관한 정보를 제공하여야 한다.

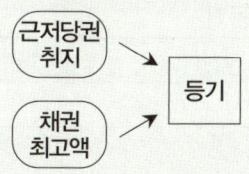

③ 한편 채무자가 근저당권설정자인 경우에는 피담보채권의 총액이 채권최고액을 초과하는 경우에 그 잔액의 변제가 있을 때까지 근저당권의 효력은 잔존채무에 여전히 미친다
(대판 2001.10.12. 2000다59081, 근저당권의 불가분성).

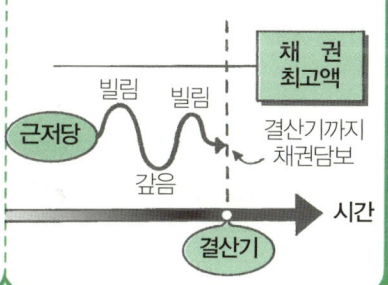

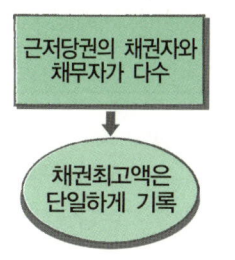

3) 첨부정보로서 등기원인증명정보, 공익법인인 경우 등기원인에 대한 제3자의 허가증명정보 등을 제공하여야 한다.

4) **등기의 실행**
   ① 목적부동산의 등기기록의 을구에 독립등기로 하며, 등기의 목적은 '근저당권설정', 채권액은 '채권최고액', 권리자는 '근저당권자'라고 기록한다.
   ② 구분건물의 전유부분만에 관하여 설정된 근저당권의 효력은 대지사용권의 분리처분가능 규약 없는 한(대지권인 경우) 그 전유부분의 소유자가 사후에 취득한 대지사용권에까지 미친다(대판 1995.8.22. 94다12722).

(3) 근저당권의 이전(등기예규 제1471호) 15·26회 출제

1) 근저당권은 부종성이 완화되므로 피담보채권이 확정되기 전에는 기본계약상의 채권자의 지위가 제3자에게 이전된 경우에만, 그리고 피담보채권이 확정된 경우에는 확정채권의 양도 또는 대위변제가 있는 경우에 근저당권이전등기를 할 수 있다.

2) **신청절차**
   ① 근저당권자와 그 이전을 받은 자의 공동신청에 의한다.
   ② 신청정보의 내용으로서, 등기원인정보는 피담보채권의 확정 전에 기본 계약상의 채권자 지위를 양도한 경우에는 '계약(일부)양도 또는 계약가입'으로, 피담보채권 확정 후에 확정채권의 양도 또는 대위변제가 있는 경우에는 '확정채권양도 또는 확정채권대위변제'로 제공한다.

▼ 근저당권의 피담보채권의 확정 전에 하는 근저당권이전등기

근저당권 이전의 실체법적 원인	등기원인(기재사항)
1) 채권자의 지위가 전부(또는 일부)가 양도된 경우	계약(일부)양도
2) 양수인이 기본계약에 가입하여 추가로 채권자가 된 경우	계약가입

▼ 근저당권의 피담보채권의 확정 후에 하는 근저당권이전등기

근저당권 이전의 실체법적 원인	등기원인(기재사항)
1) 확정된 채권을 전부(또는 일부) 양도한 경우	확정채권(일부)양도
2) 확정된 채권을 전부(또는 일부) 대위변제한 경우	확정채권(일부)대위변제

   ③ 첨부정보로서 근저당권설정자가 물상보증인이거나 소유자가 제3취득자인 경우에 그의 승낙증명정보 또는 채무자에 대한 피담보채권의 양도통지증명정보의 제공은 요하지 않는다.

3) 등기의 실행

소유권 외의 권리의 이전등기이므로 부기등기에 의하며 종전 권리자의 표시에 관한 사항의 말소표시를 한다. 다만, 이전되는 지분이 일부인 때에는 그러하지 아니하다(규칙 제52조 제2호, 제112조 제3항).

(4) 근저당권의 변경등기 15회 출제

1) 근저당권의 등기사항, 즉 채권최고액, 채무자, 존속기간(결산기) 등에 변경이 생긴 경우에 근저당권변경등기를 할 수 있다. 그러나 공동근저당권의 경우 채권최고액을 각 부동산별로 분할하는 변경등기는 할 수 없다.

2) 신청절차

① 근저당권자와 근저당권설정자의 공동신청에 의하고, ② 채무자변경의 경우에 신청정보의 내용으로서 등기원인정보는 피담보채무의 확정 전인 경우에는 '계약인수' 등으로, 확정 후인 경우에는 '확정채무의 면책적 인수' 등으로 제공한다. ③ 첨부정보로서 채권최고액을 증액한 경우 등에는 등기상 이해관계인(후순위권리자 등)의 승낙증명정보 등을 제공하여야 한다.

3) 등기의 실행

채권최고액을 증액한 경우에 등기상 이해관계인의 승낙증명정보 등의 첨부정보를 제공한 경우에는 부기등기로 하고 변경 전 등기사항을 말소하는 표시를 하나, 제공하지 않은 경우에는 주등기로 하고 그 말소표시를 하지 아니한다(법 제52조 제5호, 규칙 제112조 제1항).

(5) 근저당권말소등기와 근저당권자의 표시변경등기의 생략

1) 근저당권의 말소등기는 물권에 공통되는 소멸원인, 기본계약의 해지 등이 있는 경우에 한다. 그 등기절차 등에 관하여는 저당권의 말소등기에 준한다.
2) 근저당권등기의 말소를 신청하는 경우에도 등기명의인의 표시변경 또는 경정의 등기를 생략할 수 있다(저당권말소등기 참조, 등기예규 제451호).

제2편 부동산등기법

> **Key Point | 저당권의 등기**
>
> 1) **저당권의 의의**
>   저당권이란 채무자 또는 제3자(물상보증인)가 채무의 담보로 제공한 부동산을 채권자에게 점유를 이전하지 않고 다만, 채무의 변제가 없는 경우에는 그 목적물로부터 우선변제를 받는 권리이다.
> 2) **저당권의 설정등기** : 신청정보
>   ① 필요적 정보사항
>   ㉠ 채권액 ㉡ 채무자
>   ② 임의적 정보사항
>   변제기, 이자, 이자의 발생기·지급시기, 원본 또는 이자의 지급장소, 저당권의 효력 범위제한 약정, 채권이 조건부일 때 그 취지, 위약금 및 배상금 약정
> 3) **저당권의 처분방법** : 투하자본의 회수방법
>   ① 변제기 ─ 변제
>   └ 저당권의 실행(임의경매)
>   * 기한의 이익을 잃는 경우는 변제기 전에도 가능
>   ② 처 분 ─ 저당권의 이전등기(양도·대위변제·전부명령)
>   └ 저당권부 권리질권설정(저당권부채권의 입질)
> 4) **근저당설정등기** : 필요적 정보사항
>   ① 채권의 최고액 ② 채무자의 표시

단락문제 Q19 제26회 기출

담보권의 등기에 관한 설명으로 옳은 것은?

① 일정한 금액을 목적으로 하지 아니하는 채권을 담보하기 위한 저당권설정등기는 불가능하다.
② 채권자가 수인인 근저당권의 설정등기를 할 경우, 각 채권자별로 채권최고액을 구분하여 등기부에 기록한다.
③ 채권의 일부에 대한 대위변제로 인한 저당권 일부이전등기는 불가능하다.
④ 근저당권의 피담보채권이 확정되기 전에 그 피담보채권이 양도된 경우, 이를 원인으로 하여 근저당권이전등기를 신청할 수 없다.
⑤ 근저당권이전등기를 신청할 경우, 근저당권설정자가 물상보증인이면 그의 승낙을 증명하는 정보를 등기소에 제공하여야 한다.

해설 담보권의 등기
① (×) 일정한 금액을 목적으로 하지 않는 채권을 담보하기 위한 저당권설정등기를 신청하는 경우에는 그 채권의 평가액을 신청정보의 내용으로 등기소에 제공하여야 한다(규칙 제131조 제3항).
② (×) 하나의 채권최고액만 기록한다.
③ (×) 가능하다(법 제79조).
④ (○) 근저당권의 피담보채권이 확정되기 전에 그 피담보채권이 양도 또는 대위변제된 경우에는 이를 원인으로 하여 근저당권이전등기를 신청할 수는 없다(등기예규 제1471호).
⑤ (×) 근저당권설정자가 물상보증인이거나 소유자가 제3취득자인 경우에도 그의 승낙을 증명하는 정보를 등기소에 제공할 필요가 없다(등기예규 제1471호). **답** ④

02 권리질권과 채권담보권에 관한 등기

1 저당권부 채권질권에 관한 등기

(1) 의 의

1) 권리질권은 재산권을 목적으로 하는 질권이다(「민법」 제345조). 채권을 질권의 목적으로 한 경우 질권설정의 합의와 (채권증서가 있는 경우)채권증서의 교부에 의하여 그 효력이 생기므로 원칙적으로 등기를 요하지 아니하나 제3채무자 등에게 대항하기 위해서는 채권양도에 있어서의 대항요건을 갖추어야 한다.

2) **저당권부 채권질권의 저당권등기에의 부기등기와 그 효력**
저당권으로 담보한 채권을 질권의 목적으로 한 때에는 그 저당권등기에 질권의 부기등기를 하여야 질권의 효력이 저당권에 미친다(「민법」 제348조).

(2) 등기절차

1) 신청절차

① 저당권부 채권질권에 관한 등기는 저당권자와 권리질권자가 공동으로 신청하여야 한다.

② 신청정보의 내용으로서 채권을 담보하는 저당권의 표시정보 및 채권액 또는 채권최고액, 채무자의 표시, 변제기와 이자에 관한 약정이 있는 경우에는 그 내용 등을 신청정보로 제공하여야 한다.

③ 첨부정보로서 등기원인증명정보인 권리질권설정계약서를 제공하여야 하나, 등기의무자인 저당권자는 소유권의 등기명의인이 아니므로 그의 인감증명의 제공은 요하지 않는다(법 제76조 제1항, 규칙 제43조, 규칙 제132조 제1항).

2) 등기의 실행

권리질권의 목적이 된 저당권 등기에 부기등기로 한다(법 제52조 제3호). 위 저당권의 목적 부동산의 등기기록의 을구에 위의 신청정보로서 제공한 사항을 기록하여야 한다(법 제76조 제1항).

> **Key Point** 권리질권의 등기
>
> 1) **권리질권의 의의**
>   권리질권이라 함은 양도성 있는 재산권을 목적으로 하는 질권을 말한다.
> 2) **등기할 수 있는 권리질권**
>   저당권부채권에 대해 권리질권을 설정한 경우에 저당권 목적부동산의 등기기록의 저당권등기에 부기등기를 하면 그 저당권에도 효력이 미친다.
> 3) **권리질권의 등기절차**
>   ① 신청정보
>   ㉠ 질권의 목적인 채권을 담보하는 저당권의 표시 ㉡ 채무자의 표시
>   ㉢ 채권액   ㉣ 변제기와 이자에 약정이 있는 때에는 그 내용
>   ② 등기의 실행: 저당권등기에 부기등기한다.

2 저당권부 채권담보권에 관한 등기 30회 출제

(1) 의 의

1) 채권담보권이라 함은 법인 등이 담보약정에 따라 금전의 지급을 목적으로 하는 지명채권(여러 개의 채권 또는 장래에 발생할 채권을 포함함)을 목적으로 하여 채권담보등기부에 등기한 담보권을 말한다(「동산·채권 등의 담보에 관한 법률」 제2조 제3호, 제34조 제1항).

2) **약정에 따른 채권담보권의 득실변경**

채권담보등기부에 등기한 때에는 지명채권의 제3채무자 외의 제3자에게 대항할 수 있다(동법 제35조 제1항). 채권담보권에 관한 등기는 별도의 채권담보등기부에 등기사항을 기록하는 방식으로 한다(동법 제40조 제2항).

3) **저당권부 채권담보권의 저당권등기에의 부기등기와 그 효력**

저당권으로 담보한 채권을 채권담보권의 목적으로 한 때에는 그 저당권등기에 채권담보권의 부기등기를 하여야 채권담보권의 효력이 저당권에 미친다(동법 제37조, 「민법」 제348조 참조).

(2) 등기절차

1) **신청절차**

① 저당권부 채권담보권의 등기는 저당권자와 채권담보권자가 공동으로 신청하여야 한다.

② 신청정보의 내용으로 담보권의 목적인 채권을 담보하는 저당권의 표시에 관한 사항, 채권액 또는 채권최고액, 채무자의 표시에 관한 사항, 변제기와 이자의 약정이 있는 경우에는 그 내용을 등기소에 제공하여야 한다(규칙 제132조 제2항).

③ 등기원인증명정보로서 채권담보권설정계약서를 제공하여야 하나, 등기의무자인 저당권자는 소유권의 등기명의인이 아니므로 그의 인감증명의 제공은 요하지 않는다.

2) 등기의 실행

채권담보권의 목적이 된 저당권 등기에 부기등기로 하며(「민법」제348조, 법 제52조 제3호), 위 저당권의 목적 부동산의 등기기록의 을구에 신청정보의 내용으로서 제공한 사항을 기록하여야 한다(법 제76조 제2항).

Key Point | 채권담보권의 등기

1) **채권담보권의 의의**
   금전의 지급을 목적으로 하는 지명채권(여러 개의 채권 또는 장래에 발생할 채권을 포함함)을 목적으로 하여 채권담보등기부에 등기한 담보권을 말한다.

2) **저당권부 채권담보권**
   신법은 등기할 수 있는 권리로서 채권담보권을 추가하였는데 저당권부채권에 대해 채권담보권을 설정한 경우에 한한다(법 제3조 제7호).

3) **저당권부 채권담보권의 등기절차**
   ① 신청정보
   　㉠ 채권담보권의 목적인 채권을 담보하는 저당권의 표시
   　㉡ 채권액 또는 채권최고액
   　㉢ 채무자의 표시
   　㉣ 변제기와 이자의 약정이 있는 때에는 그 내용
   ② 등기의 실행
   　저당권등기에 부기등기로 한다.

---

3 저당권부 채권질권과 채권담보권의 이전·변경·말소등기 등

저당권부 채권질권과 채권담보권의 이전·변경·말소 등의 경우에도 저당권의 부종성과 수반성에 따라 저당권 목적 부동산의 등기기록의 을구에 그에 상응하는 등기를 한다.

제2편 부동산등기법

Key Point 각종 등기의 신청정보의 내용으로 등기소에 제공할 내용

등기의 종류	필요적 신청정보 내용	임의적 신청정보 내용	객체	불능객체
1) 소유권보존등기	신청(근거)조항	등기원인과 연월일은 기재 불필요	1필 또는 1개의 건물 전부	부동산의 특정 일부, 공유지분
2) 환매특약등기	매매대금, 매매비용	환매기간약정	1필 또는 1개의 건물 전부, 공유지분(소유권 이전과 동시에 신청)	부동산의 특정 일부
3) 지상권설정등기	목적, 범위	존속기간, 지료와 지급시기 등	1필 전부 또는 일부, 농지, 다년생식물재배지 등	공유지분, 2중의 지상권
4) 지역권설정등기	요역지·승역지 표시, 목적, 범위	부종성배제특약	2중의 지역권 설정 가능 요역지 | 1필 전부 승역지 | 1필 전부나 일부	요역지의 경우 1필의 일부, 공유지분
5) 전세권설정등기	전세금(또는 전전세금), 범위	존속기간, 위약금(배상금), 양도금지 특약 등	1필·1개 건물의 전부·일부	공유지분, 농경지, 2중의 전세권
6) 저당권설정등기	채권액, 채무자, 권리표시, 공동담보 표시	변제기, 이자, 부합물이나 종물에 그 효력이 미치지 않는 특약 등	1필 또는 1개 건물의 전부·공유 지분, 지상권, 전세권, 농지	부동산의 특정 일부
7) 저당권이전등기	채권과 같이 이전한다는 뜻			
8) 저당설정등기	채권최고액, 채무자, 근저당권 계약의 취지	변제기 (이자 기재 불필요)	1필 또는 1개 건물의 전부·공유 지분, 지상권, 전세권, 농지	부동산의 특정 일부
9) 권리질권등기	저당권표시, 채권액, 채무자	변제기, 이자 등	저당권으로 담보한 채권	저당권 외의 권리
10) 채권담보권	저당권표시, 채권액, 채무자	변제기, 이자 등	저당권으로 담보한 채권	
11) 임차권설정등기	차임	임차보증금, 양도에 대한 임대인의 동의	1필 또는 1개건물의 전부·일부	공유지분

제4장 부동산의 표시 및 각종 권리의 등기절차

단락문제 Q20 　　　　　　　　　　　　　　　　　　　　제15회 기출

다음 중 등기신청정보의 내용으로 틀린 것은?

① 환매특약의 등기 ― 매매대금, 매매비용
② 근저당권설정등기 ― 근저당권설정계약이라는 뜻, 채권최고액, 채무자
③ 임차권설정등기 ― 차임
④ 소유권보존등기 ― 등기원인 및 그 연월일
⑤ 채권자대위권에 의한 등기 ― 채권자, 채무자, 대위원인

해설 등기신청정보의 내용

① 소유권보존등기의 경우 신청정보의 내용으로 등기원인과 그 연월일은 제공하지 않고, 신청근거조항을 제공하여야 한다(규칙 제121조 제1항).　　　　　　　　　　　　　　　　　　　　**답 ④**

부동산의 표시 및 각종 권리의 등기절차

CHAPTER 04

빈출 함정 총정리

• 경록 교재에 모든 답이 있습니다.

01 토지의 소재와 지번의 변경이 있는 경우 소유권의 등기명의인에게 **1개월**(3개월 x) 이내에 등기신청을 하여야 할 의무가 부과된다.

02 등기실행과정에서 **분필등기**(합필등기 x)는 새로운 등기기록을 개설하여야 하며, **합필등기**(분 필등기 x)는 등기기록을 폐쇄하게 된다.

03 지적공부상 합병절차를 마친 후 합필등기 전에 합필제한 사유인 권리의 등기가 된 경우에 도 **합필등기를 신청할 수 있다**(합필등기를 신청할 수 없다 x).

04 합병으로 소멸된 甲회사의 부동산을 그 합병으로 설립된 乙회사의 명의로 하기 위해서는 **소유권이전등기**(등기명의인표시의 변경등기 x)를 한다.

05 권리의 일부에는 **저당권이나 처분제한의 등기**(용익물권의 등기 x)는 할 수 있으나 **용익물권의**(저 당권이나 처분제한의 x) 등기를 할 수 없고, 부동산의 일부에는 용익물권의 등기는 할 수 있으 나 저당권이나 처분제한의 등기는 할 수 없다.

06 대지권을 등기한 건물등기기록에는 건물만에 관한 **소유권이전등기나 저당권설정등기**(전세권 설정등기 x)는 금지되나 건물만에 관한 전세권설정등기는 허용된다.

07 부동산의 일부에 대해서 소유권이전등기, 저당권설정등기, 처분금지가처분등기, 가압류등기 를 **할 수 없다**(할 수 있다 x).

08 미등기부동산에 대하여 처분제한등기의 촉탁이 있으면 등기관은 **직권으로 보존등기를 한 후에 촉탁받은 처분제한등기를 하여야 한다**(그 촉탁등기를 각하하여야 한다 x).

09 소유권보존등기의 신청에는 권리에 관한 등기필정보, 등기원인증명정보, 인감증명정보를 첨부정보로 **제공할 필요가 없다**(제공하여야 한다 x).

10 토지등기기록에 **대지권취지**(대지권 x)의 등기를 하고, 건물등기기록에 **대지권**(대지권취지 x)의 등기를 한다.

제4장 부동산의 표시 및 각종 권리의 등기절차

11 집합건물로 등기하기 위한 요건으로 구분소유권의 목적이 되기 위해서는 구조상의 독립성과 이용상의 독립성이 인정되어야 한다(이용상의 독립성을 확보하면 족하다 x).

12 규약상(구조상 x) 공용부분은 등기부에 공용부분이라는 취지를 등기하여야 한다.

13 부동산의 물리적 일부나 일정지분에 관한 소유권보존등기는 신청할 수 없다(예외적인 경우에 한하여 인정된다 x).

14 화해조서에 의하여 자기 소유임을 증명하는 자의 대리인이 신청한 소유권보존등기도 등기관은 이를 수리하여야 한다(각하하여야 한다 x).

15 건물의 일부 구분건물에 대하여 처분제한등기 촉탁이 있는 경우 등기관은 처분제한의 목적물인 구분건물의 소유권보존등기와 나머지 구분건물의 표시에 관한 등기를 하여야 한다(촉탁등기를 각하하여야 한다 x).

16 매매 또는 교환으로 인한 소유권이전등기를 신청할 때에 제출하여야 하는 검인을 받은 계약서에는 전체 대금을 기재하면 된다(해약금에 관한 사항은 필요적 기재사항이므로 반드시 기재하여야 한다 x).

17 환매특약의 등기는 소유권이전등기신청과 동시에 신청하여야 하고 소유권이전등기와 환매등기의 원인일자는 동일자로 하여야 한다(신청 이후에 따로 할 수도 있다 x).

18 환매특약의 등기에서 환매기간은 임의적 기재사항이므로 이를 기재하지 않을 수 있다(필요적 기재사항이므로 기간의 약정이 없는 때에도 등기를 하는 때에는 환매등기신청서에 이를 반드시 기재하여야 한다 x).

19 지상권이 대지권인 경우에는 대지권취지의 등기를 한 토지등기기록에 소유권이전등기를 하지 못한다(소유권이전등기를 할 수 있다 x).

20 대지권의 등기가 된 건물에 대한 권리의 등기를 하는 때에는 그 등기는 토지에까지 동일한 등기로서의 효력이 미치므로 토지등기부에는 등기를 생략한다(토지등기기록에도 동일한 등기를 하여야 한다 x).

21 지상권설정등기의 신청서에 설정범위(지료와 설정범위는 x)는 필요적 기재사항이다.

22 지역권에 관한 등기사항을 알고자 하는 경우 승역지(요역지 x)의 등기부 을구를 보아야 한다.

제2편 부동산등기법

23 전세금·전전세금은 전세권의 필수적(임의적 x) 성립요소로서 전세권·전전세권의 설정 등기의 신청정보로서 제공하여야 한다(제공할 수 있다 x).

24 전세권의 존속기간의 만료 후 또는 존속기간 만료 전이라도 해당 전세권이 소멸하였음을 증명하는 경우에는 전세금반환채권의 일부를 양도할 수 있고(없고 x), 이 경우 전세권 일부이전등기를 할 수 있다(일부이전등기도 할 수 없다 x).

25 임차권등기명령에 따른 임차권등기를 마치면 임차인은 대항력과 보증금에 대한 우선변제권을 취득한다. 다만, 이미 취득한 대항력 또는 우선변제적 효력은 그대로 유지된다. 그러나 그 이후의 소액보증금 임차인은 그 일정액에 대해 우선변제권의 보호를 받지 못한다(임차권등기명령을 받은 자의 다음순위로 보호를 받을 뿐이다 x).

26 주택임차권은 등기 없이도 입주와 주민등록(전입신고)을 마치면 그 다음날부터(즉시 x) 대항력이 생긴다.

27 임차인은 임차권등기명령의 신청 및 그에 따른 임차권등기와 관련하여 소요된 비용을 임대인에게 청구할 수 있다(스스로 부담하여야 한다 x).

28 저당권설정등기가 된 건물을 증축한 경우에는 증축부분에 대하여도 저당권의 효력이 미친다(대하여는 저당권의 효력이 미치지 않는다 x).

29 저당권이전등기는 항상 부기등기(주등기 x)에 의한다.

30 저당권말소등기는 독립등기로 말소등기를 한 후 해당 저당권설정등기를 말소하는 표시를 하며, 이 경우 저당권이전의 부기등기가 있는 경우에는 등기관이 직권으로 말소한다(등기관은 말소등기신청을 각하한다 x).

31 공동저당 등기신청시에도 공동담보목록을 첨부할 필요는 없다(첨부하여야 한다 x).

32 근저당권의 등기에 있어서 채권액이 증감변동하더라도 따로 채권액의 변경등기를 할 필요가 없다(증감변동하면 그 때마다 변경등기를 하여야 한다 x).

33 채권최고액을 증액한 경우에 등기상 이해관계인의 승낙증명정보 등의 첨부정보를 제공한 경우에는 부기등기(주등기 x)로 하고 변경 전 등기사항을 말소하는 표시를 하나, 제공하지 않은 경우에는 주등기(부기등기 x)로 하고 그 말소표시를 하지 아니한다.

34 저당권으로 담보한 채권을 질권의 목적으로 한 때에는 그 저당권등기에 질권의 부기등기를 하여야 질권의 효력이 저당권에 미친다(제3자에게 대항할 수 있다 x).

CHAPTER 05 각종 등기의 절차

학습포인트

- 이 장은 제4장의 각종 권리에 관한 등기절차의 내용을 등기의 종류별로 다시 요약정리한 것이다. 등기의 내용에 따른 분류인 변경등기, 경정등기, 말소등기, 멸실등기, 말소회복등기 외에 부기등기, 가등기 그리고 촉탁에 의한 등기(제8절, 가처분·가압류등기 포함)에 관해서도 여기서 종합적으로 기술하였다.
  구법의 멸실회복등기는 손상등기부의 복구제도로 대체되었고, 또한 예고등기제도는 폐지되었다. 변경등기 중 부동산표시의 변경등기와 부동산의 변경등기는 부동산등기법의 규율체계에 맞추어 부동산의 표시에 관한 등기부분(제4장 제1절)에서 기술하였다.
- 이 장도 출제비중이 높아 매년 2~3문제가 출제되며, 26회에는 5문제가 출제되기도 하였다. 말소등기와 등기관의 직권에 의한 등기(경정등기·말소등기), 부기등기사항(법 제52조), 가등기에 의한 본등기절차와 본등기 후의 효력을 묻는 문제(거의 매년 출제), 촉탁에 의한 등기에 관한 문제의 출제빈도가 높다. 이 장에서는 제4장에서 학습한 내용을 복습한다는 생각으로 학습할 것이 요구된다.

CHAPTER 학습 & 출제되는 키워드

- ☑ 변경등기
- ☑ 경정등기
- ☑ 직권말소등기
- ☑ 부기등기
- ☑ 가등기의 요건과 절차
- ☑ 가등기의 이전과 말소등기
- ☑ 관공서의 촉탁에 의한 등기
- ☑ 실권리자명의 등기의무

- ☑ 등기명의인 표시의 변경등기
- ☑ 말소등기
- ☑ 말소회복등기
- ☑ 부기등기의 효력
- ☑ 가등기의 효력
- ☑ 담보가등기의 특칙
- ☑ 가처분·가압류에 관한 등기
- ☑ 명의신탁해지에 의한 등기

- ☑ 권리의 변경등기
- ☑ 촉탁에 의한 말소등기
- ☑ 멸실등기
- ☑ 가등기
- ☑ 가등기에 기한 본등기
- ☑ 촉탁에 의한 등기
- ☑ 부동산실명법에 의한 등기

CHAPTER 학습 & 출제되는 질문

- ☑ 변경등기에 관한 설명 중 옳은 것은?
- ☑ 경정등기에 관한 설명으로 옳은 것은?
- ☑ 말소등기에 관한 설명으로 옳은 것은 모두 몇개인가?
- ☑ 부기등기 형식으로 행하는 등기가 아닌 것은?
- ☑ 가등기에 관련된 설명 중 옳은 것은?
- ☑ 경매절차에 의한 매각으로 소유권이전등기를 촉탁할 경우, 말소대상이 아닌 등기는?
- ☑ 가압류·가처분 등기에 관한 설명으로 옳은 것은?

제1절 변경등기 *추가15·17회 출제*

01 서 설 ★

1 의의 및 구별개념

(1) 의 의
광의의 변경등기란 등기의 일부가 실체관계와 부합하지 않는 경우에 그 등기를 실체관계에 부합하도록 바로 잡는 등기이다. 광의의 변경등기에는 협의의 변경등기와 경정등기가 있다. 협의의 변경등기라 함은 후발적으로 등기의 일부가 실체관계와 불일치한 경우에 이를 일치시키기 위하여 기존등기의 일부를 변경하는 등기이다(법 제35조).

(2) 구별개념

1) **말소등기와의 구별**

   협의의 변경등기는 등기의 전부가 실체관계와 불일치하여 부적법한 경우에 그 등기의 전부를 소멸케 할 목적으로 하는 말소등기와 구별된다.

2) **경정등기와의 구별**

   ① 협의의 변경등기는 등기의 일부에 원시적으로 착오 또는 유루가 있어서 그 등기가 실체관계와 불일치하는 경우에 이를 시정할 목적으로 하는 경정등기와 구별된다(법 제32조).
   ② 협의의 변경등기와 경정등기의 구별은 그 불일치의 원인이 후발적인가 원시적인가에 있다.

Professor Comment
부동산의 표시변경등기에 관하여는 제4장 제1절의 「부동산의 표시에 관한 등기」에서 기술하였으므로 여기서는 권리의 변경등기와 등기명의인의 변경등기를 중심으로 기술한다.

2 변경등기의 종류

(1) 부동산의 표시변경등기

1) 부동산의 표시변경등기는 토지의 분할, 합병 또는 건물의 분할, 구분, 합병이 있는 경우와 그 등기사항에 변경이 있는 경우 그 소유권의 등기명의인이 그 사실이 있는 때부터 1개월 이내에 신청하여 하는 등기이다(법 제35조, 제41조).

2) 특징으로서 단독신청, 의무신청(1개월 내)에 의하며, 첨부정보로서 대장 등 부동산의 표시증명정보의 제공을 필요로 한다.

(2) 등기명의인 표시변경등기

등기명의인의 성명·주소·주민등록번호(법인 등의 경우 주소·명칭·사무소소재지)가 그 동일성을 해하지 않으면서 변경된 경우에 이를 일치시키기 위해 하는 등기이다. 단독신청에 의하며 권리주체의 변경, 즉 그 동일성이 인정되지 않는 경우에 하는 권리이전등기와 구별된다.

(3) 권리변경등기

등기된 권리의 내용의 후발적 변경이 있는 경우에 하는 등기이다. 원칙적으로 공동신청에 의하며, 등기상 이해관계인이 있는 경우에는 그의 승낙증명정보 등을 첨부하여야 한다(규칙 제112조 제1항).

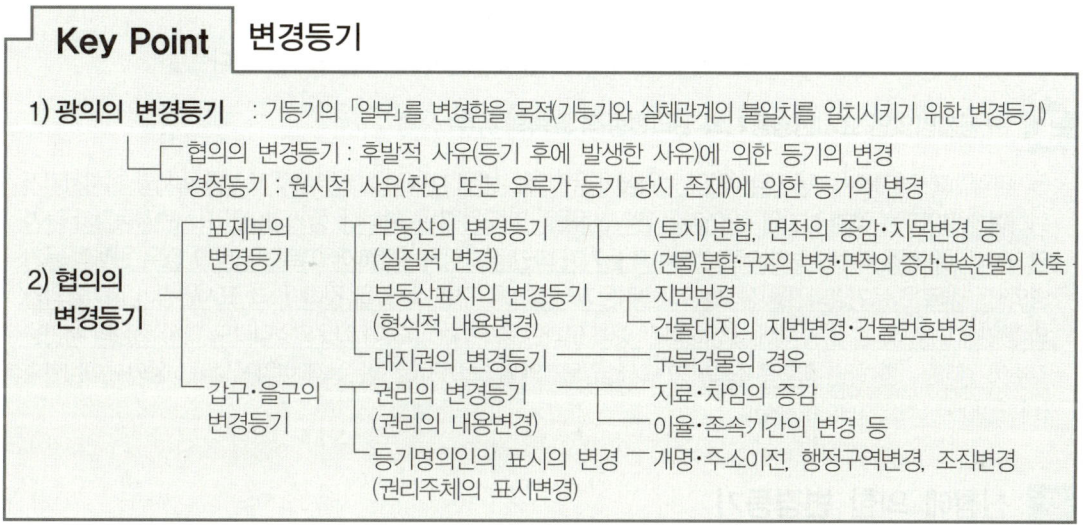

 변경등기의 종류

① 부동산표시변경등기
② 등기명의인 표시변경등기
③ 권리변경등기

02 등기명의인 표시의 변경등기★★

1 의의 및 구별개념

(1) 의 의
등기명의인의 성명·주소·주민등록번호(법인 등의 경우 주소·명칭·사무소소재지)가 그 동일성을 해하지 않으면서 변경된 경우에 이를 일치시키기 위해 하는 등기이다. 따라서 등기명의인 표시변경등기는 성질상 등기의무자 및 등기상 이해관계인이 있을 수 없는 중성적 등기이다.

(2) 구 별
등기명의인인 권리의 주체의 변경이 있는 경우에는 권리이전등기를 한다.

■ **등기명의인 표시변경등기의 권리변동적 효력의 유무(소극)**

등기명의인 표시변경등기는 등기명의인의 동일성이 유지되는 범위 내에서 등기부상의 표시를 실제와 합치시키기 위하여 행하여지는 것에 불과할 뿐 어떠한 권리변동을 가져오는 것은 아니다. 등기명의인 표시변경등기가 등기명의인의 동일성을 해치는 방법으로 행하여져 등기가 타인을 표상하는 결과에 이르렀다면 그 경우 원래의 등기명의인은 새로운 등기명의인을 상대로 그 변경등기의 말소를 구할 수 있을 것이나, 그 표시변경이 등기명의인의 동일성이 유지되는 범위 내에서 행하여진 것에 불과한 경우에는 그것이 잘못되었더라도 다시 소정의 서면을 갖추어 경정등기를 하면 되므로 소로써 그 표시변경등기의 말소를 구하는 것은 소의 이익이 없어 허용되지 아니한다 (대판 2000.5.12. 99다69983).

2 신청에 의한 변경등기

(1) 신청절차
등기명의인의 표시변경등기는 등기명의인의 동일성이 유지되고, 등기의무자가 존재하지 아니하므로 등기명의인이 단독으로 신청할 수 있고, 신청정보의 내용으로서 등기명의인의 표시의 변경에 관한 정보를, 첨부정보로서 이를 증명하는 정보(가족관계등록부 등 시·구·읍·면의 장의 서면 등)를 제공하여야 한다.

(2) 등기의 실행과 대장소관청에의 통지
1) 등기명의인의 표시변경등기는 부기등기의 형식으로 하고, 변경 전의 표시에 관한 사항을 말소하는 표시를 한다(법 제52조 제1호, 규칙 제112조 제2항).
2) 등기관이 소유권의 등기명의인표시의 변경등기를 하였을 때에는 전산정보처리조직을 이용하여 지체 없이 그 사실을 토지의 경우에는 지적소관청에, 건물의 경우에는 건축물대장 소관청에 각각 알려야 한다(법 제62조 제2호, 규칙 제120조).

3) 등기명의인의 표시변경등기는 새로운 권리에 관한 등기가 아니므로 등기필정보의 작성·통지를 하지 않으며 등기완료통지를 한다(법 제30조, 제50조 제1항).

3 직권변경등기★

(1) 행정구역 또는 명칭의 변경
행정구역 또는 그 명칭이 각 변경된 경우에는 변경등기가 있는 것으로 보나, 등기관은 직권으로 등기명의인의 표시(주소)변경등기를 할 수도 있다(법 제31조, 규칙 제54조).

(2) 등기의무자의 주소변경등기

> **제122조(주소변경의 직권등기)**
> 등기관이 소유권이전등기를 할 때에 등기명의인의 주소변경으로 신청정보 상의 등기의무자의 표시가 등기기록과 일치하지 아니하는 경우라도 첨부정보로서 제공된 주소를 증명하는 정보에 등기의무자의 등기기록상의 주소가 신청정보 상의 주소로 변경된 사실이 명백히 나타나면 직권으로 등기명의인표시의 변경등기를 하여야 한다.

4 등기명의인 표시변경등기의 생략

(1) 등기명의인의 주소가 수차에 걸쳐 변경되었을 경우에는 중간의 주소변경사항을 생략하고 최종 주소지로 곧바로 등기명의인표시변경등기를 할 수 있다(등기예규 제428호).

(2) 가등기말소의 경우나(등기예규 제1632호) 소유권 외의 권리의 말소등기를 신청하는 경우(등기예규 제451호) 및 멸실등기를 신청하는 경우에는 등기명의인의 표시변경사유가 있어도 신청정보에 이를 증명하는 정보를 첨부정보로서 등기소에 제공하여 실익이 없는 등기명의인표시등기를 생략하고 바로 말소등기나 멸실등기를 실행할 수 있다.

단락문제 01

다음 등기명의인의 표시변경등기에 있어서 틀린 것은?

① 등기명의인의 표시란 등기명의인의 성명·주소 등을 말한다.
② 등기명의인이 법인인 경우에는 명칭과 사무소 등을 말한다.
③ 등기명의인의 표시변경등기신청도 공동신청의 원칙에 의한다.
④ 등기명의인의 표시변경등기의 실행은 부기등기(附記登記)에 의한다.
⑤ 신청서에 그 표시의 변경을 증명하는 정보로서 시·구·읍·면의 장 서면(가족관계등록부 등) 또는 이를 증명함에 족한 서면을 첨부하여야 한다.

해설 등기명의인의 표시변경등기
① 등기명의인의 표시변경등기는 권리의 변동이나 등기명의인의 변동이 있는 것이 아니므로 단독신청을 인정한다. **답** ③

제2편 부동산등기법

03 권리의 변경등기 ★★

1 의의 및 구별

(1) 의 의

권리변경등기는 이미 등기된 권리의 내용, 즉 등기사항의 일부가 후발적으로 변경된 경우에 하는 등기를 말한다.

㈎ 권리의 존속기간의 연장이나 단축, 지료나 차임의 증감, 피담보채권의 원본액의 감소, 이율의 변경, 공유를 합유로 변경, 근저당권에 있어 계약인수, 중첩적 계약인수, 확정채무의 면책적 인수, 확정채무의 중첩적 인수에 따른 채무자변경이 이에 해당한다.

(2) 구 별

권리주체의 변경(권리이전·말소)이나 권리주체의 표시변경(등기명의인의 성명, 주소 등)이나 권리객체의 변경(부동산의 표시)은 여기에 포함되지 않는다.

■ 부동산등기부의 사항란에 기재된 근저당권설정등기의 접수일자의 변경을 구하는 소의 적법 여부(소극)

부동산등기부의 사항란에 기재된 근저당권설정등기의 접수일자는 등기가 접수된 날을 나타내는 하나의 사실기재에 불과하고 권리에 관한 기재가 아니므로 그 접수일자의 변경을 구하는 것은 구체적인 권리 또는 법률관계에 관한 쟁송이라 할 수 없고, 또 등기의 접수일자는 실체적 권리관계와 무관한 것으로서 그 변경에 등기권리자와 등기의무자의 관념이 있을 수 없어 이행청구의 대상이 될 수도 없으므로, 소의 이익이 없어 부적법하다(대판 2003.10.24. 2003다13260).

2 등기의 신청 및 실행

(1) 신청절차

1) 권리의 변경등기는 등기권리자와 등기의무자가 공동으로 신청함이 원칙이다. 그러나 신탁등기에 있어서 여러 명의 수탁자 중 일부 수탁자의 임무가 종료된 경우에는 나머지 수탁자가 이를 원인으로 한 권리변경등기를 단독으로 신청할 수 있다(법 제83조 제1항, 제84조).

Professor Comment
변경등기 중 권리의 변경등기만이 공동신청에 의한다.

2) 신청정보로서 권리의 내용에 관해 변경 전의 사항과 변경 후의 사항에 관한 정보를, 첨부정보로서 등기상 이해관계인의 승낙증명정보 등을 제공하여야 한다.

Professor Comment
멸실등기의 경우에는 첨부정보로서 승낙증명정보의 제공을 요하지 않는다.

(2) 등기의 실행 29·35회 출제

1) 원칙
권리변경의 등기는 등기상 이해관계 있는 제3자가 없는 경우 또는 있는 경우에도 그의 승낙증명정보 등을 첨부정보로 제공한 경우에는 부기등기로 하고, 변경 전의 등기사항을 말소하는 표시를 한다(법 제52조 제5호, 규칙 제112조 제1항).

→ 주등기의 순위가 승계됨

2) 예외   35회 출제
등기상 이해관계인이 있는 경우 그의 승낙증명정보를 첨부정보로 제공하지 못한 경우에는 그 변경등기는 그 이해관계인의 등기보다 후순위가 되는 주등기❶로 하여야 한다. 이 경우에는 변경 전의 등기사항을 말소하는 표시를 하지 아니한다.

> **용어사전**
>
> ❶ 주등기(主登記)
> 「독립등기(獨立登記)」라고도 하는 것으로, 기존의 등기의 표시번호나 순위번호에 이어지는 독립한 번호를 붙여서 하는 등기이다(법 제4조, 제5조 참조).

3) 등기상 이해관계 있는 제3자의 의미

① 등기기록의 형식에 비추어 그 권리변경등기에 의해 일반적으로 손해를 입을 우려가 있는지의 여부로 판단한다.
   ㈎ 선순위 저당권의 채권의 증액이나 이자율의 증가에 따라 변경등기를 하는 경우에 후순위 권리자는 손해를 받을 염려가 있으므로 이해관계인이 된다.

② 그러므로 선순위저당권의 피담보채권액을 감액하는 변경등기인 경우, 후순위 권리자는 오히려 이익을 받게 되므로 등기상 이해관계인에 해당되지 않으나, 저당권부권리질권자는 저당권부채권액의 감소로 인하여 자기의 채권액의 만족을 취할 수 없게 될 염려가 있으므로 등기상 이해관계인에 해당된다.

③ 건물 멸실등기를 신청하는 경우에는 소유권의 등기명의인의 표시변경사유가 있어도 그 변경을 증명하는 정보를 첨부한 경우에는 그 등기명의인의 표시변경등기를 생략 할 수 있다.

▼ 부기등기에 의한 변경등기의 예시

[을 구]	(소유권 외의 권리에 관한 사항 : 전세권 설정·변경등기)			
순위번호	등기목적	접 수	등기원인	권리자 및 기타사항
1	전세권설정	1996년 1월 25일 제1234호	1996년 1월 24일 설정계약	전세금 ~~280,000,000원~~ 범 위 건물의 전부 존속기간 ~~1996년 1월 25일부터 1997년 1월 24일까지~~ 전세권자 이동진 304124-1058339 서울 강남구 삼성동 5
1-1	1번 전세권변경	1997년 1월 20일 제1115호	1997년 1월 15일 변경계약	전세금 300,000,000원 존속기간 1997년 1월 25일부터 1998년 1월 24일까지

Key Point 변경등기

1) **권리의 변경등기**
   ① 내용: 지료·차임의 증감, 이율·존속기간의 변경, 권리의 내용이 변경되는 것
   ② 신청: 당사자 공동신청이 원칙이다.
   ③ 이해관계 있는 제3자가 있는 경우: 첨부정보로서 그의 승낙증명정보 등을 제공하여야 한다.
   ④ 등기방법: 부기등기의 방법에 의한다(법 제52조). → 예외: 이해관계 있는 제3자의 승낙증명정보 등을 제공하지 못한 경우에는 주등기로 하여야 한다.

2) **등기명의인의 표시의 변경**(권리주체의 표시변경)
   ① 내용: 개명·주소의 이전·(법인 등의)명칭의 변경 또는 사무소의 이전, 행정구역 또는 그 명칭의 변경 등에 의하여 등기명의인의 주소 등이 변경되는 경우이다.
   ② 신청: 단독신청(등기명의인)
   ③ 등기방법: 부기등기의 방법에 의한다.
   ④ 신청정보의 내용: 「등기의 목적」은 등기명의인 표시변경이라 표시하고 「변경할 사항」은 변경 전의 표시와 변경 후의 표시로 나누어 표시한다.
   ⑤ 첨부정보: 그 표시의 변경(또는 경정의 경우도 마찬가지임)을 증명하는 시·구·읍·면의 장의 증명정보를 제공하여야 한다.

3) **표제부·갑구·을구의 변경등기** ★★★

표제부의 변경등기	갑구·을구의 변경등기
① 주등기(독립등기): 원칙	① 부기등기(원칙), 주등기(예외)
② 대장정보 제공 필요	② 대장정보 제공 불필요
③ 1개월 이내 신청의무	③ 신청의무 없음
④ 단독신청, 직권·촉탁, 대위신청	④ 공동신청 원칙(권리의 변경등기)
	⑤ 예외적 단독신청(등기명의인표시 변경등기)

제2절 경정등기 (등기예규 제1564호) **19회 출제**

01 서설 ★

1 의의

경정등기는 등기가 마쳐진 후 그 등기의 일부에 착오(錯誤)나 빠진 부분이 있어 등기실행 당시부터 그 등기의 일부가 실체관계와 부합하지 아니한 경우에 이를 바로 잡아 실체관계와 부합하게 하는 등기이다.

→ 잘못 기재 → 유루 → 원시적으로

2 구별

경정등기는 등기사항의 일부를 시정하는 것이라는 점에서 그 전부가 원시적·후발적으로 부적법하게 된 경우에 이를 고치기 위한 말소등기와 다르고, 또한 원시적 불일치를 대상으로 한다는 점에서 후발적 불일치를 대상으로 하는 변경등기와도 다르다.

3 종류

경정등기에도 변경등기에서와 같이 부동산표시의 경정등기(대지권의 경정도 포함, 제4장 제1절에서 기술함), 등기명의인의 표시경정등기, 권리경정등기가 있다.

경정등기
경정등기와 변경등기의 대상과 절차는 동일하게 적용된다.

> **기존 등기부상의 지번표시가 토지의 분·합필로 인하여 토지대장상의 지번표시와 다르게 된 경우 경정등기의 가부**
>
> 경정등기는 기존등기의 일부에 당초부터 착오 또는 유루가 있어 그 등기가 원시적으로 실체관계와 일치하지 아니하는 경우에 이를 보정하기 위한 방법으로 허용되는 등기절차이므로 적법한 등기가 마쳐진 후에 토지의 분·합필로 인하여 그 토지에 관한 기존 등기기록상의 지번표시가 토지대장 및 지적도상의 지번표시와 다르게 된 경우는 기존등기를 경정할 경우에 해당되지 아니한다(대결 1983.7.27. 83마226).

02 경정등기의 요건 ★★

1 '등기를 마친 후'에 착오나 빠진 부분이 있을 것

(1) 등기가 완료되는 시점

등기관이 등기를 마친 경우란 등기사무를 처리한 등기관이 누구인지 알 수 있는 그 등기관 고유의 식별부호의 기록을 하였을 때를 말한다(규칙 제4조).

(2) 등기완료 전의 경우(자구정정)

등기사항을 등기기록에 기록한 경우에도 식별부호를 기록하기 전에는 자구정정(字句訂正)의 방법에 의하여 고친다.

(3) 착오 또는 빠진 부분이 있을 것과 관련하여 그 원인은 등기관의 과오 또는 당사자의 신청착오를 불문한다.

2 '등기사항'에 관하여 착오나 빠진 부분이 있을 것

(1) 등기사항에 관한 것일 것

경정의 대상이 되는 것은 등기사항에 관한 것이므로 등기사항이 아닌 부분의 시정은 자구정정(字句訂正)의 방법으로 할 수 있다.

(2) 등기사항이라 함은 부동산표시(대지권의 표시 포함), 등기명의인 표시, 권리내용에 관한 것이다.

(3) 표시번호, 갑구·을구의 순위번호는 단순한 절차적 기록사항에 불과할 뿐 등기사항이라 볼 수 없으므로 경정등기의 대상이 아니라 자구정정의 방법으로 하면 된다.

제5장 각종 등기의 절차

3 등기사항의 '일부'에 관한 착오 또는 빠진 부분이 있을 것

(1) 경정등기는 등기사항의 '일부'에 관한 착오 또는 빠진 부분이 있는 경우로서 경정 전·후의 등기사항 간에 동일성이 유지되어야 하므로 등기사항의 전부를 경정하는 것은 허용되지 않는다.

(2) 착오가 등기사항의 전부에 관하여 있는 경우에는 말소등기 또는 말소회복등기의 문제가 되고, 또한 전부를 전혀 기입하지 않은 경우에는 등기관의 처분에 대한 이의신청이나 새로운 등기신청 또는 국가배상의 문제가 된다.

4 등기와 실체관계의 불일치가 당초의 등기절차에서 생긴 것일 것

(1) 착오 또는 빠진 것은 당초의 등기절차에서 생긴 원시적인 것이어야 하는 것이며 등기완료 후에 새로운 사유로 불일치가 발생한 것이라면 변경등기를 신청하여야 한다.

(2) 예컨대 이미 행해진 2인의 공유등기를 그 뒤에 생긴 원인으로 그 중 1인의 지분을 말소하고 나머지 1인의 단독 소유로 경정하여 달라는 경정등기신청은 허용될 수 없다(대판 1996.04.12. 95다33214).

5 경정 전후의 동일성이 유지될 것 26회 출제

(1) 경정등기가 되더라도 경정 전·후의 등기 사이에 동일성이 유지되어야 한다.

(2) 따라서 등기목적물이 다른 것, 권리자가 전혀 다른 사람인 경우, 권리내용이 전혀 다른 경우에
→ 권리객체의 착오   → 권리주체의 착오   → 지상권등기를 지역권등기로 한 경우
는 경정등기로 시정할 수 없다.

> **판례** ■ 등기명의인 표시경정등기
> 등기명의인 2인을 1인으로 경정하는 등기명의인 표시경정등기신청은 소유자가 변경되는 결과가 되어 등기명의인의 동일성을 잃으므로 허용할 수 없다(대결 1981.11.6. 80마592).

Professor Comment
판례에 따르면 소유권의 경정등기에 의하여 소유자가 변경되는 결과로 되는 것은 허용할 수 없다고 한다. 다만, 일정한 경우에는 일부말소의미의 경정등기와 상속등기의 경정등기를 허용하고 있다.

6 그 착오 또는 빠진 부분이 현재 효력이 있는 등기에 대한 것일 것

종전의 무권리자의 등기사항은 경정등기의 실익이 없기 때문에 경정등기의 대상이 될 수 없고 경정등기의 대상은 "현재의 효력이 있는 등기사항"만을 대상으로 한다. 따라서 폐쇄된 등기기록상의 등기사항에 관한 경정등기는 허용되지 아니한다.

제2편 부동산등기법

Key Point | 경정등기의 요건 ★★★

경정등기의 요건(원인불문)		비 교
'등기절차상의 원시적 하자'로 인한 불일치	↔ '후발적'인 사유	→ 변경등기
'등기사항 일부'에 대한 착오·유루의 발생	↔ '전부'에 대한 착오	→ 말소등기
	↔ '전부'에 대한 유루	→ 기입등기, 등기관의 처분에 대한 이의신청, 새로운 등기신청, 국가배상청구
'등기완료 후' 발견	↔ '등기완료 전' 발견	→ 자구 정정
그 경정 후에도 등기의 '동일성'은 유지되어야 한다.	↔ '동일성' 부정	→ 신청착오인 경우에는 전부를 말소하고 새로운 등기신청, 등기관의 과오인 경우에는 등기상 이해관계인이 없거나 있더라도 승낙서를 첨부한 경우에 한하여 직권으로 말소하고 다시 빠뜨린 등기를 실행

① 권리의 종류
② 부동산의 소재·지번   → 동일성이 인정되지 않아 경정등기의 대상이 되지 못한다.
③ 등기명의인이 전혀 다른 때

단락문제 02
제2회 기출

경정등기의 요건으로서 틀린 것은?

① 등기완료 후의 착오발견
② 등기절차상 원시적 착오 또는 빠진 것이 있을 것
③ 착오 또는 빠진 것의 원인과는 무관
④ 경정 전후 등기의 동일성 유지
⑤ 등기완료 후의 변경원인발생

해설 경정등기의 요건
① 착오 또는 빠진 것으로 인한 등기와 실체관계와의 불일치는 당초의 등기절차에 있어서의 과오로 인한 원시적인 것이어야 한다. 등기완료 후에 변경원인이 발생했다면 변경등기를 신청하여야 한다. **답** ⑤

제5장 각종 등기의 절차

03 경정등기의 절차 ★ 25회 출제

1 당사자의 신청에 착오가 있는 경우

(1) 등기명의인표시의 경정

1) 의 의

등기명의인표시경정이라 함은 등기명의인의 성명, 주소 또는 주민등록번호 등을 경정하는 것을 말하고, 등기명의인의 수를 증감하는 것(단독소유를 공유로 또는 공유를 단독소유로)은 권리에 관한 경정으로서 등기명의인표시경정이 아니다.

2) 인격의 동일성 및 그 동일성을 해하는 등기명의인표시경정등기가 된 경우

등기명의인표시경정등기는 경정 전후의 등기가 표창하고 있는 등기명의인이 인격의 동일성을 유지하는 경우에만 신청할 수 있다. 따라서 등기관이 동일성을 해하는 등기명의인표시경정등기의 신청을 간과하여 수리 후 등기를 실행한 경우에는 종전 등기명의인으로의 회복방법으로 경정등기의 변경등기를 신청할 수는 없고 새로운 등기명의인을 상대로 경정등기에 대한 말소등기를 구하여 종전의 등기명의를 회복할 수밖에 없다.

3) 종전 등기명의인 또는 사망자에 대한 등기명의인표시경정의 가부

등기부상 권리를 이전하여 현재 등기명의인이 아닌 종전 등기명의인 또는 이미 사망한 등기명의인에 대한 등기명의인표시경정등기신청은 수리할 수 없다. 현재 효력이 있는 등기사항이 아니기 때문이다.

4) 신청절차

등기명의인표시경정등기는 등기명의인이 단독신청으로 할 수 있으며, 이의 신청을 위해서는 당해 등기에 필요한 신청정보의 내용과 등기명의인표시의 경정을 증명하는 정보(시·구·읍·면의 장의 서면 등)를 첨부정보로 제공하여야 한다.

5) 등기의 실행

등기관이 등기명의인표시의 경정등기를 할 때에는 경정 전의 등기사항을 말소하는 표시를 하여야 한다.

(2) 권리에 관한 경정등기

1) 권리에 관한 경정등기를 할 수 있는지 여부

① 권리 자체의 경정이나 권리자 전체를 바꾸는 경정의 불허

권리 자체를 경정(소유권이전등기를 저당권설정등기로 또는 저당권설정등기를 전세권설정등기로)하거나, 권리자 경정(권리자를 甲에서 乙로 또는 甲·乙의 공동소유에서 丙·丁의 공동소유로)하는 등기는 경정등기 전후의 동일성이 인정되지 않으므로 허용되지 않는다.

② **등기원인증명정보와 다른 내용의 등기에 대한 경정절차**

신청정보의 내용으로 제공된 사항이 등기원인증명정보와 부합하지 아니함에도 등기관이 이를 간과하고 그 신청에 따른 등기를 마친 경우, 등기신청인(단독신청에 의한 등기의 경정은 단독신청으로, 공동신청에 의한 등기의 경정은 공동신청으로 하여야 함)은 <u>착오를 증명하는 정보를 첨부정보로 제공하여 경정등기를 신청할 수 있다.</u>

③ **등기원인증명정보와 같은 내용의 등기에 대한 경정절차**
  ㉠ 등기원인증명정보와 신청정보의 내용으로 제공된 권리의 내용이 일치하는 등 적법절차에 의하여 마쳐진 등기에 대해서는 <u>경정등기를 할 수 없다.</u> 다만, 아래 ㉡의 예시와 같이 착오 또는 빠진 부분이 있어 등기가 <u>실체관계와 일치하지 아니하고 신청인이 그 사실을 증명하는 정보를 첨부정보로 제공하여 경정등기를 신청한 경우</u>(신청서에 권리가 감축되는 자를 등기의무자로, 권리가 증가되는 자를 등기권리자로 각 기재하여야 함)에는 <u>경정등기를 할 수 있다.</u>
  ㉡ **권리자 경정등기를 할 수 있는 경우의 예시**
    경정 전후의 권리자, 즉 등기명의인이 달라지는 경우에도 일부말소의미의 경정등기 또는 아래의 경우에는 예외적으로 권리자 경정등기가 허용된다.
    ⓐ **소유권보존등기의 경정**
      단독소유를 공동소유로 또는 그 반대로 하는 소유권보존등기의 경정등기는 소유자가 정정등록된 대장정보와 등기의무자(권리가 감축되는 자)의 인감증명을 제공하여 공동신청하거나 소유권일부말소를 명하는 확정판결을 첨부정보로 제공하여 단독으로 신청할 수 있다.
    ⓑ **상속으로 인한 소유권이전등기의 경정**
      법정상속분대로의 상속등기 후 협의분할에 의하여 또는 협의분할에 의한 상속등기 후 협의해제를 원인으로 법정상속분대로의(또는 새로운 협의분할에 따른) 소유권경정등기를 할 수 있다(대판 2004.7.8. 2002다73203 참조).
    ⓒ 등기원인증명정보상의 등기원인(매매를 증여로 기재) 또는 등기원인연월일(등기신청 당시 도래하지 않은 일자로 기재)의 등기기록상 착오가 외관상 명백한 경우

2) **신청절차**

권리경정등기는 등기권리자와 등기의무자가 공동으로 신청하여야 한다. 신청정보의 내용으로서 등기원인은 '신청착오, 착오발견 또는 빠진 부분 발견'으로 제공하고, 첨부정보로서 등기원인증명정보, 등기상 이해관계인의 승낙증명정보 등을 제공하여야 한다. 또한 소유권에 관한 경정등기를 신청함에 있어서는 그 경정등기로 인하여 <u>소유권이 감축되는 자의 인감증명</u>을 첨부정보로 제공하여야 한다(규칙 제60조 제1항 제7호).

3) 등기의 실행

① 등기상 이해관계인이 없는 경우 또는 등기상 이해관계인이 있고 그의 승낙증명정보를 첨부정보로 제공한 때에는 부기등기로 하고, 등기상 이해관계인이 있으나 그의 승낙증명정보를 제공하지 않은 경우에는 주등기로 한다(법 제52조 제5호, 규칙 제112조 제1항). → 등기의 순위승계 / → 등기의 순위가 달라짐

② 등기관이 등기명의인표시의 경정등기를 할 때에는 경정 전의 등기사항을 말소하는 표시를 하여야 한다. 다만, 등기상 이해관계 있는 제3자의 승낙이 없어 경정을 주등기로 할 때에는 그러하지 아니하다(규칙 제112조 제2항). 그러나 그 경정등기의 실질이 일부말소 의미의 경정등기에 해당하는 경우[위 1) ③ ⓒ의 ⓐ 소유권보존등기의 경정, ⓑ 상속으로 인한 소유권이전등기의 경정 등]에는 등기상 이해관계인이 있으면 그의 승낙증명정보를 첨부정보로 제공한 경우에는 부기등기로 하고, 이를 제공하지 아니한 경우에는 등기관은 그 등기신청을 수리하여서는 아니 된다(일부말소 의미의 경정등기에 관하여는 아래에서 기술한다, 등기예규 제1366호).

2 등기관의 과오로 등기의 착오 또는 빠뜨린 것이 있는 경우

(1) 등기의 착오가 있는 경우

등기관의 과오로 인해 등기의 착오가 발생한 경우에는 경정 전·후의 등기의 동일성 여부를 별도로 심사하지 않고 법 제32조 제2항의 요건에 해당하면 그 등기를 직권으로 경정하여야 한다(법 제32조).

1) 발견에 의한 직권경정

① 등기관의 과오로 등기의 착오가 발생한 경우로서 등기상 이해관계인이 없는 경우에는 그 착오를 발견한 등기관은 직권으로 경정등기를 하여야 한다. 다만, 등기상 이해관계인이 있는 경우에는 그 자의 승낙이 있어야 한다(법 제32조 제2항 단서). 한편 지방법원장의 사전허가나 등기권리자 또는 등기의무자에 대한 사전통지절차는 밟지 않아도 된다.

② 직권경정등기를 마친 등기관은 경정등기를 한 취지를 지방법원장에게 보고하고 등기권리자와 등기의무자 또는 등기명의인(등기권리자·등기의무자 또는 등기명의인이 여러 명인 때에는 그 중 1인)에게 통지해야 하며, 채권자 대위에 의한 등기를 경정한 때에는 채권자에게도 통지하여야 한다(법 제32조 제3항, 4항, 등기예규 제1564호).

2) (직권발동촉구 의미의) 신청에 의한 경정

① 등기완료 후 등기관의 과오로 인한 등기의 착오(신청과 다른 내용으로 등기된 경우를 말함)를 발견한 등기권리자 또는 등기의무자도 그 사실을 증명하는 정보를 첨부정보로 제공하여 착오 발견으로 인한 경정등기를 신청할 수 있다.

② 등기상 이해관계인의 동의증명정보를 첨부정보로 제공하지 아니한 경우의 권리경정등기는 주등기로 하여야 한다(규칙 제112조 제1항 단서).

제2편 부동산등기법

③ 등기권리자 또는 등기의무자 일방의 신청에 의하여 착오발견으로 인한 등기를 마친 경우 등기관은 그 경정등기의 취지를 상대방에게 통지하여야 하나, 지방법원장에게 보고할 필요는 없다.

(2) 등기기록을 빠뜨린 것이 있는 경우

등기관의 과오로 등기기록을 빠뜨린 경우, 그 등기는 그 성질에 반하지 아니하는 한 등기관의 과오로 인하여 등기의 착오가 발생한 경우에 준하는 절차(등기관의 과오에 의하여 등기의 착오가 발생하였음을 등기필정보 등에 의하여 증명하여야 함)에 의하여 처리한다(등기예규 제1564호).

> **Wide** 일부말소 의미의 경정등기(등기예규 제1366호)
>
> ① 의의
> ㉠ 단독소유를 공유로 또는 그 반대의 경우, ㉡ 전부이전을 일부이전으로 또는 그 반대의 경우 또는 ㉢ 공유지분만의 경정등기 등은 그 실질이 말소등기에 해당하므로 말소등기의 요건에 따라야 한다. 따라서 통상의 경정등기요건과는 달리 동일성요건이 불필요하고 등기상 이해관계인의 승낙서 제공이 부기등기요건이 아닌 등기신청의 수리요건이 된다.
>
> ② 등기의 신청
> 그 실질이 말소등기에 해당하기 때문에 등기상 이해관계인(법 제57조)의 승낙서를 첨부정보로 등기소에 제공하여야 하고 그의 승낙증명정보가 첨부되지 않은 경우에는 등기관은 그 등기신청을 수리할 수 없다.
>
> ③ 등기의 실행
> 등기상 이해관계인이 있는 때에 그의 승낙증명정보를 첨부정보로 제공한 경우에는 부기등기로 한다. 위와 같은 일부말소의미의 경정등기를 한 경우 등기관은 이해관계인 명의의 처분제한 등의 등기를 아래 구분에 따라 직권으로 말소 또는 경정하여야 한다.
>
> ㉠ 이해관계인의 등기를 말소하여야 하는 경우
> 甲, 乙 공유부동산 중 乙 지분에 대해서만 처분제한 또는 담보물권의 등기가 되어 있는 상태에서 甲 단독소유로 하는 경정등기(乙 지분 말소 의미의)를 하는 경우 등, 이해관계인의 등기가 경정등기로 인하여 상실되는 지분만을 목적으로 하는 경우
>
> ㉡ 이해관계인의 등기를 경정하여야 하는 경우
> 甲, 乙 공유 부동산 전부에 대하여 처분제한 또는 담보물권의 등기가 되어 있는 상태에서 甲 단독소유로 하는 경정등기(乙 지분 말소 의미의)를 하는 경우 등 이해관계인의 등기가 경정등기로 인하여 상실되는 지분 이외의 지분도 목적으로 하는 경우
>
> ㉢ 용익물권의 등기
> 부동산의 공유지분에 대해서는 용익물권(지상권 등)을 설정·존속시킬 수 없으므로 위 ㉡에 의해서 처분제한 등의 등기를 경정(일부말소 취지의)하는 경우에도 용익물권의 등기는 이를 전부 말소한다.
>
> ④ 가압류, 가처분 등 법원의 촉탁에 의한 처분제한의 등기를 직권으로 말소 또는 경정(일부말소 의미의)하는 경우 등기관은 지체 없이 그 뜻을 집행법원에 통지하여야 한다.

제5장 각종 등기의 절차

> **Key Point** 경정등기
>
> 1) 의 의
>   ① 등기 당초부터 원시적으로 착오 또는 유루가 존재   ② 등기부와 실체관계의 원시적 불일치 해소 목적
> 2) 요 건
>   ① 등기완료 후에
>   ② 등기에 대하여 ─┐
>   ③ 등기사항의 일부에 대한 ┴ 착오 또는 빠진 부분
>   * 착오 또는 빠진 부분의 원인 : 당사자의 과오이든 등기관의 과오이든 불문한다.
> 3) 절 차
>   ① 착오 또는 빠진 부분의 통지(경정등기의 신청촉구)
>   ② 경정등기의 신청   ③ 경정등기의 실행
>   ┌ 표제부의 경정등기 : 표제부의 변경등기에 준한다(단독신청, 항상 주등기).
>   └ 갑구·을구의 경정등기 ┬ 권리의 경정등기
>   │ (공동신청, 등기상 이해관계 있는 제3자의 승낙여부에 따라 주등기 또는 부기등기)
>   └ 등기명의인의 표시경정등기(단독신청, 부기등기)
>
> ※ 직권에 의한 경정등기
>   ① 대상 : 등기관의 과오로 발생하고 등기상 이해관계인의 승낙이 있을 것
>   ② 착오 또는 빠뜨린 부분이 있음을 경정등기 전에 이해관계인에게 통지할 필요가 없다.
>   ③ 직권으로 경정등기를 실행
>   ④ 직권경정등기 후 등기권리자와 등기의무자 또는 등기명의인에게 알림

 (직권)경정등기

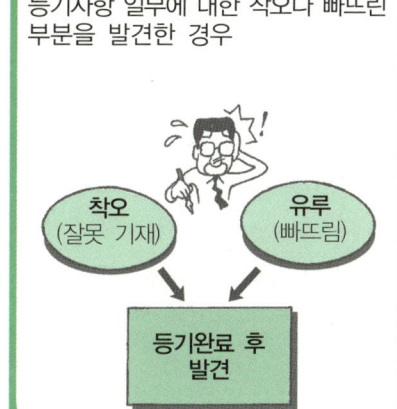

등기완료 후 등기관이 등기에 대하여 등기사항 일부에 대한 착오나 빠뜨린 부분을 발견한 경우

등기관은 이를(= 착오 또는 유루) 등기권리자와 등기의무자 또는 등기명의인에게 통지하여야 한다.

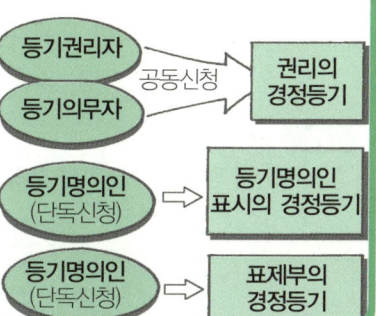

권리의 경정등기는 공동신청하여야 하며, 등기명의인표시의 경정등기와 표제부의 경정등기는 단독신청에 의한다.

단락핵심 — 경정등기

(1) 소유권이전등기절차이행을 명하는 확정판결에 기하여 소유권이전등기신청을 하였으나 등기관의 착오로 인하여 그 일부 토지에 관하여 소유권이전등기가 마쳐지지 아니하였다면 소정의 경정등기절차에 의하여 이를 할 수 있다.
(2) 부동산의 표시에 관한 경정등기에서는 등기상 이해관계 있는 제3자의 승낙의 유무가 문제될 여지가 없다. 권리관계에 영향이 없는 중성적 등기이기 때문이다.
(3) 신청정보의 내용으로 제공된 권리에 관한 사항이 등기원인증명정보와 부합하지 아니함에도 등기가 된 경우, 등기신청인은 등기의 착오를 증명하는 정보를 첨부정보로 제공하여 경정등기를 신청할 수 있다.
(4) 동일성을 해하는 등기명의인표시경정등기가 된 경우 종전등기명의인이 단독으로 경정등기를 신청할 수 없다.

단락문제 03
제26회 기출

등기에 관한 설명으로 틀린 것은? (다툼이 있으면 판례에 따름)

① 등기원인을 실제와 다르게 증여를 매매로 등기한 경우, 그 등기가 실체관계에 부합하면 유효하다.
② 미등기부동산을 대장상 소유자로부터 양수인이 이전받아 양수인명의로 소유권보존등기를 한 경우, 그 등기가 실체관계에 부합하면 유효하다.
③ 전세권설정등기를 하기로 합의하였으나 당사자 신청의 착오로 임차권으로 등기된 경우, 그 불일치는 경정등기로 시정할 수 있다.
④ 권리자는 甲임에도 불구하고 당사자 신청의 착오로 乙명의로 등기된 경우, 그 불일치는 경정등기로 시정할 수 없다.
⑤ 건물에 관한 보존등기상의 표시와 실제건물과의 사이에 건물의 신축시기, 건물 각 부분의 구조, 평수, 소재 지번 등에 관하여 다소의 차이가 있다 할지라도 사회통념상 동일성 혹은 유사성이 인식될 수 있으면 그 등기는 당해 건물에 관한 등기로서 유효하다.

해설 경정등기
③ 전세권과 임차권은 경정 전·후의 등기 사이에 동일성이 인정되지 아니하므로 경정등기의 대상이 아니다(법 제32조 참조).

답 ③

제3절 말소등기

`16·18회 출제`

01 의의 및 요건

`28회 출제`

1 말소등기의 의의

(1) 말소등기는 기존의 등기사항의 「전부」가 원시적 또는 후발적인 사유로 인하여 실체관계와 부합하지 아니하여 부적법한 경우에 기존등기 전부를 소멸시킬 목적으로 행하여지는 등기이다.

(2) **구별개념**

등기사항의 「일부」가 원시적·후발적으로 실체관계와 부합하지 아니한 경우에 하는 변경등기 또는 경정등기와 구별된다.

(3) **말소회복등기**

말소의 대상이 될 수 있는 등기의 종류는 제한이 없으나 말소등기가 실체관계와 부합하지 아니하여 부적법한 경우에 말소등기의 말소등기는 인정되지 않고, 말소회복등기를 하여야 말소된 등기가 부활된다.

Professor Comment
말소등기는 한 가지만 있어서 변경말소등기, 경정말소등기로 구분하지 않고 원인과 상관없이 모두 말소등기라 한다.

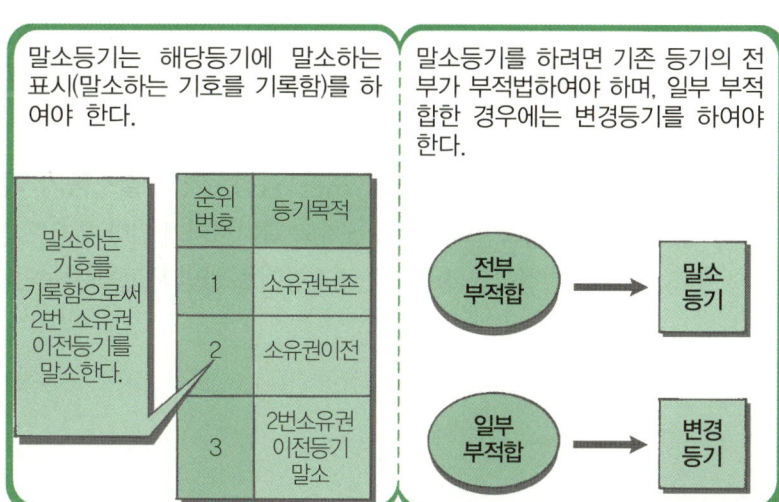

말소등기

말소등기는 등기의 「전부를 말소」하는 등기를 말한다.

2 요건

(1) 등기사항의 전부가 부적법할 것

1) 말소의 대상이 되는 등기는 등기사항의 전부가 부적법한 경우라야 한다. 그 부적법의 원인은 원시적이든 후발적이든 상관없다. 또 실체적이든 절차적이든 말소등기를 한다.
   └→ 원인무효 └→ 채무변제로 저당권이 소멸 └→ 원인무효 └→ 관할위반, 중복등기

2) 부기등기의 말소 가부

   ① 원 칙

   부기등기는 주등기에 종속되어 일체를 이루는 것으로서 독립등기가 아니므로 부기등기만에 대한 말소등기는 허용되지 않는다.

   ② 예 외

   부기등기로 하는 소유권 외의 권리(저당권 등의 제한물권)의 이전등기 또는 가등기에 의해 보전된 권리의 이전등기에 있어서 그 이전의 원인에만 원인무효 등의 하자가 있는 경우에는 부기등기만이 말소의 대상이 될 수 있다.

■ 근저당권등기에 채무자 변경의 부기등기가 있는 경우에 피담보채무가 소멸한 경우, 주등기의 말소와 별도로 그 부기등기의 말소청구의 적법 여부(소극)

채무자의 변경을 내용으로 하는 근저당권변경의 부기등기는 기존의 주등기인 근저당권설정등기에 종속되어 주등기와 일체를 이루는 것으로서 주등기와 별개의 새로운 등기가 아니므로, 그 피담보채무가 변제로 인하여 소멸된 경우에는 위 주등기의 말소만을 구하면 된다. 그에 기한 부기등기는 주등기가 말소되는 경우에 직권으로 말소되어야 할 성질의 것이므로 이의 말소청구는 권리보호의 이익이 없는 부적법한 청구라고 할 것이다(대판 2000.10.10. 2000다19526).

■ 근저당권이전의 부기등기만의 말소를 구하는 소의 이익이 인정되는 경우(비교판례)

근저당권의 주등기 자체는 유효하고, 근저당권의 이전원인만이 무효로 되거나 취소 또는 해제된 경우, 즉 근저당권이전의 부기등기에만 무효사유가 있다는 이유로 그 부기등기의 말소를 구하는 경우에는 예외적으로 소의 이익이 있다(대판 2005.6.10. 2002다15412, 15429).

3) 등기명의인의 표시변경 또는 경정등기의 말소등기 가부

이는 등기명의인의 표시를 실제와 합치시키기 위한 부기등기일 뿐 권리변동등기가 아니므로 그 등기가 잘못된 경우에는 경정등기로 하면 되고 독자적인 말소등기의 대상이 되지 않는다.

(2) 그 말소에 대하여 등기상 이해관계인의 승낙이 있을 것 29회 출제

> 제57조(이해관계 있는 제3자가 있는 등기의 말소)
> ① 등기의 말소를 신청하는 경우에 그 말소에 대하여 등기상 이해관계 있는 제3자가 있을 때에는 제3자의 승낙이 있어야 한다.
> ② 제1항에 따라 등기를 말소할 때에는 등기상 이해관계 있는 제3자 명의의 등기는 등기관이 직권으로 말소한다.

1) 말소등기를 신청하는 경우에 그 말소에 대하여 <u>등기상 이해관계 있는 제3자가 있을 때에는 그의 승낙이 있어야 한다</u>(법 제57조).

2) 등기상 이해관계인 여부의 판단기준과 해당여부

   ① 등기상 이해관계인이란 <u>등기기록의 형식상</u> 말소등기의 실행시 일반적으로 손해를 입을 염려가 있는 자를 이른다. → 형식적 판단

   ② **이해관계인에 해당하는 경우**
   말소등기에 의해 말소되는 권리를 목적으로 하는 권리자, 즉 소유권보존(이전)등기를 말소하는 경우 그 소유권을 목적으로 하는 저당권자 등 제한물권자, 소유권이전등기의 말소등기가 있는 경우 그 말소청구권을 피보전권리로 하는 가처분채권자는 등기상 이해관계인이 된다.

   ③ **이해관계인에 해당하지 않는 경우**
   선순위저당권등기의 말소등기의 경우 후순위저당권자, 지상권말소에 대한 토지저당권자는 등기상 이해관계인이 아니다.

Key Point 등기상 이해관계인에 해당여부 ★★

이해관계인에 해당하는 경우	이해관계인에 해당하지 않는 경우
1) 지상권의 말소등기 신청시에 지상권을 목적으로 한 저당권자 2) 소유권보존등기의 말소등기 신청시 그 부동산을 목적으로 하는 저당권자, 지상권자, 가압류권자, 가등기권자 등 3) 소유권이 甲에서 乙로 이전되고 乙이 A에게 저당권을 설정한 경우 乙의 소유권이전등기의 말소등기 신청시 저당권자(A)	1) 1번 저당권의 말소에 관한 2번 저당권자 2) 2번 저당권의 말소에 관한 1번 저당권자 3) 지상권의 말소에 관하여 당해 부동산의 저당권자

■ 말소회복등기에 있어서 등기상 이해관계인의 범위

등기관이 직권으로 말소회복등기를 함에 있어서 승낙증명정보 등을 첨부정보로 제공하여야 하는 등기상 이해관계 있는 제3자라 함은 등기 기록의 형식상 말소된 등기가 회복됨으로 인하여 손해를 입을 우려가 있는 제3자를 의미하나, 회복될 등기와 등기부상 양립할 수 없는 등기는 이를 먼저 말소하지 않는 한 회복등기를 할 수 없으므로 이러한 등기(가등기에 기한 소유권 이전의 본등기가 됨으로써 등기관이 직권으로 가등기후에 경료된 제3자의 소유권이전등기를 말소하였으나 그후 위 가등기에 기한 본등기가 원인무효의 등기임을 이유로 말소된 제3자의 소유권이전등기를 말소회복등기로 하는 경우에 가등기에 기한 소유권이전의 본등기)는 회복등기에 앞서 말소의 대상이 될 뿐이므로 그 등기의 등기명의인은 등기의무자에 해당하고 승낙의무 있는 등기상 이해관계 있는 제3자가 아니므로, 그 자에 대한 승낙청구는 상대방 당사자의 적격이 없는 자에 대한 청구로서 부적법하다(대판 1982.1.26. 81다2329, 2330).

3) 제3자의 승낙의무 유무

말소등기는 실체법상 물권적 청구권으로서 방해배제청구권의 행사이고 또한 등기에는 공신력이 인정되지 않으므로, 등기상 이해관계 있는 제3자의 승낙의무 유무는 실체법상 권리관계에 의해 결정된다. 승낙의무 있는 제3자가 승낙을 거부한 경우 갈음하는 판결을 얻어 단독신청에 의한 말소등기를 할 수 있다(법 제23조 제4항 참조).

(3) 말소대상 등기는 등기기록의 기록 형식상 현재 유효한 등기라야 한다. 따라서 소유권이 순차이전된 경우 종전 소유자 명의의 소유권등기는 말소대상이 아니다.

> 예 소유권이 甲에서 乙을 거쳐 丙으로 이전되었으나, 甲·乙간의 법률행위가 무효임을 이유로 乙명의의 소유권이전등기의 말소등기를 하는 경우 丙은 등기상 이해관계인이 아니다. 또한 말소등기는 현재 형식상 유효한 등기를 대상으로 하므로 등기절차상 乙등기를 말소하려면 선행해서 丙등기가 말소되어야 한다. 따라서 乙명의의 등기는 적법한 말소등기신청의 대상이 아니고 丙명의의 등기가 말소등기신청의 대상이므로 丙 명의의 등기를 말소한 후 乙명의의 등기를 말소하여야 한다(대판 1982.1.26. 81다2329, 등기의 공신력부정과 소유권에 기한 방해배제청구권의 상대방). 즉 甲과 乙이 말소등기를 신청하면서 丙의 승낙서를 첨부한 경우에도 이 말소등기신청은 수리할 수 없다.

02 등기절차

1 신청인 26회 출제

(1) 공동신청원칙

1) 말소등기는 말소함으로써 등기기록의 형식상 이익을 얻는 자가 등기권리자가 되고 말소함으로써 등기기록상 권리를 잃는 자가 등기의무자가 되어 **공동으로 신청하여야 한다**(법 제23조 제1항). 등기권리자와 등기의무자는 말소의 대상이 되는 등기가 행하여질 때와는 반대가 된다(제3장 제2절의 등기신청인 중 등기권리자와 등기의무자 부분 참조).

> **예** 저당권설정등기에서는 저당권설정자가 등기의무자가 되고 저당권자가 등기권리자가 되어 공동신청하였지만, 저당권말소등기에서는 저당권설정자가 등기권리자가 되고 저당권자가 등기의무자로 되어 공동신청하여야 한다.

2) **등기권리자가 문제되는 경우**

① 근저당권설정등기 후 소유권이전등기가 마쳐진 경우에 피담보채무의 변제 등으로 인한 근저당권의 말소등기는 현재의 소유자인 제3취득자(민법 제370조, 제214조 참조) 외에 종전의 소유자도 설정자인 계약당사자로서 그 말소등기를 청구할 수 있다(대판 1994.1.25. 93다16388 전합).

② 물상보증인이 근저당권을 설정한 경우에 그 설정자가 아닌 채무자는 말소등기의 등기권리자가 될 수 없다.

3) **등기의무자가 문제되는 경우**

① 전세권, 저당권 등의 제한물권의 설정등기 후 이전의 부기등기가 있는 경우 그 말소등기에 있어서 등기의무자는 그 권리의 양수인인 현재의 전세권자 등이 된다(물권적 방해배제청구권의 상대방, 대판 2000.4.11. 2000다5640).

② **허무인(虛無人)명의의 등기의 말소**

말소등기의 등기명의인이 허무인인 경우에는 실제로 '말소될 등기'의 등기행위자를 상대로 하여 그 등기의 말소를 청구할 수 있다(대판 1990.5.8. 90다684).

4) **대위신청에 의한 말소등기**

甲 소유의 부동산이 원인 없이 乙, 丙으로 순차 이전된 경우 그 말소등기를 함에 있어서 甲은 乙을 대위하여 丙명의의 등기의 말소를 청구할 수 있다.

(2) 단독신청의 예외 11회 출제

1) 권리소멸약정등기가 있는 경우 또는 등기의무자의 소재불명의 경우

등기명의인의 사망(법인의 해산)으로 인한 권리소멸약정이 등기기록상 등기되어 있는 경우에 사람의 사망(법인의 해산)으로 그 권리가 소멸하였을 때(법 제55조, 규칙 제114조 제2항) 또는 등기의무자의 소재불명의 경우(법 제56조)에 제권판결이 있으면 등기권리자는 그 사실을 증명하는 정보를 첨부정보로 제공하여 단독으로 해당 등기의 말소를 신청할 수 있다.

2) 가등기의 말소

① 가등기명의인은 단독으로 가등기의 말소를 신청할 수 있다. 단, 소유권에 관한 가등기명의인이 방문신청에 의해 가등기의 말소등기를 신청하는 경우에는 가등기명의인의 인감증명을 첨부정보로 제공하여야 한다(법 제93조, 규칙 제60조 제1항 제2호).

② 가등기의무자 또는 가등기에 관하여 등기상 이해관계 있는 자는 가등기명의인의 승낙증명정보를 첨부정보로 제공하여 단독으로 가등기의 말소를 신청할 수 있다.

3) 판결에 의한 등기의 말소

말소등기를 함에 있어서 등기의무자가 말소등기신청에 협력하지 아니하면 등기권리자가 의사진술을 명하는 판결을 받아 재판이 있음을 증명하는 정보를 첨부정보로 제공하여 단독으로 말소등기를 신청할 수가 있다(법 제23조 제4항).

→ 이행판결, 확정판결

4) 가처분등기 이후의 실효된 등기의 말소

① 소유권이전등기청구권 또는 소유권이전등기말소등기청구권을 보전하기 위한 처분금지가처분등기 후 가처분채권자의 승소판결이 확정되어 가처분채권자가 가처분채무자를 등기의무자로 하여 소유권이전등기 또는 소유권이전등기의 말소등기를 신청하는 경우에는 가처분등기 이후에 마쳐진 제3자 명의의 등기의 말소를 단독으로 신청할 수 있다(규칙 제152조).

② 가처분등기 이후에 마쳐진 등기로서 단독으로 말소신청을 할 수 없는 경우(규칙 제152조 제1항 단서).
  ㉠ 가처분등기 전에 마쳐진 가압류에 의한 강제경매개시결정등기, 담보가등기, 전세권 및 저당권에 의한 임의경매개시결정등기
  ㉡ 가처분채권자에게 대항할 수 있는 주택임차권등기 등

5) 소유권보존등기의 말소

소유권보존등기는 그것이 진실에 부합하지 않거나, 신청착오, 소유자의 신청에 의하지 않고 마쳐지거나 또는 중복보존등기인 경우의 후 등기는 원칙적으로 그 명의인이 단독으로 말소신청을 할 수 있다. 한편 실체상의 소유자도 그 등기명의인을 상대로 말소를 명하는 판결을 얻어 단독으로 말소를 신청할 수 있다.

6) 규약상 공용부분인 뜻의 등기말소 28회 출제

집합건물등기와 관련 공용부분이라는 뜻을 정한 규약을 폐지한 경우에 공용부분의 취득자는 단독으로 규약상 공용부분이라는 뜻을 말소하고, 지체 없이 소유권보존등기를 신청하여야 한다(법 제47조 제2항, 규칙 제104조 제2항).

Professor Comment
등기신청을 단독으로 할 수 있는 경우에는 그 등기의 말소신청도 단독으로 할 수 있다.

2 신청정보와 첨부정보 ★

(1) 신청정보
말소등기의 신청시에는 신청정보의 내용으로 일반적인 신청정보 외에 '말소할 등기'에 관한 정보를 제공하여야 한다.

(2) 첨부정보
말소에 관하여 등기상 이해관계 있는 제3자가 있는 때에는 그의 승낙증명정보 등 및 방문신청의 경우에는 그의 인감증명도 첨부정보로 제공하여야 한다(규칙 제46조 제1항 제3호, 제60조 제1항 제7호).

3 등기의 실행

(1) 말소등기의 실행과 기존등기의 말소표시
등기를 말소할 때에는 주등기로 말소의 등기를 한 후 해당 등기를 말소하는 표시를 하여야 한다(규칙 제116조 제1항). 소유권보존등기를 말소하는 경우에는 부동산의 표시를 말소하고 그 등기기록을 폐쇄한다.

(2) 말소할 권리를 목적으로 하는 제3자의 권리등기의 직권말소
말소할 권리를 목적으로 하는 등기상 이해관계 있는 제3자 명의의 등기가 있는 경우에는, 등기기록 중 해당 구에 그 제3자의 권리의 표시를 하고 어느 권리의 등기를 말소함으로 인하여 그 등기를 말소한다는 뜻을 기록하고 등기관이 직권으로 말소한다(법 제57조, 규칙 제116조 제2항).

(3) 저당권이전등기가 있는 경우 저당권등기의 말소
주등기인 저당권설정등기를 말소한 후 저당권이전의 부기등기는 등기관이 직권으로 말소한다.

03 촉탁에 의한 말소등기

1 의 의
넓은 의미의 신청에 의한 등기의 일종으로서 관공서가 등기신청인이 되어 말소등기를 하는 경우를 이른다.

2 촉탁에 의한 말소등기의 신청과 실행

(1) 말소등기를 촉탁하여야 하는 경우

1) **공매처분으로 인한 말소등기의 촉탁**

   관공서가 공매처분을 한 경우에 등기권리자의 청구가 있으면 공매처분으로 인하여 소멸한 권리등기의 말소, 체납처분에 관한 압류등기의 말소를 지체 없이 등기소에 촉탁하여야 한다(법 제97조 제2호).

2) **경매신청과 관련 말소등기를 촉탁하여야 하는 경우**

   ① 경매신청에 의한 매각허가 결정에 따른 매수인 앞으로의 소유권이전등기의 촉탁시에는 매수인이 인수하지 아니한 부동산의 부담에 관한 기입 및 경매개시결정등기의 말소를 촉탁하여야 한다(「민사집행법」 제144조).

   ② 경매신청이 매각허가 없이 마쳐진 때에는 경매개시결정등기의 말소를 촉탁하여야 한다(「민사집행법」 제141조).

3) **관공서가 취득한 등기의 말소 촉탁**

   관공서가 취득한 부동산에 관한 권리의 소멸등기는 등기권리자의 청구에 의해서 그 관공서가 지체 없이 말소촉탁하여야 한다(법 제98조 제2항).

(2) 등기의 신청과 실행

1) 관공서의 촉탁에 의한 말소등기의 신청시 관공서가 촉탁정보 및 첨부정보를 적은 서면을 제출하는 방법으로 등기촉탁을 하는 경우에는 우편으로 그 촉탁서를 제출할 수 있다(규칙 제155조).

2) 관공서의 촉탁을 받은 등기관은 말소의 등기를 한 후 해당 등기를 말소하는 표시를 하여야 한다(규칙 제116조 제1항 참조).

제5장 각종 등기의 절차

04 직권말소등기 ★★   14·16회 출제

1 의의와 취지

부동산등기는 재산권인 부동산에 관한 권리를 공시하는 것이므로 사적자치의 원칙상 당사자의 신청에 의한 등기를 원칙으로 하나, 법률에 그 근거규정이 있는 경우에는 등기관이 직권으로 등기를 실행할 수 있다. 이는 당사자의 신청에 의한 등기를 기대하기 어려운 경우 또는 등기의 진정성 확보와 등기경제의 취지상 인정된다.

2 직권말소를 할 수 있는 경우   33회 출제

(1) 법 제29조 제1호, 제2호에 해당하는 등기의 직권말소   23·26회 출제

관할위반의 등기나 사건이 등기할 것에 해당하지 아니하는 등기는 형식적 유효요건을 결한 등기로서 절대무효이므로 실체관계에 부합여부를 불문하고 법 제58조의 절차에 따라 직권으로 말소하여야 한다(법 제58조).

1) 가등기에 의한 본등기를 하였을 때 가등기에 의하여 보존되는 권리를 침해하는 가등기 이후에 된 중간처분등기의 말소등기
2) 수용에 의한 소유권이전등기를 함에 있어 수용의 개시일 이후의 소유권이전등기와 수용의 개시일 전후를 불문한 소유권 외의 권리등기의 직권말소(법 제99조)
3) 등기사무 정지기간 중에 경료된 등기
4) 구분건물의 구조상 공용부분에 대한 소유권보존등기 등

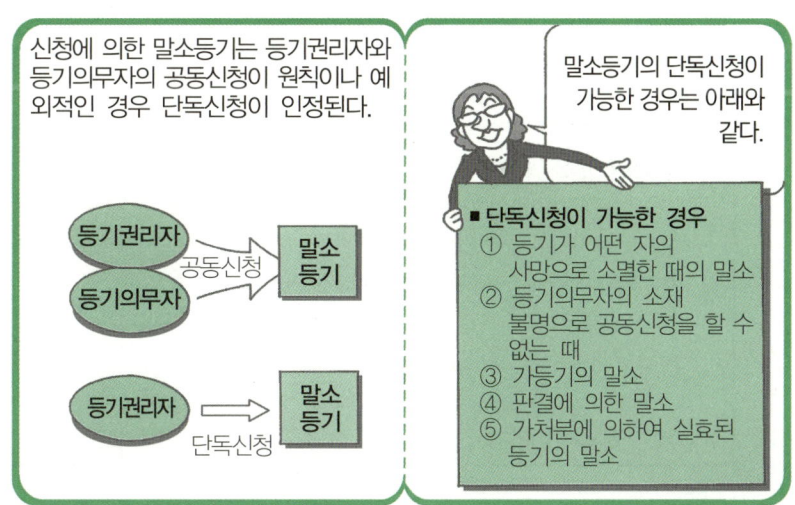

말소등기의 절차에 따른 구분

① 신청에 의한 말소등기
② 직권에 의한 말소등기
③ 촉탁에 의한 말소등기

신청에 의한 말소등기는 등기권리자와 등기의무자의 공동신청이 원칙이나 예외적인 경우 단독신청이 인정된다.

말소등기의 단독신청이 가능한 경우는 아래와 같다.

■ 단독신청이 가능한 경우
① 등기가 어떤 자의 사망으로 소멸한 때의 말소
② 등기의무자의 소재 불명으로 공동신청을 할 수 없는 때
③ 가등기의 말소
④ 판결에 의한 말소
⑤ 가처분에 의하여 실효된 등기의 말소

(2) 특정한 등기와 관련하여 인정되는 직권말소

특정한 등기와 관련한 등기관의 직권말소는 주로 등기의 기술적 정비를 위해 행해진다.

1) 말소등기시 제3자의 승낙이 있는 경우 그 제3자의 등기의 말소(법 제57조)
2) 가처분권자가 본안의 승소판결에 의해서 피보전권리의 등기를 신청하는 경우 그 가처분등기의 말소(법 제94조)
3) 환매권 행사로 인한 소유권이전등기시의 환매특약등기의 직권말소(규칙 제114조)
4) **대지권변경등기 후 토지 저당권의 직권말소**

   규약대지의 설정 등으로 대지권이 새로이 발생하여 건물의 등기기록에 대지권의 등기를 하는 경우, 건물에 관한 등기가 저당권에 관한 등기로서 대지권(대지로 되기 전의 토지)에 대한 등기와 등기원인과 그 연월일 및 접수번호가 동일한 경우에는 건물에 관한 저당권등기에 건물만에 관한 뜻의 부기등기를 하지 아니하며, 대지권(규약대지로 된 토지)에 대한 저당권등기를 직권말소하여야 한다(규칙 제92조).

(3) 기타 직권말소

명백한 위조등기부를 발견한 등기관은 그 등기를 직권으로 말소할 수 있다 (등기예규 제1377호).

Key Point | **말소등기**

1) **의의** : 기존등기의 전부가 부적법한 경우 그 등기 전부를 말소하는 등기
2) **요건**
   ① 「전부」가 부적법할 것(「일부」 ⇨ 변경·경정등기)
   ② 부적법의 원인은 불문
   ③ 말소등기의 말소등기는 허용되지 않는다(말소회복등기로 함).
3) **신청에 의한 말소등기**
   ① 원칙 : 공동신청
   ② 예외 : 단독신청
      ㉠ 등기한 권리가 어떤 자의 사망으로 소멸한 때(법 제55조)
      ㉡ 등기의무자의 소재불명으로 공동신청할 수 없을 때(법 제56조)
      ㉢ 가등기말소의 경우(법 제93조)
         ⓐ 가등기명의인의 가등기말소신청
         ⓑ 가등기의무자·등기상 이해관계인이 가등기명의인의 승낙증명정보 등을 제공한 때
      ㉣ 판결에 의한 등기의 말소(법 제23조 제4항)
      ㉤ 가처분등기 이후의 실효된 등기의 말소(법 제94조 제1항, 규칙 제152조)
      ㉥ 소유권 보존등기의 말소
      ㉦ 규약상 공용부분인 뜻의 등기말소(법 제47조 제2항, 규칙 제104조 제2항) 등
   ③ 첨부정보 : 이해관계 있는 제3자의 승낙증명정보 등

4) 직권에 의한 말소등기

① 등기법 제29조 제1호(관할위반), 제2호(등기할 것이 아닌 때)에 해당하는 경우(법 제58조 제1항, 제4항, 규칙 제117조, 제159조 제1항)
② 수용으로 인한 직권말소 등(법 제99조 제4항, 제5항)
③ 환매특약등기 또는 권리소멸약정등기의 직권말소(법 제53조, 제54조, 규칙 제114조)
④ 가등기에 기한 본등기를 한 경우 가등기 이후 등기의 직권말소(법 제92조 제1항)
⑤ 대지권등기시 토지등기기록상의 대지권에 대한 저당권등기의 직권말소(규칙 제92조 제2항)
⑥ 대지권소멸등기시 토지등기기록상의 대지권이라는 뜻의 등기의 직권말소(규칙 제91조 제3항)
⑦ 말소등기시 승낙이 있는 등기상 이해관계 있는 제3자 명의의 등기(법 제57조 제2항) 등

단락핵심   말소등기

(1) 전세권말소등기와 관련 전세권자가 소재불명이 된 경우, 전세권설정자는 공시최고를 신청하여 제권판결이 있음을 증명하여 단독으로 전세권의 말소등기를 신청할 수 있다(법 제56조).
(2) 저당권의 목적이 된 소유권의 말소등기에 있어서는 이해관계인인 저당권자의 동의가 필요하다(법 제57조).
(3) 농지를 목적으로 하는 전세권설정등기가 실행된 경우 등기관은 직권으로 말소하여야 한다(사건이 등기할 것이 아닌 경우에 해당한다. 「민법」제303조 제2항, 법 제29조 제2호).
(4) 말소등기의 말소등기는 허용되지 않는다(말소회복등기로 한다, 법 제59조).
(5) 등기된 건물이 화재로 없어진 경우, 멸실등기를 한다(법 제43조).

단락문제 Q4   제28회 기출

말소등기에 관한 설명으로 틀린 것은?(다툼이 있으면 판례에 따름)

① 말소되는 등기의 종류에는 제한이 없으며, 말소등기의 말소등기도 허용된다.
② 말소등기는 기존의 등기가 원시적 또는 후발적인 원인에 의하여 등기사항 전부가 부적법할 것을 요건으로 한다.
③ 농지를 목적으로 하는 전세권설정등기가 실행된 경우, 등기관은 이를 직권으로 말소할 수 있다.
④ 피담보채무의 소멸을 이유로 근저당권설정등기가 말소되는 경우, 채무자를 추가한 근저당권변경의 부기등기는 직권으로 말소된다.
⑤ 말소등기신청의 경우에 '등기상 이해관계 있는 제3자'란 등기의 말소로 인하여 손해를 입을 우려가 있다는 것이 등기기록에 의하여 형식적으로 인정되는 자를 말한다.

해설 말소등기
① 말소되는 등기의 종류에는 제한이 없으며, 말소등기의 말소등기는 인정되지 않고, 말소회복등기를 하여야 말소된 등기가 부활된다.

답 ①

단락문제 05

甲에서 乙로, 다시 乙에서 丙으로 소유권이전등기가 마쳐졌으나 甲·乙 간의 등기가 원인 무효(매매가 무효)인 경우 어떻게 처리하여야 하는가?

① 甲이 단독으로 말소등기를 신청하면 족하다.
② 乙이 단독으로 말소등기를 신청하면 족하다.
③ 등기관이 직권으로 말소할 수 있다.
④ 甲과 乙이 공동으로 말소등기를 신청하면서 丙의 승낙서를 첨부하여야 한다.
⑤ 乙과 丙이 공동으로 말소등기를 신청하여 丙명의 등기를 말소한 후 甲과 乙이 공동으로 말소등기를 신청하여 乙명의의 등기를 말소하여야 한다.

해설 말소등기절차(등기연속의 원칙)

①, ②, ③ (✕) 말소등기의 신청은 공동신청이 원칙이며, 원인무효의 소유권이전등기는 직권말소의 대상에 해당하지 않는다.

④ (✕) 소유권이 甲에서 乙, 丙으로 순차 이전되었으나, 甲·乙간의 법률행위가 무효인 경우 乙 명의의 등기에 등기의 공신력이 인정되지 않으므로 丙명의의 등기도 원인무효이고, 따라서 乙명의의 등기에 앞서 먼저 말소될 대상일 뿐(등기부상 양립불가능한 등기이므로) 乙명의의 등기를 말소함에 있어서 丙은 등기상 이해관계인이 아니다. 또한 말소등기는 현재 형식상 유효한 등기를 대상으로 하므로 등기절차상 乙등기를 말소하려면 선행해서 丙등기가 말소되어야 한다. 따라서 甲과 乙이 乙명의의 등기의 말소를 공동신청하면서 丙의 승낙증명정보를 첨부한 경우에도 丙은 등기상 이해관계인이 아니므로 이 말소등기신청은 수리할 수 없다.

⑤ (○) 각 등기를 순차로 공동하여 말소신청하는 방법과 甲이 丙을 상대로 소유권이전등기 말소의 소를 제기하여 승소한 후 甲이 乙을 대위하여 丙명의의 등기를 단독신청으로 말소한 다음 甲과 乙이 공동신청으로 乙명의의 등기를 말소하는 방법이 있다. 물론 甲은 乙과 丙을 공동피고로 하여 각 명의의 등기 말소를 병합하여 제기할 수도 있다(甲은 乙, 丙에 대해 소유권에 기한 방해배제청구권을 갖는다. 「민법」제214조). 이때는 甲이 승소한 후 乙을 대위하여 丙명의의 등기를 단독신청으로 말소한 다음 乙명의의 등기도 단독신청으로 말소하면 된다.

 ⑤

제4절　말소회복등기

Professor Comment
말소등기의 말소등기는 허용되지 않으며 말소회복등기를 하여야 한다.

01　서설

1　의의★★

→ 변경등기나 경정등기로 한 것
→ 말소등기로 한 것

등기의 전부 또는 일부가 실체적·절차적 하자로 부적법하게 말소(법률적으로 소멸)된 경우에 이를 회복하는 등기로서, 말소되기 이전의 등기로서의 효력을 회복하게 하는 등기이다(법 제59조). 구체적으로 저당권자가 소유권을 취득하여 혼동을 원인으로 저당권등기를 말소하였으나 소유권취득이 무효로 된 경우에 말소된 저당권등기의 회복등기를 하게 된다.

2　말소회복등기 전 불법 말소된 등기의 효력

말소된 등기가 그 원인 없이 불법으로 말소된 경우에는 회복등기 전이라도 여전히 적법 유효한 등기로서의 추정력이 인정된다.

02　요건★

1　등기가 '부적법'하게 말소되었을 것

> 제59조(말소등기의 회복)
> 말소된 등기의 회복(回復)을 신청하는 경우에 등기상 이해관계 있는 제3자가 있을 때에는 그 제3자의 승낙이 있어야 한다.

(1) 부적법 말소의 의미
1) 말소회복등기는 부적법하게 말소된 등기의 소급적 회복(遡及的 回復)을 목적으로 하는 것으로 말소등기의 원인의 부존재 또는 무효·취소사유가 있어 말소등기 자체가 부적법 무효인 경우에 하게 된다.

2) 부적법하게 말소된 사유는 실체적 이유이든 절차적 하자이든 묻지 않는다.
→ 원인무효의 경우 → 등기관의 과오

(2) 말소회복등기를 할 수 없는 경우

1) 당사자가 자발적으로 말소등기를 한 경우

판례에 따르면 법률상 원인이 없는데도 당사자가 자발적으로 말소등기를 한 경우에는 위 말소가 부적법하게 되었다고 할 수 없으므로 말소회복등기가 허용되지 않는다(대판 1990.6.26. 89다카5673).

2) 말소등기가 실체관계에 부합하는 경우

말소등기가 부적법하게 행해진 경우에도 현재의 권리관계를 공시하는 등기로서 실체관계에 부합하는 경우에는 말소회복등기의 대상이 되지 아니한다(대판 1987.5.26. 85다카2203). 예컨대 저당권등기가 부적법하게 말소된 경우에도 차후에 피담보채무를 변제하게 되었다면 실체관계에 부합하게 되는 것이기 때문에 저당권말소회복등기를 할 수 없다.

(3) 직권으로 말소된 등기의 회복등기

이는 등기관이 직권으로 회복등기를 하여야 하고 따라서 당사자는 그 회복등기를 소구할 이익이 없다(대판 1983.3.8. 82다카1168).

2 말소된 등기 그 자체를 회복하려는 것일 것

(1) 말소회복등기는 이전에 말소된 등기자체를 재현하는 것이다. 따라서 말소등기를 말소하는 방법으로서는 종래 말소된 등기가 회복되지 아니한다.

(2) 폐쇄등기부에 기재된 등기는 현재 효력이 없고 그 회복절차에 관하여 법률상 아무런 규정이 없으므로 그 회복을 구할 수 없다(대판 1980.1.15. 79다1949).

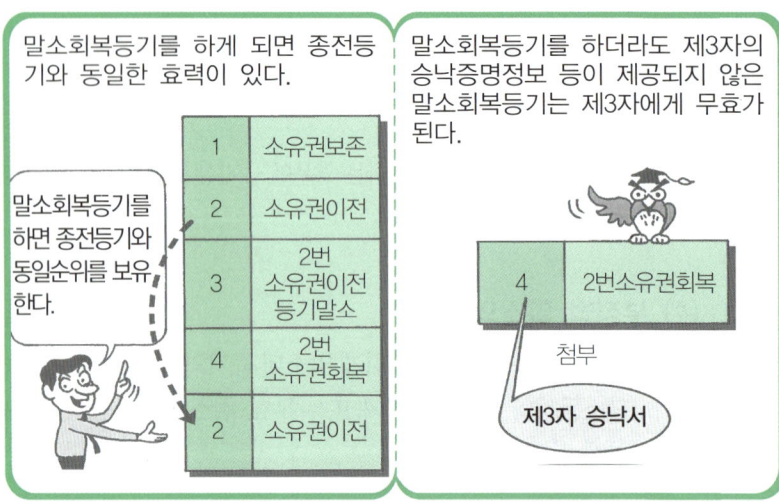

말소회복등기
① 말소등기된 것이 부적법하여 이를 회복시키기 위해서 하는 회복등기를 말한다.
② 말소등기 자체를 말소(=말소등기의 말소)할 수 없으므로 「말소회복등기」를 한다.

3 등기상 이해관계 있는 제3자의 승낙이 있을 것 15회 출제

(1) 의 의

말소된 등기의 회복을 신청하는 경우에 등기상 이해관계 있는 제3자가 있을 때에는 그 제3자의 승낙이 있어야 한다(법 제59조). 말소회복등기에 의하여 말소된 종전의 등기의 효력이 살아나므로 말소 후 회복 전에 법률상 이해관계를 맺은 자가 있는 경우에 문제된다.

(2) 등기상 이해관계인의 범위 등

1) 판단기준 등

① 판단기준과 그 기준시기

등기기록의 형식상 말소회복등기에 의해 손해를 입을 염려가 있는 자를 의미한다. 그러나 회복될 등기, 즉 말소된 등기와 양립할 수 없는 등기는 회복의 전제로서 말소의 대상이 될 뿐이므로 그 등기명의인은 말소회복등기에 있어서 등기상 이해관계인이 아니다(대판 1982.1.26. 81다2329·2330). 이는 제3자의 권리취득등기시(말소 등기시)가 아니라, 회복등기시를 기준으로 판별하여야 한다(대판 1990.6.26. 89다카5673).

② 효 과

이해관계인의 승낙증명정보 등을 첨부하지 아니하고 한 회복등기는 그 이해관계인과의 관계에서는 무효의 등기이다(대판 2001.1.16. 2000다49473).

2) 부적법 말소된 저당권등기의 말소회복등기시 등기상 이해관계인 해당 여부

① 말소된 근저당권의 등기보다 후순위의 근저당권등기는 그 말소 전에 설정된 경우에는 선순위 근저당권등기의 말소회복등기를 함에 있어서 등기상 이해관계인이 된다. 그러나 회복될 근저당권등기의 선순위 근저당권자는 등기상 이해관계인이 아니다.

② 저당권등기의 부적법말소 후 소유권이전등기가 있는 경우 저당권등기의 회복등기에 대해 현재의 소유권등기명의인이 등기상 이해관계인이 된다. 말소당시의 소유자는 등기의 무자가 된다.

3) 부적법 말소된 가등기의 말소회복등기시 등기상 이해관계인의 승낙의무

가등기가 가등기권리자의 의사에 의하지 아니하고 말소되어 그 말소등기가 원인 무효인 경우에는 등기상 이해관계 있는 제3자는 그의 선의·악의를 묻지 아니하고 가등기권리자의 회복등기절차에 필요한 승낙을 할 의무가 있으므로, 가등기가 부적법하게 말소된 후 가처분등기, 근저당권 설정등기, 소유권이전등기를 마친 제3자는 가등기의 회복등기절차에서 등기상 이해관계 있는 제3자로서 승낙의무가 있다(대판 1997.9.30. 95다39526).

03 등기의 신청 ★★

1 신청인

(1) 공동신청의 원칙

말소회복등기는 회복등기를 함으로써 권리를 얻는 자가 등기권리자가 되고 회복등기를 함으로써 등기부상 권리를 잃는 자가 등기의무자가 되어 공동신청하여야 한다. 예를 들어 가등기 후 제3자에게 소유권이 이전되었는데 그 가등기가 불법말소된 경우 가등기의 말소회복등기 시 등기권리자는 가등기권리자이며, 등기의무자는 말소 당시의 소유명의인인 제3취득자이다(대판 2009.10.15. 2006다43903).

(2) 단독신청에 의한 말소회복

1) 말소된 종전의 등기가 단독신청에 의한 것이었던 경우(예 상속등기)에는 그 회복등기도 보존행위의 일환으로 상속인이 단독으로 신청할 수 있다.

2) 판결에 의한 단독신청

등기의무자가 말소회복등기신청에 협력하지 않으면 의사진술을 명하는 판결을 받아 등기권리자만으로 이를 신청할 수 있다.

(3) 촉탁에 의한 말소회복

말소등기가 법원의 촉탁에 의해 된 때에는 그 회복등기도 당해 촉탁관청의 촉탁에 의해 행해져야 한다. 압류, 가압류, 가처분, 경매개시결정등기가 불법 말소된 경우에 그 회복등기는 촉탁관서의 촉탁으로 회복등기가 가능하다.

(4) 직권말소회복

1) 말소등기가 등기관의 직권으로 부적법하게 행해진 경우에는 그 회복등기도 직권으로 하여야 한다.
2) 가등기에 기한 본등기로 인하여 등기관이 직권말소한 가등기 이후의 제3자의 권리에 관한 등기는 본등기를 말소하는 경우에는 등기관이 이를 직권으로 회복하여야 한다.

■ 직권말소회복등기

말소등기의 회복에 있어서 말소된 원등기가 공동신청으로 된 것인 때에는 그 회복등기도 공동신청에 의함이 원칙이나, 다만, 등기관이 가등기에 기한 소유권이전의 본등기를 함에 따라 가등기 후의 제3자의 소유권이전등기를 직권말소하였으나 그 후 위 가등기에 기한 본등기가 원인무효임을 이유로 말소된 때에는 법 제92조를 준용하여 직권으로 말소회복등기를 하여야 한다. 그러므로 그 회복등기절차 이행청구는 등기의무자 아닌 자에 대한 청구로서 부적법하다(대판 1982.1.26. 81다2329, 2330).

2 신청정보와 첨부정보

신청정보의 내용으로 등기원인은 '신청착오 또는 합의해제의 무효·취소 등'으로 제공하고, 회복하여야 할 등기를 특정할 수 있는 정보도 제공하여야 한다. 첨부정보로는 말소회복등기에 등기상 이해관계 있는 제3자의 승낙의무 유무를 묻지 않고 그의 승낙증명정보를 제공하여야 하며 촉탁 또는 직권에 의한 말소회복등기시에도 동일하다.

04 등기의 실행과 그 효력★★

1 등기의 실행

(1) 전부말소회복등기(독립등기)

독립등기로 회복등기를 한 후에 직권으로 다시 말소된 등기와 동일한 등기를 하여야 한다(규칙 제118조). 말소된 종전 등기의 순위번호와 등기사항을 다시 기록한다.

Professor Comment
말소등기를 하는 경우에 등기사항 전부가 말소된다.

(2) 일부말소회복등기(부기등기)

일부의 등기사항만이 말소된 것인 때에는 부기등기로 말소된 등기사항을 다시 등기한다(규칙 제118조 단서).

Professor Comment
변경등기나 경정등기를 하는 경우에 등기사항 중 일부가 말소된다.

2 말소회복등기의 효력

(1) 말소회복등기에 의하여 회복된 등기는 종전의 등기와 동일한 효력을 가지고 그 순위도 종전 등기의 순위를 보유한다.

(2) **등기상 이해관계 있는 제3자의 승낙증명정보의 제공 없이 마쳐진 등기의 효력**

등기상 이해관계 있는 제3자의 승낙증명정보의 제공 없이 마쳐진 등기는 제3자에 대한 관계에 있어서는 무효이다. 그러나 제3자가 등기권리자에 대한 관계에 있어서 그 승낙을 하여야 할 실체법상의 의무가 있는 경우에는 그 회복등기는 결국 실체관계에 부합하게 되어 제3자에 대한 관계에 있어서도 유효하다(대판 1987.5.26. 85다카2203).

제2편 부동산등기법

> **Key Point 말소회복등기**
>
> 1) **말소회복등기**: 부적법하게 말소된 등기 → 회복
> 2) **말소회복등기의 요건**
>   ① 등기가 「부적법」하게 말소될 것(일부 또는 전부)
>   ② 「말소된 등기」를 회복하려는 것일 것
>   ③ 제3자에게 불측의 손해를 미치지 않을 것
> 3) **신청에 의한 말소회복등기**
>   ① 신청은 일반원칙에 따른다(공동, 단독 또는 촉탁).
>   ② 첨부정보: 등기상 이해관계 있는 제3자의 승낙증명정보의 제공 필요
> 4) **직권말소회복등기**: 직권경정등기에 준함
> 5) **말소회복등기의 효력**: 종전의 등기와 동일한 효력을 가진다.

단락핵심   말소회복등기

(1) 말소회복등기와 양립할 수 없는 등기의 등기명의인은 「부동산등기법」에서의 등기상 이해관계 있는 제3자라고 볼 수 없다.
(2) 이해관계인의 승낙증명정보 등을 제공하지 아니하고 한 회복등기는 그 이해관계인과의 관계에서는 무효의 등기이다. 그러나 실체법상 승낙의무가 있는 경우에는 실체관계에 부합하므로 제3자에 대해서도 유효한 등기이다.

제5절 멸실등기

토지의 함몰·포락 등으로 인해 1필의 토지의 전부 또는 건물의 소실·붕괴·부존재 등으로 <u>1개의 건물 전부가 멸실된 경우에 하는 등기</u>를 말한다(법 제39조, 제43조, 제44조).
멸실등기에 관하여는 부동산표시변경등기(제4장 제1절) 부분에서 이미 기술하였다.

제5장 각종 등기의 절차

제6절 부기등기 [10회 출제]

01 의의 및 인정범위 ★★

1 의 의
부기등기는 그 자체로서는 독립한 순위번호를 갖지 않고 주등기의 순위번호 아래 부기번호를 부여하여 하는 등기로서, 기존의 주등기와의 동일성을 표시하거나(예 변경등기, 경정등기) 또는 동일한 순위나 효력을 가짐을 나타내고자 할 때 한다.

2 부기등기로 할 수 있는 경우 [21회 출제]

(1) 부기등기의 요건

부기등기는 법률이 부기등기로 할 것을 규정하고 있는 경우로서 갑구·을구의 등기에 관한 것이어야 하고(표제부의 부기등기는 존재하지 아니함) 경우에 따라서는 등기상 이해관계인의 승낙을 얻어야 하는 경우가 있다(법 제52조).

(2) 부기등기로 하여야 하는 경우 [18·22·28·30회 출제]

주등기에 의하는 등기	부기등기에 의하는 등기(법 제52조)
① 소유권보존등기 ② 소유권이전등기 ③ 부동산표시의 경정·변경등기 ④ 환매특약등기의 말소등기 ⑤ 전부말소회복등기 ⑥ 전세권설정등기 ⑦ 공시된 물건을 목적으로 한 저당권 설정등기 ⑧ 소유권의 처분제한(가압류·가처분)	① 등기명의인표시의 변경 또는 경정등기 ② 소유권 외의 권리(지상권·전세권·저당권)의 이전등기 ③ 소유권 외의 권리를 목적으로 하는 권리에 관한 등기(지상권·전세권을 목적으로 한 저당권설정등기) ④ 소유권 외의 권리에 대한 처분제한 등기 ⑤ 권리의 변경이나 경정의 등기(등기상 이해관계인의 승낙이 있는 경우) ⑥ 환매특약등기 ⑦ 권리소멸약정등기 ⑧ 공유물 분할금지의 약정등기 ⑨ 일부 말소등기의 회복등기(규칙 제118조 단서)

제2편 부동산등기법

▼ 환매특약이 있는 소유권이전등기와 환매특약등기의 예시

[갑 구]				
순위번호	등기목적	접 수	등기원인	권리자 및 기타사항
2	소유권이전	2011년 11월 10일 제37890호	2011년 11월 8일 환매특약부매매	소유자 조성자 400704-1546181 서울특별시 송파구 잠실동 24-6
2-1	환매특약	2011년 11월 10일 제37890호	2011년 11월 8일 특약	환매대금 금 20,000,000원 계약비용 금 3,000,000원 환매기간 2012년 7월 25일까지 환매권자 최주실 490616-2047224 서울특별시 송파구 잠실동 81-49

Professor Comment

주등기와 부기등기가 둘 다 가능한 경우 → 권리의 변경이나 경정의 등기, 말소회복등기, 이전등기, 이전청구권가등기, 경매신청등기, 처분제한등기

02 부기등기의 실행★

등기의 실행에 있어서는 주등기와 부기등기 사이의 관계를 등기부상 분명하게 하기 위하여, 주등기 또는 부기등기의 순위번호에 가지번호를 붙여서 하여야 한다(규칙 제2조).
예 ○-○

03 부기등기의 효력

부기등기의 순위는 주등기의 순위에 따른다. 다만, 같은 주등기에 관한 부기등기 상호간의 순위는 그 등기 순서에 따른다(법 제5조).

제5장 각종 등기의 절차

Key Point | 부기등기

1) 의의
기존등기에 부기 → 그 일부를 변경 → 기존등기의 동일한 순위나 효력유지 또는 기존 등기와의 동일성을 유지

2) 특색
① 독립등기와 다른 점은 등기의 방법 내지 형식에 있다.
② 독립된 순위번호가 주어지지 않고, 기존의 주등기의 순위번호에 가지번호를 붙여서 한다.

3) 목적
주등기 즉, 기존등기의 동일한 순위나 효력유지 또는 기존등기와의 동일성을 유지하려는 데 있다.

4) 효력
① 부기등기의 순위는 주등기의 순위에 따른다.   ② 부기등기 상호간의 순위는 그 등기 순서에 따른다.
③ 주등기를 말소하면 부기등기도 말소한다.   ④ 하나의 주등기에 여러 개의 부기등기를 할 수 있다.

단락핵심 부기등기

(1) 부기등기는 법령이 규정한 경우에 한하여 허용된다(법 제52조).
(2) 임차권의 이전 및 임차물전대의 등기는 임차권등기에 부기등기의 형식으로 한다.

단락문제 06   제28회 기출

부기등기할 사항이 <u>아닌</u> 것은?

① 저당권이전등기   ② 전전세권설정등기
③ 부동산의 표시변경등기   ④ 지상권을 목적으로 하는 저당권설정등기
⑤ 소유권 외의 권리에 대한 처분제한의 등기

해설 부기등기 사항
① 부동산의 표시변경등기는 주등기에 의한다.   **답** ③

제2편 부동산등기법

제7절 가등기 (등기예규 제1632호) 13·15·16·18·32·33·35회 출제

01 의의★

1 가등기의 의의

가등기는 등기할 수 있는 권리의 설정, 이전, 변경 또는 소멸청구권을 보전하려는 때 또는 그 청구권이 시기부·정지조건부이거나 그 밖에 장래에 확정될 것인 경우에 본등기의 순위보전을 위하여 하는 등기이다(법 제88조, 법 제3조 참조).

2 취지

가등기는 즉시 본등기를 실행할 수 있는 실체법적 요건을 갖추지 못한 경우에 장차 행해질 본등기의 순위의 확보 즉, 본등기의 청구권을 보전하기 위해 하는 예비등기이다.
　　→ 예 소유권이전등기청구권 보전을 위한 가등기 등

Professor Comment
담보가등기(뒤에서 별도로 기술함)와 대비하여 청구권보전가등기라고도 한다.

02 가등기의 요건★★ 22회 출제

> 제88조(가등기의 대상)
> 가등기는 제3조 각 호의 어느 하나에 해당하는 권리의 설정, 이전, 변경 또는 소멸의 청구권(請求權)을 보전(保全)하려는 때에 한다. 그 청구권이 시기부(始期附) 또는 정지조건부(停止條件附)일 경우나 그 밖에 장래에 확정될 것인 경우에도 같다.

1 본등기를 할 수 있는 권리일 것★★

가등기는 장차 본등기할 청구권의 보전을 위해 하는 등기이므로 등기할 수 있는 모든 권리 즉, 소유권, 지상권, 지역권, 전세권, 저당권, 권리질권, 채권담보권, 임차권에 대해서654
할 수 있다.

제5장 각종 등기의 절차

Professor Comment
환매특약등기는 가등기할 수 없으나, 환매권이전청구권보전가등기는 할 수 있다.

2 채권적청구권일 것

(1) 물권변동 또는 임차권변동을 목적으로 하는 채권적청구권일 것

매매계약 당시 계약이 해제되면 매수인이 매도인에게 소유권이전등기를 하여 주기로 하는 약정을 한 경우에, 장차 계약 해제시의 매도인의 소유권이전등기청구권은 물권변동을 목적으로 하는 (채권적)청구권이므로 가등기에 의하여 보전할 수 있다(대판 1982.11.23. 81다카1110).

(2) 물권적청구권의 보전을 위한 가등기 가부 **22회 출제**

물권적청구권❶(방해배제청구권)은 누구에게나 그 효력을 주장할 수 있는 대세적 효력이 있으므로 가등기에 의해 그 순위를 보전할 필요성이 없다. 따라서 물권적청구권의 보전을 위한 가등기는 인정되지 않는다(대판 1982.11.23. 81다카1110).

> **용어사전**
> ❶ **물권적청구권**
> 물권에 대한 지배가 어떤 사정으로 말미암아 방해당하고 있거나 또는 방해당할 염려가 있는 경우에, 물권자가 방해자에 대하여 그 방해(妨害)의 제거 또는 예방에 필요한 일정한 행위[작위(作爲) 또는 부작위(不作爲)]를 청구할 수 있는 권리를 말한다.
>
> ❷ **대물변제의 예약**
> 채권자와 채무자가 원래의 빚에 갈음하여 그에 상당하는 다른 물건을 제공함으로써 빚을 갚는다고 약속하는 것을 말한다.

3 청구권보전의 필요성이 있을 것

(1) 청구권보전의 가등기

1) 권리의 설정·이전·변경·소멸의 청구권

가등기는 본등기를 할 수 있는 권리(법 제3조)의 '설정, 이전, 변경, 소멸'에 관한 청구권을 보전(그 순위의 확보)하려 할 때에 한다(법 제88조).

2) 시기부이거나 정지조건부의 청구권

시기부·정지조건부청구권은 장차 그 시기의 도래 또는 조건의 성취 전에 장래에 발생할 청구권을 보전하기 위해 하는 등기이다.

> **예** 시기부인 권리는 장래의 일정기일에 전세권의 효력이 발생하기로 약정한 때 우선 전세권설정청구권을 보전하기 위해 가등기로 할 수 있다는 것이며(보전가등기), 정지조건부권리는 금전소비대차를 하면서 장차 채무불이행시에는 채무자소유의 부동산에 대한 소유권을 이전하기로 한 약정한 경우 우선 채권자 앞으로의 소유권이전청구권을 보전하기 위해 가등기로 할 수 있다는 것이다.

3) 장래에 있어서 확정할 청구권

특정의 부동산에 관하여 매매의 예약이나 대물변제의 예약❷ 등을 한 경우 그 계약의 완결권 행사 이전에 장차 완결권 행사로 발생할 소유권이전등기청구권을 보전하기 위한 가등기를 할 수 있다.

제2편 부동산등기법

Professor Comment

① 그 청구권이 종기부이거나 해제조건부인 때에는 가등기를 할 수 없다.
② 물권적 청구권을 보전하기 위한 가등기나 소유권보존등기의 가등기는 할 수 없다(등기예규 제1632호). 그러나 계약이 해제되면 매수인이 매도인에게 소유권이전등기를 하여 주기로 하는 약정이 있는 경우에는 가등기가 허용된다(대판 1982.11.23. 81다카1110).

(2) 소유권보존등기의 가등기 여부

소유권의 원시취득의 경우에는 법률의 규정에 의해 보존등기 없이 즉시 취득하므로(「민법」 제187조), 가등기에 의하여 보전할 등기청구권이 존재하지 않는다.

(3) 가등기의 중복

가등기는 양립이 불가능한 배타적인 등기가 아니므로 동일한 부동산에 대하여 내용이 충돌하는 여러 개의 가등기도 가능하다.

(4) 사인증여 및 유증의 가등기 여부　29회 출제

1) 사인증여는 그 효력이 증여자의 사망으로 발생하지만 증여자의 생전에도 청구권보전가등기가 가능한지 여부에 대해서 등기실무는 사인증여는 생전의 계약이기 때문에 미리 이 청구권을 보전할 필요성이 있어 이를 긍정하고 있다(등기선례).

2) 그러나 유증은 유증자의 사망으로 효력이 생기지만 유증자의 생전에는 수증자는 단순한 기대권만을 갖는 것이므로 생전에는 유증의 가등기를 할 수 없고, 유증의 효력이 발생하는 유증자의 사후에만 가능하되 특정적 유증의 경우에만 청구권보전가등기가 가능하다.

Key Point | 가등기의 대상여부 ★★★

가등기의 대상인 것	가등기의 대상이 아닌 것
1) 설정, 이전, 변경, 소멸에 관한 청구권 2) 시기부, 정지조건부청구권 3) 장래에 있어서 확정할 청구권 4) 법원의 명령에 의한 가등기 5) 이중(중복)의 가등기 6) 가등기의 가등기(부기등기형식)	1) 처분제한 2) 종기부, 해제조건부권리 3) 소유권보존등기의 가등기 4) 물권적청구권의 보전을 위한 가등기 5) 부동산 또는 등기명의인의 표시변경등기

제5장 각종 등기의 절차

단락핵심   가등기

(1) 물권적청구권을 보전하기 위한 가등기는 허용되지 않는다.
(2) 계약해제시 원상회복으로써 소유권이전등기를 하여 주기로 약정한 경우에는 채권적청구권이므로 가등기로 보전할 수 있다.
(3) 가등기의 가등기는 허용된다.
(4) 등기관의 처분에 대한 이의신청에 대하여 관할 지방법원은 이의에 대한 결정 전에 그 등기의 순위를 미리 확보하여 둘 필요가 있을 때 등기관에게 가등기를 명할 수 있고, 등기관은 그 명령에 따른 가등기를 하여야 한다.

단락문제 07   제3회 기출

다음 사항 중 가등기를 할 수 없는 것은?

① 소유권보존청구권   ② 소유권이전청구권   ③ 전세권설정청구권
④ 환매권이전청구권   ⑤ 저당권설정청구권

해설 가등기를 할 수 없는 권리
① 소유권보존등기의 경우나 물권적청구권의 경우에는 보전할 청구권이 존재하지 않으므로 그 가등기를 할 수 없다.

답 ①

03 가등기의 절차 ★★

1 공동신청의 원칙

가등기도 다른 등기와 마찬가지로 가등기권리자와 가등기의무자의 공동신청에 의한다(법 제23조 제1항).

2 단독신청의 특칙   24·31회 출제

제89조(가등기의 신청방법)
가등기권리자는 제23조제1항에도 불구하고 가등기의무자의 승낙이 있거나 가등기를 명하는 법원의 가처분명령(假處分命令)이 있을 때에는 단독으로 가등기를 신청할 수 있다.

가등기가처분명령에 의한 가등기의 경우에는 등기부에 가처분으로 기록되는 것이 아니고 가등기로 기록되므로 법원이 가등기촉탁을 하는 경우에는 등기관은 이를 각하하여야 한다(등기예규 제1632호).

3 신청정보와 첨부정보

(1) 신청정보

신청정보의 내용으로서 가등기로 보전하려고 하는 권리의 내용을 등기소에 제공하여야 한다(규칙 제145조 제1항). 가등기권리자가 여러 사람인 경우 신청정보의 내용으로 각자의 지분을 제공하여야 하고 등기기록에도 그 지분을 기록한다. 수인 공유의 부동산에 관하여 수인 이름으로 가등기를 신청할 때에는 등기신청정보는 등기권리자별로 또는 등기의무자별로 제공하여야 한다(등기예규 제1632호).

(2) 첨부정보

1) 단독신청의 경우에는 일반적인 첨부정보 외에 가등기의무자의 승낙증명정보 또는 가등기가처분명령증명정보를 제공하여야 하며 방문신청에 의하는 경우에 소유권등기명의인이 등기의무자인 경우에는 그의 인감증명정보도 제공하여야 한다(규칙 제145조 제2항).

2) 가등기원인증명정보인 매매계약증명정보나 가등기가처분명령증명정보에는 검인을 요하지 아니하고, <u>농지취득자격증명정보의 제공도 요하지 아니한다. 토지거래계약허가증명정보의 제공은 요하나, 이 경우 후에 본등기를 할 때에는 제공할 필요가 없다</u>(등기예규 제1632호).

Professor Comment

농지를 매매하고자 하는 때에는 시·구·읍·면의 장으로부터 농지취득자격증명정보를 발급받아, 소유권이전등기 첨부정보로 제공하여야 하나 가등기 시에는 그 제공을 요하지 않는다(「농지법」 제8조, 규칙 제46조 제1항 제2호).

 가등기의 신청

① 원칙: 등기권리자와 등기의무자의 공동신청
② 예외: 단독신청

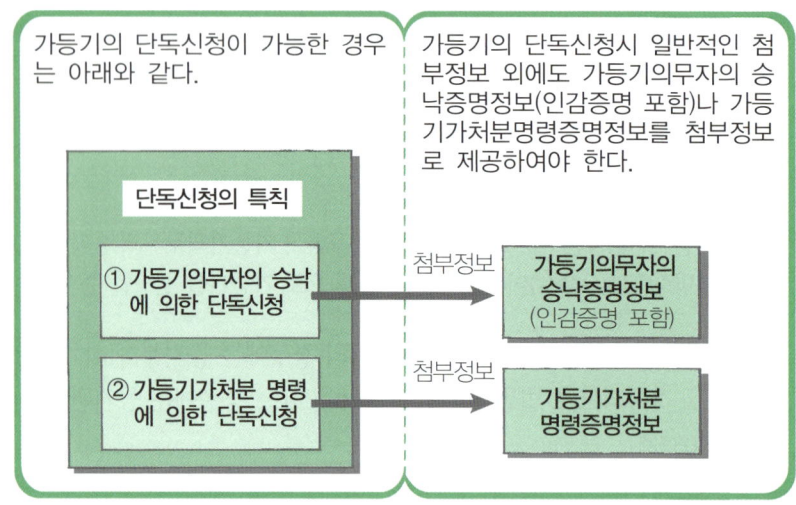

04 가등기의 실행방법★★

1 해당구에 기록
→ 소유권은 갑구, 지상권·저당권 등은 을구

가등기는 가등기의 목적인 보전되는 권리의 종류에 따라 등기기록 중 해당구에 이를 기록하고, 후에 이에 기한 본등기는 가등기의 순위번호를 사용하여 한다(규칙 제146조). 전산정보처리조직에 의하므로 여백을 두지 않는다. → 본등기의 순위를 명확히 하기 위하여

2 주등기 또는 부기등기

가등기의 형식은 가등기에 기한 본등기의 형식에 따라 주등기 또는 부기등기로 한다.

예 소유권이전청구권보전가등기는 주등기로 하나, 가등기상 권리를 제3자에게 양도한 경우에 그 이전청구권의 보전의 가등기는 소유권 외의 권리의 이전등기이므로 부기등기로 하며(법 제52조 제2호), 저당권설정청구권보전가등기의 경우에도 소유권을 목적으로 하는 경우에는 주등기로 하나, 지상권·전세권을 목적으로 하는 경우에는 소유권 외의 권리를 목적으로 하는 권리에 관한 등기이므로 부기등기로 한다(법 제52조 제3호).

▼ 소유권이전청구권보전가등기

[갑 구]

순위번호	등기목적	접 수	등기원인	권리자 및 기타사항
3	소유권이전청구권가등기	2003년 3월 10일 제3125호	2003년 3월 9일 매매예약	가등기권자 이도령 550505-1089321 서울특별시 서대문구 홍은동 9

05 가등기의 효력 (본등기 전의 효력)★★　　　13회 출제

1 실체법적 효력

> **제91조(가등기에 의한 본등기의 순위)**
> 가등기에 의한 본등기(本登記)를 한 경우 본등기의 순위는 가등기의 순위에 따른다.

가등기는 본등기 전 가등기만 된 상태 하에서는 실체법적 효력(처분금지적 효력)이 없다. 즉 가등기 후 본등기 전에는 가등기에 의해 보전된 권리를 침해하는 중간처분의 등기를 배제할 수 있는 효력이 없다.
→ 다만, 가등기에 기한 본등기를 한 자보다 후순위가 될 뿐임

2 물권변동의 효력과 가등기의 추정력의 유무

가등기에 기한 본등기를 하여도 물권변동의 효력은 소급하지 않고 그 순위만 가등기의 순위에 의하므로 가등기 자체에 의해 물권은 변동되지 않으며(예비등기), 또한 가등기 자체에는 등기의 추정력도 인정되지 않는다.

3 가등기 자체의 효력

가등기는 종국등기로서의 효력은 인정되지 않으나 가등기에 의해 보전된 권리도 재산권으로서 이전할 수 있으며(보전된 권리의 이전청구권 보전의 가등기는 부기등기로 함), 보전된 권리의 이전금지가처분등기, 가압류의 등기도 할 수 있다. 그리고 가등기가 불법말소된 경우 그 말소회복등기도 가능하다.

→ 소유권이전등기청구권의 보전을 위한 가등기에 대한 가압류등기

06 가등기에 기한 본등기 ★   추가15·25회 출제

1 의 의

(1) 가등기를 한 후에 본등기를 할 수 있는 실체법적인 요건이 갖추어진 때에는 신청에 의하여 본등기를 한다.

(2) **다른 원인에 의한 소유권이전등기를 한 경우 가등기에 기한 본등기 가부**

가등기권리자가 가등기된 목적물에 관하여 다른 원인에 의해 소유권이전등기를 한 경우에 원칙적으로 그 가등기에 의해 보전된 권리는 혼동으로 소멸하였으므로 이에 기한 본등기를 할 수 없으나, 가등기와 소유권이전등기 사이에 중간처분의 등기가 있는 경우에는 가등기권자는 그 순위보전의 효력에 의하여 중간처분의 등기를 실효시키기 위해 가등기에 기한 본등기청구를 할 이익이 있다(대판 1988.9.27. 87다카1637).

2 신청절차   13회 출제

(1) **신청인**(공동신청 원칙)

가등기에 기한 본등기도 등기권리자와 등기의무자의 공동신청에 의함이 원칙이나(법 제23조 제1항), 등기권리자는 등기의무자가 협력하지 않으면 의사진술을 명하는 이행판결을 받아 단독으로 신청할 수도 있다(법 제23조 제4항).

(2) **등기권리자와 등기의무자**

1) 본등기를 함에 있어서 등기권리자는 가등기권리자 또는 그 가등기권리를 이전받은 자이고, 등기의무자는 본래의 가등기의무자이다. 가등기 후 본등기 전의 제3취득자는 등기의무자가 아니다(대결 1962.12.24. 4294민재항675).

→ 가등기할 때의 부동산소유자 등

2) 제3취득자 명의의 등기의 직권말소

위의 제3취득자명의의 등기가 가등기에 의하여 보전된 권리를 침해하는 경우에는 본등기를 하였을 때에는 직권말소 대상이므로, 본등기를 함에 있어서 제3자의 승낙을 받을 필요가 없다(법 제92조 제1항, 대결 1962.12.24. 4294민재항675).

3) 가등기권리자 또는 가등기의무자가 사망한 경우

가등기를 마친 후에 가등기권리자 또는 가등기의무자가 사망한 경우, 각각의 상속인은 상속등기를 할 필요 없이 그들의 상속증명정보와 가등기의무자의 인감증명(방문신청의 경우)을 첨부정보로 제공하여 공동으로 본등기를 신청할 수 있다.

Key Point 등기권리자 및 등기의무자 ★★★

구 분	가등기	가등기의 말소	가등기에 기한 본등기
가등기의무자(소유자등)	가등기의무자	등기권리자	등기의무자
가등기명의인(권리자)	가등기권리자	등기의무자	등기권리자
제3취득자(소유권등의 양수인)	–	등기권리자	등기의무자가 아니다.
현재 가등기명의인(가등기양수인)	–	등기의무자	등기권리자

※ 주의 : 가등기가 이루어진 부동산에 관하여 제3취득자 앞으로 소유권이전등기가 마쳐진 후 그 가등기가 말소된 경우 그와 같이 말소된 가등기의 회복등기의무자는 '가등기가 말소될 당시'의 소유자인 제3취득자이다(대판 2009.10.15. 2006다43903).

(3) 신청정보와 첨부정보 ★★

1) 신청정보

등기필정보는 <u>가등기 시의 것</u>이 아니라, 등기의무자가 권리취득시의 권리에 관해 통지받은 것을 제공하여야 한다. (→ 본등기 등기권리자의 가등기필증정보)

2) 첨부정보

<u>검인</u>을 받은 계약증명정보, 등기원인에 대한 농지취득자격증명정보 및 토지거래계약허가증명정보(다만, 가등기시에 제공한 경우에는 제외) 등을 제공하여야 한다(등기예규 제1632호). 중간처분에 의한 제3취득자의 등기는 직권말소 대상이므로 그의 승낙증명정보의 제공을 요하지 않는다. (→ 가등기 시에는 면제하였음)

3 본등기의 실행

(1) 가등기에 기한 본등기는 가등기의 순위번호를 사용하여 하므로(규칙 제146조), 본등기를 하는 경우에도 가등기를 주말하지 아니한다.
→ 본등기의 순위를 명확히 하기 위해서

(2) 공동 가등기권자가 있는 경우 본등기의 신청과 실행(등기예규 제1632호) `23·26·30회출제`

1) 가등기권자 모두가 공동의 이름으로 본등기를 신청하거나, 그 중 일부의 가등기권자가 자기의 가등기지분 전부 또는 그 일부(가등기권자가 1인인 경우 보전된 권리의 일부인 지분에 대한 본등기 청구하는 경우 포함)에 관하여 본등기를 신청할 수 있으나, 일부의 가등기권자가 공유물보존행위에 준하여 가등기 전부에 관한 본등기를 신청할 수는 없다.
2) 일부의 가등기권자가 자기의 지분만에 관하여 본등기를 신청하는 경우에는 신청정보로서 '그 뜻'을 제공하여야 하고 등기기록에도 그 뜻을 기재하여야 한다.
3) 두 사람의 가등기권자 중 한 사람이 가등기상 권리를 다른 가등기권자에게 양도한 경우, 양수한 가등기권자 한 사람의 이름으로 본등기를 신청하기 위해서는 먼저 가등기상 권리의 양도를 원인으로 한 지분이전의 부기등기를 마쳐야 한다.

판례 복수의 권리자가 소유권이전청구권 보전을 위한 가등기를 마친 경우, 일부 권리자가 단독으로 자기 지분에 관한 본등기를 청구할 수 있는지 여부(적극)

공유자가 다른 공유자의 동의 없이 공유물을 처분할 수는 없으나 그 지분은 단독으로 처분할 수 있으므로, 복수의 권리자가 소유권이전청구권을 보전하기 위하여 가등기를 마쳐 둔 경우(준공유) 특별한 사정이 없는 한 그 권리자 중 한 사람은 자신의 지분에 관하여 단독으로 그 가등기에 기한 본등기를 청구할 수 있고, 이는 명의신탁해지에 따라 발생한 소유권이전청구권을 보전하기 위하여 복수의 권리자 명의로 가등기를 마쳐 둔 경우에도 마찬가지이며, 이 때 그 가등기 원인을 매매예약으로 하였다는 이유만으로 가등기 권리자 전원이 동시에 본등기절차의 이행을 청구하여야 한다고 볼 수 없다(대판 2012.2.16. 2010다82530, 2002.7.9. 2001다43922, 43939).

※ 그러나 사안의 경우와 달리 가등기에 의해 보전된 형성권(예약완결권)을 (준)합유하는 경우 [예] 공동사업을 목적으로 한 조합이 매매의 예약완결권을 합유하는 경우, 대판 1995.9.15. 94다54894]에는 피보전청구권을 공동으로 행사하여야 하므로 단독으로 지분에 관한 본등기를 청구할 수 없다.

제5장 각종 등기의 절차

> **Key Point** 가등기에 관한 본등기시 첨부정보★★★

분 류	등기필정보	인감증명 (방문신청)	토지거래허가 증명정보	계약증명정보상 검인	농지취득자격 증명정보
소유권이전청구권 가등기	X	O	O	X	X
가등기에 기한 본등기	O (등기의무자의 권리에 관한 등기필정보)	O	O (단 가등기시 제공한 경우에는 X)	O	O
가등기 말소	O (가등기에 관한 등기필정보)	O	X	X	X

* 범례 : O – 첨부함, X – 첨부 안 함

(3) 본등기금지가처분(부정) 13회 출제

본등기금지가처분은 인정되지 않는다. 가등기에 터잡아 본등기를 하는 것은 그 가등기에 기하여 순위보전된 권리의 '취득'이지 가등기상 권리자체의 '처분'이 아니므로 <u>가등기에 기한 본등기금지가처분은 인정되지 않는다</u>(대판 1992. 9. 25. 92다21258).
→ 권리의 처분에 해당하지 않기 때문임

(4) 본등기 후의 효력

1) 순위보전의 효력

가등기를 한 경우 본등기의 순위는 가등기의 순위에 의한다(법 제91조). 이를 가등기의 순위보전의 효력이라고 한다.

2) 물권변동의 효력발생시기의 불소급

권리변동의 효력은 본등기 시에 발생하므로 권리변동의 효력발생시기는 가등기시로 소급하는 것이 아니라 본등기의 순위만 가등기의 순위로 소급하는 것이다. 따라서 가등기 자체는 종국등기가 아니라 예비등기이다.

제2편 부동산등기법

4 본등기 후의 조치(가등기 이후 등기의 직권말소)

(1) 등기관은 가등기에 의한 본등기를 하였을 때에는 가등기 후 본등기 사이에 마쳐진 등기로서 가등기에 의하여 보전되는 권리를 침해하는 등기를 직권으로 말소하여야 한다(법 제92조 제1항).

(2) 직권말소대상등기여부★★   14·27·28·35회 출제

1) 소유권이전등기청구권보전 가등기에 의하여 소유권이전의 본등기를 한 경우(규칙 제147조)

① 직권말소하는 등기   35회 출제
㉠ 가등기 후 본등기 전에 마쳐진 등기로서 가등기에 의하여 보전되는 권리를 침해하는 등기

가등기, 소유권이전등기, 저당권 등 제한물권의 설정등기, 가압류등기, 가처분등기, 경매개시결정등기, 가등기의무자의 사망으로 인한 상속등기, 가등기권자에게 대항할 수 없는 임차권설정등기, 주택임차권등기 등

㉡ 가등기 후 본등기 전에 마쳐진 체납처분으로 인한 압류등기의 직권말소 여부
ⓐ 이에 대하여는 직권말소대상등기임을 통지한 후 이의신청이 있으면 직권말소 여부를 결정한다.
ⓑ 담보가등기 또는 소유권이전등기청구권 가등기라 하더라도 사실상 담보가등기인 경우에 법정기일이 담보가등기가 경료되기 전인 국세 및 지방세 채권에 의한 압류등기 또는 당해 재산에 부과된 국세(당해세)의 체납처분에 의한 압류등기 등은 직권말소가 불가하다.

② 직권말소할 수 없는 등기
㉠ 해당 가등기상 권리를 목적으로 하는 가압류등기나 가처분등기
㉡ 가등기 전에 마쳐진 가압류에 의한 강제경매개시결정등기, 담보가등기, 전세권 및 저당권에 의한 임의경매개시결정등기
㉢ 가등기권자에게 대항할 수 있는 주택임차권등기 등
㉣ 본등기 후에 '가등기 후에 마쳐진 소유권이전등기를 직권말소하지 아니한 상태'에서 마쳐진 그 소유권이전등기를 기초로 한 새로운 소유권이전등기, 제한물권설정등기 또는 임차권설정등기

2) 지상권, 전세권 또는 임차권의 설정등기청구권보전 가등기에 의하여 지상권, 전세권 또는 임차권의 설정의 본등기를 한 경우(규칙 제148조)

① 직권말소하는 등기

가등기 후 본등기 전에 마쳐진 지상권설정등기, 지역권설정등기, 전세권설정등기, 임차권설정등기, 주택임차권등기(가등기권자에게 대항할 수 없는 임차권등기) : 용익물권은 목적부동산을 점유하여 사용·수익하는 배타적 권리이므로 동일목적물(동일 범위)에 2중으로 설정될 수 없고 양립할 수 없기 때문이다.

② 직권말소할 수 없는 등기
　㉠ 가등기 후 본등기 전에 마쳐진 다음의 등기
　　ⓐ 소유권이전등기
　　ⓑ 소유권을 목적으로 하는 등기

　　　소유권이전등기청구권보전 가등기, 가압류 및 가처분 등 처분제한의 등기, 체납처분으로 인한 압류등기 등

　　ⓒ 교환가치만의 지배를 목적으로 하는 저당권설정등기

　　　용익물권에 관한 등기와 1물1권주의에 반하지 않고 양립가능하기 때문이다.

　㉡ 가등기가 되어 있지 않은 부분에 대한 지상권, 지역권, 전세권 또는 임차권의 설정등기와 주택임차권등기 등

　　용익물권은 부동산의 일부에 설정할 수 있으므로 그 설정범위가 다른 경우에는 양립가능하기 때문이다.

3) 저당권설정등기청구권보전 가등기에 의하여 저당권설정의 본등기를 한 경우

가등기 후 본등기 전에 마쳐진 등기는 직권말소의 대상이 되지 아니한다. 이는 저당권의 존속 중에는 저당권의 침해에 해당되지 않는 한 설정자의 사용·수익·처분권능의 행사가 제한받지 않기 때문이다.

(3) 직권말소등기절차

1) 등기관이 가등기 후 본등기 전에 마쳐진 등기를 직권으로 말소할 때에는 가등기에 의한 본등기로 인하여 그 등기를 말소한다는 뜻을 기록하여야 한다(규칙 제149조).
2) 등기관이 가등기 이후의 등기를 직권말소하였을 때에는 지체 없이 그 사실을 말소된 권리의 등기명의인에게 통지하여야 한다(법 제92조 제2항).

제2편 부동산등기법

단락핵심 — 가등기

(1) 가등기에 기한 본등기 신청의 등기의무자는 가등기를 할 때의 소유자이며, 가등기 후에 제3자에게 소유권이 이전된 경우에도 가등기의무자는 변동되지 않는다.
(2) 가등기에 기한 본등기도 등기권리자와 등기의무자의 공동신청이 원칙이다.
(3) 가등기 후에 제3자에게 소유권이 이전된 경우 본등기를 함에 있어서 그 제3자의 승낙은 필요치 않다.
(4) 본등기 신청시 가등기의 등기필정보의 제공은 요하지 아니하고, 등기의무자의 권리에 관한 등기필정보는 제공하여야 한다.
(5) 가등기된 권리 중 일부 지분에 관하여도 가등기에 기한 본등기를 할 수 있다.
(6) 가등기에 기한 본등기를 하면 가등기와 본등기 사이에 행하여진 등기로서 본등기와 양립할 수 없는 등기는 직권말소한다.
(7) 가등기에 기한 본등기의 실체법상 효력은 가등기 한 날로 소급하지 않는다.
(8) 가등기에 기한 소유권이전의 본등기를 한 경우에 가등기 후에 경료된 당해 가등기에 대한 가압류 등기는 직권 말소되지 않는다.
(9) 가등기는 그에 기한 본등기가 이루어지기 전에는 물권변동을 일으키는 효력이 없고, 가등기의무자의 처분권을 제한하는 효력도 없다.
(10) 가등기상 권리의 이전등기 방식은 가등기에 대한 부기등기의 방식에 의한다.
(11) 복수의 권리자가 소유권이전등기청구권을 보존하기 위하여 가등기를 마쳐 둔 경우 특별한 사정이 없는 한 그 권리자 중 한 사람은 자신의 지분의 전부 또는 그 일부에 관하여 단독으로 그 가등기에 기한 본등기를 청구할 수 있다.
(12) 가등기에 기하여 본등기를 하면 그 본등기의 순위는 가등기의 순위에 의한다.
(13) 부동산임차권의 변동을 목적으로 하는 청구권을 보전하기 위하여 가등기를 신청할 수 있다.

단락문제 08

가등기에 대한 설명 중 틀린 것은?

① 가등기는 순위보전의 효력은 있으나 처분금지력은 인정되지 않는다.
② 가등기에 기한 본등기시 등기의무자는 가등기시의 가등기의무자이지 가등기 후 본등기 전의 제3취득자가 아니다.
③ 가등기의무자가 사망한 경우 그 상속인은 상속등기를 할 필요 없이 직접 가등기권리자와 공동으로 본등기를 신청할 수 있다.
④ 소유권이전등기청구권의 가등기시에는 토지거래계약허가증명정보의 제공을 요하지 않으나 본등기시에는 제공을 요한다.
⑤ 가등기상의 권리를 공유하는 자는 그 지분에 대하여 단독으로 본등기 청구를 할 수 있다.

해설 가등기의 효력과 본등기 절차
④ (×) 소유권이전등기청구권의 가등기시에는 토지거래허가증명정보를 제공하여야 하나 본등기시에는 제공을 요하지 않는다. **답** ④

제5장 각종 등기의 절차

단락문제 Q9

소유권이전등기청구권을 보전하기 위한 가등기에 의해 본등기를 한 경우 가등기 후 경료된 등기 중 직권으로 말소되지 않는 것은?

① 소유권이전등기
② 저당권설정등기
③ 임차권설정등기
④ 가등기의무자의 사망으로 인한 상속등기
⑤ 해당 가등기상의 권리를 목적으로 하는 가압류등기

해설 가등기에 의한 본등기시 직권말소 대상(규칙 제147조, 등기예규 제1632호)
⑤ (×) 가등기상 권리를 목적으로 하는 가압류등기는 본등기와 양립할 수 있으므로 직권으로 말소하지 못한다. **답** ⑤

07 가등기의 이전등기와 말소등기

1 가등기의 이전등기 13회 출제

(1) 의 의

가등기에 의해 보전된 청구권을 제3자에게 양도한 경우에 이를 등기기록에 공시하는 등기이다.

(2) 인정여부

1) 가등기에 의하여 보전된 물권변동의 청구권은 그 성질상 양도될 수 있는 재산권일 뿐만 아니라 그 권리를 가등기로 공시할 수 있으므로, 이를 양도한 경우에는 그 가등기에 의해 보전된 청구권의 보전을 위한 가등기의 이전등기도 할 수 있다(대판 1998.11.19. 98다24105 전합).

2) 가등기자체를 이전하거나 또는 가등기된 권리의 처분제한, 즉 이전금지가처분등기도 할 수 있다. 가등기된 권리의 일부지분만도 이전할 수 있다.

3) **본등기금지가처분의 가부**

가등기에 터잡아 본등기를 하는 것은 그 가등기에 기하여 순위 보전된 권리의 취득이지 가등기상의 권리 자체의 처분이라고 볼 수 없으므로 가등기에 기한 본등기를 금지한다는 취지의 가처분은 등기할 사항에 해당하지 아니한다(대판 1992.9.25. 92다21258).

Professor Comment

가등기권리자가 장차 본등기 될 것을 전제로 하여 그 가등기권리자를 등기의무자로 한 새로운 소유권이전가등기나 저당권설정가등기 등은 할 수 없다.

(3) 등기의 신청과 실행(부기등기의 형식) 13회 출제

가등기상의 권리의 이전등기는 양도인과 양수인의 공동신청으로 하며, 가등기에 대한 부기등기의 형식으로 실행한다(대판 1998.11.9. 98다24105).

 ■ 가등기상 권리의 이전등기절차

가등기에 의해 순위 보전의 대상이 되는 물권변동의 청구권은 그 성질상 양도될 수 있는 재산권일 뿐만 아니라 가등기로 인하여 그 권리가 공시되어 결과적으로 공시방법까지 마련된 셈이므로, 이를 양도한 경우에는 양도인과 양수인의 공동신청으로 그 가등기상의 권리의 이전등기를 가등기에 대한 부기등기의 형식으로 경료할 수 있다(대판 1998.11.19. 98다24105).

2 가등기의 말소등기(등기예규 제1632호)★★

(1) 의 의

1) 가등기에 의해 보전된 권리가 소멸한 경우 등에는 가등기의 말소등기를 할 수 있다. 그러나 가등기에 기한 본등기가 마쳐진 경우에는 그 가등기만의 말소등기는 신청할 수 없고 또한 가등기의 말소등기를 이행하라는 판결로는 본등기의 말소등기를 신청할 수 없다.

2) 다른 원인에 의한 소유권이전등기를 한 경우의 가등기의 말소등기

① 이 경우에 중간처분의 등기가 없는 한 그 가등기에 의해 보전된 권리는 혼동으로 소멸하였으므로 이에 기한 본등기를 할 수 없고 가등기의 말소등기를 한다(대판 1988.9.27. 87다카1637 참조).

② 또한 그 부동산의 소유권이 제3자에게 이전되기 전에는 가등기권자의 단독신청으로 혼동을 등기원인으로 하여 가등기를 말소할 수 있으나, 그 부동산의 소유권이 제3자에게 이전된 후에는 통상의 가등기 말소절차에 따라 가등기를 말소한다.

(2) 등기의 신청

1) 신청인(공동신청의 원칙과 단독신청의 특칙) 23·27회 출제

① 공동신청의 원칙

가등기말소도 가등기권리자 또는 그 권리의 이전을 받은 자가 등기의무자가 되고 가등기의무자 또는 제3취득자가 등기권리자가 되어 공동으로 신청하는 것이 원칙이다(법 제23조 제1항).

② 단독신청의 예외

> 제93조(가등기의 말소)
> ① 가등기명의인은 제23조제1항에도 불구하고 단독으로 가등기의 말소를 신청할 수 있다.
> ② 가등기의무자 또는 가등기에 관하여 등기상 이해관계 있는 자는 제23조제1항에도 불구하고 가등기명의인의 승낙을 받아 단독으로 가등기의 말소를 신청할 수 있다.

2) 신청정보와 첨부정보
① 가등기명의인이 가등기의 말소를 신청하는 경우에는 가등기명의인의 권리(가등기)에 관한 등기필정보를 신청정보의 내용으로 제공하여야 한다.
② 가등기의무자나 등기상 이해관계인이 단독으로 가등기의 말소등기를 신청하는 경우에는 가등기명의인의 승낙증명정보 등을 첨부정보로 제공하여야 하고(법 제93조 제2항, 규칙 제150조). 소유권에 관한 가등기의 말소를 신청할 때에는 가등기명의인의 인감증명(방문신청의 경우)을 제출하여야 한다(규칙 제60조 제1항 제2호).

(3) 등기의 실행
1) 가등기의 말소등기는 주등기의 형식으로 실행한다. 본등기 및 가등기를 말소하는 경우에는 독립등기로 말소등기를 하고 기존의 등기사항을 말소하는 표시를 한다.

2) 가등기명의인 표시변경 등기의 생략
① 가등기의 말소를 신청하는 경우에는 가등기명의인의 표시에 변경 또는 경정의 사유가 있는 때라도 신청정보에 그 변경 또는 경정을 증명하는 정보를 첨부정보로 제공함으로써 가등기명의인표시의 변경등기 또는 경정등기를 생략할 수 있다.
② 가등기명의인이 사망한 후에 상속인이 가등기의 말소를 신청하는 경우에도 상속등기를 거칠 필요 없이 신청서에 상속인임의 증명정보(방문신청의 경우 인감증명 포함)를 제공하여 가등기의 말소를 신청할 수 있다(규칙 제60조 제1항 제2호).

(4) 가등기의 말소회복등기
1) 가등기의 말소등기가 원인 무효이어서 부적법한 경우에는 등기상 이해관계 있는 제3자의 승낙을 얻어 말소된 가등기의 회복등기를 할 수 있다.
2) 가등기가 부적법하게 말소된 후 가처분등기, 근저당권 설정등기, 소유권이전등기를 마친 제3자는 그의 선의, 악의를 묻지 아니하고 가등기의 회복등기절차에서 등기상 이해관계 있는 제3자로서 승낙의무가 있다(대판 1997.9.30. 95다39526).

Key Point 가등기

1) 의 의
   청구권보전의 가등기 : 순위확보목적, 예비등기
2) 가등기의 요건
   ① 본등기를 할 수 있는 권리일 것
   ② 채권적청구권일 것
   ③ 청구권보존의 필요성이 있을 것
      ㉠ 권리의 설정, 이전, 변경 또는 소멸의 청구권의 보전
      ㉡ 시기부 또는 정지조건부의 청구권 보전
      ㉢ 장래에 있어서 확정될 청구권 보전
3) 가등기할 수 있는 권리
   장래에 본등기(종국등기)할 수 있는 권리는 모두 가등기가 가능하다. 즉 소유권, 지상권, 지역권, 전세권, 저당권, 채권담보권, 권리질권, 임차권, 환매권에 대한 청구권을 보존하기 위하여 가등기를 할 수 있다.
4) 가등기의 신청
   ① 일반원칙에 따라서 공동신청하여야 하나, 판결 등에 의하여 단독신청할 수도 있다.
   ② 단독신청의 특칙
      ㉠ 승낙증명정보의 제공에 의한 단독신청
      ㉡ 가등기 가처분 명령에 의한 단독신청
      ㉢ 가등기의 말소의 경우 : 가등기명의인 또는 그의 승낙을 받은 가등기의무자나 등기상 이해관계인의 단독신청이 가능하다.
5) 가등기의 실행
   가등기에 기한 본등기는 가등기의 순위번호를 사용하여 한다(규칙 제146조).
6) 가등기의 효력
   ① 순위보전의 효력
   ② 청구권 보전의 효력
   ③ 단, 물권변동의 효력과 등기의 추정력은 없다.
7) 가등기에 기한 본등기 : 공동신청의 원칙(일반원칙에 따름)

08 담보가등기의 특칙

1 담보가등기의 의의

「가등기담보 등에 관한 법률」에 의하여 채권자와 채무자간에 채무자 소유의 부동산에 대하여 대물변제예약이나 매매예약을 체결하고 채무자가 이행기에 채무를 변제하지 않을 경우에 채권자가 예약완결권을 행사함으로써 발생하게 될 장래의 소유권이전청구권을 보전하기 위해서 가등기를 할 수 있는데 이때의 가등기를 가리켜 담보가등기라 한다.

2 등기의 신청과 실행

(1) 신청인
가등기담보권의 설정자인 등기의무자와 담보권자인 등기권리자의 공동신청에 의한다.

(2) 신청정보와 첨부정보
신청정보로서 등기의 목적은 본등기 될 권리에 따라 소유권이전담보가등기, 저당권이전담보가등기 등으로 제공하고 첨부정보인 등기원인증명정보로는 대물반환예약증명정보 등을 제공한다.

3 담보가등기의 효력 등(저당권등기에 준하는 효력)
가등기담보권자는 그 선택에 따라 담보권을 실행하여 청산절차를 밟은 후 소유권이전본등기를 하여 목적물을 취득할 수도 있고, 경매를 청구하여 경매대금으로부터 후순위 권리자보다 우선변제를 받을 수도 있다(「가등기담보 등에 관한 법률」 제12조, 제13조).

4 담보가등기에 기한 본등기의 신청

(1) 의의
귀속청산의 경우에는 청산기간이 지나야 본등기를 청구할 수 있다. 담보가등기를 마친 부동산에 대하여 강제경매 등의 개시 결정이 있는 경우에 그 경매신청이 청산금을 지급하기 전에 행해진 경우(청산금이 없는 경우에는 청산기간이 지나기 전)에는 담보가등기 권리자는 그 가등기에 따른 본등기를 청구할 수 없다(「가등기담보 등에 관한 법률」 제4조 제2항, 제14조).

(2) 본등기 시의 신청정보와 첨부정보
1) 신청정보의 내용으로서 본등기 할 담보가등기의 표시정보, 청산금평가통지서가 채무자 등에게 도달한 날에 관한 정보를 제공하여야 하고, 첨부정보로는 청산금평가통지서의 도달증명정보(또는 청산금이 없다는 통지서의 도달증명정보), 청산금의 지급증명정보 등을 제공하여야 한다. → 청산금이 있는 경우에만 해당
2) 다만, 판결에 의하여 본등기를 신청하는 경우에는 이러한 첨부정보의 제공을 요하지 않는다.

(3) 등기의 실행
1) 귀속청산의 경우에는 소유권이전등기로 하고, 담보권실행경매에 의한 실행의 경우에도 매수인 앞으로의 소유권이전등기에 의한다(「가등기담보 등에 관한 법률」 제12조 참조).
2) 본등기신청의 각하
청산금평가통지서가 채무자 등에게 도달한 날로부터 2월이 경과하지 아니한 본등기신청은 각하한다.

제2편 부동산등기법

단락문제 Q10　　　　　　　　　　　　　　　　　　　　　　　제25회 기출

가등기에 관한 설명 중 틀린 것은? (다툼이 있으면 판례에 의함)

① 甲의 토지에 소유권이전청구권 보전을 위한 가등기를 한 乙이 가등기상의 권리를 丙에게 양도하면, 丙은 그 권리보전을 위하여 그 가등기상의 권리의 이전등기를 가등기에 대한 부기등기의 형식으로 경료하면 된다.
② 가등기는 가등기만으로써 실체법상의 효력은 없고 순위보전의 효력만 있으나 담보가등기는 일정한 경우 저당권과 같은 실체법상의 효력이 인정된다.
③ 소유권보존등기청구권을 보전하기 위한 가등기는 할 수 없다.
④ 가등기권리자는 무효인 중복등기에 관하여 말소를 청구할 수 있는 권리가 없다.
⑤ 가등기권리자가 가등기에 기한 본등기를 하면 실체법상의 효력은 가등기한 날로 소급하여 발생한다.

해설　가등기 전반

① (○) 가등기에 의해 순위 보전의 대상이 되는 물권변동의 청구권은 그 성질상 양도될 수 있는 재산권일 뿐만 아니라 가등기를 함으로써 그 권리가 공시되어 결과적으로 공시방법까지 마련된 셈이므로, 이를 양도한 경우에는 양도인과 양수인의 공동신청으로 그 가등기상의 권리의 이전등기를 가등기에 대한 부기등기의 형식으로 경료할 수 있다(대판 1998.11.19. 98다24105).
③ (○) 「부동산등기법」 제3조에서 규정하고 있는 물권 또는 부동산임차권의 변동을 목적으로 하는 청구권에 관해서만 가등기를 할 수 있다. 그러므로 물권적 청구권을 보전하기 위한 가등기나 소유권보존등기의 가등기는 할 수 없다(등기예규 제1632호).
④ (○) 가등기는 순위보전적 효력만이 있을 뿐이고, 가등기만으로는 아무런 실체법상 효력을 갖지 아니하므로 그 본등기를 명하는 판결이 확정된 경우 또는 중복된 소유권보존등기가 무효인 경우에도 가등기권리자는 그 말소를 청구할 권리가 없다(대판 2001.3.23. 2000다51285).
⑤ (×) 가등기는 그 성질상 본등기의 순위보전의 효력만이 있어 후일 본등기가 경료된 때에는 본등기의 순위가 가등기한 때로 소급하는 것뿐이지 본등기에 의한 물권변동의 효력이 가등기한 때로 소급하여 발생하는 것은 아니다(대판 1992.9.25. 92다21258).

답 ⑤

단락문제 Q11

제25회 기출

가등기에 관한 설명으로 틀린 것은?

① 가등기 후 본등기의 신청이 있는 경우, 가등기의 순위번호를 사용하여 본등기를 하여야 한다.
② 소유권이전등기청구권보전 가등기에 의한 본등기를 한 경우, 등기관은 그 가등기 후 본등기 전에 마친 등기 전부를 직권말소한다.
③ 임차권설정등기청구권보전 가등기에 의한 본등기를 마친 경우, 등기관은 가등기 후 본등기 전에 가등기와 동일한 부분에 마친 부동산용익권 등기를 직권말소한다.
④ 저당권설정등기청구권보전 가등기에 의한 본등기를 한 경우, 등기관은 가등기 후 본등기 전에 마친 제3자 명의의 부동산용익권 등기를 직권말소할 수 없다.
⑤ 가등기명의인은 단독으로 그 가등기의 말소를 신청할 수 있다.

해설 가등기
① (○) (규칙 제146조)
② (×) 규칙 제147조 제1항 제1호~제4호의 경우에는 직권으로 말소할 수 없다.
③ (○) (규칙 제148조 제1항)
④ (○) (규칙 제148조 제3항)
⑤ (○) (법 제93조)

답 ②

제2편 부동산등기법

제8절 촉탁에 의한 등기   10·추가15·19·35회 출제

01 서설

1 의의
촉탁등기는 관공서(국가 또는 지방자치단체)가 등기소에 촉탁을 하여서 하는 등기를 말한다.

2 성격
관공서의 촉탁에 의한 등기도 신청에 갈음한 관공서의 일방적 행위에 의한 등기라는 점에서 다를 뿐 신청주의의 일환이므로 원칙적으로 신청에 관한 등기절차가 준용된다(법 제22조 제1항, 제96조).

> **판례** ■ 관공서의 촉탁에 의한 등기
>
> 관공서가 부동산에 관한 거래관계의 주체로서 등기를 촉탁할 수 있는 경우에 그 촉탁은 신청과 실질적으로 아무런 차이가 없으므로 촉탁에 의하여 등기하라는 명문에도 불구하고 등기권리자와 의무자의 공동신청에 의해 등기를 할 수 있다(대판1977.5.24. 77다206).

Professor Comment
토지의 수용으로 인한 소유권이전의 등기는 등기권리자만으로 이를 신청할 수 있는데(단독신청) 국가 또는 지방자치단체가 사업시행자(기업자)로서 등기권리자인 경우에는 지체 없이 등기소에 촉탁하여야 한다(법 제99조 제3항).

02 관공서의 촉탁에 의한 등기 (등기예규 제1625호)   28·32·35회 출제

1 관공서가 권리관계의 당사자로서 등기를 촉탁하는 경우(법 제96조)★

(1) 의의

1) 국가 또는 지방자치단체 등의 관공서가 등기권리자인 경우에는 등기의무자의 승낙을 받아, 등기의무자인 경우에는 등기권리자의 청구에 따라 해당 등기를 지체 없이 등기소에 촉탁하여야 한다(법 제98조).

2) 등기촉탁을 할 수 있는 관공서에는 한국토지주택공사(주택건설사업 등의 시행과 관련), 한국자산관리공사(세무서장을 대행하여 하는 공매처분과 관련), 한국농어촌공사(국가 또는 지방자치단체로부터 위탁받은 사업과 관련) 등도 관공서로 보아 등기를 촉탁할 수 있는 경우가 있다.

(2) 등기촉탁절차

1) 관공서가 등기를 촉탁하는 경우에는 본인이나 대리인의 출석을 요하지 아니하므로 우편에 의한 등기촉탁도 할 수 있다. 한편 관공서가 권리관계의 당사자인 경우에는 상대방과 공동으로 등기신청을 할 수도 있다(대판 1977.5.24. 77다206).

2) 촉탁정보와 첨부정보

① **관공서가 등기권리자로서 등기를 촉탁하는 경우**
등기의무자의 승낙증명정보를 첨부정보로 제공하여 이를 등기소에 촉탁하여야 한다(법 제98조 제1항).

② **관공서가 등기의무자로서 등기를 촉탁하는 경우**
등기의무자의 권리에 관한 등기필정보를 촉탁정보로서 등기소에 제공할 필요가 없다. 이는 등기권리자로서 그 등기를 촉탁하는 경우에도 마찬가지이다.

③ 국가 또는 지방자치단체인 경우에는 인감증명의 제출에 관한 규정인 규칙 제60조가 적용되지 않는다(규칙 제60조 제3항).

④ 법 제29조 제11호는 그 등기명의인이 등기신청을 하는 경우에 적용되는 규정이므로, 관공서가 등기촉탁을 하는 경우에는 등기기록과 대장상의 부동산표시가 부합하지 아니하더라도 등기관은 그 등기촉탁을 수리하여야 한다(등기예규 제1625호).

(3) 등기의 실행과 등기 후의 조치

관공서의 촉탁을 받은 등기소의 등기관은 촉탁내용에 따른 등기를 실행하고, 그 관공서에 등기완료통지를 하여야 한다(규칙 제53조 제1항 제5호). 한편 관공서가 등기를 촉탁한 경우에는 등기필정보를 작성하지 아니한다. 다만, 관공서가 등기권리자를 위해 등기를 촉탁하는 경우에는 그러하지 아니하며(법 제50조 제1항 제2호), 이 경우에는 대법원 예규로 정하는 바에 따라 그 관공서 또는 등기권리자에게 등기필정보를 통지한다(규칙 제108조 제1항).

■ **촉탁에 의하여 등기할 것을 신청에 의하여 등기하여도 무방하다**

관공서가 부동산에 관한 거래관계의 주체로서 등기를 촉탁하는 경우, 즉 관공서가 등기당사자로서 등기를 촉탁하는 경우는 실질적으로 신청과 아무런 차이가 없으므로 촉탁등기 외에 상대방 등기당사자와 공동신청에 의할 수도 있다(대판 1977.5.24. 77다206).

2 관공서가 공권력 행사의 주체로서 등기를 촉탁하는 경우★

(1) 체납처분으로 인한 압류의 등기 등(법 제96조, 제97조 제3호)

1) 체납처분의 의의
체납처분이라 함은 납세자가 국세 등을 체납한 경우에 그 재산을 압류·환가하여 체납세액을 강제징수하는 일련의 절차를 이른다.

2) 압류등기와 부동산의 표시변경등기 등의 대위촉탁 35회 출제
압류등기는 압류조서정보 등을 첨부정보로 제공하여 촉탁하고(「국세징수법」 제45조 제1항), 이 경우에는 등기명의인 또는 상속인 등을 갈음(대위)하여 부동산의 표시, 등기명의인의 표시의 변경, 경정 또는 상속 등으로 인한 권리이전의 등기를 함께 촉탁할 수 있다.

3) 공매처분으로 인한 권리이전등기 등의 촉탁(법 제97조 제1호, 제2호)
관공서가 공매처분을 한 경우에 등기권리자의 청구를 받으면 지체 없이 공매처분으로 인한 권리이전등기, 소멸한 권리등기의 말소등기를 등기소에 촉탁하여야 한다.

4) 체납처분으로 인한 압류등기의 말소등기의 촉탁
관공서가 공매처분을 한 경우 등기권리자의 청구에 의해 체납처분에 관한 압류등기의 말소촉탁을 하는 경우 또는 납부·공매의 중지 등 압류해제사유가 있는 경우에는 압류해제조서를 첨부정보로 제공하여 압류등기의 말소등기를 촉탁하여야 한다(「국세징수법」 제54조 제2항, 법 제97조 제3호).

(2) 경매에 관한 등기

1) 경매개시결정❶의 등기 및 그 말소등기의 촉탁

① 경매개시결정등기의 촉탁

법원이 강제경매 또는 담보권실행경매개시결정을 하면 법원사무관등은 즉시 등기관에게 당해 부동산의 등기기록에 그 사유를 기입하는 경매개시결정등기를 촉탁하여야 하고, 등기관은 그 등기를 마치면 등기사항증명서를 법원에 보내야 한다(「민사집행법」 제94조, 제95조, 제268조).

> **용어사전**
> ❶ 경매개시결정
> 채권자의 경매신청이 적법한 경우 집행법원이 변론없이 행하는 재판으로 경매절차를 개시하는 뜻과 부동산의 압류를 명하는 뜻을 기재한다(「민사집행법」 제83조).

② 경매개시결정등기의 말소등기의 촉탁

경매신청이 경매신청의 취하, 경매절차의 취소 등 매각허가 없이 마쳐진 때에는 경매개시결정등기는 촉탁에 의하여 말소한다(「민사집행법」 제96조, 제102조, 제141조). 이 경우에는 첨부정보로 경매개시결정취소결정증명정보나 취하증명정보를 제공하여야 한다.

2) 매각으로 인한 등기

① 매각대금이 지급되면 법원사무관 등은 매수인 앞으로의 소유권이전등기, 매수인이 인수하지 아니한 당해 부동산의 등기기록상 부담기입의 말소등기, 경매개시결정등기의 말소등기를 촉탁하여야 한다(「민사집행법」 제144조).

제5장 각종 등기의 절차

> **Professor Comment**
> **말소촉탁 대상 부담기입**
> 매각부동산 위의 모든 저당권, 저당권 압류채권에 대항할 수 없는 용익권 등이다(동법 제91조 참조).

② 촉탁정보 및 첨부정보로서 매각허가결정사항증명정보를 제공하여야 한다. 등기의 촉탁시기는 매수인의 소유권취득시기인 '매각대금을 다 낸 때' 하여야 한다(동법 제 135조).

→ 대금완납시 이미 물권변동

③ ㉠ 경매개시결정등기 전에 소유권이전등기를 받은 제3취득자가 매수인이 된 경우에는 매수인 앞으로의 소유권이전등기의 촉탁은 하지 않으나(이미 제3취득자 앞으로 소유권이전등기가 마쳐져 있음), ㉡ 경매개시결정등기 후의 제3취득자가 매수인이 된 경우에는 매수인 앞으로의 소유권이전등기도 촉탁하여야 한다. 이는 소유권이전등기는 경매개시결정등기에 대항할 수 없어 말소촉탁의 대상이 되기 때문이다(등기예규 제1378호).

④ **등기실행 후의 등기필정보 통지**(등기예규 제1625호)
  ㉠ **등기필정보통지서 우편송부 신청의 경우**
  집행법원으로부터 '등기필정보통지서 우편송부 신청'이 기재된 이전촉탁 사건이 접수되어 교합이 완료된 때에는 즉시 등기필정보통지서 송부용 우편봉투를 이용하여 매수인에게 등기필정보통지서를 송부하여야 한다(부동산등기접수장의 수령인란에 '매수인 우송'이라고 기재하고, 특수우편물수령증은 '우편물수령증철'에 첨부하여 보관). 다만, ⓐ 매수인에게 등기필정보통지서를 송부하기 이전에 매수인이 등기소에 출석하여 등기필정보통지서의 교부를 신청한 경우 부동산등기접수장의 수령인란 및 별지 양식의 영수증에 서명 또는 날인하게 한 후 이를 교부하고, 그 영수증은 이를 즉시 집행법원에 송부하여야 한다. ⓑ 대리인이 등기소에 출석하여 등기필정보통지서의 교부를 신청하는 경우 본인의 위임장(변호사나 법무사를 제외한 대리인인 경우에는 본인의 인감증명이 첨부된 위임장 필요)을 제출하여야 하며, 등기필정보통지서 교부담당자는 이를 즉시 집행법원에 송부하여야 한다.

  ㉡ **등기필정보통지서 우편송부 신청 이외의 경우**
  등기필정보통지서 교부담당자는 이전촉탁서 접수일로부터 5일간 등기필정보통지서를 보관하여야 한다. 이 기간 내에 매수인이 등기소에 출석하여 등기필정보통지서의 교부를 신청한 경우 위 ⓐ, ⓑ의 절차에 의하고 위 기간이 지나도 매수인이 등기소에 출석하여 등기필정보통지서의 교부를 신청하지 아니한 경우에는 집행법원에 등기필정보통지서를 송부하여야 한다(부동산등기접수장의 수령인란에 '집행법원 우송'이라고 기재하고, 특수우편물수령증은 '우편물수령증철'에 첨부하여 보관).

⑤ **매수인이 여러 사람인 경우**(등기예규 제1625호)

매수인이 여러 사람인 경우 등기필정보통지서의 우편송부 또는 교부는 등기필정보통지서를 송부 또는 교부받을 자로 촉탁서에 지정되어 있는 자(지정매수인)에게 하여야 한다. 다만, 다른 매수인이 등기소에 출석하여 지정매수인의 인감이 첨부된 위임장을 제출하며 교부를 청구한 경우에는 그 매수인에게 교부한다. 등기소는 위 영수증과 위임장을 집행법원에 송부하여야 한다.

(3) **기타**(채무자회생 및 파산에 관한 등기)

법인이 아닌 채무자에 대하여 회생절차개시의 결정이 있는 경우 또는 이해관계인의 신청이나 직권으로 채무자의 재산에 관하여 가압류·가처분을 명한 때에는 법원사무관등은 직권으로 지체 없이 촉탁정보에 결정사항증명정보를 첨부정보로 제공하여 회생절차개시의 등기 또는 그 보전처분의 등기를 촉탁하여야 한다(「채무자 회생 및 파산에 관한 법률」 제24조, 제43조, 등기예규 제1516호).

03 가처분·가압류에 관한 등기

1 가처분에 관한 등기

(1) **가처분등기의 의의**

1) 가처분이라 함은 다툼의 대상에 관한 현상의 변경으로 당사자가 권리를 실행하지 못하거나 이를 실행하는 것이 매우 곤란할 염려가 있는 때에 그 집행을 보전하기 위하여 그 처분을 제한하는 것이다(「민사집행법」 제300조).

2) 가처분등기라 함은 부동산에 관한 가처분의 집행으로서 그 등기기록에 그 재판이나 금지를 기입해서 하는 등기로서 대표적인 처분제한의 등기이다(「민사집행법」 제305조).

3) **가압류와의 구별**

가처분은 보전처분임은 가압류와 동일하나 청구권이 금전채권이 아닌 점과 그 대상이 채무자의 일반재산이 아닌 특정 계쟁물(係爭物)인 점이 다르다.

(2) 가처분에 관한 등기를 할 수 있는지 여부가 문제되는 경우

1) 미등기부동산

미등기부동산에 대하여 법원의 소유권의 처분제한의 등기촉탁이 있는 경우 등기관은 직권으로 소유권보존등기를 하고 그 등기기록에 처분제한의 기록을 할 수 있으므로 미등기부동산도 처분제한등기의 목적이 된다(법 제66조).

2) 부동산의 일부에 대한 처분금지가처분등기 가부 **23회 출제**

권리의 일부에 대하여는 처분제한의 등기를 할 수 있으나 부동산의 일부에 대하여는 그 등기를 할 수 없으므로 그 분할 또는 분필의 등기를 할 수 없는 사정이 있으면 그 부동산 전부에 대하여 가처분결정을 하여야 한다(대판 1975.5.27. 75다190). 즉 이 경우에는 부동산의 일부에 대한 처분금지가처분등기는 할 수 없다.

3) 가등기에 기한 본등기금지가처분등기의 가부

가등기에 터잡아 본등기를 하는 것은 그 가등기에 기하여 순위보전된 권리의 취득이지 가등기상의 권리 자체의 처분이 아니므로 가등기에 기한 본등기금지가처분은 사건이 등기할 것이 아닌 경우에 해당한다(대판 1992.9.25. 92다21258). 그러나 가등기에 의해 보전된 권리 자체의 처분금지가처분등기는 할 수 있다.

4) 피상속인 소유의 부동산에 대한 상속인을 등기의무자로 한 처분금지가처분등기의 가부

피상속인 소유의 부동산에 관한 상속등기가 마쳐지지 아니한 경우, 가처분권리자가 피상속인과의 원인행위에 의한 권리의 이전·설정의 등기청구권을 보전하기 위하여 상속인을 상대로 한 처분금지가처분신청이 인용됨에 따라 법원이 직권으로 가처분기입등기의 촉탁을 한 경우 상속등기를 거침이 없이 가처분기입등기를 할 수 있다(대판 1995.2.28. 94다23999).

5) 말소등기청구권을 보전하기 위하여 부실등기한 사람을 상대로 한 처분금지가처분등기의 가부

등기기록상 부실등기가 존재하는 경우에 소유자는 소유권에 기한 방해배제로서 말소등기청구권을 보전하기 위하여 허무인명의로 부실등기를 실제로 한 사람을 상대로 한 처분금지가처분등기를 할 수 있다(대판 2008.7.11. 2008마615).

> **용어사전**
> ❶ 절대적 무효설과 상대적 무효설
> 무효는 원칙적으로 선의·악의 의 누구에 대하여서나 그 무효임을 주장할 수 있는데, 이를 절대적 무효라 하고, 특정인에 대해서는 주장할 수 없는 경우를 상대적 무효라고 한다.

(3) 가처분등기의 효력(가처분에 저촉되는 등기의 효력 : 상대적 무효설❶)

목적물에 대한 처분금지가처분의 등기 후에 가처분에 의한 처분금지의 효력은 가처분채권자의 권리를 침해하는 한도에서만 생기는 것이므로, 채무자가 목적물을 제3자에게 양도 등의 처분행위를 한 경우에 가처분채권자는 피보전권리의 한도에서 가처분 위반의 처분행위의 효력을 부정할 수 있다(대판 2006.8.24. 2004다23110). 따라서 그 가처분등기 이후에 된 등기로써 가처분채권자의 권리를 침해하는 등기의 말소를 단독으로 신청할 수 있다(법 제94조 제1항).

(4) 가처분등기의 말소(촉탁에 의한 말소)

1) 가처분등기의 말소는 가처분집행의 취소결정, 가처분의 취하 또는 그 집행취소신청이 있는 때에 한다.
2) 법원은 가처분집행의 취소결정 또는 취하가 있었음을 증명하는 정보를 첨부정보로 제공하여 처분제한의 등기의 말소촉탁을 하고, 등기관은 이 촉탁에 의하여 그 등기를 말소한다. 이 경우 등기관은 지체 없이 그 뜻을 집행법원에 통지하여야 한다(등기예규 제1368호). 당사자는 가처분등기의 말소를 신청할 수 없다. **24·25회 출제**

(5) 가처분등기에 따른 피보전권리의 등기절차(가처분등기 이후의 등기의 말소, 법 제94조, 규칙 제152조 이하)

1) 의의

처분금지가처분등기가 된 후 가처분채권자가 본안사건에서 승소하여 가처분채무자를 등기의무자로 하여 권리의 이전, 말소 또는 설정의 등기를 신청하는 경우에는 그 가처분등기 이후에 된 등기로서 가처분채권자의 권리를 침해하는 등기의 말소를 단독으로 신청할 수 있다.

2) 소유권에 관한 가처분등기 후에 마쳐진 가처분에 저촉되는 등기의 말소(등기예규 제1412호)

① 가처분권자가 본안사건에서 승소하여 그 승소판결에 의한 소유권이전등기를 신청하는 경우

㉠ 당해 가처분등기 이후에 경료된 제3자 명의의 소유권이전등기 및 소유권이전등기 이외의 등기의 말소

ⓐ 당해 가처분등기 이후에 경료된 제3자 명의의 소유권이전등기 및 소유권이전등기 이외의 등기의 말소는 위 소유권이전등기신청과 동시·단독신청에 의하여 말소하고 가처분에 기한 가처분채권자의 소유권이전등기를 하여야 한다.

ⓑ 여기서 소유권이전등기 이외의 등기라 함은 그 가처분등기 이후에 경료된 가등기, 소유권 외의 권리에 관한 등기, 가압류등기, 국세체납에 의한 압류등기, 경매개시결정등기 및 처분금지가처분등기 등을 말한다.

㉡ 가처분등기 이후에 경료된 제3자 명의의 소유권이전등기를 말소할 수 없는 경우

소유권이전등기가 가처분등기에 우선하는 저당권 또는 압류에 기한 경매절차에 따른 매각을 원인으로 하여 이루어진 것인 때에는 이를 말소할 수 없으므로, 따라서 가처분채권자의 말소신청 및 가처분에 기한 소유권이전등기신청의 전부를 수리하여서는 아니 된다. ← 각하함

ⓒ 가처분등기 이후에 경료된 제3자명의의 소유권이전등기 이외의 등기를 말소할 수 없는 경우

가처분등기 전에 마쳐진 가압류에 의한 강제경매개시결정등기 및 담보가등기, 전세권 및 저당권에 의한 임의경매개시결정등기, 가처분채권자에 대항할 수 있는 임차인 명의의 주택(상가건물)임차권등기 등이 있는 경우에는 이를 말소하지 아니하고 가처분채권자의 소유권이전등기를 하여야 한다.

② **가처분채권자가 본안사건에서 승소하여 그 승소판결에 의한 소유권이전·보존등기의 말소등기를 신청하는 경우**

㉠ 당해 가처분등기 이후에 경료된 제3자 명의의 소유권이전등기 및 소유권이전등기 이외의 등기의 말소

ⓐ 당해 가처분등기 이후에 경료된 제3자명의의 소유권이전등기 및 소유권이전등기 이외의 등기의 말소는 위 소유권이전·보존등기의 말소등기신청과 동시·단독신청에 의하여 말소하고 가처분에 기한 소유권이전·보존등기의 말소등기를 하여야 한다.

ⓑ 여기서 '소유권이전등기 이외의 등기'라 함은 가처분등기 이후에 경료된 가등기, 소유권 외의 권리에 관한 등기, 가압류등기, 경매신청등기와 처분금지가처분등기 등을 말한다.

㉡ 가처분등기 이후에 경료된 제3자 명의의 소유권이전등기 이외의 등기를 말소할 수 없는 경우

ⓐ 가처분등기 전에 마쳐진 가압류에 의한 강제경매개시결정등기 및 담보가등기, 전세권 및 저당권에 의한 임의경매개시결정등기 및 가처분채권자에 대항할 수 있는 임차인 명의의 주택(상가건물)임차권등기 등이 가처분등기 이후에 경료된 때에는 이를 말소할 수 없다.

ⓑ 이 경우 가처분채권자가 가처분채무자의 소유권이전등기의 말소등기를 신청하기 위해서는 첨부정보로서 위 권리자의 승낙이나 이에 대항할 수 있는 재판이 있음을 증명하는 정보를 제공하여야 한다.

③ **가처분채권자가 승소판결에 의하지 아니하고 가처분채무자와 공동으로 가처분에 기한 소유권이전등기 또는 소유권이전등기말소등기를 신청하는 경우**

가처분채권자가 가처분에 기한 것이라는 소명자료를 첨부하여 가처분채무자와 공동으로 소유권이전등기 또는 소유권말소등기를 신청하는 경우의 당해 가처분등기 및 그 가처분등기 이후에 경료된 제3자 명의의 등기의 말소에 관하여도 위의 ①, ②의 절차에 의한다.

④ **당해 가처분등기의 직권말소**

등기관이 위 ①~③에 따라 가처분채권자의 신청에 의하여 가처분등기 이후의 등기를 말소하였을 때에는 직권으로 그 가처분등기도 말소하여야 한다.

⑤ **가처분등기 등을 말소한 경우의 집행법원 등에의 통지**

등기관이 위 ①~③에 따라 가압류등기, 가처분등기, 경매개시결정등기, 주택(상가건물)임차권등기를 말소한 경우와 ④에 따라 당해 가처분등기를 직권으로 말소한 때에는 지체 없이 그 뜻을 집행법원에 통지하여야 한다. 또한 말소된 권리의 등기명의인에게도 말소하는 이유 등을 명시하여 지체 없이 통지하여야 한다.

3) 소유권 외의 권리에 관한 가처분등기 후에 마쳐진 가처분에 저촉되는 등기의 말소(규칙 제153조, 등기예규 제1413호)

① **가처분에 의해 보전된 권리의 설정등기**

제한물권 또는 임차권 등 소유권 외의 권리의 설정등기청구권을 보전하기 위한 가처분에 기한 그 권리의 설정등기는 가처분채권자가 본안사건에서 승소하여 그 확정판결의 정본을 첨부하여 단독으로 신청할 수 있다.

② **가처분등기 이후에 경료된 제3자 명의의 등기의 말소등기**

  ㉠ 가처분에 기하여 부동산의 사용·수익을 목적으로 하는 용익권(지상권, 전세권, 임차권, 주택·상가건물임차권, 다만, 지역권은 제외)의 설정등기를 신청하는 경우, 그 가처분등기 이후에 그 부동산의 동일한 부분의 사용·수익을 목적으로 하는 제3자 명의의 소유권 외의 권리(지상권, 지역권, 전세권, 임차권, 주택임차권, 상가건물임차권)의 설정등기 등도 동시·단독신청에 의하여 말소하고 가처분채권자의 등기를 하여야 한다.

  ㉡ 가처분채권자에게 대항할 수 있는 임차인 명의의 주택(상가건물)임차권등기, 주택(상가건물)임차권설정등기 등은 동시·단독신청으로 말소할 수 없고, 먼저 주택임차권등기 등을 말소하여야 한다.

  ㉢ 가처분등기 이후의 등기를 말소하였을 때에는 말소하는 이유 등을 명시하여 지체 없이 말소된 권리의 등기명의인에게 통지하여야 한다.

③ **가처분등기 이후에 경료된 제3자 명의의 등기를 말소하지 아니하는 경우**

  ㉠ 처분금지가처분에 기하여 부동산의 사용·수익을 목적으로 하는 용익권, 즉 지상권, 전세권, 임차권, 주택임차권, 상가건물임차권(지역권은 제외)의 설정등기를 하는 경우 그 설정등기와 양립할 수 있는 용익물권설정등기, 임차권설정등기, 주택·상가건물임차권등기 등과 제3자 명의의 소유권에 관한 등기(소유권이전등기, 가등기, 가압류, 국세체납에 의한 압류등기, 처분금지가처분등기, 저당권등기 포함)

  ㉡ **처분금지가처분에 기하여 지역권설정등기 또는 저당권설정등기를 하는 경우, 그 가처분등기 이후에 경료된 제3자 명의의 등기**

  저당권은 실행 전에는 잠재적인 가치지배권으로서 그 설정자의 처분권(소유권의 이전, 후순위 저당권의 설정 등)이 제한되지 않기 때문이다.

④ 당해 가처분등기의 직권말소

등기관이 ②에 따라 가처분채권자의 신청에 의하여 가처분등기 이후의 등기를 말소하였을 때에는 직권으로 그 가처분등기도 말소하여야 한다.

4) 기타 말소등기의 절차

① 가처분채권자의 권리를 침해하는 등기의 말소를 단독으로 신청할 수 있고, 신청정보의 내용으로 등기원인정보는 '가처분에 의한 실효'라고 하여야 하나 '그 연월일'은 등기소에 제공할 필요가 없다(법 제94조, 규칙 제154조).

② 가처분에 의해 보전된 권리의 설정등기

본안승소판결에 의하지 아니하고 가처분채무자와 공동으로 신청할 수도 있다(등기예규 제1413호).

 **Q12** 제11회 기출 개작

다음 중 등기관의 직권이 아닌 당사자의 신청에 의하여서만 등기가 이루어지는 것은?

① 가처분권자의 본안 승소판결에 의하여 소유권이전등기를 말소하는 경우 그 가처분 이후에 경료된 소유권이전등기의 말소등기
② 환매에 따른 권리취득의 등기를 하였을 때 환매특약등기의 말소
③ 등기가 경료되었으나 그 등기가 등기할 사항이 아닌 경우
④ 가등기 후 본등기 전에 마쳐진 지상권설정등기의 말소
⑤ 가처분등기 이후의 등기를 말소할 때 그 가처분등기의 말소

해설 당사자의 신청에 의해서만 등기가 이루어지는 경우
① 가처분권자의 승소판결에 따른 가처분등기 후에 취득한 제3자의 등기의 말소는 직권말소할 수 없고 가처분권리자가 자기 앞으로의 소유권이전등기신청과 동시에 제3자명의의 등기를 말소신청하였을 때에만 말소할 수 있다.
② (규칙 제114조)　③ (법 제29조 제2호)
④ (법 제92조 제1항)　⑤ (법 제94조 제2항)　　답 ①

2 가압류에 관한 등기

(1) 가압류의 의의

가압류는 금전채권에 대한 강제집행을 보전하기 위하여 미리 채무자의 동산 또는 부동산에 처분권을 제한하는 보전처분이다(「민사집행법」제276조). 부동산등기와 관련하여서는 부동산에 대한 강제집행을 보전하기 위한 가압류만이 문제된다.

(2) 가압류에 관한 등기절차 26회 출제

1) 가압류의 목적물

① 등기된 부동산 등

등기된 부동산 외에 미등기 된 부동산에 대해서 가압류가 있는 경우에도 등기관은 법원의 가압류 등기촉탁에 따라 직권으로 소유권보존등기를 한 후 가압류 등기를 한다(법 제66조). 상속등기를 하지 아니한 부동산에 대하여 가압류결정이 있는 경우에는 가압류채권자는 먼저 대위신청에 의한 상속등기를 하여야 한다.

② 저당권부 채권이나 저당권부 채권담보권에 대한 가압류가 있는 경우에도 종된 권리인 저당권에 가압류의 효력이 미치도록 하기 위해 당해 부동산의 등기기록에 부기등기로 공시한다(법 제52조 제4호).

③ 부동산소유권이전등기청구권이 가등기에 의해 보전된 경우에도 가압류의 등기를 부기등기로 할 수 있다(등기예규 제1344호).

2) 가압류등기의 촉탁과 실행(등기예규 제1129호, 제1023호)

① 가압류촉탁서에는 신청정보의 내용으로 가압류사건의 사건번호, 사건명 및 가압류청구금액을 제공하여야 한다.

② 소유권에 대한 가압류는 주등기로, 소유권 외의 권리(가등기에 의해 보전된 권리 포함)에 대한 가압류는 부기등기로 하고, 등기기록에는 가압류사건의 사건번호, 가압류청구금액도 기록한다.

3) 가압류등기의 말소

① 가압류집행의 취소결정, 가압류의 취하 또는 그 집행취소신청이 있는 경우에 법원의 말소등기의 촉탁에 의해 등기관이 말소등기를 실행한다. 당사자의 신청에 의해서는 말소등기를 할 수 없다.

② 소유권이전등기청구권 등을 보전하기 위한 가처분등기가 마쳐진 후 그 가처분채권자가 가처분채무자를 등기의무자로 하여 소유권이전등기 등을 신청하는 경우 그 가처분등기 후에 마쳐진 가압류등기의 말소신청도 가처분채권자가 동시·단독으로 할 수 있다.

③ 가압류등기가 무효인 경우 부동산소유자는 가압류채권자를 상대로 그 가압류등기의 말소청구를 할 수 있다(대판 1988.10.11. 87다카2136).

제5장 각종 등기의 절차

제9절 부동산 실권리자명의 등기에 관한 법률에 의한 등기 (명의신탁) `11·15회 출제`

01 총 설

1 명의신탁약정

부동산에 관한 소유권이나 그 밖의 물권을 보유한 자 또는 사실상 취득하거나 취득하려고 하는 자(실권리자 : 명의신탁자)가 타인과의 사이에서 대내적으로는 실권리자가 부동산에 관한 물권을 보유하거나 보유하기로 하고 그에 관한 등기(가등기 포함)는 그 타인의 명의로 하기로 하는 약정을 이른다(동법 제2조 제1호).

명의신탁(Ⅰ)

① 부동산의 실권리자가 타인의 명의로 등기하는 것을 말한다.
② 즉, 자신의 부동산을 남의 이름으로 등기하는 것이다.
③ 명의신탁은 무효이다. 그러나 이 무효는 제3자(= 명의수탁자로부터 그 부동산을 취득한 자)에게 대항하지 못한다.

2 명의신탁

대내관계에서는 명의신탁자(명의대여자, 名義信託者)가 소유권(기타 물권 포함)을 보유하며, 대외관계에서 등기명의만을 수탁자(명의차용자, 名義受託者)로 하여 두는 것이다.

3 입법목적

이 법은 부동산등기제도를 악용한 투기·탈세·탈법행위 등 반사회적 행위를 방지하고 부동산 거래의 정상화와 부동산 가격의 안정을 도모하여 국민경제의 건전한 발전에 이바지함을 목적으로 한다.

02 실권리자명의의 등기의무와 예외 인정

1 실권리자명의 등기의무

누구든지 부동산에 관한 물권을 명의신탁약정에 따라 명의수탁자의 명의로 등기하여서는 아니 된다(동법 제3조 제1항).

2 명의신탁약정에서 제외되는 경우(동법 제2조 제1호 각목)

(1) 양도담보와 가등기담보

채무의 변제를 담보하기 위하여 채권자가 부동산에 관한 물권을 이전받거나 가등기하는 경우로서 이에 관한 등기를 신청함에 있어서는 등기신청정보와 함께 채무자, 채권금액 및 채무변제를 위한 담보라는 뜻이 적힌 첨부정보를 등기소에 제공하여야 한다(동법 제3조 제2항).

 명의신탁(Ⅱ)

(2) 구분소유적공유(상호명의신탁)

부동산의 위치와 면적을 특정하여 2인 이상이 구분소유하기로 하는 약정을 하고 그 구분소유자의 공유로 등기하는 경우, 이는 동법상의 명의신탁약정에 의한 등기에 해당하지 않으므로 각 공유자는 명의신탁해지를 원인으로 하여 공유지분에 대한 소유권이전등기를 신청할 수 있다.

(3) 「신탁법」 또는 「자본시장과 금융투자업에 관한 법률」에 따른 신탁재산인 사실을 등기한 경우

3 명의신탁의 특례가 인정되는 경우(동법 제8조)

종중·배우자·종교단체가 조세 포탈, 강제집행의 면탈 또는 법령상 제한의 회피를 목적으로 하지 아니하는 경우 동법 제8조의 특례에 따라 명의신탁약정 및 그에 따른 물권변동은 무효로 되지 않는다.

03 기존 명의신탁약정에 의한 등기에 대한 실명등기의무

1 실명등기의 의무부과

(1) 동법 시행 전에 명의신탁약정에 따라 부동산에 관한 물권을 명의수탁자의 명의로 등기하거나 등기하도록 한 기존 명의신탁자는 동법 시행일부터 1년의 유예기간(1996.6.30) 이내에 실명등기하여야 한다(동법 제11조 제1항).

(2) 동법 시행 전 또는 유예기간 중에 부동산물권에 관한 쟁송이 법원에 제기된 경우에는 그 쟁송에 관한 확정판결이 있은 날부터 1년 이내에 실명등기 또는 매각처분 등을 하여야 한다(동법 제11조 제4항). 따라서 유예기간이 경과 후에 명의신탁 약정의 해지를 원인으로 하여 소유권이전등기를 신청한 것은 '사건이 등기할 것이 아닌 때'에 해당하므로 등기공무원은 이를 각하하여야 한다(법 제29조 제2호 참조, 대판 1997.5.1. 97마384).

2 실명등기를 한 것으로 의제하는 경우

기존 명의신탁자가 해당 부동산에 관한 물권에 대하여 매매나 그 밖의 처분행위를 하고 유예기간 이내에 그 처분행위로 인한 취득자에게 직접 등기를 이전한 경우에는 실명등기를 한 것으로 본다(동법 제11조 제2항).

3 기존 명의신탁등기의 실명등기에 대한 특례

아래의 경우는 기존의 명의신탁등기가 된 경우에도 그 실명등기의무가 없다.

(1) 공용징수, 판결, 경매 등 법률에 따라 명의수탁자로부터 제3자에게 부동산에 관한 물권이 이전된 경우(상속에 의한 이전은 제외, 민법 제187조)

(2) 종교단체, 향교 등이 조세 포탈, 강제집행의 면탈을 목적으로 하지 아니하고 명의신탁한 부동산

4 실명등기의무위반의 효력

(1) 기존의 명의신탁자가 실명등기의 유예기간 이내에 실명등기 또는 매각처분 등을 하지 아니한 경우 그 기간이 지난 날 이후의 명의신탁약정 및 명의신탁등기의 효력은 무효이다(동법 제12조 제1항).

(2) 벌 칙

동법 시행 전에 명의신탁약정에 따른 등기를 한 사실이 없는 자가 실명등기를 가장하여 등기한 경우에는 5년 이하의 징역 또는 2억원 이하의 벌금에 처한다.

04 명의신탁해지를 원인으로 명의신탁자 명의로의 등기의 이전 여부

동법에서 명의신탁등기의 예외를 인정하고 있는 종중 및 배우자의 특례에 해당하는 경우와 종교단체·향교 등의 명의신탁으로서 예외에 해당하는 경우에는 예외적으로 명의신탁해지를 원인으로 한 소유권이전등기 또는 소유권이전등기의 말소등기신청을 수리하여야 한다(동법 제 8조, 제11조 제1항 단서).

05 부동산실명제법 위반에 대한 제재

실권리자명의 등기의무를 위반한 경우(동법 제3조 제1항 이하), 동법 시행 전의 명의신탁으로서 유예기간 내에 실명등기의무를 위반한 경우(동법 제11조) 및 「부동산등기 특별조치법」의 적용을 받는 장기미등기자(동법 제10조)에 대해서는 과징금, 이행강제금 및 벌칙을 부과한다.

단락문제 013

제11회 기출

다음은 부동산 실권리자명의 등기에 대한 설명이다. 틀린 것은?

① 장기미등기자(長期未登記者)에게도 과징금, 이행강제금, 형벌이 부과된다.
② 명의신탁약정은 무효이나, 그에 따른 물권변동의 효력은 유효하다.
③ 명의신탁약정 및 등기의 무효는 제3자에게 대항하지 못한다. 따라서 명의수탁자로부터 부동산을 전득(轉得)한 제3자는 선의·악의를 불문하고 대항할 수 있다.
④ 전세권등기를 타인명의로 하는 것도 「부동산 실권리자명의 등기에 관한 법률」의 규제대상이다.
⑤ 명의신탁자는 공법상의 제재는 물론 사법상의 제재도 받는다.

해설 부동산 실권리자명의 등기
① (○) (「부동산 실권리자명의 등기에 관한 법률」 제10조)
② (×) 명의신탁약정은 무효이고 그에 따른 물권변동도 무효이다(동법 제4조 제2항).
③ (○) (동법 제4조 제3항)
④ (○) (동법 제2조)
⑤ (○) (동법 제4·5·6·7·10·11·12조 등)

답 ②

CHAPTER 06 각종 등기의 절차

빈출 함정 총정리

• 경록 교재에 모든 답이 있습니다.

01 부동산의 표시변경등기는 토지의 분할, 합병 또는 건물의 분할, 구분, 합병이 있는 경우와 그 등기사항에 변경이 있는 경우 그 소유권의 등기명의인이 그 사실이 있는 때부터 1개월(3개월 x) 이내에 신청하여 하는 등기이다.

02 등기명의인 표시변경등기는 등기명의인의 성명·주소·주민등록번호(법인 등의 경우 주소·명칭·사무소소재지)가 그 동일성을 해하지 않으면서 변경된 경우에(변경된 경우에 x) 이를 일치시키기 위해 하는 등기이다.

03 등기의 전후를 통해서 등기의 동일성이 인정되지 않는다면 경정등기를 할 수 없다(경정등기를 하여야 한다 x).

04 등기상 이해관계인이 있는 경우 그의 승낙증명정보를 첨부정보로 제공하지 못한 경우에는 그 변경등기는 그 이해관계인의 등기보다 후순위가 되는 주등기(부기등기 x)로 하여야 한다. 이 경우에는 변경 전의 등기사항을 말소하는 표시를 하지 아니한다(표시를 하여야 한다 x).

05 건물 멸실등기를 신청하는 경우 소유권의 등기명의인의 표시변경사유가 있어도 그 변경을 증명하는 정보를 첨부한 경우에는 그 등기명의인의 표시변경등기를 생략할 수 있다(있으면 반드시 등기명의인의 표시변경등기를 한 후 멸실등기를 하여야 한다 x).

06 경정등기(변경등기 x)에서 착오 또는 빠진 것은 당초의 등기절차에서 생긴 원시적인 것이어야 하는 것이며 등기완료 후에 새로운 사유로 불일치가 발생한 것이라면 변경등기(경정등기 x)를 신청하여야 한다.

07 권리의 경정등기는 원칙적으로 부기등기(주등기 x)로 하고, 표시의 경정등기는 주등기(부기등기 x)로 한다.

08 말소등기에서 말소의 대상이 되는 등기는 등기사항의 전부가(전부 또는 일부가 x) 부적법한 경우라야 한다. 그 부적법의 원인은 원시적이든 후발적이든 상관없다(원시적인 것에 한정된다 x).

09 소유권이전등기의 말소등기가 있는 경우 그 말소청구권을 피보전권리로 하는 가처분채권자는 등기상 이해관계인이 된다(가처분채권자에 불과한 자는 등기상 이해관계인이 아니다 x).

제5장 각종 등기의 절차

10 가등기명의인은 **단독으로 가등기의 말소를 신청할 수 있다**(가등기의무자와 공동으로 가등기의 말소를 신청해야 한다 x).

11 가등기에 의한 본등기를 하였을 때 가등기에 의하여 보존되는 권리를 침해하는 가등기 이후에 된 중간처분등기는 **등기관이 직권으로 말소한다**(가등기명의자의 말소등기신청으로 말소하여야 한다 x).

12 가처분권자가 본안의 승소판결에 의해서 피보전권리의 등기를 신청하는 경우 **그 가처분등기는 등기관이 직권으로 말소한다**(가처분권자는 그 가처분등기의 말소를 동시에 신청하여야 한다 x).

13 말소등기가 부적법하게 행해진 경우 현재의 권리관계를 공시하는 등기로서 **실체관계에 부합하는 경우에는 말소회복등기의 대상이 되지 아니한다**(실체관계에 부합하더라도 말소 후 새로 등기하여야 한다 x).

14 가등기 후 제3자에게 소유권이 이전되었는데 그 가등기가 불법말소된 경우 가등기의 말소회복 등기시 등기권리자는 가등기권리자이며, 등기의무자는 **말소 당시의 소유명의인인 제3취득자**(회복 등기시의 소유명의자 x)이다.

15 청구권보전의 가등기의 요건으로 ㉠ 현재 발생한 청구권, ㉡ 시기부 청구권, ㉢ **정지조건부 청구권**(해제조건부 청구권 x), ㉣ 장래에 있어서 확정될 청구권인 때 등 청구권이 존재하면 가등기를 할 수 있다.

16 소유권보존청구권의 가등기, 물권적 청구권의 **가등기는 할 수 없다**(가등기도 할 수 있다 x).

17 가등기는 권리의 보존을 위해 할 수 있으나 **처분의 제한을 목적으로 할 수 없다**(있으며, 처분의 제한을 목적으로도 가능하다 x).

18 가등기의 경우 **본등기가 주등기로 이루어질 경우라면 가등기도 주등기로 하고, 본등기가 부기등기로 이루어질 경우라면 부기등기로 이루어진다**(언제나 독립등기(주등기)로 이루어진다 x).

19 가등기에는 처분금지효력이 **없다**(있다 x).

20 가등기에 기해서 본등기를 하면 본등기의 순위는 가등기의 순위에 의하고, 물권변동시기는 **본등기시에 발생한다**(가등기시에 소급한다 x).

21 가등기권리는 양도할 수 있고 그 등기는 **부기등기**(독립등기 x)에 의한다.

제2편 부동산등기법

22 가등기에 기한 본등기금지가처분의 등기는 **등기할 사항이 아니므로 그러한 촉탁등기는 수리하여서는 아니되고 각하하여야 한다**(실체관계에 부합하는 경우 유효하다 x).

23 가등기가 부적법하게 말소된 후 가처분등기, 근저당권설정등기, 소유권이전등기를 마친 제3자는 **그의 선의, 악의를 묻지 아니하고 가등기의 회복등기절차에서 등기상 이해관계 있는 제3자로서 승낙의무가 있다**(그가 악의인 경우에 한하여 가등기의 회복등기절차에서 등기상 이해관계 있는 제3자로서 승낙의무가 있다 x).

24 소유권 이외의 권리가 대지권인 때에는 대지권 취지의 등기를 토지등기기록에 한 경우 소유권이전등기나 소유권을 목적으로 하는 다른 권리는 **등기가 가능하다**(등기할 수 없다 x).

25 관공서가 등기를 촉탁하는 경우에는 본인이나 대리인의 출석을 요하지 아니하므로 우편에 의한 등기촉탁도 할 수 있다. 한편 관공서가 권리관계의 당사자인 **경우 상대방과 공동으로 등기신청을 할 수도 있다**(경우라도 상대방과 공동으로 등기신청을 할 수 없고 등기를 촉탁하여야 한다 x).

26 처분금지가처분등기가 된 후 가처분채권자가 본안사건에서 승소하여 가처분채무자를 등기의무자로 하여 권리의 이전, 말소 또는 설정의 등기를 신청하는 경우에는 그 가처분등기 이후에 된 등기로서 가처분채권자의 권리를 침해하는 **등기의 말소를 단독으로 신청할 수 있다**(등기는 등기관이 직권으로 말소한다 x).

부록

제35회 공인중개사 기출문제

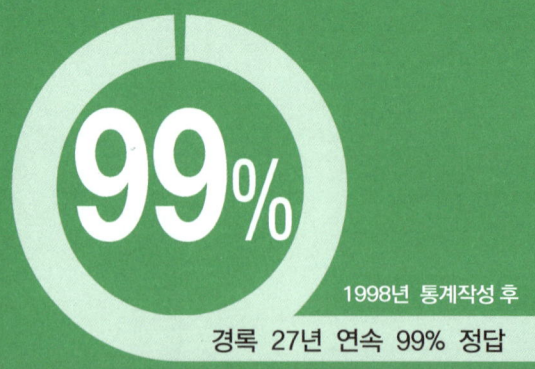

공인중개사 2차

제35회 기출문제

2024. 10. 26. 시행

부동산공시법

01
경록 '25 기본서
166쪽 출제

공간정보의 구축 및 관리 등에 관한 법령상 지적소관청은 토지의 이동 등으로 토지의 표시 변경에 관한 등기를 할 필요가 있는 경우에는 지체 없이 관할등기관서에 그 등기를 촉탁하여야 한다. 이 경우 등기촉탁의 대상이 <u>아닌</u> 것은?

① 지목변경   ② 지번변경   ③ 신규등록   ④ 축척변경   ⑤ 합병

해설 등기촉탁 대상
■ 등기촉탁의 대상이 아닌 것
① 신규등록, ② 토지소유자에 관한 사항 정리, ③ 행정구역의 명칭변경에 따른 정리

02
경록 '25 기본서
44쪽 출제

공간정보의 구축 및 관리 등에 관한 법령상 지목의 구분 및 설정방법 등에 관한 설명으로 <u>틀린</u> 것은?

① 필지마다 하나의 지목을 설정하여야 한다.
② 1필지가 둘 이상의 용도로 활용되는 경우에는 주된 용도에 따라 지목을 설정하여야 한다.
③ 토지가 일시적 또는 임시적인 용도로 사용될 때에는 그 용도에 따라 지목을 변경하여야 한다.
④ 물을 상시적으로 이용하지 않고 닥나무·묘목·관상수 등의 식물을 주로 재배하는 토지의 지목은 "전"으로 한다.
⑤ 물을 상시적으로 직접 이용하여 벼·연(蓮)·미나리·왕골등의 식물을 주로 재배하는 토지의 지목은 "답"으로 한다.

해설 영속성의 원칙
지목을 구분하는 때에는 토지의 용도가 영속적이지 아니하고 일시적이거나 임시적인 경우에는 다른 지목으로 구분하지 아니한다.

정답   01. ③   02. ③

03

공간정보의 구축 및 관리 등에 관한 법령상 지상경계 및 지상경계점등록부 등에 관한 설명으로 틀린 것은?

① 지적공부에 등록된 경계점을 지상에 복원하는 경우에는 지상경계점등록부를 작성·관리하여야 한다.
② 토지의 지상경계는 둑, 담장이나 그 밖에 구획의 목표가 될 만한 구조물 및 경계점표지 등으로 구분한다.
③ 지상경계의 구획을 형성하는 구조물 등의 소유자가 다른 경우에는 그 소유권에 따라 지상경계를 결정한다.
④ 경계점 좌표는 경계점좌표등록부 시행지역의 지상경계점등록부의 등록사항이다.
⑤ 토지의 소재, 지번, 공부상 지목과 실제 토지이용 지목, 경계점의 사진 파일은 지상경계점 등록부의 등록사항이다.

해설 경계의 확정

지적소관청이 토지의 이동에 따라 <u>지상경계를 새로 정한 경우</u>에는 지상경계점등록부를 작성·관리하여야 한다(법 제65조 제2항).

04

공간정보의 구축 및 관리 등에 관한 법령상 등록전환에 따른 지번부여 시 그 지번부여지역의 최종 본번의 다음 순번부터 본번으로 하여 순차적으로 지번을 부여할 수 있는 경우에 해당하는 것을 모두 고른 것은?

ㄱ. 대상토지가 여러 필지로 되어 있는 경우
ㄴ. 대상토지가 그 지번부여지역의 최종 지번의 토지에 인접하여 있는 경우
ㄷ. 대상토지가 이미 등록된 토지와 멀리 떨어져 있어서 등록된 토지의 본번에 부번을 부여하는 것이 불합리한 경우

① ㄱ ② ㄱ, ㄴ ③ ㄱ, ㄷ ④ ㄴ, ㄷ ⑤ ㄱ, ㄴ, ㄷ

해설 지번부여방법

부번을 붙이는 것이 부적당하다고 인정되는 다음의 경우에는 최종 본번의 다음 순번부터 본번으로 하여 순차적으로 지번을 부여할 수 있다.
① 대상토지가 그 지번부여지역 안의 최종 지번의 토지에 인접되어 있는 경우
② 대상토지가 이미 등록된 토지와 멀리 떨어져 있어서 등록된 토지의 본번에 부번을 부여하는 것이 불합리한 경우
③ 대상토지가 여러 필지로 되어 있는 경우

정답 03. ① 04. ⑤

05
경록 '25 기본서 68쪽 출제

공간정보의 구축 및 관리 등에 관한 법령상 경계점좌표등록부가 있는 지역의 토지분할을 위하여 면적을 정할 때의 기준에 대한 내용이다. ( )에 들어갈 내용으로 옳은 것은? (단, 다른 조건은 고려하지 아니함)

○ 분할 후 각 필지의 면적합계가 분할 전 면적보다 많은 경우에는 구하려는 (ㄱ)부터 순차적으로 버려서 정하되, 분할 전 면적에 증감이 없도록 할 것
○ 분할 후 각 필지의 면적합계가 분할 전 면적보다 적은 경우에는 구하려는 (ㄴ)부터 순차적으로 올려서 정하되, 분할 전 면적에 증감이 없도록 할 것

① ㄱ: 끝자리의 숫자가 작은 것,   ㄴ: 끝자리의 숫자가 큰 것
② ㄱ: 끝자리의 다음 숫자가 작은 것,   ㄴ: 끝자리의 다음 숫자가 큰 것
③ ㄱ: 끝자리의 숫자가 큰 것,   ㄴ: 끝자리의 숫자가 작은 것
④ ㄱ: 끝자리의 다음 숫자가 큰 것,   ㄴ: 끝자리의 다음 숫자가 작은 것
⑤ ㄱ: 끝자리의 숫자가 큰 것,   ㄴ: 끝자리의 다음 숫자가 작은 것

해설 경계점좌표등록부 시행지역의 토지분할을 위한 면적결정방법
1) 분할 후 각 필지의 면적합계가 분할 전 면적보다 많은 경우에는 구하고자 하는 끝자리의 다음 숫자가 작은 것부터 순차적으로 버려서 정하되, 분할 전 면적에 증감이 없도록 하여야 한다.
2) 분할 후 각 필지의 면적합계가 분할 전 면적보다 적은 경우에는 구하고자 하는 끝자리의 다음 숫자가 큰 것부터 순차적으로 올려서 정하되, 분할 전 면적에 증감이 없도록 하여야 한다.

06
경록 '25 기본서 132쪽 출제

공간정보의 구축 및 관리 등에 관한 법령상 합병 신청을 할 수 없는 경우에 관한 내용으로 틀린 것은? (단, 다른 조건은 고려하지 아니함)

① 합병하려는 토지의 지목이 서로 다른 경우
② 합병하려는 토지의 소유자별 공유지분이 다른 경우
③ 합병하려는 토지의 지번부여지역이 서로 다른 경우
④ 합병하려는 토지의 소유자에 대한 소유권이전등기 연월일이 서로 다른 경우
⑤ 합병하려는 토지의 지적도 축척이 서로 다른 경우

해설 합병신청을 할 수 없는 경우
④ (×) 합병하려는 토지의 소유자(등기 연월일은 관계 없음)가 서로 다른 경우 합병신청을 할 수 없다.

정답   05. ②   06. ④

07

공간정보의 구축 및 관리 등에 관한 법령상 지적소관청이 지적공부의 등록사항을 직권으로 조사·측량하여 정정할 수 있는 경우로 틀린 것은?

① 연속지적도가 잘못 작성된 경우
② 지적공부의 작성 또는 재작성 당시 잘못 정리된 경우
③ 토지이동정리 결의서의 내용과 다르게 정리된 경우
④ 지적도 및 임야도에 등록된 필지가 면적의 증감 없이 경계의 위치만 잘못된 경우
⑤ 지방지적위원회 또는 중앙지적위원회의 의결서 사본을 받은 지적소관청이 그 내용에 따라 지적공부의 등록사항을 정정하여야 하는 경우

해설 직권정정사유

① "연속지적도"란 지적측량을 하지 아니하고 전산화된 지적도 및 임야도 파일을 이용하여 도면상 경계점들을 연결하여 작성한 도면으로서 측량에 활용할 수 없는 도면을 말한다(법 제2조 제19호의2). 따라서 측량하여 정정하는 경우에 해당하지 않는다.

08

공간정보의 구축 및 관리 등에 관한 법령상 지목을 '잡종지'로 정할 수 있는 기준에 대한 내용으로 틀린 것은? (단, 원상회복을 조건으로 돌을 캐내는 곳 또는 흙을 파내는 곳으로 허가된 토지는 제외함)

① 공항시설 및 항만시설 부지
② 변전소, 송신소, 수신소 및 송유시설 등의 부지
③ 도축장, 쓰레기처리장 및 오물처리장 등의 부지
④ 모래·바람 등을 막기 위하여 설치된 방사제·방파제 등의 부지
⑤ 갈대밭, 실외에 물건을 쌓아두는 곳, 돌을 캐내는 곳, 흙을 파내는 곳, 야외시장 및 공동우물

해설 잡종지

1) 갈대밭, 실외에 물건을 쌓아두는 곳, 돌을 캐내는 곳, 흙을 파내는 곳, 야외시장, 비행장, 공동우물
2) 영구적 건축물 중 변전소, 송신소, 수신소, 송유시설, 도축장, 자동차운전학원, 쓰레기 및 오물처리장 등의 부지
3) 다른 지목에 속하지 않는 토지(예비군훈련장, 군부대, 상여집, 화장터 등)

정답 07. ① 08. ④

09

경록 '25 기본서 90쪽 출제

공간정보의 구축 및 관리 등에 관한 법령상 지적도와 임야도의 축척 중에서 공통된 것으로 옳은 것은?

① 1/1200, 1/2400
② 1/1200, 1/3000
③ 1/2400, 1/3000
④ 1/2400, 1/6000
⑤ 1/3000, 1/6000

해설 지적도면의 축척
① 지적도(7개) : 1/500, 1/600, 1/1,000, 1/1,200, 1/2,400, 1/3,000, 1/6,000
② 임야도(2개) : 1/3,000, 1/6,000

10

경록 '25 기본서 82쪽 출제

공간정보의 구축 및 관리 등에 관한 법령상 지적공부와 등록사항의 연결이 옳은 것은?

① 토지대장 – 지목, 면적, 경계
② 경계점좌표등록부 – 지번, 토지의 고유번호, 지적도면의 번호
③ 공유지연명부 – 지번, 지목, 소유권 지분
④ 대지권등록부 – 좌표, 건물의 명칭, 대지권 비율
⑤ 지적도 – 삼각점 및 지적기준점의 위치, 도곽선(圖廓線)과 그 수치, 부호 및 부호도

해설 지적공부의 등록사항
① 토지대장 – 경계 ×
③ 공유지연명부 – 지목 ×
④ 대지권등록부 – 좌표 ×
⑤ 지적도 – 부호 및 부호도 × (경계점좌표등록부에만 해당)

11

경록 '25 기본서 111쪽 출제

공간정보의 구축 및 관리 등에 관한 법령상 지적공부의 복구에 관한 관계 자료에 해당하는 것을 모두 고른 것은?

ㄱ. 측량 결과도
ㄴ. 법원의 확정판결서 정본 또는 사본
ㄷ. 토지(건물)등기사항증명서 등 등기사실을 증명하는 서류
ㄹ. 지적소관청이 작성하거나 발행한 지적공부의 등록내용을 증명하는 서류

① ㄱ, ㄴ
② ㄴ, ㄷ
③ ㄷ, ㄹ
④ ㄴ, ㄷ, ㄹ
⑤ ㄱ, ㄴ, ㄷ, ㄹ

해설 복구자료
모두 해당

정답 09. ⑤ 10. ② 11. ⑤

12

공간정보의 구축 및 관리 등에 관한 법령상 축척변경에 관한 설명으로 옳은 것은?

① 도시개발사업 등의 시행지역에 있는 토지로서 그 사업시행에서 제외된 토지의 축척변경을 하는 경우 축척변경위원회의 심의 및 시·도지사 또는 대도시 시장의 승인을 받아야 한다.
② 지적소관청은 시·도지사 또는 대도시 시장으로부터 축척변경 승인을 받았을 때에는 지체 없이 축척변경의 목적, 시행지역 및 시행기간, 축척변경의 시행에 관한 세부계획, 축척변경의 시행에 따른 청산금액의 내용, 축척 변경의 시행에 따른 토지소유자 등의 협조에 관한 사항을 15일 이상 공고하여야 한다.
③ 지적소관청은 축척변경에 관한 측량을 한 결과 측량 전에 비하여 면적의 증감이 있는 경우에는 그 증감면적에 대하여 청산을 하여야 한다. 다만, 토지소유자 3분의 2 이상이 청산하지 아니하기로 합의하여 서면으로 제출한 경우에는 그러하지 아니하다.
④ 지적소관청은 청산금을 내야 하는 자가 납부고지를 받은 날부터 1개월 이내에 청산금에 관한 이의신청을 하지 아니하고, 고지를 받은 날부터 3개월 이내에 지적소관청에 청산금을 내지 아니하면 「지방행정제재·부과금의 징수 등에 관한 법률」에 따라 징수할 수 있다.
⑤ 청산금의 납부 및 지급이 완료되었을 때에는 지적소관청은 지체 없이 축척변경의 확정공고를 하여야 하며, 확정공고 사항에는 토지의 소재 및 지역명, 축척변경 지번별조서, 청산금 조서, 지적도의 축척이 포함되어야 한다.

해설 축척변경
① (×) 심의 및 승인을 요하지 않는다. ② (×) 15일 → 20일
③ (×) 청산을 하지 않는 경우 : 토지소유자 3분의 2 이상 합의 → 전원이 합의
④ (×) 3개월 → 6개월

13

다음 중 등기원인에 약정이 있더라도 등기기록에 기록할 수 없는 사항은?

① 지상권의 존속기간
② 지역권의 지료
③ 전세권의 위약금
④ 임차권의 차임지급시기
⑤ 저당권부 채권의 이자지급장소

해설 등기의 대상
② 지역권의 지료는 임의적 사항에 규정되어 있지 않다.

정답 12. ⑤ 13. ②

14

경록 '25 기본서 362쪽 출제

등기권리자와 등기의무자가 공동으로 등기신청을 해야 하는 것은? (단, 판결 등 집행권원에 의한 등기신청은 제외함)

① 소유권보존등기의 말소등기를 신청하는 경우
② 법인의 합병으로 인한 포괄승계에 따른 등기를 신청하는 경우
③ 등기명의인표시의 경정등기를 신청하는 경우
④ 토지를 수용한 사업시행자가 수용으로 인한 소유권이전등기를 신청하는 경우
⑤ 변제로 인한 피담보채권의 소멸에 의해 근저당권설정등기의 말소등기를 신청하는 경우

해설 단독등기신청의 허용

등기는 등기권리자와 등기의무자가 공동으로 신청하여야 한다(법 제23조). 다만, 권리변동을 수반하지 아니하는 등기(표시변경등기)나 등기의무자가 존재하지 아니하는 등기 또는 판결의 경우와 같이 진정성이 확보되는 경우 등에는 단독신청에 의할 수 있다. ⑤는 단독신청 불가

15

경록 '25 기본서 377쪽 출제

등기소에 제공해야 하는 부동산등기의 신청정보와 첨부정보에 관한 설명으로 틀린 것은?

① 등기원인을 증명하는 정보가 등기절차의 인수를 명하는 집행력 있는 판결인 경우, 승소한 등기의무자는 등기신청시 등기필정보를 제공할 필요가 없다.
② 대리인에 의하여 등기를 신청하는 경우, 신청정보의 내용으로 대리인의 성명과 주소를 제공해야 한다.
③ 매매를 원인으로 소유권이전등기를 신청하는 경우, 등기의무자의 주소 또는 사무소 소재지를 증명하는 정보를 제공해야 한다.
④ 등기상 이해관계 있는 제3자의 승낙이 필요한 경우, 이를 증명하는 정보 또는 이에 대항할 수 있는 재판이 있음을 증명하는 정보를 첨부정보로 제공해야 한다.
⑤ 첨부정보가 외국어로 작성된 경우에는 그 번역문을 붙여야 한다.

해설

① (×) 승소한 등기권리자가 집행력 있는 판결을 등기원인으로 하여 신청하는 등기는 등기필정보를 제공할 필요가 없다. 단, 승소한 등기의무자의 판결에 의한 등기신청의 경우는 등기필정보를 제공하여야 함.

정답 14. ⑤ 15. ①

16

등기신청의 각하사유로서 '사건이 등기할 것이 아닌 경우'를 모두 고른 것은?

> ㄱ. 구분건물의 전유부분과 대지사용권의 분리처분 금지에 위반한 등기를 신청한 경우
> ㄴ. 농지를 전세권설정의 목적으로 하는 등기를 신청한 경우
> ㄷ. 공동상속인 중 일부가 자신의 상속지분만에 대한 상속등기를 신청한 경우
> ㄹ. 소유권 외의 권리가 등기되어 있는 일반건물에 대해 멸실등기를 신청한 경우

① ㄱ, ㄴ ② ㄴ, ㄹ ③ ㄷ, ㄹ
④ ㄱ, ㄴ, ㄷ ⑤ ㄱ, ㄴ, ㄷ, ㄹ

해설 사건이 등기할 것이 아닌 경우

사건이 등기할 것이 아닌 경우란 어느 등기신청이 그 신청취지 자체에 의하여 법률상 허용될 수 없음이 명백한 경우를 말한다. ㄹ.은 등기신청할 수 있다.

17

진정명의회복을 위한 소유권이전등기에 관한 설명으로 옳은 것을 모두 고른 것은?

> ㄱ. 진정명의회복을 원인으로 하는 소유권이전등기를 신청하는 경우, 그 신청정보에 등기원인 일자는 기재하지 않는다.
> ㄴ. 토지거래허가의 대상이 되는 토지에 관하여 진정명의회복을 원인으로 하는 소유권이전등기를 신청하는 경우에는 토지거래허가증을 첨부해야 한다.
> ㄷ. 진정명의회복을 위한 소유권이전등기청구소송에서 승소확정판결을 받은 자는 그 판결을 등기원인으로 하여 현재 등기명의인의 소유권이전등기에 대하여 말소등기를 신청할 수는 없다.

① ㄱ ② ㄴ ③ ㄱ, ㄷ
④ ㄴ, ㄷ ⑤ ㄱ, ㄴ, ㄷ

해설 진정명의회복을 위한 소유권이전등기

토지거래허가증명정보 및 농지취득자격증명정보는 새로이 권리를 취득하는 것이 아니므로 제공을 요하지 않고, 계약을 원인으로 한 소유권이전등기가 아니므로 등기원인증명정보로 제공하는 판결증명정보에도 검인을 요하지 않고, 등기의무자의 인감증명도 '부동산매도용'일 것을 요하지 않는다.

정답 16. ④ 17. ③

18

부동산등기에 관한 설명으로 옳은 것은?

① 유증으로 인한 소유권이전등기는 상속등기를 거치지 않으면 유증자로부터 직접 수증자 명의로 신청할 수 없다.
② 유증으로 인한 소유권이전등기 신청이 상속인의 유류분을 침해하는 내용인 경우에는 등기관은 이를 수리할 수 없다.
③ 상속재산분할심판에 따른 상속인의 소유권이전등기는 법정상속분에 따른 상속등기를 거치지 않으면 할 수 없다.
④ 상속등기 경료 전의 상속재산분할협의에 따라 상속등기를 신청하는 경우, 등기원인일자는 '협의분할일'로 한다.
⑤ 권리의 변경등기는 그 등기로 등기상 이해관계 있는 제3자의 권리가 침해되는 경우, 그 제3자의 승낙 또는 이에 대항할 수 있는 재판이 있음을 증명하는 정보의 제공이 없으면 부기등기로 할 수 없다.

해설 권리의 변경등기

권리변경의 등기는 등기상 이해관계 있는 제3자가 없는 경우 또는 있는 경우에도 그의 승낙증명정보 등을 첨부정보로 제공한 경우에는 부기등기로 하고, 변경 전의 등기사항을 말소하는 표시를 한다(법 제52조 제5호, 규칙 제112조 제1항).
등기상 이해관계인이 있는 경우 그의 승낙증명정보를 첨부정보로 제공하지 못한 경우에는 그 변경등기는 그 이해관계인의 등기보다 후순위가 되는 주등기로 하여야 한다.

19

환매특약 등기에 관한 설명으로 틀린 것은?

① 매매로 인한 소유권이전등기의 신청과 환매특약등기의 신청은 동시에 하여야 한다.
② 환매등기의 경우 매도인이 아닌 제3자를 환매권리자로 하는 환매등기를 할 수 있다.
③ 환매특약등기에 처분금지적 효력은 인정되지 않는다.
④ 매매목적물의 소유권의 일부 지분에 대한 환매권을 보류하는 약정을 맺은 경우, 환매특약등기 신청은 할 수 없다.
⑤ 환매기간은 등기원인에 그 사항이 정하여져 있는 경우에만 기록한다.

해설 환매특약 등기 - 환매권자의 특정

소유권이전과 동시에 하는 환매특약등기에 있어서 항상 매도인이 등기권리자로서 환매권자이므로 환매권자의 지위를 제3자에게 양도했더라도 제3자를 환매권리자로 한 환매특약 등기신청은 수리되지 아니한다(등기선례).

정답 18. ⑤ 19. ②

20. 임차권등기에 관한 설명으로 옳은 것을 모두 고른 것은?

ㄱ. 임차권설정등기가 마쳐진 후 임대차 기간 중 임대인의 동의를 얻어 임차물을 전대하는 경우, 그 전대등기는 부기등기의 방법으로 한다.
ㄴ. 임차권등기명령에 의한 주택임차권등기가 마쳐진 경우, 그 등기에 기초한 임차권이전등기를 할 수 있다.
ㄷ. 미등기 주택에 대하여 임차권등기명령에 의한 등기촉탁이 있는 경우, 등기관은 직권으로 소유권보존등기를 한 후 주택임차권등기를 해야 한다.

① ㄱ
② ㄴ
③ ㄱ, ㄷ
④ ㄴ, ㄷ
⑤ ㄱ, ㄴ, ㄷ

해설 임차권등기 – 임차권 이전 및 임차물 전대의 등기 등

임대차의 존속기간이 만료된 경우와 임차권등기명령에 따른 촉탁에 의해 주택·상가건물임차권등기가 마쳐진 경우에는, 그 등기에 기초한 임차권이전등기나 임차물전대등기를 할 수 없다.

21. 부동산 공동저당의 등기에 관한 설명으로 옳은 것을 모두 고른 것은?

ㄱ. 공동저당의 설정등기를 신청하는 경우, 각 부동산에 관한 권리의 표시를 신청정보의 내용으로 등기소에 제공해야 한다.
ㄴ. 등기관이 공동저당의 설정등기를 하는 경우, 각 부동산의 등기기록 중 해당 등기의 끝부분에 공동담보라는 뜻의 기록을 해야 한다.
ㄷ. 등기관이 공동저당의 설정등기를 하는 경우, 공동저당의 목적이 된 부동산이 3개일 때에는 등기관은 공동담보목록을 전자적으로 작성해야 한다

① ㄱ
② ㄷ
③ ㄱ, ㄴ
④ ㄴ, ㄷ
⑤ ㄱ, ㄴ, ㄷ

해설 공동저당 – 공동담보목록의 작성

등기관은 저당권의 목적부동산이 5개 이상일 때에는 공동담보목록을 전자적으로 작성하여야 하고, 공동담보목록은 등기기록의 일부로 본다(법 제78조 제2항, 규칙 제133조 제2항).

정답 20. ③ 21. ③

22

X토지에 관하여 A등기청구권보전을 위한 가등기 이후, B-C의 순서로 각 등기가 적법하게 마쳐졌다. B등기가 직권말소의 대상인 것은? (A, B, C등기는 X를 목적으로 함)

	A	B	C
①	전세권설정	가압류등기	전세권설정본등기
②	임차권설정	저당권설정등기	임차권설정본등기
③	저당권설정	소유권이전등기	저당권설정본등기
④	소유권이전	저당권설정등기	소유권이전본등기
⑤	지상권설정	가압류등기	지상권설정본등기

해설
소유권이전등기청구권보전 가등기에 의하여 소유권이전의 본등기를 한 경우 직권말소하는 등기는 가등기에 의하여 보전되는 권리를 침해하는 등기로서 저당권 등이 이에 해당

23

등기의 촉탁에 관한 설명으로 틀린 것은?

① 관공서가 상속재산에 대해 체납처분으로 인한 압류등기를 촉탁하는 경우, 상속인을 갈음하여 상속으로 인한 권리이전의 등기를 함께 촉탁할 수 없다.
② 법원의 촉탁으로 실행되어야 할 등기가 신청된 경우, 등기관은 그 등기신청을 각하해야 한다.
③ 법원은 수탁자 해임의 재판을 한 경우, 지체 없이 신탁 원부 기록의 변경등기를 등기소에 촉탁하여야 한다.
④ 관공서가 등기를 촉탁하는 경우 우편으로 그 촉탁서를 제출할 수 있다.
⑤ 촉탁에 따른 등기절차는 법률에 다른 규정이 없는 경우에는 신청에 따른 등기에 관한 규정을 준용한다.

해설 등기의 촉탁
압류등기는 압류조서정보 등을 첨부정보로 제공하여 촉탁하고(「국세징수법」 제45조 제1항), 이 경우에는 등기명의인 또는 상속인 등을 갈음(대위)하여 부동산의 표시, 등기명의인의 표시의 변경, 경정 또는 상속 등으로 인한 권리이전의 등기를 함께 촉탁할 수 있다.

정답 22. ④ 23. ①

24

가등기에 관한 설명으로 옳은 것은? (다툼이 있으면 판례에 따름)

① 소유권이전등기청구권 보전을 위한 가등기에 기한 본등기가 경료된 경우, 본등기에 의한 물권변동의 효력은 가등기한 때로 소급하여 발생한다.
② 소유권이전등기청구권 보전을 위한 가등기가 마쳐진 부동산에 처분금지가처분등기가 된 후 본등기가 이루어진 경우, 그 본등기로 가처분채권자에게 대항할 수 있다.
③ 정지조건부의 지상권설정청구권을 보전하기 위해서는 가등기를 할 수 없다.
④ 가등기된 소유권이전등기청구권이 양도된 경우, 그 가등기상의 권리의 이전등기를 가등기에 대한 부기등기의 형식으로 경료할 수 없다.
⑤ 소유권이전등기청구권 보전을 위한 가등기가 있으면 소유권이전등기를 청구할 어떤 법률관계가 있다고 추정된다.

해설 가등기

소유권이전등기청구권보전 가등기에 의하여 소유권이전의 본등기를 한 경우 가처분등기는 직권말소 대상으로 가처분채권자에게 대항할 수 있다.

정답 24. ②

시험장에서 눈을 의심할 만큼, 진가를 합격으로 확인하세요

정가 41,000원

1회 시험부터 수많은 합격자를 배출한 독보적 교재
공인중개사 기본서
2차 ⑤ 부동산공시법

27년연속99%
독보적 정답률

대한민국 1등 교재
optimization test
시험최적화 대한민국 1등 교재
(100인의 부동산학 대학교수진, 2021)

최초로 부동산학을 정립한 부동산학의
모태(원조)로서 부동산전문교육
1위 인증(한국부동산학회)

대한민국 부동산교육 공헌대상(한국부동산학회)
4차산업혁명대상(대한민국 국회)
고객만족대상(교육부)
고객감동 1위(중앙일보)
고객만족 1위(조선일보)
고객감동경영 1위(한국경제)
한국소비자만족도 1위(동아일보) 등 석권

발 행	2025년 1월 10일	
인 쇄	2024년 11월 18일	
연 대	최초 부동산학 연구논문에서부터 현재까지 (1957년 원전 ~ 현재)	
편 저	경록 공인중개사 교재편찬위원회, 신한부동산연구소 편	
발 행 자	이 성 태 / 李 星 兌	
발 행 처	경록 / 景鹿	
주 소	서울시 강남구 영동대로 114길 7 (삼성동 91-24) 경록메인홀	
문 의	02)3453-3993 / 02)3453-3546	
홈페이지	www.kyungrok.com	
팩 스	02)556-7008	
등 록	제16-496호	
I S B N	979-11-93559-86-4 14320	

대표전화 1544-3589

이 책의 무단전재·복제를 금함

이 책은 저작권법에 의해 저작권이 보호됩니다. 무단전재 및 복제행위는 이 법 제136조에 의해 5년 이하의 징역 또는 5,000만원 이하의 벌금에 처하거나 병과(倂科)할 수 있습니다.

부동산전문교육 68년 전통과 노하우

개정법령 및 정오사항 등은 경록 홈페이지에서 서비스됩니다.